"101 计划"核心教材
数学领域

复变函数

王晓光　编著

中国教育出版传媒集团

高等教育出版社·北京

内容提要

本书是为高等院校本科生编写的复变函数教材，是作者多年教学实践的产物。主要内容有：全纯函数的概念和性质、积分理论 (Cauchy-Goursat 积分定理与应用)、级数理论 (幂级数与 Laurent 级数)、拓扑理论 (辐角原理与应用)、几何理论 (共形映射与 Riemann 映射定理) 以及调和函数。本书以笔记形式写成，按讲次编排章节，注重概念与定理的应用，并设置了与内容高度匹配的习题。本书取材精当，形式新颖，文字简洁流畅，致力于提升读者的阅读体验。

总　序

　　自数学出现以来，世界上不同国家、地区的人们在生产实践中、在思考探索中以不同的节奏推动着数学的不断突破和飞跃，并使之成为一门系统的学科。尤其是进入 21 世纪之后，数学发展的速度、规模、抽象程度及其应用的广泛和深入都远远超过了以往任何时期。数学的发展不仅是在理论知识方面的增加和扩大，更是思维能力的转变和升级，数学深刻地改变了人类认识和改造世界的方式。对于新时代的数学研究和教育工作者而言，有责任将这些知识和能力的发展与革新及时体现到课程和教材改革等工作当中。

　　数学 "101 计划" 核心教材是我国高等教育领域数学教材的大型编写工程。作为教育部基础学科系列 "101 计划" 的一部分，数学 "101 计划" 旨在通过深化课程、教材改革，探索培养具有国际视野的数学拔尖创新人才，教材的编写是其中一项重要工作。教材是学生理解和掌握数学的主要载体，教材质量的高低对数学教育的变革与发展意义重大。优秀的数学教材可以为青年学生打下坚实的数学基础，培养他们的逻辑思维能力和解决问题的能力，激发他们进一步探索数学的兴趣和热情。为此，数学 "101 计划" 工作组统筹协调来自国内 16 所一流高校的师资力量，全面梳理知识点，强化协同创新，陆续编写完成符合数学学科 "教与学"特点，体现学术前沿，具备中国特色的高质量核心教材。此次核心教材的编写者均为具有丰富教学成果和教材编写经验的数学家，他们当中很多人不仅有国际视野，还在各自的研究领域作出杰出的工作成果。在教材的内容方面，几乎是包括了分析学、代数学、几何学、微分方程、概率论、现代分析、数论基础、代数几何基础、拓扑学、微分几何、应用数学基础、统计学基础等现代数学的全部分支方向。考虑到不同层次的学生需要，编写组对个别教材设置了不同难度的版本。同时，还及时结合现代科技的最新动向，特别组织编写《人工智能的数学基础》等相关教材。

　　数学 "101 计划" 核心教材得以顺利完成离不开所有参与教材编写和审订的专家、学者及编辑人员的辛勤付出，在此深表感谢。希望读者们能通过数学 "101计划" 核心教材更好地构建扎实的数学知识基础，锻炼数学思维能力，深化对数学的理解，进一步生发出自主学习探究的能力。期盼广大青年学生受益于这套核心教材，有更多的拔尖创新人才脱颖而出！

田　刚

数学 "101 计划" 工作组组长

中国科学院院士

北京大学讲席教授

"教育不是灌输，而是点燃火焰。"

——苏格拉底

"教育关注的是，如何调动并实现人的潜能，如何使内在灵性与可能性充分地生成，换言之，教育是人的灵魂的教育，而非理智知识和认识的堆集。"

——雅斯贝尔斯

"你连想改变别人的念头都不要有。要学习像太阳一样，只是发出光和热，每个人接收阳光的反应有所不同，有人觉得刺眼，有人觉得温暖，有人甚至躲开阳光。种子破土发芽前没有任何的迹象，是因为没到那个时间点。永远相信每个人都是自己的拯救者。"

——荣格

前　言

本书源自我在浙江大学的课程讲义。这是一门 64 学时的课程，共 32 讲，每讲 2 课时。为了便于课堂教学和学生自学，我采用了和常规教材不同的写作方式：将每讲作为一章来编排内容，使每章自成主题且在逻辑上层层递进，不同章节在次序上前后关联。因此，本书可看成把课堂如实呈现于书本的一次尝试。这样做的好处有两方面：一是使学生在学习中体验到内容的层次分明，节奏的起伏有致，有助于提升学习体验；二是为课堂教学提供一个切实可行的模板，教师只需按章讲解就能呈现较为完整的理论体系，省时又省力。在成书过程中，部分章节的内容做了拓展，因此书中呈现的比实讲内容稍多。授课同仁可按需取材，以适配课时和培养要求。

复变函数是一门优美的数学理论。要展示这种优美特性，教师对内容的个人解读显得尤为重要。学生正是透过教师的视角去看待和感受一门课程的。为了增加内容的可读性，我在严谨和直观这两种通常不能兼得的特点之间维持着微妙的平衡，处理材料时尽量在保证直观的基础上不失严谨，并适时将几何、拓扑融入教学内容中。本书在写作上始终坚持的一个原则是为性质、命题、定理提供更多有趣的应用。例如，复数的乘法性质和模长的三角不等式都是初等和基本的，看似玩不出新花样，但"复数与几何"一章用几例平面几何定理展示了这些性质的不平凡应用；绕数的同伦不变性是一个拓扑性质，可推出 Rouché 定理，但这并不足以表现它的未尽之美，"绕数与拓扑学"一章利用几个经典的拓扑学定理对这一性质做了发挥。其他章节的写作也是如此。"拾贝集"一章搜集了与分式线性变换、交比有关的案例；"级数求和"给出了留数定理的妙用；"有界区域的全纯自映射"表明正规族理论大有可为；"全纯映射的不动点"一章独立成趣，展示了辐角原理的应用潜力。

本书的最后几章也是以小专题的形式写成的。其中，"不等式的乐趣"与"等周不等式"两章源自后续复分析课程的部分内容。将它们收录在此，是因为它们作为一学期教学内容的综合应用，再合适不过。等周不等式的第一种证法与"面积–直径不等式"的证明是作者给出的，似乎未见于其他文献，姑且认为是"新"的。书中还有多处带有个人印记的地方，我尽量写得不着痕迹。无疑，写出一些新意带给我很多乐趣。

本书的课程体系受益于史济怀、刘太顺两位先生编著的优秀教材。尹永成教授清晰而富有质感的教学方式影响了作者的教法。邱维元教授审阅了书稿并提出了许多宝贵的修改意见。因王跃飞教授的支持与推动，本书得以入选"101 计划"系列教材。

在教学过程中，本书的部分内容得益于与历届助教，学生们的讨论，他们是：曹杰，陈浩森，刘师赫，彭震离，叶晓辰。朱文青为三位数学家（Cauchy，Weierstrass，Riemann）绘制了肖像图。

谨此致谢!

王晓光

2025 年 3 月

目 录

第一章

复　　数

1.1　复数域

为引入复数域, 我们从熟悉的实数集 $\mathbb{R}$ 讨论. 熟知, $\mathbb{R}$ 上有两个二元运算: 加法 "+" 和乘法 "·", 使之成为一个域. 现考虑

$$\mathbb{R}^2 = \{(x,y)|x,y \in \mathbb{R}\}.$$

它是一个二维实向量空间, 基为 $e_1 = (1,0), e_2 = (0,1)$. 任一向量 $\boldsymbol{u} = (x,y) = x\boldsymbol{e}_1 + y\boldsymbol{e}_2 \in \mathbb{R}^2$ 的长度定义为 $|\boldsymbol{u}| = \sqrt{x^2 + y^2}$. 两个向量 $\boldsymbol{u} = (x_1, y_1), \boldsymbol{v} = (x_2, y_2)$ 之和与差为

$$\boldsymbol{u} \pm \boldsymbol{v} = (x_1 \pm x_2, \ y_1 \pm y_2).$$

一个自然而基本的问题是: $\mathbb{R}^2$ 是否可赋予一个乘法运算, 使之成为一个域?

这个问题的回答是肯定的. 我们将在假设乘法满足一些自然的要求后, 把它构造出来. 同时可见, 在将 $\mathbb{R}$ 等同于 $\mathbb{R}^2$ 的子集 $\widehat{\mathbb{R}} = \{(x,0)|x \in \mathbb{R}\}$ 后, 此乘法是实数乘法的一个自然延拓! 这种方法具有启发性, 它出自 Richmond 的一篇论文[①]. 它也告诉我们, 为什么当 $n \geqslant 3$ 时, $\mathbb{R}^n$ 没有域结构 (见本章习题第 7 题).

我们将要找的乘法记为 "·", 先对它施加一些自然的要求. 为保证 $\widehat{\mathbb{R}}$ 等同于 $\mathbb{R}$, 乘法需以 $\boldsymbol{e}_1$ 为单位元, 即对任意 $\boldsymbol{u} \in \mathbb{R}^2$, 成立

$$\boldsymbol{u} \cdot \boldsymbol{e}_1 = \boldsymbol{e}_1 \cdot \boldsymbol{u} = \boldsymbol{u}.$$

此外, 有一虽不明显却也自然的要求, 即关于向量长度的可乘性:

$$|\boldsymbol{u} \cdot \boldsymbol{v}| = |\boldsymbol{u}||\boldsymbol{v}|, \ \forall \boldsymbol{u}, \boldsymbol{v} \in \mathbb{R}^2.$$

以下定理表明, 这两个条件足以确定唯一的乘法. 它满足交换性, 且使 $(\mathbb{R}^2, +, \cdot)$ 具有域结构.

[①] Richmond D E. Complex numbers and vector algebra. Amer. Math. Monthly. 1951, 58(9), 622-628.

定理 1.1　向量空间 $\mathbb{R}^2$ 上存在唯一的乘法 "$\cdot$", 满足

(1) (单位元) $\boldsymbol{u} \cdot \boldsymbol{e}_1 = \boldsymbol{e}_1 \cdot \boldsymbol{u} = \boldsymbol{u}$, $\forall \boldsymbol{u} \in \mathbb{R}^2$;

(2) (长度可乘性) $|\boldsymbol{u} \cdot \boldsymbol{v}| = |\boldsymbol{u}||\boldsymbol{v}|$, $\forall \boldsymbol{u}, \boldsymbol{v} \in \mathbb{R}^2$.

此乘法满足交换律, 且使 $(\mathbb{R}^2, +, \cdot)$ 成为域.

证明　对任意两向量

$$\boldsymbol{u} = (a, b) = a\boldsymbol{e}_1 + b\boldsymbol{e}_2, \ \boldsymbol{v} = (c, d) = c\boldsymbol{e}_1 + d\boldsymbol{e}_2,$$

利用乘法的第一条性质知

$$\boldsymbol{u} \cdot \boldsymbol{v} = ac\boldsymbol{e}_1 + (ad + bc)\boldsymbol{e}_2 + bd\boldsymbol{e}_2 \cdot \boldsymbol{e}_2.$$

由此可见 $\boldsymbol{u} \cdot \boldsymbol{v} = \boldsymbol{v} \cdot \boldsymbol{u}$. 因此乘法满足交换律. 同时可知, 要定义乘法, 关键是定义 $\boldsymbol{e}_2 \cdot \boldsymbol{e}_2$ 的值.

记 $\boldsymbol{e}_2 \cdot \boldsymbol{e}_2 = (x, y)$. 由长度可乘性知 $x^2 + y^2 = 1$. 另一方面

$$(\boldsymbol{e}_1 + \boldsymbol{e}_2) \cdot (\boldsymbol{e}_1 - \boldsymbol{e}_2) = \boldsymbol{e}_1 - \boldsymbol{e}_2 \cdot \boldsymbol{e}_2 = (1 - x, -y).$$

由 $|\boldsymbol{e}_1 + \boldsymbol{e}_2| = |\boldsymbol{e}_1 - \boldsymbol{e}_2| = \sqrt{2}$ 以及长度可乘性可得

$$4 = |(\boldsymbol{e}_1 + \boldsymbol{e}_2) \cdot (\boldsymbol{e}_1 - \boldsymbol{e}_2)|^2 = (1 - x)^2 + y^2.$$

由此求出 $x = -1$, $y = 0$. 这说明

$$\boldsymbol{e}_2 \cdot \boldsymbol{e}_2 = -\boldsymbol{e}_1.$$

由此得乘法定义 $\boldsymbol{u} \cdot \boldsymbol{v} = (ac - bd)\boldsymbol{e}_1 + (ad + bc)\boldsymbol{e}_2$, 即

$$(a, b) \cdot (c, d) = (ac - bd, ad + bc).$$

可验证, 此乘法以 $\boldsymbol{e}_1$ 为单位元. 等式

$$(ac - bd)^2 + (ad + bc)^2 = (a^2 + b^2)(c^2 + d^2)$$

表明乘法满足长度可乘性. 上述证明亦表明乘法唯一.

$\mathbb{R}^2$ 上两个运算 $+, \cdot$ 满足如下性质:

(1) 运算 $* \in \{+, \cdot\}$ 满足交换律 $\boldsymbol{u} * \boldsymbol{v} = \boldsymbol{v} * \boldsymbol{u}$, 结合律 $(\boldsymbol{u} * \boldsymbol{v}) * \boldsymbol{w} = \boldsymbol{u} * (\boldsymbol{v} * \boldsymbol{w})$;

(2) 加法有单位元 $\boldsymbol{0} = (0, 0)$, 乘法有单位元 $\boldsymbol{e}_1$;

(3) $\boldsymbol{u} = (a, b)$ 关于加法有逆元 $(-a, -b)$; 当 $\boldsymbol{u} \neq \boldsymbol{0}$ 时, 关于乘法有逆元

$$\left(\frac{a}{a^2 + b^2}, \ \frac{-b}{a^2 + b^2} \right).$$

(4) 分配律 $\boldsymbol{u} \cdot (\boldsymbol{v}_1 + \boldsymbol{v}_2) = \boldsymbol{u} \cdot \boldsymbol{v}_1 + \boldsymbol{u} \cdot \boldsymbol{v}_2$ 成立.

这说明 $(\mathbb{R}^2, +, \cdot)$ 是一个域. □

称 $(\mathbb{R}^2, +, \cdot)$ 为复数域, 简记为 $\mathbb{C}$.

假设 F 是一个域, 我们称之为有序域, 是指 F 上有一个二元关系 $<$ 满足如下四条性质:

(1) (三分性) 对任意 $a, b \in F$, 以下三种关系之一成立:

$$a < b, \ a = b, \ b < a;$$

(2) (传递性) $a < b, b < c \Longrightarrow a < c$;

(3) (平移不变性) $a < b \Longrightarrow a + c < b + c, \ \forall c \in F$;

(4) (保向性) $a < b, 0 < c \Longrightarrow a \cdot c < b \cdot c$.

易见, 任给有序集 Y, 在 $Y \times Y$ 有一个自然的字典序

$$(a, b) < (c, d) \Longleftrightarrow a < c \ \text{或} \ a = c, b < d.$$

复数域上的字典序满足除保向性之外的三条性质. 那么是否存在一个顺序使复数域成为有序域呢? 答案是否定的.

定理 1.2 复数域 $\mathbb{C}$ 不是有序域.

证明 采用反证法. 假设 $\mathbb{C}$ 是有序域. 先证明: 对任意 $\boldsymbol{u} \in \mathbb{C}$, 成立 $0 < \boldsymbol{u}^2$. 如果 $0 < \boldsymbol{u}$, 利用保向性得 $0 = 0 \cdot \boldsymbol{u} < \boldsymbol{u}^2$. 如果 $\boldsymbol{u} < 0$, 利用平移不变性得 $0 = \boldsymbol{u} - \boldsymbol{u} < 0 - \boldsymbol{u} = -\boldsymbol{u}$. 仍由保向性得 $0 < (-\boldsymbol{u}) \cdot (-\boldsymbol{u}) = \boldsymbol{u}^2$.

下面考虑 $\boldsymbol{e}_2$. 由上述讨论 $0 < \boldsymbol{e}_2^2 = -\boldsymbol{e}_1$, 因此 $\boldsymbol{e}_1 < 0$. 但这矛盾于 $0 < \boldsymbol{e}_1^2 = \boldsymbol{e}_1$.

□

1.2 复数的表示

在定理 1.1 赋予的乘法下, $(\mathbb{R}^2, +, \cdot)$ 成为复数域 $\mathbb{C}$. 不难验证 $\mathbb{R}^2$ 的子集 $\widehat{\mathbb{R}} = \{(x, 0) | x \in \mathbb{R}\}$ 与实数域同构, 同构映射即为坐标投影 $(x, 0) \mapsto x$. 这启发我们, 可将 $a\boldsymbol{e}_1 = (a, 0)$ 合理简记为 a, 同时将 $\boldsymbol{e}_2$ 记为 i. 利用 $\boldsymbol{e}_2^2 = -\boldsymbol{e}_1$, 可知 $\mathrm{i}^2 = -1$ (可按记号理解). 在此记号约定下, (a, b) 即为 $a + b\mathrm{i}$. 称 $z = a + b\mathrm{i}$ 为一个复数. 这样, 复数域可记为 $\mathbb{C} = \{a + b\mathrm{i} | a, b \in \mathbb{R}\}$. 每一个复数 $a + b\mathrm{i}$ 以自然的方式对应于平面 $\mathbb{R}^2$ 上的点 (a, b).

两个复数 $z = a + b\mathrm{i}$ 与 $w = c + d\mathrm{i}$ 的加法与乘法分别对应于:

$$z + w = (a + c) + (b + d)\mathrm{i},$$

$$zw = (a + bi)(c + di) = (ac - bd) + (ad + bc)i.$$

复数的加法和减法满足平行四边形法则, 如图 1.1 所示.

给定复数 $z = x + iy$, 其中 $x, y \in \mathbb{R}$. 称 x 为 z 的 实部 (real part), 记为 $\mathrm{Re}(z)$; y 为 z 的虚部 (imaginary part), 记为 $\mathrm{Im}(z)$. 如果 z 的实部为 0, 则称 z 为纯虚数.

复数 z 的模长定义为 $|z| = \sqrt{x^2 + y^2}$. 从几何上看, $|z|$ 表示原点到点 (x, y) 的距离. 复数 $z = x + iy$ 的共轭复数为 $\bar{z} = x - iy$.

复数的实部、虚部、模长、共轭满足如下基本性质:

$$\mathrm{Re}(z) = \frac{1}{2}(z + \bar{z}), \ \mathrm{Im}(z) = \frac{1}{2i}(z - \bar{z}),$$
$$|\mathrm{Re}(z)| \leqslant |z|, \ |\mathrm{Im}(z)| \leqslant |z|, \ \overline{zw} = \bar{z}\bar{w}, \ |z|^2 = z\bar{z}.$$

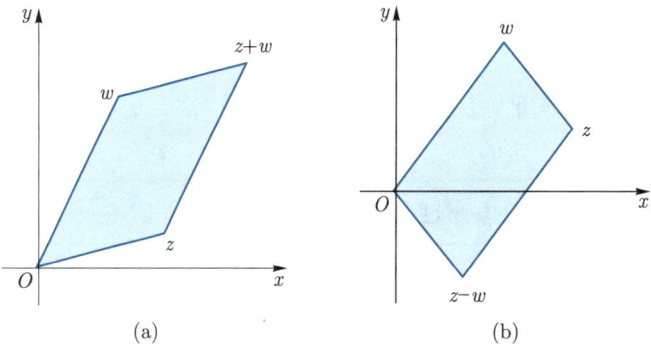

图 1.1 复数的加法和减法: 平行四边形法则

非零复数 $z = x + iy$ 也可写成极坐标形式 $z = r(\cos\theta + i\sin\theta)$, 其中 $r = |z|$, θ 为有向线段 $\overrightarrow{Oz}$ 与 x 轴正方向的夹角 (在相差 2π 的整数倍的意义下唯一). 称 θ 为复数 z 的辐角 (argument).

给定数学对象 A(比如实数, 复数, 矩阵, 微分算子等), 抽象符号 e^A 可按如下幂级数定义:

$$\mathrm{e}^A = \sum_{n=0}^{\infty} \frac{A^n}{n!}.$$

按此定义, 如果 $A = i\theta$, 利用 $i^2 = -1$, 可得

$$\mathrm{e}^{i\theta} = \sum_{n=0}^{\infty} \frac{(i\theta)^n}{n!} = \sum_{k=0}^{\infty}(-1)^k \frac{\theta^{2k}}{(2k)!} + i\sum_{k=0}^{\infty}(-1)^k \frac{\theta^{2k+1}}{(2k+1)!}.$$

上式右端实部和虚部分别为 $\cos\theta$ 和 $\sin\theta$ 的幂级数, 由此得

$$\mathrm{e}^{i\theta} = \cos\theta + i\sin\theta.$$

上式表明, 对任意 $\theta \in \mathbb{R}$, 记号 $\mathrm{e}^{\mathrm{i}\theta}$ 表示一个模长为 1 的复数. 在上式中令 $\theta = \pi$, 得 Euler 恒等式: $\mathrm{e}^{\mathrm{i}\pi} = -1$.

利用复数的乘法, 可以验证

$$
\begin{aligned}
\mathrm{e}^{\mathrm{i}\alpha} \cdot \mathrm{e}^{\mathrm{i}\beta} &= (\cos\alpha + \mathrm{i}\sin\alpha) \cdot (\cos\beta + \mathrm{i}\sin\beta) \\
&= (\cos\alpha\cos\beta - \sin\alpha\sin\beta) \\
&\quad + \mathrm{i}(\cos\alpha\sin\beta + \sin\alpha\cos\beta) \\
&= \cos(\alpha + \beta) + \mathrm{i}\sin(\alpha + \beta) = \mathrm{e}^{\mathrm{i}(\alpha+\beta)}.
\end{aligned}
$$

上式蕴涵 $\mathrm{e}^{\mathrm{i}\theta} \cdot \mathrm{e}^{-\mathrm{i}\theta} = 1$, 因此 $(\mathrm{e}^{\mathrm{i}\theta})^{-1} = \mathrm{e}^{-\mathrm{i}\theta}$.

由此, 成立如下的 de Moivre 公式

$$
(\mathrm{e}^{\mathrm{i}\theta})^n = (\cos\theta + \mathrm{i}\sin\theta)^n = \cos n\theta + \mathrm{i}\sin n\theta = \mathrm{e}^{\mathrm{i}n\theta}, \ n \in \mathbb{Z}.
$$

这样得两个复数 $z = r\mathrm{e}^{\mathrm{i}\alpha}$ 与 $w = \rho\mathrm{e}^{\mathrm{i}\beta}$ 的积与商

$$
zw = r\rho\mathrm{e}^{\mathrm{i}(\alpha+\beta)}, \ z/w = (r/\rho)\mathrm{e}^{\mathrm{i}(\alpha-\beta)} \ (w \neq 0).
$$

直观上, 复数的乘法和除法满足相似三角形法则, 见图 1.2.

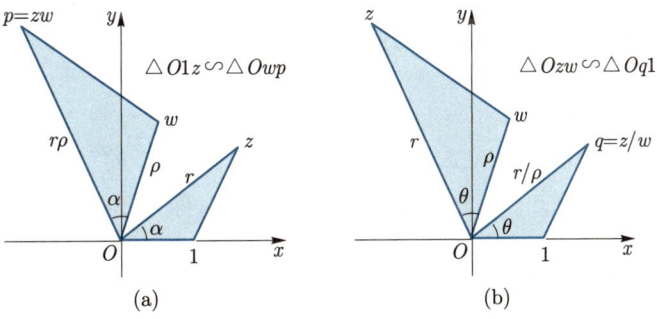

图 1.2　复数的乘法和除法: 相似三角形法则

将平面向量 (x, y) 与复数 $z = x + \mathrm{i}y$ 等同起来. 任给两个复数 $z_1 = r_1\mathrm{e}^{\mathrm{i}\theta_1} = x_1 + \mathrm{i}y_1$, $z_2 = r_2\mathrm{e}^{\mathrm{i}\theta_2} = x_2 + \mathrm{i}y_2$, 显然

$$
\mathrm{Re}(z_1\overline{z_2}) = r_1 r_2 \cos(\theta_1 - \theta_2) = x_1 x_2 + y_1 y_2
$$

表示向量 z_1, z_2 的内积. 由此可知, 非零向量 z_1, z_2 垂直的充要条件是 $\mathrm{Re}(z_1\overline{z_2}) = 0$.

> **例题 1.1**　平面直线 L 的法向为 $\alpha \in \mathbb{C} \setminus \{0\}$. 证明 L 的方程为
>
> $$
> \overline{\alpha}z + \alpha\overline{z} = c,
> $$

其中 c 为实数. 进一步, z_1, z_2 关于直线 L 对称的充要条件是

$$\overline{\alpha} z_1 + \alpha \overline{z_2} = c.$$

证明   如图 1.3(a) 所示, 取定 $z_0 \in L$, 任取 $z \in L$. 作为向量, $z - z_0$ 与 α 垂直. 因此 $\operatorname{Re}((z - z_0)\overline{\alpha}) = 0$. 此式等价于

$$\overline{\alpha} z + \alpha \overline{z} = \overline{\alpha} z_0 + \alpha \overline{z_0} := c \in \mathbb{R}.$$

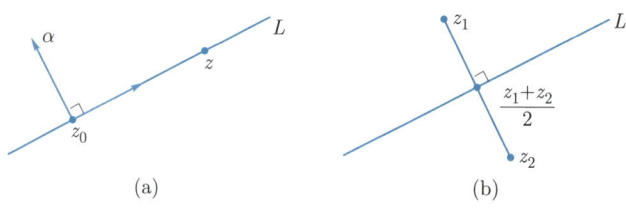

图 1.3

如图 1.3(b) 所示, 若 z_1, z_2 关于直线 L 对称, 则 $z_1 - z_2$ 与 α 平行 (即 $(z_1 - z_2)/\alpha$ 为实数), 且 $(z_1 + z_2)/2$ 在直线上, 由此得两等式

$$\begin{cases} \overline{\alpha}(z_1 - z_2) = \alpha(\overline{z_1} - \overline{z_2}), \\ \overline{\alpha}(z_1 + z_2) + \alpha(\overline{z_1} + \overline{z_2}) = 2c. \end{cases}$$

整理得 $\overline{\alpha} z_1 + \alpha \overline{z_2} = c$.

反之, 假设 z_1, z_2 满足等式 $\overline{\alpha} z_1 + \alpha \overline{z_2} = c$. 记 z_1 关于 L 的对称点为 z_1^*. 由上述推导, $\overline{\alpha} z_1 + \alpha \overline{z_1^*} = c$. 由此知, $z_1^* = z_2$, 即 z_1, z_2 关于 L 对称.   □

例题 1.2   求三角和 (其中 $\theta \in \mathbb{R}$)

$$C_n(\theta) := \sum_{k=1}^{n} \cos k\theta, \ S_n(\theta) := \sum_{k=1}^{n} \sin k\theta.$$

解   考虑复形式

$$C_n(\theta) + \mathrm{i} S_n(\theta) = \sum_{k=1}^{n} (\cos k\theta + \mathrm{i} \sin k\theta) = \sum_{k=1}^{n} \mathrm{e}^{\mathrm{i}k\theta} := A.$$

若 $\mathrm{e}^{\mathrm{i}\theta} = 1$ (等价于 $\theta \in 2\pi\mathbb{Z}$), 则 $A = n$, 此时 $C_n(\theta) = n$, $S_n(\theta) = 0$. 若 $\mathrm{e}^{\mathrm{i}\theta} \neq 1$, 则 $A - \mathrm{e}^{\mathrm{i}\theta} A = \mathrm{e}^{\mathrm{i}\theta}(1 - \mathrm{e}^{\mathrm{i}n\theta})$, 从而

$$A = \frac{\mathrm{e}^{\mathrm{i}\theta}(1 - \mathrm{e}^{\mathrm{i}n\theta})}{1 - \mathrm{e}^{\mathrm{i}\theta}} = \frac{\sin(n\theta/2)}{\sin(\theta/2)} \mathrm{e}^{\mathrm{i}(n+1)\theta/2}.$$

$$\Longrightarrow \begin{cases} C_n(\theta) = \mathrm{Re}(A) = \sin(n\theta/2)\cos((n+1)\theta/2)/\sin(\theta/2), \\ S_n(\theta) = \mathrm{Im}(A) = \sin(n\theta/2)\sin((n+1)\theta/2)/\sin(\theta/2). \end{cases}$$

可以验证, $\mathrm{e}^{\mathrm{i}\theta} = 1$ 的情形也满足上式. $\qquad\square$

1.3 两个不等式

> **命题 1.1 (模长三角不等式)** 任给 $n \geqslant 2$ 个复数 $z_1, \cdots, z_n$, 成立不等式
>
> $$\Big| \sum_{k=1}^{n} z_k \Big| \leqslant \sum_{k=1}^{n} |z_k|.$$
>
> 等号成立当且仅当 $z_1, \cdots, z_n$ 的非零项可取到相同的辐角.

证明 不妨假设 $\displaystyle\sum_{k=1}^{n} z_k$ 非零 (否则结论显然成立), 记其一个辐角为 θ, 则

$$\Big| \sum_{k=1}^{n} z_k \Big| = \mathrm{e}^{-\mathrm{i}\theta} \sum_{k=1}^{n} z_k = \mathrm{Re}\Big(\mathrm{e}^{-\mathrm{i}\theta} \sum_{k=1}^{n} z_k \Big)$$

$$= \sum_{k=1}^{n} \mathrm{Re}(\mathrm{e}^{-\mathrm{i}\theta} z_k) \leqslant \sum_{k=1}^{n} |\mathrm{e}^{-\mathrm{i}\theta} z_k| = \sum_{k=1}^{n} |z_k|.$$

由上式, 等号成立当且仅当 $\mathrm{e}^{-\mathrm{i}\theta} z_k, 1 \leqslant k \leqslant n$ 都是非负实数. 这说明 $z_1, \cdots, z_n$ 的非零项有相同的辐角 θ. $\qquad\square$

> **命题 1.2 (Cauchy-Schwarz 不等式)** 任给复数 $z_1, \cdots, z_n, w_1, \cdots, w_n$, 有
>
> $$\Big| \sum_{j=1}^{n} z_j w_j \Big|^2 \leqslant \Big(\sum_{j=1}^{n} |z_j|^2 \Big) \Big(\sum_{j=1}^{n} |w_j|^2 \Big).$$
>
> 等号成立当且仅当 $(z_1, \cdots, z_n)$ 与 $(\overline{w_1}, \cdots, \overline{w_n})$ 相差复常数倍.

证明 如果 $\displaystyle\sum_{j=1}^{n} |w_j|^2 = 0$, 则所有 $w_j = 0$, 不等式显然成立. 不妨假设 $\displaystyle\sum_{j=1}^{n} |w_j|^2 > 0$. 显然, 对任意复数 $\lambda \in \mathbb{C}$, 成立

$$\sum_{j=1}^{n} |z_j - \lambda \bar{w}_j|^2 = \sum_{j=1}^{n} |z_j|^2 + |\lambda|^2 \sum_{j=1}^{n} |w_j|^2 - 2\mathrm{Re}\Big(\bar{\lambda} \sum_{j=1}^{n} z_j w_j \Big) \geqslant 0.$$

在上式中取

$$\lambda = \sum_{j=1}^{n} z_j w_j \Big/ \sum_{j=1}^{n} |w_j|^2$$

可得

$$\sum_{j=1}^{n} |z_j|^2 \geqslant \Big| \sum_{j=1}^{n} z_j w_j \Big|^2 \Big/ \sum_{j=1}^{n} |w_j|^2.$$

即为 Cauchy-Schwarz 不等式. 等号成立条件如命题所言. □

1.4　Lagrange 恒等式

为引入 Lagrange 恒等式, 先考虑一个几何极值问题:

假设三角形的三顶点在单位圆周 $\{|z| = 1\}$ 上, 三角形三边长平方和的最大值是多少? 进一步, 如果 $n(n \geqslant 3)$ 边形的顶点 $z_1, z_2, \cdots, z_n$ 在单位圆周上, 求所有顶点间距离平方和的最大值

$$\max_{|z_1|, \cdots, |z_n| = 1} \sum_{1 \leqslant j < k \leqslant n} |z_j - z_k|^2.$$

问题求解的关键在于如下的恒等式: 对任意 $z_1, \cdots, z_n \in \mathbb{C}$,

$$\sum_{1 \leqslant j < k \leqslant n} |z_j - z_k|^2 = n \sum_{j=1}^{n} |z_j|^2 - \Big| \sum_{j=1}^{n} z_j \Big|^2.$$

特别地, 如果 $|z_1| = \cdots = |z_n| = 1$, 则上式右端为

$$n^2 - \Big| \sum_{j=1}^{n} z_j \Big|^2 \leqslant n^2.$$

由此可见, 达到最大值当且仅当 $\sum_{j=1}^{n} z_j = 0$, 即 n 边形的重心为 0. 此时, 如果 $n = 3$, 则 z_1, z_2, z_3 是正三角形的顶点 (见本章习题第 3 题, 请读者自证); 如果 $n \geqslant 4$, 则 $z_1, \cdots, z_n$ 不必为正 n 边形的顶点 (读者不难举例).

上面恒等式的一般形式为 Lagrange 恒等式:

定理 1.3　给定 $2n$ 个复数 $z_1, \cdots, z_n, w_1, \cdots, w_n$, 成立恒等式

$$\Big| \sum_{j=1}^{n} z_j w_j \Big|^2 = \Big(\sum_{j=1}^{n} |z_j|^2 \Big) \Big(\sum_{j=1}^{n} |w_j|^2 \Big) - \sum_{1 \leqslant j < k \leqslant n} |z_j \bar{w}_k - z_k \bar{w}_j|^2.$$

特别地,

$$\sum_{1 \leqslant j < k \leqslant n} |z_j - z_k|^2 = n \sum_{j=1}^{n} |z_j|^2 - \left| \sum_{j=1}^{n} z_j \right|^2.$$

证明   直接利用模长定义

$$\left| \sum_{j=1}^{n} z_j w_j \right|^2 = \left(\sum_{j=1}^{n} z_j w_j \right) \left(\sum_{j=1}^{n} \bar{z}_j \bar{w}_j \right)$$

$$= \sum_{k=1}^{n} |z_k|^2 |w_k|^2 + \sum_{j \neq k} z_j w_j \bar{z}_k \bar{w}_k$$

$$= \left(\sum_{j=1}^{n} |z_j|^2 \right) \left(\sum_{k=1}^{n} |w_k|^2 \right) - \sum_{j \neq k} |z_j|^2 |w_k|^2 + \sum_{j \neq k} z_j w_j \bar{z}_k \bar{w}_k$$

$$= \left(\sum_{j=1}^{n} |z_j|^2 \right) \left(\sum_{k=1}^{n} |w_k|^2 \right) - \sum_{1 \leqslant j < k \leqslant n} |z_j \bar{w}_k - z_k \bar{w}_j|^2.$$

在上式中取所有 $w_k = 1$, 得特例.   □

Lagrange 恒等式的一个推论是 Cauchy-Schwarz 不等式 (定理 1.2), 另一个应用是证明 Carelman 不等式的取等条件 (详见 "等周不等式" 一章).

1.5   习题

"你们的事业的成长, 应像一棵树的成长一样. 应该是顺其自然的、无间断的和全面的. 我希望你们的根能够在这个学院的沃土下面尽量深入, 以使你们的树干长的既粗且壮. 这样, 将来无论树叶多么茂盛丰满, 也永远不会有水分供应不暇的毛病. 在上空将不时有狂风大雨, 亦会有行雷闪电. 所以切勿长得太快太高."

——罗伦士奥利维亚, 英国演员, 1947

1. (Euler 等式) 利用复数的性质证明 Euler 的一个等式

$$\arctan \left(\frac{1}{2} \right) + \arctan \left(\frac{1}{3} \right) = \frac{\pi}{4}.$$

2. (常用不等式) 给定复数 a, z 满足 $|a| < 1, |z| < 1$. 证明:

$$\frac{||z| - |a||}{1 - |a||z|} \leqslant \left| \frac{z - a}{1 - a\bar{z}} \right| \leqslant \frac{|z| + |a|}{1 + |a||z|} < 1.$$

3. (单位圆周上的正三角形) 给定单位圆周上三个点 z_1, z_2, z_3, 证明 z_1, z_2, z_3 是正三角形的三个顶点的充要条件是 $z_1 + z_2 + z_3 = 0$.

4. (恒等式) 给定两个复数 z_1, z_2, 证明恒等式

$$|z_1 + z_2|^2 + |z_1 - z_2|^2 = 2(|z_1|^2 + |z_2|^2),$$

并说明等式的几何意义.

5. (复数的几何性质) 单位圆周上 $2n + 1$ 个复数 $z_1, \cdots, z_{2n+1}$ 在直径一侧, 证明 $|z_1 + \cdots + z_{2n+1}| \geqslant 1$.

6. (复数的矩阵表示) 本题研究 $\mathbb{C}$ 与一类矩阵的对应. 定义 2×2 矩阵

$$M(a, b) = \begin{bmatrix} a & -b \\ b & a \end{bmatrix},$$

其中 $a, b \in \mathbb{R}$. 这类矩阵集合记为 $\mathcal{M}$.

(1) 证明

$$M(a, 0) + M(b, 0) = M(a + b, 0), \quad M(a, 0)M(b, 0) = M(ab, 0);$$

(2) 计算 $M(a, b)M(c, d)$, 由此说明 $M(0, 1)^2 = -M(1, 0)$;

(3) 证明: 对应 $M(a, b) \mapsto a + ib$ 给出了 $\mathcal{M}$ 与 $\mathbb{C}$ 之间的同构.

7. ($\mathbb{R}^3$ 没有域结构) 向量空间 $\mathbb{R}^3$ 的一组基为

$$\boldsymbol{e}_1 = (1, 0, 0), \boldsymbol{e}_2 = (0, 1, 0), \boldsymbol{e}_3 = (0, 0, 1).$$

证明 $\mathbb{R}^3$ 没有乘法同时满足以下性质:

(1) (单位元) $\boldsymbol{u} \cdot \boldsymbol{e}_1 = \boldsymbol{e}_1 \cdot \boldsymbol{u} = \boldsymbol{u}$, $\forall \boldsymbol{u} \in \mathbb{R}^3$;

(2) (交换性) $\boldsymbol{u} \cdot \boldsymbol{v} = \boldsymbol{v} \cdot \boldsymbol{u}$, $\forall \boldsymbol{u}, \boldsymbol{v} \in \mathbb{R}^3$;

(3) (长度可乘性) $|\boldsymbol{u} \cdot \boldsymbol{v}| = |\boldsymbol{u}||\boldsymbol{v}|$, $\forall \boldsymbol{u}, \boldsymbol{v} \in \mathbb{R}^3$.

按照如下思路给出详细过程: 反证, 假设乘法存在, 则

(1) 通过计算 $(\boldsymbol{e}_1 + \boldsymbol{e}_2) \cdot (\boldsymbol{e}_1 - \boldsymbol{e}_2)$, $(\boldsymbol{e}_1 + \boldsymbol{e}_3) \cdot (\boldsymbol{e}_1 - \boldsymbol{e}_3)$, 证明

$$\boldsymbol{e}_2 \cdot \boldsymbol{e}_2 = -\boldsymbol{e}_1, \quad \boldsymbol{e}_3 \cdot \boldsymbol{e}_3 = -\boldsymbol{e}_1.$$

(2) 证明 $(\boldsymbol{e}_2 + \boldsymbol{e}_3) \cdot (\boldsymbol{e}_2 - \boldsymbol{e}_3) = \boldsymbol{0}$, 由此得矛盾.

第二章

复数与几何

2.1 Fermat 问题

Fermat 是 17 世纪的一位法国律师, 业余时间从事数学研究, 因在数学上的杰出贡献而被称为 "业余数学之王". 1643 年, Fermat 在给意大利物理学家与数学家 Torricelli 的一封信中提出了如下问题:

在三角形内找一点, 使其到三角形顶点的距离之和最小.

Torricelli 很快找到了答案. 他发现当三角形的内角都不超过 $2\pi/3$, 并且 P 到三顶点的连线张角都为 $2\pi/3$ 时, 距离之和达到最小. 为纪念这两位数学家, 这个点通常被称为 Fermat-Torricelli 点, 记为 P_*, 如图 2.1 所示.

为讨论需要, 将符号简化: 在不致混淆时, 亦用 A, B, C 表示相应的复数. 任给平面上一点 P, 定义距离函数

$$d(P) = |A - P| + |B - P| + |C - P|.$$

> **定理 2.1 (Fermat-Torricelli)** 假设 $\triangle ABC$ 每个内角都不超过 $2\pi/3$. 对于平面上任意一点 P, 成立
> $$d(P) \geqslant d(P_*) = |A + B\omega^2 + C\omega|, \tag{2.1}$$
> 其中 $\omega = e^{2\pi i/3}$. 上式等号成立当且仅当 $P = P_*$.

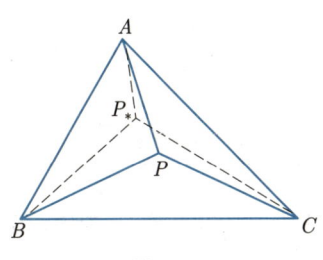

图 2.1

证明　首先注意到 Fermat-Torricelli 点 P_* 满足

$$A - P_*, \ (B - P_*)\omega^2, \ (C - P_*)\omega$$

辐角相等. 反之, 利用几何知识知, 满足此性质的点必然是 P_*. 利用复数模长的三角不等式得

$$
\begin{aligned}
d(P) &= |A - P| + |B - P| + |C - P| \\
&= |A - P| + |(B - P)\omega^2| + |(C - P)\omega| \\
&\geqslant |A + B\omega^2 + C\omega - P(1 + \omega + \omega^2)| \\
&= |A + B\omega^2 + C\omega| \\
&= |A - P_* + (B - P_*)\omega^2 + (C - P_*)\omega| \\
&= |A - P_*| + |B - P_*| + |C - P_*| \\
&= d(P_*).
\end{aligned}
$$

由此得不等式. 以上证明颇为巧妙的一步是对复数乘以 ω^2, ω 的变形, 以及基本事实 $1 + \omega + \omega^2 = 0$ 的运用 (可使 P 这一变量消失). 这个定理留下了两个自然的问题:

(1) 如果三角形有内角至少为 $2\pi/3$, 结论又如何?

(2) 表达式 $|A + B\omega^2 + C\omega|$ 有什么几何意义?

未尽之意, 留作思考的余地.

2.2　Heron 公式

在 1 世纪的古埃及亚历山大城, 有一位数学家与工程师 Heron (10—70). 此人也是一位发明家, 众多发明中以风车最为有名. 遗憾的是, 他的大部分手稿与设计都已遗失, 因此无从得知其全部科学成就. 他在数学方面的代表作为《测量术》(metrica), 该书的原稿于 1896 年被发现. 在这本书中, 他给出了三角形的面积公式. 这个公式后来也被中国南宋数学家秦九韶在《数书九章》(1247) 中独立得到.

> **定理 2.2 (Heron)**　平面三角形 $\triangle ABC$ 三边长记为 a, b, c, 半周长记为 p, 面积记为 S. 则有恒等式
> $$S = \sqrt{p(p - a)(p - b)(p - c)}.$$

证明　如图 2.2 所示, 记 O 为内切圆圆心, r 为内切圆半径. 从三个顶点 B, C, A 到内切圆切点的长度分别记为 x, y, z, 则成立

$$x + y = a,\ y + z = b,\ x + z = c.$$

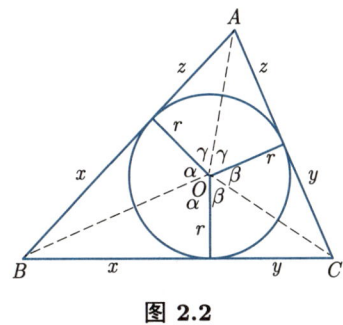

图 2.2

由此解出

$$x = p - b,\ y = p - c,\ z = p - a.$$

构造如下复数:

$$r + \mathrm{i}x = u\mathrm{e}^{\mathrm{i}\alpha},\ r + \mathrm{i}y = v\mathrm{e}^{\mathrm{i}\beta},\ r + \mathrm{i}z = w\mathrm{e}^{\mathrm{i}\gamma}.$$

这里, u, v, w 分别为 OB, OC, OA 的长度, α, β, γ 分别为圆心到顶点的线段与圆心到切点的半径之间的夹角. 由复数乘法的性质与 $\alpha + \beta + \gamma = \pi$ 可知,

$$(r + \mathrm{i}x)(r + \mathrm{i}y)(r + \mathrm{i}z) = uvw\mathrm{e}^{\mathrm{i}\pi} = -uvw.$$

另一方面, 上式左端展开得

$$(r + \mathrm{i}x)(r + \mathrm{i}y)(r + \mathrm{i}z) = r^3 + \mathrm{i}r^2(x + y + z) - r(xy + yz + xz) - \mathrm{i}xyz.$$

比较两种方式的值可知, 上式虚部为零. 由此得

$$r = \sqrt{\frac{xyz}{x + y + z}} = \sqrt{(p - a)(p - b)(p - c)/p}.$$

于是得三角形面积

$$S = rp = \sqrt{p(p - a)(p - b)(p - c)}.$$

注　圆内接四边形的边长依次记为 a, b, c, d, 则其面积为

$$A = \sqrt{(p - a)(p - b)(p - c)(p - d)},$$

其中 p 为半周长. 此公式被 7 世纪的印度数学家与天文学家 Brahmagupta (婆罗摩笈多, 598—668) 发现. Heron 公式可视为上式在 $d = 0$ 时的退化情形. 如果圆内接四边形同时也是 (另一个圆的) 圆外切四边形, 则

$$A = \sqrt{abcd}.$$

2.3 Ptolemy-Euler 定理

> **定理 2.3 (Ptolemy-Euler)**   假设 $ABCD$ 是平面四边形, 顶点按逆时针排列, 如图 2.3 所示, 则边长与对角线长度满足不等式
>
> $$AC \cdot BD \leqslant AB \cdot CD + BC \cdot AD.$$
>
> 等号成立当且仅当 $ABCD$ 是圆内接四边形.

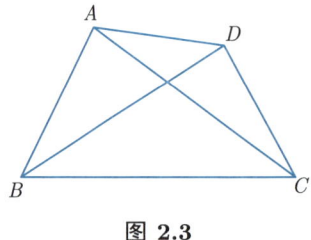

图 2.3

　　定理中圆内接四边形满足的等式情形称为 Ptolemy 定理, 一般情形的不等式被 Euler 证明. 此定理证法众多, 这里给出利用复数性质的简洁证明.

　　证明   假设 A, B, C, D 对应的复数分别为 a, b, c, d. 容易验证恒等式

$$(a - c)(b - d) = (a - b)(c - d) + (b - c)(a - d).$$

利用复数模长的三角不等式得

$$|a - c| \cdot |b - d| \leqslant |a - b| \cdot |c - d| + |b - c| \cdot |a - d|.$$

此不等式即为所求. 等号成立的充要条件是

$$\frac{(b - c)(a - d)}{(a - b)(c - d)} = \frac{BC \cdot AD}{AB \cdot CD} e^{i(\pi + \angle DAB + \angle BCD)}$$

为正实数, 即 $\angle DAB + \angle BCD = \pi$, 等价于 $ABCD$ 四点共圆. □

　　注   Ptolemy-Euler 定理可推广到 $\mathbb{R}^n$ 中: 任给四点 $\boldsymbol{a}, \boldsymbol{b}, \boldsymbol{c}, \boldsymbol{d} \in \mathbb{R}^n$, 成立不等式

$$|\boldsymbol{a} - \boldsymbol{c}||\boldsymbol{b} - \boldsymbol{d}| \leqslant |\boldsymbol{a} - \boldsymbol{b}||\boldsymbol{c} - \boldsymbol{d}| + |\boldsymbol{a} - \boldsymbol{d}||\boldsymbol{b} - \boldsymbol{c}|.$$

等式成立当且仅当四点 (按次序) 共圆或共线.

2.4 Napoleon 定理

Napoleon(拿破仑·波拿巴) 是 19 世纪的法国军事家、政治家、法兰西第一帝国的皇帝. 他热爱数学, 鼓励科学研究与技术教育事业, 被授予法兰西科学院院士. 他认为一个国家只有数学蓬勃发展, 才能展现国力的强大, 数学的发展和至善与国家的繁荣昌盛密切相关. 平面几何中的 Napoleon 定理, 简洁优美, 见之忘俗.

> **定理 2.4** (Napoleon) 假设 $\triangle z_1 z_2 z_3$ 是任意三角形, 沿每条边向外作正三角形, 得三个正三角形 $\triangle w_1 z_2 z_1$, $\triangle z_2 w_2 z_3$, $\triangle z_1 z_3 w_3$, 其中心分别记为 a, b, c. 则 $\triangle abc$ 是正三角形.

证明 为证此结论, 先证一事实: 如图 2.4 所示, 假设三角形顶点 z_1, z_2, z_3 在边界上按逆时针排列, 则

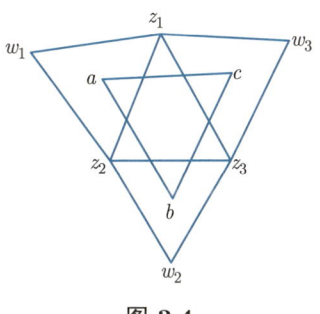

图 2.4

$$\triangle z_1 z_2 z_3 \text{ 是正三角形} \iff z_1 + \omega z_2 + \omega^2 z_3 = 0,$$

其中 $\omega = \mathrm{e}^{2\pi\mathrm{i}/3}$. 事实上, 只需注意到

$$\triangle z_1 z_2 z_3 \text{是正三角形} \iff z_1 - z_2 = (z_3 - z_2)\mathrm{e}^{\pi\mathrm{i}/3}$$
$$\iff z_1 + (\mathrm{e}^{\pi\mathrm{i}/3} - 1)z_2 - \mathrm{e}^{\pi\mathrm{i}/3} z_3 = 0$$
$$\iff z_1 + \omega z_2 + \omega^2 z_3 = 0.$$

另一个基本事实: $\triangle z_1 z_2 z_3$ 的重心 q 与顶点的关系

$$3q = z_1 + z_2 + z_3.$$

利用这些事实, 接下来证明 Napoleon 定理:

$$\triangle w_1 z_2 z_1 \text{是正三角形} \iff w_1 + \omega z_2 + \omega^2 z_1 = 0,$$
$$\triangle z_2 w_2 z_3 \text{是正三角形} \iff z_2 + \omega w_2 + \omega^2 z_3 = 0,$$

$$\triangle z_1 z_3 w_3 \text{是正三角形} \Longleftrightarrow z_1 + \omega z_3 + \omega^2 w_3 = 0.$$

上面右端三式相加得

$$(w_1 + z_2 + z_1) + \omega(z_2 + w_2 + z_3) + \omega^2(z_1 + z_3 + w_3) = 0.$$

上式等价于 $a + \omega b + \omega^2 c = 0$, 即 $\triangle abc$ 是正三角形. $\square$

该证明堪称数形结合的典范.

> **注** Napoleon 定理有很多有趣的推广. 1937 年, Thebault 将 Napoleon 定理推广到四边形的情形: 沿平行四边形每条边向外作正方形, 所得四个正方形的中心为正方形的四顶点. 后来 Barlotti 将此事实推广到多边形的情形: 沿仿射正 n 边形的每条边向外作正 n 边形, 得到 n 个正 n 边形的中心为正 n 边形的顶点. 这里, 仿射正 n 边形指正 n 边形在仿射变换下的像.
>
> Napoleon 定理有另一种形式: 沿三角形每条边向内侧作正三角形, 得到的三个正三角形的中心也构成正三角形的顶点. 证明类似, 留给读者.

2.5 习题

"11 岁时, 我开始学习 Euclid 的《几何原本》, 并请我的哥哥当老师. 这是我人生中的一件大事, 犹如初恋般令我神魂颠倒."

——伯特兰·罗素

1. (平行四边形的特征) 证明平面上四个点 z_1, z_2, z_3, z_4 依次为平行四边形的四个顶点的充要条件是

$$z_1 - z_2 + z_3 - z_4 = 0.$$

2. (单位圆周上的矩形) 给定单位圆周上的依次四点 z_1, z_2, z_3, z_4, 证明这四点是一矩形的顶点的充要条件是

$$z_1 + z_2 + z_3 + z_4 = 0.$$

3. (Thebault 定理, 1937) 沿着平行四边形的每边向外作正方形, 证明得到的四个正方形的中心也构成正方形的四个顶点.

4. (正三角形) 假设 $ABCDEF$ 是单位圆周上的六边形, 满足 $AB = CD = EF = 1$. 记 BC 中点为 X, DE 中点为 Y, FA 中点为 Z, 证明 $\triangle XYZ$ 是正三角形.

5. (三点共线) 证明三点 z_1, z_2, z_3 共线的充要条件是

$$\begin{vmatrix} z_1 & \bar{z}_1 & 1 \\ z_2 & \bar{z}_2 & 1 \\ z_3 & \bar{z}_3 & 1 \end{vmatrix} = 0.$$

6. (凸多边形的内点) 假设 $z_1, \cdots, z_n$ 是凸 n 边形的 n 个顶点, a 满足

$$\frac{1}{z_1 - a} + \cdots + \frac{1}{z_n - a} = 0,$$

证明 a 在凸 n 边形的内部.

7. (三角恒等式) 证明

$$\sin\frac{\pi}{n} \sin\frac{2\pi}{n} \cdots \sin\frac{(n-1)\pi}{n} = \frac{n}{2^{n-1}}.$$

提示: 考虑方程 $(z+1)^n = 1$ 的 $n-1$ 个非零根的乘积.

8. (van Aubel 定理) 沿凸四边形的每边向外侧作一个正方形, 将相对正方形的中心相连. 证明得到的两条线段垂直等长.

9. (等差幂线定理) $\triangle ABC$ 内部有一点 D, 证明

$$AD \perp BC \iff BA^2 - BD^2 = CA^2 - CD^2.$$

提示: 记四点对应复数分别为 a, b, c, d. 则

$$|b-a|^2 - |b-d|^2 = |c-a|^2 - |c-d|^2.$$

上式等价于 $\mathrm{Re}((a-d)(\bar{b}-\bar{c})) = 0$.

10. (荒岛寻宝) 从前有个年轻的探险家, 他在曾祖父的遗物中发现了一张羊皮卷, 上面标注了一个宝藏的位置. 它这样写道: "在北纬 ××× 度, 西经 ××× 度有一座荒岛. 岛的北岸有一片草地, 草地上有一棵橡树和一棵松树, 还有一座绞架. 那是曾绞死叛变者的地方. 从绞架走到橡树, 然后右拐直角走同样步数, 在这里打第一个桩. 从绞架走到松树, 然后左拐直角走同样步数, 在这里打第二个桩. 两桩连线中点即为宝藏所在". 这位年轻人马上租船前往此岛. 但令他大失所望的是, 虽然橡树和松树仍在, 但经风吹雨淋, 绞架已溃烂成土, 无迹可寻. 请问这位年轻人能找到宝藏吗?

11. (复数的几何性质) 给定 $n \geqslant 1$ 个复数 $z_1, \cdots, z_n$, 模长都不超过 1. 证明: 存在 $\varepsilon_k \in \{\pm 1\}$, 满足 $|\varepsilon_1 z_1 + \cdots + \varepsilon_n z_n| \leqslant \sqrt{2}$.

12. (复数的几何性质) 单位圆周上正 n 边形的顶点依次为 $P_1, \cdots, P_n$. Q 为单位圆周上一点, 记 QP_k 为线段长度. 证明

$$\max_Q \prod_{k=1}^{n} QP_k = 2,$$

$$\max_Q \sum_{k=1}^{n} QP_k = \frac{2}{\sin(\pi/(2n))}.$$

13. (Euler 线) 瑞士数学家 Euler 在 1765 年证明了如下定理: 三角形的外心、垂心、重心三点共线, 且外心到重心的距离是垂心到重心的距离的一半. 请给出证明.

提示: 假设 $\triangle z_1 z_2 z_3$ 外接于单位圆, 证明其重心 w 和垂心 ζ 的坐标:

$$w = (z_1 + z_2 + z_3)/3, \ \zeta = z_1 + z_2 + z_3.$$

14. (Simson 定理) 单位圆周上三点 X, Y, Z, 过 Z 作线段 $[X, Y]$ 的垂线, 交点为 W, 证明:

$$W = \frac{1}{2}(X + Y + Z - XY\overline{Z}).$$

利用上式, 证明 Simson 定理: 在 $\triangle ABC$ 的外接圆上取一点 D, 分别作三边 AB, BC, CA 的垂线, 垂足为 E, F, G, 则 E, F, G 三点共线, 见图 2.5.

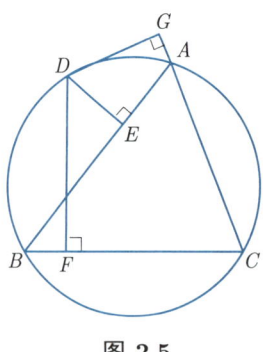

图 2.5

15. (Morley 定理) 将三角形的每个内角作三等分, 靠近每条边的两条三等分线相交得到一个交点, 如此得到的三个交点是正三角形的顶点.

利用复数的方法证明思路如下, 请补充细节: 假设三角形外接于单位圆. 所有的三等分线与圆周相交于 6 个点, 加上三角形的三顶点 A, B, C, 按逆时针排列为

$$A = 1, a, a^2, B = a^3, a^2 b\omega, ab^2 \omega^2, C = b^3, b^2, b,$$

其中 $\omega = \mathrm{e}^{2\pi \mathrm{i}/3}$. 记线段交点 $[1, a^2 b\omega] \cap [a^3, b] = M$, $[a^3, b^2] \cap [b^3, a^2] = N$, $[b^3, a] \cap [ab^2 \omega^2, 1] = P$, 验证

$$\overline{M} = \frac{1 + a^2 b\omega - a^3 - b}{a^2 b\omega - a^3 b} = \frac{\omega^2 + a\omega + a^2 - b\omega^2 - ab\omega}{a^2 b},$$

$$\overline{N} = \frac{a^3 + b^2 - a^2 - b^3}{a^3 b^2 - a^2 b^3} = \frac{a^2 + ab + b^2 - a - b}{a^2 b^2},$$

$$\overline{P} = \frac{b^3 + a - ab^2 \omega^2 - 1}{ab^3 - ab^2 \omega^2} = \frac{b^2 + \omega + \omega^2 b - a\omega - ab\omega^2}{ab^2}.$$

由此验证

$$M + \omega N + \omega^2 P = 0 \Longleftrightarrow \overline{P} + \omega \overline{N} + \omega^2 \overline{M} = 0.$$

第三章

集合、函数、复球面

复平面 $\mathbb{C}$ 上两个复数 $z_1 = x_1 + \mathrm{i}y_1, z_2 = x_2 + \mathrm{i}y_2$ 之间的距离由 $|z_1 - z_2|$ 自然给出, 此距离即为 $\mathbb{R}^2$ 中两点 (x_1, y_1) 与 (x_2, y_2) 的欧氏距离. 利用距离可定义开集、闭集; 研究集合的紧性、连通性; 以及集合上复值函数的连续性、可微性. 这些概念与性质是研究复变函数的基础. 本章的结论同样适用于任意维数的欧氏空间.

3.1 开集、闭集、紧集

集合的分类始于圆盘的定义. 复平面上以 $a \in \mathbb{C}$ 为中心, $r > 0$ 为半径的圆盘为

$$D(a, r) = \{z \in \mathbb{C} \,|\, |z - a| < r\}.$$

记 $D^*(a, r) = D(a, r) \setminus \{a\}$ 为去心圆盘. 单位圆盘 $D(0, 1)$ 简记为 $\mathbb{D}$.

给定平面集合 $U \subset \mathbb{C}$. 称 U 为开集, 是指对任意 $z \in U$, 存在 $r > 0$, 使 $D(z, r) \subset U$; 称 $U \subset \mathbb{C}$ 为闭集, 是指 $\mathbb{C} \setminus U$ 是开集. 平面闭集可以很复杂[①].

复数列 $\{z_n\}_{n \geqslant 1} \subset \mathbb{C}$ 称为 Cauchy 列, 是指对任意 $\varepsilon > 0$, 存在正整数 N, 当 $m, n \geqslant N$ 时, 有 $|z_n - z_m| < \varepsilon$. 由不等式

$$\max\{|\mathrm{Re}(z)|, |\mathrm{Im}(z)|\} \leqslant |z| \leqslant |\mathrm{Re}(z)| + |\mathrm{Im}(z)|$$

可知, $\{z_n\}_{n \geqslant 1}$ 是 Cauchy 列当且仅当实部与虚部对应的实数列 $\{\mathrm{Re}(z_n)\}_{n \geqslant 1}, \{\mathrm{Im}(z_n)\}_{n \geqslant 1}$ 都是 Cauchy 列. 由 $\mathbb{R}$ 的完备性 (即 Cauchy 列总有极限) 可知复平面 $\mathbb{C}$ 也是完备的.

利用 Cauchy 列可以给出闭集的等价定义: $E \subset \mathbb{C}$ 是闭集当且仅当 E 中任意 Cauchy 列的极限在 E 中.

点 $a \in \mathbb{C}$ 称为集合 E 的极限点或聚点, 是指对任意 $r > 0$, 交集 $D^*(a, r) \cap E \neq \varnothing$. 集合 E 的所有极限点组成的集合称为 E 的导集, 记为 E'. E 中不属于 E' 的点称为 E 的孤立点. E 和它的导集 E' 之并称为 E 的闭包, 记为 $\overline{E}$, 即 $\overline{E} = E \cup E'$.

---

① 比如 Sierpinski 地毯, 局部放大任意倍都会出现和整体的相似性; 另一个著名的例子是 Mandel-brot 集.

点 $a \in E$ 称为 E 的内点, 是指存在 $r > 0$ 使 $D(a,r) \subset E$. E 的所有内点组成的集合称为 E 的内部, 记为 E°. 显然 E° 为开集. E 的边界为 $\partial E = \overline{E} \setminus E^\circ$, 它是闭集.

给定集合 $E \subset \mathbb{C}$, 定义其直径

$$\operatorname{diam}(E) = \sup_{z,w \in E} |z - w|.$$

以下结论是闭区间套定理的一个二维版本 (对高维同样成立).

命题 3.1 假设 $\Omega_1 \supset \Omega_2 \supset \cdots$ 是复平面 $\mathbb{C}$ 上一列递减的有界闭集, 满足 $\lim\limits_{k \to \infty} \operatorname{diam}(\Omega_k) = 0$, 则 $\bigcap\limits_{k \geqslant 1} \Omega_k = \{w\}$.[①]

证明 对任意 $n \geqslant 1$, 取 $z_n \in \Omega_n$, 如此得一点列 $\{z_n\}_{n \geqslant 1}$. 对任意 $l \geqslant 1$, 有 $z_{n+l} \in \Omega_{n+l} \subset \Omega_n$, 且

$$|z_{n+l} - z_n| \leqslant \operatorname{diam}(\Omega_n) \to 0 \ (n \to +\infty).$$

这说明 $\{z_n\}_{n \geqslant 1}$ 是 Cauchy 列, 记极限为 w (由 $\mathbb{C}$ 的完备性). 对任意 $n \geqslant 1$, 由 $\{z_{n+l}\}_{l \geqslant 1} \subset \Omega_n$ 以及 Ω_n 为闭集, 可得 $w \in \Omega_n$. 因此 $w \in \bigcap\limits_{n \geqslant 1} \Omega_n$.

最后说明 w 的唯一性. 如果 $w' \in \bigcap\limits_{n \geqslant 1} \Omega_n$ 且 $w' \neq w$, 则对任意 $n \geqslant 1$, 有 $w, w' \in \Omega_n$. 于是 $0 < |w - w'| \leqslant \operatorname{diam}(\Omega_n), \forall n \geqslant 1$. 这矛盾于 $\lim\limits_{n \to \infty} \operatorname{diam}(\Omega_n) \to 0$. □

假设 E 是一个集合, $\mathcal{F} = \{U_\lambda | \lambda \in I\}$ 是一个开集族 (I 是标记开集的指标集), 即 $\mathcal{F}$ 中每一个元素是一个开集. 如果 E 中每一点至少属于 $\mathcal{F}$ 中的一个开集, 则称 $\mathcal{F}$ 是 E 的一个开覆盖.

例如: 取 $r > 0$, 则 $\mathcal{F} = \{D(z,r) | z \in E\}$ 是 E 的一个开覆盖.

称点集 E 具有有限覆盖性质, 是指 E 的任何开覆盖 $\mathcal{F}$ 中必能选出有限个开集 $U_1, \cdots, U_n$, 使得 $E \subset \bigcup\limits_{j=1}^{n} U_j$. 称 $\mathcal{F}' = \{U_1, \cdots, U_n\} \subset \mathcal{F}$ 是 E 的一个有限子覆盖.

集合 E 称为是紧集, 是指 E 具有有限覆盖性质, 即 E 的任何开覆盖都有有限子覆盖.

定理 3.1 (Heine-Borel) 平面集合 E 是紧集的充要条件是 E 是有界闭集.

证明 (必要性) 假设 E 是紧集. 任取 $\varepsilon > 0$, 则 $\mathcal{F} = \{D(z,\varepsilon)\}_{z \in E}$ 是 E 的开覆盖. 因 E 是紧集, $\mathcal{F}$ 有有限子覆盖 $\mathcal{F}' = \{D(z_k,\varepsilon) | 1 \leqslant k \leqslant n\}$, 即 $E \subset \bigcup\limits_{k=1}^{n} D(z_k,\varepsilon)$. 因此 E 有界.

---

① 本命题将用于证明定理 3.1, Goursat 定理 (定理 7.1).

下证 E 是闭集, 等价于证明 $\mathbb{C} \setminus E$ 是开集. 任取 $w \in \mathbb{C} \setminus E$. 对任意 $z \in E$, 定义 $d_z = |z - w|$. 于是 $\{D(z, d_z/2)|z \in E\}$ 是 E 的一个开覆盖. 由 E 的紧性, 它有有限子覆盖 $\{D(z_j, d_j/2)|1 \leqslant j \leqslant m\}$ (这里 d_{z_j} 简记为 d_j). 取 $d = \min\{d_1, \cdots, d_m\}$, 则对任意 j, 有 $D(z_j, d_j/2) \cap D(w, d/2) = \varnothing$. 因此 $\left(\bigcup_{j=1}^{m} D(z_j, d_j/2) \right) \cap D(w, d/2) = \varnothing$. 由 $E \subset \bigcup_{j=1}^{m} D(z_j, d_j/2)$ 可知, $D(w, d/2) \subset \mathbb{C} \setminus E$. 由 w 的任意性知, $\mathbb{C} \setminus E$ 是开集.

(充分性) 现假设 E 是有界闭集, 我们将证明 E 是紧集.

如不然, 存在 E 的开覆盖 $\mathcal{F}$, 它没有有限子覆盖. 因 E 有界, 故有 $R > 0$ 使得 $E \subset Q_0 = \{z = x + \mathrm{i}y||x| \leqslant R, |y| \leqslant R\}$. 将 Q_0 分为四个相等的闭正方形, 必存在其中之一 Q_1, 使 $\mathcal{F}$ 作为 $K_1 = Q_1 \cap E$ 的开覆盖但没有有限子覆盖. 再将 Q_1 分为四个相等的闭正方形, 必存在其中之一 Q_2, 使 $\mathcal{F}$ 作为 $K_2 = Q_2 \cap E$ 的开覆盖但没有有限子覆盖. 这个过程可无限进行下去, 得一列闭正方形 $Q_1 \supset Q_2 \supset \cdots$, 满足 $\mathrm{diam}(Q_n) = 2^{-n}\mathrm{diam}(Q_0) \to 0(n \to +\infty)$.

记 $K_n = Q_n \cap E$, 则 $\{K_n\}_{n \geqslant 1}$ 是一列递减的有界闭集, 直径趋于零. 由命题 3.1, 存在 $z_0 \in \mathbb{C}$ 使 $\bigcap K_n = \{z_0\}$. 由 $z_0 \in K_n \subset E$ 可知, 存在 $\mathcal{F}$ 中开集 U_0, 使 $z_0 \subset U_0$. 由 $\mathrm{diam}(K_n) \leqslant \mathrm{diam}(Q_n) \to 0$ 知, 当 n 充分大时, $K_n \subset U_0$. 这说明 U_0 覆盖了 K_n, 与 K_n 的选取矛盾. 因此 E 是紧集. $\qquad\qquad\square$

3.2 集合的连通性

给定两个平面集合 A, B, 满足 $A \subset B$. 称 A 是 B 的开子集, 是指对任意 $a \in A$, 存在 $r > 0$ 使 $D(a, r) \cap B \subset A$; 称 A 是 B 的闭子集, 是指 $B \setminus A$ 是 B 的开子集.

一般而言, 集合的开子集未必是开集, 闭子集也未必是闭集 (如闭集的开子集一般不是开集). 但可以验证, 开集的开子集也是开集, 闭集的闭子集也是闭集.

平面点集 E 称为是连通的, 是指若将 E 分解为两个不交的非空集合 E_1, E_2 之并, 那么 E_1 必然含有 E_2 的极限点, 或者 E_2 必然含有 E_1 的极限点.

> **命题 3.2** 假设 Ω 是平面开集, 则 Ω 连通的充要条件是 Ω 不能表示为两个非空无交开集的并. 换言之, 连通开集的既开又闭的非空子集只能是自身.

证明 假设 Ω 连通, 且有非空不交开集 E_1, E_2 使 $\Omega = E_1 \cup E_2$. 因 E_1, E_2 都是开集, 故 $E_1 \cap \overline{E_2} = \varnothing$, $E_2 \cap \overline{E_1} = \varnothing$. 这矛盾于 Ω 的连通性. 反之, 若 Ω 不连通, 则有非空集合 E_1, E_2 使 $\Omega = E_1 \cup E_2$, 且 $E_1 \cap \overline{E_2} = \varnothing$, $E_2 \cap \overline{E_1} = \varnothing$. 由此可见, $E_1 = \Omega \setminus \overline{E_2}$,

$E_2 = \Omega \setminus \overline{E_1}$, 它们都是开集 Ω 的开子集, 因此都是开集.

假设 E 是连通开集 Ω 的即开又闭的非空子集. 如果 $\Omega \setminus E \neq \varnothing$, 则它是开集 Ω 的开子集, 因此是开集. 于是, $\Omega = E \cup (\Omega \setminus E)$ 为非空开集之并, 这矛盾于 Ω 的连通性. □

平面上的连通开集称为区域. 区域的重要性质是折线连通:

> **命题 3.3**   给定平面非空开集 E, 则 E 连通当且仅当 E 中任何两点都可用 E 中的折线连接.

证明   (必要性) 假设 E 是非空连通开集. 取 $a \in E$, 定义

$$E_1 = \{z \in E | z \text{ 和 } a \text{ 可以用 } E \text{ 中的折线连接}\},$$

$$E_2 = \{z \in E | z \text{ 和 } a \text{ 不能用 } E \text{ 中的折线连接}\}.$$

显然 $E = E_1 \cup E_2$ 且 $E_1 \cap E_2 = \varnothing$. 现证 E_1 和 E_2 都是开集. 任取 $z \in E_1$, 因 E 是开集, 故有 z 的邻域 $D(z, \delta) \subset E$. 此邻域中的所有点都可用线段与 z 相连, 因而可用位于 E 中的折线与 a 相连. 这表明 $D(z, \delta) \subset E_1$, 因此 E_1 是开集. 任取 $w \in E_2$, 则有 w 的邻域 $D(w, r) \subset E$. 若此邻域中有一点 q 能用折线 L 与 a 相连, 则 w 能用折线 $L \cup [q, w]$ 与 a 相连, 这与 $w \in E_2$ 矛盾. 因此 $D(w, r) \subset E_2$, 即 E_2 也是开集. 由 E 的连通性, E_1, E_2 之一是空集. 由于 $a \in E_1$, 故 $E_2 = \varnothing, E_1 = E$.

(充分性) 假设 E 折线连通. 若 E 不连通, 由命题 3.2知, E 可表示为不交开集 A, B 之并: $E = A \cup B$. 取 $a \in A, b \in B$, 则 a, b 可通过 E 中折线连接. 该折线必包含一条线段 $[z, w]$, 端点分别落在 A, B 之中. 不妨 $z \in A, w \in B$. 将线段 $[z, w]$ 参数化为 $\gamma(t) = (1 - t)z + tw, t \in [0, 1]$. 取 $t_0 = \inf\{t \in [0, 1] | \gamma(t) \notin A\}$. 因 A 是开集, 故 $t_0 > 0$ 且 $\gamma(t_0) \notin A$; 因 B 是开集, 故 $t_0 < 1$ 且 $\gamma(t_0) \notin B$. 于是 $\gamma(t_0) \notin A \cup B = E$, 矛盾. □

给定平面的子集 X, 称 D 是 X 的一个连通分支, 是指 D 是 X 的最大连通子集, 等价于 D 连通, 且不存在 X 的连通子集, 以 D 为真子集.

3.3   连续函数

平面集合 Ω 上的复值函数, 指取值为复数的映射 $f : \Omega \to \mathbb{C}$. 它可表示为 $f(z) = u(z) + \mathrm{i}v(z) = u(x, y) + \mathrm{i}v(x, y)$, 其中, u, v 分别为 f 的实部与虚部. 由此可见, 一个复数函数 f 可由两个二元实值函数确定.

给定复值函数 $f : \Omega \to \mathbb{C}$ 及 $q \in \overline{\Omega}$. 如果有复数 $\zeta \in \mathbb{C}$, 对任意 $\varepsilon > 0$, 存在 $\delta > 0$, 只要 $z \in D(q, \delta) \cap \Omega$, 就有 $|f(z) - \zeta| < \varepsilon$, 则称当 z 趋于 q 时, $f(z)$ 以 ζ 为极限, 记为 $\lim\limits_{z \to q} f(z) = \zeta$.

记 $\zeta = \alpha + \mathrm{i}\beta$, 则成立

$$\max\{|u(z) - \alpha|, |v(z) - \beta|\} \leqslant |f(z) - \zeta| \leqslant |u(z) - \alpha| + |v(z) - \beta|.$$

由上式可知,

$$\lim_{z \to q} f(z) = \zeta \Longleftrightarrow \lim_{z \to q} u(z) = \alpha, \ \lim_{z \to q} v(z) = \beta. \tag{3.1}$$

称 f 在 $q \in \Omega$ 连续, 是指 $\lim\limits_{z \to q} f(z) = f(q)$. 若 f 在 Ω 上每点都连续, 则称 f 在 Ω 上连续. 由 (3.1) 式, f 在 Ω 上连续当且仅当 u, v 在 Ω 上连续. 由连续的定义, 任何复值函数 $f : \Omega \to \mathbb{C}$ 在 Ω 的孤立点处总是连续的.

称 f 在 Ω 上一致连续, 是指对任意 $\varepsilon > 0$, 存在 $\delta > 0$, 对任意 $z_1, z_2 \in \Omega$, 只要 $|z_1 - z_2| \leqslant \delta$, 就有 $|f(z_1) - f(z_2)| \leqslant \varepsilon$.

> **命题 3.4**　假设 $K \subset \mathbb{C}$ 是紧集, $f : K \to \mathbb{C}$ 是连续复值函数, 则
>
> 1. f 在 K 上有界;
> 2. 模长 $|f|$ 的最大值与最小值都可以在 K 上取到;
> 3. f 一致连续.

证明　1. 由定理 3.1, 只需证明 $f(K)$ 是紧集. 为此, 取 $f(K)$ 的一个开覆盖 $\mathcal{F}$. 任取开集 $U \in \mathcal{F}$, 由 f 的连续性, $f^{-1}(U)$ 是开集, 因此 $\{f^{-1}(U) | U \in \mathcal{F}\}$ 是 K 的开覆盖. 由 K 的紧性, 该开覆盖存在有限子覆盖 $\{f^{-1}(U_k) | 1 \leqslant k \leqslant m\}$. 由此得 $f(K)$ 的有限子覆盖 $\{U_k | 1 \leqslant k \leqslant m\}$.

2. 只需证 $|f|$ 的最大值可取到. 记 $M = \sup\{|f(z)| \,|\, z \in K\}$. 由上确界的定义, 对任意 $n \geqslant 1$, 存在 $z_n \in K$ 使 $M \geqslant |f(z_n)| \geqslant M - 1/n$. 因 K 为紧集, 故点列 $\{z_n\}_{n \geqslant 1}$ 有收敛的子列 $\{z_{n_k}\}_{k \geqslant 1}$, 其极限 $a \in K$. 由连续性, $|f(a)| = \lim\limits_{k \to +\infty} |f(z_{n_k})| = M$.

3. 任取 $\varepsilon > 0$. 对任意 $z \in K$, 由 f 的连续性, $f^{-1}(D(f(z), \varepsilon/2))$ 为包含 z 的开集. 因此有 $\delta_z > 0$, 使 $D(z, \delta_z) \subset f^{-1}(D(f(z), \varepsilon/2))$. 集族 $\{D(z, \delta_z/2) | z \in K\}$ 是 K 的开覆盖. 由 K 的紧性, 存在有限子覆盖 $\{D(z_k, \delta_k/2) | 1 \leqslant k \leqslant n\}$.

取 $\delta = \min\{\delta_k | 1 \leqslant k \leqslant n\}/2$. 对任意 $p, q \in K$, 若满足 $|p - q| < \delta$, 不妨设 $p \in D(z_1, \delta_1/2)$. 由模长的三角不等式, 有

$$|z_1 - q| \leqslant |z_1 - p| + |p - q| < \delta_1/2 + \delta \leqslant \delta_1.$$

因此 $p, q \in D(z_1, \delta_1)$, 蕴涵 $f(p), f(q) \in D(f(z_1), \varepsilon/2)$, 从而

$$|f(p) - f(q)| \leqslant |f(p) - f(z_1)| + |f(z_1) - f(q)| < \varepsilon/2 + \varepsilon/2 = \varepsilon.$$

由此得一致连续性. □

命题 3.4 的一个直接应用是:

例题 **3.1** 给定复平面上的紧集 K 和闭集 E, 定义

$$d(K, E) = \inf_{z \in K, w \in E} |z - w|.$$

如果 $K \cap E = \varnothing$, 证明 $d(K, E) > 0$.

证明 定义函数 $f : \mathbb{C} \to \mathbb{R}$ 为 $f(z) = d(z, E) := \inf_{w \in E} |z - w|$. 因 E 是闭集, 故 $z \in E$ 当且仅当 $f(z) = 0$. 在不等式

$$|z_1 - w| \leqslant |z_1 - z_2| + |z_2 - w|$$

中关于 $w \in E$ 取下确界, 得 $f(z_1) \leqslant f(z_2) + |z_1 - z_2|$. 交换 z_1, z_2 的次序, 不等式也成立. 因此

$$|f(z_1) - f(z_2)| \leqslant |z_1 - z_2|, \; z_1, z_2 \in \mathbb{C}.$$

这说明 f 是连续函数. 由命题 3.4知, f 限制在紧集 K 上可取到最小值 $f(z_0) = d(K, E)$, $z_0 \in K$. 因 K 与 E 不交, 故 $f(z_0) > 0$. □

注 如果 K, E 都是复平面 $\mathbb{C}$ 的闭集, 有可能 $d(K, E) = 0$. 例如 $K = \{z = x + \mathrm{i}y | xy = 1, x > 0\}$, $E = \mathbb{R}$.

3.4 复球面

在复分析中, 为今后讨论的需要, 我们需要在 $\mathbb{C}$ 中引进一个抽象的无穷远点, 记为 ∞, 其模长为无穷大 (辐角无意义). 它与其他复数的运算规则定义为: 对所有复数 $a \in \mathbb{C}$, 成立

$$a \pm \infty = \infty, \; \frac{a}{\infty} = 0,$$

且对所有非零复数 $b \in \mathbb{C}$,

$$b \cdot \infty = \infty, \; \frac{b}{0} = \infty.$$

需注意的是 $0 \cdot \infty$, $\frac{0}{0}$ 和 $\infty \pm \infty$, $\frac{\infty}{\infty}$ 是无法定义的.

显然, 平面 $\mathbb{C}$ 中无处安放 ∞. 因此我们需将 ∞ 视为外来点并入复平面, 从而得到扩充复平面 $\widehat{\mathbb{C}} = \mathbb{C} \cup \{\infty\}$. 接下来, 要给 $\widehat{\mathbb{C}}$ 赋予适当的拓扑使之成为有意义的拓扑空间. 在点集拓扑学中, 这可以通过 "一点紧化" 的方式来实现, 从而使 $\widehat{\mathbb{C}}$ 和球面

$$S^2 = \left\{ (x_1, x_2, x_3) \in \mathbb{R}^3 | x_1^2 + x_2^2 + x_3^2 = 1 \right\}$$

同胚. 此外, 还有另一种处理方式, 更易理解. 1857 年, Riemann(黎曼) 发现了将 $\widehat{\mathbb{C}}$ 等同于 S^2 的巧妙方法, 这种方法不仅有很强的几何直观, 而且诱导了 $\widehat{\mathbb{C}}$ 上的一个典型度量. 因此, 我们也称 $\widehat{\mathbb{C}}$ 为 Riemann 球面或复球面.

Riemann 通过球极投影 (stereographic projection) 的办法构造了从 S^2 到 $\widehat{\mathbb{C}}$ 的同胚. 如图 3.1 所示, 记 S^2 的北极点为 N(坐标为 $(0,0,1)$). 在 $\mathbb{R}^3$ 中将 xOy 平面等同于复平面 $\mathbb{C}$. 任取 $P \in S^2 \backslash \{N\}$, 记其坐标为 $(\zeta_1, \zeta_2, \zeta_3)$, 将 N 和 P 的连线延长交复平面于 $z = x + \mathrm{i}y$(它在 $\mathbb{R}^3$ 中坐标为 $(x, y, 0)$). 此时, 称 z 为 P 的球极投影; 反过来, 称 P 为 z 的球面表示. 将 z 视为 P 的函数 $z = \Phi(P)$, 称 Φ 为球极投影映射, 其逆映射记为 Ψ.

下面求 Φ, Ψ 的表达式. 利用 N, P, z 三点共线知, 向量 $\overrightarrow{NP}$, $\overrightarrow{Nz}$ 方向相同, 因此存在正实数 t 使

$$(\zeta_1, \zeta_2, \zeta_3 - 1) = t(x, y, -1).$$

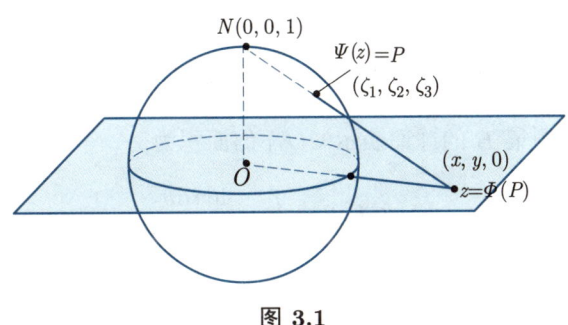

图 3.1

由此得 $t = 1 - \zeta_3$, 以及

$$z = \Phi(P) = \frac{\zeta_1 + \mathrm{i}\zeta_2}{1 - \zeta_3}.$$

利用 $\zeta_1^2 + \zeta_2^2 + \zeta_3^2 = 1$ 解出 $t = 2/(|z|^2 + 1)$. 从而

$$(\zeta_1, \zeta_2, \zeta_3) = \Psi(z) = \left(\frac{2x}{|z|^2 + 1}, \frac{2y}{|z|^2 + 1}, \frac{|z|^2 - 1}{|z|^2 + 1} \right).$$

不难验证, 球极投影给出了 $S^2 \backslash \{N\}$ 与 $\mathbb{C}$ 之间的同胚[1]. 同时可见, 当 $P \to N$ 时, $\Phi(P) \to \infty$. 反之亦然. 因此可将 $\widehat{\mathbb{C}}$ 中的 ∞ 等同于 S^2 上的北极点 N. 这样 $\Phi: S^2 \to \widehat{\mathbb{C}}$ 是一个双射. 自然地, S^2 的拓扑诱导了 $\widehat{\mathbb{C}}$ 上的拓扑 (即: 可以将 S^2 上的开集在 Φ 下的像定义为 $\widehat{\mathbb{C}}$ 上的开集). 更为重要的是, S^2 的弦长度量诱导了 $\widehat{\mathbb{C}}$ 的度量 σ, 即对任意两点 $z, w \in \widehat{\mathbb{C}}$, 可用它们的球面表示 $\Psi(z), \Psi(w)$ 的弦长距离来定义 $\sigma(z, w)$. 计算可知

$$\sigma(z, w)^2 = \|\Psi(z) - \Psi(w)\|^2 = 2 - 2\Psi(z) \cdot \Psi(w) = \frac{4|z - w|^2}{(|z|^2 + 1)(|w|^2 + 1)}.$$

---

[1] 同胚指连续的双射且逆映射也连续. 此处, 逆映射连续的条件不可少. 例如: $f(t) = \mathrm{e}^{2\pi \mathrm{i}t}$ 给出了从 $(0, 1]$ 到 $\partial\mathbb{D}$ 的连续双射, 但逆映射在 $1 \in \partial\mathbb{D}$ 处不连续, 因此不是同胚.

由此得

$$\sigma(z, w) = \frac{2|z - w|}{\sqrt{(|z|^2 + 1)(|w|^2 + 1)}}. \tag{3.2}$$

若 $w = \infty$, 则

$$\sigma(z, \infty) = \frac{2}{\sqrt{|z|^2 + 1}}.$$

利用球面度量 σ, 可以定义 $\widehat{\mathbb{C}}$ 中的开集[①]、闭集、Cauchy 列、连通集等. 它们与 S^2 中的相应对象通过球极投影联系起来.

复数 z 在球面表示 $\Psi(z)$ 处的面积元素 $\mathrm{d}A(z)$ 可表示为径线方向长度元 $\mathrm{d}\ell_1$ 与纬线方向长度元 $\mathrm{d}\ell_2$ 之积. 在公式 (3.2) 中, 记 $z = r\mathrm{e}^{\mathrm{i}\theta}, w = \rho\mathrm{e}^{\mathrm{i}\phi}$. 当 w 分别沿径向 (即 $\phi \equiv \theta, \rho \to r$) 和纬向 (即 $\rho \equiv r, \phi \to \theta$) 趋于 z, 可得

$$\mathrm{d}\ell_1 = \frac{2\mathrm{d}r}{1 + r^2}, \ \mathrm{d}\ell_2 = \frac{2r\mathrm{d}\theta}{1 + r^2}.$$

因此有

$$\mathrm{d}A(z) = \mathrm{d}\ell_1 \times \mathrm{d}\ell_2 = \frac{4r\mathrm{d}r\mathrm{d}\theta}{(1 + r^2)^2} = \frac{4\mathrm{d}x\mathrm{d}y}{(1 + |z|^2)^2}.$$

由上式, 任意平面可测集 E 的球面表示 $\Psi(E)$ 的面积为

$$\mathrm{area}(\Psi(E)) = \int_E \frac{4\mathrm{d}x\mathrm{d}y}{(1 + |z|^2)^2}.$$

最后, 考虑一个有趣的等面积问题: 一个平面可测集 E, 其面积给定, 其球面表示的面积最大值是多少? 下面的命题给出了回答.

> **命题 3.5** 给定平面可测集 E, 其面积 (即 Lebesgue 测度) 为 A, 其球面表示的面积记为 A_s, 则不等式
>
> $$A_s \leqslant \frac{4\pi A}{A + \pi}$$
>
> 成立. 等号成立当且仅当 $A = 0$, 或 $A = +\infty$ 且 $E = \mathbb{C}$, 或 $0 < A < +\infty$ 且 $E = D(0, \sqrt{A/\pi})$(差一个零测集的意义下).

证明 两极端情形 $A = 0, +\infty$ 的不等式和取等条件不难验证. 不妨假设 $0 < A < +\infty$, 记 $D = D(0, r_0), r_0 = \sqrt{A/\pi}$,

$$A_s = \int_E \frac{4\mathrm{d}x\mathrm{d}y}{(1 + |z|^2)^2} = \int_{E \cap D} \frac{4\mathrm{d}x\mathrm{d}y}{(1 + |z|^2)^2} + \int_{E \setminus D} \frac{4\mathrm{d}x\mathrm{d}y}{(1 + |z|^2)^2}$$

---

① 集合 $U \subset \widehat{\mathbb{C}}$ 称为 $\widehat{\mathbb{C}}$ 中的开集, 是指对任意 $z \in U$, 存在 $r > 0$, 使 $D_\sigma(z, r) \subset U$, 其中

$$D_\sigma(z, r) = \{w \in \widehat{\mathbb{C}} | \sigma(z, w) < r\}.$$

$$\leqslant \int_{E \cap D} \frac{4\mathrm{d}x\mathrm{d}y}{(1+|z|^2)^2} + \int_{E \setminus D} \frac{4\mathrm{d}x\mathrm{d}y}{(1+r_0^2)^2}$$

$$= \int_{E \cap D} \frac{4\mathrm{d}x\mathrm{d}y}{(1+|z|^2)^2} + \int_{D \setminus E} \frac{4\mathrm{d}x\mathrm{d}y}{(1+r_0^2)^2}$$

$$\leqslant \int_{E \cap D} \frac{4\mathrm{d}x\mathrm{d}y}{(1+|z|^2)^2} + \int_{D \setminus E} \frac{4\mathrm{d}x\mathrm{d}y}{(1+|z|^2)^2}$$

$$= \int_D \frac{4\mathrm{d}x\mathrm{d}y}{(1+|z|^2)^2} = \int_0^{r_0} \int_0^{2\pi} \frac{4r\mathrm{d}r\mathrm{d}\theta}{(1+r^2)^2} = \frac{4\pi r_0^2}{1+r_0^2} = \frac{4\pi A}{A+\pi}.$$

3.5 球极投影

本节证明球极投影的两个性质: 保圆性和保角性.

> **定理 3.2 (Ptolemy)** 球极投影 Φ 将 S^2 上的圆周映为 $\mathbb{C}$ 中的圆周或直线. 反之亦然.

证明 易知, S^2 上的圆周为 S^2 与某平面

$$L : a\zeta_1 + b\zeta_2 + c\zeta_3 = d$$

的交点. 若平面经过北极点 $N(0,0,1)$, 则有 $c = d$. 此时, 显然 L 与复平面交集为直线. 如果平面不过北极点, 则有 $c \neq d$. 将复数的球面表示代入平面 L 的方程得

$$a\frac{2x}{|z|^2+1} + b\frac{2y}{|z|^2+1} + c\frac{|z|^2-1}{|z|^2+1} = d.$$

整理得

$$(c-d)|z|^2 + 2ax + 2by - (c+d) = 0.$$

由于 $|z|^2$ 系数不为零, 上式表示平面圆周的方程.

下面说明平面上圆周或直线的球面表示也是 S^2 上的圆周. 事实上, 平面上圆周或直线的方程可统一表示为

$$k|z|^2 + Ax + By + C = 0.$$

将 $z = (\zeta_1 + \mathrm{i}\zeta_2)/(1 - \zeta_3)$ 代入上式, 得 z 的球面表示 $(\zeta_1, \zeta_2, \zeta_3)$ 满足的方程

$$A\zeta_1 + B\zeta_2 + (k-C)\zeta_3 + (k+C) = 0.$$

此为 $\mathbb{R}^3$ 中平面的方程. 这说明, 圆周或直线的球面表示为 S^2 与平面的交集, 即圆周. $\square$

> **定理 3.3 (Halley[①] 1696)**   球极投影 $\varPhi$ 是保角的.

证明   如图 3.2 所示, 在 $S^2 \setminus \{N\}$ 上任取一点 P, 指定 P 点的任意切方向 v, 存在 S^2 上经过 N, P 两点的唯一圆周, 使其在 P 点的切向恰好为 v. 为说明这一点, 考虑经过直线段 NP 的所有平面, 以 NP 为轴旋转时, 平面与 S^2 交集为圆周, 可实现 P 点的任意切方向.

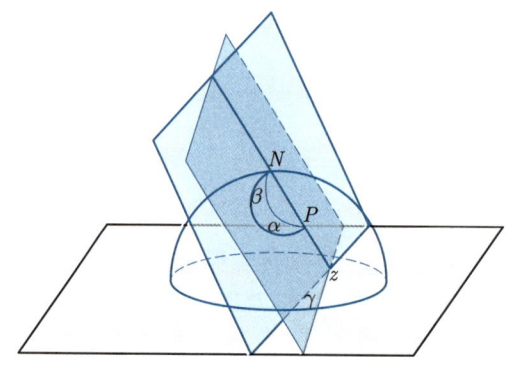

图 3.2   球极投影的保角性质

由此, P 点任意两个切方向, 可用经过 N, P 的两段圆弧实现. 两圆弧围成球面上的一个月牙形区域, 它在 P, N 处的张角相等: $\alpha = \beta$. 另一方面, 两圆弧各自所在的平面与 xOy 平面相交于两直线, 夹角为 γ. 因 N 点的切平面与 xOy 平面平行, 因此 $\beta = \gamma$. 于是 $\alpha = \gamma$, 此即球极投影的保角性.   □

3.6   习题

"一个年轻人要想学到真正的知识, 最好是向那些愿意共同进取的人去学, 而不是向那些已负盛名的人去学. 我再次感到, 志同道合将会结出累累硕果."

——斯蒂芬·茨威格《昨日的世界》

1. (无穷远点) 如何理解 ∞ 满足的运算规则?

2. (对径点) 证明复数 z, w 的球面表示 $\varPsi(z), \varPsi(w)$ 是球面的对径点的充要条件是 $z\bar{w} = -1$.

3. (对称点) 证明球面表示 $\varPsi(z), \varPsi(1/\bar{z})$ 关于 xOy 平面对称.

[①] Edmond Halley (1656—1742), 英国天文学家.

4. (函数奇偶分解的推广) 证明平面上任何复值函数 ϕ 总可以唯一分解为具有 3 重旋转对称性的函数之和: $\phi(z) = f(z) + g(z) + h(z)$, 其中 f, g, h 满足如下的旋转对称性:

$$f(\omega z) = f(z), g(\omega z) = \omega g(z), h(\omega z) = \omega^2 h(z), \ \omega = \mathrm{e}^{2\pi \mathrm{i}/3}.$$

注: 结论可推广到 n 重旋转对称性的情况.

5. (相似三角形) 证明线段 Nz 与 $N\Psi(z)$ 的长度乘积为定值. 由此证明, 给定不同两点 $z, w \in \mathbb{C}$, $\triangle Nzw \backsim \triangle N\Psi(w)\Psi(z)$.

6. (圆弧距离) 假设 $z, w \in \widehat{\mathbb{C}}$, 采用球面 S^2 上连接 $\Psi(z), \Psi(w)$ 的 (较短的) 大圆弧长来定义 z, w 的球面距离 $\widehat{\sigma}(z, w)$, 证明

$$\widehat{\sigma}(z, w) = 2 \arctan \left| \frac{z - w}{1 + z\overline{w}} \right|.$$

7. (球面面积元) 球面 S^2 可以用方程 $\zeta_3 = \pm \sqrt{1 - \zeta_1^2 - \zeta_2^2}$ 表示, 验证面积元

$$\mathrm{d}S := \sqrt{1 + \left(\frac{\partial \zeta_3}{\partial \zeta_1} \right)^2 + \left(\frac{\partial \zeta_3}{\partial \zeta_2} \right)^2} \mathrm{d}\zeta_1 \mathrm{d}\zeta_2 = \frac{1}{|\zeta_3|} \mathrm{d}\zeta_1 \mathrm{d}\zeta_2.$$

另一方面, 复数 $z = r\mathrm{e}^{\mathrm{i}\theta}$ 的球面表示为

$$(\zeta_1, \zeta_2, \zeta_3) = \left(\frac{2r\cos\theta}{1 + r^2}, \frac{2r\sin\theta}{1 + r^2}, \frac{r^2 - 1}{r^2 + 1} \right).$$

通过计算 Jacobi 矩阵与行列式, 证明

$$\mathrm{d}\zeta_1 \mathrm{d}\zeta_2 = \frac{4r(1 - r^2)}{(1 + r^2)^3} \mathrm{d}r\mathrm{d}\theta.$$

由上面两式可得

$$\mathrm{d}S = \frac{4r}{(1 + r^2)^2} \mathrm{d}r\mathrm{d}\theta = \frac{4\mathrm{d}x\mathrm{d}y}{(1 + |z|^2)^2}.$$

第四章

全 纯 函 数

4.1 全纯函数

假设 Ω 是平面区域, $f : \Omega \to \mathbb{C}$ 是复值函数, $z_0 \in \Omega$. 称 f 在 z_0 处复可微, 是指极限

$$\lim_{h \to 0} \frac{f(z_0 + h) - f(z_0)}{h}$$

存在. 注意, 此处 h 取非零复数使 $z_0 + h \in \Omega$. 极限存在时, 我们记之为 $f'(z_0)$, 称为 f 在 z_0 的导数.

如果 f 在 Ω 上每点处都复可微, 称 f 在 Ω 上全纯.

显然, f 在 z_0 处复可微蕴涵 f 在 z_0 处连续, 这由下式可见

$$f(z_0 + h) - f(z_0) - f'(z_0)h = o(h), \tag{4.1}$$

这里 $o(h)$ 表示与 h 有关的函数, 满足当 $h \to 0$ 时, $o(h)/h \to 0$.

例题 4.1 讨论 $\mathbb{C}$ 上的复值函数 f, g 的复可微性:

$$f(z) = a_0 + a_1 z + \cdots + a_d z^d;\ g(z) = \overline{z}.$$

解 任取 $z \in \mathbb{C}$, $h \in \mathbb{C} \setminus \{0\}$, 计算知

$$\frac{f(z + h) - f(z)}{h} = a_1 + 2a_2 z + \cdots + da_d z^{d-1} + O(h),$$

$$\frac{g(z + h) - g(z)}{h} = \frac{\overline{h}}{h}.$$

前式当 $h \to 0$ 时, 极限存在. 因此 f 全纯, 导数为

$$f'(z) = a_1 + 2a_2 z + \cdots + da_d z^{d-1}.$$

后式当 h 沿着实轴与虚轴的方向趋于零, 右端分别趋于 1 和 -1, 因而极限不存在. 这说明 g 在平面每点处都不复可微. $\qquad\square$

下面说明复可微是一个非常强的性质, 它蕴涵了函数的实部与虚部的可微性, 且满足一种特别的关系.

先回忆实函数的可微性. 实函数 $g : \Omega \to \mathbb{R}$ 在 z_0 处可微, 指存在实数 a, b, 满足当复数 h 模长很小时,

$$g(z_0 + h) - g(z_0) = ah_1 + bh_2 + o(h), \ h = h_1 + \mathrm{i}h_2,$$

这里, h_1, h_2 分别为 h 的实部与虚部, a, b 分别被定义为 g 关于 x, y 的偏导数 $g_x(z_0), g_y(z_0)$.

现假设 f 在 z_0 处复可微, 记 $f'(z_0) = a + b\mathrm{i}$. 由 (4.1) 式,

$$f(z_0 + h) - f(z_0) - (a + \mathrm{i}b)(h_1 + \mathrm{i}h_2) = o(h).$$

上式等价于 $f = u + \mathrm{i}v$ 的实部 u, 虚部 v 分别满足

$$u(z_0 + h) - u(z_0) - (ah_1 - bh_2) = o(h),$$
$$v(z_0 + h) - v(z_0) - (bh_1 + ah_2) = o(h).$$

这说明 u, v 在 z_0 处可微, 且偏导数满足

$$\frac{\partial u}{\partial x}(z_0) = a = \frac{\partial v}{\partial y}(z_0), \ \frac{\partial u}{\partial y}(z_0) = -b = -\frac{\partial v}{\partial x}(z_0).$$

以上推导过程是可逆的, 因此成立:

定理 4.1 假设 $f = u + \mathrm{i}v : \Omega \to \mathbb{C}$ 为复值函数.

1. (局部版本) f 在 $z_0 \in \Omega$ 处复可微的充要条件是 u, v 在 $z_0 \in \Omega$ 处可微, 且满足

$$\frac{\partial u}{\partial x}(z_0) = \frac{\partial v}{\partial y}(z_0), \ \frac{\partial u}{\partial y}(z_0) = -\frac{\partial v}{\partial x}(z_0).$$

2. (整体版本) f 在 Ω 上全纯的充要条件是 u, v 在 Ω 上可微, 且满足 Cauchy-Riemann 方程

$$\frac{\partial u}{\partial x} = \frac{\partial v}{\partial y}, \ \frac{\partial u}{\partial y} = -\frac{\partial v}{\partial x}.$$

注 由全纯函数的定义, 可以验证:

1. 如果 f, g 都在区域 Ω 上全纯, 则 $f \pm g, fg, f/g$ (需假设 g 不取零值) 都是 Ω 上的全纯函数, 且对任意 $z \in \Omega$,

$$(f \pm g)'(z) = f'(z) \pm g'(z),$$
$$(fg)'(z) = f'(z)g(z) + f(z)g'(z),$$
$$(f/g)'(z) = (f'(z)g(z) - f(z)g'(z))/g(z)^2.$$

2. 如果 $f : \Omega \to \mathbb{C}$ 全纯, $g : U \to \mathbb{C}$ 全纯, 满足 $f(\Omega) \subset U$, 则

$g \circ f : \Omega \to \mathbb{C}$ 全纯, 且

$$(g \circ f)'(z) = g'(f(z))f'(z).$$

4.2 复偏导数

本节对实可微复值函数 (简称实可微函数, 它是比全纯函数更广的一类函数) 定义复偏导数. 尽管复偏导数可定义在更广的函数类上 (比如, 只需实偏导存在的函数类), 但实可微函数无疑是复偏导算子最理想的作用对象, 这是因为增量函数赋予了复偏导数直观解释, 使运算规则简便而直接, 命题 4.2的证明反映了这一点. 本节最后, 顺便一提复偏导数在更广函数类上的形式化定义.

称复值函数 $f = u + \mathrm{i}v : \Omega \to \mathbb{C}$ 在 $z_0 \in \Omega$ 处 (在 Ω 上) 实可微, 是指 u, v 都在 z_0 处 (在 Ω 上) 可微.

如果 f 在 z_0 处实可微, 则有极限

$$\lim_{\Delta x \to 0} \frac{f(z_0 + \Delta x) - f(z_0)}{\Delta x} = \frac{\partial u}{\partial x}(z_0) + \mathrm{i}\frac{\partial v}{\partial x}(z_0),$$

$$\lim_{\Delta y \to 0} \frac{f(z_0 + \mathrm{i}\Delta y) - f(z_0)}{\Delta y} = \frac{\partial u}{\partial y}(z_0) + \mathrm{i}\frac{\partial v}{\partial y}(z_0),$$

分别记为 $\dfrac{\partial f}{\partial x}(z_0), \dfrac{\partial f}{\partial y}(z_0)$.

在 z_0 处引入复增量 $\Delta z = \Delta x + \mathrm{i}\Delta y$, 它的取值与 z_0 独立, 唯一的要求是 $z_0 + \Delta z \in \Omega$. 利用 u, v 在 z_0 处的可微性, 可将 f 在 z_0 处沿 Δz 方向的增量表示为

$$f(z_0 + \Delta z) - f(z_0)$$

$$= \frac{\partial u}{\partial x}(z_0)\Delta x + \frac{\partial u}{\partial y}(z_0)\Delta y + o(\Delta z) + \mathrm{i}\left(\frac{\partial v}{\partial x}(z_0)\Delta x + \frac{\partial v}{\partial y}(z_0)\Delta y + o(\Delta z)\right)$$

$$= \frac{\partial f}{\partial x}(z_0)\Delta x + \frac{\partial f}{\partial y}(z_0)\Delta y + o(\Delta z)$$

$$= \frac{\partial f}{\partial x}(z_0) \cdot \frac{1}{2}(\Delta z + \overline{\Delta z}) + \frac{\partial f}{\partial y}(z_0) \cdot \frac{1}{2\mathrm{i}}(\Delta z - \overline{\Delta z}) + o(\Delta z)$$

$$= \frac{1}{2}\left(\frac{\partial f}{\partial x}(z_0) - \mathrm{i}\frac{\partial f}{\partial y}(z_0)\right)\Delta z + \frac{1}{2}\left(\frac{\partial f}{\partial x}(z_0) + \mathrm{i}\frac{\partial f}{\partial y}(z_0)\right)\overline{\Delta z} + o(\Delta z).$$

这样, 函数增量 $f(z_0 + \Delta z) - f(z_0)$ 为 $A\Delta z + B\overline{\Delta z} + o(\Delta z)$ 的形式, 其中 A, B 是复数. 反之如果增量函数具有此形式, 可以验证 f 在 z_0 处实可微. 由此得如下事实:

复值函数 $f : \Omega \to \mathbb{C}$ 在 $z_0 \in \Omega$ 处实可微的充要条件是增量函数 $f(z_0 + \Delta z) - f(z_0)$ 具有 $A\Delta z + B\overline{\Delta z} + o(\Delta z)$ 的形式.

以下命题表明, 这种表示形式唯一.

命题 4.1 假设 $f : \Omega \to \mathbb{C}$ 在 $z_0 \in \Omega$ 处实可微, 且 $D(z_0, r) \subset \Omega$. 如果增量函数 $f(z_0 + \Delta z) - f(z_0)$ 当 $|\Delta z| < r$ 时有两个表示

$$A\Delta z + B\overline{\Delta z} + \psi(\Delta z), \ a\Delta z + b\overline{\Delta z} + \varphi(\Delta z),$$

其中 A, B, a, b 是复数, $\psi, \varphi : D(0, r) \to \mathbb{C}$ 连续且满足

$$\lim_{\Delta z \to 0} \frac{\psi(\Delta z)}{\Delta z} = \lim_{\Delta z \to 0} \frac{\varphi(\Delta z)}{\Delta z} = 0,$$

则

$$A = a, \ B = b, \ \psi \equiv \varphi.$$

证明 对等式 $A\Delta z + B\overline{\Delta z} + \psi(\Delta z) = a\Delta z + b\overline{\Delta z} + \varphi(\Delta z)$ 移项, 不妨假设右端为零. 只需证明 $A = 0, B = 0, \psi \equiv 0$. 注意到

$$A + B\frac{\overline{\Delta z}}{\Delta z} + \frac{\psi(\Delta z)}{\Delta z} = 0, \ \forall \Delta z \in D^*(0, r).$$

分别取 $\Delta z = t$ 和 $it, t \in (0, r)$, 得

$$A + B = -\frac{\psi(t)}{t}, \ A - B = -\frac{\psi(it)}{it}, \ \forall t \in (0, r).$$

以上两式左端为常数, 右端当 $t \to 0$ 时趋于 0. 因此 $A + B = 0, A - B = 0$. 由此得 $A = B = 0, \psi \equiv 0$. $\qquad\square$

类比实二元函数的偏导数定义, 在表达式 $f(z_0 + \Delta z) - f(z_0) = A\Delta z + B\overline{\Delta z} + o(\Delta z)$ 中将 A, B 分别定义为复偏导数 $\dfrac{\partial f}{\partial z}(z_0)$ 和 $\dfrac{\partial f}{\partial \bar{z}}(z_0)$ 是合理的, 且是良定义的 (由命题 4.1得). 这样,

$$f(z_0 + \Delta z) - f(z_0) = \frac{\partial f}{\partial z}(z_0)\Delta z + \frac{\partial f}{\partial \bar{z}}(z_0)\overline{\Delta z} + o(\Delta z). \tag{4.2}$$

结合增量的实偏导表达式, 复偏导数与实偏导数满足复线性关系

$$\frac{\partial f}{\partial z} = \frac{1}{2}\left(\frac{\partial f}{\partial x} - \mathrm{i}\frac{\partial f}{\partial y}\right), \ \frac{\partial f}{\partial \overline{z}} = \frac{1}{2}\left(\frac{\partial f}{\partial x} + \mathrm{i}\frac{\partial f}{\partial y}\right).^{①} \tag{4.3}$$

与实偏导数 $\dfrac{\partial f}{\partial x}(z_0), \dfrac{\partial f}{\partial y}(z_0)$ 不同, 复偏导数 $\dfrac{\partial f}{\partial z}(z_0)$ 和 $\dfrac{\partial f}{\partial \overline{z}}(z_0)$ 无法直接用极限定义, (4.2) 式便是理解它们的最直接的方式.

命题 4.2　复偏导数满足如下性质:

1. (形式不相关) z 与 $\overline{z}$ 的复偏导数满足:

$$\frac{\partial z}{\partial z} = \frac{\partial \overline{z}}{\partial \overline{z}} = 1, \ \frac{\partial z}{\partial \overline{z}} = \frac{\partial \overline{z}}{\partial z} = 0.$$

2. (复线性) 假设 $f, g : \Omega \to \mathbb{C}$ 实可微, α, β 是复数, 则

$$\frac{\partial(\alpha f + \beta g)}{\partial z} = \alpha\frac{\partial f}{\partial z} + \beta\frac{\partial g}{\partial z}, \ \frac{\partial(\alpha f + \beta g)}{\partial \overline{z}} = \alpha\frac{\partial f}{\partial \overline{z}} + \beta\frac{\partial g}{\partial \overline{z}}.$$

3. (复共轭) 假设 $f : \Omega \to \mathbb{C}$ 实可微, 则

$$\overline{\left(\frac{\partial f}{\partial z}\right)} = \frac{\partial \overline{f}}{\partial \overline{z}}, \ \overline{\left(\frac{\partial f}{\partial \overline{z}}\right)} = \frac{\partial \overline{f}}{\partial z}.$$

4. (乘积) 假设 $f, g : \Omega \to \mathbb{C}$ 都实可微, 则 fg 实可微, 且

$$\frac{\partial(fg)}{\partial z} = g\frac{\partial f}{\partial z} + f\frac{\partial g}{\partial z}, \ \frac{\partial(fg)}{\partial \overline{z}} = g\frac{\partial f}{\partial \overline{z}} + f\frac{\partial g}{\partial \overline{z}}.$$

5. (复合) 如果 $f : \Omega \to D$, $g : D \to \mathbb{C}$ 都实可微, 则 $g \circ f$ 实可微, 且

$$\frac{\partial(g \circ f)}{\partial z} = \frac{\partial g}{\partial w}\frac{\partial f}{\partial z} + \frac{\partial g}{\partial \overline{w}}\frac{\partial \overline{f}}{\partial z}, \ \frac{\partial(g \circ f)}{\partial \overline{z}} = \frac{\partial g}{\partial w}\frac{\partial f}{\partial \overline{z}} + \frac{\partial g}{\partial \overline{w}}\frac{\partial \overline{f}}{\partial \overline{z}}.$$

证明　只需证明等式在相应定义域中的任意点 z_0 处成立.

1. 由等式 $(z_0 + \Delta z) - z_0 = 1 \cdot \Delta z + 0 \cdot \overline{\Delta z}$, $\overline{z_0 + \Delta z} - \overline{z_0} = 1 \cdot \overline{\Delta z} + 0 \cdot \Delta z$, 及复偏导数的定义,

$$\frac{\partial z}{\partial z}(z_0) = \frac{\partial \overline{z}}{\partial \overline{z}}(z_0) = 1, \ \frac{\partial z}{\partial \overline{z}}(z_0) = \frac{\partial \overline{z}}{\partial z}(z_0) = 0.$$

2. 直接由定义可得.

---

① 为便于记忆, 此式可这样理解: 将 f 看成实变量 x, y 的函数 $f = f(x, y)$. 利用 $x = (z + \overline{z})/2, y = -\mathrm{i} \cdot (z - \overline{z})/2$, 得到 $f = f((z + \overline{z})/2, -\mathrm{i}(z - \overline{z})/2)$. 在求偏导数时, 如果将 $z, \overline{z}$ 看成独立变量, 并承认某种"链式法则"就可得等式

$$\frac{\partial f}{\partial z} = \frac{\partial f}{\partial x}\frac{\partial x}{\partial z} + \frac{\partial f}{\partial y}\frac{\partial y}{\partial z} = \frac{1}{2}\left(\frac{\partial f}{\partial x} - \mathrm{i}\frac{\partial f}{\partial y}\right),$$

$$\frac{\partial f}{\partial \overline{z}} = \frac{\partial f}{\partial x}\frac{\partial x}{\partial \overline{z}} + \frac{\partial f}{\partial y}\frac{\partial y}{\partial \overline{z}} = \frac{1}{2}\left(\frac{\partial f}{\partial x} + \mathrm{i}\frac{\partial f}{\partial y}\right),$$

恰好与 (4.3) 式相统一. 注意, 这只为记忆的方便, 并不具严格性.

3. 在等式 (4.2) 两边取复共轭得

$$\overline{f(z_0 + \Delta z)} - \overline{f(z_0)} = \overline{\left(\frac{\partial f}{\partial z}\right)}(z_0) \cdot \overline{\Delta z} + \overline{\left(\frac{\partial f}{\partial \overline{z}}\right)}(z_0) \cdot \Delta z + o(\Delta z),$$

上式左端即为 $\overline{f}$ 在 z_0 处的增量, 因此有

$$\frac{\partial \overline{f}}{\partial \overline{z}}(z_0) = \overline{\left(\frac{\partial f}{\partial z}\right)}(z_0), \quad \frac{\partial \overline{f}}{\partial z}(z_0) = \overline{\left(\frac{\partial f}{\partial \overline{z}}\right)}(z_0). \tag{4.4}$$

4. 增量函数

$$(fg)(z_0 + \Delta z) - (fg)(z_0)$$
$$= \left(f(z_0) + \frac{\partial f}{\partial z}(z_0)\Delta z + \frac{\partial f}{\partial \overline{z}}(z_0)\overline{\Delta z} + o(\Delta z)\right) \cdot$$
$$\left(g(z_0) + \frac{\partial g}{\partial z}(z_0)\Delta z + \frac{\partial g}{\partial \overline{z}}(z_0)\overline{\Delta z} + o(\Delta z)\right) - f(z_0)g(z_0)$$
$$= \left(\frac{\partial f}{\partial z}(z_0)g(z_0) + f(z_0)\frac{\partial g}{\partial z}(z_0)\right)\Delta z +$$
$$\left(\frac{\partial f}{\partial \overline{z}}(z_0)g(z_0) + f(z_0)\frac{\partial g}{\partial \overline{z}}(z_0)\right)\overline{\Delta z} + o(\Delta z).$$

由此得

$$\frac{\partial (fg)}{\partial z}(z_0) = \frac{\partial f}{\partial z}(z_0)g(z_0) + f(z_0)\frac{\partial g}{\partial z}(z_0),$$
$$\frac{\partial (fg)}{\partial \overline{z}}(z_0) = \frac{\partial f}{\partial \overline{z}}(z_0)g(z_0) + f(z_0)\frac{\partial g}{\partial \overline{z}}(z_0).$$

5. 记 $w_0 = f(z_0)$, 对 g 有

$$g(w_0 + \Delta w) - g(w_0) = \frac{\partial g}{\partial w}(w_0)\Delta w + \frac{\partial g}{\partial \overline{w}}(w_0)\overline{\Delta w} + \psi(\Delta w).$$

其中, ψ 满足 $\lim\limits_{\Delta w \to 0} \psi(\Delta w)/\Delta w = 0$. 结合等式 (4.2), (4.4) 得

$$g \circ f(z_0 + \Delta z) - g \circ f(z_0)$$
$$= g\left(f(z_0) + \frac{\partial f}{\partial z}(z_0)\Delta z + \frac{\partial f}{\partial \overline{z}}(z_0)\overline{\Delta z} + o(\Delta z)\right) - g \circ f(z_0)$$
$$= \frac{\partial g}{\partial w}(f(z_0))\left(\frac{\partial f}{\partial z}(z_0)\Delta z + \frac{\partial f}{\partial \overline{z}}(z_0)\overline{\Delta z} + o(\Delta z)\right) +$$
$$\frac{\partial g}{\partial \overline{w}}(f(z_0))\left(\overline{\left(\frac{\partial f}{\partial z}\right)}(z_0)\overline{\Delta z} + \overline{\left(\frac{\partial f}{\partial \overline{z}}\right)}(z_0)\Delta z + o(\Delta z)\right) +$$
$$\psi(f(z_0 + \Delta z) - f(z_0))$$

$$\stackrel{(1)}{=} \left(\frac{\partial g}{\partial w}(f(z_0)) \frac{\partial f}{\partial z}(z_0) + \frac{\partial g}{\partial \overline{w}}(f(z_0)) \frac{\partial \overline{f}}{\partial z}(z_0) \right) \Delta z +$$

$$\left(\frac{\partial g}{\partial w}(f(z_0)) \frac{\partial f}{\partial \overline{z}}(z_0) + \frac{\partial g}{\partial \overline{w}}(f(z_0)) \frac{\partial \overline{f}}{\partial \overline{z}}(z_0) \right) \overline{\Delta z} + o(\Delta z).$$

这里, 等式 $\stackrel{(1)}{=}$ 利用了性质 $\psi(f(z_0 + \Delta z) - f(z_0)) = o(\Delta z)$. 由此得复合函数的偏导公式. □

> **注**   命题 4.2 揭示了复偏导的运算法则: 性质 1 可理解为 z 与 $\overline{z}$ 形式无关. 性质 2 为复偏导的线性性质. 性质 3 可类比复数除法的共轭性质. 性质 4 为乘积求复偏导的 Leibniz(莱布尼茨) 法则. 性质 5 可视为复偏导的链式法则: 将 f 视作 $z, \overline{z}$ 的函数 $f = f(z, \overline{z})$, g 视作 $w, \overline{w}$ 的函数 $g = g(w, \overline{w})$, 则 $g \circ f = g(f(z, \overline{z}), \overline{f(z, \overline{z})})$. 将 $z, \overline{z}$ 视为独立, $w, \overline{w}$ 视为独立, 类比实函数复合的偏导链式法则可得复偏导链式法则.

最后, 顺便指出, 复偏导可定义在更广的函数类上. 假设复值函数 $f = u + \mathrm{i}v : \Omega \to \mathbb{C}$ 连续, 且 u, v 在 $z_0 \in \Omega$ 处偏导数存在, 则仍可用极限来定义 $\frac{\partial f}{\partial x}(z_0), \frac{\partial f}{\partial y}(z_0)$, 并用 (4.3) 式来定义复偏导

$$\frac{\partial f}{\partial z} := \frac{1}{2} \left(\frac{\partial f}{\partial x} - \mathrm{i} \frac{\partial f}{\partial y} \right), \quad \frac{\partial f}{\partial \overline{z}} := \frac{1}{2} \left(\frac{\partial f}{\partial x} + \mathrm{i} \frac{\partial f}{\partial y} \right).$$

此时, 利用定义, 可形式化验证复偏导数仍然满足命题 4.2 的各条性质. 因此, 如果复值函数 f 连续且偏导数 $\frac{\partial f}{\partial x}, \frac{\partial f}{\partial y}$ 处处存在, 谈论复偏导数仍有意义, 但因过于形式化, 我们不做进一步讨论.

4.3   复偏导数与复可微

假设 f 实可微, 记 $f = u + \mathrm{i}v$, 由 (4.3) 式,

$$\begin{cases} \dfrac{\partial f}{\partial z} = \dfrac{1}{2} \left[\left(\dfrac{\partial u}{\partial x} + \dfrac{\partial v}{\partial y} \right) + \mathrm{i} \left(\dfrac{\partial v}{\partial x} - \dfrac{\partial u}{\partial y} \right) \right], \\ \dfrac{\partial f}{\partial \overline{z}} = \dfrac{1}{2} \left[\left(\dfrac{\partial u}{\partial x} - \dfrac{\partial v}{\partial y} \right) + \mathrm{i} \left(\dfrac{\partial v}{\partial x} + \dfrac{\partial u}{\partial y} \right) \right]. \end{cases} \tag{4.5}$$

若实可微函数 f 在 z_0 处复可微, 由定义, 增量函数 $f(z_0 + \Delta z) - f(z_0)$ 可表示为

$A\Delta z + o(\Delta z)$. 由导数与复偏导数的定义,

$$\frac{\partial f}{\partial z}(z_0) = f'(z_0) = A, \quad \frac{\partial f}{\partial \bar{z}}(z_0) = 0.^{①} \tag{4.6}$$

此处, 为更好地理解复偏导数, 注意到

$$\frac{\partial f}{\partial \bar{z}} = 0 \Longleftrightarrow \begin{cases} \dfrac{\partial u}{\partial x} = \dfrac{\partial v}{\partial y}, \\[2mm] \dfrac{\partial u}{\partial y} = -\dfrac{\partial v}{\partial x} \end{cases} \Longleftrightarrow \frac{\partial f}{\partial z} = \frac{\partial u}{\partial x} + \mathrm{i}\frac{\partial v}{\partial x} = \frac{\partial f}{\partial x}.$$

上式中间项为 Cauchy-Riemann 方程. 因此, 方程 $\dfrac{\partial f}{\partial \bar{z}} = 0$ 也被称为 Cauchy-Riemann 方程的复形式.

利用复偏导数, 定理 4.1可叙述为:

定理 4.2　假设 $f = u + \mathrm{i}v : \Omega \to \mathbb{C}$ 为复值函数.

1. (局部版本) f 在 $z_0 \in \Omega$ 处复可微的充要条件是 f 在 z_0 处实可微, 且满足

$$\frac{\partial f}{\partial \bar{z}}(z_0) = 0.$$

此时, $f'(z_0) = \dfrac{\partial f}{\partial z}(z_0) = \dfrac{\partial f}{\partial x}(z_0) = \dfrac{\partial u}{\partial x}(z_0) + \mathrm{i}\dfrac{\partial v}{\partial x}(z_0)$.

2. (整体版本) f 在 Ω 上全纯的充要条件是 f 在 Ω 上实可微, 且满足

$$\frac{\partial f}{\partial \bar{z}} = 0.$$

当 f 全纯时, 导函数 $f'(z) = \dfrac{\partial f}{\partial z} = \dfrac{\partial f}{\partial x} = \dfrac{\partial u}{\partial x} + \mathrm{i}\dfrac{\partial v}{\partial x}$.

---

① 也可这样理解: 由导数的定义知

$$f'(z_0) := \lim_{h \to 0} \frac{f(z_0 + h) - f(z_0)}{h},$$

特别地, 令 h 沿实轴或虚轴方向趋于 0, 对应于取 $h = \Delta x$ 和 $\mathrm{i}\Delta y$, 得

$$\frac{\partial f}{\partial x}(z_0) = \lim_{\Delta x \to 0} \frac{f(z_0 + \Delta x) - f(z_0)}{\Delta x}$$

$$= \lim_{\Delta y \to 0} \frac{f(z_0 + \mathrm{i}\Delta y) - f(z_0)}{\mathrm{i}\Delta y} = -\mathrm{i}\frac{\partial f}{\partial y}(z_0).$$

于是成立

$$f'(z_0) = \frac{\partial f}{\partial x}(z_0) = -\mathrm{i}\frac{\partial f}{\partial y}(z_0).$$

由上式和 (4.3) 式可得 (4.6) 式.

4.4　例子

本节举例说明复偏导的计算与应用.

例题 **4.2**　假设 $f:\Omega\to\mathbb{C}$ 全纯, $g:\Omega\to\mathbb{C}$ 反全纯 [①]. 证明: 对任意 $z_0\in\Omega$, 成立

$$\frac{\partial(fg)}{\partial z}(z_0)=f'(z_0)g(z_0),\quad \frac{\partial(fg)}{\partial\overline{z}}(z_0)=f(z_0)\overline{(\overline{g})'}(z_0). \tag{4.7}$$

证明　因 $f,\overline{g}$ 全纯, 它们在 z_0 处增量函数满足

$$f(z_0+\Delta z)-f(z_0)=f'(z_0)\Delta z+o(\Delta z),$$

$$\overline{g}(z_0+\Delta z)-\overline{g}(z_0)=(\overline{g})'(z_0)\Delta z+o(\Delta z).$$

由此

$$(fg)(z_0+\Delta z)$$

$$=\big(f(z_0)+f'(z_0)\Delta z+o(\Delta z)\big)\cdot\big(g(z_0)+\overline{(\overline{g})'(z_0)}\cdot\overline{\Delta z}+o(\Delta z)\big)$$

$$=f(z_0)g(z_0)+f'(z_0)g(z_0)\Delta z+f(z_0)\overline{(\overline{g})'(z_0)}\cdot\overline{\Delta z}+o(\Delta z).$$

由上式可知

$$\frac{\partial(fg)}{\partial z}(z_0)=f'(z_0)g(z_0),\quad \frac{\partial(fg)}{\partial\overline{z}}(z_0)=f(z_0)\overline{(\overline{g})'(z_0)}.$$

注　如果 g 是 $\overline{z}$ 的多项式, 即 $g(z)=p(\overline{z})$, 其中 $p(z)$ 是 z 的复多项式, 则 $\overline{g'(z_0)}=p'(\overline{z}_0)$, 于是

$$\frac{\partial(fg)}{\partial\overline{z}}(z_0)=f(z_0)p'(\overline{z}_0). \tag{4.8}$$

由 (4.7), (4.8) 式可知, 如果复值函数对 $z,\overline{z}$ 可分离变量, 求复偏导时, 按独立变量求即可. 读者需注意: 将 $z,\overline{z}$ 视作独立的变量, 只是在求偏导时的一种善巧方便, 并非表示 $z,\overline{z}$ 是无关的.

特别地, 如果 f 是 $z,\overline{z}$ 的多项式:

$$f=\sum_{k=0}^{m}\sum_{j=0}^{n}a_{k,j}z^k\overline{z}^j,$$

利用 (4.7), (4.8) 式, 以及复微分算子的线性性质 (命题 4.2(2)),

$$\frac{\partial f}{\partial z}=\sum_{k=1}^{m}\sum_{j=0}^{n}ka_{k,j}z^{k-1}\overline{z}^j,\quad \frac{\partial f}{\partial\overline{z}}=\sum_{k=0}^{m}\sum_{j=1}^{n}ja_{k,j}z^k\overline{z}^{j-1}.$$

---

① 称 $g:\Omega\to\mathbb{C}$ 反全纯, 是指复共轭 $\overline{g}$ 在 Ω 上全纯 (如 g 是 $\overline{z}$ 的多项式).

下例是将 $z, \bar{z}$ 视为独立变量这一观点的一个应用:

> **例题 4.3** 求 $\mathbb{C}$ 上的实可微函数, 复可微点集恰好为圆周 $\partial \mathbb{D}$.

解 圆周可表示为方程 $|z|^2 - 1 = 0$ 的零点集, 这启发实可微函数满足一种微分方程 (由此见取法不唯一)

$$\frac{\partial f}{\partial \bar{z}} = |z|^2 - 1 = z\bar{z} - 1.$$

将 $z, \bar{z}$ 视为独立变量, 以上方程关于 $\bar{z}$ 积分得一类原函数

$$f(z) = \frac{1}{2}z\bar{z}^2 - \bar{z} + C = \frac{1}{2}|z|^2\bar{z} - \bar{z} + C.$$

进一步可验证: 若 g 是 $\mathbb{C}$ 上的全纯函数, 则 $f + g$ 也满足要求. $\qquad\square$

> **例题 4.4** 如果 $f : \Omega \to \mathbb{C}$ 全纯, 且 $|f|$ 为常数, 则 f 为常数.

解 如果 $|f| \equiv 0$, 则 $f \equiv 0$. 不妨假设 $|f| \equiv c \neq 0$. 由 (4.7) 式

$$0 = \frac{\partial |f|^2}{\partial z} = \frac{\partial (f\bar{f})}{\partial z} = f'(z)\overline{f(z)}.$$

由此知 $f' = 0$. 由定理 4.2 以及 Cauchy-Riemann 方程,

$$\frac{\partial u}{\partial x} = \frac{\partial u}{\partial y} = \frac{\partial v}{\partial x} = \frac{\partial v}{\partial y} = 0.$$

由上式得, u, v 都是常值函数, 因此 f 也是常值函数. $\qquad\square$

4.5　习题

1. (复可微性的定义) 复可微性的定义是否可弱化呢? 考虑函数

$$f(z) = \frac{xy^2(x + \mathrm{i}y)}{x^2 + y^4}, \ z = x + \mathrm{i}y \neq 0; \ f(0) = 0.$$

证明: 对任意从原点出发的射线 ℓ, 极限 $\lim\limits_{\ell \ni z \to 0} (f(z) - f(0))/z = 0$, 但 f 在 0 处不复可微. 提示: 考虑沿曲线 $x = y^2$ 的极限.

2. (全纯的定义) 假设 f 在平面区域 Ω 上全纯, 证明 $g(z) = \overline{f(\bar{z})}$ 在区域 $\Omega^* = \{\zeta | \bar{\zeta} \in \Omega\}$ 上全纯, 且 $g'(z) = \overline{f'(\bar{z})}$.

3. (复可微性) 定义函数 $f : \mathbb{C} \to \mathbb{C}$, $f(z) = x^3y^2 + \mathrm{i}x^2y^3$. 求使 f 复可微的所有点的集合.

4. (指定复可微点集的实可微函数) 求一个 $\mathbb{C}$ 上的实可微函数 f, 使其复可微的点集分别是

(1) 有限集 $\{z_1, \cdots, z_n\}$; (2) 实轴; (3) 抛物线 $y = x^2$.

5. (复可微性) 研究如下函数的复可微性.

(1) $f(z) = \mathrm{Re}(z)$; (2) $f(z) = |z|^3$; (3) $f(z) = z(z-1)\mathrm{Re}(z)$.

哪些点导数存在? 哪些点导数不存在? 证明你的结论.

6. (偏导数的计算) 令 $f(z) = az^2 + |z|^2$, 求 $\dfrac{\partial f}{\partial z}, \dfrac{\partial f}{\partial \bar{z}}, \dfrac{\partial f}{\partial x}$.

7. (商函数的复偏导) 设 $f : \Omega \to \mathbb{C}$, $g : \Omega \to \mathbb{C}$ 都实可微, 且 g 不取零值, 证明

$$\frac{\partial}{\partial z}\left(\frac{f}{g}\right) = \frac{1}{g^2}\left(\frac{\partial f}{\partial z}g - f\frac{\partial g}{\partial z}\right),$$

$$\frac{\partial}{\partial \bar{z}}\left(\frac{f}{g}\right) = \frac{1}{g^2}\left(\frac{\partial f}{\partial \bar{z}}g - f\frac{\partial g}{\partial \bar{z}}\right).$$

8. (全纯函数常值性的判别) 假设 $f = u + \mathrm{i}v : \Omega \to \mathbb{C}$ 全纯, 满足以下条件之一: (1) u 是常数; (2) $u = v^2$. 证明: f 是常数.

第五章

映射性质初步

本章先讨论实可微函数作为映射的基本性质 (反函数定理, 共形性质), 之后介绍几类常见的初等全纯变换 (指数函数, Joukowsky 变换, 正、余弦函数).

5.1 映射性质

称复值函数 $L : \mathbb{C} \to \mathbb{C}$ 是实线性映射, 是指它满足

$$L(z + w) = L(z) + L(w), \ \forall \ z, w \in \mathbb{C}; \ L(rz) = rL(z), \ \forall \ r \in \mathbb{R}.$$

由实线性知,

$$L(z) = L(x + \mathrm{i}y) = xL(1) + yL(\mathrm{i}).$$

上式表明, L 可表示为两类标准形式. 一类是复坐标形式: $Az + B\bar{z}$, 其中,

$$A = (L(1) - \mathrm{i}L(\mathrm{i}))/2, \ B = (L(1) + \mathrm{i}L(\mathrm{i}))/2.$$

另一类是实坐标形式

$$L : \begin{pmatrix} x \\ y \end{pmatrix} \mapsto \begin{pmatrix} a & b \\ c & d \end{pmatrix} \begin{pmatrix} x \\ y \end{pmatrix}.$$

系数矩阵即为 Jacobi 矩阵 J_L, 其行列式的几何意义是: 单位正方形 $Q = \{x + \mathrm{i}y | 0 < x, y < 1\}$ 在 L 下的像 $L(Q)$ 的 (有向) 面积. 注意到 $L(Q)$ 是由 $L(1)$ 和 $L(\mathrm{i})$ 张成的平行四边形, 如图 5.1 所示. 记 $L(1)$ 与 $L(\mathrm{i})$ 的 (有向) 夹角为 θ, 则像的 (有向) 面积为

$$|L(1)||L(\mathrm{i})| \sin(\theta) = \mathrm{Im}(L(\mathrm{i})\overline{L(1)}) = \frac{1}{2\mathrm{i}}(L(\mathrm{i})\overline{L(1)} - \overline{L(\mathrm{i})}L(1)).$$

将 $L(z) = Az + B\bar{z}$ 代入上式, 并利用 $L(1) = A + B, L(\mathrm{i}) = \mathrm{i}(A - B)$, 得

$$\det(J_L) = |A|^2 - |B|^2. \tag{5.1}$$

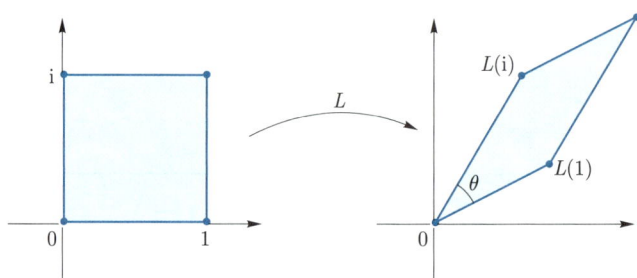

图 5.1   实线性映射 L

利用实线性映射可研究实可微函数.

给定区域 Ω 上的复值函数 $f = u + iv$, 假设在 z_0 处实可微, 则增量函数为 $f(z_0 + h) - f(z_0) = L(h) + o(h)$, 其中, $L(\zeta) = f_z(z_0)\zeta + f_{\bar{z}}(z_0)\bar{\zeta}$ 为实线性映射. 若将 L 视为二元映射 $L : \mathbb{R}^2 \to \mathbb{R}^2$, 则其表达式为

$$
\begin{pmatrix} \zeta_1 \\ \zeta_2 \end{pmatrix} \mapsto \begin{pmatrix} u_x(z_0) & u_y(z_0) \\ v_x(z_0) & v_y(z_0) \end{pmatrix} \begin{pmatrix} \zeta_1 \\ \zeta_2 \end{pmatrix}.
$$

系数矩阵为 f 在 z_0 处的 Jacobi 矩阵 J_f. 由(5.1)式知,

$$
\det(J_f) = |f_z(z_0)|^2 - |f_{\bar{z}}(z_0)|^2. \tag{5.2}
$$

用复偏导表示 Jacobi 行列式会为后续讨论带来便利. 为说明这一点, 我们回忆实二元函数的反函数定理, 并陈述为复形式:

反函数定理: 假设 $f : \Omega \to \mathbb{C}$ 为 C^1 实可微函数 (意指偏导数连续). 如果 Jacobi 矩阵 J_f 在 p 处非退化, 则存在 p 的邻域 U, $f(p)$ 的邻域 V, 以及 V 上的实可微函数 $g : V \to U$ 满足

$$
f \circ g(w) = w, \ \forall w \in V; \ g \circ f(z) = z, \ \forall z \in U.
$$

进一步, g 在 $f(p)$ 处的 Jacobi 矩阵 $J_g(f(p)) = J_f(p)^{-1}$.

下面研究定理中反函数 g 的进一步性质. 我们将证明:

如果 f 在 p 处复可微, 那么 g 在 $f(p)$ 处复可微, 且

$$
g'(f(p)) = 1/f'(p).
$$

对 $f \circ g(w) = w$ 关于 $\bar{w}$ 求偏导 (并令 $w = f(p)$), 由命题 4.2(5),

$$
\frac{\partial f}{\partial z}(p)\frac{\partial g}{\partial \bar{w}}(f(p)) + \frac{\partial f}{\partial \bar{z}}(p)\frac{\partial \bar{g}}{\partial \bar{w}}(f(p)) = \frac{\partial w}{\partial \bar{w}}(f(p)) = 0.
$$

如果 f 在 p 处复可微, 则 $\dfrac{\partial f}{\partial \bar{z}}(p) = 0$. 由(5.2)式以及 $J_f(p)$ 非退化知, $\dfrac{\partial f}{\partial z}(p) \neq 0$, 因此 $\dfrac{\partial g}{\partial \bar{w}}(f(p)) = 0$. 由定理 4.2, g 在 $f(p)$ 处复可微.

对 $g \circ f(z) = z$ 关于 z 求偏导, 并令 $z = p$, 得

$$\frac{\partial g}{\partial w}(f(p))\frac{\partial f}{\partial z}(p) + \frac{\partial g}{\partial \overline{w}}(f(p))\frac{\partial \overline{f}}{\partial z}(p) = \frac{\partial z}{\partial z}(p) = 1.$$

由上式知, $g'(f(p)) = 1/f'(p)$.

总结上述讨论, 可得全纯函数的反函数定理

> **定理 5.1**　假设 $f : \Omega \to \mathbb{C}$ 全纯, 在 p 的邻域内导函数 f' 连续且 $f'(p) \neq 0$, 则存在 p 的邻域 U, $f(p)$ 的邻域 V, 以及全纯函数 $g : V \to U$, 满足
>
> $$f \circ g(w) = w, \ \forall w \in V; \ g \circ f(z) = z, \ \forall z \in U.$$
>
> 进一步, g 的导数满足 $g'(f(z)) = 1/f'(z), \forall z \in U$.

注　如果 $f'(p) = 0$, 后文将证 f 在 p 邻域上不存在反函数 (参见命题 19.1). 例如: $f(z) = z^2, p = 0$. 后文也将证明全纯函数的无穷次可微性 (参见定理 8.3). 因此, "在 p 的邻域内导函数 f' 连续"这一条件其实是多余的.

5.2　共形性质

假设 $f : \Omega \to \mathbb{C}$ 全纯, $z_0 \in \Omega$ 并且 $f'(z_0) \neq 0$, 本节将讨论 $f'(z_0)$ 的几何意义以及 f 的共形性质.[①] 为此, 先介绍曲线.

平面曲线指的是连续映射 $\gamma : [a, b] \to \mathbb{C}$, 其中 $\gamma(t) = x(t) + iy(t)$, x, y 都是关于 $t \in [a, b]$ 的连续函数. 进一步, 如果 $\gamma(a) = \gamma(b)$, 称 γ 是闭曲线.

如果 x, y 都关于 t 可微, 此时可定义 γ 关于 t 的导数:

$$\gamma'(t) = \lim_{l \to 0} \frac{\gamma(t + l) - \gamma(t)}{l} = x'(t) + iy'(t),$$

其几何意义为曲线在 $\gamma(t)$ 处的切方向 (的复数表示).

称曲线 $\gamma : [a, b] \to \mathbb{C}$ 是光滑的, 是指 $\gamma'(t)$ 在 $[a, b]$ 上存在且连续. 此处, 在端点的导数 $\gamma'(a), \gamma'(b)$ 分别按照右, 左导数理解

$$\gamma'(a) = \lim_{l \to 0^+} \frac{\gamma(a + l) - \gamma(a)}{l}, \ \gamma'(b) = \lim_{l \to 0^-} \frac{\gamma(b + l) - \gamma(b)}{l}.$$

闭曲线 γ 光滑, 还需要求在端点处导数相等: $\gamma'(a) = \gamma'(b)$.

---

① 感谢邱维元教授、戎锋教授为本节提出修改建议.

以上定义的光滑性为分析意义下的光滑, 即 γ 作为 t 的复值函数的 C^1 光滑性[①]. 通常, 分析意义下的光滑并不保证 γ 的像在几何直观下是一条光滑曲线. 为说明这一点, 考察例子 $\gamma(t) = t^3 + \mathrm{i}t^2, t \in [-1, 1]$. 显然, γ 是一条 (分析意义下的) 光滑曲线. 在平面坐标下, 其方程为 $y = x^{2/3}, x \in [-1, 1]$. 易见, $\gamma(0) = 0$ 是曲线的尖点. 从几何直观看, 曲线在该点不光滑. 要保证几何直观下光滑, 就需在分析意义光滑的前提之下施加导数处处非零的条件 (即正则性条件). 这样的曲线也称为正则光滑曲线.

称曲线 $\gamma : [a, b] \to \mathbb{C}$ 分段光滑, 是指曲线可分解为有限段光滑曲线之并, 即存在 $[a, b]$ 的有限划分: $a = t_0 < t_1 < \cdots < t_n = b$, 使对任意 $1 \leqslant k \leqslant n$, 曲线段 $\gamma|_{[t_{k-1}, t_k]}$ 是光滑的.

现在讨论 f 的保角性质. 假设 $f : \Omega \to \mathbb{C}$ 为 C^1 实可微函数, $p \in \Omega$, γ 为经过 p 点的正则光滑曲线, 参数化为 $\gamma : [-\varepsilon, \varepsilon] \to \Omega$, $\gamma(0) = p$. 进一步假设 Jacobi 矩阵 J_f 沿曲线 γ 非退化. 像曲线记为 $\lambda(t) = f(\gamma(t)), t \in [-\varepsilon, \varepsilon]$.

下面说明 λ 也是正则光滑曲线. 为此, 需说明 $\lambda'(t)$ 在 $[a, b]$ 上存在、连续且不取零值. 对任意 $t_0 \in [a, b]$, 当 $|l|$ 很小使 $t_0 + l \in [a, b]$ 时, $\gamma(t_0 + l) - \gamma(t_0) = \gamma'(t_0)l + o(l)$,

$$
\begin{aligned}
&f(\gamma(t_0 + l)) - f(\gamma(t_0)) \\
&= f(\gamma(t_0) + \gamma'(t_0)l + o(l)) - f(\gamma(t_0)) \\
&= \frac{\partial f}{\partial z}(\gamma(t_0))\big(\gamma'(t_0)l + o(l)\big) + \frac{\partial f}{\partial \bar{z}}(\gamma(t_0))\big(\overline{\gamma'(t_0)}l + o(l)\big) + o(l) \\
&= \left(\frac{\partial f}{\partial z}(\gamma(t_0))\gamma'(t_0) + \frac{\partial f}{\partial \bar{z}}(\gamma(t_0))\overline{\gamma'(t_0)}\right)l + o(l).
\end{aligned}
$$

由上式可见, $\lambda'(t_0)$ 存在, 且

$$
\lambda'(t_0) = \frac{\partial f}{\partial z}(\gamma(t_0))\gamma'(t_0) + \frac{\partial f}{\partial \bar{z}}(\gamma(t_0))\overline{\gamma'(t_0)}. \tag{5.3}
$$

由 f 是 C^1 实可微以及 γ 光滑可知, $\lambda'(t)$ 在 $[a, b]$ 上连续.

若有 $t_0 \in [-\varepsilon, \varepsilon]$ 使 $\lambda'(t_0) = 0$, 由 γ 的正则性知, $\gamma'(t_0) \neq 0$, 从而

$$
\left|\frac{\partial f}{\partial z}(\gamma(t_0))\right| = \left|\frac{\partial f}{\partial \bar{z}}(\gamma(t_0))\right| \implies \det(J_f(\gamma(t_0))) = 0.
$$

这矛盾于 J_f 沿 γ 非退化. 因此, λ' 不取零值, λ 是正则光滑曲线.

假设 f 在 p 处复可微, 则 $\frac{\partial f}{\partial \bar{z}}(p) = 0, \frac{\partial f}{\partial z}(p) = f'(p)$. 由 (5.3) 式,

$$
\lambda'(0) = f'(p)\gamma'(0) \iff f'(p) = \frac{\lambda'(0)}{\gamma'(0)}.
$$

由上式, 像曲线 λ 在 $f(p)$ 的切方向与原曲线 γ 在 p 的切方向的角度差即 $f'(p)$ 的辐角, 长度比为 $|f'(p)|$. 此即导数的几何解释, 如图 5.2 所示.

[①] C^1 光滑指导函数 (或偏导数) 连续.

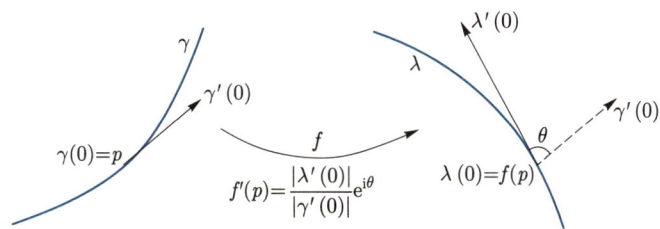

图 5.2 导数的几何意义

现考虑过 p 点的两条正则光滑曲线 γ_1, γ_2, 记像曲线 $\lambda_k = f(\gamma_k)$. 类似可得 $\lambda_k'(0) = f'(p)\gamma_k'(0)$. 因此

$$\frac{\lambda_2'(0)}{\lambda_1'(0)} = \frac{\gamma_2'(0)}{\gamma_1'(0)}.$$

此处 $\dfrac{\gamma_2'(0)}{\gamma_1'(0)}$ 的辐角表示曲线 γ_1, γ_2 在 p 的夹角, $\dfrac{\lambda_2'(0)}{\lambda_1'(0)}$ 的辐角表示像曲线在 $f(p)$ 的夹角. 上式说明, f 保持任意两条曲线在 p 处夹角的大小与方向. 此时, 称 f 在 p 处保角或者共形 (conformal).

以上讨论表明, f 在 p 处复可微蕴涵保角性质. 现考虑反问题. 假设 $f : \Omega \to \mathbb{C}$ 是 C^1 实可微, $p \in \Omega$, 且 Jacobi 矩阵 J_f 非退化. 如果 f 在 p 处保角, 能否推出 f 在 p 处复可微?

考虑经过 p 点的一族曲线 $\gamma_\theta(t) = p + te^{i\theta}, t \in [-\varepsilon, \varepsilon]$, 其中 $\theta \in [0, 2\pi)$ 是参数. 像曲线记为 $\lambda_\theta(t) = f(\gamma_\theta(t))$, 其切方向

$$\lambda_\theta'(t) = \frac{\partial f}{\partial z}(\gamma_\theta(t))e^{i\theta} + \frac{\partial f}{\partial \bar{z}}(\gamma_\theta(t))e^{-i\theta}.$$

考虑参数 $0, \theta$ 对应的曲线 λ_0 与 λ_θ. f 在 p 处保角蕴涵

$$\frac{\lambda_\theta'(0)}{\lambda_0'(0)} = k_\theta \frac{\gamma_\theta'(0)}{\gamma_0'(0)} = k_\theta e^{i\theta}, \forall\, \theta \in [0, 2\pi),$$

其中, k_θ 是一个正数. 上式等价于

$$\frac{\partial f}{\partial z}(p)e^{i\theta} + \frac{\partial f}{\partial \bar{z}}(p)e^{-i\theta} = k_\theta e^{i\theta}\left(\frac{\partial f}{\partial z}(p) + \frac{\partial f}{\partial \bar{z}}(p)\right)$$

$$\Longleftrightarrow \frac{\partial f}{\partial z}(p) + \frac{\partial f}{\partial \bar{z}}(p)e^{-2i\theta} = k_\theta\left(\frac{\partial f}{\partial z}(p) + \frac{\partial f}{\partial \bar{z}}(p)\right).$$

因 J_f 非退化, 故 $\left|\dfrac{\partial f}{\partial z}\right| \neq \left|\dfrac{\partial f}{\partial \bar{z}}\right|$ 在 Ω 上处处成立. 这说明上式右端非零且辐角恒定. 要使左端辐角与 $\theta \in [0, 2\pi)$ 无关, 必然有 $\dfrac{\partial f}{\partial \bar{z}}(p) = 0$. 这说明 f 在 p 点复可微.

以上讨论, 可总结为

> **定理 5.2**　假设 $f : \Omega \to \mathbb{C}$ 为 C^1 实可微函数, 其 Jacobi 矩阵 J_f 非退化, $p \in \Omega$, 则
>
> $$f\text{在 } p \text{点共形} \Longleftrightarrow f \text{ 在} p \text{ 点复可微};$$
>
> $$f\text{在 } \Omega \text{上共形} \Longleftrightarrow f\text{在} \Omega \text{上全纯}.$$

5.3　指数函数

复变量的指数函数定义为

$$\mathrm{e}^z := \mathrm{e}^x(\cos y + \mathrm{i}\sin y), \ z = x + \mathrm{i}y \in \mathbb{C}.$$

当 $z \in \mathbb{R}$ 时, 定义与实指数函数一致. 指数函数也称指数映射.

显然 e^z 的实部 $u = \mathrm{e}^x\cos y$ 与虚部 $v = \mathrm{e}^x\sin y$ 都是可微函数, 因此 e^z 实可微. 由

$$\frac{\partial u}{\partial x} = \frac{\partial v}{\partial y} = \mathrm{e}^x\cos y, \ \frac{\partial u}{\partial y} = -\frac{\partial v}{\partial x} = -\mathrm{e}^x\sin y$$

可知, e^z 满足 Cauchy-Riemann 方程, 因此全纯.

指数函数 e^z 有如下性质:

(1) 导函数为自身:

$$(\mathrm{e}^z)' = \frac{\partial u}{\partial x} + \mathrm{i}\frac{\partial v}{\partial x} = \mathrm{e}^x(\cos y + \mathrm{i}\sin y) = \mathrm{e}^z.$$

(2) $|\mathrm{e}^z| = \mathrm{e}^x \neq 0$. 由定理 5.2, 指数函数在平面上共形.

(3) $1/\mathrm{e}^z = \mathrm{e}^{-z}$, $z \in \mathbb{C}$.

(4) $\mathrm{e}^z \cdot \mathrm{e}^w = \mathrm{e}^{z+w}$, $z, w \in \mathbb{C}$.

(5) $\mathrm{e}^z = \mathrm{e}^w \Longleftrightarrow z - w \in 2\pi\mathrm{i}\mathbb{Z}$. 这说明 e^z 是以 $2\pi\mathrm{i}$ 为周期的周期函数. 特别地, $\mathrm{e}^z = 1 \Longleftrightarrow z \in 2\pi\mathrm{i}\mathbb{Z}$.

(6) e^z 作为映射, 值域为 $\mathbb{C} \setminus \{0\}$. 它将水平直线 $\{\mathrm{Im}(z) = y_0\}$ 映为始于原点的射线 $\{r\mathrm{e}^{\mathrm{i}y_0} | r > 0\}$; 将垂直直线 $\{\mathrm{Re}(z) = x_0\}$ 映为以原点为中心的圆周 $\{|w| = \mathrm{e}^{x_0}\}$. 映射性质如图 5.3 所示.

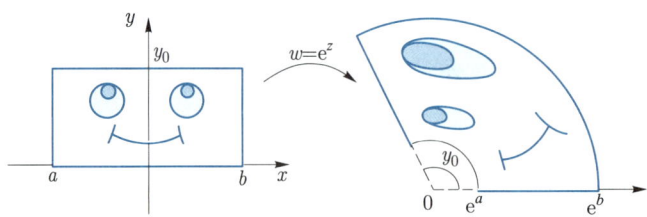

图 5.3　指数映射

显然, e^z 并不是平面的单射. 事实上, 利用周期性, 如果 $e^{z_0} = w_0$, 则 w_0 关于指数映射的原像全体为 $z_0 + 2\pi i\mathbb{Z}$.

假设 f 是平面区域 D 上的全纯函数, 如果 f 限制在区域 $\Omega \subset D$ 上是单射, 则称 Ω 是 f 的一个单叶性区域.

按此定义, Ω 是 e^z 的单叶性区域的充要条件是不存在不同两点 $z, w \in \Omega$ 使 $z - w \in 2\pi i\mathbb{Z}$. 特别地, e^z 在宽度不超过 2π 的水平带域上是单射.

5.4 初等变换

本节介绍两类典型的初等变换: Joukowsky 变换和余弦、正弦函数.

1. Joukowsky 变换. 称函数

$$J(z) = \frac{1}{2}\left(z + \frac{1}{z}\right)$$

为 Joukowsky 变换 (或函数). 它在 $\mathbb{C} \setminus \{0\}$ 上全纯. 由

$$J'(z) = \frac{1}{2}\left(1 - \frac{1}{z^2}\right)$$

知, 当 $z \neq \pm 1$ 时, $J'(z) \neq 0$. 因此, J 在 $\mathbb{C} \setminus \{0, \pm 1\}$ 上共形.

下求 J 的单叶性区域. 计算可知

$$J(a) - J(b) = \frac{1}{2}(a - b)\left(1 - \frac{1}{ab}\right).$$

由此, 如果 $J(a) = J(b)$, 要么 $a = b$, 要么 $ab = 1$. 这说明区域 $\Omega \subset \mathbb{C} \setminus \{0\}$ 是 J 的单叶性区域, 当且仅当 Ω 不同时包含形如 $a, 1/a$ 的两点. 特别地, 单位圆盘外部、圆盘 $D(0, r)(r > 1)$ 的外部、或上半平面 $\mathbb{H}$ 都是 J 的单叶性区域.

这些单叶性区域的像是什么呢? 要描述像集, 需先研究 $w = J(z)$ 的映射性质. 为此, 令 $z = re^{i\theta}$, 则

$$w = u + iv = \frac{1}{2}\left(r + \frac{1}{r}\right)\cos\theta + \frac{1}{2}\left(r - \frac{1}{r}\right)\sin\theta i.$$

由此可知, J 将圆周 $\{|z| = r\}, r \neq 0, 1$ 映为 w 平面的椭圆:

$$\frac{u^2}{a(r)^2} + \frac{v^2}{b(r)^2} = 1,$$

其中, $a(r) = J(r), b(r) = |J(ir)|$. 这些椭圆共焦点 ± 1. 当 $r > 1$ 时, J 将上半圆周映为上半椭圆; 当 $0 < r < 1$ 时, J 将上半圆周映为下半椭圆. 同时可知, J 将单位圆周 $\{|z| = 1\}$ 映为线段 $[-1, 1]$, 如图 5.4 所示.

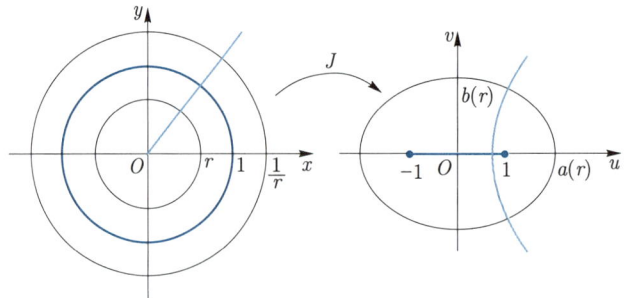

图 5.4　Joukowsky 变换

考虑从原点出发的射线 $l_\theta = \{re^{i\theta} | r > 0\}$ 在 J 下的像. 可验证: 当 $\theta = 0$ 时, 为射线 $[1, +\infty)$; 当 $\theta = \pi$ 时, 为射线 $(-\infty, -1]$; 当 $\theta = \pm\pi/2$ 时, 为虚轴; 当 $\theta \neq k\pi/2$ 时, 为双曲线

$$\frac{u^2}{\cos^2\theta} - \frac{v^2}{\sin^2\theta} = 1$$

的一支. 这些双曲线共焦点 ± 1.

由上述映射性质知, J 将单位圆盘外部 $\mathbb{C} \setminus \overline{\mathbb{D}}$ 变为 $\mathbb{C} \setminus [-1, 1]$; 将圆盘 $D(0, r)(r > 1)$ 外部变为椭圆 $\dfrac{u^2}{a(r)^2} + \dfrac{v^2}{b(r)^2} = 1$ 的外部; 将上半平面 $\mathbb{H}$ 变为 $\mathbb{C} \setminus ((-\infty, 1] \cup [1, +\infty))$, 如图 5.5 所示.

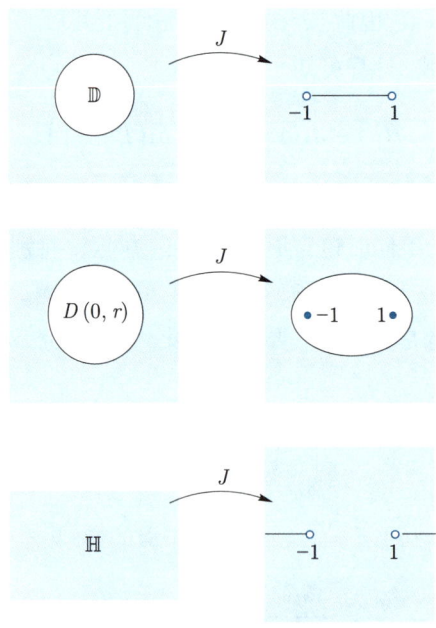

图 5.5　Joukowsky 变换的单叶性区域

2. 余弦、正弦函数.

类比实余弦、正弦函数的定义, 引入复余弦、正弦函数:

$$\cos z = \frac{1}{2}(e^{iz} + e^{-iz}), \ \sin z = \frac{1}{2i}(e^{iz} - e^{-iz}).$$

它们满足如下基本性质:

(1) $(\cos z)' = -\sin z, (\sin z)' = \cos z$.

(2) $\cos z, \sin z$ 都是无界整函数, 满足 $\cos^2 z + \sin^2 z = 1$.

(3) $\cos z, \sin z$ 都以 2π 为周期.

(4) $\cos z = 0 \iff z = (k + 1/2)\pi, \ k \in \mathbb{Z}$.

(5) $\sin z = 0 \iff z = k\pi, \ k \in \mathbb{Z}$.

利用 Joukowsky 变换, 可研究三角函数的映射性质. 以复余弦函数为例, 它可分解为三个映射的复合 $h \circ g \circ f$, 如图 5.6 所示, 其中

$$f(z) = iz, \ g(w) = e^w, \ h(\zeta) = J(\zeta).$$

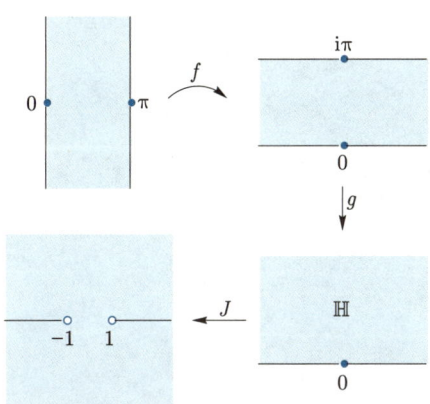

图 5.6 $\cos z$ 的映射性质

余弦变换将带域 $B_0 = \{z | 0 < \mathrm{Re}(z) < \pi\}$ 双全纯映为 $\mathbb{C} \setminus ((-\infty, 1] \cup [1, +\infty))$.

5.5 习题

1. (实线性映射的性质) 描述单位圆盘 $\mathbb{D}$ 在实线性映射 $L(z) = Az + B\bar{z}$ 下的像.

2. (正交曲线) 假设 f 在区域 D 上全纯, f' 在 D 上不取零值. 证明

(1) 对任意的 $u_0 + iv_0 \in f(D)$, 曲线 $\mathrm{Re}(f(z)) = u_0$ 和曲线 $\mathrm{Im}(f(z)) = v_0$ 正交;

(2) 对每一个 $r_0 e^{i\theta_0} \in f(D) \setminus \{0\}$, 曲线 $|f(z)| = r_0$ 与曲线 $\arg(f(z)) = \theta_0$ 正交.

3. (单叶性) 证明: $\mathrm{e}^{\alpha z}$ (α 为非零复数) 在带域 $B = \{z \in \mathbb{C} \,|\, |\mathrm{Re}(z)| < \pi/2\}$ 上单叶的充要条件是 $|\alpha|^2 \leqslant 2|\mathrm{Re}(\alpha)|$.

4. (余弦函数的映射性质) 半带域 $B = \{z \,|\, 0 < \mathrm{Re}(z) < 2\pi, \mathrm{Im}(z) > 0\}$ 是 $\cos(z)$ 的单叶性区域吗? 求出像集.

5. (正弦函数的映射性质) 证明: $\sin z$ 将顶点在 $\pm\pi/2 \pm \mathrm{i}r(r > 0)$ 的矩形区域双全纯映为椭圆区域

$$\{u + \mathrm{i}v \,|\, u^2/\cosh^2 r + v^2/\sinh^2 r < 1\}.$$

提示: 利用等式 $\sin(x + \mathrm{i}y) = \cosh y \sin x + \mathrm{i}\sinh y \cos x$.

6. (极值点的性质) 假设 f 在圆盘 $\mathbb{D}$ 上全纯. 若有 $z_0 \neq 0$, 使 $f(z_0) \neq 0$, $f'(z_0) \neq 0$ 且 $|f(z_0)| = \max\limits_{|z| \leqslant |z_0|} |f(z)|$. 证明

$$\frac{z_0 f'(z_0)}{f(z_0)} > 0.$$

第六章

复 积 分

6.1 复积分

本节定义复积分, 可类比实函数沿曲线的积分. 此时积分空间是一条曲线, 积分对象是复值函数.

给定分段光滑曲线 $\gamma : [a,b] \to \mathbb{C}$, 它的正方向指参数 t 增加的方向. 沿此方向, $\gamma(a)$ 与 $\gamma(b)$ 分别为曲线的起点和终点. γ 的逆曲线 γ^- 定义为 $\gamma^-(t) = \gamma(a+b-t), t \in [a,b]$, 它与 γ 表示的点集相同, 但作为曲线, 方向相反.

假设 f 是定义在 γ 上的复值函数. 在闭区间 $[a,b]$ 上取一组分点 $a = t_0 < t_1 < \cdots < t_n = b$, 得 $[a,b]$ 的一个划分, 记为 $\mathcal{P} = \{t_0, \cdots, t_n\}$. 这诱导沿 γ 的正方向的一组分点 $z_k = \gamma(t_k), 0 \leqslant k \leqslant n$ (可能有重合), 它们将 γ 分解为 n 段弧, 位于 z_{k-1} 与 z_k 之间的一段记为 $\gamma_k = \gamma([t_{k-1}, t_k])$, $k = 1, \cdots, n$, 如图 6.1 所示.

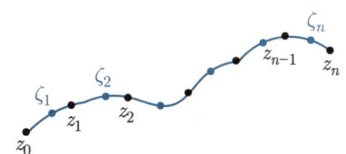

图 6.1 曲线的划分

在弧段 γ_k 上取点 ζ_k, 并考虑 Riemann 和

$$S(\mathcal{P}) = \sum_{k=1}^{n} f(\zeta_k)(z_k - z_{k-1}).$$

记划分的长度 $|\mathcal{P}| = \max\{t_k - t_{k-1} | 1 \leqslant k \leqslant n\}$. 如果当 $|\mathcal{P}| \to 0$ 时, 不论 ζ_k 取法如何, Riemann 和总存在一确定的极限, 就称 f 沿 γ 可积. 此极限称为 f 沿 γ 的积分, 记为

$$\int_\gamma f(z)\mathrm{d}z = \lim_{|\mathcal{P}| \to 0} S(\mathcal{P}).$$

一个自然的问题是, 上式右端极限何时存在? 事实上, 只需要 f 在 γ 上连续即可. 为说明这一点, 我们将 Riemann 和写成实形式. 记 $z_k = x_k + \mathrm{i}y_k, f(z) = u(z) + \mathrm{i}v(z)$, 则

$$
\begin{aligned}
S(\mathcal{P}) &= \sum_{k=1}^{n} (u(\zeta_k) + \mathrm{i}v(\zeta_k))((x_k - x_{k-1}) + \mathrm{i}(y_k - y_{k-1})) \\
&= \sum_{k=1}^{n} (u(\zeta_k)(x_k - x_{k-1}) - v(\zeta_k)(y_k - y_{k-1})) + \\
&\quad \mathrm{i} \sum_{k=1}^{n} (v(\zeta_k)(x_k - x_{k-1}) + u(\zeta_k)(y_k - y_{k-1})) \\
&= \sum_{k=1}^{n} (u(\zeta_k)\Delta x_k - v(\zeta_k)\Delta y_k) + \mathrm{i} \sum_{k=1}^{n} (v(\zeta_k)\Delta x_k + u(\zeta_k)\Delta y_k).
\end{aligned}
$$

f 在 γ 上连续等价于 u, v 在 γ 上连续. 因此当 $|\mathcal{P}| \to 0$ 时, 上式趋于第二类曲线积分

$$
\int_{\gamma} u\mathrm{d}x - v\mathrm{d}y + \mathrm{i} \int_{\gamma} v\mathrm{d}x + u\mathrm{d}y.
$$

因此, 如果 $f = u + \mathrm{i}v$ 在 γ 上连续, 则 f 沿 γ 可积, 且

$$
\int_{\gamma} f(z)\mathrm{d}z = \int_{\gamma} u\mathrm{d}x - v\mathrm{d}y + \mathrm{i} \int_{\gamma} v\mathrm{d}x + u\mathrm{d}y.
$$

上式右端积分对象即是 $f(z)\mathrm{d}z = (u + \mathrm{i}v)(\mathrm{d}x + \mathrm{i}\mathrm{d}y)$ 的展开.

在曲线 $\gamma : [a, b] \to \mathbb{C}$ 的参数化之下, 可验证

$$
\int_{\gamma} f(z)\mathrm{d}z = \int_{a}^{b} f(\gamma(t))\gamma'(t)\mathrm{d}t.
$$

这一变量替换给出了计算积分的通用办法.

类似地, 可用 Riemann 和的极限定义曲线积分 $\displaystyle\int_{\gamma} |f(z)||\mathrm{d}z|, \int_{\gamma} f(z)|\mathrm{d}z|, \int_{\gamma} f(z)\mathrm{d}\bar{z}$, 并可验证

$$
\int_{\gamma} |f(z)||\mathrm{d}z| = \int_{a}^{b} |f(\gamma(t))||\gamma'(t)|\mathrm{d}t,
$$

$$
\int_{\gamma} f(z)|\mathrm{d}z| = \int_{a}^{b} f(\gamma(t))|\gamma'(t)|\mathrm{d}t,
$$

$$
\int_{\gamma} f(z)\mathrm{d}\bar{z} = \int_{a}^{b} f(\gamma(t))\overline{\gamma'(t)}\mathrm{d}t.
$$

6.2 复积分的性质

沿着曲线的积分依赖于曲线的方向, 但不依赖于曲线的参数化. 下面依次说明. 以下讨论总假设 γ 分段光滑.

事实上, 沿 γ 的逆曲线 γ^- 积分为

$$\int_{\gamma^-} f(z)\mathrm{d}z = \int_a^b f(\gamma^-(t))\gamma^{-\prime}(t)\mathrm{d}t$$

$$= -\int_a^b f(\gamma(a+b-t))\gamma'(a+b-t)\mathrm{d}t$$

$$= -\int_b^a f(\gamma(s))\gamma'(s)(-\mathrm{d}s)$$

$$= -\int_a^b f(\gamma(s))\gamma'(s)\mathrm{d}s$$

$$= -\int_\gamma f(z)\mathrm{d}z.$$

这说明将曲线改变方向, 积分值改变符号.

任取可微同胚 $h : [a,b] \to [c,d]$, 可将曲线 $\gamma : [a,b] \to \mathbb{C}$ 重新参数化为 $\widehat{\gamma} = \gamma \circ h^{-1} : [c,d] \to \mathbb{C}$, 亦即 $\widehat{\gamma}(h(t)) = \gamma(t)$. 于是

$$\int_{\widehat{\gamma}} f(z)\mathrm{d}z = \int_c^d f(\widehat{\gamma}(s))\widehat{\gamma}'(s)\mathrm{d}s = \int_a^b f(\widehat{\gamma}(h(t)))\widehat{\gamma}'(h(t))h'(t)\mathrm{d}t$$

$$= \int_a^b f(\gamma(t))\gamma'(t)\mathrm{d}t = \int_\gamma f(z)\mathrm{d}z.$$

> **注** 可验证: 如果 f,g 都在 γ 上连续, α,β 是复数, 则成立
>
> $$\int_\gamma (\alpha f(z) + \beta g(z))\mathrm{d}z = \alpha \int_\gamma f(z)\mathrm{d}z + \beta \int_\gamma g(z)\mathrm{d}z.$$
>
> 如果 f 在 $\gamma_1 \cup \gamma_2$ 上连续, 且曲线 γ_1 的终点为 γ_2 的起点, 则
>
> $$\int_{\gamma_1 \cup \gamma_2} f(z)\mathrm{d}z = \int_{\gamma_1} f(z)\mathrm{d}z + \int_{\gamma_2} f(z)\mathrm{d}z.$$
>
> 如果两曲线并非首尾相连, 积分亦可如上定义.

积分性质中最为常用的是如下不等式:

> **定理 6.1 (复积分基本不等式)**   假设 f 在分段光滑曲线 γ 上连续, 记 $L(\gamma)$ 为 γ 的长度, 则
> $$\left| \int_\gamma f(z)\mathrm{d}z \right| \leqslant \int_\gamma |f(z)||\mathrm{d}z| \leqslant \max_{z\in\gamma} |f(z)| L(\gamma).$$

证明   不妨假设 $\displaystyle\int_\gamma f(z)\mathrm{d}z \neq 0$, 否则结论平凡. 记 $\displaystyle\int_\gamma f(z)\mathrm{d}z$ 的一个辐角为 θ. 则

$$\left| \int_\gamma f(z)\mathrm{d}z \right| = \mathrm{e}^{-\mathrm{i}\theta} \int_\gamma f(z)\mathrm{d}z = \int_a^b \mathrm{e}^{-\mathrm{i}\theta} f(\gamma(t))\gamma'(t)\mathrm{d}t$$

$$= \int_a^b \mathrm{Re}(\mathrm{e}^{-\mathrm{i}\theta} f(\gamma(t))\gamma'(t))\mathrm{d}t +$$

$$\mathrm{i} \int_a^b \mathrm{Im}(\mathrm{e}^{-\mathrm{i}\theta} f(\gamma(t))\gamma'(t))\mathrm{d}t$$

$$= \int_a^b \mathrm{Re}(\mathrm{e}^{-\mathrm{i}\theta} f(\gamma(t))\gamma'(t))\mathrm{d}t$$

$$\leqslant \int_a^b |f(\gamma(t))||\gamma'(t)|\mathrm{d}t$$

$$\leqslant \max_{t\in[a,b]} |f(\gamma(t))| \int_a^b |\gamma'(t)|\mathrm{d}t$$

$$= \max_{z\in\gamma} |f(z)| \cdot L(\gamma).$$

> **例题 6.1**   计算积分
> $$\int_\gamma z^n \mathrm{d}z,$$
> 其中 n 是整数, γ 是以原点为圆心, 以 r 为半径的圆周.

解   取 γ 的参数化 $\gamma(t) = r\mathrm{e}^{\mathrm{i}t}, t \in [0, 2\pi]$, 则 $\gamma'(t) = \mathrm{i}r\mathrm{e}^{\mathrm{i}t}$,

$$\int_\gamma z^n \mathrm{d}z = \mathrm{i}r^{n+1} \int_0^{2\pi} \mathrm{e}^{\mathrm{i}(n+1)t}\mathrm{d}t = \begin{cases} 2\pi\mathrm{i}, & n = -1, \\ 0, & n \neq -1. \end{cases}$$

6.3   原函数

如何有效计算沿曲线的积分?

现考虑一个相关问题. 假设 Ω 是一个平面区域, f 是 Ω 上的连续函数. 在什么条

件下, f 沿着曲线的积分与积分路径无关? 即是说, 曲线积分只依赖于曲线的起点和终点的位置?

事实上, 给定两点 $z_1, z_2 \in \Omega$, 记 γ_1, γ_2 都是以 z_1 为起点, z_2 为终点的分段光滑曲线. 显然 $\gamma_1 \cup \gamma_2^-$ 是以 z_1 为起点和终点的分段光滑闭曲线. 积分与路径无关, 意味着

$$\int_{\gamma_1 \cup \gamma_2^-} f(z)\mathrm{d}z = \int_{\gamma_1} f(z)\mathrm{d}z - \int_{\gamma_2} f(z)\mathrm{d}z = 0.$$

即沿闭曲线 $\gamma_1 \cup \gamma_2^-$ 的积分为零. 反之, 如果 f 沿着任何分段光滑闭曲线的积分为零, 则容易说明 f 沿着曲线的积分与路径无关.

于是问题等价于: 在什么条件下, f 沿着任何分段光滑闭曲线的积分为零?

为回答此问题, 引入原函数的概念.

称复值函数 $f: \Omega \to \mathbb{C}$ 在 Ω 上存在原函数 (primitive), 是指存在 Ω 上的全纯函数 F, 满足 $F'(z) = f(z), z \in \Omega$.

如果存在原函数, 积分计算大大简化:

定理 6.2 (Newton-Leibniz 公式)   假设复值函数 $f: \Omega \to \mathbb{C}$ 连续, 存在原函数 F, 则对任意分段光滑曲线 $\gamma: [a,b] \to \Omega$, 成立

$$\int_{\gamma} f(z)\mathrm{d}z = F(\gamma(b)) - F(\gamma(a)).$$

证明   先假设 γ 光滑, 此时

$$\int_{\gamma} f(z)\mathrm{d}z = \int_a^b f(\gamma(t))\gamma'(t)\mathrm{d}t$$

$$= \int_a^b F'(\gamma(t))\gamma'(t)\mathrm{d}t$$

$$= \int_a^b \frac{\mathrm{d}F(\gamma(t))}{\mathrm{d}t}\mathrm{d}t$$

$$= F(\gamma(b)) - F(\gamma(a)).$$

若 γ 分段光滑, 不妨设 $\gamma: [t_{k-1}, t_k] \to \Omega$ 光滑, 其中 $a = t_0 < t_1 < \cdots < t_n = b$. 则

$$\int_{\gamma} f(z)\mathrm{d}z = \sum_{k=1}^n \int_{t_{k-1}}^{t_k} f(\gamma(t))\gamma'(t)\mathrm{d}t$$

$$= \sum_{k=1}^n (F(\gamma(t_k)) - F(\gamma(t_{k-1})))$$

$$= F(\gamma(b)) - F(\gamma(a)).$$

积分公式证完.   □

值得一提的是: 并非所有复值函数都有原函数. 后面将会看到 (参见定理 8.3), 如果 f 有原函数, 则 f 只能是全纯函数. 但即使 f 全纯, 也不能保证 f 有原函数. 例 6.1表明, $1/z$ 在 $\mathbb{C} \setminus \{0\}$ 上没有原函数, 因其沿单位圆周的积分非零.

下面给出原函数存在性的一个等价描述.

> **命题 6.1**   假设复值函数 $f : \Omega \to \mathbb{C}$ 连续, 则以下等价:
>
> 1. f 在 Ω 上存在原函数;
> 2. f 沿 Ω 中任何分段光滑闭曲线的积分为零.

证明 $1 \Longrightarrow 2$. 由 Newton-Leibniz 公式得.

$2 \Longrightarrow 1$. 取一定点 $z_0 \in \Omega$. 对任意 $z \in \Omega$, 因区域 Ω 折线连通 (参见命题 8.3), 故存在分段光滑曲线 $\gamma_z : [a, b] \to \mathbb{C}$ 满足 $\gamma_z(a) = z_0, \gamma_z(b) = z$. 定义函数

$$F(z) = \int_{\gamma_z} f(\zeta) \mathrm{d}\zeta.$$

先说明 F 良定义. 事实上, 如果 α_z 是另一条起点为 z_0, 终点为 z 的分段光滑曲线, 则 $\gamma_z \cup \alpha_z^-$ 是分段光滑闭曲线. 由条件知

$$\int_{\gamma_z \cup \alpha_z^-} f(\zeta) \mathrm{d}\zeta = \int_{\gamma_z} f(\zeta) \mathrm{d}\zeta - \int_{\alpha_z} f(\zeta) \mathrm{d}\zeta = 0,$$

这说明 F 的取值不依赖于路径 γ_z 的选取. 因此良定义.

为说明 F 全纯, 只需说明 F 在任意点导数存在. 如图 6.2 所示, 任取 $z \in \Omega$, 取 $r > 0$ 足够小使得 $D(z, r) \subset \Omega$. 当 $w \in D(z, r)$ 时,

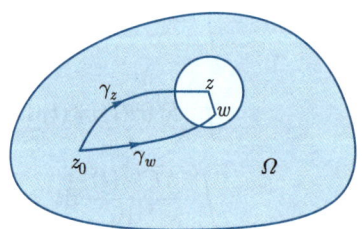

图 6.2   原函数的构造与积分路径

$$F(w) - F(z) - \int_{[z,w]} f(\zeta) \mathrm{d}\zeta = \int_{\gamma_w \cup \gamma_z^- \cup [w,z]} f(\zeta) \mathrm{d}\zeta = 0.$$

利用基本事实

$$\int_{[z,w]} 1 \mathrm{d}\zeta = w - z, \quad \int_{[z,w]} 1 |\mathrm{d}\zeta| = |w - z|,$$

可得

$$\left| \frac{F(w) - F(z)}{w - z} - f(z) \right| = \left| \frac{1}{w - z} \int_{[z,w]} (f(\zeta) - f(z)) \mathrm{d}\zeta \right|$$

$$\leqslant \frac{1}{|w-z|} \int_{[z,w]} |f(\zeta) - f(z)||\mathrm{d}\zeta|$$

$$\leqslant \max_{\zeta \in [z,w]} |f(\zeta) - f(z)|.$$

上式当 $w \to z$ 时, 趋于 0. 因此极限

$$\lim_{w \to z} \frac{F(w) - F(z)}{w - z} = f(z).$$

这说明 F 全纯, 且 $F'(z) = f(z)$. 因此, F 是 f 的原函数. □

原函数存在性是一个非常基本的问题. 存在与否不仅依赖于函数本身, 也依赖于区域的拓扑. 本质上, 是函数与区域这一配对的综合作用. 要回答此问题, 我们需要利用 Cauchy 积分理论对全纯函数的性质做进一步的研究. 当万事齐备时, 在 "朝花夕拾" 一章给出解答 (参见定理 25.4).

6.4 习题

1. (*原函数的唯一性*) 证明: 一个复值函数的原函数, 在差一个常数的意义下是唯一的.

2. (*原函数的存在性*) 函数 $f(z) = 1/z$ 在 $\mathbb{C} \setminus \{0\}$ 上是否存在原函数? 函数 $g(z) = \bar{z}$ 在 $\mathbb{C}$ 上是否存在原函数? 证明你的结论.

3. (*复积分计算*) 假设 $\gamma : [0,1] \to \mathbb{H} := \{z | \mathrm{Im}(z) > 0\}$ 是上半平面的一条光滑曲线, 起点 $\gamma(0) = 1 + \mathrm{i}$, 终点 $\gamma(1) = \mathrm{i}$.

(1) 计算积分

$$\int_\gamma \frac{1}{z} \mathrm{d}z, \quad \int_\gamma z \mathrm{d}z.$$

(2) z 和 $1/z$ 在上半平面是否有原函数? 说明理由.

4. (*复积分计算*) 令 $\gamma(t) = z_0(1-t) + tz_1, t \in [0,1]$ 为线段 $[z_0, z_1]$. 计算积分

$$\int_\gamma \mathrm{Re}(z)\, \mathrm{d}z, \quad \int_\gamma \bar{z} \mathrm{d}z.$$

5. (*复积分的性质*) 令 $\gamma(t) = z_0(1-t) + tz_1, t \in [0,1]$ 为线段 $[z_0, z_1]$, 给定连续复值函数 $f : \gamma \to \mathbb{C}$, 定义 f 沿线段的平均值

$$A = \frac{1}{z_1 - z_0} \int_\gamma f(z)\mathrm{d}z.$$

由积分基本不等式知 $\max_{z \in \gamma} |f(z)| \geqslant |A|$.

(1) 如果 $\max\limits_{z\in\gamma}|f(z)|=|A|$, 证明 $f\equiv A$.

(2) 如果

$$\int_\gamma |f(z)||\mathrm{d}z|=|A||z_1-z_0|\Big(=\Big|\int_\gamma f(z)\mathrm{d}z\Big|\Big),$$

证明 f 在不取零值处辐角为常值.

6. (复积分的极限) 假设复值函数 f 在 z_0 连续, 证明

$$f(z_0)=\lim_{r\to 0^+}\frac{1}{2\pi\mathrm{i}}\int_{|z-z_0|=r}\frac{f(z)}{z-z_0}\mathrm{d}z.$$

与之对比, 证明

$$\lim_{r\to 0^+}\frac{1}{2\pi\mathrm{i}}\int_{|z-z_0|=r}\frac{f(z)}{z-z_0}\mathrm{d}\bar z=0,$$

$$\lim_{r\to 0^+}\frac{1}{2\pi\mathrm{i}}\int_{|z-z_0|=r}\frac{f(z)}{z-z_0}|\mathrm{d}z|=0.$$

7. (复积分的计算) 假设 f 是平面区域 Ω 上的 C^1 实可微函数, γ 是 Ω 中起点为 z_0, 终点为 z_1 的分段光滑曲线.

(1) 证明

$$\int_\gamma\left(\frac{\partial f}{\partial z}\mathrm{d}z+\frac{\partial f}{\partial\bar z}\mathrm{d}\bar z\right)=f(z_1)-f(z_0).$$

(2) 如果 f 取实数值, 证明

$$\mathrm{Re}\left(\int_\gamma\frac{\partial f}{\partial z}\mathrm{d}z\right)=\frac{1}{2}(f(z_1)-f(z_0)).$$

8. (复偏导与积分的极限) 假设 f 在 a 处实可微, 证明

$$\lim_{r\to 0}\frac{1}{r^2}\int_{|z-a|=r}f(z)\mathrm{d}z=2\pi\mathrm{i}\frac{\partial f}{\partial\bar z}(a).$$

由此可见, f 在 a 点复可微的充要条件是

$$\lim_{r\to 0}\frac{1}{r^2}\int_{|z-a|=r}f(z)\mathrm{d}z=0.$$

提示: 利用公式

$$f(z)=f(a)+\frac{\partial f}{\partial z}(a)(z-a)+\frac{\partial f}{\partial\bar z}(a)(\bar z-\bar a)+o(z-a).$$

9. (Cauchy 不等式) 给定连续复值函数 $f,g:[a,b]\to\mathbb{C}$. 证明

$$\left|\int_a^b f(t)\overline{g(t)}\mathrm{d}t\right|\leqslant\left(\int_a^b|f(t)|^2\mathrm{d}t\right)^{1/2}\left(\int_a^b|g(t)|^2\mathrm{d}t\right)^{1/2}.$$

提示: 利用

$$\int_a^b \int_a^b |f(x)g(y) - f(y)g(x)|^2 \mathrm{d}x\mathrm{d}y \geqslant 0.$$

10. (复积分基本不等式的另外两种形式) 假设 f 在分段光滑曲线 γ 上连续, 记 $L(\gamma)$ 为 γ 的长度, 证明

$$\left| \int_\gamma f(z)\mathrm{d}\bar{z} \right|, \left| \int_\gamma f(z)|\mathrm{d}z| \right| \leqslant \int_\gamma |f(z)||\mathrm{d}z| \leqslant \max_{z \in \gamma} |f(z)| L(\gamma).$$

11. (二元积分基本不等式) 假设 f 是平面区域 Ω 上的连续复值函数, 证明

$$\left| \int_\Omega f(z)\mathrm{d}x\mathrm{d}y \right| \leqslant \int_\Omega |f(z)|\mathrm{d}x\mathrm{d}y.$$

等号成立的充要条件是什么?

第七章

Cauchy-Goursat 积分定理

为叙述 Cauchy 积分定理, 我们需要引入单连通区域的概念. 我们称曲线 $\gamma : [a, b] \to \mathbb{C}$ 为简单闭曲线, 是指 $\gamma(a) = \gamma(b)$, 并且 γ 限制在 (a, b) 内是单射. Jordan 曲线定理告诉我们, 平面上一条简单闭曲线 γ 总是将平面分为两个区域, 一个是有界的, 称为 γ 的内部, 一个是无界的, 称为 γ 的外部.

称平面区域 Ω 是单连通的, 是指 Ω 中任意简单闭曲线的内部都在 Ω 中. 单连通的一个等价定义为: Ω 的关于复球面的余集是连通的. 此等价定义的优点是可推广到多连通区域: 称平面 (或复球面) 区域 Ω 是 n 连通的 $(n \geqslant 1)$, 是指其关于复球面的余集 $\widehat{\mathbb{C}} - \Omega$ 有 n 个连通分支. 显然 1 连通即单连通. 图 7.1(a), (b), (c) 分别为单连通、2 连通与 4 连通区域.

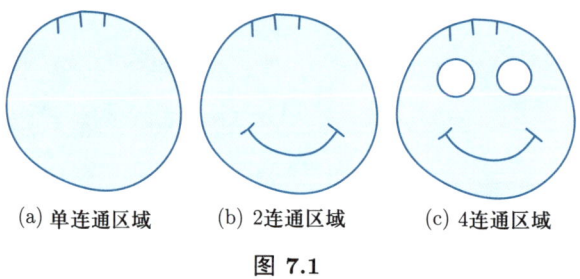

(a) 单连通区域   (b) 2连通区域   (c) 4连通区域

图 7.1

值得注意的是, 这里的余集指的是关于复球面的余集, 而不是关于复平面的余集. 为区分二者的不同, 考虑区域

$$\Omega = \mathbb{C} - (-\infty, -1] \cup [1, +\infty).$$

显然, 区域 Ω 是单连通的, 因其关于复球面的余集只有一个连通分支, 但它关于复平面的余集有两个连通分支.

单位圆盘 $\mathbb{D}$ 是单连通的. 穿孔单位圆盘 $\mathbb{D}^* = \mathbb{D} \backslash \{0\}$ 和圆环区域 $A = \{r < |z| < R\}$ 都是 2 连通的.

7.1　Cauchy 定理

1825 年, 法国数学家 Cauchy 证明了一条漂亮的定理, 为复变函数理论的研究奠定了基石. 此定理用复坐标叙述如下:

假设 Ω 是平面单连通区域, f 在 Ω 上全纯, 且导数 f' 在 Ω 上连续, 则对 Ω 中任何分段光滑的简单闭曲线 γ, 有

$$\int_\gamma f(z)\mathrm{d}z = 0.$$

图 7.2　法国数学家 Cauchy (1789—1857)

这个定理的证明依赖于 Green 公式: 假设实值函数 p, q 在有界区域的闭包 $\overline{\Omega}$ 上有一阶连续偏导数, $\partial\Omega$ 是一条 (或有限条) 分段光滑的简单闭曲线, 正定向 (即沿此方向前进, 区域在边界的左侧), 则

$$\int_{\partial\Omega} p\,\mathrm{d}x + q\,\mathrm{d}y = \int_\Omega \left(\frac{\partial q}{\partial x} - \frac{\partial p}{\partial y}\right)\mathrm{d}x\mathrm{d}y.$$

将 Green 公式用于 Ω 上的 C^1 实可微函数 $f = u + \mathrm{i}v$. 记单连通域 Ω 内的分段光滑简单闭曲线 γ 的内部为 D_γ, 则

$$
\begin{aligned}
\int_\gamma f(z)\mathrm{d}z &= \int_\gamma u\,\mathrm{d}x - v\,\mathrm{d}y + \mathrm{i}\int_\gamma v\,\mathrm{d}x + u\,\mathrm{d}y \\
&= \int_{D_\gamma} \left(-\frac{\partial v}{\partial x} - \frac{\partial u}{\partial y}\right)\mathrm{d}x\mathrm{d}y + \mathrm{i}\int_{D_\gamma} \left(\frac{\partial u}{\partial x} - \frac{\partial v}{\partial y}\right)\mathrm{d}x\mathrm{d}y \\
&= 2\mathrm{i}\int_{D_\gamma} \frac{\partial f}{\partial \bar{z}}\mathrm{d}x\mathrm{d}y.
\end{aligned}
$$

特别地, 若 f 全纯且 f' 连续, 则上式右端为 0, 由此得 Cauchy 定理的证明.

由此可见, Cauchy 于 1825 年证明的定理, 本质上是 Green 公式的特例. 这个定理简洁优美, 应用广泛. 然而美中不足的是, 条件要求导数 f' 在 Ω 上连续. 这一条件并没

有影响复变函数理论的建立与发展. 几十年后, 有一位数学家发现, 这一条件实属多余.
此人是 Goursat.

7.2   Goursat 定理: 严格性的典范

Cauchy 与 Goursat 都是法国人, 但其生活的年代却无交集. Cauchy 于 1857 年去
世, 第二年 Goursat 诞生. Goursat 是当时著名的分析学家, 编著的《数学分析教程》是
分析学的经典教材. Goursat 在 1884 的论文 Démonstration du théorèm de Cauchy 中
给出了 Cauchy 定理在无需 f' 连续的假设下的证明.

Goursat 的证明是分析中的精彩之作, 堪称典范. 证明本质地利用了全纯函数的定义.

> **定理 7.1 (Goursat, 1884)**   假设 f 在平面单连通区域 Ω 上全纯, 则对任何闭包包
> 含在 Ω 中的三角形区域 T, 成立
> $$\int_{\partial T} f(z)\mathrm{d}z = 0.$$

证明   取 ∂T 为正定向. 将三角形区域 T 记为 $T^{(0)}$. 将其三边中点依次连线, 可将
其四等分, 分别记为 $T_1^{(1)}, T_2^{(1)}, T_3^{(1)}, T_4^{(1)}$, 如图 7.3 所示. 由积分性质得,

$$\int_{\partial T^{(0)}} f(z)\mathrm{d}z = \sum_{k=1}^{4} \int_{\partial T_k^{(1)}} f(z)\mathrm{d}z.$$

由此知, 总存在 $j \in \{1, 2, 3, 4\}$, 满足

$$\left| \int_{\partial T^{(0)}} f(z)\mathrm{d}z \right| \leqslant 4 \left| \int_{\partial T_j^{(1)}} f(z)\mathrm{d}z \right|.$$

将 $T_j^{(1)}$ 记为 $T^{(1)}$. 接下来, 将 $T^{(1)}$ 沿三边中点做四等分, 按上述过程, 可得到一列三角
形

$$T^{(0)} \supset T^{(1)} \supset T^{(2)} \supset \cdots,$$

满足性质

$$\left| \int_{\partial T^{(0)}} f(z)\mathrm{d}z \right| \leqslant 4^n \left| \int_{\partial T^{(n)}} f(z)\mathrm{d}z \right|.$$

我们记 $T^{(n)}$ 的周长为 L_n, 直径为 d_n, 则有 $L_n = L_0/2^n \to 0, d_n = d_0/2^n \to 0$. 这
说明 $\overline{T^{(n)}}$ 是一列递减的紧集, 直径趋于零. 因此 $\bigcap \overline{T^{(n)}}$ 是一个单点集, 记为 $\{z_0\}$.

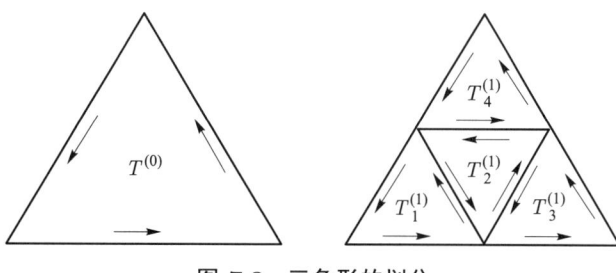

图 7.3　三角形的划分

利用 f 在 z_0 点的全纯性知, 存在 $\delta > 0$, 使得对任意 $z \in D(z_0, \delta)$,

$$f(z) = f(z_0) + f'(z_0)(z - z_0) + \psi(z)(z - z_0),$$

其中, ψ 满足当 $z \to z_0$ 时, $\psi(z) \to 0$.

取 n 足够大, 使得 $T^{(n)} \subset D(z_0, \delta)$, 则

$$\int_{\partial T^{(n)}} f(z)\mathrm{d}z = \int_{\partial T^{(n)}} f(z_0)\mathrm{d}z + \int_{\partial T^{(n)}} f'(z_0)(z - z_0)\mathrm{d}z +$$
$$\int_{\partial T^{(n)}} \psi(z)(z - z_0)\mathrm{d}z$$
$$= \int_{\partial T^{(n)}} \psi(z)(z - z_0)\mathrm{d}z.$$

上式利用了 1 和 $z - z_0$ 在 Ω 上原函数的存在性 (分别为 z 和 $(z - z_0)^2/2$), 因此前两项积分为 0.

利用积分的基本不等式,

$$\left| \int_{\partial T^{(0)}} f(z)\mathrm{d}z \right| \leqslant 4^n \left| \int_{\partial T^{(n)}} \psi(z)(z - z_0)\mathrm{d}z \right|$$
$$\leqslant 4^n \max_{z \in \partial T^{(n)}} |\psi(z)| d_n L_n$$
$$= \max_{z \in \partial T^{(n)}} |\psi(z)| d_0 L_0.$$

当 $n \to \infty$ 时, $\max_{z \in \partial T^{(n)}} |\psi(z)| \to 0$. 因此 $\int_{\partial T^{(0)}} f(z)\mathrm{d}z = 0$. 这样就完成了 Goursat 定理的证明. $\square$

利用 Goursat 定理以及凸多边形总可剖分为有限个三角形 (见图 7.4) 这一基本事实, 如果 γ 是凸多边形 (特别地, 矩形) 区域的边界, 则有

$$\int_{\gamma} f(z)\mathrm{d}z = 0.$$

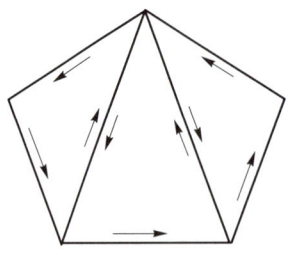

图 7.4   多边形区域

Goursat 定理的一个直接推论是:

命题 7.1   假设 f 在圆盘 $D = D(z_0, R)$ 上全纯, 则 f 存在原函数. 特别地, 对任意分段光滑的闭曲线 $\gamma \subset D$, 成立

$$\int_\gamma f(z)\mathrm{d}z = 0.$$

证明   对任意 $z \in D(z_0, R)$, 定义

$$F(z) = \int_{[z_0, z]} f(\zeta)\mathrm{d}\zeta,$$

其中 $[z_0, z]$ 为直线段 $\{(1-t)z_0 + tz | t \in [0, 1]\}$. 由 Goursat 定理

$$F(w) - F(z) - \int_{[z,w]} f(\zeta)\mathrm{d}\zeta = \int_{[z_0,w] \cup [z,z_0] \cup [w,z]} f(\zeta)\mathrm{d}\zeta = 0.$$

由上式, 结合积分基本不等式可得

$$\left| \frac{F(w) - F(z)}{w - z} - f(z) \right| \leqslant \max_{\zeta \in [z,w]} |f(\zeta) - f(z)|.$$

上式表明, 极限

$$\lim_{w \to z} \frac{F(w) - F(z)}{w - z} = f(z).$$

这说明 F 全纯, 且 $F'(z) = f(z)$. 因此, F 是 f 的原函数.

对任意分段光滑的闭曲线 $\gamma \subset D$, 利用 Newton-Leibniz 公式可得 $\int_\gamma f(z)\mathrm{d}z = 0$.

$\square$

7.3 Cauchy-Goursat 积分定理

本节证明复变函数理论的奠基性定理:

> **定理 7.2 (Cauchy-Goursat)**　假设 Ω 是平面单连通区域, f 在 Ω 上全纯, 则对 Ω 中任何分段光滑简单闭曲线 γ, 有
> $$\int_\gamma f(z)\mathrm{d}z = 0.$$

命题 7.1可看作定理 7.2的一种特例 (Ω 是圆盘区域), 同时它在定理 7.2的一般情形的证明中也发挥作用.

利用 Goursat 定理和命题 7.1, 定理 7.2约化为两个引理: 简单闭折线情形的证明 (引理 7.1), 一般简单闭曲线可转化为简单闭折线的情形 (蕴涵同伦的思想, 引理 7.2).

以下的讨论中, 不失一般性, 简单闭折线的相邻三个顶点总假设不落在一条直线上. 因此, 简单闭折线所围的多边形区域的每个内角属于 $(0,\pi)\cup(\pi,2\pi)$.

> **引理 7.1**　简单闭折线所围的多边形区域可以利用落在内部的对角线剖分为有限个三角形区域.

证明　证明采用归纳法. 记多边形的边数为 n. 显然结论对 $n=4$ 成立. 以下讨论不妨假设 $n>4$, 并假设结论对边数小于 n 的多边形成立. 只需证明存在一条位于多边形内部的对角线, 将其分为两个边数小于 n 的多边形.

用一条直线 ℓ 从与多边形不交的位置平行移动到与多边形恰好相交, 此时 ℓ 上有多边形的顶点, 记其中之一为 A. 多边形在 A 点的内角小于 π. 记 A 的两个相邻顶点为 B,C, 则有三种可能:

(1) 线段 BC 位于多边形内部, 如图 7.5(a) 所示.

(2) 线段 BC 上有多边形的其他顶点, 但 $\triangle ABC$ 内部没有多边形的顶点, 如图 7.5(b) 所示.

(3) $\triangle ABC$ 内部有多边形的顶点, 如图 7.5(c) 所示.

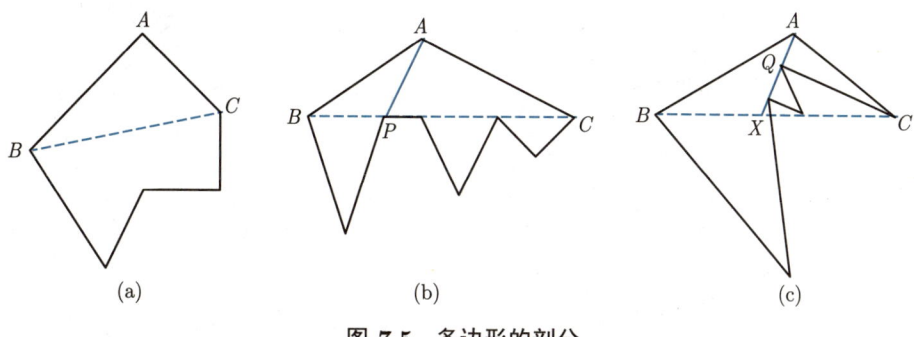

图 7.5　多边形的剖分

三种情形对角线取法如下: (1) 对角线 BC 即为所求; (2) 取多边形在 BC 上的一

个顶点 P, 则对角线 AP 为所求; (3) 存在线段 BC 的一点 X, 使线段 AX 上有多边形的其他顶点, 令 Q 是 AX 上离 A 最近的顶点, 则 AQ 满足要求. □

引理 7.2 给定分段光滑简单闭曲线 $\gamma : [0,1] \to \mathbb{C}$, 假设 f 在 γ 的一个邻域 U 上全纯, 则存在简单闭折线 $\gamma_0 \subset U$ [①], 满足

$$\int_\gamma f(z)\mathrm{d}z = \int_{\gamma_0} f(z)\mathrm{d}z.$$

证明 为讨论方便, 视 γ 为映射 $\gamma : \mathbb{R}/\mathbb{Z} \to \mathbb{C}$. 由 γ 的紧性,

$$d_\gamma := \mathrm{dist}(\gamma, \partial U) = \min_{z \in \gamma, w \in \partial U} |z - w| > 0.$$

取 $\rho = d_\gamma/2$. 显然 $\{D(\gamma(t), \rho) | t \in \mathbb{R}/\mathbb{Z}\}$ 是 γ 的开覆盖, 因此有有限子覆盖 $\{D(z_k, \rho) | 1 \leqslant k \leqslant N\}$, 记 $V = \bigcup_k D(z_k, \rho)$.

显然 $\gamma^{-1}(D(z_1, 2\rho))$ 是至多可数开区间之并, 这些开区间构成紧集 $\gamma^{-1}(\overline{D(z_1, \rho)})$ 的开覆盖, 因此有有限子覆盖, 记为 $(a_1, b_1), \cdots, (a_{k_1}, b_{k_1})$. 对 $1 \leqslant j \leqslant k_1$, 取

$$c_j = \min\{t \in (a_j, b_j) | \gamma(t) \in \partial D(z_1, \rho)\},$$
$$d_j = \max\{t \in (a_j, b_j) | \gamma(t) \in \partial D(z_1, \rho)\}.$$

显然有 $a_j < c_j \leqslant d_j < b_j$. 将 γ 修改为 γ_1, 使

$$\gamma_1(t) = \gamma(t), \ t \in \mathbb{R}/\mathbb{Z} - (c_1, d_1) \cup \cdots \cup (c_{k_1}, d_{k_1}),$$
$$\gamma_1[c_j, d_j] = [\gamma(c_j), \gamma(d_j)], \ 1 \leqslant j \leqslant k_1.$$

如图 7.6 所示, 每段 $[\gamma(c_j), \gamma(d_j)]$ 要么是线段 (如果 $c_j \neq d_j$), 要么是单点 (如果 $c_j = d_j$), 且两两不交. 因此 γ_1 是简单闭曲线, 且 $\gamma_1 \subset V$. 利用 f 在 $D(z_1, 2\rho)$ 上有原函数知

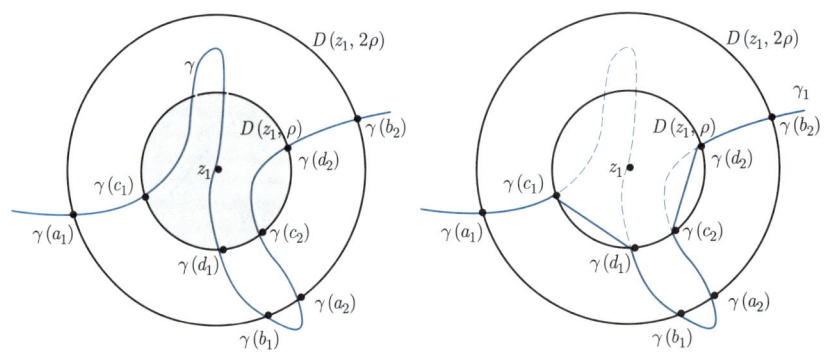

图 7.6 将曲线改造为折线

---

① 折线 γ_0 的顶点不要求落在 γ 上.

$$\int_{\gamma[c_j,d_j]} f(z)\mathrm{d}z = \int_{\gamma_1[c_j,d_j]} f(z)\mathrm{d}z,\ 1 \leqslant j \leqslant k_1.$$

因此成立

$$\int_\gamma f(z)\mathrm{d}z = \int_{\gamma_1} f(z)\mathrm{d}z.$$

这样得到的改造曲线 γ_1 满足 $\gamma_1 \cap D(z_1,\rho)$ 的部分为线段之并.

如果 $\gamma_1 \cap D(z_2,\rho) \neq \varnothing$, 接下来对 $\gamma_1 \cap D(z_2,2\rho)$ 重复上述改造: 将 $\gamma_1 \cap D(z_2,2\rho)$ 中与 $\overline{D(z_2,\rho)}$ 相交的有限条弧中, 每条最长且始点终点落在 $\partial D(z_2,\rho)$ 上的子弧修正为线段, 可得 γ_1 的修正曲线 γ_2, 它是简单闭曲线且满足积分等式.

如果 $\gamma_1 \cap D(z_2,\rho) = \varnothing$, 直接记 $\gamma_2 = \gamma_1$.

重复此过程有限步, 最终得简单闭曲线 γ_N, 满足

$$\int_\gamma f(z)\mathrm{d}z = \int_{\gamma_N} f(z)\mathrm{d}z.$$

由 $\gamma_N \subset V$ 以及上述修改过程知, γ_N 为闭折线.

7.4　多连通域的积分定理

给定平面区域 Ω, 称 f 在 $\overline{\Omega}$ 上全纯, 是指 f 在包含 $\overline{\Omega}$ 的更大的平面区域上全纯.

> **推论 7.1**　假设 Ω 是平面有界多连通区域, 边界为有限条分段光滑简单闭曲线之并, f 在 $\overline{\Omega}$ 上全纯, 则成立
> $$\int_{\partial\Omega} f(z)\mathrm{d}z = 0.$$

证明　假设 $\partial\Omega$ 是 $n(n \geqslant 2)$ 条分段光滑闭曲线之并, 通过添加 n 条分段光滑曲线, 可将 Ω 剖分为两个单连通区域 Ω_1, Ω_2, 每个的边界都是分段光滑的简单闭曲线, 如图 7.7 所示. 对 $\partial\Omega_k$ 应用 Cauchy-Goursat 积分定理, 并注意到辅助曲线上的积分沿正反方向正好相抵, 得

$$\int_{\partial\Omega} f(z)\mathrm{d}z = \int_{\partial\Omega_1} f(z)\mathrm{d}z + \int_{\partial\Omega_2} f(z)\mathrm{d}z = 0.$$

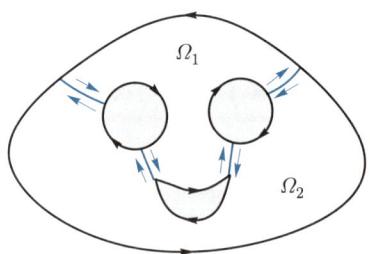

图 7.7   有限多连通区域的剖分

7.5   习题

"在实数域中, 连接两个真理的最短的路径是通过复数域."

——Jacques Hadamard

1. (实可微函数的积分估计) 假设 f 是平面区域 Ω 上的实可微函数, $a \in \Omega$. 证明: 对任意 $\varepsilon > 0$, 存在 $\delta > 0$, 对任意闭包落在 $D(a, \delta)$ 中的三角形区域 T, 成立

$$\left| \int_{\partial T} f(z)\mathrm{d}z - 2\mathrm{i} \cdot \operatorname{area}(T) \cdot \frac{\partial f}{\partial \bar{z}}(a) \right| \leqslant \varepsilon \cdot \operatorname{diam}(T)^2.$$

2. (利用复积分计算实积分) 假设 n 为正整数, 通过计算积分

$$\int_{|z|=1} \left(z + \frac{1}{z} \right)^{2n} \frac{\mathrm{d}z}{z}$$

证明

$$\int_0^{2\pi} \cos^{2n}\theta\mathrm{d}\theta = 2\pi \frac{(2n-1)!!}{(2n)!!}.$$

3. (积分定理的应用) 假设 f 在区域 $\{z \in \mathbb{C} \,|\, |z| > r\}$ 上全纯, 满足 $\lim\limits_{z \to \infty} zf(z) = A$. 证明: 对 $R > r$, 成立

$$\int_{|z|=R} f(z)\mathrm{d}z = 2\pi\mathrm{i}A.$$

4. (周期函数的一个奇妙性质) 假设 f 在复平面上全纯, 满足 $f(z+1) = f(z), \forall z \in \mathbb{C}$. 证明: 积分

$$\int_{[w, w+1]} f(\zeta)\mathrm{d}\zeta$$

的取值与 w 无关.

5. (多项式的系数) 给定多项式 $f(z) = a_0 + a_1 z + \cdots + a_n z^n$.

(1) 证明不等式

$$\int_{-1}^{1} |f(x)|^2 \mathrm{d}x \leqslant \frac{1}{2} \int_{0}^{2\pi} |f(\mathrm{e}^{\mathrm{i}\theta})|^2 \mathrm{d}\theta = \pi \sum_{k=0}^{n} |a_k|^2.$$

提示: 对 f^2 在上下半圆盘应用 Cauchy-Goursat 积分定理.

(2) 利用 (1) 证明如下形式的 Hilbert 不等式

$$\Big| \sum_{j,k=0}^{n} \frac{a_j a_k}{j+k+1} \Big| \leqslant \pi \sum_{k=0}^{n} |a_k|^2.$$

6. (Green 公式的应用) 假设 D 是平面有界区域, 边界 ∂D 为一条分段光滑的简单闭曲线,

(1) 证明面积公式

$$\int_{\partial D} \overline{z} \mathrm{d}z = 2\mathrm{i} \cdot \mathrm{area}(D).$$

(2) 如果 f 在 $\overline{D}$ 上全纯, 证明

$$\max_{z \in \partial D} |\overline{z} - f(z)| \geqslant 2 \frac{\mathrm{area}(D)}{\ell(\partial D)},$$

其中 $\ell(\partial D)$ 为边界 ∂D 的长度.

第八章

Cauchy 积分公式

1831 年, Cauchy 证明了全纯函数的一个奇妙性质: 全纯函数在区域内部的取值可以由边界值的某种积分表达出来. 这一事实被称为 Cauchy 积分公式. 由此, 可以推出全纯函数的很多不平凡的性质, 如无穷可微性、全纯性判别的 Morera 定理等. 利用 Cauchy 积分公式, 还可给出复偏导计算公式的严格证明.

8.1 Cauchy 积分公式

> **定理 8.1** 假设 Ω 是平面有界区域, 边界是分段光滑的简单闭曲线 γ, f 在 $\overline{\Omega}$ 上全纯. 对任意 $z \in \Omega$, 成立
> $$f(z) = \frac{1}{2\pi i} \int_{\gamma} \frac{f(\zeta)}{\zeta - z} \mathrm{d}\zeta.$$

证明 记 $d(z) = \min\limits_{w \in \partial\Omega} |z-w|$. 对任意 $r \in (0, d(z))$, 如图 8.1 所示, 记 $C_r = \partial D(z,r)$, $\Omega_r = \Omega \setminus \overline{D(z,r)}$. 函数 $g(\zeta) = f(\zeta)/(\zeta - z)$ 在 $\overline{\Omega_r}$ 上全纯. 在二连通区域 Ω_r 上应用 Cauchy-Goursat 积分定理知, $\int_{\partial\Omega_r} g(\zeta)\mathrm{d}\zeta = 0$. 由此得

$$\int_{\gamma} \frac{f(\zeta)}{\zeta - z}\mathrm{d}\zeta = \int_{C_r} \frac{f(\zeta)}{\zeta - z}\mathrm{d}\zeta = \underbrace{\int_{C_r} \frac{f(\zeta) - f(z)}{\zeta - z}\mathrm{d}\zeta}_{I_r(z)} + \underbrace{\int_{C_r} \frac{f(z)}{\zeta - z}\mathrm{d}\zeta}_{J_r(z)}.$$

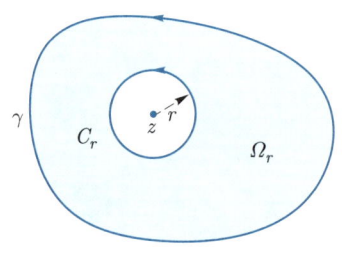

图 8.1

利用复积分的性质与基本不等式,

$$J_r(z) = f(z) \int_{C_r} \frac{1}{\zeta - z} \mathrm{d}\zeta = 2\pi \mathrm{i} f(z),$$

$$|I_r(z)| \leqslant \int_{C_r} \left| \frac{f(z) - f(\zeta)}{\zeta - z} \right| |\mathrm{d}\zeta| \leqslant 2\pi \max_{\zeta \in C_r} |f(\zeta) - f(z)|.$$

由 f 的连续性, 当 $r \to 0$ 时, $\max\limits_{\zeta \in C_r} |f(\zeta) - f(z)| \to 0$. 因此, $\lim\limits_{r \to 0} I_r(z) = 0$. 另一方面, 因 $J_r(z)$ 与 r 无关, 故 $I_r(z)$ 与 r 无关, 从而必然为 0. 由此得积分公式. $\qquad\square$

> **注** 如果 Ω 是平面有界多连通区域, 边界是有限条分段光滑的简单闭曲线, 此时由多连通区域的 Cauchy-Goursat 积分定理可知, Cauchy 积分公式仍然成立.

Cauchy 积分公式的一个直接推论是平均值公式:

命题 8.1 (平均值公式) 若 f 在闭圆盘 $\overline{D(z_0, r)}$ 上全纯, 则有

$$f(z_0) = \frac{1}{2\pi} \int_0^{2\pi} f(z_0 + r \mathrm{e}^{\mathrm{i}\theta}) \mathrm{d}\theta.$$

证明 由 Cauchy 积分公式,

$$f(z_0) = \frac{1}{2\pi \mathrm{i}} \int_{|\zeta - z_0| = r} \frac{f(\zeta)}{\zeta - z_0} \mathrm{d}\zeta = \frac{1}{2\pi} \int_0^{2\pi} f(z_0 + r \mathrm{e}^{\mathrm{i}\theta}) \mathrm{d}\theta.$$

上式利用了变量代换 $\zeta = z_0 + r \mathrm{e}^{\mathrm{i}\theta}$. $\qquad\square$

例题 8.1 计算积分

$$I = \int_{|z| = r} \frac{z^3}{(z - a)(z - b)} \mathrm{d}z,$$

其中 $|a| < r < |b|$.

解 定义函数

$$f(z) = \frac{z^3}{z - b}.$$

显然 f 在 $\{|z| \leqslant r\}$ 上全纯, 由 Cauchy 积分公式可知,

$$I = \int_{|z| = r} \frac{f(z)}{z - a} \mathrm{d}z = 2\pi \mathrm{i} f(a) = \frac{2\pi \mathrm{i} a^3}{a - b}.$$

8.2 全纯函数的无穷次可微性

Cauchy 积分公式的一个直接应用是证明全纯函数的无穷次可微性. 如果仅从全纯函数的定义来看, 此性质令人吃惊: 仅仅假设复值函数在每一点的导数存在, 就能得到它的任意阶导数都存在! 这个性质体现了全纯函数和实值函数的本质不同.

为使讨论更具一般性, 我们研究一类 Cauchy 型积分的性质, 以此说明全纯函数的无穷次可微性.

假设 γ 是平面上有限条分段光滑曲线的并 $\gamma_1 \cup \cdots \cup \gamma_m$ (每条曲线不必是简单闭曲线), f 在 γ 上连续. 对任意自然数 $n \geqslant 1$ 以及 $z \in \mathbb{C} \setminus \gamma$, 定义如下形式的积分

$$I_n(z) = \int_\gamma \frac{f(\zeta)}{(\zeta - z)^n} \mathrm{d}\zeta.$$

称 I_n 为 Cauchy 型积分, 这里 $\displaystyle\int_\gamma := \sum_{k=1}^m \int_{\gamma_k}$, 每条曲线都有自然的定向.

> **定理 8.2** Cauchy 型积分 $I_n(z)$ 关于 z 是 $\mathbb{C} \setminus \gamma$ (的每一个连通分支) 上的全纯函数, 满足
>
> $$I_n'(z) = n I_{n+1}(z).$$

证明 任意取定 $z \in \mathbb{C} \setminus \gamma$. 定理等价于证明当 $w \to z$ 时,

$$\frac{I_n(w) - I_n(z)}{w - z} - n I_{n+1}(z) \to 0$$

$$\Longleftrightarrow \int_\gamma \underbrace{\left[\frac{1}{w-z} \left(\frac{1}{(\zeta-w)^n} - \frac{1}{(\zeta-z)^n} \right) - \frac{n}{(\zeta-z)^{n+1}} \right]}_{K} f(\zeta) \mathrm{d}\zeta \to 0.$$

记 $a = \zeta - w, b = \zeta - z$, 则 $w - z = b - a$. 利用等式 $x^n - y^n = (x-y)(x^{n-1} + x^{n-2}y + \cdots + y^{n-1})$, 得

$$\begin{aligned}
K &= \frac{1}{b-a} \left(\frac{1}{a^n} - \frac{1}{b^n} \right) - \frac{n}{b^{n+1}} \\
&= \frac{1}{b-a} \left(\frac{1}{a} - \frac{1}{b} \right) \sum_{k=1}^n \frac{1}{a^{k-1} b^{n-k}} - \frac{n}{b^{n+1}} \\
&= \sum_{k=1}^n \frac{1}{b^{n+1-k}} \left(\frac{1}{a^k} - \frac{1}{b^k} \right) \\
&= (b-a) \sum_{k=1}^n \sum_{j=1}^k \frac{1}{a^j b^{n+1-j}}.
\end{aligned}$$

记 $d = d(z, \gamma)$, 当 $w \in D(z, d/2)$ 时, 对任意 $\zeta \in \gamma$, 有

$$|\zeta - w| \geqslant |\zeta - z| - |z - w| \geqslant d - d/2 \geqslant d/2.$$

因此

$$|K| \leqslant |w - z| \sum_{k=1}^{n} \sum_{j=1}^{k} \frac{2^j}{d^{n+1}} := C_n(z)|w - z|.$$

由此可知, 当 $w \in D(z, d/2)$ 时,

$$\left| \frac{I_n(w) - I_n(z)}{w - z} - n I_{n+1}(z) \right| \leqslant C_n(z)|w - z| \int_\gamma |f(\zeta)||\mathrm{d}\zeta|.$$

上式右端当 $w \to z$ 时, 趋于 0. 这说明 I_n 在 $\mathbb{C} \setminus \gamma$ 上全纯, 且 $I_n' = n I_{n+1}$. □

利用全纯函数的 Cauchy 积分公式, 并反复应用上述定理, 便可得到全纯函数的无穷次可微性:

> **定理 8.3** 假设 Ω 是平面有界区域, 边界由有限条分段光滑的简单闭曲线组成, f 在 $\overline{\Omega}$ 上全纯, 则 f 有任意阶导数, 导函数全纯且由下式给出
>
> $$f^{(n)}(z) = \frac{n!}{2\pi\mathrm{i}} \int_{\partial\Omega} \frac{f(\zeta)}{(\zeta - z)^{n+1}} \mathrm{d}\zeta, \; n \geqslant 1.$$

8.3 Morera 定理与应用

定理 8.3 的一个推论是 Morera 定理, 可视为 Goursat 定理的逆定理:

> **定理 8.4 (Morera)** 假设 f 在平面区域 Ω 上连续, 并且沿着 Ω 内任意三角形边界积分为 0, 则 f 在 Ω 中全纯.

证明 由于全纯是局部性质, 因此只需在任意点处的小圆盘邻域证明即可. 任取 $z_0 \in \Omega, r > 0$, 使 $D(z_0, r) \subset \Omega$. 定义

$$F(z) = \int_{[z_0, z]} f(\zeta)\mathrm{d}\zeta, \; z \in D(z_0, r).$$

类似命题 7.1 的证明可得, F 在 $D(z_0, r)$ 上全纯, 并且 $F'(w) = f(w)$. 由定理 8.3 知, f 作为 F 的导函数也全纯. □

Morera 定理的一个妙用是证明如下的全纯性判据:

例题 **8.2**　假设 Ω 是平面区域, 直线 ℓ 与 Ω 相交, f 在 Ω 上连续, 在 $\Omega \setminus \ell$ 上全纯. 证明: f 在 Ω 上全纯.

证明　由 Morera 定理, 只需证 f 沿 Ω 内任意三角形 Δ 的边界积分为 0. 如果 $\partial \Delta \cap \ell = \varnothing$, 由 Goursat 定理, 结论显然成立. 不妨假设 $\partial \Delta \cap \ell \neq \varnothing$. 通过平移与旋转, 不妨假设 ℓ 为实轴. 分三种情形讨论:

(1) Δ 只有一顶点在 ℓ 上;

(2) Δ 有一条边在 ℓ 上;

(3) Δ 有内点在 ℓ 上.

通过三角剖分, 可将 (3) 约化为前两种情形 (见图 8.2), 故只需讨论 (1), (2).

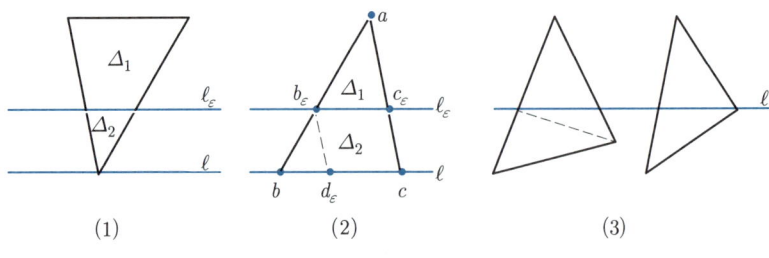

图 8.2

(1) 作平行于 ℓ, 且与 ℓ 相距 ε 的直线 ℓ_ε. 它将 Δ 分为四边形 Δ_1 与三角形 Δ_2. 利用三角剖分与 Goursat 定理, $\displaystyle\int_{\partial \Delta_1} f(z)\mathrm{d}z = 0$. 于是

$$\int_{\partial \Delta} f(z)\mathrm{d}z = \int_{\partial \Delta_2} f(z)\mathrm{d}z \Longrightarrow \left| \int_{\partial \Delta} f(z)\mathrm{d}z \right| \leqslant \max_{z \in \overline{\Delta}} |f(z)| L(\partial \Delta_2).$$

注意到当 ε 趋于零时, $\partial \Delta_2$ 的长度 $L(\partial \Delta_2)$ 趋于零, 因此 $\displaystyle\int_{\partial \Delta} f(z)\mathrm{d}z = 0$.

(2) 作平行于 ℓ, 且与 ℓ 相距 ε 的直线 ℓ_ε, 将三角形 Δ 分为三角形 Δ_1 与四边形 Δ_2. 仍由 Goursat 定理, $\displaystyle\int_{\partial \Delta} f(z)\mathrm{d}z = \int_{\partial \Delta_2} f(z)\mathrm{d}z$. 标记 Δ_2 的顶点为 $b_\varepsilon, b, c, c_\varepsilon$, 在边 $[b,c]$ 上取点 d_ε 使线段 $[d_\varepsilon, b_\varepsilon]$ 与 $[c, c_\varepsilon]$ 平行. 于是,

$$\int_{\partial \Delta_2} f(z)\mathrm{d}z = \underbrace{\int_{[b_\varepsilon, b] \cup [b, d_\varepsilon] \cup [c, c_\varepsilon]} f(z)\mathrm{d}z}_{I_1} + \underbrace{\int_{[d_\varepsilon, c] \cup [c_\varepsilon, b_\varepsilon]} f(z)\mathrm{d}z}_{I_2}.$$

注意到 I_1 的积分曲线段长度随 ε 趋于零而趋于零, 因此 $\displaystyle\lim_{\varepsilon \to 0} I_1 = 0$. I_2 的积分线段 $[c_\varepsilon, b_\varepsilon]$ 可由 $[d_\varepsilon, c]$ 平移 $\tau_\varepsilon = c_\varepsilon - c$ 并反向得到. 于是

$$I_2 = \int_{[d_\varepsilon, c]} (f(z) - f(z + \tau_\varepsilon))\mathrm{d}z \Longrightarrow |I_2| \leqslant |b - c| \max_{z \in [d_\varepsilon, c]} |f(z) - f(z + \tau_\varepsilon)|.$$

利用 f 在紧集上的一致连续性, 上式右端当 ε 趋于零时趋于零. 由此得 $\displaystyle\lim_{\varepsilon\to 0}\int_{\partial\Delta_2} f(z)$ $\mathrm{d}z = 0$. 因此有 $\displaystyle\int_{\partial\Delta} f(z)\mathrm{d}z = 0$. $\qquad\qquad\qquad\qquad\square$

8.4 重温复偏导数

在前文 "全纯函数" 一章, 我们定义了实可微函数的复偏导数, 并对一些特殊情形 (如函数可分解为全纯函数与反全纯函数的乘积, 或是 $z, \bar{z}$ 的多项式), 给出了求复偏导的方法. 这些特例表明, 在求复偏导数时, 可将 $z, \bar{z}$ 视为独立变量来处理. 然而, 这些特例并不能包含很多常见的情形, 如 $f(z) = \mathrm{e}^{|z|^2}/\mathrm{Re}(z)$.

对这些常见的情形, 在求复偏导数时, 是否也可将 $z, \bar{z}$ 视为独立变量? 更一般地, 对哪类函数求复偏导数才能做到随心所欲不逾矩? 本节将利用 Cauchy 积分公式证明: 若 $f(z)$ 可表示为某二元全纯函数在 $(z, \bar{z})$ 处的取值, 在求复偏导数时, 可将 $z, \bar{z}$ 视为独立变量来处理. 这包含了大多数常见情形, 它为复偏导数的求法提供了严格的理论依据.

假设 U 是 $\mathbb{C}^2$ 中的开集, 称连续函数 $F = F(z_1, z_2): U \to \mathbb{C}$ 为二元全纯函数, 是指
(1) 任意取定 z_1, $F(z_1, z_2)$ 关于 z_2 在 $\{\zeta \in \mathbb{C} | (z_1, \zeta) \in U\}$ 上全纯[①];
(2) 任意取定 z_2, $F(z_1, z_2)$ 关于 z_1 在 $\{\zeta \in \mathbb{C} | (\zeta, z_2) \in U\}$ 上全纯.
此时, 记 F 关于 z_k 的导函数 (此时, 另一变量固定) 为 $\partial_{z_k} F$.

> **命题 8.2** 若平面区域 Ω 上的复值函数 $f: \Omega \to \mathbb{C}$ 可表示为 $f(z) = F(z, \bar{z})$, 其中, $F(z_1, z_2)$ 在包含 $\{(z, \bar{z}) | z \in \Omega\}$ 的开集 $U \subset \mathbb{C}^2$ 上二元全纯, 则 f 在 Ω 上实可微, 且
> $$\frac{\partial f}{\partial z} = \partial_{z_1} F(z, \bar{z}), \quad \frac{\partial f}{\partial \bar{z}} = \partial_{z_2} F(z, \bar{z}).$$

证明 任取 $(a, b) \in U$. 取 $r > 0$ 使 $\overline{D(a, r)} \times \overline{D(b, r)} \subset U$. 对任意 $(z_1, z_2) \in D(a, r) \times D(b, r)$, 利用单复变量的 Cauchy 积分公式, 得

$$F(z_1, z_2) = \frac{1}{2\pi\mathrm{i}} \int_{|\zeta-a|=r} \frac{F(\zeta, z_2)}{\zeta - z_1} \mathrm{d}\zeta = \frac{1}{2\pi\mathrm{i}} \int_{|\xi-b|=r} \frac{F(z_1, \xi)}{\xi - z_2} \mathrm{d}\xi,$$

以及导函数的积分表示

$$\partial_{z_1} F(z_1, z_2) = \frac{1}{2\pi\mathrm{i}} \int_{|\zeta-a|=r} \frac{F(\zeta, z_2)}{(\zeta - z_1)^2} \mathrm{d}\zeta,$$

[①] 此处, 在开集上全纯指在开集的每个连通分支上全纯, 下同.

$$\partial_{z_2} F(z_1, z_2) = \frac{1}{2\pi i} \int_{|\xi - b| = r} \frac{F(z_1, \xi)}{(\xi - z_2)^2} d\xi.$$

由上式及 F 的连续性知, $\partial_{z_1} F$ 连续. 作为 Cauchy 型积分, 当 z_2 取定时, $\partial_{z_1} F(z_1, z_2)$ 关于 z_1 全纯. 以下说明当 z_1 取定时, $\partial_{z_1} F(z_1, z_2)$ 关于 z_2 全纯. 为此, 对任意 $w \in D(b, r)$,

$$\frac{\partial_{z_1} F(z_1, w) - \partial_{z_1} F(z_1, z_2)}{w - z_2} - \frac{1}{2\pi i} \int_{|\zeta - a| = r} \frac{\partial_{z_2} F(\zeta, z_2)}{(\zeta - z_1)^2} d\zeta$$

$$= \frac{1}{2\pi i} \int_{|\zeta - a| = r} \frac{1}{(\zeta - z_1)^2} \left(\frac{F(\zeta, w) - F(\zeta, z_2)}{w - z_2} - \partial_{z_2} F(\zeta, z_2) \right) d\zeta$$

$$= \frac{1}{2\pi i} \int_{|\zeta - a| = r} \frac{1}{(\zeta - z_1)^2} \underbrace{\left(\frac{w - z_2}{2\pi i} \int_{|\xi - b| = r} \frac{F(\zeta, \xi)}{(\xi - z_2)^2 (\xi - w)} d\xi \right)}_{I} d\zeta.$$

若将 (z_1, z_2) 视为取定, 则 I 可视为 w, ζ 的函数. 由积分基本不等式, 当 w 充分靠近 z_2 时, 存在与 z_1, z_2 有关的正数 $C(z_1, z_2)$, 使

$$|I| \leqslant |w - z_2| C(z_1, z_2) \max_{\partial D(a, r) \times \partial D(b, r)} |F(\zeta, \xi)|.$$

由上式知, 当 $w \to z_2$ 时, 前述等式趋于零. 这表明, $\partial_{z_1} F(z_1, z_2)$ 关于 z_2 的导数存在, 即关于 z_2 全纯, 且

$$\partial_{z_2} \partial_{z_1} F(z_1, z_2) = \frac{1}{2\pi i} \int_{|\zeta - a| = r} \frac{\partial_{z_2} F(\zeta, z_2)}{(\zeta - z_1)^2} d\zeta.$$

因二元全纯是局部性质, 由 $(a, b) \in U$ 的任意性知, $\partial_{z_1} F$ 二元全纯. 同理可证, $\partial_{z_2} F$ 也二元全纯. 于是, 当 $|h|, |l| < r$ 时, 增量函数

$$F(a + h, b + l) - F(a, b)$$

$$= F(a + h, b + l) - F(a, b + l) + F(a, b + l) - F(a, b)$$

$$= \partial_{z_1} F(a, b + l) h + \psi_l(h) + \partial_{z_2} F(a, b) l + o(l).$$

在上式中, $\psi_l(h) = F(a + h, b + l) - F(a, b + l) - \partial_{z_1} F(a, b + l) h$ 关于 $(h, l) \in D(0, r) \times D(0, r)$ 二元全纯. 利用 Cauchy 积分公式得,

$$\psi_l(h) = \frac{h^2}{2\pi i} \int_{|\zeta - a| = r} \frac{F(\zeta, b + l)}{(\zeta - a)^2 (\zeta - a - h)} d\zeta.$$

当 $|h|, |l| \leqslant r/2$ 时, 利用积分基本不等式,

$$|\psi_l(h)| \leqslant 2M|h|^2/r^2, \ M = \max_{\overline{D(a,r)} \times \overline{D(b,r)}} |F(\zeta, \xi)|.$$

上式表明, 当 $|h| \leqslant r/2$ 时, $\sup\limits_{|l| \leqslant r/2} |\psi_l(h)| = o(h)$. 因 $\partial_{z_1} F$ 二元全纯, 故

$$\partial_{z_1} F(a, b+l) = \partial_{z_1} F(a, b) + \partial_{z_2}\partial_{z_1} F(a, b)l + o(l).$$

结合上式, 可将增量函数 $F(a+h, b+l) - F(a, b)$ 表示为

$$\partial_{z_1} F(a, b)h + \partial_{z_2} F(a, b)l + \partial_{z_2}\partial_{z_1} F(a, b)hl + o(h) + o(l).$$

因 $\{(z, \overline{z})|z \in \Omega\} \subset U$, 在上式中取 $a = z$, $b = \overline{z}$, $h = \Delta z$, $l = \overline{\Delta z}$, 得

$$f(z + \Delta z) - f(z) = \partial_{z_1} F(z, \overline{z})\Delta z + \partial_{z_2} F(z, \overline{z})\overline{\Delta z} + o(\Delta z).$$

此式表明, f 在 Ω 中实可微, 且复偏导数即为命题给出的形式. □

　　作为例子, 考虑右半平面 $\Omega = \{\mathrm{Re}(z) > 0\}$ 上的复值函数 $f(z) = \mathrm{e}^{|z|^2}/\mathrm{Re}(z) = 2\mathrm{e}^{z\overline{z}}/(z + \overline{z})$. 显然, $f(z) = F(z, \overline{z})$, 其中,

$$F(z_1, z_2) = \frac{2\mathrm{e}^{z_1 z_2}}{z_1 + z_2},$$

它在包含 $\{(z, \overline{z})|z \in \Omega\}$ 的开集 $U = \{(z_1, z_2) \in \mathbb{C}^2 | z_1 + z_2 \neq 0\}$ 上二元全纯. 由命题 8.2, 求 f 的复偏导数时可将 $z, \overline{z}$ 视为独立变量. 计算知

$$\frac{\partial f}{\partial z} = \frac{2\overline{z}\mathrm{e}^{z\overline{z}}}{z + \overline{z}} - \frac{2\mathrm{e}^{z\overline{z}}}{(z + \overline{z})^2} = \frac{(|z|^2 + \overline{z}^2 - 1)\mathrm{e}^{|z|^2}}{2\mathrm{Re}(z)^2},$$

$$\frac{\partial f}{\partial \overline{z}} = \frac{2z\mathrm{e}^{z\overline{z}}}{z + \overline{z}} - \frac{2\mathrm{e}^{z\overline{z}}}{(z + \overline{z})^2} = \frac{(|z|^2 + z^2 - 1)\mathrm{e}^{|z|^2}}{2\mathrm{Re}(z)^2}.$$

8.5　习题

　　"我每天早晨 4 点起床, 从此开始忙碌 …… 工作并不让我感觉疲惫, 恰恰相反, 它让我精力充沛, 身体健康."

——Cauchy, 1810

1. (积分计算) 假设 γ 是一个椭圆的边界, $a \notin \gamma$, 计算积分

$$\int_\gamma \frac{1}{z-a}\mathrm{d}z.$$

2. (积分计算) 计算积分

$$\int_{|z|=1} \frac{3z-1}{z(z-2)} \mathrm{d}z, \quad \int_{|z|=2\pi} \frac{z^3}{(z-\pi)^3} \mathrm{d}z.$$

3. (Cauchy 型积分) 给定圆周 $\partial\mathbb{D}$ 上的连续函数 $f(z) = z + \bar{z}$, 定义

$$F(z) = \frac{1}{2\pi\mathrm{i}} \int_{|\zeta|=1} \frac{f(\zeta)}{\zeta - z} \mathrm{d}\zeta, \ z \in \mathbb{C} \setminus \partial\mathbb{D}.$$

求 F 的表达式.

4. (Cauchy 型积分的导数) 给定一条平面上的分段光滑闭曲线 γ, 以及 γ 邻域上的全纯函数 f, 考虑 Cauchy 型积分

$$F(z) = \frac{1}{2\pi\mathrm{i}} \int_{\gamma} \frac{f(\zeta)}{\zeta - z} \mathrm{d}\zeta, \ z \in \mathbb{C} \setminus \gamma.$$

利用分部积分证明对任意 $n \geqslant 1$, 成立

$$F^{(n)}(z) = \frac{1}{2\pi\mathrm{i}} \int_{\gamma} \frac{f^{(n)}(\zeta)}{\zeta - z} \mathrm{d}\zeta.$$

5. (积分等式) 假设 f 在单位圆盘闭包 $\overline{\mathbb{D}}$ 上全纯, 证明

$$\frac{1}{2\pi\mathrm{i}} \int_{|\zeta|=1} \frac{\overline{f(\zeta)}}{\zeta - z} \mathrm{d}\zeta = \begin{cases} \overline{f(0)}, & |z| < 1, \\ \overline{f(0)} - \overline{f(1/\bar{z})}, & |z| > 1. \end{cases}$$

当 $z \in \mathbb{D}$ 时, 计算积分

$$\frac{1}{2\pi\mathrm{i}} \int_{|\zeta|=1} \frac{f(\zeta)}{\zeta - z} |\mathrm{d}\zeta|.$$

6. (积分计算) 假设 f 是多项式, 证明

$$\int_{|z|=1} \overline{f(z)} \mathrm{d}z = 2\pi\mathrm{i}\overline{f'(0)}.$$

7. (积分变形) 假设 f 在 $\overline{\mathbb{D}}$ 上全纯, 通过用两种方式计算积分

$$\int_{|\zeta|=1} \left(2 \pm \left(\zeta + \zeta^{-1}\right)\right) \frac{f(\zeta)}{\zeta} \mathrm{d}\zeta,$$

证明

$$\frac{1}{\pi} \int_0^{2\pi} f(\mathrm{e}^{\mathrm{i}t}) \sin^2\left(\frac{t}{2}\right) \mathrm{d}t = f(0) - \frac{1}{2}f'(0),$$

$$\frac{1}{\pi} \int_0^{2\pi} f(\mathrm{e}^{\mathrm{i}t}) \cos^2\left(\frac{t}{2}\right) \mathrm{d}t = f(0) + \frac{1}{2}f'(0).$$

8. (积分公式的应用) 假设 f 在 $\overline{D(a,r)}$ 上全纯, 证明: 对任意 $z, w \in D(a,r)$ 以及任意整数 $n \geqslant 1$,

$$f(w) - \sum_{k=0}^{n} \frac{f^{(k)}(z)}{k!}(w-z)^k = \frac{1}{2\pi\mathrm{i}} \int_{|\zeta-a|=r} \frac{(w-z)^{n+1}f(\zeta)}{(\zeta-z)^{n+1}(\zeta-w)}\mathrm{d}\zeta.$$

9. (积分公式的应用) 假设 $a_1, \cdots, a_d \in \mathbb{C}$ 互不相同, 模长都小于 R. 记 $p(z) = (z-a_1)\cdots(z-a_d)$. 证明

$$\int_{|z|=R} \frac{\mathrm{d}z}{p(z)} = 2\pi\mathrm{i} \sum_{1 \leqslant k \leqslant d} \frac{1}{p'(a_k)}.$$

由此证明恒等式:

$$\sum_{1 \leqslant k \leqslant d} \prod_{j \neq k} \frac{1}{a_j - a_k} = 0.$$

10. (反函数定理的应用) 给定 $\mathbb{D}$ 上的全纯函数 f 和 g. 如果 $h = f + \overline{g}$ 在 0 的任何邻域上都不是单射, 证明

$$|f'(0)| = |g'(0)|.$$

11. (可积函数的取值) 假设 f 在平面区域 Ω 上全纯, 满足

$$\|f\|_1 := \int_\Omega |f(z)|\mathrm{d}x\mathrm{d}y < +\infty.$$

证明函数值的估计

$$|f(z)| \leqslant \frac{1}{\pi} \frac{\|f\|_1}{d(z)^2}, \ \forall z \in \Omega,$$

其中, $d(z)$ 为 z 到边界 $\partial\Omega$ 的欧氏距离.

12. (插值多项式的积分表示) 给定平面有界区域 Ω, 边界 $\partial\Omega$ 是分段光滑的简单闭曲线. 给定 Ω 中 $d+1$ 个不同的点 $w_1, w_2, \cdots, w_{d+1}$, 定义 $p(w) = (w-w_1)(w-w_2)\cdots(w-w_{d+1})$. 假设 f 在 $\overline{\Omega}$ 上全纯, 证明

$$q(z) = \frac{1}{2\pi\mathrm{i}} \int_{\partial\Omega} \frac{f(w)}{p(w)} \cdot \frac{p(w) - p(z)}{w - z}\mathrm{d}w$$

是 d 次多项式, 满足 $q(w_k) = f(w_k), 1 \leqslant k \leqslant d+1$.

13. (单射的一个判别条件) 假设 D 是平面凸区域 (指对任意 $a, b \in D$, 连接两点的线段 $[a,b] \subset D$), f 在 D 上全纯, 且满足

$$\mathrm{Re} f'(z) > 0, \ \forall z \in D.$$

证明 f 在 D 上是一个单射.

提示: 利用 $f(b) - f(a) = \displaystyle\int_{[a,b]} f'(z)\mathrm{d}z$.

14. (Cauchy 积分公式的另证) 本题旨在给出 Cauchy 积分公式的另证. 此证明不依赖于 Cauchy-Goursat 积分定理, 但作为补偿, 需假设导函数连续. 假设 Ω 是平面凸区域 (即: 对任意两点 $a, b \in \Omega$, 它们之间的线段 $[a, b] \subset \Omega$). 假设 f 在 Ω 上全纯, f' 在 Ω 上连续, γ 是 Ω 中分段光滑的简单闭曲线.

(1) 定义函数 $h : [0, 1] \to \mathbb{C}$:

$$h(t) = \int_\gamma \frac{f(w + t(z - w))}{z - w} \mathrm{d}z.$$

证明 $h' = 0$.

(2) 通过计算 $h(0), h(1)$, 证明 Cauchy 积分公式.

第九章

Cauchy 积分公式的应用

假设 E 为平面集合, 复值函数 $f : E \to \mathbb{C}$ 连续, 定义

$$\|f\|_E = \sup_{z \in E} |f(z)|.$$

如果 E 为紧集, 熟知 $\|f\|_E = \max_{z \in E} |f(z)|$.

本讲介绍 Cauchy 积分公式的几个直接而巧妙的应用, 包括 Cauchy 不等式, Liouville 定理, 代数学基本定理, Riemann 可去奇点定理, 最大模原理. 这些结论丰富了我们对全纯函数的理解, 证明的方法也具有典型性. 它们将复积分理论推向第一个高潮.

9.1 Cauchy 不等式

> **定理 9.1 (Cauchy)** 假设 f 在圆盘 $D = D(z_0, R)$ 上全纯, 则对任意 $n \geqslant 0$, 成立
>
> $$|f^{(n)}(z_0)| \leqslant \frac{n!}{R^n} \|f\|_D.$$

证明 任取 $r \in (0, R)$, 则 f 在 $\overline{D(z_0, r)}$ 上全纯. 由高阶导数的 Cauchy 积分公式,

$$f^{(n)}(z_0) = \frac{n!}{2\pi\mathrm{i}} \int_{|\zeta - z_0| = r} \frac{f(\zeta)}{(\zeta - z_0)^{n+1}} \mathrm{d}\zeta.$$

利用复积分的基本不等式, 得

$$|f^{(n)}(z_0)| \leqslant \frac{n!}{2\pi} \int_{|\zeta - z_0| = r} \frac{|f(\zeta)|}{|\zeta - z_0|^{n+1}} |\mathrm{d}\zeta|$$

$$\leqslant \frac{n!}{2\pi} \frac{\|f\|_D}{r^{n+1}} 2\pi r = \frac{n!}{r^n} \|f\|_D.$$

上式对任意 $r < R$ 都成立. 令 $r \to R$ 得结论. $\quad\square$

9.2 Liouville 定理

复平面上的全纯函数称为整函数.

> **定理 9.2 (Liouville, 1847)**   有界整函数必为常数.

证明 1   假设 f 在 $\mathbb{C}$ 上全纯且 $\|f\|_{\mathbb{C}} < +\infty$. 对任意 $z \in \mathbb{C}$, 以及任意 $R > 0$, 在圆盘 $D = D(z, R)$ 上应用 Cauchy 不等式,

$$|f'(z)| \leqslant \frac{1}{R}\|f\|_D \leqslant \frac{\|f\|_{\mathbb{C}}}{R}.$$

上式对任意 $R > 0$ 都成立, 令 $R \to \infty$, 得 $f'(z) = 0$. 由 z 的任意性可知, $f' \equiv 0$. 这说明 f 为常数. $\qquad\square$

此证明利用了 Cauchy 不等式, 而 Cauchy 不等式又依赖于 Cauchy 积分公式. 下面给出直接利用 Cauchy 积分公式的证明.

证明 2   对任意 $z \in \mathbb{C}$, 取 $R > |z|$, 利用 Cauchy 积分公式得

$$f(z) - f(0) = \frac{1}{2\pi\mathrm{i}} \int_{|\zeta|=R} \left(\frac{1}{\zeta - z} - \frac{1}{\zeta} \right) f(\zeta)\mathrm{d}\zeta.$$

利用积分基本不等式,

$$|f(z) - f(0)| \leqslant \frac{\|f\|_{\mathbb{C}}}{2\pi} \int_{|\zeta|=R} \left| \frac{z}{(\zeta - z)\zeta} \right| |\mathrm{d}\zeta| \leqslant \frac{\|f\|_{\mathbb{C}}|z|}{R - |z|}.$$

上式对任意 $R > |z|$ 都成立. 令 $R \to \infty$, 得 $f(z) = f(0)$. 由 z 的任意性知 $f \equiv f(0)$. $\square$

9.3 代数学基本定理

> **定理 9.3**   非常数复多项式在复平面上必有零点.

代数学基本定理在数学中有基本的重要性. 很多数学家如 d'Alembert, Euler, Lagrange 等都给出过不严谨的证明. 第一个严格证明通常被认为是 Gauss 在 1799 年的博士论文中给出的. Gauss 一生中给出过 4 个证明, 但这些证明并未用到复变函数理论. 自复变证法一出, 余证皆废.

下面给出基于复变方法的证明. 为此, 先考虑多项式的一个性质. 假设 $P(z) = a_d z^d + \cdots + a_1 z + a_0$ 为 $d(d \geqslant 1)$ 次复多项式, $a_d \neq 0$. 注意到

$$
\begin{aligned}
|P(z)| &= \left| a_d z^d \left(1 + \frac{a_{d-1}}{a_d z} + \cdots + \frac{a_0}{a_d z^d} \right) \right| \\
&\geqslant |a_d||z|^d \left(1 - \frac{|a_{d-1}|}{|a_d z|} - \cdots - \frac{|a_0|}{|a_d z^d|} \right).
\end{aligned}
$$

由此可知, 存在 $R_0 > 0$, 当 $|z| > R_0$ 时, $|P(z)| \geqslant |a_d||z|^d/2$. 因此, 当 $|z| \to +\infty$ 时, $|P(z)| \to +\infty$.

下面将利用这一性质, 给出代数学基本定理的证明.

证明 1　如果 P 没有零点, 则 $f = 1/P$ 是整函数, 它满足当 $|z| \to +\infty$ 时, $|f(z)| \to 0$. 这说明 f 有界. 由 Liouville 定理知, f 为常数, 从而 P 为常数, 矛盾.　　□

下面给出一个更直接的证明, 只依赖于 Cauchy 积分公式. 此证明最先由 Zalcman (1978) 给出, 后被 Schep (2009) 重新发现.

证明 2　若 P 没有零点, 对 $f = 1/P$ 应用 Cauchy 积分公式,

$$
\int_{|z|=\rho} \frac{\mathrm{d}z}{z P(z)} = \frac{2\pi\mathrm{i}}{P(0)} \neq 0, \ \forall \rho > 0.
$$

另一方面, 利用积分的基本不等式, 当 $\rho > R_0$ 时,

$$
\left| \int_{|z|=\rho} \frac{\mathrm{d}z}{z P(z)} \right| \leqslant \int_{|z|=\rho} \frac{|\mathrm{d}z|}{|z P(z)|} \leqslant \frac{2\pi}{\min\limits_{|z|=\rho} |P(z)|} \leqslant \frac{4\pi}{|a_d|\rho^d}.
$$

上式右端当 $\rho \to +\infty$ 时趋于 0, 这与左端为非零定值矛盾.　　□

> **注**　由代数学基本定理, 假设 b 是 d 次多项式 P 的一个根, 则
>
> $$
> Q(z) = \frac{P(z)}{z-b} = \frac{P(z) - P(b)}{z-b} = \sum_{k=1}^{d} a_k \left(\sum_{j=0}^{k-1} z^j b^{k-1-j} \right).
> $$
>
> 这表明 Q 是 $d-1$ 次多项式. 对低次多项式重复此过程, 最终可将 P 分解为 $P(z) = a_d(z - b_1) \cdots (z - b_d)$ 的形式.

9.4　Riemann 可去奇点定理

假设 f 在 $z_0 \in \mathbb{C}$ 的某去心邻域 $D(z_0, r) \setminus \{z_0\}$ 上全纯, 如果可适当定义 f 在 z_0 的取值, 使 f 在 $D(z_0, r)$ 上全纯, 则称 z_0 为 f 的可去奇点 (removable singularity).

定理 9.4 (Riemann)   假设 f 在 $D(z_0, r) \setminus \{z_0\}$ 上全纯, 满足

$$\lim_{z \to z_0} (z - z_0)f(z) = 0 \ \left(\Longleftrightarrow |f(z)| = o(|z - z_0|^{-1}) \right),$$

则 z_0 是 f 的可去奇点.

证明   对任意 $z \in D(z_0, r) \setminus \{z_0\}$, 任取 $0 < \varepsilon < |z - z_0|$. 适当缩小 r, 不妨假设 f 在环域 $A_\varepsilon = \{\varepsilon < |z - z_0| < r\}$ 的闭包上全纯, 由 Cauchy 积分公式,

$$f(z) = \underbrace{\frac{1}{2\pi i} \int_{|\zeta - z_0| = r} \frac{f(\zeta)}{\zeta - z} d\zeta}_{I_r(z)} - \underbrace{\frac{1}{2\pi i} \int_{|\zeta - z_0| = \varepsilon} \frac{f(\zeta)}{\zeta - z} d\zeta}_{I_\varepsilon(z)}.$$

由 Cauchy 型积分的性质知, I_r 是 $D(z_0, r)$ 上的全纯函数. 为证明 z_0 是 f 的可去奇点, 只需证明 $I_\varepsilon(z) = 0$. 事实上, 这将表明 $f(z) = I_r(z), z \in D(z_0, r) \setminus \{z_0\}$. 因此, 可定义 $f(z_0) = I_r(z_0)$ 使 f 在 $D(z_0, r)$ 上全纯.

为证明 $I_\varepsilon(z) = 0$, 利用积分基本不等式,

$$|I_\varepsilon(z)| \leqslant \frac{1}{2\pi} \int_{|\zeta - z_0| = \varepsilon} \frac{|f(\zeta)|}{|\zeta - z|} |d\zeta| \leqslant \frac{\varepsilon \|f\|_{\partial D(z_0, \varepsilon)}}{|z - z_0| - \varepsilon}.$$

由条件 $\lim\limits_{z \to z_0} (z - z_0)f(z) = 0$ 可知, 当 $\varepsilon \to 0$ 时,

$$\varepsilon \|f\|_{\partial D(z_0, \varepsilon)} = \max_{\zeta \in \partial D(z_0, \varepsilon)} |(\zeta - z_0)f(\zeta)| \to 0.$$

因此, $\lim\limits_{\varepsilon \to 0} I_\varepsilon(z) = 0$. 另一方面, 等式 $I_\varepsilon(z) = I_r(z) - f(z)$ 表明 $I_\varepsilon(z)$ 的取值与 $\varepsilon \in (0, |z - z_0|)$ 无关. 因此, $I_\varepsilon(z) = 0$.   □

9.5   最大模原理

定理 9.5 (最大模原理)   假设 Ω 为平面区域, f 在 Ω 上全纯. 则要么 f 为常值函数, 要么

$$|f(z)| < \|f\|_\Omega, \ \forall z \in \Omega.$$

此定理对区域的边界没有任何要求. 最大模原理说明, 非常值全纯函数不可能在区域内部达到最大模. 如果进一步假设 f 可连续延拓到边界 $\partial\Omega$, 此时分两种情况讨论:

(1) 如果 Ω 为平面有界区域, 则 $|f|$ 的最大值在边界达到, 即 $\|f\|_{\overline{\Omega}} = \|f\|_{\partial\Omega}$;

(2) 如果 Ω 为平面无界区域, 需要注意的是 $|f|$ 的最大值未必在边界达到, 因为可能出现 f 无界 (即 $\|f\|_\Omega = +\infty$), 而 $\|f\|_{\partial\Omega} < +\infty$ 的情况. 例如 $f(z) = \mathrm{e}^{-\mathrm{i}z^2}$, 假设定义域为第一象限 Ω. 显然, 当 $z \in \partial\Omega$ 时, $z^2 \in \mathbb{R}$, $|f(z)| = 1$. 因此 $\|f\|_{\partial\Omega} = 1$. 但 f 在 Ω 中无界: 取 $z = k\mathrm{e}^{\mathrm{i}\pi/4}, k > 0$, 则 $f(z) = \mathrm{e}^{k^2} \to +\infty$ $(k \to \infty)$. 因此 $\|f\|_\Omega = +\infty$.

值得注意的是, $|f|$ 的最小值未必在边界达到. 如 $f(z) = z$, $|f|$ 在 $\overline{\mathbb{D}}$ 上的最小值在 $z = 0$ 处达到. 如果 f 在 $\overline{\Omega}$ 上没有零点, 对 $g = 1/f$ 应用最大模原理可知, $|f|$ 的最小值在边界达到.

证明 不妨假设 $\|f\|_\Omega > 0$, 否则 $f \equiv 0$. 定义 Ω 的子集

$$E = \{z \in \Omega \,|\, |f(z)| = \|f\|_\Omega\}.$$

我们将证明, E 是 Ω 的即开又闭的子集.

利用 f 的连续性可知, $\Omega \setminus E = \{z \in \Omega \,|\, |f(z)| < \|f\|_\Omega\}$ 是 Ω 的开子集, 因此 E 是 Ω 的闭子集.

任取 $z_0 \in E$, 以及 $r > 0$ 满足 $D(z_0, r) \subset \Omega$. 记 $f(z_0)$ 的一个辐角为 α. 利用平均值公式, 对任意 $\rho \in (0, r)$,

$$
\begin{aligned}
|f(z_0)| = \mathrm{e}^{-\mathrm{i}\alpha} f(z_0) &= \frac{1}{2\pi} \int_0^{2\pi} \mathrm{e}^{-\mathrm{i}\alpha} f(z_0 + \rho\mathrm{e}^{\mathrm{i}\theta})\mathrm{d}\theta \\
&= \frac{1}{2\pi} \int_0^{2\pi} \mathrm{Re}(\mathrm{e}^{-\mathrm{i}\alpha} f(z_0 + \rho\mathrm{e}^{\mathrm{i}\theta}))\mathrm{d}\theta \\
&\overset{(1)}{\leqslant} \frac{1}{2\pi} \int_0^{2\pi} |f(z_0 + \rho\mathrm{e}^{\mathrm{i}\theta})|\mathrm{d}\theta \\
&\overset{(2)}{\leqslant} \frac{1}{2\pi} \int_0^{2\pi} |f(z_0)|\mathrm{d}\theta = |f(z_0)|.
\end{aligned}
$$

由上式可知 $\overset{(1)}{\leqslant}, \overset{(2)}{\leqslant}$ 都取等. $\overset{(2)}{\leqslant}$ 取等必然成立

$$|f(z_0)| = |f(z_0 + \rho\mathrm{e}^{\mathrm{i}\theta})|, \ \forall \rho < r, 0 \leqslant \theta < 2\pi.$$

因此 $D(z_0, r) \subset E$, 从而 E 是 Ω 的开子集; $\overset{(1)}{\leqslant}$ 取等进一步说明

$$f(z_0 + \rho\mathrm{e}^{\mathrm{i}\theta}) = \mathrm{e}^{\mathrm{i}\alpha}|f(z_0 + \rho\mathrm{e}^{\mathrm{i}\theta})| = \mathrm{e}^{\mathrm{i}\alpha}|f(z_0)| = f(z_0).$$

因此 $f|_{D(z_0, r)} \equiv f(z_0)$, 即 f 局部常值.

这样就证明了 E 在 Ω 中即开又闭. 由 Ω 的连通性知, 要么 $E = \varnothing$, 要么 $E = \Omega$ (参见命题 3.2). 如果前者成立, 则对任意 $z \in \Omega$, 成立 $|f(z)| < \|f\|_\Omega$; 如果后者成立, 前已证明 f 在 $E = \Omega$ 的每点处都局部常值, 因此 f 为常数. $\qquad\square$

最后给出最大模原理的另一种证明. 这个证明如同魔术师变戏法, 用到的道具是 Cauchy 积分公式. 为了更好地突出想法, 不妨将条件加强, 将结论减弱, 以使我们不必在技术细节上分心.

假设 $\partial\Omega$ 由有限条分段光滑的简单闭曲线组成, f 在 $\overline{\Omega}$ 上全纯, 我们将证明 $\|f\|_{\overline{\Omega}} = \|f\|_{\partial\Omega}$.

由 Cauchy 积分公式,

$$f(z) = \frac{1}{2\pi i} \int_{\partial\Omega} \frac{f(\zeta)}{\zeta - z} d\zeta, \ \ z \in \Omega.$$

利用积分的基本不等式,

$$|f(z)| \leqslant \frac{1}{2\pi} \frac{\ell(\partial\Omega)}{d(z, \partial\Omega)} \|f\|_{\partial\Omega} = c(z)\|f\|_{\partial\Omega}.$$

这里, $\ell(\partial\Omega)$ 表示边界的长度, $c(z) = \ell(\partial\Omega)/(2\pi d(z, \partial\Omega))$ 只与 z 有关, 不依赖于 f. 显然, 对任意整数 $n \geqslant 1$, f 的 n 次幂 f^n 是 $\overline{\Omega}$ 上的全纯函数. 在上面的不等式中, 将 f 换成 f^n 得

$$|f(z)|^n \leqslant c(z)\|f\|_{\partial\Omega}^n \Longrightarrow |f(z)| \leqslant \sqrt[n]{c(z)}\|f\|_{\partial\Omega}.$$

令 $n \to \infty$, 得 $\sqrt[n]{c(z)} \to 1$. 因此,

$$|f(z)| \leqslant \|f\|_{\partial\Omega}, \ \forall z \in \Omega \Longleftrightarrow \|f\|_{\overline{\Omega}} = \|f\|_{\partial\Omega}.$$

这样就完成了定理的证明.

证明中采用的方法称为 "Landau's trick" (兰道技巧), 最早出现在德国数学家 Landau 发表于 1916 年的一篇论文里.

9.6   习题

有一位法国数学家, 他生不逢时, 出生那年法国爆发了大革命. 他的第一份工作是为拿破仑入侵英国的海上舰队服务. 他的名字被刻在埃菲尔铁塔上. 他是谁?

1. (多项式的系数) 给定多项式 $p(z) = a_d z^d + \cdots + a_1 z + a_0$, 假设在单位圆盘 $\mathbb{D}$ 上的最大模 $\|p\|_{\mathbb{D}} \leqslant 1$.

(1) 利用 Cauchy 不等式证明 $|a_k| \leqslant 1, 0 \leqslant k \leqslant d$;

(2) 利用不等式

$$\int_{|z|=1} |p(z)|^2 |dz| \leqslant 2\pi$$

证明系数满足更强的不等式

$$\sum_{k=0}^{d} |a_k|^2 \leqslant 1.$$

某项 a_n 满足 $|a_n| = 1$ 的充要条件是什么?

2. (Cauchy 不等式的应用)　假设 $f : \mathbb{D} \to \mathbb{C}$ 全纯有界, 证明

$$\sup_{z \in \mathbb{D}} (1 - |z|)|f'(z)| < +\infty.$$

提示: 将 z 取定, 在圆盘 $D(z, r)$ 中对导数 f' 应用 Cauchy 不等式, 思考 r 最大可取多少?

3. (Cauchy 不等式的应用: 导数与像集直径)　假设 f 是单位圆盘 $\mathbb{D}$ 上的全纯函数, 像集 $\Omega = f(\mathbb{D})$, 证明

$$|f'(0)| \leqslant \frac{1}{2} \mathrm{diam}(\Omega).$$

提示: 对 $g(z) = f(z) - f(-z)$ 应用 Cauchy 不等式.

4. (Liouville 定理: 另一个观点的证明)　按如下思路, 给出 Liouville 定理的又一证明.

(1) 证明对任意 $\zeta \in \mathbb{C}$, 以及 $r > 0$, 成立平均值公式

$$f(\zeta) = \frac{1}{\pi r^2} \int_{D(\zeta, r)} f(z) \mathrm{d}x \mathrm{d}y.$$

(2) 证明对任意 $z_0, w_0 \in \mathbb{C}$,

$$|f(z_0) - f(w_0)| \leqslant \frac{\|f\|_{\mathbb{C}}}{\pi r^2} \mathrm{area}(D(z_0, r) \Delta D(w_0, r)),$$

这里, $E \Delta F$ 表示两个集合的对称差, 定义为

$$E \Delta F = (E \setminus F) \cup (F \setminus E).$$

由此你能否完成证明?

5. (Liouville 定理的一般形式)　假设 f 是整函数, $m \geqslant 1$ 是整数, 满足 $|f(z)| \leqslant C(1 + |z|^m)$, $\forall z \in \mathbb{C}$. 证明 f 是次数不超过 m 的多项式. 提示: 利用高阶导数的 Cauchy 不等式.

6. (Liouville 定理的应用)　假设 f 在 $\mathbb{C}$ 上全纯, 称它是双周期的, 是指满足

$$f(z + 1) = f(z), \ f(z + \tau) = f(z), \forall z \in \mathbb{C},$$

这里 τ 为虚部不为零的复数. 证明双周期全纯函数必为常数. 这个结论被称为 Liouville 第一定理.

7. (Liouville 定理的应用) 假设 f 是非常数的整函数, 证明其值域 $f(\mathbb{C})$ 在 $\mathbb{C}$ 中稠密. 即: 对任意 $\zeta \in \mathbb{C}$, 存在点列 $\{z_n\}$, 满足 $f(z_n) \to \zeta$.

8. (最大模原理的应用) 利用最大模原理证明 Liouville 定理. 提示: 假设 f 有界, 对 $g(z) = (f(z) - f(0))/z$ 应用最大模原理.

9. (最大模原理的应用) 利用最大模原理证明代数学基本定理. 提示: 对 $f = 1/p$ 应用最大模原理.

10. (最大模原理的应用) 假设 f 在 $\overline{\mathbb{D}}$ 上全纯, 证明

$$\max_{|z|=1} |\bar{z} - f(z)| \geqslant 1.$$

等号成立的充要条件是什么?

11. (上半平面的最大模原理) 本题研究一类无界区域的最大模原理. 假设 f 在上半平面 $\mathbb{H}$ 全纯有界, 连续到边界 $\mathbb{R}$. 证明

$$\|f\|_{\mathbb{H}} = \|f\|_{\mathbb{R}}.$$

提示: 定义辅助函数 $g_n(z) = f(z)^n/(z+\mathrm{i})$. 通过对 g_n 在上半圆盘 $D(0,R) \cap \mathbb{H}$ 应用最大模原理, 证明对任意 $z \in \mathbb{H}$, 及任意自然数 $n \geqslant 1$, 成立 $|f(z)| \leqslant \|f\|_{\mathbb{R}} \cdot |z+\mathrm{i}|^{1/n}$.

12. (有界域最大模原理的另一种形式) 假设 Ω 是平面有界区域, f 在 Ω 上全纯. 如果存在常数 $M < +\infty$, 使对任意 $z_0 \in \partial\Omega$,

$$\limsup_{z \to z_0} |f(z)| \leqslant M,$$

证明 $\|f\|_{\Omega} \leqslant M$.

13. (最大模原理的本质与应用) 本题研究最大模原理的本质. 我们将发现它实为一类连续函数满足的最大值原理的特例.

假设 u 是区域 Ω 上的连续实函数. 称 u 满足次平均值性质, 是指对任意 $a \in \Omega$, 存在 $r_a > 0$ 使 $D(a, r_a) \subset \Omega$, 且

$$u(a) \leqslant \frac{1}{2\pi} \int_0^{2\pi} u(a + r\mathrm{e}^{\mathrm{i}\theta}) \mathrm{d}\theta, \ \forall r \in (0, r_a).$$

若上式为等号, 则称 u 满足平均值性质 (对复值函数同样定义).

(1) 如果 u 满足次平均值性质, 证明 u 满足最大值原理: 不可能在区域内部取最大值, 除非为常值函数.

(2) 如果复值函数 f 满足平均值性质, 证明对任意 $p \geqslant 1$, 函数 $u = |f|^p$ 满足次平均值性质.

(3) 假设 $f_1, \cdots, f_n$ 在区域上全纯, 证明对任意 $p \geqslant 1$,

$$u(z) = \sum_{k=1}^{n} |f_k(z)|^p$$

不可能在区域内部达到最大值, 除非 $f_1, \cdots, f_n$ 都是常值函数.

  (4) 证明方程

$$|f_1(z)|^2 + \cdots + |f_n(z)|^2 = 1, \ z \in \Omega$$

的全纯函数解 $f_1, \cdots, f_n$ 只能是常值函数.

  14. (积分性质与几何应用) 假设 $f : \mathbb{D} \to \mathbb{C}$ 全纯, 定义

$$h(r) = \int_0^{2\pi} |f(re^{i\theta})| \mathrm{d}\theta, \ r \in [0, 1).$$

本题利用最大值原理研究 h 的性质, 并给出几何应用.

  (1) 定义

$$u(z) = \int_0^{2\pi} |f(ze^{i\theta})| \mathrm{d}\theta, \ z \in \mathbb{D}.$$

显然 $u(z) = h(|z|)$. 证明 u 满足次平均值性质 (见上题定义).

  (2) 由上题知, u 满足最大值原理. 由此证明: h 要么严格单调递增, 要么是常值函数 $h \equiv 2\pi |f(0)|$. 进一步, h 是常值函数的充要条件是 f 为常值函数.

  (3) (一个有趣的几何应用) 假设 $f'(0) \neq 0$. 记圆周 $\{|z| = r\}$ 关于 f 的像曲线长度为 $L(r)$. 利用 (2) 证明

$$\psi(r) = L(r)/r, \ \ r \in (0, 1)$$

要么严格单调递增, 要么是常值函数. 常值的充要条件是 f 为线性变换: $f(z) = az + b$.

  15. (最大模原理的应用) 假设 f 为整函数, 满足

$$|f(z)| \leqslant \frac{1}{|\mathrm{Im}(z)|}, \ z \in \mathbb{C}.$$

证明 $f \equiv 0$. 提示: 本题的关键是构造合适的辅助函数, 并利用最大模原理. 对任意 $R > 0$, 定义 $g_R(z) = (z^2 - R^2) f(z)$. 在圆周 $\{|z| = R\}$ 上, 证明 $|g_R(z)| \leqslant 2\sqrt{2} R$. 利用最大模原理

$$|f(z)| \leqslant \frac{2\sqrt{2} R}{|z^2 - R^2|}, \ |z| < R.$$

  16. (代数学基本定理的又一证明) 利用 Cauchy-Goursat 积分定理, 给出另一种证明: 假设 $P(z)$ 为多项式, 定义 $Q(z) = \overline{P(\bar{z})}$. 对于 $\rho > 0$, 记半圆周 $C_\rho = \{\rho e^{it} | t \in [0, \pi]\}$. 证明

$$P(z) \text{没有零点} \Longrightarrow \int_{-\rho}^{\rho} \frac{\mathrm{d}x}{|P(x)|^2} + \int_{C_\rho} \frac{\mathrm{d}z}{P(z)Q(z)} = 0.$$

由此, 你能得到什么矛盾?

17. (代数学基本定理的又一证明) 用不同的方法证明代数学基本定理成了数学家的一大乐趣. 这些方法中有不少奇思妙想. 它们闪烁着水晶般的光辉, 仿佛来自星星. 1964 年, 一位叫 Boas 的数学家发现了一个巧妙的思路:

如果 P 在复平面上没有零点, 将 $Q(z) = \overline{P(\bar{z})}P(z)$ 取代 P, 可知 Q 是实系数多项式 (等价于在实轴上取值为实数). 因此, 不妨假设 P 是 d 次实多项式.

考虑积分

$$I = \int_{|z|=1} \frac{\mathrm{d}z}{zP(z+1/z)} = \int_{|z|=1} \frac{z^{d-1}\mathrm{d}z}{z^d P(z+1/z)}.$$

请尝试推出矛盾, 补足证明细节.

第十章

函数列与级数

10.1 复级数

假设 $z_1, z_2, \cdots$ 是 $\mathbb{C}$ 上的一列复数, 称

$$\sum_{k=1}^{\infty} z_k = z_1 + z_2 + \cdots$$

为一个复数项级数. 称其收敛, 是指部分和 $S_n = \sum_{k=1}^{n} z_k$ 构成的复数列 $\{S_n\}_{n \geqslant 1}$ 收敛; 否则称其发散. 当它收敛时, 记 $S = \lim\limits_{n \to \infty} S_n$, 称为级数的和, 记为

$$S = \sum_{k=1}^{\infty} z_k.$$

级数收敛的充要条件是 $\{S_n\}_{n \geqslant 1}$ 是 Cauchy 列, 这等价于对任意 $\varepsilon > 0$, 存在正整数 N, 对任意 $n \geqslant N$, 及 $p \geqslant 1$,

$$|S_{n+p} - S_n| = |z_{n+1} + \cdots + z_{n+p}| < \varepsilon.$$

由此得级数收敛的必要条件 $\lim\limits_{n \to \infty} z_n = 0$.

如果级数 $\sum\limits_{k=1}^{\infty} |z_k|$ 收敛, 则称级数 $\sum\limits_{k=1}^{\infty} z_k$ 绝对收敛. 由上述收敛的充要条件知, 绝对收敛的级数一定收敛. 反之不真, 如级数 $\sum\limits_{k=1}^{\infty} (-1)^k / k$ 收敛, 但非绝对收敛. 如果级数 $\sum\limits_{k=1}^{\infty} z_k$ 收敛但非绝对收敛, 称其条件收敛.

条件收敛与绝对收敛的本质不同在于, 重新排列后级数的和会改变. 这里, 级数 $\sum\limits_{k=1}^{\infty} z_k$ 的重新排列 (简称重排), 指的是级数 $\sum\limits_{k=1}^{\infty} z_{\sigma(k)}$, 其中 $\sigma : \mathbb{N} \to \mathbb{N}$ 是一个双射.

1857 年, Riemann 证明了实级数重排的一个奇妙性质:

定理 10.1 (Riemann, 1857)   假设实级数 $\sum\limits_{k=1}^{\infty} x_k$ 收敛于 a.

1. 如果级数绝对收敛, 则任意重排收敛于 a.
2. 如果级数条件收敛, 则对任意实数 $b \in \mathbb{R}$, 存在级数重排收敛于 b.

证明   1. 假设级数 $\sum\limits_{k=1}^{\infty} x_k$ 绝对收敛. 任给双射 $\sigma : \mathbb{N} \to \mathbb{N}$, 考虑重排级数 $\sum\limits_{k=1}^{\infty} x_{\sigma(k)}$.
对任意 $n \geqslant \sigma^{-1}(1)$, 存在 $k(n) \geqslant 1$, 使 $\{1, 2, \cdots, k(n)\} \subset \sigma(\{1, 2, \cdots, n\})$. 注意到 $\sigma : \mathbb{N} \to \mathbb{N}$ 是双射, 因此当 $n \to \infty$ 时, 有 $k(n) \to \infty$.

于是

$$\left| \sum_{k=1}^{n} x_{\sigma(k)} - \sum_{k=1}^{n} x_k \right| \leqslant \sum_{k=k(n)+1}^{\infty} |x_k|, \ \forall n \geqslant \sigma^{-1}(1).$$

绝对收敛保证上式右端当 $n \to \infty$ 时趋于零. 因此重排级数与原级数收敛于同一值.

2. 假设级数 $\sum\limits_{k=1}^{\infty} x_k$ 条件收敛. 去掉所有 0 项, 不妨设 x_k 都非零. 记数列 $\{x_k\}$ 的正项部分依次为 $p_1, p_2, \cdots$, 负项部分依次为 $q_1, q_2, \cdots$. 正项级数与负项级数分情况讨论:

(1) $\sum\limits_{k=1}^{\infty} p_k, \sum\limits_{k=1}^{\infty} q_k$ 都收敛, 则 $\sum\limits_{k=1}^{\infty} x_k$ 绝对收敛, 矛盾.

(2) 如果级数 $\sum\limits_{k=1}^{\infty} p_k$ 与 $\sum\limits_{k=1}^{\infty} q_k$ 仅有一个收敛, 利用前 n 项和可表达为正项级数的

有限项和加负项级数的有限项和可知, $\sum\limits_{k=1}^{\infty} x_k$ 发散, 矛盾.

因此级数 $\sum\limits_{k=1}^{\infty} p_k, \sum\limits_{k=1}^{\infty} q_k$ 都发散.

对任意 $b \in \mathbb{R}$, 不妨 $b > 0$. 取最小的 $n_1 \geqslant 1$ 使 $\sum\limits_{k=1}^{n_1} p_k > b$. 接下来取最小的 $n_2 \geqslant 1$,
使 $\sum\limits_{k=1}^{n_1} p_k + \sum\limits_{k=1}^{n_2} q_k < b$. 再取最小的 $n_3 > n_1$ 使

$$\sum_{k=1}^{n_1} p_k + \sum_{k=1}^{n_2} q_k + \sum_{k=n_1+1}^{n_3} p_k > b.$$

如此进行下去, 对应重排后的部分和子列

$$S_{n_1}, S_{n_1+n_2}, S_{n_2+n_3}, S_{n_3+n_4}, \cdots$$

分别在 b 的右侧与左侧波动. 由 $n_1, n_2, \cdots$ 的取法可验证

$$S_{n_1} \in (b, b+p_{n_1}), S_{n_1+n_2} \in (b+q_{n_2}, b), S_{n_2+n_3} \in (b, b+p_{n_3}), \cdots,$$

由此可得

$$|S_{n_k+n_{k+1}} - b| < \begin{cases} -q_{n_{k+1}}, & k\text{为奇数}, \\ p_{n_{k+1}}, & k\text{为偶数}. \end{cases}$$

由 $\lim\limits_{n\to\infty} x_n = 0$ 可知, 上式当 k 趋于 ∞ 时趋于零. 当 $n_k + n_{k+1} \leqslant m \leqslant n_{k+1} + n_{k+2}$ 时,

$$|S_m - b| \leqslant \max\{|S_{n_k+n_{k+1}} - b|,\ |S_{n_{k+1}+n_{k+2}} - b|\}.$$

因此重排后的部分和序列 $\{S_m\}$ 收敛于 b. $\qquad\qquad\qquad\qquad\qquad\square$

10.2 函数列的收敛性

假设 E 是 $\mathbb{C}$ 的子集, $f_n : E \to \mathbb{C}$ 是复值函数列. 下面给出函数列点态收敛、一致收敛、内闭一致收敛的定义.

1. 称函数列 $\{f_n\}_{n\geqslant 1}$ 在 E 上点态收敛于复值函数 $f : E \to \mathbb{C}$, 是指对任意 $z \in E$, 点列 $\{f_n(z)\}_{n\geqslant 1}$ 收敛于 $f(z)$, 即

$$f(z) = \lim_{n\to\infty} f_n(z),\ \forall z \in E.$$

2. 称函数列 $\{f_n\}_{n\geqslant 1}$ 在 E 上一致收敛于复值函数 $f : E \to \mathbb{C}$, 是指对任意 $\varepsilon > 0$, 存在正整数 N, 当 $n \geqslant N$ 时,

$$|f_n(z) - f(z)| \leqslant \varepsilon,\ \forall z \in E.$$

3. 假设 E 为开集. 称函数列 $\{f_n\}_{n\geqslant 1}$ 在 E 上内闭一致收敛于复值函数 $f : E \to \mathbb{C}$, 是指对 E 的任意紧子集 K, 函数列 $\{f_n\}_{n\geqslant 1}$ 在 K 上一致收敛于 f.

三种收敛的强弱关系为: 一致收敛强于内闭一致收敛, 内闭一致收敛强于点态收敛.

例题 10.1 记 $\mathbb{D}_r = \{|z| < r\}$. 给定 $\mathbb{D}_r$ 上的函数列 $\{f_n\}$ 以及函数 f, 分别定义为 $f_n(z) = z^n$, $f(z) = 0$. 验证:

    (1) $\{f_n\}_{n\geqslant 1}$ 在 $\mathbb{D}_{1/2}$ 上一致收敛于 f;

    (2) $\{f_n\}_{n\geqslant 1}$ 在 $\mathbb{D} = \mathbb{D}_1$ 上内闭一致收敛于 f, 但不一致收敛;

    (3) $\{f_n\}_{n\geqslant 1}$ 在 $\mathbb{D}_2$ 非点态收敛于 f.

证明 (2) 蕴含 (1), (3) 显然. 故只验证 (2). 任给 $\mathbb{D}$ 的紧子集 K, 存在 $\rho = \rho(K) \in (0,1)$, 使 $K \subset \{|z| \leqslant \rho\}$. 于是

$$\|f_n - f\|_K \leqslant \max_{|z|\leqslant\rho} |z^n - 0| = \rho^n.$$

由此可知, 任给 $\varepsilon > 0$, 总存在 N(只需满足 $\rho^N \leqslant \varepsilon$), 当 $n \geqslant N$ 时, $\|f_n - f\|_K \leqslant \varepsilon$. 这说明 $\{f_n\}_{n \geqslant 1}$ 在 $\mathbb{D}$ 上内闭一致收敛于 f.

下说明 $\{f_n\}_{n \geqslant 1}$ 在 $\mathbb{D}$ 上不一致收敛于 f. 事实上, 当 $n \to \infty$ 时, $f_n(1 - 1/n) = (1 - 1/n)^n \to 1/\mathrm{e}$. 这说明, 当 n 很大时,

$$\|f_n - f\|_{\mathbb{D}} \geqslant |f_n(1 - 1/n) - f(1 - 1/n)| > 1/(2\mathrm{e}).$$

因此一致收敛不成立.   □

熟知, 连续函数列一致收敛的极限必为连续函数. 如果进一步要求函数列是全纯的, 极限函数是否有更好的性质? 答案是肯定的, 这便是 Weierstrass 定理.

图 10.1   德国数学家 Weierstrass (1815—1897)

定理 10.2 (Weierstrass, 1841)   假设 $\{f_n\}_{n \geqslant 1}$ 是平面区域 Ω 上的全纯函数列, 内闭一致收敛于 f. 则

(1) f 是区域 Ω 上的全纯函数;

(2) 对任意 $k \geqslant 1$, $\{f_n^{(k)}\}_{n \geqslant 1}$ 在 Ω 上内闭一致收敛于 $f^{(k)}$.

证明   任取 $p \in \Omega$, 以及 $r > 0$ 使 $\overline{D(p, r)} \subset \Omega$. 因全纯是局部性质, 故只需证明 f 在 $D(p, r)$ 上全纯. 利用 f_n 的全纯性, 对任意 $z \in D(p, r)$, 成立 Cauchy 积分公式

$$f_n(z) = \frac{1}{2\pi \mathrm{i}} \int_\gamma \frac{f_n(\zeta)}{\zeta - z} \mathrm{d}\zeta, \tag{10.1}$$

这里 $\gamma = \partial D(p, r)$. 利用积分基本不等式,

$$\left| \frac{1}{2\pi \mathrm{i}} \int_\gamma \frac{f_n(\zeta)}{\zeta - z} \mathrm{d}\zeta - \frac{1}{2\pi \mathrm{i}} \int_\gamma \frac{f(\zeta)}{\zeta - z} \mathrm{d}\zeta \right|$$

$$\leqslant \frac{1}{2\pi} \int_\gamma \left| \frac{f_n(\zeta) - f(\zeta)}{\zeta - z} \right| |\mathrm{d}\zeta|$$

$$\leqslant \frac{r \|f_n - f\|_\gamma}{r - |z - p|} \to 0, \ n \to \infty.$$

对任意取定的 $z \in D(p,r)$, 在 (10.1) 式中令 $n \to \infty$, 得

$$f(z) = \frac{1}{2\pi i} \int_\gamma \frac{f(\zeta)}{\zeta - z} \mathrm{d}\zeta.$$

由 Cauchy 型积分的性质知, f 在 $D(p,r)$ 上全纯.

利用导数公式可知, 对任意 $z \in D(p,r/2)$,

$$\begin{aligned}
|f_n^{(k)}(z) - f^{(k)}(z)| &= \left| \frac{k!}{2\pi i} \int_\gamma \frac{f_n(\zeta) - f(\zeta)}{(\zeta - z)^{k+1}} \mathrm{d}\zeta \right| \\
&\leqslant \frac{k!}{2\pi} \int_\gamma \frac{|f_n(\zeta) - f(\zeta)|}{|\zeta - z|^{k+1}} |\mathrm{d}\zeta| \\
&\leqslant k! 2^{k+1} r^{-k} \|f_n - f\|_\gamma.
\end{aligned}$$

上式表明, $\{f_n^{(k)}\}_{n \geqslant 1}$ 在 $D(p,r/2)$ 上一致收敛于 $f^{(k)}$.

任取 Ω 的紧子集 K. 对任意 $p \in K$, 存在 $r_p > 0$, 使 $\overline{D(p,r_p)} \subset \Omega$ 并且 $\{f_n^{(k)}\}$ 在 $D(p,r_p/2)$ 上一致收敛于 $f^{(k)}$. 显然, $\mathcal{F} = \{D(p,r_p/2) | p \in K\}$ 构成 K 的一个开覆盖. 由 K 的紧性知, $\mathcal{F}$ 有有限子覆盖 $\{D_j = D(p_j, r_j/2) | 1 \leqslant j \leqslant m\}$. 由

$$\|f_n^{(k)} - f^{(k)}\|_K \leqslant \max_{1 \leqslant j \leqslant m} \|f_n^{(k)} - f^{(k)}\|_{D_j}$$

可知, $\{f_n^{(k)}\}_{n \geqslant 1}$ 在 K 上一致收敛到 $f^{(k)}$. $\qquad\square$

10.3 函数项级数

现将复级数的概念稍做推广, 引入函数项级数.

假设 E 是 $\mathbb{C}$ 的子集, $f_n : E \to \mathbb{C}$ 是复值函数列. 形如

$$\sum_{n=1}^\infty f_n(z)$$

的级数称为函数项级数, 其部分和函数为 $S_n(z) = \sum_{k=1}^n f_k(z)$.

如果对任意 $z \in E$, 上面的级数收敛, 称函数项级数收敛. 其和函数为 $f(z)$, 并记

$$\sum_{k=1}^\infty f_n(z) = f(z).$$

由定义可知, 函数项级数收敛等价于部分和的函数列 $\{S_n\}_{n \geqslant 1}$ 在 E 上点态收敛于 f.

称函数项级数 $\sum\limits_{n=1}^{\infty} f_n(z)$ 在 E 上一致收敛到 $f(z)$, 是指部分和函数列 $\{S_n\}_{n\geqslant 1}$ 在 E 上一致收敛于 f.

下面考虑积分与求和的可交换性. 假设 γ 是分段光滑曲线, 长度为 $\ell(\gamma)$, 函数项级数 $\sum\limits_{n=1}^{\infty} f_n(z)$ 在 γ 上一致收敛于 $f(z)$, 则

$$\left| \int_{\gamma} f(z)\mathrm{d}z - \sum_{k=1}^{n} \int_{\gamma} f_k(z)\mathrm{d}z \right| = \left| \int_{\gamma} (S_n(z) - f(z))\mathrm{d}z \right|$$

$$\leqslant \int_{\gamma} |S_n(z) - f(z)||\mathrm{d}z| \leqslant \ell(\gamma)\|S_n - f\|_{\gamma} \to 0 \ (n \to \infty).$$

上式表明, 如果函数项级数在 γ 上一致收敛, 则积分与求和可交换次序:

$$\int_{\gamma} f(z)\mathrm{d}z = \int_{\gamma} \sum_{n=1}^{\infty} f_n(z)\mathrm{d}z = \sum_{n=1}^{\infty} \int_{\gamma} f_n(z)\mathrm{d}z.$$

最后给出判断函数项级数一致收敛的一个常用条件: 如果 $\|f_n\|_E \leqslant a_n$, 并且级数 $\sum\limits_{k=1}^{\infty} a_k$ 收敛, 则 $\sum\limits_{n=1}^{\infty} f_n(z)$ 在 E 上一致收敛. 简言之

$$\sum_{n=1}^{\infty} \|f_n\|_E \text{ 收敛} \Longrightarrow \sum_{n=1}^{\infty} f_n(z) \text{ 在 } E \text{ 上一致收敛}.$$

10.4　幂级数

形如

$$\sum_{n=0}^{\infty} a_n(z - c)^n$$

的级数称为以 c 为中心的幂级数 (power series), 这里系数 $a_n \in \mathbb{C}$.

下述讨论不妨假设 $c = 0$. 一个自然的问题是, 什么样的 z 可使级数 $\sum\limits_{n=0}^{\infty} a_n z^n$ 收敛? 注意到如果级数 $\sum\limits_{n=0}^{\infty} a_n z^n$ 在 z_0 处收敛, 则有 $\lim\limits_{n\to\infty} a_n z_0^n = 0$, 这说明

$$C := \sup_n |a_n z_0^n| < +\infty.$$

因此, 对所有的 $z \in D(0, |z_0|)$,

$$|a_n z^n| = |a_n z_0^n||z/z_0|^n \leqslant C|z/z_0|^n.$$

由级数 $\sum_{n=1}^{\infty} |z/z_0|^n$ 的收敛性可知, 级数 $\sum_{n=1}^{\infty} a_n z^n$ 绝对收敛. 这表明, 如果找到一个使幂级数收敛的点 z_0, 则在开圆盘 $D(0, |z_0|)$ 上, 幂级数绝对收敛. 我们下面将证明, 总存在一个最大的开圆盘 (可以为空集), 使幂级数绝对收敛.

> **定理 10.3 (Cauchy 1821, Abel 1826)**　给定幂级数 $\sum_{n=0}^{\infty} a_n z^n$, 存在 $R \in [0, +\infty]$, 满足
>
> (1) 如果 $|z| < R$, 则级数绝对收敛;
>
> (2) 如果 $|z| > R$, 则级数发散.
>
> 这里, R 由如下的 Hadamard 公式给出
>
> $$R = \frac{1}{\limsup |a_n|^{1/n}} \quad \left(\text{约定 } \frac{1}{0} = \infty, \frac{1}{\infty} = 0\right).$$

证明　假设 $R \in (0, +\infty)$, 并记 $L = 1/R = \limsup |a_n|^{1/n}$. 注: 极端情况 $R = 0$ 或 $R = +\infty$ 亦蕴涵在如下证明中.

如果 $|z| < R$, 则存在 $\varepsilon > 0$, 满足 $(L + \varepsilon)|z| = r < 1$. 由 $L = \limsup |a_n|^{1/n}$ 可知, 当 n 很大时, $|a_n|^{1/n} \leqslant L + \varepsilon$, 因此 $|a_n| \leqslant (L + \varepsilon)^n$. 由此得 $|a_n z^n| \leqslant ((L + \varepsilon)|z|)^n = r^n$. 由 $\sum r^n$ 的收敛性可知, 级数 $\sum_{n=0}^{\infty} a_n z^n$ 绝对收敛.

如果 $|z| > R$, 则存在 $\varepsilon > 0$, 满足 $(L - \varepsilon)|z| = \rho > 1$. 由 $L = \limsup |a_n|^{1/n}$ 可知, 存在子列 $\{n_k\}$, 满足 $L = \lim |a_{n_k}|^{1/n_k}$. 特别地, 当 k 很大时, $|a_{n_k}|^{1/n_k} \geqslant L - \varepsilon$, 因此 $|a_{n_k}| \geqslant (L - \varepsilon)^{n_k}$. 由此得 $|a_{n_k} z^{n_k}| \geqslant ((L - \varepsilon)|z|)^{n_k} = \rho^{n_k}$. 由 $\rho^{n_k} \to \infty$ 知, 级数 $\sum_{n=0}^{\infty} a_n z^n$ 发散. □

称 R 为幂级数的收敛半径, $D(0, R)$ 为幂级数的收敛圆盘.

定理 10.3的证明蕴涵: 幂级数 $\sum_{n=0}^{\infty} a_n z^n$ 在收敛圆盘 $D(0, R)$ 上点态收敛于一个极限函数 $f : D(0, R) \to \mathbb{C}$. 下面说明这种收敛是内闭一致的. 对任意 $\rho \in (0, R)$, 存在 $\varepsilon > 0$ 使 $\lambda := (L + \varepsilon)\rho < 1$. 此时, 存在整数 $N_\rho > 0$, 当 $n \geqslant N_\rho$ 时, 有 $|a_n| \leqslant (L + \varepsilon)^n$. 于是, 部分和函数 $S_n(z) = \sum_{k=0}^{n} a_k z^k$ 满足当 $|z| < \rho$ 时,

$$|S_n(z) - f(z)| \leqslant \sum_{k=n+1}^{\infty} |a_n||z|^n \leqslant \sum_{k=n+1}^{\infty} ((L + \varepsilon)\rho)^n = \frac{\lambda^{n+1}}{1 - \lambda}.$$

上式右端当 n 趋于 ∞ 时趋于 0, 这说明幂级数在 $D(0, R)$ 上内闭一致收敛于 f. 由 Weierstrass 定理, 极限函数 f 全纯. 仍由 Weierstrass 定理, 导函数序列 $S_n'(z) = \sum_{k=1}^{n} k a_k z^{k-1}$

在 $D(0,R)$ 上内闭一致收敛于 f', 故成立

$$f'(z) = \sum_{k=1}^{\infty} k a_k z^{k-1}, z \in D(0,R).$$

这表明, 在幂级数的收敛圆盘 $D(0,R)$ 上, 求和与求导可交换次序:

$$\frac{\mathrm{d}}{\mathrm{d}z} \sum = \sum \frac{\mathrm{d}}{\mathrm{d}z}.$$

更一般地, m 阶导函数序列 $\{S_n^{(m)}\}_{n \geqslant 1}$ 在 $D(0,R)$ 上内闭一致收敛于 $f^{(m)}$. 因此成立

$$f^{(m)}(z) = \sum_{k=m}^{\infty} k(k-1) \cdots (k-m+1) a_k z^{k-m}, \ z \in D(0,R).$$

容易验证, 任意阶导函数对应的幂级数收敛半径也为 R.

下例表明, 幂级数在收敛圆盘的边界上, 敛散性可以多样.

例题 10.2 求如下三个幂级数的收敛半径, 并考察其在收敛圆盘边界的敛散性.

$$(1) \sum_{n=1}^{\infty} z^n; \quad (2) \sum_{n=1}^{\infty} \frac{z^n}{n^2}; \quad (3) \sum_{n=1}^{\infty} \frac{z^n}{n}.$$

解 (1) 易见 $a_n = 1$, $\lim\limits_{n \to \infty} \sup |a_n|^{1/n} = 1$. 因此, 收敛半径 $R = 1$. 收敛圆盘即单位圆盘 $\mathbb{D}$. 在 $\partial\mathbb{D}$ 上, $|z^n| = 1$, 级数发散.

(2) 显然 $a_n = 1/n^2$. 易知, 当 $n \to \infty$ 时,

$$\log |a_n|^{1/n} = -\frac{2 \log n}{n} \to 0.$$

因此, $\lim\limits_{n \to \infty} \sup |a_n|^{1/n} = 1$, 收敛半径 $R = 1$. 收敛圆盘为 $\mathbb{D}$. 当 $|z| = 1$ 时,

$$\sum_{n=1}^{\infty} \left| \frac{z^n}{n^2} \right| = \sum_{n=1}^{\infty} \frac{1}{n^2} < +\infty.$$

因此, 级数绝对收敛.

(3) 同上可得收敛半径 $R = 1$. 当 $z \in \partial\mathbb{D}$ 时, 情形非常微妙. 显然, 如果 $z = 1$, 级数 $\sum\limits_{n=1}^{\infty} 1/n$ 发散. 下面将证明, 对任意 $z = \mathrm{e}^{\mathrm{i}\theta}, \theta \in (0, 2\pi)$, 级数 $\sum\limits_{n=1}^{\infty} \mathrm{e}^{\mathrm{i}n\theta}/n$ 收敛.

记 $A_n = \sum\limits_{k=1}^{n} \mathrm{e}^{\mathrm{i}k\theta}$, 则

$$|A_n| = \left| \frac{\mathrm{e}^{\mathrm{i}\theta}(1 - \mathrm{e}^{\mathrm{i}n\theta})}{1 - \mathrm{e}^{\mathrm{i}\theta}} \right| \leqslant \frac{2}{|1 - \mathrm{e}^{\mathrm{i}\theta}|}.$$

这说明 $\{A_n\}_{n \geqslant 1}$ 有界. 级数 $\displaystyle\sum_{n=1}^{\infty} \mathrm{e}^{\mathrm{i}n\theta}/n$ 的部分和序列记为 $\{S_n\}_{n \geqslant 1}$, 则对任意 $p \geqslant 1$,

$$S_{n+p} - S_n = \sum_{k=n+1}^{n+p} \frac{\mathrm{e}^{\mathrm{i}k\theta}}{k} = \sum_{k=n+1}^{n+p} \frac{A_k - A_{k-1}}{k}$$

$$= -\frac{A_n}{n+1} + \sum_{k=n+1}^{n+p-1} \frac{A_k}{k(k+1)} + \frac{A_{n+p}}{n+p}.$$

由此可得

$$\left|S_{n+p} - S_n\right| \leqslant \frac{|A_n|}{n+1} + \sum_{k=n+1}^{n+p-1} \frac{|A_k|}{k(k+1)} + \frac{|A_{n+p}|}{n+p}$$

$$\leqslant \frac{2}{|1 - \mathrm{e}^{\mathrm{i}\theta}|} \left(\frac{1}{n+1} + \sum_{k=n+1}^{n+p-1} \frac{1}{k(k+1)} + \frac{1}{n+p} \right)$$

$$= \frac{4}{(n+1)|1 - \mathrm{e}^{\mathrm{i}\theta}|}.$$

这说明 $\{S_n\}_{n \geqslant 1}$ 是 Cauchy 列, 因此级数收敛. $\qquad\square$

总结本节讨论: 幂级数定义了收敛圆盘上的一个全纯函数. 一个自然的问题是: 圆盘上的全纯函数是否都可以表示为幂级数? 下章继续讨论.

10.5 习题

1883 年, 一个叫 Pringsheim 的数学家证明了一条奇妙的定理: 级数 $\displaystyle\sum_{k=1}^{\infty} (-1)^{k-1}/k$ 的一个重新排列 $\displaystyle\sum_{k=1}^{\infty} a_{\sigma(k)}$ 收敛的充要条件是 $\displaystyle\lim_{n \to \infty} r_n/n = \alpha \in (0,1)$, 其中 r_n 是重排后前 n 项中正项个数. 此时,

$$\sum_{k=1}^{\infty} a_{\sigma(k)} = \log 2 + \frac{1}{2} \log\left(\frac{\alpha}{1-\alpha} \right).$$

1. (收敛性的差别) 举例说明函数列的点态收敛和内闭一致收敛不同.

2. (收敛的等价性) 证明复数项级数 $\displaystyle\sum_{n=1}^{\infty} z_n$ 收敛当且仅当

$$\sum_{n=1}^{\infty} \mathrm{Re}(z_n), \sum_{n=1}^{\infty} \mathrm{Im}(z_n)$$

收敛.

3. (级数的收敛性) 假设 $\mathrm{Re}(z_n) \geqslant 0, \forall n \geqslant 1$. 证明蕴涵关系

$$\sum_{n=1}^{\infty} z_n, \sum_{n=1}^{\infty} z_n^2 \text{ 都收敛} \Longrightarrow \sum_{n=1}^{\infty} |z_n|^2 \text{ 收敛}.$$

4. (收敛半径) 求出下面级数的收敛半径

$$\sum_{n=1}^{\infty} (3 + (-1)^n)^n z^n, \quad \sum_{n=1}^{\infty} (n + a^n) z^n, \quad \sum_{n=1}^{\infty} 2^n z^{3^n}.$$

5. (收敛半径) 假设幂级数 $\sum_{n=0}^{\infty} a_n z^n$ 的收敛半径为 $R \in (0, +\infty)$, 求幂级数

$$\sum_{n=0}^{\infty} a_{2n} z^n, \quad \sum_{n=0}^{\infty} a_n z^{2n}$$

的收敛半径.

6. (收敛圆周上的敛散性) 求幂级数 $\sum_{n=1}^{\infty} z^{2n}/n$ 的收敛半径 R. 讨论级数在圆周 $\{|z| = R\}$ 上的敛散性, 并给出严格证明.

7. (收敛点集合) 求出下面函数项级数的收敛范围

$$\sum_{n=1}^{\infty} \left(\frac{z^n}{n^2} + \frac{1}{2^n z^n} \right), \quad \sum_{n=1}^{\infty} \frac{z^n}{1 + z^{2n}}.$$

8. (和函数的性质) 假设幂级数 $\sum_{n=0}^{\infty} a_n z^n$ 的系数满足 $\lim_{n \to \infty} a_n = 0$. 证明和函数 f 在单位圆盘 $\mathbb{D}$ 上收敛, 且满足

$$\lim_{|z| \to 1} (1 - |z|)|f(z)| = 0.$$

9. (极限与积分次序的可交换性) 给定分段光滑曲线 γ 上的两列连续函数 $\{f_n\}_{n \geqslant 1}$ 和 $\{g_n\}_{n \geqslant 1}$, 分别一致收敛到 f 和 g. 证明

$$\lim_{n \to \infty} \int_{\gamma} f_n(z) g_n(z) \mathrm{d}z = \int_{\gamma} f(z) g(z) \mathrm{d}z.$$

注: 同样的方法可以证明

$$\lim_{n \to \infty} \int_{\gamma} f_n(z) g_n(z) \omega = \int_{\gamma} f(z) g(z) \omega, \ \omega \in \{\mathrm{d}\bar{z}, |\mathrm{d}z|\}.$$

10. (收敛半径) 假设幂级数 $\displaystyle\sum_{n=0}^{\infty} a_n z^n$ 的系数满足

$$\sum_{n=0}^{\infty} |a_n| < +\infty, \quad \sum_{n=0}^{\infty} n|a_n| = +\infty,$$

证明幂级数的收敛半径 $R = 1$.

11. (收敛性) 假设复数列 $\{a_n\}_{n \geqslant 0}$ 满足 $\displaystyle\lim_{n \to \infty} a_n = 0$, 且

$$\sum_{n=0}^{\infty} |a_{n+1} - a_n| < +\infty.$$

证明幂级数 $\displaystyle\sum_{n=0}^{\infty} a_n z^n$ 对所有 $z \in \partial\mathbb{D} - \{1\}$ 都收敛.

第十一章

全纯函数的幂级数与零点

11.1 全纯函数的幂级数

> **定理 11.1 (Cauchy, 1831)** 假设 f 在 $D = D(a, R)$ 上全纯, 则 f 可以展成以 a 为中心的幂级数
> $$f(z) = \sum_{n=0}^{\infty} \frac{f^{(n)}(a)}{n!}(z-a)^n, \ \forall z \in D.$$

证明 对任意 $z \in D$, 取 $\rho \in (0, R)$, 使 $z \in D(a, \rho)$. 由 Cauchy 积分公式,

$$f(z) = \frac{1}{2\pi i} \int_{|\zeta-a|=\rho} \frac{f(\zeta)}{\zeta - z} \mathrm{d}\zeta.$$

当 $\zeta \in \partial D(a, \rho)$, $z \in D(a, \rho)$ 时,

$$\frac{1}{\zeta - z} = \frac{1}{(\zeta - a) - (z - a)} = \frac{1}{(\zeta - a)\left(1 - \dfrac{z-a}{\zeta - a}\right)} = \sum_{n=0}^{\infty} \frac{(z-a)^n}{(\zeta-a)^{n+1}}.$$

当 z 取定时, 上式右端以 ζ 为变量的函数项级数在 $\partial D(a, \rho)$ 上一致收敛到 $\dfrac{1}{\zeta - z}$, 这保证下式的积分与求和可交换次序:

$$
\begin{aligned}
f(z) &= \frac{1}{2\pi i} \int_{|\zeta-a|=\rho} \left(\sum_{n=0}^{\infty} \frac{(z-a)^n}{(\zeta-a)^{n+1}} \right) f(\zeta) \mathrm{d}\zeta \\
&= \sum_{n=0}^{\infty} \left(\frac{1}{2\pi i} \int_{|\zeta-a|=\rho} \frac{f(\zeta)}{(\zeta-a)^{n+1}} \mathrm{d}\zeta \right) (z-a)^n \\
&= \sum_{n=0}^{\infty} \frac{f^{(n)}(a)}{n!} (z-a)^n.
\end{aligned}
$$

上式最后一步, 利用了高阶导数的 Cauchy 型积分公式. □

注 由上一章的讨论, 定理 11.1 中的幂级数在 $D(a, R)$ 上内闭一致收敛于 f. 下说明幂级数展式的唯一性. 给定 $D(a, R)$ 上两个幂级数展式

$$\sum_{n=0}^{\infty} a_n(z-a)^n = \sum_{n=0}^{\infty} b_n(z-a)^n, \ \forall z \in D(a, R),$$

两边对 z 求 k 阶导数 (注意到在 $D(a, R)$ 内, 求导与求和可交换次序), 并令 $z = a$, 得

$$k!a_k = k!b_k \Longleftrightarrow a_k = b_k.$$

11.2 级数形式的 Cauchy 不等式

定理 11.2 假设 f 在 $D = D(a, R)$ 上全纯, 有幂级数展式

$$f(z) = \sum_{n=0}^{\infty} a_n(z-a)^n, \ a_n = \frac{f^{(n)}(a)}{n!},$$

则成立不等式

$$\sum_{n=0}^{\infty} |a_n|^2 R^{2n} \leqslant \|f\|_D^2.$$

特别地, 对任意 $n \geqslant 0$, 成立 Cauchy 不等式

$$|f^{(n)}(a)| \leqslant n! \frac{\|f\|_D}{R^n}.$$

上式对某 $n = n_0$ 取等当且仅当 $f(z) = a_{n_0}(z-a)^{n_0}$.

证明 如果 $\|f\|_D = +\infty$, 结论显然成立, 因此不妨假设 $\|f\|_D < +\infty$. 取 $\rho \in (0, R)$, 考虑积分

$$I(\rho) = \int_{|z-a|=\rho} |f(z)|^2 |\mathrm{d}z| = \int_{|z-a|=\rho} f(z)\overline{f(z)} |\mathrm{d}z|.$$

由 $I(\rho)$ 的定义, 显然有 $I(\rho) \leqslant 2\pi\rho\|f\|_D^2$. 另一方面, 做变量代换 $z = a + \rho\mathrm{e}^{\mathrm{i}\theta}$, 并利用幂级数展式, 得到

$$I(\rho) = \int_0^{2\pi} \left(\sum_{n=0}^{+\infty} a_n\rho^n\mathrm{e}^{\mathrm{i}n\theta} \right) \left(\sum_{n=0}^{+\infty} \overline{a_n}\rho^n\mathrm{e}^{-\mathrm{i}n\theta} \right) \rho\mathrm{d}\theta$$

$$\stackrel{(*)}{=} \lim_{m \to +\infty} \int_0^{2\pi} \left(\sum_{n=0}^{m} a_n\rho^n\mathrm{e}^{\mathrm{i}n\theta} \right) \left(\sum_{n=0}^{m} \overline{a_n}\rho^n\mathrm{e}^{-\mathrm{i}n\theta} \right) \rho\mathrm{d}\theta$$

$$= \lim_{m \to +\infty} 2\pi \sum_{n=0}^{m} |a_n|^2 \rho^{2n+1} = 2\pi \sum_{n=0}^{\infty} |a_n|^2 \rho^{2n+1}.$$

等式 $\overset{(*)}{=}$ 利用了被积函数关于 $\theta \in [0, 2\pi]$ 一致收敛. 由此,

$$2\pi \sum_{n=0}^{\infty} |a_n|^2 \rho^{2n+1} \leqslant 2\pi\rho \|f\|_D^2 \iff \sum_{n=0}^{\infty} |a_n|^2 \rho^{2n} \leqslant \|f\|_D^2.$$

上式对任意 $\rho \in (0, R)$ 都成立. 特别地,

$$\sum_{n=0}^{m} |a_n|^2 \rho^{2n} \leqslant \|f\|_D^2, \ \forall \rho \in (0, R), \forall m \geqslant 1.$$

令 $\rho \to R$, 得 $\displaystyle\sum_{n=0}^{m} |a_n|^2 R^{2n} \leqslant \|f\|_D^2, \ \forall m \geqslant 1.$ 再令 $m \to +\infty$, 得

$$\sum_{n=0}^{+\infty} |a_n|^2 R^{2n} \leqslant \|f\|_D^2.$$

特别地, $|a_n| R^n \leqslant \|f\|_D$, 即为 Cauchy 不等式 $|f^{(n)}(a)| \leqslant n! \|f\|_D / R^n$. 如果对某个 n_0, 不等式等号成立, 此时 $|a_{n_0}| R^{n_0} = \|f\|_D$, 由此得

$$\sum_{n \neq n_0}^{\infty} |a_n|^2 R^{2n} = 0 \iff a_n = 0, \forall n \neq n_0 \iff f(z) = a_{n_0}(z-a)^{n_0}.$$

11.3 零点与唯一性定理

下面利用幂级数展式讨论全纯函数的零点.

假设 f 在平面区域 Ω 上全纯, $a \in \Omega$ 并且 $D(a, R) \subset \Omega$, f 在 $D(a, R)$ 上幂级数展开为

$$f(z) = \sum_{n=0}^{\infty} \frac{f^{(n)}(a)}{n!}(z-a)^n.$$

利用幂级数展式的唯一性可知,

$$f|_{D(a,R)} \equiv 0 \iff f(a) = f'(a) = \cdots = 0.$$

这说明, 如果 $f(a) = 0$, 但 f 在 $D(a, R)$ 上不恒为 0, 则必然存在自然数 $m \geqslant 1$, 满足

$$f(a) = f'(a) = \cdots = f^{(m-1)}(a) = 0 \text{ 且 } f^{(m)}(a) \neq 0.$$

此时, 称 a 为 f 的 m 阶零点. 在零点附近, 我们有

$$f(z) = \sum_{n=m}^{\infty} \frac{f^{(n)}(a)}{n!}(z-a)^n$$

$$= (z-a)^m \sum_{n=m}^{\infty} \frac{f^{(n)}(a)}{n!}(z-a)^{n-m}$$

$$= (z-a)^m g(z),$$

这里, g 在 $D(a,R)$ 上全纯, 满足 $g(a) = f^{(m)}(a)/m! \neq 0$. 利用 g 的连续性知, 存在 $\rho \leqslant R$, 使 g 在 $D(a,\rho)$ 上不取零值. 这表明, f 在 $D(a,\rho)$ 中除了 a 之外, 没有其他的零点.

总结以上讨论: 如果 a 是 f 的零点, 则有

$$f|_{D(a,R)} \not\equiv 0 \Longleftrightarrow \text{存在} m \geqslant 1, \text{使得} f^{(m)}(a) \neq 0$$

$$\Longleftrightarrow \text{存在} \rho > 0, \text{使} f \text{在} D(a,\rho) \setminus \{a\} \text{上无零点.}$$

特别地, $f|_{D(a,R)} \not\equiv 0$ 意味着零点具有孤立性.

定理 11.3 (唯一性定理)　区域 Ω 上的全纯函数 f 在一列在 Ω 中有聚点的非平凡点列上取零值, 则 $f \equiv 0$.

点列 $\{z_n\}_{n \geqslant 1}$ "非平凡" 指点列中有无穷多个互不相同的点.

证明　假设点列 $\{z_n\}_{n \geqslant 1} \subset \Omega$ 满足 $\lim\limits_{n \to +\infty} z_n = \zeta \in \Omega$, 且 $f(z_n) = 0$. 由连续性可知 $f(\zeta) = 0$. 这说明 ζ 是 f 的非孤立零点, 因此必有 $f^{(k)}(\zeta) = 0$, $\forall k \geqslant 0$. 现定义集合

$$E = \left\{ z \in \Omega \mid f^{(k)}(z) = 0, \ \forall k \geqslant 0 \right\}.$$

显然 $\zeta \in E$, 因此 E 非空. 由 $f^{(k)}$ 的连续性知 E 是 Ω 的闭子集.

另一方面, 取 $z_0 \in E$ 及 $\varepsilon > 0$ 使 $D(z_0,\varepsilon) \subset \Omega$. 由定理 11.1, f 在 $D(z_0,\varepsilon)$ 上可展成幂级数

$$f(z) = \sum_{k=0}^{\infty} \frac{f^{(k)}(z_0)}{k!}(z-z_0)^k = 0, \ \forall z \in D(z_0,\varepsilon).$$

由此得 $D(z_0,\varepsilon) \subset E$, 因此 E 是 Ω 的开子集.

这样 E 是 Ω 的即开又闭的子集. 由 Ω 的连通性得 $E = \Omega$. □

注　唯一性定理的直接推论是: 区域 Ω 上两个全纯函数 f, g, 如果在一个在 Ω 中有聚点的非平凡点列上取值相等, 则它们恒等. 这说明, 全纯函数可由在区域中有聚点的非平凡点列上的取值完全决定.

例题 11.1 (收敛半径的性质) 假设 f 在平面区域 Ω 上全纯, 对任意 $a \in \Omega$, 记 f 以 a 为中心的幂级数展式

$$f(z) = \sum_{n=0}^{\infty} a_n(z-a)^n$$

的收敛半径为 $R(a)$, 则成立

$$R(a) \geqslant d(a, \partial\Omega).$$

进一步, $R : \Omega \to (0, +\infty)$ 连续, 且对任意 $a, b \in \Omega$,

$$|b - a| < d(a, \partial\Omega) \Longrightarrow |R(b) - R(a)| \leqslant |b - a|. \tag{11.1}$$

证明 对任意 $0 < \rho < d(a, \partial\Omega)$, 显然 f 在 $\overline{D(a,\rho)}$ 上全纯, 且 $\|f\|_{D(a,\rho)} < \infty$. 由定理 11.1以及 Cauchy 不等式, f 在 $D(a,\rho)$ 上幂级数系数满足

$$|a_n| = \frac{|f^{(n)}(a)|}{n!} \leqslant \frac{\|f\|_{D(a,\rho)}}{\rho^n}.$$

因此, $\limsup\limits_{n\to\infty} |a_n|^{1/n} \leqslant 1/\rho$. 由此得收敛半径 $R(a) \geqslant \rho$. 由 $\rho \in (0, d(a, \partial\Omega))$ 的任意性得 $R(a) \geqslant d(a, \partial\Omega)$. 此处, 之所以取 $\rho \in (0, d(a, \partial\Omega))$, 是为保证 $\|f\|_{D(a,\rho)} < +\infty$. 若直接取 $\rho = d(a, \partial\Omega)$, 有可能 $\|f\|_{D(a,\rho)} = +\infty$, 导致上面系数不等式平凡, 无法有效估计收敛半径.

下证 R 的连续性. 为此, 只需证 (11.1) 式. 对任意 $a \in \Omega$, 注意到 f 以 a 为中心的幂级数定义了 $D(a, R(a))$ 上的一个全纯函数 (参见上一章), 记为 f_a. 取 $r = d(a, \partial\Omega)$, 则 $f|_{D(a,r)} = f_a|_{D(a,r)}$. 对任意 $b \in D(a, r)$, f 和 f_a 以 b 为中心的幂级数相同, 故收敛半径相等. 由已证的收敛半径下界估计,

$$R(b) \geqslant d(b, \partial D(a, R(a))) = R(a) - |b - a|.$$

另一方面, 如果 $R(b) \leqslant |b - a|$, 结合上式得 (11.1) 式; 如果 $R(b) > |b - a|$, 此时, f_a 和 f_b 在 b 的小圆盘邻域内相等, 由唯一性定理, 它们在 $D(a, R(a)) \cap D(b, R(b))$ 上相等. 于是, f_a 和 f_b 以 a 为中心的幂级数相同, 故收敛半径相等. 仍由收敛半径的下界估计

$$R(a) \geqslant d(a, \partial D(b, R(b))) = R(b) - |b - a|.$$

结合 $R(b), R(a)$ 的下界估计, 得 (11.1) 式. □

11.4 当零点趋于边界

当全纯函数的无穷多个零点在区域中没有聚点时, 唯一性定理是否成立呢? 这是一个自然而基本的问题. 可以找到反例, 说明唯一性定理不成立 [1]. 1876 年, Weierstrass 证明了一条重要的定理 (参见定理 36.2): 任给平面上的发散点列, 总存在非常值整函数, 零点集恰好是指定的点列. 证明想法是构造一类特殊的收敛因子, 并利用无穷乘积理论. 对此方法稍加改造, 可得如下令人吃惊的事实:

对任意平面区域 Ω, 以及在区域中发散 (即没有聚点) 的非平凡点列 $\{z_n\}_{n \geqslant 1}$, 总存在 Ω 上的全纯函数, 使其零点集恰好是指定的点列, 除此之外无其他零点. [2]

这一事实表明, 唯一性定理对发散点列是不成立的.

需要说明的是, 利用 Weierstrass 方法构造的全纯函数是无界的. 如果我们在有界全纯函数类考虑问题, 情况变得非常微妙. 如果点列趋于边界的速度较 "慢", 唯一性定理仍有可能成立; 如果点列趋于边界的速度较快, 唯一性定理依然不能保证. 对区域 Ω 是单位圆盘 $\mathbb{D}$ 的情形, 点列趋于边界的速度快慢可以量化, 这两种情况形成鲜明对比:

定理 11.4 假设 $\{z_n\}_{n \geqslant 1}$ 是 $\mathbb{D}$ 上满足 $\lim\limits_{n \to \infty} |z_n| = 1$ 的点列.

1. (点列趋于边界较慢) 如果点列 $\{z_n\}_{n \geqslant 1}$ 满足

$$\sum_{n=1}^{\infty} d(z_n, \partial \mathbb{D}) = \sum_{n=1}^{\infty} (1 - |z_n|) = \infty,$$

则在此点列上取零值的有界全纯函数 $f : \mathbb{D} \to \mathbb{C}$ 必恒为零.

2. (点列趋于边界较快) 如果点列 $\{z_n\}_{n \geqslant 1}$ 满足

$$\sum_{n=1}^{\infty} d(z_n, \partial \mathbb{D}) = \sum_{n=1}^{\infty} (1 - |z_n|) < \infty,$$

则存在非平凡的全纯函数 $f : \mathbb{D} \to \mathbb{D}$, 恰好以点列为零点集, 并且无其他零点.

定理 11.4(2) 属于德国数学家 Blaschke, 参见定理 36.1. 下面只证明定理 11.4(1). 为此, 先证明一个有趣的事实:

命题 11.1 如果全纯函数 $f : \mathbb{D} \to \mathbb{C}$ 在点 $z_1, \cdots, z_n$(可以有重复, 重复次数不超过 f 在相应点处的零点阶数) 取零值, 则

---

[1] 如 $f(z) = e^{i/z} - e^{-i/z}$ 在圆盘 $D = \{|z-1| < 1\}$ 上的零点集 $\{1/(k\pi)|k \geqslant 1\}$ 以 $0 \in \partial D$ 为聚点.

[2] 参考 Simon B. Basic Complex Analysis: A Comprehensive Course in Analysis, Part 2A. Theorem 9.5.3, 408.

$$\left\|\frac{f}{B}\right\|_{\mathbb{D}} = \|f\|_{\mathbb{D}}, \quad \text{其中 } B(z) = \prod_{k=1}^{n} \frac{z - z_k}{1 - \overline{z_k}z}.$$

特别地, 若 f 有界, 则

$$|f(0)| \leqslant \|f\|_{\mathbb{D}}|z_1| \cdots |z_n|.$$

证明   函数 $g(z) = f(z)/B(z)$ 在 $\mathbb{D} \setminus \{z_1, \cdots, z_n\}$ 上全纯. 在 z_k 的邻域 $D(z_k, \varepsilon)$ 中, 由全纯函数在零点的局部表示,

$$f(z) = (z - z_k)^{n_k}\psi(z), \; B(z) = (z - z_k)^{m_k}\phi(z),$$

其中 $n_k \geqslant m_k \geqslant 1, \psi, \phi$ 在 $D(z_k, \varepsilon)$ 上全纯且不取零值. 这说明 g 在 $D(z_k, \varepsilon)$ 上全纯. 因此 g 在 $\mathbb{D}$ 上全纯.

一方面, 显然成立 $\|f\|_{\mathbb{D}} = \|gB\|_{\mathbb{D}} \leqslant \|g\|_{\mathbb{D}}\|B\|_{\mathbb{D}} = \|g\|_{\mathbb{D}}$.

另一方面, 由最大模原理,

$$\|g\|_{\mathbb{D}} = \lim_{r \to 1^-} \max_{|\zeta|=r} |g(\zeta)| \leqslant \|f\|_{\mathbb{D}} \lim_{r \to 1^-} \left\|\frac{1}{B}\right\|_{\{|\zeta|=r\}} = \|f\|_{\mathbb{D}}.$$

上式利用了性质 $\lim_{|\zeta| \to 1} |B(\zeta)| = 1$. 由此得 $\|g\|_{\mathbb{D}} = \|f\|_{\mathbb{D}}$.

特别地, 若 $f = gB$ 有界, 则

$$|f(0)| = |g(0)B(0)| \leqslant \|g\|_{\mathbb{D}}|B(0)| = \|f\|_{\mathbb{D}}|z_1| \cdots |z_n|.$$

命题得证.   □

定理 11.4(1) 的证明   假设 f 有界且满足 $f(z_n) = 0$. 如果 $f \not\equiv 0$, 通过将 f 换成 f/z^m, 不妨假设 $f(0) \neq 0$. 注意: 点列 $\{z_n\}_{n \geqslant 1}$ 中的点可以重复出现 (出现的次数不超过 f 在该点处的零点重数), 条件 $|z_n| \to 1$ 保证每个点重复至多有限次.

利用命题 11.1 以及不等式 $1 + t \leqslant e^t$, 对任意 $n \geqslant 1$,

$$|f(0)| \leqslant \|f\|_{\mathbb{D}} \prod_{k=1}^{n} |z_k| = \|f\|_{\mathbb{D}} \prod_{k=1}^{n} (1 + |z_k| - 1)$$

$$\leqslant \|f\|_{\mathbb{D}} \prod_{k=1}^{n} e^{|z_k|-1} = \|f\|_{\mathbb{D}} e^{\sum\limits_{k=1}^{n} (|z_k|-1)}.$$

由此得

$$\sum_{k=1}^{n} (1 - |z_k|) \leqslant \log \frac{\|f\|_{\mathbb{D}}}{|f(0)|}.$$

由 n 的任意性,

$$\sum_{k=1}^{\infty} (1 - |z_k|) \leqslant \log \frac{\|f\|_{\mathbb{D}}}{|f(0)|}.$$

这矛盾于假设.   □

11.5 幂级数的妙用

利用幂级数展式及函数迭代的思想, 可证明一个有趣的命题.

> **命题 11.2**[①] 假设 Ω 是平面有界区域, $f : \Omega \to \Omega$ 全纯, $z_0 \in \Omega$ 为 f 的不动点. 如果 $f'(z_0) = 1$, 则 $f(z) \equiv z$.

证明 通过将 Ω 做平移 $\Omega - z_0 := \{z - z_0 | z \in \Omega\}$, f 作平移共轭 $g(z) = f(z_0 + z) - z_0$, 不妨假设 $z_0 = 0$. 由 Ω 的有界性可知, 存在 $R > 0$, 使 $\Omega \subset D(0, R)$.

由唯一性定理, 为证明 $f(z) \equiv z$ 在 Ω 上成立, 只需证明它在 $z_0 = 0$ 的某邻域上成立. 若不然, f 在 $z_0 = 0$ 处的幂级数具有如下形式

$$f(z) = z + \sum_{k \geqslant m} a_k z^k,$$

其中 $m \geqslant 2$ 且 $a_m \neq 0$. 显然, 对任意 $n \geqslant 2$, f 的 n 次复合 $f^{\circ n} = f \circ \cdots \circ f : \Omega \to \Omega$ 全纯, 在 $z_0 = 0$ 处的幂级数满足

$$f^{\circ n}(z) = z + n a_m z^m + O(z^{m+1}).$$

取 $\rho = d(0, \partial \Omega)$, 对 $f^{\circ n} : D(z_0, \rho) \to \Omega$ 应用 Cauchy 不等式, 得

$$|(f^{\circ n})^{(m)}(0)| \leqslant m! \frac{\|f^{\circ n}\|_\Omega}{\rho^m} \leqslant m! \frac{R}{\rho^m} \iff |a_m| \leqslant \frac{R}{n \rho^m}.$$

上式对任意 $n \geqslant 1$ 都成立, 故 $a_m = 0$. 矛盾. □

11.6 习题

1. (幂级数的余项) 假设 f 在 $\overline{D(0, R)}$ 上全纯, 可展成幂级数

$$f(z) = \sum_{n=0}^{\infty} a_n z^n, \ \forall z \in D(0, R).$$

记其部分和函数 $S_n(z) = \sum_{k=0}^{n} a_k z^k$, 证明

$$f(z) - S_n(z) = \frac{z^{n+1}}{2\pi i} \int_{|\zeta| = R} \frac{f(\zeta)}{\zeta^{n+1}(\zeta - z)} d\zeta, \ \forall z \in D(0, R).$$

---

① 此结论的高维推广即为多复变的 Cartan 引理.

注: 上式说明 S_n 内闭一致收敛于 f, 且给出收敛的误差估计

$$|f(z) - S_n(z)| \leqslant \frac{\|f\|_D |z|^{n+1}}{R^n(R - |z|)}, \ \forall z \in D.$$

2. (幂级数与 Riemann 可去奇点定理) 假设 $f : \mathbb{D} \setminus \{0\} \to \mathbb{C}$ 全纯, 满足 $\lim\limits_{z \to 0} zf(z) = 0$. 定义函数

$$g(z) = \begin{cases} z^2 f(z), & z \in \mathbb{D} \setminus \{0\}, \\ 0, & z = 0. \end{cases}$$

说明 g 在 $\mathbb{D}$ 上全纯, 利用其幂级数展式证明 0 是 f 的可去奇点.

3. (级数形式 Cauchy 不等式的应用) 若 $f : \mathbb{D} \to \mathbb{C}$ 有界全纯, 幂级数 $f(z) = \sum\limits_{n=0}^{\infty} a_n z^n$ 的系数都是整数, 证明 f 是多项式.

4. (面积的级数表示) 假设 $f(z) = \sum\limits_{n=0}^{\infty} a_n z^n$ 是 $D(0, r)$ 上的全纯单射, 像集为区域 Ω. 证明 Ω 的面积为

$$\pi \sum_{n=1}^{\infty} n|a_n|^2 r^{2n}.$$

如果限制 $f'(0) = 1$, 那么 Ω 的面积达到最小的充要条件是什么?

5. (Fibonacci 数列的生成函数) Fibonacci 数列指如下数列

$$c_0 = c_1 = 1, \ c_n = c_{n-1} + c_{n-2}, n \geqslant 2.$$

研究此数列诱导的幂级数 (也称为生成函数或母函数)

$$f(z) = \sum_{n=0}^{\infty} c_n z^n.$$

(1) 证明和函数 $f(z) = (1 - z - z^2)^{-1}$.

(2) 求幂级数的收敛半径, 以及 c_n 的表达式.

6. (单射的充分条件) 假设 $f : D(0, r) \to \mathbb{C}$ 全纯且非常值, 幂级数展式 $f(z) = \sum\limits_{n=0}^{\infty} a_n z^n$ 满足

$$\sum_{n=2}^{\infty} n|a_n| r^{n-1} \leqslant |a_1|.$$

证明 f 是单射.

7. (最大模原理的另证) 利用级数形式的 Cauchy 不等式证明: 若 f 在 $D = D(z_0, R)$ 上全纯, 在 z_0 取得最大模, 则 $f \equiv f(z_0)$.

8. (零点的局部性质) 假设 f 在 0 的邻域内全纯, 如有常数 $\rho \in (0,1), C > 1$, 使对充分大的自然数 n, 成立 $\left|f(1/n)\right| \leqslant C\rho^n$, 证明: $f \equiv 0$.

9. (唯一性定理的应用) 是否存在满足下面条件, 在原点附近全纯的函数 $f(z)$?

(1) $f\left(\dfrac{1}{2n-1}\right) = 0,\ f\left(\dfrac{1}{2n}\right) = \dfrac{1}{2n},\ \forall n \geqslant 1$.

(2) $f\left(\dfrac{1}{n}\right) = \dfrac{1}{n+1},\ \forall n \geqslant 1$.

(3) $f\left(\dfrac{1}{2n-1}\right) = f\left(\dfrac{1}{2n}\right) = \dfrac{1}{2^n},\ \forall n \geqslant 1$.

10. (唯一性定理的妙用) 假设 $f(z)$ 在圆盘 $D(0,r)$ 上全纯. 假设实数列 $\{a_n\} \subset \mathbb{R}$ 点点不同且趋于零, f 在此实数列取实值.

(1) 证明 f 是实函数, 即在实轴上取值为实数.

(2) 如果所有 a_n 为正数, 且 $f(a_{2n}) = f(a_{2n+1}),\ \forall n \geqslant 1$, 证明 f 是常值函数.

提示: (1) 比较 f 与 $g(z) = \overline{f(\bar{z})}$, 并利用唯一性定理. (2) 利用 (1) 的结论, 以及实函数的微分中值定理.

11. (唯一性定理的妙用) 假设 f 在平面区域 Ω 上全纯. 对任意 $z \in \Omega$, 存在整数 $n = n(z) \geqslant 0$, 使得 $f^{(n)}(z) = 0$. 证明 f 是一个多项式. 提示: 将 Ω 表示为 $\bigcup\limits_{n \geqslant 0} g_n^{-1}(0)$, 其中 $g_n(z) = f^{(n)}(z)$.

12. (幂级数与唯一性定理的应用) 整函数 f 在实轴取实值, 在虚轴取纯虚数. 证明 f 的幂级数有如下形式

$$f(z) = \sum_{n=0}^{\infty} a_n z^{2n+1}, \quad a_n \in \mathbb{R}, n \geqslant 0.$$

13. (系数估计) 假设 $f(z) = \sum\limits_{n=0}^{\infty} a_n z^n$ 的收敛半径 $R > 0$. 定义 $A(r) = \max\limits_{|z|=r} \operatorname{Re} f(z)$, $r \in (0, R)$. 证明: 对任意 $n \geqslant 1$,

$$a_n r^n = \frac{1}{\pi} \int_0^{2\pi} [\operatorname{Re} f(re^{i\theta})] e^{-in\theta} \, d\theta,$$

$$|a_n| r^n \leqslant 2A(r) - 2\operatorname{Re} f(0).$$

14. (系数估计) 假设 $f : \mathbb{D} \to \mathbb{C}$ 全纯, 满足 $f(0) = 1$ 并且 $\operatorname{Re}(f) \geqslant 0$. 假设 f 的幂级数展式为

$$f(z) = 1 + \sum_{k=1}^{\infty} c_n z^n, z \in \mathbb{D}.$$

(1) 证明对任意 n, 成立 $|c_n| \leqslant 2$.

(2) 等号对某个 n 成立的充要条件是什么? 给出证明.

第十二章

幂级数的进一步性质

如前所知 (见例 11.1), 平面 $\mathbb{C}$ 上的全纯函数, 在 0 处幂级数的收敛半径必为 ∞, 但 $\mathbb{R}$ 上的实解析函数, 在 0 处幂级数的收敛半径未必是 ∞, 如

$$f(x) = \frac{1}{1+x^2}, \ x \in \mathbb{R},$$

其幂级数 $\displaystyle\sum_{n=0}^{+\infty}(-1)^n x^{2n}$ 的收敛半径为 1. 为什么会有这种差别? 如果考虑函数与幂级数的复化, 将会发现这一现象产生的原因:

$$\frac{1}{1+z^2} = \sum_{n=0}^{+\infty}(-1)^n z^{2n}$$

右端幂级数的收敛半径为 1, 是因为左端和函数在收敛圆盘边界 $\{|z|=1\}$ 上有两个奇点 $\pm i$ (奇点指一类特殊点, 使幂级数的和函数无法延拓为该点邻域上的全纯函数, 后文将给出定义).

由此可见, 复幂级数更好地反映了实幂级数的本质: 造成实幂级数收敛半径有限的本质原因, 是 (变量复化后的) 复幂级数在收敛圆盘边界上产生了奇点!

12.1 奇点的产生

上面的特例提供了幂级数在收敛圆盘边界上存在奇点的证据. 本节将证明, 对任意幂级数, 只要收敛半径不是 ∞, 它在收敛圆盘边界上总存在奇点, 而这正是导致收敛半径不能再大的根本原因. 为此, 先给出奇点的定义.

假设 f 在开圆盘 D 上全纯, $\zeta \in \partial D$. 如果存在 $r > 0$, 以及圆盘 $D(\zeta, r)$ 上的全纯函数 g, 使 $f(z) = g(z), z \in D \cap D(\zeta, r)$, 则称 ζ 为 f 的正则点 (regular point); 反之, 则称 ζ 为 f 的奇点 (singular point).

利用幂级数与收敛半径的性质, 可给出奇点与正则点的等价定义.

假设幂级数

$$f(z) = \sum_{n=0}^{+\infty} a_n z^n$$

的收敛半径 $R \in (0, +\infty)$. 此处, f 表示幂级数在 $D(0, R)$ 上的和函数.

如图 12.1 所示, 取 $\zeta \in \partial D(0, R)$, 在线段 $[0, \zeta]$ 内部取一点 a, f 在 a 处可展成幂级数

$$f(z) = \sum_{n=0}^{+\infty} \frac{f^{(n)}(a)}{n!}(z-a)^n. \tag{12.1}$$

由例 11.1 知, 此幂级数的收敛半径 $R(a) \geqslant R - |a|$. 我们有

1. ζ 是正则点当且仅当 $R(a) > R - |a|$.

事实上, 如果 ζ 是正则点, 则 f 可延拓到 $\Omega := D(0, R) \cup D(\zeta, r)$ 上. 由例 11.1 知, $R(a) \geqslant d(a, \partial \Omega) > R - |a|$. 反之, 若 $R(a) > R - |a|$, 则(12.1)式右端的幂级数定义了 $D(a, R(a))$ 上的全纯函数, 记为 g, 满足

$$f(z) = g(z), \ z \in D(0, R) \cap D(a, R(a)).$$

显然, g 在 $D(\zeta, r)$ 上全纯, 其中 $r = R(a) - (R - |a|)$. 故 ζ 是正则点.

2. ζ 是奇点当且仅当 $R(a) = R - |a|$.

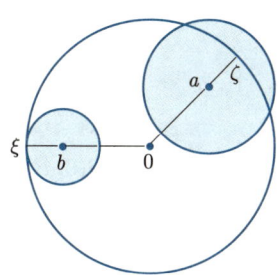

图 12.1 ζ 是正则点, ξ 是奇点

例题 12.1 求幂级数 $\displaystyle\sum_{n=0}^{+\infty} z^n$ 在收敛圆盘边界的奇点与正则点.

证明 显然, 收敛圆盘为单位圆盘 $\mathbb{D}$. 在 $\mathbb{D}$ 上, 幂级数有和函数

$$f(z) = \frac{1}{1-z}, \ z \in \mathbb{D}.$$

对 f 而言, 它在任意点 $a \in \mathbb{D} \setminus \{0\}$ 的局部可展成幂级数:

$$f(z) = \frac{1}{(1-a) - (z-a)} = \sum_{n=0}^{\infty} \frac{(z-a)^n}{(1-a)^{n+1}}.$$

此幂级数的收敛半径

$$R(a) = |1-a| \begin{cases} = 1 - |a|, & a \in (0,1), \\ > 1 - |a|, & a \in \mathbb{D} \setminus [0,1). \end{cases}$$

由此可见, f 可以越过任意 $\zeta \in \partial\mathbb{D} \setminus \{1\}$ 全纯延拓. 故正则点集是 $\partial\mathbb{D} \setminus \{1\}$, 奇点集是 $\{1\}$. $\qquad\square$

上例中, 和函数 f 有显式表达, 这对证明有帮助, 也事先帮我们验证了结论. 对一般情形, f 未必可用显式表达出来.

> **定理 12.1** 幂级数在收敛圆盘边界上必有奇点.

证明 如不然, 假设幂级数 $\displaystyle\sum_{n=0}^{+\infty} a_n z^n$ 在收敛圆盘边界 $\partial D(0,R)$ 上没有奇点, 记和函数为 f. 则对任意 $\zeta \in \partial D(0,R)$, 存在 $r_\zeta > 0$, 及 $D_\zeta := D(\zeta, r_\zeta)$ 上的全纯函数 g_ζ, 满足 $f(z) = g_\zeta(z)$, $z \in D(0,R) \cap D_\zeta$.

显然, $\{D_\zeta | \zeta \in \partial D(0,R)\}$ 是 $\partial D(0,R)$ 的一个开覆盖. 由 $\partial D(0,R)$ 的紧性, 它有有限子覆盖 $\{D_{\zeta_k} | 1 \leqslant k \leqslant m\}$. 如果 $D_{\zeta_k} \cap D_{\zeta_j} \neq \varnothing$, 由

$$g_{\zeta_k}(z) = g_{\zeta_j}(z) = f(z), \ z \in D_{\zeta_k} \cap D_{\zeta_j} \cap D(0,R)$$

以及唯一性定理知, 在 $D_{\zeta_k} \cap D_{\zeta_j}$ 上, $g_{\zeta_k} = g_{\zeta_j}$. 于是, 函数

$$g(z) = \begin{cases} f(z), & z \in D(0,R), \\ g_{\zeta_k}(z), & z \in D_{\zeta_k}, 1 \leqslant k \leqslant m. \end{cases}$$

在包含 $\overline{D(0,R)}$ 的开集 $\Omega = D(0,R) \cup \bigcup_k D_{\zeta_k}$ 上全纯, 它是 f 在 Ω 上的全纯延拓. 由幂级数的唯一性可知, f, g 在 0 处有相同的幂级数展式. 对 g 而言, 由例 11.1 知, 幂级数的收敛半径大于 R. 矛盾. $\qquad\square$

12.2 奇点在哪儿

由上一节知, 幂级数在收敛圆盘边界上总有奇点. 一个自然的问题是, 这些奇点在哪儿? 先看一个典型的例子:

> **例题 12.2 (Vivanti 1893, Pringsheim 1894)**   假设幂级数
>
> $$f(z) = \sum_{n=0}^{\infty} a_n z^n$$
>
> 的收敛半径为 $R \in (0, +\infty)$, 且 $a_n \geqslant 0$, 则 R 是幂级数的奇点.

证明   通过将幂级数的系数序列 $(a_n)_n$ 换成 $(a_n R^n)_n$, 不妨假设 $R = 1$. 此时, 只需证 1 是奇点. 若不然, 有 $b \in (0, 1)$, 使 f 在 b 处的幂级数

$$f(z) = \sum_{n=0}^{+\infty} \frac{f^{(n)}(b)}{n!}(z-b)^n$$

的收敛半径 $R(b) > 1 - b$. 对任意 $\theta \in \mathbb{R}$, f 在 $b_\theta = b e^{i\theta}$ 处幂级数展式为

$$f(z) = \sum_{n=0}^{+\infty} \frac{f^{(n)}(b_\theta)}{n!}(z-b_\theta)^n.$$

计算知

$$f^{(n)}(b_\theta) = \sum_{k=n}^{+\infty} k(k-1)\cdots(k-n+1)a_k b_\theta^{k-n}.$$

由模长三角不等式以及假设条件 $a_k \geqslant 0$,

$$|f^{(n)}(b_\theta)| \leqslant \sum_{k=n}^{+\infty} k(k-1)\cdots(k-n+1)a_k b^{k-n} = f^{(n)}(b).$$

于是, 对任意 $\theta \in \mathbb{R}$,

$$R(b_\theta) = 1/\limsup_{n\to+\infty} \left| f^{(n)}(b_\theta)/n! \right|^{1/n}$$

$$\geqslant 1/\limsup_{n\to+\infty} \left| f^{(n)}(b)/n! \right|^{1/n} = R(b) > 1 - b.$$

这表明 $\partial\mathbb{D}$ 上的所有点都是正则点, 这与定理 12.1 矛盾. $\square$

> **注**   假设幂级数 $f(z) = \sum_{n=0}^{+\infty} a_n z^n$ 的收敛半径 $R = 1$. 如果 $\zeta \in \partial\mathbb{D}$ 是正则点, 则径向极限 $\lim_{r\to 1^-} f(r\zeta)$ 存在; 反之不真, 如 $f(z) = \sum_{n=0}^{+\infty} z^n/n^2$, 其径向极限 $\lim_{r\to 1^-} f(r)$ 存在, 但由例 12.2 知, 1 为奇点. 这说明, 如果和函数的径向极限不存在, 则该点为奇点; 但若径向极限存在, 则无从判断.

接下来的例子表明, 奇点可以有很多, 多到足以充满收敛圆盘的边界.

> **例题 12.3**　幂级数
> $$f(z) = \sum_{k=1}^{\infty} z^{k!}$$
> 的收敛圆为单位圆盘 $\mathbb{D}$. 证明 $\partial\mathbb{D}$ 上每一点都是奇点.

证明　由例 12.2知, 1 是奇点. 下证形如 $\zeta = \mathrm{e}^{2\pi \mathrm{i} p/q}$ 的边界点都是奇点. 为此, 令 $g(z) = f(\mathrm{e}^{2\pi \mathrm{i} p/q} z)$, 则

$$g(z) = \sum_{n=0}^{q-1} \mathrm{e}^{2\pi \mathrm{i} n! p/q} z^{n!} + \sum_{n=q}^{+\infty} z^{n!}.$$

由例 12.2知, 1 是 g 的奇点, 等价于 $\mathrm{e}^{2\pi \mathrm{i} p/q}$ 是 f 的奇点.

利用 $\{\mathrm{e}^{2\pi \mathrm{i} p/q} | p, q \in \mathbb{N}\}$ 在圆周上的稠密性, $\partial\mathbb{D}$ 上每点都是奇点.　　□

如果收敛圆盘边界上每一点都是幂级数的奇点, 就称此边界是自然边界. 具有自然边界的幂级数有什么特点呢? 这方面有很多有趣的工作.

(1) 假设幂级数 $\sum_{n=0}^{+\infty} a_n z^n$ 的收敛半径为 1. 1906 年, Fatou 猜想存在符号序列 $(\varepsilon_0, \varepsilon_1, \cdots) \in \{\pm 1\}^{\mathbb{N}}$ 使幂级数

$$\sum_{n=0}^{+\infty} \varepsilon_n a_n z^n$$

以 $\partial\mathbb{D}$ 为自然边界. Hurwitz 在 1916 年证明了这一猜想.

(2) 假设缺项幂级数

$$\sum_{k=0}^{+\infty} a_k z^{n_k}$$

的收敛半径为 1. Ostrowski, Hadamard 证明了如果存在 $\lambda > 1$, 使对任意 $k \geqslant 1$, 成立 $n_{k+1}/n_k > \lambda$, 则 $\partial\mathbb{D}$ 为自然边界. 这一结论通常被称为 Ostrowski-Hadamard 空隙定理. Fabry 做了更深入的研究, 他将条件减弱, 证明了如果当 $k \to +\infty$ 时, $n_k/k \to +\infty$, 则 $\partial\mathbb{D}$ 为自然边界, 这一工作被称为 Fabry 空隙定理.

12.3　Abel 定理

如果将幂级数的变量限制在收敛圆盘的边界上, 级数的收敛性与幂级数在收敛圆盘内部的和函数有什么联系? Abel 定理给出了一个方面的回答:

定理 12.2 (Abel) 假设幂级数 $f(z) = \sum_{n=0}^{+\infty} a_n z^n$ 的收敛圆盘是 $\mathbb{D}$. 若级数 $\sum_{n=0}^{+\infty} a_n$ 收敛于 α, 则 f 在 1 处有径向极限 $\lim_{r \to 1^-} f(r) = \alpha$.

证明 记 $s_n = a_0 + \cdots + a_n$, 由 $\sum_{n=0}^{+\infty} a_n = \alpha$ 知, $\lim_{n \to +\infty} s_n = \alpha$.

任意取定 $z \in \mathbb{D}$. 由 $\lim_{n \to +\infty} s_n z^n = 0$ 以及级数的绝对收敛性得,

$$f(z) = a_0 + \sum_{k=1}^{\infty} (s_k - s_{k-1}) z^k = \lim_{n \to +\infty} \left(s_0 + \sum_{k=1}^{n} (s_k - s_{k-1}) z^k \right)$$

$$= \lim_{n \to +\infty} \left(\sum_{k=0}^{n-1} s_k z^k (1-z) + s_n z^n \right) = (1-z) \sum_{k=0}^{+\infty} s_k z^k.$$

结合上式与等式 $1 = (1-z) \sum_{k=0}^{+\infty} z^k$, 可得

$$\alpha - f(z) = (1-z) \sum_{n=0}^{+\infty} (\alpha - s_n) z^n.$$

对任意 $\varepsilon > 0$, 存在正整数 $m > 0$, 使 $\sup_{n \geqslant m} |\alpha - s_n| \leqslant \varepsilon$. 于是,

$$\left| (1-z) \sum_{n=m}^{+\infty} (\alpha - s_n) z^n \right| \leqslant \varepsilon \frac{|1-z|}{1-|z|}.$$

上式对 $z \in (0,1)$ 有 $\left| (1-z) \sum_{n=m}^{+\infty} (\alpha - S_n) z^n \right| \leqslant \varepsilon$. 对取定的 m, 存在 $\delta > 0$, 当 $z \in D(1, \delta) \cap \mathbb{D}$ 时,

$$\left| (1-z) \sum_{n=0}^{m-1} (\alpha - s_n) z^n \right| \leqslant \varepsilon.$$

结合以上估计, 只要 $z \in (1-\delta, 1)$, 就有 $|\alpha - f(z)| \leqslant 2\varepsilon$. 定理得证. $\square$

注 证明蕴涵了更强的结论: 对任意收敛于 1 的点列 $\{z_n\}_n \subset \mathbb{D}$, 只要

$$\sup_n \frac{|1-z_n|}{1-|z_n|} < +\infty, \tag{12.2}$$

就有 $f(z_n) \to \alpha$. 这说明 f 在 1 处的非切向极限存在.

为解释这一点, 定义集合

$$S(K) = \left\{ z \in \mathbb{D} \left| \frac{|1-z|}{1-|z|} \leqslant K \right. \right\}, \ K \geqslant 1.$$

易见, $S(1) = [0, 1)$, $\bigcup_{K \geqslant 1} S(K) = \mathbb{D}$. 当 $K > 1$ 时, $S(K)$ 是关于实轴对称的区域, 与实轴交于区间 $((1-K)/(1+K), 1)$; $S(K)$ 的边界在 1 处相切于两条与实轴夹角是 $\theta_K = \arccos(1/K)$ 的直线 (请读者自证), 如图 12.2 所示.

由此可见, 当点列满足 (12.2) 式的条件时, 它们包含于某 $S(K)$, 因此不可能沿圆周切向收敛于 1.

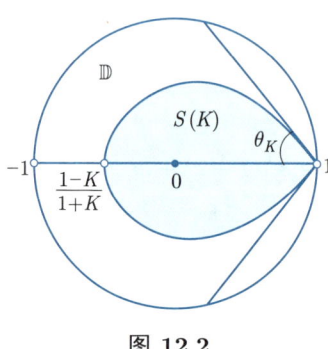

图 12.2

Abel 定理的一个妙用是求一些特殊级数的和.

例题 12.4 求 Leibniz 级数的和

$$S = \sum_{n=0}^{+\infty} \frac{(-1)^n}{2n+1} = 1 - \frac{1}{3} + \frac{1}{5} - \frac{1}{7} + \cdots.$$

解 定义幂级数

$$f(z) = \sum_{n=0}^{+\infty} \frac{(-1)^n z^{2n+1}}{2n+1}.$$

它的收敛半径 $R = 1$, 故 f 在 $\mathbb{D}$ 上全纯. 利用求导与求和可交换次序得,

$$f'(z) = \sum_{n=0}^{+\infty} (-1)^n z^{2n} = \frac{1}{1+z^2}.$$

由 $f(0) = 0$ 可得

$$f(z) = \int_0^z f'(\zeta) \mathrm{d}\zeta = \int_0^z \frac{\mathrm{d}\zeta}{1+\zeta^2}, \ z \in \mathbb{D}^{[1]}.$$

由 Abel 定理得,

$$S = \lim_{x \to 1^-} f(x) = \int_0^1 \frac{\mathrm{d}x}{1+x^2} = \arctan 1 = \frac{\pi}{4}.$$

---

[1] 此函数通常被定义为复反正切函数 $\arctan z$, 为实反正切函数 $\arctan x$ 的全纯延拓.

注 据说 Leibniz 正是因为发现了上面的等式, 才决定放弃律师和外交官的职业, 改行从事数学研究了.

12.4 Tauber 定理

一个自然的问题是: Abel 定理的逆定理成立吗? 下例

$$\frac{1}{1+z} = \sum_{n=0}^{+\infty} (-1)^n z^n, \ |z| < 1$$

表明逆定理不成立. 因此, 要证明 Abel 定理的某种形式的逆定理, 就需要加额外的条件. 1897 年, Tauber 证明了第一个这样的结果.

> **定理 12.3 (Tauber, 1897)** 假设幂级数 $f(z) = \sum\limits_{n=0}^{+\infty} a_n z^n$ 的收敛圆盘为 $\mathbb{D}$. 如果存在 $\alpha \in \mathbb{C}$ 使 $\lim\limits_{r \to 1^-} f(r) = \alpha$, 且 $\lim\limits_{n \to +\infty} n a_n = 0$, 则
> $$\sum_{n=0}^{+\infty} a_n = \alpha.$$

证明 记 $s_n = a_0 + \cdots + a_n$. 当 $x \in (0, 1)$ 时

$$s_n - f(x) = \sum_{k=1}^{n} (1 - x^k) a_k - \sum_{k>n} a_k x^k.$$

取 x 满足 $1/(n+1) < 1 - x \leqslant 1/n$, 则

$$\left| \sum_{k=1}^{n} (1 - x^k) a_k \right| \leqslant (1-x) \sum_{k=1}^{n} (1 + \cdots + x^{k-1}) |a_k| \leqslant \frac{1}{n} \sum_{k=1}^{n} k|a_k|,$$

$$\left| \sum_{k>n} a_k x^k \right| \leqslant \frac{1}{n+1} \sum_{k>n} k|a_k| x^k$$

$$\leqslant \frac{x^{n+1}}{(n+1)(1-x)} \sup_{k>n} k|a_k| \leqslant \sup_{k>n} k|a_k|.$$

对任意 $\varepsilon > 0$, 由条件 $\lim\limits_{n \to +\infty} n a_n = 0$ 知, 存在自然数 N, 只要 $n \geqslant N$, 以上两不等式右端不大于 ε. 因此, 只要 $n \geqslant N$, 并取 $x_n = 1 - 1/n$, 就有 $|s_n - f(x_n)| \leqslant 2\varepsilon$. 于是, $\lim\limits_{n \to +\infty} s_n = \lim\limits_{n \to +\infty} f(x_n) = \alpha$. $\square$

Tauber 定理引发了很多后续研究. 1910 年, 英国数学家 Hardy 证明了弱条件下的 Tauber 定理, 并猜测 Tauber 定理在 $\{na_n\}_n$ 有界的条件下也成立. 一年后, Hardy 的剑桥同事 Littlewood 证明了这一猜想, 这开启了 Hardy 与 Littlewood 长达 35 年的合作, 成为数学史上的一段佳话. 1914 年, Hardy 与 Littlewood 证明了如下的 Tauber 型定理:

Hardy-Littlewood 定理: 假设幂级数 $f(z) = \sum\limits_{n=0}^{+\infty} a_n z^n$ 的收敛圆盘为 $\mathbb{D}$, 且所有系数 $a_n \geqslant 0$. 如果 $\lim\limits_{x \to 1^-} (1-x)f(x) = 1$, 则

$$\lim_{N \to \infty} \frac{1}{N} \sum_{n=0}^{N} a_n = 1.$$

1930 年, Karamata 发现了上述定理的一个简单又出乎意料的证明, 这一新颖的证明为他赢得了世界声誉. 下面介绍他的精彩证明.

Karamata 首先注意到一个有趣的事实: 如果 $p(z) = z^k$, 则

$$(1-x) \sum_{n=0}^{\infty} a_n x^n p(x^n) = \frac{1-x}{1-x^{k+1}} (1-x^{k+1}) \sum_{n=0}^{+\infty} a_n (x^{k+1})^n.$$

由条件 $\lim\limits_{x \to 1^-} (1-x)f(x) = 1$ 知, 当 $x \to 1^-$ 时, 上式趋于

$$\frac{1}{k+1} = \int_0^1 p(t)\mathrm{d}t.$$

于是, 对任意多项式 p,

$$\lim_{x \to 1^-} (1-x) \sum_{n=0}^{+\infty} a_n x^n p(x^n) = \int_0^1 p(t)\mathrm{d}t. \tag{12.3}$$

定义截断函数 $g : [0,1] \to \mathbb{R}$ 如下

$$g(t) = \begin{cases} 0, & 0 \leqslant t < 1/\mathrm{e}, \\ 1/t, & 1/\mathrm{e} \leqslant t \leqslant 1. \end{cases}$$

显然, g 有一个跳跃间断点 $c = 1/\mathrm{e}$(即在 c 处, 函数的左、右极限 $\lim\limits_{t \to c^-} g(t)$, $\lim\limits_{t \to c^+} g(t)$ 都存在). 之所以如此选取 g, 是因为它可以与系数的部分和联系起来: 记 $x_N = \mathrm{e}^{-1/N}$, 注意到 $x_N^n \geqslant 1/\mathrm{e}$ 当且仅当 $n \leqslant N$, 因此

$$\sum_{n=0}^{\infty} a_n x_N^n g(x_N^n) = \sum_{n=0}^{N} a_n.$$

接下来, 为证明部分和的渐进估计, 就需要证明(12.3)式对 g 也成立, 即是说(12.3)式需从多项式 p 过渡到 g. 为此, Karamata 巧妙地利用 Weierstrass 逼近定理证明了如下事实 (见本章习题第 9 题):

逼近引理: 假设 g 在 $[0,1]$ 上除一个跳跃间断点 $c \in (0,1)$ 外连续, 则对任意 $\varepsilon > 0$, 存在多项式 $p(x), q(x)$, 使 $p(x) < g(x) < q(x)$, 且

$$\int_0^1 (g(x) - p(x))\mathrm{d}x \leqslant \varepsilon, \quad \int_0^1 (q(x) - g(x))\mathrm{d}x \leqslant \varepsilon.$$

承认此引理, 续证如下: 对任意 $\varepsilon > 0$, 由引理可得多项式 p, q, 满足

$$\sum_{n=0}^\infty a_n x^n p(x^n) \leqslant \sum_{n=0}^\infty a_n x^n g(x^n) \leqslant \sum_{n=0}^\infty a_n x^n q(x^n).$$

于是有

$$\limsup_{x \to 1^-}(1-x)\sum_{n=0}^\infty a_n x^n g(x^n) \leqslant \lim_{x \to 1^-}(1-x)\sum_{n=0}^\infty a_n x^n q(x^n)$$
$$= \int_0^1 q(t)\mathrm{d}t \leqslant \int_0^1 g(t)\mathrm{d}t + \varepsilon,$$
$$\liminf_{x \to 1^-}(1-x)\sum_{n=0}^\infty a_n x^n g(x^n) \geqslant \lim_{x \to 1^-}(1-x)\sum_{n=0}^\infty a_n x^n p(x^n)$$
$$= \int_0^1 p(t)\mathrm{d}t \geqslant \int_0^1 g(t)\mathrm{d}t - \varepsilon.$$

综上可知, 左端极限存在, 且

$$\lim_{x \to 1^-}(1-x)\sum_{n=0}^\infty a_n x^n g(x^n) = \int_0^1 g(t)\mathrm{d}t = \int_{1/\mathrm{e}}^1 1/t\,\mathrm{d}t = 1.$$

在上式中, 取 $x_N = \mathrm{e}^{-1/N}$, 并利用 $1 - \mathrm{e}^{-1/N} = 1/N + o(1/N)$, 得

$$\lim_{N \to +\infty}(1 - \mathrm{e}^{-1/N})\sum_{n=0}^N a_n = \lim_{N \to +\infty}\frac{1}{N}\sum_{n=0}^N a_n = 1.$$

这样就证明了 Hardy-Littlewood 定理.

12.5　习题

1. (奇点的判别) 若幂级数 $\displaystyle\sum_{k=0}^\infty a_k z^k$ 的收敛圆盘是 $\mathbb{D}$, 系数 a_n 都为实数. 如果当

$n \to \infty$ 时, $s_n = a_0 + \cdots + a_n \to +\infty$, 证明: 1 是奇点.

2. (自然边界) 证明幂级数 $\displaystyle\sum_{k=0}^{\infty} z^{2^k}$ 以 $\partial\mathbb{D}$ 为自然边界.

3. (Abel 定理的补充) 若级数 $\displaystyle\sum_{k=0}^{\infty} a_k$ 收敛于 α, $\{n_k\}_k$ 是一列递增的自然数, 则缺

项幂级数 $f(z) = \displaystyle\sum_{k=0}^{\infty} a_k z^{n_k}$ 有径向极限 $\displaystyle\lim_{r \to 1^-} f(r) = \alpha$.

4. (Frobenius 定理) 1880 年, Frobenius 证明了 Abel 定理的一种推广: 假设幂级

数 $f(z) = \displaystyle\sum_{n=0}^{\infty} a_n z^n$ 的收敛圆盘是 $\mathbb{D}$. 记 $S_n = a_0 + a_1 + \cdots + a_n$, 如果

$$\lim_{n \to \infty} \frac{1}{n} \sum_{k=0}^{n} S_k = \alpha \in \mathbb{C},$$

则 f 在 1 处有径向极限 $\displaystyle\lim_{r \to 1^-} f(r) = \alpha$. 请给出证明.

5. (级数求和) 利用 Abel 定理求级数和

$$S = \sum_{n=1}^{\infty} \frac{(-1)^{n-1}}{n} = 1 - \frac{1}{2} + \frac{1}{3} - \frac{1}{4} + \cdots.$$

6. (Abel 和) 给定级数 $\displaystyle\sum_{n=0}^{\infty} a_n$(收敛或发散均可), 如果其诱导的幂级数 $f(z) = \displaystyle\sum_{n=0}^{\infty} a_n z^n$ 在 $\mathbb{D}$ 上全纯, 且 $\displaystyle\lim_{x \to 1^-} f(x)$ 存在, 则称原级数在 Abel 意义下可求和, 并记极

限 $\displaystyle\lim_{x \to 1^-} f(x)$ 为级数的 Abel 和. 证明: 发散级数 $\displaystyle\sum_{n=1}^{\infty} (-1)^{n-1} n = 1 - 2 + 3 - 4 + \cdots$ 的

Abel 和为 1/4.

7. (Fatou 的 Tauber 型定理) 假设幂级数 $f(z) = \displaystyle\sum_{n=0}^{\infty} a_n z^n$ 的收敛圆盘是 $\mathbb{D}$, 1 是

正则点, 且 $\displaystyle\lim_{n \to \infty} a_n = 0$. 证明: 级数 $\displaystyle\sum_{n \to \infty} a_n$ 收敛.

8. (Fejér 的 Tauber 型定理) 假设 Ω 是有界单连通区域, $f : \mathbb{D} \to \Omega$ 双全纯, 幂级数

展式为 $f(z) = \displaystyle\sum_{n=0}^{\infty} a_n z^n$, $z \in \mathbb{D}$. 如果极限 $\displaystyle\lim_{r \to 1^-} f(re^{i\theta}) = \alpha \in \mathbb{C}$, 证明: 级数 $\displaystyle\sum_{n=0}^{\infty} a_n e^{in\theta}$

收敛于 α.

提示: 利用隐含的条件 $\text{area}(\Omega) = \displaystyle\int_{\mathbb{D}} |f'(z)|^2 \mathrm{d}x\mathrm{d}y = \sum_{n=1}^{\infty} n|a_n|^2 < \infty$.

9. (逼近引理) Weierstrass 逼近定理断言: 给定连续函数 $f : [0, 1] \to \mathbb{R}$, 对任意

$\varepsilon > 0$, 存在多项式 $p(x)$, 满足 $\displaystyle\max_{x \in [0,1]} |f(x) - p(x)| \leqslant \varepsilon$. 由此, 给出逼近引理的证明.

提示: 不妨假设 $g(c^-) \leqslant g(c^+)$, 取 $\delta \in (0,c)$. 取线性函数 $l : [\delta, c] \to \mathbb{R}$, 使 $l(\delta) = g(\delta) + \varepsilon/2, l(c) = g(c^+) + \varepsilon/2$. 定义

$$\phi(x) = \begin{cases} g(x) + \varepsilon/2, & x \in [0,\delta) \cup (c,1], \\ \max\{l(x), g(x) + \varepsilon/2\}, & x \in [\delta, c]. \end{cases}$$

显然, ϕ 连续且 $\phi \geqslant g + \varepsilon/2$. 利用 Weierstrass 逼近定理, 存在多项式 q, 使 $\max\limits_{x \in [0,1]} |q(x) - \phi(x)| < \varepsilon/2$. 于是得 $q > g$. 同理可证另一半.

第十三章

分式线性变换

本讲介绍一类重要的共形映射: 分式线性变换, 它是从复球面到自身的一类双全纯映射.

13.1 分式线性变换

形如

$$f(z) = \frac{az+b}{cz+d}, \ a,b,c,d \in \mathbb{C}, ad-bc \neq 0$$

的函数称为分式线性变换, 或者 Möbius 变换. 如果 $ad-bc = 0$, 容易验证, f 退化为常值映射.

如果 $c \neq 0$, 则 f 在 $\mathbb{C} \setminus \{-d/c\}$ 上全纯, 且

$$f'(z) = \frac{ad-bc}{(cz+d)^2} \neq 0.$$

因此, f 在 $\mathbb{C} \setminus \{-d/c\}$ 上处处共形. 对任意 $w \in \mathbb{C} \setminus \{a/c\}$, $f(z) = w$ 有唯一解

$$z = g(w) = \frac{b-dw}{cw-a}.$$

此处, g 可视为 f 的逆映射, 它也是分式线性变换. 这说明 $f : \mathbb{C} \setminus \{-d/c\} \to \mathbb{C} \setminus \{a/c\}$ 为双全纯映射. 利用复球面的构造, 可定义 $f(-d/c) = \infty, f(\infty) = a/c$, 使 $f : \widehat{\mathbb{C}} \to \widehat{\mathbb{C}}$ 为同胚.

当 $c = 0$ 时, $f(z) = (az+b)/d$ 为整线性变换. 此时, 可定义 $f(\infty) = \infty$ 使 $f : \widehat{\mathbb{C}} \to \widehat{\mathbb{C}}$ 为同胚.

假设 $\Omega \subset \widehat{\mathbb{C}}$ 为区域 (连通开集), 对于映射 $f : \Omega \to \widehat{\mathbb{C}}$, 我们给出 f 全纯的定义. 分四种情况讨论:

(1) $\Omega \subset \mathbb{C}, f(\Omega) \subset \mathbb{C}$. 此时 f 全纯指通常意义下的全纯;

(2) $\infty \in \Omega, f(\Omega) \subset \mathbb{C}$. 此时称 f 在 ∞ 的邻域内全纯, 如果 $g(z) = f(1/z)$ 在 0 的邻域内全纯;

(3) $\Omega \subset \mathbb{C}, f(z_0) = \infty$. 此时称 f 在 z_0 的邻域内全纯, 是指 $g(z) = 1/f(z)$ 在 z_0 的邻域内全纯;

(4) $\infty \in \Omega, f(\infty) = \infty$. 此时称 f 在 ∞ 的邻域内全纯, 是指 $g(z) = 1/f(1/z)$ 在 0 的邻域内全纯.

此定义的本质在于: 利用坐标变换 $z \mapsto 1/z$, 将定义域或值域的 ∞ 处的局部性质转化为 0 处的局部性质, 从而可合理谈论定义于或取值于 ∞ 处的全纯性.

按此定义, 可以验证: 分式线性变换可以视为从复球面到自身的双全纯映射. 所有分式线性变换全体记为 $\mathcal{M}$:

$$\mathcal{M} = \left\{ f(z) = \frac{az+b}{cz+d} \,\middle|\, a,b,c,d \in \mathbb{C}, ad-bc \neq 0 \right\}.$$

它在映射的复合运算下构成一个群, 称为分式线性变换群. 单位元素为恒等映射, f 的逆元为其逆映射.

现在考虑矩阵集合

$$\mathrm{SL}(2,\mathbb{C}) = \left\{ \begin{bmatrix} a & b \\ c & d \end{bmatrix} \,\middle|\, ad-bc = 1, a,b,c,d \in \mathbb{C} \right\}.$$

$\mathrm{SL}(2,\mathbb{C})$ 在矩阵的乘法下构成一个群, 称为特殊线性群 (special linear group). 定义映射 $\Phi : \mathrm{SL}(2,\mathbb{C}) \to \mathcal{M}$ 如下:

$$\begin{bmatrix} a & b \\ c & d \end{bmatrix} \mapsto f(z) = \frac{az+b}{cz+d}.$$

显然 Φ 是满射. 给定两个分式线性变换

$$f(z) = \frac{az+b}{cz+d}, \ g(z) = \frac{\alpha z + \beta}{\gamma z + \omega},$$

容易验证

$$f \circ g(z) = \frac{(a\alpha + b\gamma)z + (a\beta + b\omega)}{(c\alpha + d\gamma)z + (c\beta + d\omega)}.$$

这说明复合映射的系数矩阵对应于两个映射系数矩阵的乘积, 即 Φ 是保运算的

$$\Phi(AB) = \Phi(A) \circ \Phi(B).$$

因此 Φ 是一个群同态. 容易验证 $\Phi^{-1}(\Phi(A)) = \pm A$, $\mathrm{Ker}(\Phi) = \{\pm I\}$. 由群同构定理知

$$\mathrm{SL}(2,\mathbb{C})/\{\pm I\} \cong \mathcal{M}.$$

称 $\mathrm{SL}(2,\mathbb{C})/\{\pm I\}$ 为射影特殊线性群 (projective special linear group), 记为 $\mathrm{PSL}(2,\mathbb{C})$. 这样, 可将 $\mathcal{M}$ 与 $\mathrm{PSL}(2,\mathbb{C})$ 视为等同.

13.2 几何性质

我们将复平面上的圆周, 或直线并 $\{\infty\}$, 统称为 $\widehat{\mathbb{C}}$ 上的圆周.

给定平面上两点 p, q, 称 p, q 关于直线 ℓ 对称, 是指 ℓ 恰好是线段 $[p, q]$ 的垂直平分线; 称 p, q 关于圆周 $C = \{|z - z_0| = r\}$ 对称, 是指 p, q 位于从 z_0 出发的同一射线上, 且满足 $|p - z_0||q - z_0| = r^2$. 这样的位置关系可用如下方程表示:

$$(p - z_0)\overline{(q - z_0)} = r^2.$$

给定圆周 C 的一对对称点 p, q, 对圆周上任意一点 $z \in C$, 等式 $|p - z_0||q - z_0| = r^2$ 等价于

$$\frac{|p - z_0|}{|z - z_0|} = \frac{|z - z_0|}{|q - z_0|}.$$

由此得三角形 $\triangle p z_0 z$ 与 $\triangle z z_0 q$ 相似, 这样有

$$\frac{|z - p|}{|z - q|} = \frac{|z - z_0|}{|q - z_0|} = \frac{r}{|q - z_0|}.$$

这说明, z 到两定点 p, q 距离之比为定值.

熟知: 到两定点距离相等的点的轨迹是直线. 古希腊数学家 Apollonius(约公元前 262—约前 190) 发现, 同样的观点也可以用来描述圆周.

> **定理 13.1 (Apollonius)** 到两定点 p, q 距离之比为常数 $\lambda \in (0, 1) \cup (1, +\infty)$ 的点 z 的轨迹
> $$\left|\frac{z - p}{z - q}\right| = \lambda$$
> 为圆周, 且 p, q 关于此圆周对称.

证明 方程 $|z - p|^2 = \lambda^2 |z - q|^2$ 等价于

$$(1 - \lambda^2)|z|^2 - (p - \lambda^2 q)\overline{z} - (\overline{p} - \lambda^2 \overline{q})z + (|p|^2 - \lambda^2 |q|^2) = 0.$$

此方程等价于

$$\left|z - \frac{p - \lambda^2 q}{1 - \lambda^2}\right|^2 = \left|\frac{p - \lambda^2 q}{1 - \lambda^2}\right|^2 - \frac{|p|^2 - \lambda^2 |q|^2}{1 - \lambda^2} = \left[\frac{\lambda|p - q|}{1 - \lambda^2}\right]^2.$$

由此得到圆心和半径

$$z_0 = \frac{p - \lambda^2 q}{1 - \lambda^2}, \; r = \frac{\lambda|p - q|}{|1 - \lambda^2|}.$$

容易验证 $(p - z_0)\overline{(q - z_0)} = r^2$, 说明 p, q 关于圆周对称. □

图 13.1 为 $\lambda = \dfrac{1}{2}$ 时的情形.

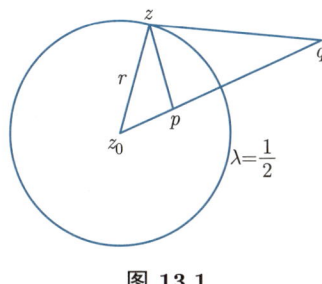

图 13.1

定理 13.2 (几何性质) 分式线性变换 f 将 $\widehat{\mathbb{C}}$ 中的圆周映为圆周, 将关于圆周对称的两点映为关于像圆周对称的两点.

证明 先考虑三类简单变换: 平移变换, 相似变换, 对合变换[①]:

$$z \mapsto z+b, \ b \neq 0; \quad z \mapsto az, \ a \neq 0; \quad z \mapsto 1/z.$$

任何复球面上的圆周 C, 总可以表示为如下方程

$$\left| \frac{z-p}{z-q} \right| = \lambda.$$

它在平移 $\zeta = z+b$, 相似 $\xi = az$, 对合 $\eta = 1/z$ 下的像分别为

$$\left| \frac{\zeta-(p+b)}{\zeta-(q+b)} \right| = \lambda; \quad \left| \frac{\xi-ap}{\xi-aq} \right| = \lambda; \quad \left| \frac{\eta-1/p}{\eta-1/q} \right| = \lambda \left| \frac{q}{p} \right|^{②}.$$

这说明在三类变换下, 圆周的像为圆周, 对称点的像关于像圆周对称.

现考虑一般的分式线性变换: $f(z) = (az+b)/(cz+d)$. 如果 $c=0$, $f(z) = (az+b)/d$ 可表示为两个简单映射的复合 $z_1 = az/d$, $z_2 = z_1 + b/d$. 如果 $c \neq 0$, 则

$$f(z) = \frac{az+b}{cz+d} = \frac{a}{c} + \frac{(bc-ad)/c^2}{z+d/c}$$

可以分解为四个简单映射的复合

$$z_1 = z + \frac{d}{c}, \ z_2 = \frac{1}{z_1}, \ z_3 = \frac{bc-ad}{c^2} z_2, \ z_4 = z_3 + \frac{a}{c}.$$

[①] 对合变换 $h(z) = 1/z$ 满足 $h \circ h$ 为恒等映射 id, 它有两个不动点 ± 1, 在不动点处的导数 $h'(\pm 1) = -1$. 这说明此变换保持两点不动, 沿着不动点旋转 180 度. 直观上, 将地球仪沿过南北极的轴旋转 180 度即实现此变换.

[②] 如果 $p=0$, 此方程为 $|\eta - 1/q| = 1/(\lambda|q|)$, 此时 $p=0, q$ 分别变为 $\infty, 1/q$, 它们关于像圆周对称; 如果 $q=0$, 此方程为 $|\eta - 1/p| = \lambda/|p|$, 此时 $q=0, p$ 分别变为 $\infty, 1/p$, 它们关于像圆周对称.

由上述简单映射的讨论知, f 将圆周映为圆周, 将圆周对称点映为像圆周对称点.   □

计算可知, 像圆周方程由下式给出:

$$\left|\frac{w - f(p)}{w - f(q)}\right| = \lambda \left|\frac{q - f^{-1}(\infty)}{p - f^{-1}(\infty)}\right|.$$

13.3   交比

分式线性变换

$$f(z) = \frac{az + b}{cz + d}$$

的系数可同乘一个非零常数, 从而满足规范化条件: $ad - bc = 1$. 这说明系数有三个自由度, 一般可由三个方程确定. 下面的结论说明, 任意指定三点的取值, 由此得到的三个方程, 可确定唯一的分式线性变换.

定理 13.3   任给 $\widehat{\mathbb{C}}$ 上两个三点组 $(z_1, z_2, z_3), (w_1, w_2, w_3)$, 每组内的三点互不相同, 存在唯一的分式线性变换 f, 满足

$$f(z_k) = w_k, \ k = 1, 2, 3.$$

特别地, 保持三点不动的分式线性变换为恒等映射 id.

证明   (存在性) 先考虑 $(w_1, w_2, w_3) = (0, 1, \infty)$ 的情况. 此时, 易知满足 $h(z_1) = 0, h(z_3) = \infty$ 的变换为 $h(z) = \lambda \cdot (z - z_1)/(z - z_3)$. 由规范化条件 $h(z_2) = 1$ 得 $\lambda = (z_2 - z_3)/(z_2 - z_1)$, 于是

$$h(z) = \frac{z - z_1}{z - z_3} \cdot \frac{z_2 - z_3}{z_2 - z_1}.$$

对一般位置的 (w_1, w_2, w_3), 可取分式线性变换 H 将 w_1, w_2, w_3 分别映为 $0, 1, \infty$:

$$H(w) = \frac{w - w_1}{w - w_3} \cdot \frac{w_2 - w_3}{w_2 - w_1}.$$

于是 $f = H^{-1} \circ h$ 就是满足要求的映射.

(唯一性) 只需证明, 如果 g 也是满足 $g(z_k) = w_k$, 则 $g \equiv f$. 这等价于证明 $S = f \circ g^{-1} = \text{id}$. 易见, S 保持三点 z_1, z_2, z_3 不动. 为此, 只需证明如果 $S \neq \text{id}$, 则 S 在 $\widehat{\mathbb{C}}$ 中至多有两个不动点. 为说明这一点, 解方程

$$S(z) = \frac{az + b}{cz + d} = z.$$

如果 $c = 0$, 则 $S(\infty) = \infty$, 说明 ∞ 是一个不动点. 此时通过解一次方程可知, 在 $\mathbb{C}$ 中 S 至多有一个不动点. 如果 $c \neq 0$, 则 $S(\infty) = a/c \neq \infty$, 说明 ∞ 不是不动点. 此时, 通过解二次方程可知, 在 $\mathbb{C}$ 中 S 有两个不动点 (可能重合). □

在上面证明中, 分式线性变换

$$h(z) = \frac{z - z_1}{z - z_3} \cdot \frac{z_2 - z_3}{z_2 - z_1}$$

将 z_1, z_2, z_3 分别映为 $0, 1, \infty$. 这个变换的形式, 引出交比的概念.

> **定义 13.1** 给定 $\widehat{\mathbb{C}}$ 上的有序四点 z_0, z_1, z_2, z_3, 我们称复数值
>
> $$(z_0, z_1, z_2, z_3) = \frac{z_0 - z_1}{z_0 - z_3} \cdot \frac{z_2 - z_3}{z_2 - z_1}$$
>
> 为四点 z_0, z_1, z_2, z_3 的交比 (cross ratio).

注意, 交比依赖于四点的次序. 不同的次序会导致不同的交比值 (见本章习题第 6 题). 交比的几何意义由下式给出

$$(z_0, z_1, z_2, z_3) = \frac{\ell_0 \ell_2}{\ell_1 \ell_3} \mathrm{e}^{\mathrm{i}(\alpha + \beta)}.$$

如图 13.2 所示, 这里 $\ell_0, \ell_1, \ell_2, \ell_3$ 分别是线段 $[z_0, z_1], [z_1, z_2], [z_2, z_3], [z_3, z_0]$ 的长度, α, β 分别是角度 $\angle z_0 z_1 z_2$, $\angle z_2 z_3 z_0$.

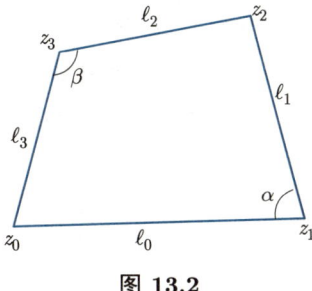

图 13.2

> **定理 13.4 (保交比性质)** 交比在分式线性变换 f 下保持不变:
>
> $$(f(z_0), f(z_1), f(z_2), f(z_3)) = (z_0, z_1, z_2, z_3).$$

证明 我们将交比的第一个位置视为变量, 记

$$S(z) = (z, z_1, z_2, z_3), \quad T(w) = (w, f(z_1), f(z_2), f(z_3)).$$

显然 $S, T, T \circ f$ 都是分式线性变换. S 和 $T \circ f$ 都将 z_1, z_2, z_3 分别映为 $0, 1, \infty$. 由定理 13.3, $T \circ f(z) = S(z)$. 取 $z = z_0$ 即得. □

注   由定理 13.4可知: 任给 $\widehat{\mathbb{C}}$ 上的两个有序四点组 z_0, z_1, z_2, z_3 和 $w_0, w_1,$ w_2, w_3, 每组中的点互不相同. 存在分式线性变换 f, 使 $f(z_k) = w_k, 0 \leqslant k \leqslant 3$ 的充要条件是

$$(z_0, z_1, z_2, z_3) = (w_0, w_1, w_2, w_3).$$

13.4   例题

例题 13.1   任给 $\widehat{\mathbb{C}}$ 上两个不相交的圆周 C_1, C_2, 证明存在分式线性变换 f, 使 $f(C_1),$ $f(C_2)$ 为同心圆周.

解   首先, 取分式线性变换 g, 将 C_1 映为单位圆周 $\partial\mathbb{D}$ (在 $C_1, \partial\mathbb{D}$ 上各指定三点, 以及三点组之间的对应, 即得分式线性变换). 不妨假设 $g(C_2) \subset \mathbb{D}$ (如不然, 将 g 换成 $1/g$ 即可). 通过旋转, 不妨假设 $g(C_2)$ 的圆心在线段 $[-1, 1]$ 上. 记 $g(C_2)$ 与 $[-1, 1]$ 的左右交点分别为 a, b. 取 $r \in (0, 1)$, 使之满足交比等式

$$(-1, a, b, 1) = (-1, -r, r, 1).$$

不难验证, 存在唯一的分式线性变换 h, 将 $-1, a, b, 1$ 分别映为 $-1, -r, r, 1$, 如图 13.3 所示, 利用保圆性, $h(\partial\mathbb{D})$ 和 $h(g(C_2))$ 都是圆周. 利用 $h([-1, 1]) = [-1, 1]$ 以及保角性, $h(\partial\mathbb{D})$ 和 $h(g(C_2))$ 都与 $[-1, 1]$ 正交. 这说明 $h(\partial\mathbb{D})$ 和 $h(g(C_2))$ 是同心圆周. $\square$

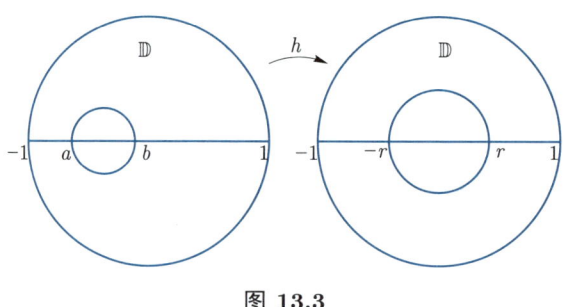

图 13.3

例题 13.2   求分式线性变换 f, 将单位圆盘 $\mathbb{D}$ 映为自身.

解   因 f 双全纯, 故有 $f(\partial\mathbb{D}) = \partial f(\mathbb{D}) = \partial\mathbb{D}$. 记 $a = f^{-1}(0)$. 根据分式线性变换的几何性质, 它将 a 关于圆周 $\partial\mathbb{D}$ 的对称点 $1/\bar{a}$ 映为 0 关于圆周 $\partial\mathbb{D}$ 的对称点 ∞. 同

时, f 将圆周上一点 b 映为 1. 由分式线性变换保交比的性质,

$$(z, a, b, 1/\overline{a}) = (f(z), f(a), f(b), f(1/\overline{a})) = (f(z), 0, 1, \infty) = f(z).$$

由此可得

$$f(z) = \frac{z-a}{z-1/\overline{a}} \cdot \frac{b-1/\overline{a}}{b-a} = \frac{1-\overline{a}b}{b-a} \frac{z-a}{1-\overline{a}z}.$$

由

$$\left| \frac{1-\overline{a}b}{b-a} \right| = \left| \frac{b(\overline{b}-\overline{a})}{b-a} \right| = 1$$

可知, 系数 $\dfrac{1-\overline{a}b}{b-a}$ 可写成 $\mathrm{e}^{\mathrm{i}\theta}$ 的形式, 其中 $\theta \in \mathbb{R}$. 这样,

$$f(z) = \mathrm{e}^{\mathrm{i}\theta} \frac{z-a}{1-\overline{a}z}.$$

> **注** 上式表明, 参数对 $(a, \mathrm{e}^{\mathrm{i}\theta}) \in \mathbb{D} \times \partial\mathbb{D}$ 决定了唯一的 f. 因此, 将 $\mathbb{D}$ 映为自身的分式线性变换全体形成的参数空间是 $\mathbb{D} \times \partial\mathbb{D}$, 它是一个甜甜圈. 假设 $(a_1, \zeta_1), (a_2, \zeta_2) \in \mathbb{D} \times \partial\mathbb{D}$ 分别对应 f_1, f_2, 则映射复合 $f_1 \circ f_2$ 诱导了甜甜圈上两点之间的运算:
>
> $$(a_1, \zeta_1) \circ (a_2, \zeta_2) = \left(\frac{a_1\overline{\zeta_2} + a_2}{1 + a_1\overline{a_2}\overline{\zeta_2}}, \zeta_1 \frac{\zeta_2 + a_1\overline{a_2}}{1 + \overline{a_1}a_2\zeta_2} \right).$$
>
> 在此运算下, 甜甜圈具有群结构. 于是, 甜甜圈既有拓扑结构, 也有群结构, 是一个典型的拓扑群.

13.5 习题

1. (特殊的分式线性变换) 证明分式线性变换 f 将上半平面映为上半平面的充要条件是 f 可以表示为如下形式

$$f(z) = \frac{az+b}{cz+d},$$

其中 $a, b, c, d \in \mathbb{R}$ 且 $ad - bc = 1$.

2. (像圆周的方程) 假设 p, q 为复球面的两个不同点, 实数 $\lambda > 0$. 证明分式线性变换 f 把圆周

$$\left| \frac{z-p}{z-q} \right| = \lambda$$

映为圆周

$$\left|\frac{w - f(p)}{w - f(q)}\right| = \lambda \left|\frac{q - f^{-1}(\infty)}{p - f^{-1}(\infty)}\right|.$$

3. (分式线性变换: Thurston 的观点) 假设 f 是一个分式线性变换, 满足 $f(0) \neq \infty$, 证明恒等式

$$f(z) = \frac{(2f'(0)^2 - f(0)f''(0))z + 2f(0)f'(0)}{-f''(0)z + 2f'(0)}.$$

这说明一个分式线性变换可以由某点 (此处 $z_0 = 0$) 的值、导数、二阶导数三个量唯一确定.

4. (圆周对称点) 证明 $z_1, z_2 \in \mathbb{C}$ 关于圆周 $a|z|^2 + \bar{b}z + b\bar{z} + d = 0$ $(a \neq 0)$ 对称的充要条件是

$$az_1\overline{z_2} + \bar{b}z_1 + b\overline{z_2} + d = 0.$$

5. (典型四点的交比) 在如下条件下求 A, B, C, D 四点的交比 (A, B, C, D):

(1) $ABCD$ 为正方形;

(2) $ABCD$ 为矩形, 边长 $AB = a, BC = b$;

(3) ABC 是正三角形, D 是其中心.

6. (交比的所有可能性) 给定复球面上的 4 个不同点 z_0, z_1, z_2, z_3, 通过四点之间做置换, 可以得到很多不同的交比值. 记 $\lambda = (z_0, z_1, z_2, z_3)$, 假设 $\lambda \in \widehat{\mathbb{C}} \setminus \{0, 1, \infty\}$. 证明:

(1) 保持四点交比不变的置换只有四个.

(2) 通过置换得到的交比所有可能的取值为

$$\lambda, \ 1 - \lambda, \ \frac{1}{\lambda}, \ \frac{\lambda}{\lambda - 1}, \ \frac{1}{1 - \lambda}, \ 1 - \frac{1}{\lambda}.$$

7. (对称形式) 如果分式线性变换 f 有两个不动点 $p, q \in \mathbb{C}$.

(1) 证明 f 可以表示为对称形式

$$\frac{f(z) - p}{f(z) - q} = \lambda \frac{z - p}{z - q},$$

其中 λ 为非零复数;

(2) 如果 $f(a) = \infty, f(\infty) = b$, 证明 $a + b = p + q$;

(3) 在 (2) 的记号下, 证明

$$f(z) = \frac{bz - pq}{z - a}.$$

8. (函数方程) 假设 $g : \widehat{\mathbb{C}} \to \widehat{\mathbb{C}}$ 是一个已知函数 (假设定义于或取值于 ∞ 都有意义), 利用函数方程求出 f:

$$f\left(\frac{1}{1 - z}\right) + f\left(\frac{z - 1}{z}\right) = g(z).$$

9. (球极投影) 记 $\Phi: S^2 \to \widehat{\mathbb{C}}$ 为球极投影映射. 任意给定球面 S^2 上位于圆周上的四个点 a, b, c, d, 证明

$$(a, b, c, d) = (\Phi(a), \Phi(b), \Phi(c), \Phi(d)).$$

10. (四点共圆) 凸四边形 $ABCD$ 中, 三角形 $\triangle ABC, \triangle BCD, \triangle CDA, \triangle DAB$ 的重心分别为 X, Y, X, W, 证明

$$(D, A, B, C) = (X, Y, Z, W).$$

这说明 A, B, C, D 四点共圆的充要条件是 X, Y, Z, W 四点共圆.

11. (标准形式) 称两个分式线性变换 f, g 共轭, 是指存在一个分式线性变换 h 满足:$g \circ h = h \circ f$.

(1) 证明任何一个分式线性变换总是共轭于以下两种标准形式之一:

$$z \mapsto z + 1; \ z \mapsto \lambda z, \lambda \neq 0.$$

(2) 证明任何一个实系数变换

$$f(z) = \frac{az + b}{cz + d}, \quad a, b, c, d \in \mathbb{R}, ad - bc = 1$$

总是共轭于以下三种标准形式之一:

$$z \mapsto z + 1; \ z \mapsto \lambda z, \lambda > 0; \ z \mapsto \frac{\sin\theta + z\cos\theta}{\cos\theta - z\sin\theta}, \theta \in \mathbb{R}.$$

12. (分式线性变换的迭代) 记 $f: \widehat{\mathbb{C}} \to \widehat{\mathbb{C}}$ 为分式线性变换, 考虑复球面上任意一点 z_0 在 f 迭代下的轨道

$$z_0 \mapsto f(z_0) \mapsto f^2(z_0) := f(f(z_0)) \mapsto \cdots.$$

根据上一题中标准形式的分类, 描述该轨道的渐进性质.

13. (不动点与可交换映射) 记 $\mathrm{Fix}(f)$ 为分式线性变换的不动点集, 如果 $f \neq \mathrm{id}$, 我们知道这个集合至多包含两个点. 如果两个非恒等变换 f, g 满足 $\mathrm{Fix}(f) = \mathrm{Fix}(g)$, 证明

$$f \circ g = g \circ f.$$

反之成立吗? 说明理由.

14. (等距变换) 求所有等距的分式线性变换 f, 等距指

$$\sigma(f(z), f(w)) = \sigma(z, w), \ \forall z, w \in \widehat{\mathbb{C}},$$

其中

$$\sigma(z, w) = \frac{2|z - w|}{\sqrt{(|z|^2 + 1)(|w|^2 + 1)}}.$$

15. (圆弧三角形) 称 $T \subset \widehat{\mathbb{C}}$ 为一个圆弧三角形, 是指 T 由三条圆弧或直线围成. 给定两个圆弧三角形 $T_1, T_2 \subset \widehat{\mathbb{C}}$, 三个内角按逆时针次序依次相等. 证明存在分式线性变换, 将 T_1 映为 T_2.

*第十四章

拾 贝 集

不知名数学工作者王先生在整理"分式线性变换"一章时发现了很多美妙的素材. 这些内容有无与伦比的趣味性, 是对常规材料的绝佳补充. 王先生与牛顿先生产生了共情: 我就像一个在海边玩耍的孩子, 不时为拾到美丽的贝壳而欢欣鼓舞. 因此, 这一讲美其名曰"拾贝集".

本章先介绍线束的交比, 然后由此引出平面几何与射影几何的几个漂亮定理: 蝴蝶定理, Pappus 定理, Desargues 定理, 最后讨论与分式线性变换有关的两个几何问题: 椭圆形台球桌的台球运动和 Urquhart 定理.

先考虑如下几何问题:

四条直线 $\ell_0, \ell_1, \ell_2, \ell_3$ 交于一点 p, 直线 ℓ 与四条直线依次交于 z_0, z_1, z_2, z_3, 如图 14.1 所示. 证明交比 (z_0, z_1, z_2, z_3) 与直线 ℓ 的位置无关.

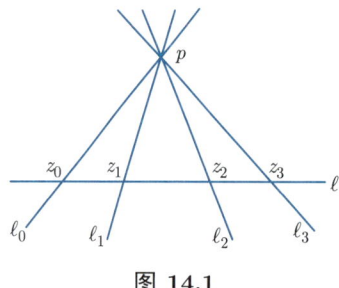

图 14.1

为证明这一事实, 只需利用交比的定义 (几何意义),

$$(z_0, z_1, z_2, z_3)$$

$$= -\frac{|z_0 - z_1||z_2 - z_3|}{|z_1 - z_2||z_3 - z_0|} = -\frac{\mathrm{area}(\triangle pz_0z_1) \cdot \mathrm{area}(\triangle pz_2z_3)}{\mathrm{area}(\triangle pz_1z_2) \cdot \mathrm{area}(\triangle pz_0z_3)}$$

$$= -\frac{|p - z_0||p - z_1|\sin(\ell_0, \ell_1) \cdot |p - z_2||p - z_3|\sin(\ell_2, \ell_3)}{|p - z_1||p - z_2|\sin(\ell_1, \ell_2) \cdot |p - z_3||p - z_0|\sin(\ell_3, \ell_0)}$$

$$= -\frac{\sin(\ell_0, \ell_1)\sin(\ell_2, \ell_3)}{\sin(\ell_1, \ell_2)\sin(\ell_3, \ell_0)}.$$

此处 (ℓ_j, ℓ_k) 表示直线 ℓ_j, ℓ_k 的夹角. 上式表明, 交比 (z_0, z_1, z_2, z_3) 不依赖于直线 ℓ 的位置, 只与四条直线 $\ell_0, \ell_1, \ell_2, \ell_3$ 的位置有关. 因此, 该交比也被称为线束的交比.

在本章中, 如不引起混淆, 我们用 $AB, XP, \cdots$ 既表示线段, 也表示线段长度; 用 $A, B, X, \cdots$ 既表示点, 也表示相应的复坐标; 用 $AB \cap CD, \cdots$ 表示两线段所在直线的交点.

14.1 蝴蝶定理

> **定理 14.1** 过圆内弦 MN 上一点 P 引出任意两条弦 AC, BD. 弦 AB, CD 与弦 MN 的交点分别记为 X, Y, 如图 14.2 所示. 则线段长度成立等式
> $$\frac{1}{XP} - \frac{1}{MP} = \frac{1}{YP} - \frac{1}{NP}.$$
> 特别地, P 是 MN 的中点等价于 P 是 XY 的中点.

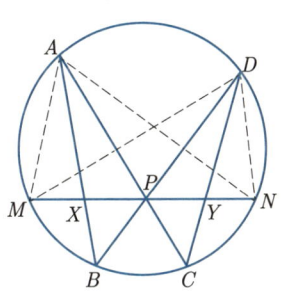

图 14.2

证明 利用交比定义及线束交比的性质, 可得

$$(M, X, P, N) = -\frac{MX \cdot PN}{XP \cdot MN} = -\frac{\sin(\angle MAX)\sin(\angle PAN)}{\sin(\angle XAP)\sin(\angle MAN)}.$$

$$(M, P, Y, N) = -\frac{MP \cdot YN}{PY \cdot MN} = -\frac{\sin(\angle MDP)\sin(\angle YDN)}{\sin(\angle PDY)\sin(\angle MDN)}.$$

由同一圆弧对应的圆周角相等这一事实, 得 $\angle MAX = \angle MDP$, $\angle PAN = \angle YDN$, $\angle XAP = \angle PDY$, $\angle MAN = \angle MDN$. 因此

$$\frac{MX \cdot PN}{XP \cdot MN} = \frac{MP \cdot YN}{PY \cdot MN}.$$

此式等价于

$$\frac{MP - XP}{XP \cdot MP} = \frac{MX}{XP \cdot MP} = \frac{YN}{PY \cdot PN} = \frac{PN - PY}{PY \cdot PN}.$$

即为

$$\frac{1}{XP} - \frac{1}{MP} = \frac{1}{YP} - \frac{1}{NP}.$$

由此可见 $XP = YP \Longleftrightarrow MP = NP$. $\qquad\qquad\square$

14.2　Pappus 定理

> **定理 14.2 (Pappus)**　假设 A, B, C 在直线 ℓ 上, A', B', C' 在另一直线 ℓ' 上, 记交点 $X = AB' \cap A'B$, $Y = AC' \cap A'C$, $Z = BC' \cap B'C$, 如图 14.3 所示, 则 X, Y, Z 三点共线.

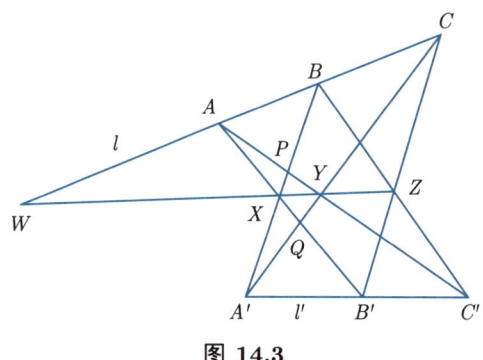

图 14.3

证明　假设 XY 延长线交 ℓ 于 W, 交 $B'C$ 于 Z', 交 BC' 于 Z'', 我们的目标是证明 $Z' = Z'' = Z$. 记 $Q = A'C \cap AB'$, $P = AC' \cap A'B$. 由线束交比得

$$(W, X, Y, Z') \overset{C}{=} (A, X, Q, B')$$
$$\overset{A'}{=} (A, P, Y, C')$$
$$\overset{B}{=} (W, X, Y, Z'').$$

由此得 $Z' = Z''$. 这说明 Z', Z'', Z 三点重合. $\qquad\qquad\square$

Pappus 定理的一个有趣应用:

定理 14.3 (交比等式)　假设 A, B, C, D 在直线 ℓ 上, E, F, G, H 在另一条直线 ℓ' 上, 记交点 $X = AF \cap BE$, $Y = BG \cap CF$, $Z = CH \cap DG$, 如图 14.4 所示, 则 X, Y, Z 三点共线的充要条件是

$$(A, B, C, D) = (E, F, G, H).$$

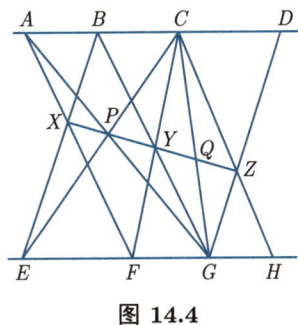

图 14.4

证明　由 Pappus 定理, AG, CE, XY 三线共点, 记为 P. 记 XY 所在直线交 CG 于 Q, 交 CH 于 Z', 交 DG 于 Z''. 于是

$$(A, B, C, D) \overset{G}{=} (P, Y, Q, Z''), \quad (E, F, G, H) \overset{C}{=} (P, Y, Q, Z').$$

由此可见 $(A, B, C, D) = (E, F, G, H)$ 的充要条件是 $Z' = Z''$, 此时 $Z = Z' = Z''$, 即 X, Y, Z 三点共线.　　　　$\square$

14.3　Desargues 定理

定理 14.4 (Desargues 1639)　假设 AX, BY, CZ 三线共点, 则三交点 $W = AB \cap XY$, $U = BC \cap YZ$, $V = CA \cap ZX$ 共线.

证明　如图 14.5 所示, 记 $Q = WV \cap PB$, $N = XZ \cap PB$, $M = AC \cap PB$, 则

$$
\begin{aligned}
(W, BC \cap WV, V, Q) &\overset{B}{=} (A, C, V, M) \\
&\overset{P}{=} (X, Z, V, N) \\
&\overset{Y}{=} (W, YZ \cap WV, V, Q).
\end{aligned}
$$

由此得 $BC \cap WV = YZ \cap WV$. 这说明 $U = BC \cap YZ$ 在线段 WV 上, 即 U, V, W 三点共线.　　　　$\square$

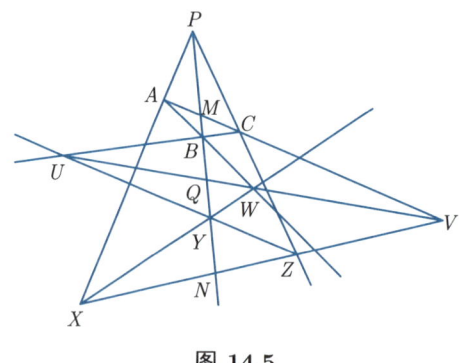

图 14.5

14.4 台球运动

台球运动是动力系统的经典案例. 如果台球桌有特定形状, 这一运动过程有可能给出定性描述. 本节研究台球桌是椭圆的情形. 我们将发现, 通过坐标变换, 台球运动可以转化为分式线性变换的迭代性质.

> **问题 14.1** 设想台球桌是椭圆形的, 一个台球从一个焦点出发, 遇到边界反弹. 反弹规则是入射角 (即入射线与反弹点的切线夹角) 等于反射角 (即反射线与反弹点的切线夹角). 假设摩擦力可忽略, 此反弹过程可持续下去, 试描述台球轨迹的渐进性态.

先证一有趣事实:

台球从一个焦点出发反弹后必经过另一个焦点.

假设椭圆的离心率为 e, 焦点 F, F' 分别对应 $-1, 1$ 两点, 则椭圆长轴 $a = 1/e$. 任取平面一点 P, 熟知: P 在椭圆上 (外, 内) 当且仅当 $PF + PF' = 2a\ (> 2a, < 2a)$.

现假设 P 在椭圆上, 延长 $F'P$ 至 A, 使 $PA = PF$. 作角 $\angle FPA$ 的平分线 ℓ. 下说明 ℓ 为椭圆的切线 (切点为 P). 为此, 取 ℓ 上异于 P 的点 Q, 由对称性和三角不等式,

$$QF + QF' = QA + QF' > PA + PF' = 2a.$$

这说明 Q 在椭圆外. 因此 ℓ 为椭圆的切线.

由已证事实, 从焦点 F 出发的台球达到 P 点反弹后经过 F'. 假设 P 点横坐标为 x_1. 利用椭圆上任一点到左焦点 (右焦点) 距离与到左准线: $x = -a^2/c = -a^2$ (右准线: $x = a^2/c = a^2$) 的距离之比是离心率 $e = c/a = 1/a$ 这一事实, 可求出

$$PF = 1/e + ex_1,\ PF' = 1/e - ex_1.$$

如图 14.6 所示, 假设有向线段 $FP, F'P$ 与 x 轴正方向夹角分别为 φ_1, φ_2. 做坐标变换 $c_k = \cos(\varphi_k), k = 1, 2$ (想法的关键一步), 于是

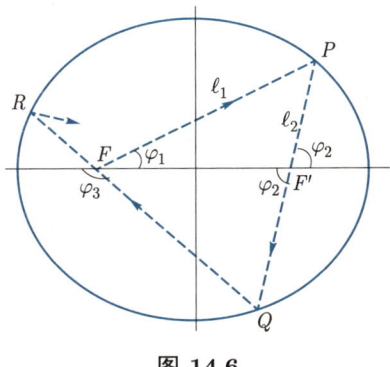

图 14.6

$$c_1 = \frac{x_1 + 1}{1/e + ex_1}, \; c_2 = \frac{x_1 - 1}{1/e - ex_1}.$$

由此消去 x_1, 得到 c_2, c_1 满足的关系

$$c_2 = \frac{c_1 - \kappa}{1 - \kappa c_1}, \; \kappa = \frac{2e}{e^2 + 1}.$$

假设 PF' 与椭圆交于 Q 点, 其横坐标是 x_2, 有向线段 QF 与 x 轴正方向的夹角是 φ_3, 记 $c_3 = \cos(\varphi_3)$. 类似可得

$$QF = 1/e + ex_2, \; QF' = 1/e - ex_2,$$

由此得

$$c_2 = \frac{1 - x_2}{1/e - ex_2}, \; c_3 = -\frac{x_2 + 1}{1/e + ex_2} \Longrightarrow c_3 = \frac{c_2 - \kappa}{1 - \kappa c_2}.$$

因此, 台球连续两次经焦点 F 的角度余弦之间的关系为

$$c_3 = f \circ f(c_1), \; f(z) = \frac{z - \kappa}{1 - \kappa z}.$$

显然, 第 n 次返回 F 所诱导的角度余弦 $c_{2n+1} = \cos(\varphi_{2n+1})$ 满足 $c_{2n+1} = f^{2n}(c_1)$ (此处, f^k 表示 f 的 k 次复合, 下同). 可验证, f 有两个不动点 ± 1, 且

$$f'(1) = \frac{1 + \kappa}{1 - \kappa}, \; f'(-1) = \frac{1 - \kappa}{1 + \kappa}.$$

取 $\psi(z) = (z + 1)/(z - 1)$, 则 f 可全纯共轭于

$$h(w) = \psi \circ f \circ \psi^{-1}(w) = \frac{1 - \kappa}{1 + \kappa} \cdot w.$$

利用 h 的迭代性质: 只要 $w \neq \infty$, 就有 $\lim\limits_{n \to \infty} h^n(w) = 0$, 可得 f 的迭代性质: 只要 $z \neq 1$, 就有 $\lim\limits_{n \to \infty} f^n(z) = -1$.

将 f 的迭代性质转化为台球运动的渐进性质: 如果初始角度 $\varphi_1 \in (-\pi, 0)$, 则 $\varphi_{2n+1} \to -\pi$; 如果 $\varphi_1 \in (0, \pi)$, 则 $\varphi_{2n+1} \to \pi$. 这说明, 台球的运动轨迹要么是长轴, 要么渐近于长轴.

本节最后, 考虑一般情形: 台球不经过焦点时运动轨迹的渐进性态. 如果初始轨迹是从 P 到 Q, 经边界一直反弹下去, 如图 14.7(a) 所示. 当我们描绘出前 100 次反弹的轨迹时 (如图 14.7(b) 所示), 会发现一条神秘的边界曲线. 请读者描述边界曲线的形状, 或给出解析表达式.

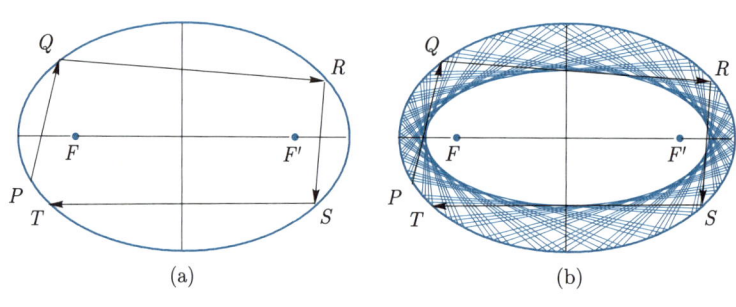

图 14.7

14.5　Urquhart 定理

澳大利亚的数学老师 Urquhart 发现了一个奇妙的几何定理, 看似初等, 证明却令人惊艳. 该定理与台球运动有密切联系, 在台球运动理论的著作中广为人知. 其证明巧妙地利用了分式线性变换的代数性质.

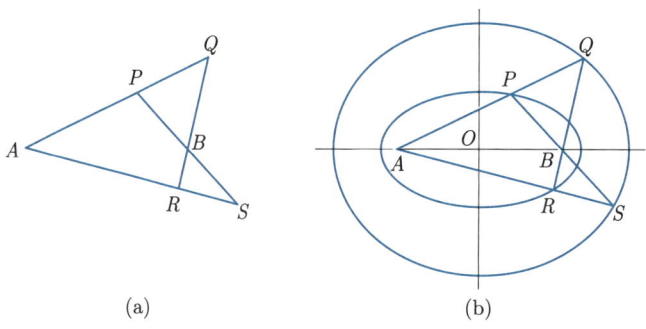

图 14.8

> **定理 14.5 (Urquhart)**　四条直线段交点 A, B, P, Q, R, S 如图 14.8 所示, 则成立如下等价关系:
>
> $$AP + PB = BR + RA \Longleftrightarrow AQ + QB = BS + SA.$$

证明　假设两个等式都成立, 此时 P, R 与 Q, S 位于共焦点 A, B 的两个椭圆上. 记小椭圆离心率为 e_1, 大椭圆离心率为 e_2. 我们将在 APQ, QBR, PBS 共线的前提下, 证明 A, R, S 共线.

为此, 考虑过焦点 A 的台球的两个轨迹:

$$A \mapsto P \mapsto B \mapsto S \mapsto A, \ A \mapsto Q \mapsto B \mapsto R \mapsto A.$$

记有向线段 AP 与 x 轴正方向夹角为 θ_1, SA 与 x 轴正方向夹角为 θ_S, RA 与 x 轴正方向夹角为 θ_R. 利用上节结论知

$$\cos\theta_S = g \circ f(\cos\theta_1), \ \cos\theta_R = f \circ g(\cos\theta_1),$$

其中

$$f(z) = \frac{z - \kappa_1}{1 - \kappa_1 z}, \ g(z) = \frac{z - \kappa_2}{1 - \kappa_2 z}, \ \kappa_j = \frac{2e_j}{e_j^2 + 1}.$$

容易验证

$$f \circ g(z) = \frac{(1 + \kappa_1\kappa_2)z - (\kappa_1 + \kappa_2)}{(1 + \kappa_1\kappa_2) - (\kappa_1 + \kappa_2)z} = g \circ f(z).$$

由此得 $\cos\theta_S = \cos\theta_R$. 考虑到 θ_S, θ_R 要么同在 $(0, \pi)$ 内, 要么同在 $(-\pi, 0)$ 内, 因此有 $\theta_S = \theta_R$. $\qquad\square$

第十五章

多 值 函 数

多值函数的概念源于复分析, 它有别于通常意义下的 "函数", 将其视为映射是更为恰当的做法. 下面给出定义与例子. 我们用 2^X 表示集合 X 的所有子集的全体.

称 f 是平面集合 Ω 上的一个多值函数, 指的是映射 $f : \Omega \to 2^{\mathbb{C}} \setminus \{\varnothing\}$. 即对任意 $z \in \Omega$, $f(z)$ 为平面的一个非空子集.

多值函数的例子:

(1) 给定平面的两个非空子集 X, Y, 满射 $f : X \to Y$ 诱导了 Y 上的多值函数 $g : Y \to 2^X$, 定义为 $g(y) = f^{-1}(y)$.

(2) 辐角 Arg 是 $\mathbb{C} \setminus \{0\}$ 上的一个多值函数: 对任意 $z = re^{i\theta}$, $\mathrm{Arg}(z) = \theta + 2\pi\mathbb{Z}$.

(3) 开方 $\sqrt{\cdot}$ 定义了平面 $\mathbb{C}$ 上的一个多值函数: 对任意 $z \in \mathbb{C}$,

$$\sqrt{z} = \{w \in \mathbb{C} | w^2 = z\}.$$

称 $g : \Omega \to \mathbb{C}$ 是 Ω 上多值函数 f 的单值分支 (或者单值支), 是指对任意 $z \in \Omega$, 指定唯一取值 $g(z) \in f(z)$. 由定义可见, 单值支是通常意义下的函数. 如果 g 连续 (或全纯), 则称 g 是 f 的连续 (或全纯) 单值分支.

接下来的两章介绍几类重要的多值函数: 对数函数, 辐角函数, 幂函数. 从复分析的观点看, 先引入对数函数最为自然, 辐角函数和幂函数都可由对数函数诱导.

本章的讨论源于一个基本事实: 单连通区域上的全纯函数总存在原函数. 这就需要从曲线同伦讲起.

15.1 曲线同伦

给定平面区域 Ω 中两条曲线 $\gamma_0, \gamma_1 : [a, b] \to \Omega$, 起点终点分别相同: $\gamma_0(a) = \gamma_1(a) = \alpha$, $\gamma_0(b) = \gamma_1(b) = \beta$. 称 γ_0, γ_1 在 Ω 中同伦, 是指存在连续映射 $h : [0, 1] \times [a, b] \to \Omega$, 满足

$$h(0, t) = \gamma_0(t), \ h(1, t) = \gamma_1(t), \ \forall t \in [a, b],$$

$$h(s, a) = \gamma_0(a), \ h(s, b) = \gamma_0(b), \ \forall s \in [0, 1].$$

如图 15.1 所示.

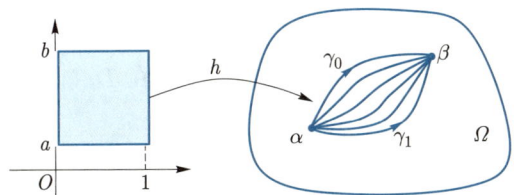

图 15.1 曲线同伦

注 如果 γ_0, γ_1 分段光滑, 且在 Ω 中同伦, 则可以将同伦改造成一个 "好" 的同伦: $H : [0, 1] \times [a, b] \to \Omega$, 使对任意 $s \in [0, 1]$, 曲线 $\gamma_s = H(s, \cdot)$ 分段光滑 (详见本章习题第 1 题).

定理 15.1 假设 f 在区域 Ω 中全纯, γ_0, γ_1 是 Ω 中同伦的两条分段光滑曲线, 则

$$\int_{\gamma_0} f(z)\mathrm{d}z = \int_{\gamma_1} f(z)\mathrm{d}z.$$

证明 不妨假设 $[a, b] = [0, 1]$. 假设 $h : [0, 1] \times [0, 1] \to \Omega$ 是 γ_0, γ_1 之间的 "好" 的同伦. h 的像集 K 是 Ω 中的紧集. 取 $0 < \varepsilon < d(K, \partial\Omega)$. 由 h 的一致连续性, 存在 $\delta > 0$, 使

$$|s_1 - s_2| < \delta, |t_1 - t_2| < \delta \implies |h(s_1, t_1) - h(s_2, t_2)| < \varepsilon.$$

取正整数 n 足够大, 使 $1/n < \delta$, 取 s_1, s_2 满足 $|s_1 - s_2| < \delta$. 记

$$z_k = \gamma_{s_1}(k/n), w_k = \gamma_{s_2}(k/n), \ 0 \leqslant k \leqslant n,$$

以及 $D_k = D(z_k, \varepsilon), 1 \leqslant k \leqslant n$, 如图 15.2 所示.

由 h 的一致连续性, 可验证

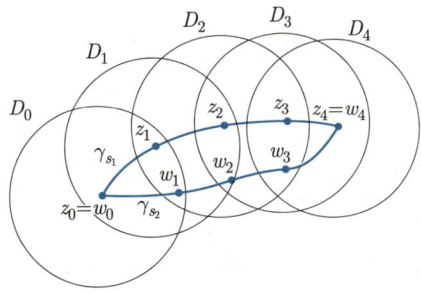

图 15.2 沿同伦曲线的积分

$$h\left([s_1,s_2]\times[(k-1)/n,k/n]\right)\subset D_k,\ 1\leqslant k\leqslant n.$$

特别地, 上式蕴含

$$z_{k-1},z_k,w_{k-1},w_k\in D_k,\ 1\leqslant k\leqslant n.$$

由命题 7.1, f 在 D_k 上有原函数, 记其一为 F_k. 在 $D_k\cap D_{k+1}$ 上, F_k,F_{k+1} 都是 f 的原函数, 因此 F_k-F_{k+1} 为常数. 特别地,

$$F_k(z_k)-F_{k+1}(z_k)=F_k(w_k)-F_{k+1}(w_k),\ 1\leqslant k\leqslant n-1,$$

上式等价于

$$F_k(z_k)-F_k(w_k)=F_{k+1}(z_k)-F_{k+1}(w_k),\ 1\leqslant k\leqslant n-1.$$

于是有

$$\int_{\gamma_{s_1}}f(z)\mathrm{d}z-\int_{\gamma_{s_2}}f(z)\mathrm{d}z$$
$$=\sum_{k=1}^{n}(F_k(z_k)-F_k(z_{k-1}))-\sum_{k=1}^{n}(F_k(w_k)-F_k(w_{k-1}))$$
$$=\sum_{k=1}^{n}(F_k(z_k)-F_k(w_k))-\sum_{k=1}^{n}(F_k(z_{k-1})-F_k(w_{k-1}))$$
$$=(F_n(z_n)-F_n(w_n))-(F_1(z_0)-F_1(w_0))=0.$$

上式说明积分关于 s 局部常值.

将 $[0,1]$ 划分为有限个长度小于 δ 的区间, 命题得证. $\qquad\square$

15.2　同伦与单连通域

平面区域 Ω 单连通的一个等价定义为: Ω 中任意两条端点分别相同的曲线同伦. 利用这个定义, 可以证明

> **定理 15.2**　单连通区域上任何全纯函数总存在原函数.

证明　假设 f 是单连通区域 Ω 上的全纯函数. 取定 $z_0\in\Omega$. 对任意 $z\in\Omega$, 定义

$$F(z)=\int_{\gamma_z}f(\zeta)\mathrm{d}\zeta,$$

其中, γ_z 是连接 z_0 与 z 的分段光滑曲线 (因区域折线连通, 故可保证这类曲线的存在性). 先说明 F 良定义. 事实上, 任取另一条连接 z_0 和 z 的分段光滑曲线 α_z, 由 Ω 的单连通性可知, γ_z 与 α_z 同伦. 由定理 15.1,

$$\int_{\gamma_z} f(\zeta)\mathrm{d}\zeta = \int_{\alpha_z} f(\zeta)\mathrm{d}\zeta.$$

因此 F 的定义与 γ_z 的选取无关.

下说明 F 是 f 的原函数. 任取 $z \in \Omega$, 取 $\varepsilon > 0$ 使 $D(z,\varepsilon) \subset \Omega$. 对任意 $w \in D(z,\varepsilon)$,

$$F(w) - F(z) = \int_{[z,w]} f(\zeta)\mathrm{d}\zeta.$$

由导数的定义可以验证 $F'(z) = f(z)$. □

> **推论 15.1 (Cauchy-Goursat 定理的一般形式)** 假设 f 是单连通区域 Ω 上的全纯函数, $\gamma \subset \Omega$ 是分段光滑闭曲线, 则
> $$\int_\gamma f(z)\mathrm{d}z = 0.$$

证明 由原函数的存在性以及 Newton–Leibniz 公式可得.

15.3　对数函数

对数函数可视为指数函数的 "逆函数".

任取 $z \in \mathbb{C} \setminus \{0\}$, 它的对数 (logarithm) $\mathrm{Log}(z)$ 定义为满足方程 $\mathrm{e}^w = z$ 的 w 的集合:

$$\mathrm{Log}(z) = \{w \in \mathbb{C} | \mathrm{e}^w = z\}.$$

记 $z = r\mathrm{e}^{\mathrm{i}\theta}, w = u + \mathrm{i}v \in \mathrm{Log}(z)$, 由方程 $\mathrm{e}^{u+\mathrm{i}v} = r\mathrm{e}^{\mathrm{i}\theta}$ 可得 $u = \log r$, $v \in \theta + 2\pi\mathbb{Z}$, 因此

$$\mathrm{Log}(z) = \log|z| + \mathrm{i}(\theta + 2\pi\mathbb{Z}) = \log|z| + \mathrm{i}\mathrm{Arg}(z),$$

这里, $\log$ 是通常意义的实对数函数. 上式表明, $\mathrm{Log}(z)$ 是一个多值函数, 它的多值性源于辐角函数 Arg 的多值性.

易见, 函数 $F : \Omega \to \mathbb{C}$ 是 $\mathrm{Log}(z)$ 在区域 Ω 上的单值支, 是指

$$F(z) \in \mathrm{Log}(z), \forall z \in \Omega \iff \mathrm{e}^{F(z)} = z, \ \forall z \in \Omega.$$

特别地, 如果 F 连续, 则由反函数定理知, 它必然全纯. 此时, F 可视为指数函数 e^w 在像区域 Ω 上的反函数.

一个自然的问题是, "在什么样的区域 Ω 上, $\mathrm{Log}(z)$ 可以取到全纯单值分支?", 此问题等价于 "在什么样的像区域上指数函数可以取到反函数?" 下面的定理给出了回答.

> **定理 15.3** 假设 $\Omega \subset \mathbb{C}$ 是单连通区域, $0 \notin \Omega$. 取定 $z_0 \in \Omega$, 指定其一个辐角为 θ_0, 存在唯一的全纯函数 $F : \Omega \to \mathbb{C}$, 满足
>
> (1) $\mathrm{e}^{F(z)} = z$, $\forall z \in \Omega$;
>
> (2) $F(z_0) = \log |z_0| + \mathrm{i}\theta_0$.

称 F 是 Log 满足 $F(z_0) = \log |z_0| + \mathrm{i}\theta_0$ 的全纯单值分支.

证明 基本想法: 如果 F 存在, 对 (1) 两边求导, $F'(z)\mathrm{e}^{F(z)} = 1$. 这说明 $F'(z) = \mathrm{e}^{-F(z)} = 1/z$, 即 F 为 $1/z$ 的原函数.

下面通过考虑 $1/z$ 原函数的存在性, 来构造 F.

假设条件 $0 \notin \Omega$ 保证 $1/z$ 在 Ω 上全纯, Ω 的单连通性保证 $1/z$ 存在原函数. 原函数可定义如下:

$$F(z) = \int_{\gamma_z} \frac{1}{\zeta} \, \mathrm{d}\zeta + \log |z_0| + \mathrm{i}\theta_0,$$

其中, γ_z 是连接 z_0 与 z 的一条分段光滑曲线 (由单连通的等价定义及定理 15.1知, 积分不依赖于路径的选取). 显然 $F(z_0) = \log |z_0| + \mathrm{i}\theta_0$. 类似定理 15.2最后一段的证明, 可验证 $F'(z) = 1/z$.

下面说明 $\mathrm{e}^{F(z)} = z$. 事实上,

$$(\mathrm{e}^{-F(z)}z)' = \mathrm{e}^{-F(z)} - z\mathrm{e}^{-F(z)}F'(z) = \mathrm{e}^{-F(z)}(1 - zF'(z)) = 0,$$

这说明 $\mathrm{e}^{-F(z)}z$ 是常值函数. 由 $\mathrm{e}^{-F(z_0)}z_0 = 1$ 知 $\mathrm{e}^{F(z)} \equiv z$.

最后说明 F 的唯一性. 若 G 也是满足要求的全纯函数, 则 $\mathrm{e}^{F(z)} \equiv \mathrm{e}^{G(z)}$. 这说明 $F(z) - G(z) \in 2\pi\mathrm{i}\mathbb{Z}$. 注意到 $F - G$ 连续, 取值离散, 因此必为常值函数. 由 $(F-G)(z_0) = 0$ 知, $F \equiv G$. $\qquad\square$

注 1 如果 $0 \in \Omega$, 结论不成立. 因为 0 关于指数函数没有逆像. 如果 $0 \notin \Omega$, 但 Ω 非单连通, 结论也可能成立. 事实上, 只要 Ω 包含在一个更大且不含原点的单连通区域中即可.

注 2 由定理 15.3可知, 对数函数有可数无穷多全纯单值分支, 每个分支由辐角 θ_0 唯一确定. 对任意两个不同的全纯单值分支 F, G, 存在 $k \in \mathbb{Z}$, 使

$$F - G \equiv 2k\pi\mathrm{i}.$$

可以验证. 两个不同的全纯单值分支 F, G 像集无支.

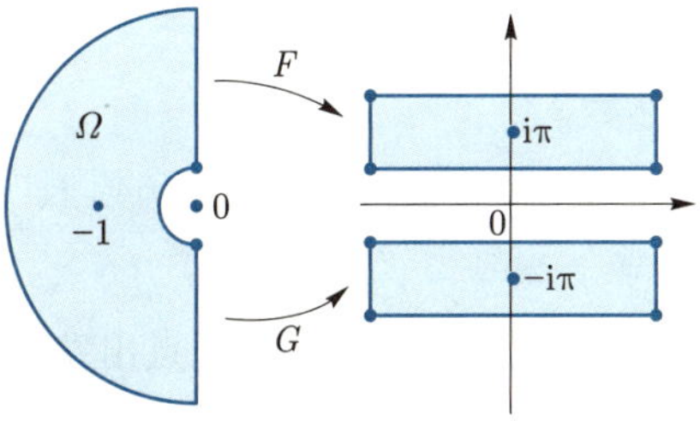

图 15.3 对数函数的两个全纯单值分支 F, G: $F(-1) = \mathrm{i}\pi$, $G(-1) = -\mathrm{i}\pi$.

注 3 在一些典型区域, 如角域 $\{w = r\mathrm{e}^{\mathrm{i}\theta} | r \in (0, +\infty), \theta \in (\alpha, \beta)\}$ (这里, $\beta - \alpha < 2\pi$) 上, 对数函数可取到全纯单值分支 F_k, 将角域映为水平带域 $\{\alpha + 2k\pi < \mathrm{Im}(z) < \beta + 2k\pi\}$.

对数函数的全纯单值分支 F 的虚部即为辐角函数 Arg 的一个连续单值 (实值, 故不全纯) 分支. 利用这个事实, 得

> **推论 15.2** 假设 $\Omega \subset \mathbb{C}$ 是单连通区域, $0 \notin \Omega$. 取定 $z_0 \in \Omega$, 指定其一个辐角为 θ_0, 存在唯一的连续辐角函数 $\arg_\Omega : \Omega \to \mathbb{R}$, 满足 $\arg_\Omega(z_0) = \theta_0$.

称 $\arg_\Omega$ 是 Arg 满足 $\arg_\Omega(z_0) = \theta_0$ 的一个连续单值分支.

证明 由定理 15.3, 对数函数存在全纯单值分支 F, 满足 $F(z_0) = \log|z_0| + \mathrm{i}\theta_0$. 令 $\arg_\Omega(z) = \mathrm{Im}F(z)$, 得存在性. 唯一性仍由 "连续且取值离散的函数必为常数" 这一事实可得. $\qquad\square$

15.4 幂函数

形如 $w = z^\mu$ 的函数称为幂函数, 这里 $\mu = a + \mathrm{i}b$ 是一个复数. 如果约定 $\mathrm{Log}(z^\mu) = \mu\mathrm{Log}(z)$ [①], 幂函数的合理定义为:

$$
\begin{aligned}
z^\mu &= \mathrm{e}^{\mathrm{Log}(z^\mu)} = \mathrm{e}^{\mu\mathrm{Log}(z)} \\
&= \mathrm{e}^{(a+\mathrm{i}b)(\log|z| + \mathrm{i}\mathrm{Arg}(z))} \\
&= \mathrm{e}^{a\log|z| - b\mathrm{Arg}(z)} \mathrm{e}^{\mathrm{i}(b\log|z| + a\mathrm{Arg}(z))}.
\end{aligned}
$$

由此可见, 在一般情况下, z^μ 的模长与辐角都为多值函数.

为讨论方便, 回忆单叶性区域的概念. 假设 $f : \Omega \to \mathbb{C}$ 全纯, 如果区域 $D \subset \Omega$ 且 $f|_D$ 是单射, 则称 D 是 f 的一个单叶性区域. "单叶" 的概念源自复分析, 指全纯单射.

[①] 这样约定是为了和实数的情况统一起来: $\log(a^b) = b\log(a)$, $\forall a > 0, b \in \mathbb{R}$.

下面分情况讨论, 由简入繁, 循序渐进.

(1) $\mu = n$, n 是一个自然数.

此时, 幂函数 $w = z^n$ 在整个复平面上全纯. 导函数 $(z^n)' = nz^{n-1}$. 因此, 它在原点之外处处共形.

记 $z = re^{i\theta}$, 则 $w = r^n e^{in\theta}$. 由此知, 它将从原点出发的射线映为从原点出发的射线, 将两条射线的夹角放大到 n 倍, 将圆周 $\{|z| = r\}$ 映为圆周 $\{|z| = r^n\}$. 特别地, 将角域

$$A_k = \left\{ re^{i\theta} \big| 0 < r < \infty, \frac{2k\pi}{n} < \theta < \frac{2(k+1)\pi}{n} \right\}, \ 0 \leqslant k < n$$

映为 $\mathbb{C} \setminus [0, +\infty)$. 显然, 角域 A_k 是幂函数 $w = z^n$ 的单叶性区域.

(2) $\mu = 1/n$, n 是一个自然数. 此时

$$z^{1/n} = e^{\mathrm{Log}(z)/n} = e^{(\log|z| + i\mathrm{Arg}(z))/n} = \sqrt[n]{|z|} e^{i\mathrm{Arg}(z)/n}.$$

由此可见, 给定 $z_0 = r_0 e^{i\theta_0} \neq 0$, $z_0^{1/n}$ 有 n 个不同的取值:

$$\sqrt[n]{r_0} e^{i(\theta_0 + 2k\pi)/n}, \ 0 \leqslant k \leqslant n - 1.$$

$z^{1/n}$ 的多值性是由辐角函数 $\mathrm{Arg}(z)$ 的多值性引起的. 因此, 如果能找到区域 $\Omega \subset \mathbb{C}$ 使 $\mathrm{Arg}(z)$ 能取到连续的单值分支, 则 $z^{1/n}$ 可以取到全纯的单值分支. 由上一节的讨论知, 在平面不含有原点的单连通区域 (如 $\mathbb{C} \setminus [0, +\infty)$) 上, $\mathrm{Arg}(z)$ 可取到连续的单值分支, 从而 $z^{1/n}$ 可取到全纯的单值分支.

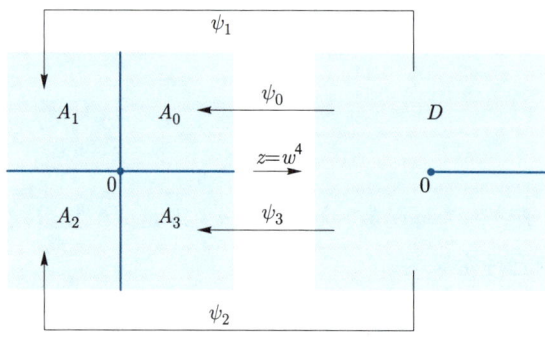

图 15.4

$z^{1/n}$ 在 $\mathbb{C} \setminus [0, +\infty)$ 上可取到 n 个全纯单值支

$$\psi_k(z) = \sqrt[n]{|z|} e^{i\arg_k(z)/n}, \ 0 \leqslant k \leqslant n - 1,$$

这里, $\arg_k : \mathbb{C} \setminus [0, +\infty) \to \mathbb{R}$ 是连续的辐角函数, 满足 $\arg_k(-1) = (2k+1)\pi$. 映射 ψ_k 将 $\mathbb{C} \setminus [0, +\infty)$ 双全纯映为角域 $A_k = \{re^{i\theta} \big| 0 < r < +\infty, 2k\pi/n < \theta < 2(k+1)\pi/n\}$.

全纯单值支由多值函数 $z^{1/n}$ 在某一点的取值完全确定. 比如, 如果指定 $\mathrm{i}^{1/n} = \mathrm{e}^{\mathrm{i}\pi/(2n)}$, 则确定的单值支为 ψ_1, 从而区域 $\mathbb{C} \setminus [0, +\infty)$ 上其他点的取值都可以确定.

(3) $b = 0$, $a = p/q \in \mathbb{Q}$, $(p, q) = 1$. 此时

$$z^{p/q} = |z|^{p/q}\mathrm{e}^{\mathrm{i}(p/q)\mathrm{Arg}(z)}.$$

假定 $z \neq 0$, 则 $z^{p/q}$ 有 q 个不同的取值. 多值性源于辐角函数的多值性. 如前所知, 在不含原点的单连通区域上, 辐角函数 Arg 可取到连续的单值支, 因此 $z^{p/q}$ 可取到 q 个不同的全纯单值分支. 每个全纯单值分支将角域映到角域.

(4) $b = 0$, $a \in \mathbb{R} \setminus \mathbb{Q}$. 此时

$$z^a = |z|^a\mathrm{e}^{\mathrm{i}a\mathrm{Arg}(z)},$$

亦为多值函数, 多值性源于辐角函数的多值性. 在不含原点的单连通区域 $\mathbb{C} \setminus [0, +\infty)$ 上, z^a 可以取到全纯单值分支. 取定 -1 的一个辐角 $(2k+1)\pi$, 则 z^a 有唯一的分支 ψ_k 满足 $\psi_k(-1) = \mathrm{e}^{\mathrm{i}a(2k+1)\pi}$. 因 a 是无理数, 故集合

$$\{\mathrm{e}^{\mathrm{i}a(2k+1)\pi}|k \in \mathbb{Z}\}$$

是无限集. 因此, z^a 有可数无穷多个全纯单值分支.

一个有趣的事实是: 幂函数 z^a 在 $z = r\mathrm{e}^{\mathrm{i}\theta} \neq 0$ 处的所有取值 $\{r^a\mathrm{e}^{\mathrm{i}a(\theta+2k\pi)}|k \in \mathbb{Z}\}$ 在圆周 $\{|w| = r^a\}$ 上稠密.

(5) $b \neq 0$. 此时

$$z^{a+\mathrm{i}b} = \mathrm{e}^{a\log|z|-b\mathrm{Arg}(z)}\mathrm{e}^{\mathrm{i}(b\log|z|+a\mathrm{Arg}(z))}.$$

它的模长是多值函数. 辐角在 $a \neq 0$ 时也是多值函数. 类似前面讨论, 它在不含原点的单连通区域上可取到全纯的单值分支.

> **例题 15.1** 假设 f 为多值函数 z^{i} 在区域 $\mathbb{C} \setminus (-\infty, 0]$ 上满足 $f(1) = \mathrm{e}^{-4\pi}$ 的全纯单值分支. 求 $f(\mathrm{i})$ 的值.

解 由 $z^{\mathrm{i}} = \mathrm{e}^{\mathrm{i}\mathrm{Log}(z)} = \mathrm{e}^{-\mathrm{Arg}(z)} \cdot \mathrm{e}^{\mathrm{i}\log|z|}$ 知, 模长是一个多值函数, 多值性由辐角函数引起. 在区域 $\mathbb{C} \setminus (-\infty, 0]$ 上, z^{i} 可取到全纯单值分支, 表示为

$$f(z) = \mathrm{e}^{-\theta(z)} \cdot \mathrm{e}^{\mathrm{i}\log|z|},\ z \in \mathbb{C} \setminus (-\infty, 0],$$

其中 $\theta : \mathbb{C} \setminus (-\infty, 0] \to \mathbb{R}$ 是一个连续的辐角函数.

如果 $f(1) = \mathrm{e}^{-4\pi}$, 则

$$\mathrm{e}^{-\theta(1)} \cdot \mathrm{e}^{\mathrm{i}\log|1|} = \mathrm{e}^{-\theta(1)} = \mathrm{e}^{-4\pi}.$$

由此得 $\theta(1) = 4\pi$. 由 θ 在区域 $\mathbb{C} \setminus (-\infty, 0]$ 上的连续性可知 $\theta(\mathrm{i}) = 4\pi + \pi/2 = 9\pi/2$. 由此可得

$$f(\mathrm{i}) = \mathrm{e}^{-\theta(\mathrm{i})} \cdot \mathrm{e}^{\mathrm{i}\log|\mathrm{i}|} = \mathrm{e}^{-9\pi/2}.$$

15.5 习题

"我喜欢这些学科的原因, 恰恰也是它们之所以被研究了数百年的原因所在: 它们自身的内在趣味, 已发现的优美的深刻联系, 还有找到并证明新的深刻联系的挑战."

——John Tate, 数学家

1. (同伦的改造) 在证明全纯函数沿两条同伦的分段光滑曲线积分相等时, 需要说明同伦形变的每条曲线都分段光滑. 本题将手把手教你证明: 两条分段光滑曲线之间的任意同伦, 总可以改造成一个"好"同伦: 在形变的每一参数处, 对应的曲线分段光滑.

假设 $\gamma_k : [0,1] \to \Omega$ 分段光滑, $\gamma_k(0) = a, \gamma_k(1) = b, k = 0,1$.

(1) 证明: 对任意 $s \in [0,1]$, $\gamma_s(t) = (1-s)\gamma_0(t) + s\gamma_1(t)$ 是分段光滑曲线.

(2) 假设 $h : [0,1] \times [0,1] \to \Omega$ 是 γ_0, γ_1 之间的同伦. 记 $\gamma_s(t) = h(s,t), t \in [0,1]$. 假设 N 是自然数, 定义

$$\Delta_{j,k}^N = \left\{ (s,t) \,\middle|\, \frac{j-1}{N} \leqslant s \leqslant \frac{j}{N}, \frac{k-1}{N} \leqslant t \leqslant \frac{k}{N} \right\}, \ 1 \leqslant j,k \leqslant N.$$

证明: 取 N 很大, 对任意 $j,k \in \{1, \cdots, N\}$, 存在开圆盘 $\mathbb{D}_{j,k}$ 使

$$h(\Delta_{j,k}^N) \subset \mathbb{D}_{j,k} \subset \Omega.$$

(3) 在 $\Delta_{j,k}^N$ 上, 将 h 按如下方式改造成 H: 在四个顶点处, $H(s,t) = h(s,t)$; 如果在顶边是 γ_0 的一段, 或底边是 γ_1 的一段, 则在该边处定义 $H(s,t) = h(s,t)$; 在其他的顶边或底边处, 定义 H 为连接两端点的线性函数; 在 $\Delta_{j,k}^N$ 内部, 线性插值如下

$$H\left((1-\tau)\frac{j-1}{N} + \tau\frac{j}{N}, t\right) = (1-\tau)H\left(\frac{j-1}{N}, t\right) + \tau H\left(\frac{j}{N}, t\right).$$

证明: H 是 $[0,1] \times [0,1]$ 上的连续函数, 取值于 Ω, 并且 H 是连接 γ_0, γ_1 的同伦.

(4) 对任意 $s \in [0,1]$, 证明: $\widetilde{\gamma}_s = H(s, \cdot)$ 是分段光滑曲线.

2. (指数函数不等式) 假设 a,b 都在左半平面, 证明不等式

$$|\mathrm{e}^a - \mathrm{e}^b| \leqslant |a - b|.$$

3. (*单值分支的存在性*, 一个有用的结论) 假设 Ω 是平面单连通区域, f 是 Ω 上的全纯函数, 不取零值. 证明存在 Ω 上的全纯函数 g, 满足函数方程

$$e^{g(z)} = f(z).$$

这样的 g 唯一吗?

注: (1) 此题说明 $\operatorname{Log} f(z)$ 可以取到全纯单值分支, 通常记为 $\log_\Omega f(z)$. (2) 如果 g 也不取零值, 则 g 可表示为 $g = e^h$, 其中 h 是 Ω 上的全纯函数. 于是 $f = e^{e^h}$.

4. (*幂函数的单叶单值支*) 证明: 幂函数 z^α(α 为非零复数) 在右半平面 $\{\operatorname{Re}(z) > 0\}$ 可取到单叶单值分支的充要条件是

$$|\alpha|^2 \leqslant 2|\operatorname{Re}(\alpha)|.$$

5. (*对数函数的单值支*) 在 $\Omega = \mathbb{C} - \{\mathrm{i}y \,|\, y \geqslant 0\}$ 上给出对数函数的单值支为 $\log_\Omega(z)$, 满足 $\log_\Omega(1) = 2\pi\mathrm{i}$. 计算 $\log_\Omega(\mathrm{e}), \log_\Omega(-2), \log_\Omega(-\mathrm{i})$.

6. (*级数求和*) 假设 $\theta \in (0, 2\pi)$. 证明等式

$$\sum_{n=1}^\infty \frac{\cos n\theta}{n} = -\log\left(2\sin(\theta/2)\right), \quad \sum_{n=1}^\infty \frac{\sin n\theta}{n} = \frac{\pi - \theta}{2}.$$

提示: 证明如下等式:

$$\sum_{n=1}^\infty \frac{z^n}{n} = \int_0^z \frac{\mathrm{d}\zeta}{1 - \zeta}, \quad |z| < 1,$$

并利用 Abel 定理 (定理 12.2).

第十六章

多值函数 (续)

16.1 多值函数沿曲线的连续分支

多值函数在一般区域上未必存在连续单值分支. 但限制在曲线上, 多值函数通常可以取到 (关于曲线参数) 连续的单值支. 本节将证明这一事实, 并由此给出支点的定义.

命题 16.1 假设 $\gamma : [a,b] \to \mathbb{C}$ 是一条连续曲线, c 为不在曲线 γ 上的一点, 取定 $\gamma(a) - c$ 的一个辐角 θ_0.

(1) 存在唯一的连续函数 $\theta : [a,b] \to \mathbb{R}$, 满足 $\theta(a) = \theta_0$, 且

$$\theta(t) \in \mathrm{Arg}(\gamma(t) - c), \ t \in [a,b].$$

(2) 存在唯一的连续函数 $L : [a,b] \to \mathbb{C}$, 满足 $L(a) = \log|\gamma(a) - c| + \mathrm{i}\theta_0$, 并且

$$L(t) \in \mathrm{Log}(\gamma(t) - c), \ t \in [a,b].$$

命题表明, 曲线关于曲线外一点总存在连续变化的辐角函数与对数函数. 如果 $c = 0$, 则称命题中的连续函数 (如 θ, L) 为多值函数 (如 $\mathrm{Arg}, \mathrm{Log}$) 的沿曲线 γ 的连续分支.

注意: 这里的连续性指的是关于曲线参数的连续性, 而非关于曲线作为集合的连续性. 为区分它们的不同, 考虑曲线 $\gamma : [0,1] \to \mathbb{C}$, $\gamma(t) = \mathrm{e}^{2\pi \mathrm{i} t}$. 显然 γ 作为集合是单位圆周 $\partial \mathbb{D}$. 关于参数连续的辐角函数可取为 $\theta(t) = 2\pi t$; 但不存在连续的辐角函数 $\alpha : \gamma \to \mathbb{R}$, 满足对任意 $z \in \gamma$, 成立 $\alpha(z) \in \mathrm{Arg}(z)$.

证明 通过用 $\gamma - c$ 取代 γ, 不妨假设 $c = 0$.

记 $\rho = d(\gamma, 0) = \min\limits_{z \in \gamma} |z| > 0$. 由 γ 的连续性知, 它在 $[a,b]$ 上一致连续. 于是, 存在 $\delta > 0$, 满足

$$\forall t_1, t_2 \in [a,b], |t_1 - t_2| < \delta \Longrightarrow |\gamma(t_1) - \gamma(t_2)| < \rho.$$

取 $[a,b]$ 的一组分点: $a = t_0 < t_1 < \cdots < t_m = b$, 使 $|t_{k+1} - t_k| < \delta$. 记 $z_k = \gamma(t_k)$, 则 $\gamma([t_k, t_{k+1}]) \subset D(z_k, \rho)$.

由 ρ 的定义知, $0 \notin D(z_0, \rho)$. 由推论 15.2 知, 在 $D(z_0, \rho)$ 上存在连续的辐角函数, 记为 $\arg_0 : D(z_k, \rho) \to \mathbb{R}$, 满足 $\arg_0(z_0) = \theta_0$. 定义

$$\theta_0(t) = (\arg_0 \circ \gamma)(t) = \arg_0(\gamma(t)), \ t \in [t_0, t_1].$$

归纳地, 假设已定义连续函数 $\theta_k : [t_k, t_{k+1}] \to \mathbb{R}, 0 \leqslant k < n$, 满足 $\theta_k(t_k) = \theta_{k-1}(t_k)$, 下面构造 $\theta_n : [t_n, t_{n+1}] \to \mathbb{R}$.

由 $0 \notin D(z_n, \rho)$ 知, 在 $D(z_n, \rho)$ 上存在连续的辐角函数 $\arg_n : D(z_n, \rho) \to \mathbb{R}$, 满足 $\arg_n(z_n) = \theta_{n-1}(t_n)$. 定义

$$\theta_n(t) = (\arg_n \circ \gamma)(t) = \arg_n(\gamma(t)), \ t \in [t_n, t_{n+1}].$$

有限步后, 可以构造出 θ_{m-1}, 这样就得到连续的辐角函数 $\theta : [a, b] \to \mathbb{R}$, 满足 $\theta(t) = \theta_k(t), t \in [t_k, t_{k+1}], 0 \leqslant k < m$.

下说明唯一性. 如果 $\tilde{\theta}$ 也满足条件, 则 $\theta - \tilde{\theta}$ 是连续函数. 由 $\theta(t), \tilde{\theta}(t) \in \mathrm{Arg}(\gamma(t) - c)$ 知, $\theta(t) - \tilde{\theta}(t) \in 2\pi\mathbb{Z}$. 这说明 $\theta - \tilde{\theta}$ 取值离散, 因此必为常值函数. 由 $\theta(a) = \tilde{\theta}(a) = \theta_0$ 知, $\theta \equiv \tilde{\theta}$.

定义 $L(t) = \log|\gamma(t) - c| + \mathrm{i}\theta(t), t \in [a, b]$, 得 L 的存在性. 唯一性同上. $\qquad \square$

注 如果 $0 \in \gamma$, 命题 16.1 成立与否变得微妙.

有例子使命题不成立. 比如 $\gamma(t) = t, \ t \in [-1, 1]$, 为包含原点的闭线段, 在原点左右两侧, 辐角差别至少为 π. 因此不可能存在连续的辐角函数.

亦有例子使命题成立. 如 $\gamma(t) = t^3 + \mathrm{i}t^2, t \in [-1, 1]$. 此时适当选取辐角并定义 $\theta(0)$, 可取到沿曲线连续变化的辐角函数, 如 $\theta : [-1, 1] \to \mathbb{R}$ 满足 $\theta(-1) = 3\pi/4, \theta(0) = \pi/2, \theta(1) = \pi/4$.

命题说明: 给定连续曲线 $\gamma : [a, b] \to \mathbb{C}$ 和曲线外一点 c, 可将 $\gamma(t) - c$ 参数化为

$$\gamma(t) - c = \rho(t)\mathrm{e}^{\mathrm{i}\theta(t)}, \ t \in [a, b],$$

这里, θ 是一个连续的辐角函数. 连续的辐角函数对计算一些积分很有帮助, 我们将在后面计算绕数时看到这一点.

16.2 多值函数的支点

下面引入多值函数的支点 (branched point).

> **定义 16.1** 称 $z_0 \in \mathbb{C} \cup \{\infty\}$ 是多值函数的支点, 是指它满足如下性质: 多值函数沿着充分靠近且围绕 z_0 的简单闭曲线 γ 所取到的连续分支, 在曲线的起点和终点取值不同.

定义可以这样理解: 假设 M 是多值函数, $\gamma : [a,b] \to \mathbb{C}$ 是充分靠近围绕 z_0 的简单闭曲线 (通常取为小圆周), M 沿着 γ 可以取到连续分支 $m : [a,b] \in \mathbb{C}$, 它满足

$$m(t) \in M(\gamma(t)), t \in [a,b].$$

如果 $m(a) \neq m(b)$, 则称 z_0 是多值函数的支点.

注意到 Arg 可看作 Log 的虚部, 因此对数函数和辐角函数有相同的支点.

> **例题 16.1** 求多值函数 $\mathrm{Log}(z)$, $\mathrm{Log}\big(z/(z-2)\big)$ 的支点.

解 对 $\mathrm{Log}(z)$ 而言, 我们说明 0 和 ∞ 是支点.

z 沿着围绕 0 的圆周逆时针走一圈, 连续变化的辐角函数取值改变 2π, 因此对数函数的连续分支取值改变 $2\pi \mathrm{i}$. 同样, z 沿着围绕 ∞ 的圆周 $\{|z| = R\}$ 逆时针走一圈, 辐角的连续分支取值增加 2π, 对数函数的连续分支取值增加 $2\pi \mathrm{i}$. 如果 z 沿着围绕 $z_0 \in \mathbb{C} \setminus \{0\}$ 的小圆周逆时针走一圈, 辐角的连续分支取值不变, 因此对数函数的连续分支取值不变, 说明 z_0 不是支点.

对 $\mathrm{Log}\big(z/(z-2)\big)$ 而言, 0 和 2 是支点, 但 ∞ 不是支点. 事实上, 做变换 $w = z/(z-2)$. 当 z 沿着围绕 0 的简单闭曲线走一圈时, w 沿着围绕 0 的简单闭曲线走一圈, $\mathrm{Log}(w)$ 的连续分支取值改变 $2\pi \mathrm{i}$, 因此 0 是支点. 当 z 沿着围绕 2 的简单闭曲线走一圈时, w 沿着围绕 ∞ 的简单闭曲线走一圈, $\mathrm{Log}(w)$ 的连续分支取值改变 $2\pi \mathrm{i}$, 因此 $z = 2$ 也是支点. 当 z 沿着围绕 ∞ 的简单闭曲线走一圈时, w 沿着围绕 1 附近的简单闭曲线走一圈, $\mathrm{Log}(w)$ 的连续分支取值不变, 因此 ∞ 不是支点. 类似可知, 其他点也不是支点. □

> **例题 16.2** 求多值函数
> $$w = \sqrt[3]{z(z-1)(z-2)}$$
> 的支点. 进一步, 在什么样的区域上, 多值函数有全纯单值分支?

解 先将多值函数改写如下

$$w = \mathrm{e}^{(\mathrm{Log}(z) + \mathrm{Log}(z-1) + \mathrm{Log}(z-2))/3}$$

$$= \mathrm{e}^{\frac{1}{3} \log |z(z-1)(z-2)| + \mathrm{i}(\mathrm{Arg}(z) + \mathrm{Arg}(z-1) + \mathrm{Arg}(z-2))/3}$$

$$= |z(z-1)(z-2)|^{1/3} \mathrm{e}^{\mathrm{i}(\mathrm{Arg}(z) + \mathrm{Arg}(z-1) + \mathrm{Arg}(z-2))/3}.$$

由前述讨论, 辐角函数 $\mathrm{Arg}(z)$ 的支点为 $0, \infty$. 通过平移可知, 多值函数的所有可能支点为 $0, 1, 2, \infty$. 下面分别讨论.

容易验证, z 沿着围绕 0 的小圆周逆时针走一圈, $\mathrm{Arg}(z)$ 的连续分支取值增加 2π, $\mathrm{Arg}(z-1)$ 与 $\mathrm{Arg}(z-2)$ 的连续分支取值不变, 因此, 多值函数 w 的值变为原来的 $\mathrm{e}^{2\pi \mathrm{i}/3}$ 倍. 这说明, $z = 0$ 是多值函数的支点.

同理可知 $z = 1, 2$ 都是多值函数的支点.

最后, 令 z 沿着半径很大的圆周 $\{|z| = R\}$ 逆时针走一圈, 此时 $\mathrm{Arg}(z), \mathrm{Arg}(z-1), \mathrm{Arg}(z-2)$ 的沿曲线的连续分支取值都增加 2π. 因此多值函数的值变为原来的 $\mathrm{e}^{\mathrm{i}(2\pi+2\pi+2\pi)/3} = 1$ 倍, 即不发生改变. 这说明 ∞ 不是多值函数的支点.

因此, 多值函数的支点为 $0, 1, 2$.

显然在不包含支点 $0, 1, 2$ 的单连通区域 (如 $\mathbb{C} \setminus [0, +\infty)$) 上, 辐角函数 $\mathrm{Arg}(z)$, $\mathrm{Arg}(z-1)$, $\mathrm{Arg}(z-2)$ 都可取到连续单值分支, 因此多值函数有全纯单值分支.

事实上, 也可以取区域 $\Omega = \mathbb{C} \setminus [0, 2]$. 在此区域上, 多值函数也可以取到全纯单值分支. $\qquad\square$

16.3　多值函数与共形映射

本节举例说明多值函数在共形变换中的应用.

> **例题 16.3**　假设 Ω 是两段圆弧所围的月牙形区域, 顶点是 a 和 b, 张角为 $\theta \in (0, \pi)$. 任取 $p \in \Omega$, 求一个双全纯映射 $\psi : \Omega \to \mathbb{D}$, 使 $\psi(p) = 0$.

解　如图 16.1 所示, 分为三步:

(1) 取 $c \in \partial\Omega \setminus \{a, b\}$, 使 a, c, b 按边界正向排列. 存在唯一的分式线性变换 f, 将 a, c, b 分别映为 $0, 1, \infty$. 记 $A = f(\Omega), p_1 = f(p)$. 由分式线性变换的保圆性和保角性, A 是角形区域

$$\{r\mathrm{e}^{\mathrm{i}\alpha} \mid r > 0, \alpha \in (0, \theta)\}.$$

(2) 取双全纯映射 $g : A \to \mathbb{H}$:

$$g(w) = w^{\pi/\theta}, \quad \text{全纯单值支取为 } g(\mathrm{e}^{\mathrm{i}\theta/2}) = \mathrm{i}.$$

记 $q = g(p_1)$.

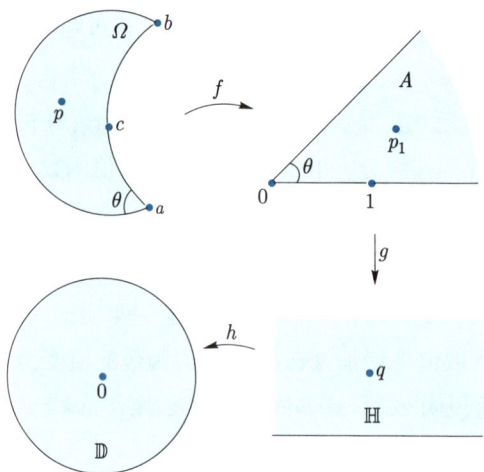

图 16.1

(3) 取双全纯映射 $h : \mathbb{H} \to \mathbb{D}$:

$$h(\zeta) = \frac{\zeta - q}{\zeta - \bar{q}}.$$

易知, 复合映射 $\psi = h \circ g \circ f$ 即为满足要求的双全纯映射. □

> **例题 16.4** 求一个双全纯映射, 将线段 $[-1,1]$ 的外部 $\widehat{\mathbb{C}} \setminus [-1,1]$ 映为单位圆盘 $\mathbb{D}$.

解 如图 16.2 所示, 分为三步:

(1) 取双全纯映射 $f : \widehat{\mathbb{C}} \setminus [-1,1] \to \widehat{\mathbb{C}} \setminus [-\infty, 0]$:

$$f(z) = \frac{z+1}{z-1}.$$

(2) 取双全纯映射 $g : \widehat{\mathbb{C}} \setminus [-\infty, 0] \to \mathbb{H}_r = \{\Re(z) > 0\}$:

$$g(\xi) = \sqrt{\xi}, \quad \text{全纯单值支取为} \sqrt{1} = 1.$$

(3) 取双全纯映射 $h : \mathbb{H}_r \to \mathbb{D}$:

$$w = h(\zeta) = \frac{\zeta - 1}{\zeta + 1}.$$

易知, 复合映射 $\psi = h \circ g \circ f$ 即为满足要求的双全纯映射. □

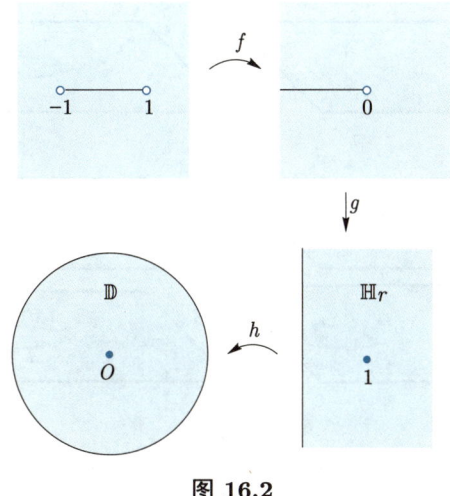

图 16.2

> **注** 在例题 16.4中, 令 $w = \psi(z)$. 可以验证,
>
> $$\frac{z+1}{z-1} = \left(\frac{w+1}{w-1}\right)^2 \Longleftrightarrow z = J(w) = \frac{1}{2}\left(w + \frac{1}{w}\right).$$
>
> 这里, J 为前文提到的 Joukowsky 变换. 这说明, ψ 是 J 在像集 $\widehat{\mathbb{C}} \setminus [-1,1]$ 上
> 的反函数.

16.4 多值函数的 Riemann 曲面

多值函数如

$$w = \sqrt{z}, \; w = \sqrt{(z-a_1)(z-a_2)(z-a_3)}$$

可在合适的区域上取到全纯单值分支. 一般而言, 全纯单值分支可越过边界全纯延拓到
更大的 "定义域" 上. Riemann 曲面正是德国数学家 Riemann 为给多值函数构造一个
单值的定义域而引入的一种曲面.

本节将给出这两个多值函数 Riemann 曲面的构造.

先看 $w = \sqrt{z}$, 它在裂纹复平面 $\mathbb{C} \setminus [0, +\infty)$ 上可取到两个全纯单值分支 $w_1(z), w_2(z)$,
相差一负号. 不妨取 $w_1(-1) = \mathrm{i}$, $w_2(-1) = -\mathrm{i}$. 裂缝 $[0, +\infty)$ 的上下两侧分别标记为
$+, -$, 即对任意 $a \in [0, +\infty)$, 如 a 视为裂缝上侧点, 则标记为 a^+, 若视为裂缝下侧点,
则标记为 a^-. 由此, 将平面沿裂缝 $[0, +\infty)$ 切开, 并将上下两侧 (视为不同边界) 并入
$\mathbb{C} \setminus [0, +\infty)$ 得 $S = (\mathbb{C} \setminus [0, +\infty)) \sqcup [0, +\infty)^+ \sqcup [0, +\infty)^-$.

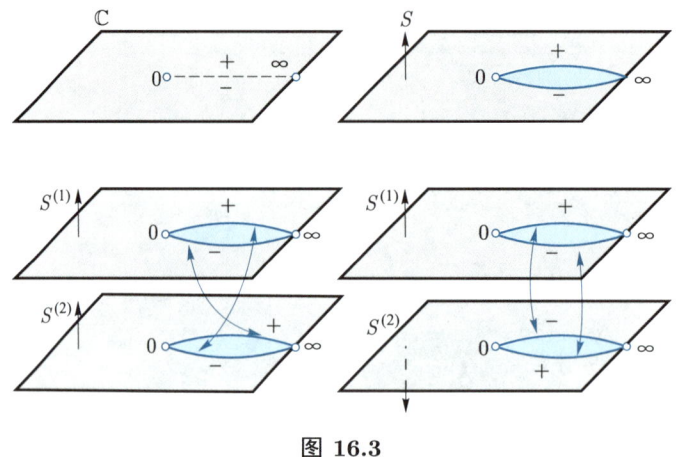

图 16.3

显然, $w_k(z)$ 可连续延拓到 S 上, 且对任意 $a > 0$,

$$w_1(a^\pm) = \pm\sqrt{a}, \ w_2(a^\pm) = \mp\sqrt{a}.$$

由此, 得带边裂纹平面 S 的两个复制

$$S^{(k)} = \{(z, w_k(z)) | z \in S\}, \ k = 1, 2.$$

通过坐标投影 $(z, w) \mapsto z$, 可将 $S^{(k)}$ 与 S 等同. S 中的 $\pm$ 两边自然诱导了 $S^{(k)}$ 的 $\pm$ 两边. 显然, 对任意 $z \in \mathbb{C} \setminus [0, +\infty)$, 有 $(z, \sqrt{z}) \in S^{(1)} \sqcup S^{(2)}$. 当 z 沿着围绕原点的简单闭曲线穿过 $(0, +\infty)$, 且使 $\sqrt{z}$ 连续变化时, 对应的 $(z, \sqrt{z})$ 将连续地从 $S^{(k)}$ 之一上变到另一个上. 由 $w_1(a^-) = w_2(a^+), w_1(a^+) = w_2(a^-)$ 可知, 这种连续变动诱导了 $S^{(1)}$ 与 $S^{(2)}$ 上 $\pm$ 两边的粘合方式: 将 $S^{(1)}$ 中 $-$ 边上的点 $(a^-, w_1(a^-))$ 与 $S^{(2)}$ 中 $+$ 边上的点 $(a^+, w_2(a^+))$ 粘成一点, 将 $S^{(1)}$ 中 $+$ 边上的点 $(a^+, w_1(a^+))$ 与 $S^{(2)}$ 中 $-$ 边上的点 $(a^-, w_2(a^-))$ 粘成一点. 如此粘合后得到的曲面称为 $w = \sqrt{z}$ 的 Riemann 曲面. 为使此曲面更为直观, 一个妙法是将 $S^{(1)}$ 与 $S^{(2)}$ 反向叠放, 此时做粘合的两边正好相对 (参见图 16.3, 图中单箭头表示定向, 双箭头表示粘合). 设想将 $S^{(1)}$ 与 $S^{(2)}$ 看成带边的裂纹球面, 球面沿裂缝 $[0, +\infty]$ 连续形变为半球面, 裂缝 $\pm$ 两侧对应于半球面圆周边界的 $\pm$ 两部分. 两个半球面相对放置, 其中之一的 $+$ 边与另一个的 $-$ 边粘合, $-$ 边与另一个的 $+$ 边粘合, 最终得到一个球面, 参见图 16.4. 此时去掉 ∞ 点, 即为 $w = \sqrt{z}$ 的 Riemann 曲面 R 的直观模型. 多值函数 $w = \sqrt{z}$ 在 S 上是单值的, 可这样理解: 映射 $(z, \sqrt{z}) \mapsto \sqrt{z}$ 是单值的. 事实上, 它给出了从 R 到 $\mathbb{C}$ 的同胚.

接下来, 讨论多值函数

$$w = \sqrt{(z - a_1)(z - a_2)(z - a_3)} = \sqrt{z - a_1}\sqrt{z - a_2}\sqrt{z - a_3},$$

其中, a_1, a_2, a_3 互不相同. 不难验证, 当 z 沿围绕 a_k 的简单闭曲线 γ 变动一周, $z - a_k$ 的辐角改变 2π, 因子 $\sqrt{z - a_k}$ 改变正负号. 选取连接 a_1 和 a_2 的简单弧 α, 连接 a_3 和

∞ 的简单弧 β, 使 $\alpha \cap \beta = \varnothing$. 当 z 沿着 $\mathbb{C} \setminus (\alpha \cup \beta)$ 中的简单闭曲线 γ 前进一周, $z - a_3$ 的辐角的变化量为 0, 与此同时 $z - a_1, z - a_2$ 的辐角变化量相同, 要么为 2π, 要么为 0. 不管哪种情形, $w(z)$ 的取值不改变. 因此, w 可在裂纹平面 $\mathbb{C} \setminus (\alpha \cup \beta)$ 上取到两个全纯单值分支 $w_1(z)$ 和 $w_2(z)$, 相差一负号.

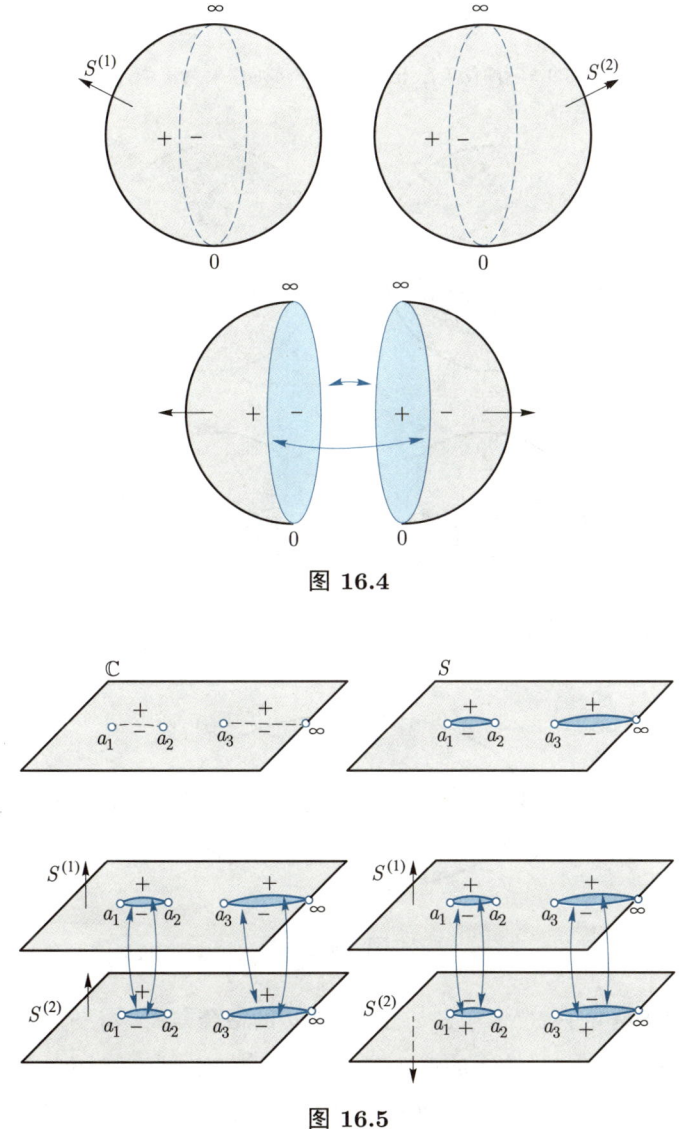

图 **16.4**

图 **16.5**

将两裂纹 α, β 的两侧分别标记 $\pm$, 并视为不同边, 记为 $\alpha^\pm, \beta^\pm$. 定义

$$S = (\mathbb{C} \setminus (\alpha \cup \beta)) \sqcup \alpha^+ \sqcup \alpha^- \sqcup \beta^+ \sqcup \beta^-.$$

显然, w_k 可连续延拓到 S 上, 满足

$$w_1|_{\alpha^\pm} = -w_2|_{\alpha^\pm}, w_1|_{\beta^\pm} = -w_2|_{\beta^\pm}.$$

由此得 S 的两个复制

$$S^{(k)} = \{(z, w_k(z)) | z \in S\}, \ k = 1, 2.$$

通过坐标投影 $(z, w) \mapsto z$, 可将 $S^{(k)}$ 与 S 视为等同. S 中的 $\pm$ 两边自然诱导了 $S^{(k)}$ 的 $\pm$ 两边. 当 z 沿着围绕原点的闭曲线穿过裂缝 α 或 β 时, 对应的 $(z, w(z))$ 将连续地从 $S^{(k)}$ 之一变动到另一个上. 由

$$w_1(a^-) = w_2(a^+), \ w_1(a^+) = w_2(a^-), \ \forall a \in \alpha \cup \beta$$

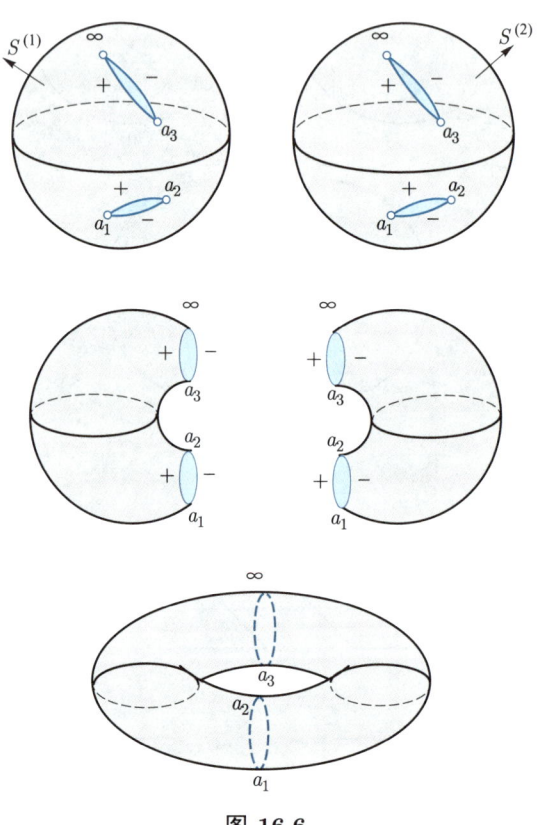

图 16.6

知, 这种连续变化诱导了 $S^{(1)}$ 与 $S^{(2)}$ 上 $\pm$ 两边的粘合方式: 将 $S^{(1)}$ 中 $-$ 边上的点 $(a^-, w_1(a^-))$ 与 $S^{(2)}$ 中 $+$ 边上的点 $(a^+, w_2(a^+))$ 粘成一点, 将 $S^{(1)}$ 中 $+$ 边上的点 $(a^+, w_1(a^+))$ 与 $S^{(2)}$ 中 $-$ 边上的点 $(a^-, w_2(a^-))$ 粘成一点, 如图 16.5 所示. 为使粘合更直观, 仍将 $S^{(1)}$ 与 $S^{(2)}$ 反向叠放, 并利用球面模型. 设想将 $S^{(1)}$ 与 $S^{(2)}$ 看成带裂缝的球面, 并将裂缝连续地形变为两个 "圆洞", 裂缝 $\pm$ 两侧对应于圆洞边界的 $\pm$ 两部分. 两个带洞球面相对放置, 每个洞的 $+$ 边与另一个的 $-$ 边粘合, $-$ 边与另一个的 $+$ 边粘合, 最后得到一个环面, 如图 16.6 所示. 此时去掉 ∞ 点, 即为多值函数的 Riemann 曲面 R. 它是一个穿孔环面. 多值函数 w 在 S 上是单值的, 可以理解为投影映射 $(z, w) \mapsto w$ 是单值的.

以上两例多值函数的"图像"都可视为 $\mathbb{C}^2$ 中二元多项式 $p(z,w)$ 的零点集. 这样的零点集

$$p^{-1}(0) = \{(z,w) \in \mathbb{C}^2 | \, p(z,w) = 0\}$$

也称为代数曲线. 以上两例 p 分别为 $w^2 - z$ 和 $w^2 - (z - a_1)(z - a_2)(z - a_3)$. 后者称为椭圆曲线, 是代数数论与代数几何的重要研究对象.

16.5　习题

"人生在世, 知道自己需要什么, 只不过是一个人的本能; 而懂得自己不需要什么, 却是一个人的智慧."

——苏格拉底

1. (复数的复数幂)　写出 i^i 的所有可能取值.

2. (单值支的存在性)　假设 f 在单位圆 $\mathbb{D}$ 上全纯, 不取零值. 证明: 存在 $\mathbb{D}$ 上全纯函数 g, 满足

$$g(x) = |f(x)|, x \in (-1, 1).$$

提示: 考虑函数 $F(z) = f(z)\overline{f(\bar{z})}$, 取 $\sqrt{F}$ 的单值支.

3. (连续的辐角函数)　平面中两条曲线定义为

$$C_1 = \{\theta e^{i\theta} | \theta \geqslant 0\}, \; C_2 = \{e^{\theta + i\theta} | \theta \in \mathbb{R}\} \cup \{0\}.$$

定义区域 $\Omega_1 = \mathbb{C} - C_1$, $\Omega_2 = \mathbb{C} - C_2$. 记 Ω_1 中满足 $\psi_1(1) = 2\pi$ 的连续辐角函数为 ψ_1, 记 Ω_2 中满足 $\psi_2(1/2) = 2\pi$ 的连续辐角函数为 ψ_2. 求 ψ_1, ψ_2 的值域.

4. (支点与单值支)　求多值函数

$$w = \sqrt[3]{z^2(z-2)}$$

的支点. 在区域 $\Omega = \mathbb{C} \setminus [0, 2]$ 上, 多值函数能取到全纯单值分支吗?

5. (双全纯映射)　求双全纯映射 f, 将角域 $\{z \in \mathbb{C} | 0 < \arg z < 3\pi/4\}$ 映到单位圆 $\mathbb{D}$, 满足

$$f(e^{3\pi i/8}) = 0, \; \arg f'(e^{3\pi i/8}) = 0.$$

6. ($\sqrt[n]{\cdot}$ 单值支的存在性)　假设 f 在 0 的邻域 U 内全纯, 并且 0 是 f 的 $n(n \geqslant 1)$ 阶零点. 证明存在 0 的邻域 $V \subset U$ 上的全纯函数 g, 满足

$$f(z) = g(z)^n, z \in V.$$

由此, 如果两条以原点为起点的射线 ℓ_1, ℓ_2 夹角为 $\theta \in (0, 2\pi/n)$, 求出像曲线 $f(\ell_1), f(\ell_2)$ 在 0 处的夹角.

7. (函数方程)   证明函数方程

$$f^2 + g^2 = 1$$

的所有整函数解 (f, g) 都可以表示为

$$f = \cos h, g = \sin h$$

的形式, 其中 h 是整函数.

提示: 函数方程等价于 $(f + \mathrm{i}g)(f - \mathrm{i}g) = 1$, 这说明 $f + \mathrm{i}g$ 不取零值, 因此可表示为 $\mathrm{e}^{\mathrm{i}h}$ 的形式.

8. (半平面的周期函数) 假设 f 在 $\Omega = \{z | \mathrm{Im}(z) > R\}$ 上全纯, 满足 $f(z+1) = f(z)$, 其中 R 为一个正数. 如果 f 满足

$$\left| f(z) - a_0 - \frac{a_1}{z} \right| \leqslant \frac{C}{|z|^2}, \ \forall z \in \Omega,$$

证明 $a_1 = 0$.

注: 不等式右边指数 2 可以换成 $\nu > 1$.

第十七章

绕数与拓扑学

你知道吗,

(1) 把一张当地的地图平铺在地面上, 总能在地图上找到一点, 使其正好表示下方地面上的点;

(2) 地球表面总存在关于球心对称的两地, 它们的温度值、气压值分别相同;

(3) 任何一个火腿三明治, 一定可以切一刀, 使其两片面包和一片火腿都各自等分;

(4) 你永远无法理顺椰子上的毛.

以上有趣事实, 分别对应于拓扑学中的 Brouwer 不动点定理, Borsuk 定理, 火腿三明治定理, Poincaré 定理. 本章将给出证明, 证明的关键是绕数的同伦不变性.

17.1 绕数

如前所知: 给定连续曲线 $\gamma : [a, b] \to \mathbb{C}$, 以及 $c \notin \gamma$, 指定 $\gamma(a) - c$ 的一个辐角 θ_0, 存在唯一的连续函数 $\theta : [a, b] \to \mathbb{R}$, 满足

$$\theta(t) \in \mathrm{Arg}(\gamma(t) - c), \ \forall t \in [a, b]; \ \theta(a) = \theta_0.$$

定义曲线 γ 关于 c 的辐角变化量 $\Delta(\gamma, c)$ 为

$$\Delta(\gamma, c) = \theta(b) - \theta(a).$$

辐角变化量衡量的是曲线 γ 关于曲线外一点 c 的辐角变化, 它满足如下基本性质:

(1) 辐角变化量与 θ_0 的选取无关;

(2) 如果 γ 是常值曲线 $\gamma(t) \equiv \gamma(a), \forall t \in [a, b]$, 则 $\Delta(\gamma, c) = 0$;

(3) 辐角变化量满足可加性: 任取区间 $[a, b]$ 的一个分划 $a = t_0 < t_1 < \cdots < t_n = b$, 记 $\gamma_k = \gamma|_{[t_k, t_{k+1}]}$, 则

$$\Delta(\gamma, c) = \sum_{k=0}^{n-1} \Delta(\gamma_k, c).$$

如果 γ 是闭曲线, 则 $\gamma(a) = \gamma(b)$, 此时 $\Delta(\gamma, c)$ 是 2π 的整数倍. 定义

$$w(\gamma, c) = \frac{\Delta(\gamma, c)}{2\pi} \in \mathbb{Z},$$

称它为闭曲线 γ 关于 c 的绕数 (winding number). 它表示曲线 γ 关于 c 围绕的圈数.

这里的曲线应按映射理解, 不能按像集合来理解. 为说明这一点, 考虑曲线 $\gamma : [0, 1] \to \mathbb{C}$, $\gamma(t) = e^{2\pi i n t}$, 其中 n 为整数. 按绕数定义, $w(\gamma, 0) = n$. 显然 γ 的像集 $\gamma([0, 1])$ 为单位圆周 $\partial \mathbb{D}$, 它关于原点的绕数为 ± 1, 不等于 $w(\gamma, 0)$, 因为忽略了覆盖像集的次数.

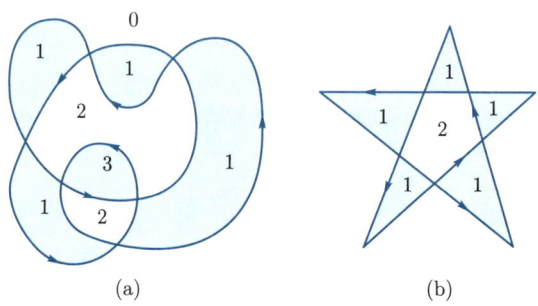

图 17.1 绕数 $w(\gamma, c)$ 关于 c 在 $\mathbb{C} \setminus \gamma$ 上分片常值

绕数的一个重要的性质是同伦不变性. 假设 $\gamma_0, \gamma_1 : [a, b] \to \Omega$ 是平面区域 Ω 中两条闭曲线, $c \notin \gamma_0 \cup \gamma_1$ (c 不必属于 Ω). 称 γ_0 与 γ_1 在 $\Omega \setminus \{c\}$ 中同伦 (或自由同伦[①]), 是指存在连续映射 $H : [0, 1] \times [a, b] \to \Omega \setminus \{c\}$, 满足

$$H(0, t) = \gamma_0(t), H(1, t) = \gamma_1(t), \ \forall t \in [a, b];$$

$$H(s, a) = H(s, b), \ \forall s \in [0, 1].$$

此时, 我们记 $\gamma_0 \sim_{\Omega \setminus \{c\}} \gamma_1$.

命题 17.1 若区域 Ω 中两闭曲线 γ_0, γ_1 满足 $\gamma_0 \sim_{\Omega \setminus \{c\}} \gamma_1$, 则

$$w(\gamma_0, c) = w(\gamma_1, c).$$

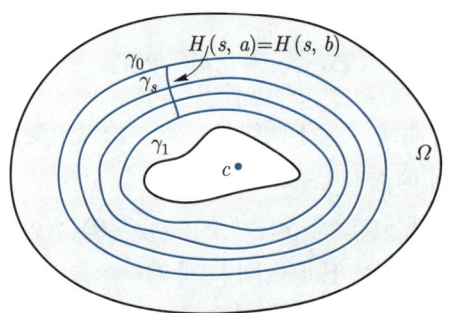

图 17.2 闭曲线的 (自由) 同伦

---

① "自由" 指的是曲线在形变的过程中, 端点不必固定, 因此是自由的.

证明   不失一般性, 假设 $c = 0$, 曲线参数区间 $[a, b] = [0, 1]$. 记 $H : [0, 1] \times [0, 1] \to \Omega \setminus \{0\}$ 为 γ_0, γ_1 之间的自由同伦. 紧集 $[0, 1] \times [0, 1]$ 在连续映射 H 下的像 E 是 $\Omega \setminus \{0\}$ 中的紧集.

记 $\rho = \min\{d(E, 0), d(E, \partial\Omega)\} > 0$. 由 H 的一致连续性, 存在 $\delta > 0$, 对任意 $(s_1, t_1), (s_2, t_2) \in [0, 1] \times [0, 1]$,

$$|s_1 - s_2|, |t_1 - t_2| \leqslant \delta \Longrightarrow |H(s_1, t_1) - H(s_2, t_2)| \leqslant \rho/2 < \rho.$$

取整数 $n \geqslant 1$ 使 $1/n \leqslant \delta$. 将 $[0, 1] \times [0, 1]$ 等分为 n^2 个小正方形

$$\Delta_{jk} = \left[\frac{j}{n}, \frac{j+1}{n}\right] \times \left[\frac{k}{n}, \frac{k+1}{n}\right], \ 0 \leqslant j, k \leqslant n - 1.$$

由 H 的一致连续性,

$$H(\Delta_{jk}) \subset D(H(j/n, k/n), \rho) := D_{jk}.$$

因为 $0 \notin D_{jk}$, 在 D_{jk} 上存在连续的辐角函数, 取其中之一为 $\arg_{jk} : D_{jk} \to \mathbb{R}$. 当 $s \in [j/n, (j+1)/n]$ 时, 有

$$w(\gamma_s, 0) = \frac{1}{2\pi} \sum_{k=0}^{n-1} \left[\arg_{jk}\left(\gamma_s\left(\frac{k+1}{n}\right)\right) - \arg_{jk}\left(\gamma_s\left(\frac{k}{n}\right)\right)\right].$$

上式表明, $w(\gamma_s, 0)$ 关于 $s \in [j/n, (j+1)/n]$ 上连续. 因其取整数值, 故只能为常数. 因此 $w(\gamma_s, 0)$ 在 $[0, 1]$ 上取常值. 特别地, $w(\gamma_0, 0) = w(\gamma_1, 0)$.   □

17.2　Brouwer 不动点定理

1912 年, 荷兰数学家 Brouwer 证明了如下定理

> **定理 17.1**　任意连续映射 $f : \overline{\mathbb{D}} \to \overline{\mathbb{D}}$ 必有不动点.

证明　(反证法) 假设 f 没有不动点, 则映射 $g(z) = z - f(z), z \in \overline{\mathbb{D}}$ 连续且不取 0 值. 考虑圆周 $\partial\mathbb{D}$ 在 g 下的像曲线 $\gamma = g(\partial\mathbb{D})$, 参数化为 $\gamma(t) = g(e^{it}) = e^{it} - f(e^{it}), t \in [0, 2\pi]$.

下面将通过两种方式计算绕数 $w(\gamma, 0)$ 来得到矛盾.

定义

$$H_1 : \begin{cases} [0, 1] \times [0, 2\pi] \to \mathbb{C} \setminus \{0\}, \\ (s, t) \mapsto g(se^{it}). \end{cases}$$

显然 H_1 是常值曲线 $\alpha = H_1(0, \cdot)$ 与 $\gamma = H_1(1, \cdot)$ 在 $\mathbb{C} \setminus \{0\}$ 中的同伦. 由绕数的同伦不变性, $w(\gamma, 0) = w(\alpha, 0) = 0$.

另一方面, 可定义

$$H_2 : \begin{cases} [0,1] \times [0, 2\pi] \to \mathbb{C}, \\ (s, t) \mapsto \mathrm{e}^{\mathrm{i}t} - sf(\mathrm{e}^{\mathrm{i}t}). \end{cases}$$

显然 $H_2(1, \cdot)$ 不取零值, 而当 $s \in [0, 1)$ 时, $H_2(s, \cdot)$ 亦不取零值. 因此 H_2 是曲线 $\beta = H_2(0, \cdot)$ (易见 $\beta(t) = \mathrm{e}^{\mathrm{i}t}, t \in [0, 2\pi]$) 与 $\gamma = H_2(1, \cdot)$ 在 $\mathbb{C} \setminus \{0\}$ 中的同伦. 因此 $w(\gamma, 0) = w(\beta, 0) = 1$.

由此得矛盾. $\qquad\qquad\qquad\qquad\qquad\qquad\qquad\qquad\qquad\qquad\qquad\qquad\qquad\qquad\quad$ $\square$

17.3　Borsuk 定理

> **定理 17.2 (Borsuk, 1933)**　任给连续映射 $f : S^2 \to \mathbb{C}$, 存在 $p \in S^2$ 满足
>
> $$f(p) = f(-p).$$

证明　假设结论不成立. 定义函数 $h : \overline{\mathbb{D}} \to \mathbb{C} \setminus \{0\}$ 如下:

$$h(z) = f(z, \sqrt{1 - |z|^2}) - f(-z, -\sqrt{1 - |z|^2}).$$

定义映射 $H : [0, 1] \times [0, 2\pi] \to \mathbb{C} \setminus \{0\}$ 为

$$H(s, t) = h(s\mathrm{e}^{\mathrm{i}t}).$$

显然 H 是常值曲线 α (参数化为 $\alpha(t) = h(0), t \in [0, 2\pi]$) 与曲线 $\gamma = h(\partial \mathbb{D})$ (参数化为 $\gamma(t) = h(\mathrm{e}^{\mathrm{i}t}), t \in [0, 2\pi]$) 在 $\mathbb{C} \setminus \{0\}$ 中的同伦. 由绕数的同伦不变性,

$$w(\gamma, 0) = w(\alpha, 0) = 0. \tag{17.1}$$

另一方面, 当 $z \in \partial \mathbb{D}$ 时, $h(z) = -h(-z)$. 上半圆周在 h 下的像曲线 γ^+ (参数化为 $\gamma^+(t) = h(\mathrm{e}^{\mathrm{i}t}), t \in [0, \pi]$) 起点为 $h(1)$, 终点为 $h(-1) = -h(1)$. 端点关于原点的对称性表明, 沿着曲线 γ^+ 的辐角变化量 $\Delta(\gamma^+, 0) \neq 0$.

由 h 的对称性, 下半圆周的像曲线 γ^- (参数化为 $\gamma^-(t) = h(\mathrm{e}^{\mathrm{i}t}), t \in [\pi, 2\pi]$) 满足 $\gamma^-(t + \pi) = -\gamma^+(t), t \in [0, \pi]$. 由辐角变化量的定义, $\Delta(\gamma^-, 0) = \Delta(\gamma^+, 0)$. 因此

$$w(\gamma, 0) = \frac{1}{2\pi}(\Delta(\gamma^+, 0) + \Delta(\gamma^-, 0)) = \frac{1}{\pi}\Delta(\gamma^+, 0) \neq 0.$$

这与 (17.1) 式矛盾. $\qquad\qquad\qquad\qquad\qquad\qquad\qquad\qquad\qquad\qquad\qquad\qquad\qquad\quad$ $\square$

17.4 舌尖上的数学

17.4.1 火腿三明治定理

1942 年, Stone 和 Tukey 证明了如下定理

> **定理 17.3 (火腿三明治定理)** 假设 A, B, C 为 $\mathbb{R}^3$ 中有界连通开集, 则存在一平面, 将三者体积同时等分.

此定理亦可推广到高维或离散的情形.

证明 任取 $\boldsymbol{u} = (u_1, u_2, u_3) \in S^2$, $t \in \mathbb{R}$, 定义半空间

$$H(\boldsymbol{u}, t) = \{\boldsymbol{x} = (x_1, x_2, x_3) \in \mathbb{R}^3 | \boldsymbol{x} \cdot \boldsymbol{u} < t\}.$$

对单位球 $\mathbb{B} = \{(x_1, x_2, x_3) \in \mathbb{R}^3 | x_1^2 + x_2^2 + x_3^2 < 1\}$ 中的连通开集 $U \subset \mathbb{R}^3$, 定义函数 $\psi(t) = \nu(H(\boldsymbol{u}, t) \cap U)$, 其中 $\nu(\cdot)$ 表示可测集合的体积. 容易验证 ψ 连续 (事实上, Lipschitz 连续: $|\psi(t_1) - \psi(t_2)| \leqslant \pi|t_1 - t_2|$. 为说明这一点, 注意到两平面 $\boldsymbol{x} \cdot \boldsymbol{u} = t_1$ 与 $\boldsymbol{x} \cdot \boldsymbol{u} = t_2$ 之间的距离为 $|t_1 - t_2|$, U 与法方向 $\boldsymbol{u}$ 垂直的截面面积不超过 π, 因此有 Lipschitz 估计), 满足 $\psi(-1) = 0, \psi(1) = \nu(U)$. 由连续函数的介值定理, 存在 $t_U(\boldsymbol{u}) \in (-1, 1)$ 使 $\psi(t_U(\boldsymbol{u})) = \nu(U)/2$. 因当 $0 < \psi(t) < \nu(U)$ 时, ψ 关于 t 严格递增或递减, 故满足 $\psi(t_U(\boldsymbol{u})) = \nu(U)/2$ 的 $t_U(\boldsymbol{u})$ 是唯一的.

下面说明 $t_U : S^2 \to \mathbb{R}$ 是连续的奇函数. 事实上, 对任意 $\boldsymbol{u}, \boldsymbol{v} \in S^2$, 以下两平面

$$P_{\boldsymbol{u}} = \{\boldsymbol{x} \in \mathbb{R}^3 | \boldsymbol{x} \cdot \boldsymbol{u} = t_U(\boldsymbol{u})\}; \ P_{\boldsymbol{v}} = \{\boldsymbol{x} \in \mathbb{R}^3 | \boldsymbol{x} \cdot \boldsymbol{v} = t_U(\boldsymbol{v})\}$$

都等分 U 的体积. 如果交集 $P_{\boldsymbol{u}} \cap P_{\boldsymbol{v}}$ 与 $\mathbb{B}$ 无交, 则 $P_{\boldsymbol{u}}$ 和 $P_{\boldsymbol{v}}$ 不可能同时等分 U 的体积. 因此 $P_{\boldsymbol{u}} \cap P_{\boldsymbol{v}} \cap \mathbb{B} \neq \varnothing$. 取 $\boldsymbol{x}_0 \in P_{\boldsymbol{u}} \cap P_{\boldsymbol{v}} \cap \mathbb{B}$. 显然 $\|\boldsymbol{x}_0\| \leqslant 1$. 利用 Cauchy-Schwarz 不等式,

$$|t_U(\boldsymbol{u}) - t_U(\boldsymbol{v})| = |\boldsymbol{x}_0 \cdot (\boldsymbol{u} - \boldsymbol{v})| \leqslant \|\boldsymbol{u} - \boldsymbol{v}\|.$$

这说明 t_U 连续. 容易验证 t_U 是奇函数: $t_U(-\boldsymbol{u}) = -t_U(\boldsymbol{u})$.

最后, 利用 t_U 的上述性质, 给出定理的证明. 不妨假设 A, B, C 都落在单位球 $\mathbb{B}$ 中. 定义函数 $f : S^2 \to \mathbb{R}^2$ 如下

$$f(\boldsymbol{u}) = (t_A(\boldsymbol{u}) - t_B(\boldsymbol{u}), \ t_A(\boldsymbol{u}) - t_C(\boldsymbol{u})).$$

易见 f 是连续的奇函数. 由 Borsuk 定理, 存在 $\boldsymbol{u} \in S^2$ 满足 $f(\boldsymbol{u}) = f(-\boldsymbol{u})$. 由 f 是奇函数知, $f(\boldsymbol{u}) = 0$. 这说明 $t_A(\boldsymbol{u}) = t_B(\boldsymbol{u}) = t_C(\boldsymbol{u})$, 记此值为 t_0. 则平面 $\boldsymbol{x} \cdot \boldsymbol{u} = t_0$ 将 A, B, C 的体积同时等分. $\qquad\square$

17.4.2　奶酪比萨定理

> **问题 17.1**　一个圆形的奶酪比萨, 成分只有奶酪与面饼. 能否从中心分为两个扇形切片, 使两部分的奶酪和面饼同时等分?

为将问题转化为严谨的数学, 需做一些合理的假设.

不妨假设比萨对应单位圆盘 $\mathbb{D}$, 它的面饼和奶酪面饼质量连续分布, 意即奶酪的密度函数 ρ_1 与面饼的密度函数 ρ_2 都是 $\mathbb{D}$ 上的连续非负函数. 二者都有正质量

$$\int_{\mathbb{D}} \rho_j \mathrm{d}x\mathrm{d}y > 0,\ j=1,2.$$

在扇形区域 $S(t_1,t_2) = \{r\mathrm{e}^{\mathrm{i}t} | 0 < r < 1, t_1 < t < t_2\}$ 上, 奶酪和面饼的质量分别为

$$m_j([t_1,t_2]) = \int_{t_1}^{t_2} \int_0^1 \rho_j(r\mathrm{e}^{\mathrm{i}\theta}) r \mathrm{d}r\mathrm{d}\theta,\ j \in \{1,2\}.$$

任取 $\boldsymbol{x} = (x_1, x_2, x_3) \in S^2$, 定义

$$t_k = 2\pi \sum_{j=1}^{k} x_j^2,\ k=1,2,3.$$

显然 $0 := t_0 \leqslant t_1 \leqslant t_2 \leqslant t_3 = 2\pi$ 是 $[0, 2\pi]$ 的一个划分.

定义函数 $f = (f_1, f_2) : S^2 \to \mathbb{R}^2$ 如下

$$f_j(\boldsymbol{x}) = \sum_{k=1}^{3} \mathrm{sgn}(x_k) \cdot m_j([t_{k-1}, t_k]),$$

这里约定 $\mathrm{sgn}(0) = 0$.

可验证 f 连续 (细节留给读者), 满足 $f(-\boldsymbol{x}) = -f(\boldsymbol{x})$. 由 Borsuk 定理, 存在 $\boldsymbol{x} \in S^2$, 使 $f(-\boldsymbol{x}) = f(\boldsymbol{x})$. 因此 $f(\boldsymbol{x}) = 0$.

对此 $\boldsymbol{x} = (x_1, x_2, x_3)$, 若每个分量非零, 则必有两项同号 (若三项同号, 导致 $f(\boldsymbol{x}) \neq 0$). 将符号相异的一项记为 x_k, 则扇形 $S(t_{k-1}, t_k)$ 中奶酪和面饼占各自总质量的一半; 如果某分量为零, 比如 $x_2 = 0$, 此时 $t_2 = t_1$, 扇形 $S(t_0, t_1)$ 中奶酪和面饼分别占各自总质量的一半.

由此得如下**奶酪比萨定理**:

一个圆形的奶酪比萨, 成分只有奶酪与面饼. 可经中心分为两个扇形切片, 使奶酪和面饼的质量同时等分.

刘师赫发现了奶酪比萨定理的一个初等而有趣的证明. 思路如下: 对任意 $\theta \in [0, 2\pi]$, 令 $f(\theta) \in [0, 4\pi]$ 为使扇形 $S(\theta, f(\theta))$ 中奶酪质量占一半的角度, $g(\theta) \in [0, 4\pi]$ 为使扇形

$S(\theta, g(\theta))$ 中面饼质量占一半的角度. 显然 f, g 都可取为递增的连续函数, 且满足

$$f(f(0)) = 2\pi, \ g(g(0)) = 2\pi.$$

如果 $f(0) = g(0)$, 定理显然成立; 若不然, 不妨假设 $f(0) < g(0)$. 在区间 $[0, f(0)]$ 的端点处 f, g 的取值满足

$$f(0) < g(0), \ f(f(0)) = 2\pi \geqslant g(f(0)).$$

由连续函数的介值定理, 存在 $\theta_0 \in (0, f(0)]$ 使 $f(\theta_0) = g(\theta_0)$.

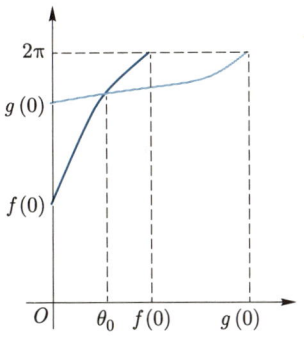

图 17.3　利用介值定理证明奶酪比萨定理

奶酪比萨定理的一般形式为 Hobby-Rice 定理:

> **定理 17.4 (Hobby-Rice, 1965)**　给定 $[0, 1]$ 区间上的 n 个连续实函数 $g_1, \cdots, g_n$, 存在区间的一个划分
>
> $$0 := t_0 \leqslant t_1 \leqslant t_2 \cdots \leqslant t_n \leqslant t_{n+1} = 1,$$
>
> 以及 $\varepsilon_1, \cdots, \varepsilon_{n+1} \in \{\pm 1\}$, 满足
>
> $$\sum_{k=1}^{n+1} \varepsilon_k \int_{t_{k-1}}^{t_k} g_j(t)\mathrm{d}t = 0, \ \forall j \in \{1, \cdots, n\}.$$

证明　证明与奶酪比萨定理类似, 唯一区别是此处需用 Borsuk 定理的高维版本. 细节如下:

任取 $\boldsymbol{x} = (x_1, \cdots, x_{n+1}) \in S^n$, 定义

$$t_k = \sum_{j=1}^{k} x_j^2,$$

显然 $0 := t_0 \leqslant t_1 \leqslant t_2 \cdots \leqslant t_n \leqslant t_{n+1} = 1$ 是 $[0, 1]$ 的一个划分.

定义函数 $f = (f_1, \cdots, f_n) : S^n \to \mathbb{R}^n$ 如下

$$f_j(\boldsymbol{x}) = \sum_{k=1}^{n+1} \mathrm{sgn}(x_k) \int_{t_{k-1}}^{t_k} g_j(t)\mathrm{d}t,$$

这里规定 $\mathrm{sgn}(0) = 0$. 可以验证, f 为连续的奇函数 (即 $f(-\boldsymbol{x}) = -f(\boldsymbol{x})$). 由 Borsuk 定理, 存在 $\boldsymbol{x} \in S^{n+1}$, 使 $f(-\boldsymbol{x}) = f(\boldsymbol{x})$. 因此 $f(\boldsymbol{x}) = 0$. 取 $\varepsilon_k = \mathrm{sgn}(x_k)$ (如果 $x_k \neq 0$) 或 1 (如果 $x_k = 0$), 即可完成证明. □

17.5　Poincaré 定理

二维球面 S^2 上的一个切向量场 V 指映射 $V : S^2 \to \mathbb{R}^3$, 满足对任意 $\boldsymbol{u} = (u_1, u_2, u_3) \in S^2$, 向量 $V(\boldsymbol{u})$ 与 $\boldsymbol{u}$ 正交: $V(\boldsymbol{u}) \cdot \boldsymbol{u} = 0$.

1885 年, Poincaré 证明了如下定理

> **定理 17.5 (Poincaré)**　球面 S^2 上的连续切向量场必有零点.

证明　记上半球面 $S_+^2 = \{\boldsymbol{u} \in S^2 | u_3 \geqslant 0\}$, 下半球面 $S_-^2 = \{\boldsymbol{u} \in S^2 | u_3 \leqslant 0\}$. 以下讨论中, 将复平面 $\mathbb{C}$ 上的点 $z = x + \mathrm{i}y$ 与 $\mathbb{R}^2 \times \{0\}$ 中的点 $(x, y, 0)$ 视为等同.

任取 $z \in \overline{\mathbb{D}}$, 记 $\pi_+(z)$ 为南极 $(0, 0, -1)$ 与 $z(x, y, 0)$ 的连线与上半球面 S_+^2 的交点, $\pi_-(z)$ 为北极 $(0, 0, 1)$ 与 z 的连线与下半球面 S_-^2 的交点. 显然 $\pi_{\pm} : \overline{\mathbb{D}} \to S_{\pm}^2$ 为同胚, 表达式为

$$\pi_{\pm}(z) = \left(\frac{2x}{1 + |z|^2}, \frac{2y}{1 + |z|^2}, \pm\frac{1 - |z|^2}{1 + |z|^2} \right).$$

给定连续切向量场 $V = (v_1, v_2, v_3) : S^2 \to \mathbb{R}^3$, 它在两个半球面的限制 $V|_{S_+^2}, V|_{S_-^2}$ 可诱导两个连续映射 $\psi_+, \psi_- : \overline{\mathbb{D}} \to \mathbb{C}$:

$$\psi_+(z) = v_1(\pi_+(z)) + \mathrm{i}v_2(\pi_+(z)) - v_3(\pi_+(z))z,$$

$$\psi_-(z) = v_1(\pi_-(z)) + \mathrm{i}v_2(\pi_-(z)) + v_3(\pi_-(z))z.$$

现假设 V 无零点. 先说明 $\psi_{\pm}$ 都无零点. 如不然, 假设 ψ_+ 有零点 $z \in \overline{\mathbb{D}}$, 结合 $\pi_+(z) \cdot V(\pi_+(z)) = 0$, 可得方程组

$$\begin{cases} v_1(\pi_+(z)) - xv_3(\pi_+(z)) = 0, \\ v_2(\pi_+(z)) - yv_3(\pi_+(z)) = 0, \\ xv_1(\pi_+(z)) + yv_2(\pi_+(z)) + (1 - |z|^2)v_3(\pi_+(z)) = 0. \end{cases}$$

由此得 $V(\pi_+(z)) = 0$. 这与假设 V 无零点相矛盾. 同理可证, ψ_- 亦无零点. 这说明 ψ_+, ψ_- 均取值于 $\mathbb{C} \setminus \{0\}$.

接下来证明, 限制在 $\partial\mathbb{D}$ 上, $\psi_{\pm}$ 满足如下等式

$$\psi_+(z) = z^2 \overline{\psi_-(z)}, \ \forall z \in \partial\mathbb{D}.$$

事实上, 当 $z \in \partial\mathbb{D}$ 时, $\pi_+(z) = \pi_-(z) = (x, y, 0)$. 条件 $\pi_+(z) \cdot V(\pi_+(z)) = 0$ 即为 $v_1 x + v_2 y = 0$, 等价于

$$\mathrm{i}v_1(z + \overline{z}) + v_2(z - \overline{z}) = 0 \Longleftrightarrow v_1 + \mathrm{i}v_2 = -z^2(v_1 - \mathrm{i}v_2).$$

由此知, 当 $z \in \partial\mathbb{D}$ 时

$$\begin{aligned}
\psi_+(z) &= -z^2[v_1(\pi_+(z)) - \mathrm{i}v_2(\pi_+(z))] - v_3(\pi_+(z))z \\
&= -z^2[v_1(\pi_+(z)) - \mathrm{i}v_2(\pi_+(z)) + v_3(\pi_+(z))\overline{z}] \\
&= -z^2 \overline{\psi_-(z)}.
\end{aligned}$$

定义 $g = \psi_+ / \overline{\psi_-} : \overline{\mathbb{D}} \to \mathbb{C} \setminus \{0\}$. 它在 $\overline{\mathbb{D}}$ 上连续且不取零值, 此时, 容易构造 g 与常值映射的同伦. 由绕数的同伦不变性得 $w(g(\partial\mathbb{D}), 0) = 0$. 另一方面, 上述推导表明, 当 $z \in \partial\mathbb{D}$ 时, $g(z) = -z^2$, 因此 $w(g(\partial\mathbb{D}), 0) = 2$. 这是一个矛盾. □

17.6　习题

> "这, 就是数学: 她提醒你灵魂有不可见的形态, 她赋予自己的发现以生命, 她唤醒悟性、澄清思维, 她照亮了我们内心的思想, 她涤尽了我们有生以来的蒙昧与无知."
>
> ——普罗克洛斯, 古希腊哲学家

1. (绕数的性质)　给定闭曲线 $\gamma : [a, b] \to \mathbb{C}$ 以及 $c \notin \gamma$. 证明: 绕数作为 c 的函数: $c \mapsto w(\gamma, c)$ 是定义在 $\mathbb{C} - \gamma$ 上的分片常值函数, 即在 $\mathbb{C} \setminus \gamma$ 的每个连通分支上取整常数值.

提示: 任取 $\mathbb{C} - \gamma$ 的一个连通分支 Ω, 以及任意两点 $c_0, c_1 \in \Omega$. 记 $\alpha : [0, 1] \to \Omega$ 是连接 c_0, c_1 的曲线, $\alpha(0) = c_0, \alpha(1) = c_1$. 定义

$$H : \begin{cases} [0, 1] \times [a, b] \to \mathbb{C} \setminus \{0\}, \\ (s, t) \mapsto \gamma(t) - \alpha(s), \end{cases}$$

利用绕数的同伦不变性,

$$w(\gamma, c_0) = w(H(0, \cdot), 0) = w(H(1, \cdot), 0) = w(\gamma, c_1).$$

2. (对称性与绕数)　给定闭曲线 $\gamma : [0, 1] \to \mathbb{C} \setminus \{0\}$.

(1) 若 γ 作为集合满足 n 重旋转对称性: $\gamma = \mathrm{e}^{2\pi\mathrm{i}/n}\gamma$. 这里 $n(n \geqslant 2)$ 为整数, $aE := \{az \mid z \in E\}$. 举例说明 $w(\gamma, 0)$ 可能为 0.

(2) 如果 γ 的参数化满足 n 重旋转对称性:

$$\mathrm{e}^{2\pi\mathrm{i}/n}\gamma(t) = \begin{cases} \gamma(t + 1/n), & t \in [0, 1 - 1/n], \\ \gamma(t + 1/n - 1), & t \in [1 - 1/n, 1]. \end{cases}$$

证明 $w(\gamma, 0) \neq 0$.

3. (绕数的性质)　给定两条不过 0 的闭曲线 $\gamma_1, \gamma_2 : [a, b] \to \mathbb{C}$. 定义曲线的 "乘积" 与 "商" 如下

$$(\gamma_1 \cdot \gamma_2)(t) := \gamma_1(t)\gamma_2(t), \ (\gamma_1/\gamma_2)(t) := \gamma_1(t)/\gamma_2(t).$$

证明乘积曲线 $\gamma_1 \cdot \gamma_2$ 与商曲线 γ_1/γ_2 的绕数满足

$$w(\gamma_1 \cdot \gamma_2, 0) = w(\gamma_1, 0) + w(\gamma_2, 0),$$

$$w(\gamma_1/\gamma_2, 0) = w(\gamma_1, 0) - w(\gamma_2, 0).$$

4. (连续映射与绕数) 给定连续映射 $f : \mathbb{C} \to \mathbb{C}$, 满足

$$\lim_{z \to \infty} f(z) = \infty.$$

取 $r_0 > 0$ 使当 $r \geqslant r_0$ 时, f 在圆周 $C_r = \{|z| = r\}$ 上不取零值.

(1) 如果 f 是开映射 (即将开集映为开集), 证明 f 为满射, 即 $f(\mathbb{C}) = \mathbb{C}$.

(2) 证明当 $r \geqslant r_0$ 时, $w(f(C_r), 0)$ 取值为常数.

(3) 对任意整数 m, 举例说明存在 f, 使 $w(f(C_{r_0}), 0) = m$.

5. (代数学定理的两种推广) 给定连续映射 $f : \mathbb{C} \to \mathbb{C}$.

(1) 假设 f 在单位圆周 $\partial\mathbb{D}$ 上不取零值. 定义

$$g : \partial\mathbb{D} \to \partial\mathbb{D}, \ \mathrm{e}^{\mathrm{i}t} \mapsto \frac{f(\mathrm{e}^{\mathrm{i}t})}{|f(\mathrm{e}^{\mathrm{i}t})|}.$$

如果 $w(g(\partial\mathbb{D}), 0) \neq 0$, 证明 f 必有零点.

(2) 如果 f 满足

$$\lim_{z \to \infty} f(z)z^{-n} = c \neq 0,$$

其中 $n(n \geqslant 1)$ 为整数. 证明 f 必有零点.

6. (Brouwer 不动点定理的一种推广)　假设 $f : \overline{\mathbb{D}} \to \mathbb{C}$ 连续, 满足 $f(\partial\mathbb{D}) \subset \overline{\mathbb{D}}$. 证明 f 在 $\overline{\mathbb{D}}$ 中有不动点. (注: 与 Brouwer 定理的区别在于, 不要求 $f(\overline{\mathbb{D}}) \subset \overline{\mathbb{D}}$, 故可视为该定理的一种推广.)

7. (Borsuk 定理的应用) 三个闭集 E_1, E_2, E_3 是球面

$$S^2 := \{(u_1, u_2, u_3) \in \mathbb{R}^3 | u_1^2 + u_2^2 + u_3^2 = 1\}$$

的一个覆盖, 即 $S^2 = E_1 \cup E_2 \cup E_3$.

(1) 证明映射 $f : S^2 \to \mathbb{R}^2$, 定义为 $f(\boldsymbol{u}) = (d(\boldsymbol{u}, E_1), d(\boldsymbol{u}, E_2))$, 连续, 这里 $d(\boldsymbol{u}, E_k) = \min\limits_{\boldsymbol{v} \in E_k} \|\boldsymbol{u} - \boldsymbol{v}\|$ (欧氏距离).

(2) 利用 Borsuk 定理以及 "$\boldsymbol{u} \in E_k$ 当且仅当 $d(\boldsymbol{u}, E_k) = 0$" 这一事实, 证明存在 $\boldsymbol{u} \in S^2$, 以及 $k \in \{1, 2, 3\}$, 使得 $\boldsymbol{u}, -\boldsymbol{u} \in E_k$.

8. (Brouwer 不动点定理的应用) 记 $\mathbb{R}^3$ 中第一卦限

$$E = \Big\{(u_1, u_2, u_3) \in \mathbb{R}^3 | u_1 \geqslant 0, u_2 \geqslant 0, u_3 \geqslant 0\Big\}.$$

利用 Brouwer 定理证明: 如果 $F : E \to E$ 连续, 则存在单位向量 $\boldsymbol{u} \in E$, 实数 $\lambda \geqslant 0$, 满足 $F(\boldsymbol{u}) = \lambda\boldsymbol{u}$.

9. (火腿三明治定理之 2 维情形) 假设 E_1, E_2 为平面 $\mathbb{R}^2$ 上的有界开集, 证明: 存在一条直线 ℓ 将 E_1, E_2 的面积同时等分.

提示: 任取 $\boldsymbol{u} = (u_0, u_1, u_2) \in S^2$, 定义半平面

$$h(\boldsymbol{u}) = \{(x, y) \in \mathbb{R}^2 | u_1 x + u_2 y \leqslant u_0\}.$$

定义映射 $f : S^2 \to \mathbb{R}^2$ 为 $f(\boldsymbol{u}) = (f_1(\boldsymbol{u}), f_2(\boldsymbol{u}))$, 其中 $f_k(\boldsymbol{u}) = \mathrm{area}(h(\boldsymbol{u}) \cap E_k)$, area 为面积.

10. (花式分比萨) 一个圆形的奶酪比萨, 其奶酪与面饼的密度连续分布, 都具有正质量. 假设比萨为单位圆盘 $\mathbb{D}$, 证明存在 $0 \leqslant r < R \leqslant 1$, 使得圆环区域 $A(r, R) = \{r < |z| < R\}$ 中奶酪与面饼的质量都占各自总质量的一半.

11. (Perron–Frobenius 定理) 利用第 6 题证明 Perron–Frobenius 定理的一种情形: 任意 3×3 非负实矩阵, 总存在一个非负特征值, 对应一个非负特征向量.

12. (球面自映射) 假设 $f : S^2 \to S^2$ 连续,

(1) 利用 Poincaré 定理证明: 存在 $\boldsymbol{u} \in S^2$, 满足 $f(\boldsymbol{u}) = \boldsymbol{u}$ 或者 $f(\boldsymbol{u}) = -\boldsymbol{u}$.

(2) 如果 f 不是满射, 证明: 存在 $\boldsymbol{u} \in S^2$, 使 $f(\boldsymbol{u}) = f(-\boldsymbol{u})$.

(3) 证明如果 f 是单射, 则必为满射.

13. ("肥而滋"奖征解问题) 不知名数学工作者王先生为促进 "舌尖上的数学" 事业发展, 使大众能更公平地享受美食, 特设 "肥而滋" 奖, 征解如下问题:

一个任意形状的奶酪比萨, 奶酪与面饼密度连续分布. 在内部任取一点, 能否找到经过此点的一条曲线将比萨一分为二, 使奶酪与面饼同时等分?

"肥而滋" 奖评审委员会: 柯嘻嘻, 黎蔓蔓, 喂尔吃特辣丝

第十八章

辐 角 原 理

18.1 绕数的积分表示

将绕数应用于复分析需首先建立绕数的积分表示:

> **命题 18.1** 假设 $\gamma : [a,b] \to \mathbb{C}$ 是分段光滑闭曲线, $c \notin \gamma$, 则 γ 关于 c 的绕数满足积分公式
>
> $$w(\gamma, c) = \frac{1}{2\pi \mathrm{i}} \int_\gamma \frac{\mathrm{d}\zeta}{\zeta - c}.$$

证明 由连续辐角函数的存在性 (命题 16.1), γ 可参数化为:

$$\gamma(t) = c + \rho(t) \mathrm{e}^{\mathrm{i}\theta(t)}, t \in [a,b],$$

其中, ρ, θ 都是 $[a,b]$ 上的连续函数.

先假设 γ 光滑, 此时 ρ, θ 都是可微函数[①], 于是

$$\int_\gamma \frac{\mathrm{d}\zeta}{\zeta - c} = \int_a^b \left(\frac{\rho'(t)}{\rho(t)} + \mathrm{i}\theta'(t) \right) \mathrm{d}t = \log \frac{\rho(b)}{\rho(a)} + \mathrm{i}(\theta(b) - \theta(a)).$$

当 γ 是闭曲线时, $\rho(a) = \rho(b)$, 上式右端为 $\mathrm{i}\Delta(\gamma, c) = 2\pi \mathrm{i} w(\gamma, c)$. 由此得绕数的积分表示.

如果 γ 分段光滑, 不妨假设 $\gamma_k = \gamma|_{[t_{k-1}, t_k]}$ 可微, 其中 $a = t_0 < t_1 < \cdots < t_n = b$ 是 $[a,b]$ 的一个划分. 由上面等式得

$$\int_\gamma \frac{\mathrm{d}\zeta}{\zeta - c} = \sum_{k=1}^n \int_{\gamma_k} \frac{\mathrm{d}\zeta}{\zeta - c} = \sum_{k=1}^n \left(\log \frac{\rho(t_k)}{\rho(t_{k-1})} + \mathrm{i}(\theta(t_k) - \theta(t_{k-1})) \right)$$

$$= \log \frac{\rho(b)}{\rho(a)} + \mathrm{i}(\theta(b) - \theta(a)) = 2\pi \mathrm{i} w(\gamma, c).$$

---

① 此处说明 θ 的可微性: 任取 $t_0 \in [a,b]$, 取 $\gamma(t_0) - c$ 局部圆盘邻域 D 上的一个连续辐角函数 $\arg_D(z)$, 它作为 $\mathrm{Log}(z)$ 在 D 上的某全纯单值支的虚部, 无穷次连续可微. 因此, $\theta(t) = \arg_D(\gamma(t) - c)$ 在 t_0 的邻域上也可微.

由此得一般情形的积分公式.   □

> **注** 命题 18.1 有一个有趣的推论: $w(\gamma, c)$ 关于 c 在 $\mathbb{C} \setminus \gamma$ 上分片常值. 为说明这一点, 注意到 $c \mapsto w(\gamma, c)$ 在 $\mathbb{C} \setminus \gamma$ 上是 Cauchy 型积分, 因此全纯. 在 $\mathbb{C} \setminus \gamma$ 的任一连通分支上关于 c 求导:
>
> $$\frac{\mathrm{d}}{\mathrm{d}c} w(\gamma, c) = \frac{1}{2\pi\mathrm{i}} \int_\gamma \frac{\mathrm{d}\zeta}{(\zeta - c)^2} = 0.$$
>
> 上式为零是因为 $1/(\zeta - c)^2$ 在 $\mathbb{C} \setminus \{c\}$ 上有原函数 $-1/(\zeta - c)$.

绕数的积分表示建立了 "绕数" 这一拓扑量与复积分中 Cauchy 积分理论的联系. 由此, 可证明重要的 "辐角原理". 辐角原理研究的是半纯函数的性质, 为此需先介绍半纯函数.

18.2 极点与半纯函数

半纯函数是比全纯函数类更广的一类函数, 它允许全纯函数有一类特殊的孤立奇点: 极点.

假设 z_0 是 f 的孤立奇点 (即 f 在 z_0 的某去心圆盘 $D^*(z_0, r) = D(z_0, r) \setminus \{z_0\}$ 上全纯), 如果 $\lim\limits_{z \to z_0} f(z) = \infty$, 称 z_0 是 f 的极点 (pole). 由定义, 存在 $M > 0$ 及 $\varepsilon \in (0, r)$, 使

$$|f(z)| \geqslant M \iff \left| \frac{1}{f(z)} \right| \leqslant \frac{1}{M}, \ z \in D(z_0, \varepsilon) \setminus \{z_0\}.$$

由 Riemann 可去奇点定理, z_0 是 $g = 1/f$ 在 $D(z_0, \varepsilon) \setminus \{z_0\}$ 上的可去奇点, 故可定义 $g(z_0) = \lim\limits_{z \to z_0} g(z) = 0$, 使 g 在 $D(z_0, \varepsilon)$ 上全纯. 假设 z_0 是 g 的 $m(m \geqslant 1)$ 阶零点, 由零点的局部性质可知, g 可表示为

$$g(z) = (z - z_0)^m h(z), \quad z \in D(z_0, \varepsilon).$$

其中 h 是 $D(z_0, \varepsilon)$ 上的全纯函数, 满足 $h(z_0) \neq 0$. 适当缩小 ε, 不妨假设 h 在 $D(z_0, \varepsilon)$ 上无零点. 这样 f 可表示为

$$f(z) = \frac{\psi(z)}{(z - z_0)^m}, z \in D(z_0, \varepsilon) \setminus \{z_0\},$$

其中 $\psi(z) = 1/h(z)$ 在 $D(z_0, \varepsilon)$ 上全纯. 称 m 为极点 z_0 的阶 (order), 它衡量的是当 z 趋于 z_0 时, $f(z)$ 趋于 ∞ 的快慢. f 的极点对应于 $1/f$ 的零点, 它们都具有孤立性.

以上给出了平面上的点为极点的定义, 下面给出 ∞ 为孤立奇点的定义. 如果 f 在 $\{z \in \mathbb{C} \,|\, |z| > R\}$ 上全纯, 我们称 ∞ 为孤立奇点. 利用坐标变换, 考虑原点的去心邻域 $D^*(0, 1/R)$ 上的函数 $g(w) = f(1/w)$. 我们称 ∞ 为 f 的可去奇点/零点/极点, 是指 0 为 g 的可去奇点/零点/极点. 易知:

∞ 为 f 的可去奇点 $\Longleftrightarrow \lim\limits_{z \to \infty} f(z) = A \in \mathbb{C} \Longleftrightarrow f$ 在 ∞ 的邻域内有界;

∞ 为 f 的零点 $\Longleftrightarrow \lim\limits_{z \to \infty} f(z) = 0$;

∞ 为 f 的极点 $\Longleftrightarrow \lim\limits_{z \to \infty} f(z) = \infty$.

命题 18.2 假设整函数 f 在 $\{|z| > R\}$ 上满足 $|f| \geqslant c > 0$, 则 f 是多项式. 特别地, 若 ∞ 为极点, 则 f 为多项式.

证明 由唯一性定理, f 在 $D(0, R)$ 上只有有限个零点, 记为 $z_1, \cdots, z_n$, 阶数分别为 $m_1, \cdots, m_n$. 函数

$$g(z) = \frac{(z - z_1)^{m_1} \cdots (z - z_n)^{m_n}}{f(z)}$$

在 $\mathbb{C} \setminus \{z_1, \cdots, z_n\}$ 上全纯, 在 z_k 附近有界 (利用 f 在零点附近的局部表示可得), 且没有零点. 由 Riemann 可去奇点定理, g 是整函数. 由于 $|f|$ 在 $\{|z| > R\}$ 上有下界, 因此存在常数 $C > 0$, 使

$$|g(z)| \leqslant C(1 + |z|^d), \ \forall z \in \mathbb{C},$$

这里, $d = m_1 + \cdots + m_n$. 利用 Liouville 定理的推广形式知, g 是次数不超过 d 的多项式. 由代数学基本定理, 以及 g 没有零点这一事实, 可得 g 为常数. 因此 f 是多项式. $\square$

称 f 是区域 $\Omega \subset \widehat{\mathbb{C}}$ 上的半纯函数 (meromorphic function, 也称亚纯函数), 是指 f 在 Ω 上的一个离散点集 A 之外全纯, 且 A 中每一点都是 f 的极点. 称 f 在 $\overline{\Omega}$ 上半纯, 是指 f 在包含 $\overline{\Omega}$ 的更大的区域上半纯. 由离散性, 如果 f 在 $\overline{\Omega}$ 上半纯, 则在 $\overline{\Omega}$ 中只有有限个极点 (因为 $\overline{\Omega}$ 为 $\widehat{\mathbb{C}}$ 的紧子集).

如果将半纯函数的值域放在 $\widehat{\mathbb{C}}$ 上看, 区域 Ω 上的半纯函数 f, 总可以视为从 Ω 到 $\widehat{\mathbb{C}}$ 的全纯映射 $f : \Omega \to \widehat{\mathbb{C}}$.

以下函数

$$f(z) = \frac{z - 2}{z(z - 1)}, \ g(z) = \frac{1}{e^z - 1}$$

都是平面 $\mathbb{C}$ 上的半纯函数, f 的极点为 $0, 1$; g 的极点为 $2k\pi\mathrm{i}, k \in \mathbb{Z}$. 容易看出, f 也是复球面 $\widehat{\mathbb{C}}$ 上的半纯函数. 但 g 并不是 $\widehat{\mathbb{C}}$ 上的半纯函数, 这是因为 ∞ 不是孤立奇点, 它是一列极点 $\{2n\pi\mathrm{i} \,|\, n \in \mathbb{Z}\}$ 的聚点.

18.3 辐角原理

假设 $\gamma : [a, b] \to \mathbb{C}$ 是分段光滑闭曲线, f 在 γ 的邻域上全纯, 且没有零点, 则 $\Gamma = f(\gamma)$ 也是分段光滑闭曲线, 参数化为 $\Gamma(t) = f(\gamma(t))$, $t \in [a, b]$. 因为 f 没有零点, 所以 $0 \notin \Gamma$. 于是 Γ 关于 0 的绕数有意义, 且有如下积分表示:

$$w(\Gamma, 0) = \frac{1}{2\pi \mathrm{i}} \int_\Gamma \frac{\mathrm{d}\zeta}{\zeta} = \frac{1}{2\pi \mathrm{i}} \int_\gamma \frac{f'(z)}{f(z)} \mathrm{d}z.$$

假设 $\Omega \subset \mathbb{C}$ 是平面有界区域, 边界是有限条分段光滑的简单闭曲线 $\gamma_1, \cdots, \gamma_n$ 之并. 每条边界曲线有自然的正定向. 如果 f 在 $\partial\Omega$ 的邻域内全纯, 不取零值, 则 $f(\partial\Omega)$ 由有限条分段光滑的闭曲线 $f(\gamma_1), \cdots, f(\gamma_n)$ 组成, 且 $f(\gamma_k)$ 的定向由 γ_k 的定向诱导. 此时, $\Gamma = f(\partial\Omega)$ 关于 0 的绕数自然地由下式给出

$$w(\Gamma, 0) = \frac{1}{2\pi \mathrm{i}} \int_{\partial\Omega} \frac{f'(z)}{f(z)} \mathrm{d}z = \sum_{k=1}^n \frac{1}{2\pi \mathrm{i}} \int_{\gamma_k} \frac{f'(z)}{f(z)} \mathrm{d}z.$$

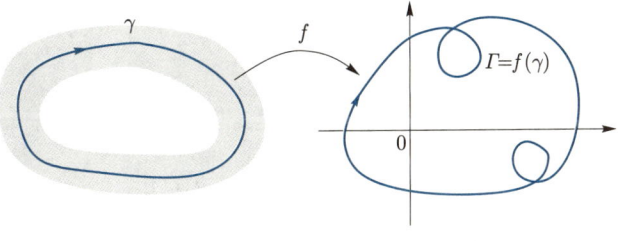

图 18.1

定理 18.1 (辐角原理) 假设 $\Omega \subset \mathbb{C}$ 是平面有界区域, 边界由有限条分段光滑的简单闭曲线组成. 假设 f 在 $\overline{\Omega}$ 上半纯, 在 $\partial\Omega$ 上没有零点和极点, 则成立等式

$$w(f(\partial\Omega), 0) = \frac{1}{2\pi \mathrm{i}} \int_{\partial\Omega} \frac{f'(z)}{f(z)} \mathrm{d}z = Z(f, \Omega) - P(f, \Omega),$$

其中, $Z(f, \Omega)$ 是 f 在 Ω 中所有零点的个数 (计重数), $P(f, \Omega)$ 是 f 在 Ω 中所有极点的个数 (计重数).

辐角原理表明, 区域边界的像曲线关于原点的绕数 (拓扑量) 等于半纯函数在区域内部零点数和极点数之差 (分析量). 联系这两个量的中间项是绕数的积分表示.

证明 如果 f 为常数, 等式两边都为 0, 结论显然成立.

不妨假设 f 非常值. 由零点与极点的离散性可知, f 在 $\overline{\Omega}$ 中只有有限个零点和极点. 由假设 ($\partial\Omega$ 上没有零点和极点) 知, 它们都在 Ω 中. 记零点为 $z_1, \cdots, z_l$, 阶分别为 $n_1, \cdots, n_l$; 极点为 $p_1, \cdots, p_s$, 阶分别为 $m_1, \cdots, m_s$. 接下来有两种证法.

证法 1[①] 考虑函数

$$g(z) = f(z)/R(z),\ R(z) = \frac{(z-z_1)^{n_1}\cdots(z-z_l)^{n_l}}{(z-p_1)^{m_1}\cdots(z-p_s)^{m_s}}.$$

利用 f 在零点与极点附近的局部表示可知, g 在 $\overline{\Omega}$ 上除 z_k, p_j 之外全纯, 在 z_k, p_j 附近有界. 由 Riemann 可去奇点定理, g 在 $\overline{\Omega}$ 上全纯. 由 $f = gR$ 可知, 在 $\partial\Omega$ 的邻域上

$$\frac{f'(z)}{f(z)} = \frac{g'(z)}{g(z)} + \frac{R'(z)}{R(z)}.$$

显然, g'/g 在 $\overline{\Omega}$ 上全纯; R'/R 在 $\partial\Omega$ 的邻域上全纯, 且有表达式

$$\frac{R'(z)}{R(z)} = \sum_{j=1}^{l} \frac{n_j}{z-z_j} - \sum_{k=1}^{s} \frac{m_k}{z-p_k}.$$

利用 Cauchy-Goursat 积分定理与 Cauchy 积分公式,

$$\begin{aligned}
\int_{\partial\Omega} \frac{f'(z)}{f(z)}\mathrm{d}z &= \int_{\partial\Omega} \frac{g'(z)}{g(z)}\mathrm{d}z + \int_{\partial\Omega} \frac{R'(z)}{R(z)}\mathrm{d}z \\
&= \sum_{j=1}^{l} \int_{\partial\Omega} \frac{n_j}{z-z_j}\mathrm{d}z - \sum_{k=1}^{s} \int_{\partial\Omega} \frac{m_k}{z-p_k}\mathrm{d}z \\
&= 2\pi\mathrm{i}\left(\sum_{j=1}^{l} n_j - \sum_{k=1}^{s} m_k\right) \\
&= 2\pi\mathrm{i}(Z(f,\Omega) - P(f,\Omega)).
\end{aligned}$$

上式中间等号利用了常值函数的 Cauchy 积分公式:

$$\int_{\partial\Omega} \frac{1}{z-b}\mathrm{d}z = 2\pi\mathrm{i},\ b \in \Omega.$$

证法 2 由 f 在零点和极点处的局部表示, 可选取 $\varepsilon > 0$, 满足

(1) f 在每个零点 z_j 的邻域 $D(z_j, \varepsilon)$ 上可以表示为 $f(z) = (z-z_j)^{n_j}\psi_j(z)$, 其中 ψ_j 在 $\overline{D(z_j, \varepsilon)}$ 上全纯, 不取零值;

(2) f 在每个极点 p_k 的邻域 $D(p_k, \varepsilon)$ 上可以表示为 $f(z) = (z-p_k)^{-m_k}\phi_k(z)$, 其中 ϕ_k 在 $\overline{D(p_k, \varepsilon)}$ 上全纯, 不取零值.

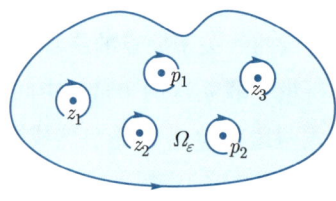

图 18.2

---

① 此证法由刘师赫提供.

易见, f 的零点 z_j 或极点 p_k 对应于 f'/f 的一阶极点, 因此 f'/f 在 $\overline{\Omega} \setminus \{z_1, \cdots, z_l, p_1, \cdots, p_s\}$ 上全纯. 特别地, f'/f 在区域

$$\Omega_\varepsilon = \Omega - \left(\bigcup_{j=1}^{l} \overline{D(z_j, \varepsilon)} \right) \bigcup \left(\bigcup_{k=1}^{s} \overline{D(p_k, \varepsilon)} \right)$$

的闭包上全纯. 由 Cauchy-Goursat 积分定理,

$$\int_{\partial \Omega_\varepsilon} \frac{f'(z)}{f(z)} \mathrm{d}z = 0.$$

由此得

$$
\begin{aligned}
\int_{\partial \Omega} \frac{f'(z)}{f(z)} \mathrm{d}z &= \sum_{j=1}^{l} \int_{|z-z_j|=\varepsilon} \frac{f'(z)}{f(z)} \mathrm{d}z + \sum_{k=1}^{s} \int_{|z-p_k|=\varepsilon} \frac{f'(z)}{f(z)} \mathrm{d}z \\
&= \sum_{j=1}^{l} \int_{|z-z_j|=\varepsilon} \left(\frac{n_j}{z-z_j} + \frac{\psi_j'(z)}{\psi_j(z)} \right) \mathrm{d}z + \\
&\quad \sum_{k=1}^{s} \int_{|z-p_k|=\varepsilon} \left(\frac{-m_k}{z-p_k} + \frac{\phi_k'(z)}{\phi_k(z)} \right) \mathrm{d}z \\
&= 2\pi\mathrm{i} \left(\sum_{j=1}^{l} n_j - \sum_{k=1}^{s} m_k \right) \\
&= 2\pi\mathrm{i} (Z(f, \Omega) - P(f, \Omega)).
\end{aligned}
$$

辐角原理至此证完. $\qquad\square$

18.4 三个应用

辐角原理有很多巧妙的应用. 本节利用辐角原理另证代数学基本定理和最大模原理, 它为理解这些定理提供了新的角度; 同时利用辐角原理研究双周期函数的性质.

利用辐角原理证明代数学基本定理:

假设 $p(z) = a_d z^d + \cdots + a_0$ 为 $d(d \geqslant 1)$ 次复多项式, $a_d \neq 0$. 取 $R > 0$, 使 p 在 $\{|z| \geqslant R\}$ 上无零点. 由辐角原理, 积分

$$I(\rho) = \frac{1}{2\pi\mathrm{i}} \int_{|z|=\rho} \frac{p'(z)}{p(z)} \mathrm{d}z, \ \rho \geqslant R$$

表示 p 在 $D(0, \rho)$ 中的零点个数, 它不依赖于 ρ 的选取, 即 $I(\rho) = I(R)$. 另一方面, 任

取 $\rho \geqslant R$,

$$I(R) - d = \frac{1}{2\pi i} \int_{|z|=\rho} \left(\frac{p'(z)}{p(z)} - \frac{d}{z} \right) dz = \frac{1}{2\pi i} \int_{|z|=\rho} \frac{zp'(z) - dp(z)}{zp(z)} dz.$$

由积分基本不等式, 上式右端当 $\rho \to \infty$ 时趋于零. 因此, $I(R) = d$. 这表明 p 在 $D(0,R)$ 中有 d 个零点.

利用辐角原理证明最大模原理:

接下来将证明最大模原理的一个弱形式:

假设 Ω 是有界区域, 边界 $\partial\Omega$ 为有限条分段光滑的简单闭曲线之并, f 在 $\overline{\Omega}$ 上全纯, 则 $\|f\|_\Omega \leqslant \|f\|_{\partial\Omega}$.

若不然, 存在 $z_0 \in \Omega$, 使 $|f(z_0)| > \|f\|_{\partial\Omega}$ (显然, f 非常值). 这表明边界的像 $f(\partial\Omega) \subset D(0, |f(z_0)|)$. 于是 $f(z_0)$ 落在 $\mathbb{C} \setminus f(\partial\Omega)$ 的无界分支中. 由绕数的性质 (即 $w(f(\partial\Omega), c)$ 关于 $c \in \mathbb{C} \setminus f(\partial\Omega)$ 分片常值, 且当 c 在 $\mathbb{C} \setminus f(\partial\Omega)$ 的无界分支中时, 取值为 0) 知,

$$w(f(\partial\Omega), f(z_0)) = 0.$$

另一方面, 由辐角原理,

$$w(f(\partial\Omega), f(z_0)) = Z(f - f(z_0), \Omega) \geqslant 1.$$

这是一个矛盾.

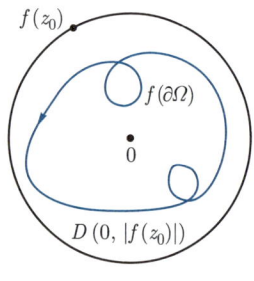

图 18.3

利用辐角原理研究双周期函数:

假设复数 ω_1, ω_2 实线性无关, 即 $\omega_1 \neq 0$ 且 $\omega_2/\omega_1 \notin \mathbb{R}$. 利用 ω_1, ω_2 可生成平面的一个格点集

$$\mathcal{L} = \{m\omega_1 + n\omega_2 \mid m, n \in \mathbb{Z}\} = \omega_1\mathbb{Z} + \omega_2\mathbb{Z}.$$

给定平面上的半纯函数 f, 称 f 以 $\mathcal{L}$ 为周期, 是指 $f(z + \omega) = f(z)$, $\forall \omega \in \mathcal{L}$. 显然, f 以 $\mathcal{L}$ 为周期当且仅当

$$f(z + \omega_1) = f(z), \ f(z + \omega_2) = f(z).$$

此时, 也称 f 是以 ω_1, ω_2 为周期的双周期函数. 任取 $z_0 \in \mathbb{C}$, 称

$$P(z_0) = \{z_0 + s\omega_1 + t\omega_2 |\ 0 < s < 1, 0 < t < 1\}$$

是以 z_0 为基点的周期平行四边形.

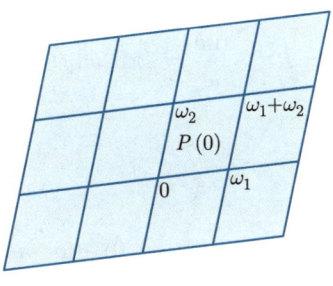

图 18.4

假设 f 以 $\mathcal{L}$ 为周期, 非常值. 选取 $z_0 \in \mathbb{C}$, 使 f 在 $\gamma = \partial P(z_0)$ 上没有零点或极点. 由 f'/f 的双周期性以及辐角原理知,

$$0 = \int_\gamma \frac{f'(z)}{f(z)}\mathrm{d}z = 2\pi\mathrm{i}(Z(f, P(z_0)) - P(f, P(z_0))).$$

上式表明, f 在 $P(z_0)$ 中的零点数与极点数相同. 记此值为 f 的映射度 $\deg(f)$. 这些零点与极点满足如下有趣的位置关系:

> **命题 18.3 (Liouville)**　假设非常值双周期函数 f 在 $\gamma = \partial P(z_0)$ 上没有零点或极点, 在 $P(z_0)$ 中的零点集为 $\{z_k\}_{1 \leqslant k \leqslant \deg(f)}$, 极点集为 $\{p_k\}_{1 \leqslant k \leqslant \deg(f)}$, 则
>
> $$\sum_{k=1}^{\deg(f)} (z_k - p_k) \in \mathcal{L}.$$

证明　考虑积分

$$I = \int_\gamma z\frac{f'(z)}{f(z)}\mathrm{d}z.$$

一方面, 利用辐角原理的推广形式 (见本章习题第 2 题) 知,

$$I = 2\pi\mathrm{i} \sum_{k=1}^{\deg(f)} (z_k - p_k).$$

另一方面, 利用双周期性知,

$$(z + \omega_k)\frac{f'(z + \omega_k)}{f(z + \omega_k)} = z\frac{f'(z)}{f(z)} + \omega_k\frac{f'(z)}{f(z)}, \ k = 1, 2.$$

由此, 计算可得

$$I = -\omega_2 \int_{\gamma_1} \frac{f'(z)}{f(z)} \mathrm{d}z + \omega_1 \int_{\gamma_2} \frac{f'(z)}{f(z)} \mathrm{d}z.$$

其中, $\gamma_1 = [z_0, z_0 + \omega_1], \gamma_2 = [z_0, z_0 + \omega_2]$. 由 f 双周期知, $f(\gamma_1), f(\gamma_2)$ 都是闭曲线. 由绕数的积分表示,

$$\int_{\gamma_k} \frac{f'(z)}{f(z)} \mathrm{d}z = \int_{f(\gamma_k)} \frac{\mathrm{d}w}{w} = 2\pi\mathrm{i} \cdot w(f(\gamma_k), 0), \ k = 1, 2.$$

结合以上各式得,

$$\sum_{k=1}^{\deg(f)} (z_k - p_k) = -\omega_2 \cdot w(f(\gamma_1), 0) + \omega_1 \cdot w(f(\gamma_2), 0) \in \mathcal{L}.$$

18.5　习题

> "美是一种美妙奇异的东西, 艺术家只有通过灵魂的痛苦折磨才能从宇宙的混沌中塑造出来. 当美被创造出以后, 它不是为了叫每个人都能认出来. 要想认识它, 一个人必须重复艺术家经历的一番冒险."
>
> ——毛姆《月亮与六便士》

1. (绕数是双全纯变换的不变量吗?) 假设 $f: \Omega \to D$ 是平面区域之间的双全纯映射, γ 是 Ω 中一条分段光滑的闭曲线, 任取一点 $q \in \Omega \setminus \gamma$.

(1) 如果 Ω, D 都单连通, 证明 $w(\gamma, q) = w(f(\gamma), f(q))$;

(2) 如果 Ω, D 非单连通, 举例说明 $w(\gamma, q) \neq w(f(\gamma), f(q))$.

提示: (1) 利用绕数的积分表示, 等价于证明

$$\int_{\gamma} \left(\frac{1}{z - q} - \frac{f'(z)}{f(z) - f(q)} \right) \mathrm{d}z = 0.$$

只需说明 q 是被积函数的可去奇点.

2. (辐角原理的推广) 假设 Ω 是平面区域, 边界为分段光滑的简单闭曲线. 假设 g 在 $\overline{\Omega}$ 上全纯, f 在 $\overline{\Omega}$ 上半纯且在 $\partial\Omega$ 上没有零点或极点. 假设 f 在 Ω 中的零点为 $a_1, \cdots, a_n$, 阶分别为 $k_1, \cdots, k_n$; 极点为 $p_1, \cdots, p_m$, 阶分别为 $q_1, \cdots, q_m$, 证明

$$\frac{1}{2\pi\mathrm{i}} \int_{\partial\Omega} g(z) \frac{f'(z)}{f(z)} \mathrm{d}z = \sum_{j=1}^{n} k_j g(a_j) - \sum_{s=1}^{m} q_s g(p_s).$$

注: 此结论当 $g \equiv 1$ 时, 即为辐角原理, 故可以看成辐角原理的推广. 若取 $f(z) = z - a_1$, 上式是 Cauchy 积分公式.

3. (求根) 假设 f 在 $\overline{D(0, R)}$ 上全纯, 在 $\{|z| = R\}$ 上不取零值. 如果

$$\frac{1}{2\pi i} \int_{|z|=R} \frac{f'(z)}{f(z)} dz = 2,$$

$$\frac{1}{2\pi i} \int_{|z|=R} z \frac{f'(z)}{f(z)} dz = 2,$$

$$\frac{1}{2\pi i} \int_{|z|=R} z^2 \frac{f'(z)}{f(z)} dz = -4,$$

求出 f 在 $D(0, R)$ 上的所有根.

4. (辐角原理的应用) 假设 Ω 是包含 0 的有界区域, 边界是一条分段光滑的简单闭曲线, f 在 $\overline{\Omega}$ 上全纯. 若有自然数 $n(n \geq 1)$ 使

$$\operatorname{Re}(\bar{z}^n f(z)) < 0, \ \forall z \in \partial\Omega,$$

证明: f 在 Ω 中有且只有 n 个 (计重数) 零点.

5. (辐角原理的应用) 假设 $f : \mathbb{D} \to \mathbb{C}$ 全纯, 非单射. 证明存在不同两点 $a, b \in \mathbb{D} \setminus \{0\}$, 满足 $|a| = |b|$ 且 $f(a) = f(b)$.

6. (辐角原理的应用) 假设 Ω 是平面有界多连通区域, 边界由 $n(n \geq 1)$ 条分段光滑的简单闭曲线组成, f 在 $\overline{\Omega}$ 上全纯, 满足 $f(\Omega) \subset \mathbb{D}$, $f(\partial\Omega) \subset \partial\mathbb{D}$. 证明: f 在 Ω 中至少有 n 个零点.

7. (双周期函数的唯一性) 假设 f, g 都是以 ω_1, ω_2 为周期的非常值双周期函数, 且 $\deg(f) = \deg(g)$. 若 f, g 在 $\mathbb{C} \setminus (f^{-1}(\infty) \cup g^{-1}(\infty))$ 中的 $2\deg(f) + 1$ 个点处取值相等, 证明 $f = g$.

8. (双周期函数的不动点) 利用辐角原理证明: 非常值双周期函数 f 有无穷个不动点, 即 $f(z) - z$ 在 $\mathbb{C}$ 上有无穷个零点.

9. (绕数性质的应用) 任给 $\mathbb{D}$ 中有限个点 $a_1, \cdots, a_n$. 证明: 存在 $\zeta \in \mathbb{D}$, 使

$$\sum_{k=1}^{n} \frac{a_k - \zeta}{1 - \bar{\zeta} a_k} = 0.$$

提示: 研究 $\partial\mathbb{D}$ 关于 F 的像曲线的绕数 $w(F(\partial\mathbb{D}), 0)$, 其中

$$F(\zeta) = \sum_{k=1}^{n} \frac{a_k - \zeta}{1 - \bar{\zeta} a_k}, \ |\zeta| \leq 1.$$

第十九章

辐角原理的应用

19.1 Rouché 定理

定理 19.1 (Rouché, 1862) 假设 Ω 是平面有界区域, 边界是分段光滑的简单闭曲线. 假设 f, g 都在 $\overline{\Omega}$ 上全纯, 满足

$$|f(z) - g(z)| < |f(z)|, \ \forall z \in \partial\Omega,$$

则 f, g 在 Ω 内的零点个数一样多.

证明 由假设条件可知, f, g 在 $\partial\Omega$ 上无零点. 考虑

$$h_t(z) = (1 - t)f(z) + tg(z), z \in \overline{\Omega}, \ t \in [0, 1].$$

显然: 取定 $t \in [0, 1]$, $h_t(z)$ 关于 z 全纯; 取定 z, $h_t(z)$ 关于 t 连续; $h_0 = f, h_1 = g$.

下面说明: 对任意 $t \in [0, 1]$, h_t 在 $\partial\Omega$ 上无零点 (对 $t = 0, 1$ 显然成立). 如果存在 $t \in (0, 1)$ 以及 $z_0 \in \partial\Omega$, 使得 $h_t(z_0) = 0$, 则

$$|f(z_0)| = t|f(z_0) - g(z_0)| \leqslant |f(z_0) - g(z_0)|,$$

与假设条件矛盾.

由辐角原理, h_t 在 Ω 中零点个数

$$Z(h_t, \Omega) = \frac{1}{2\pi i} \int_{\partial\Omega} \frac{h_t'(z)}{h_t(z)} \mathrm{d}z = \frac{1}{2\pi i} \int_{\partial\Omega} \frac{(1-t)f'(z) + tg'(z)}{(1-t)f(z) + tg(z)} \mathrm{d}z.$$

上式右端关于 $t \in [0, 1]$ 连续, 左端取整数值, 因此为常数. 特别地,

$$Z(f, \Omega) = Z(h_0, \Omega) = Z(h_1, \Omega) = Z(g, \Omega).$$

注 Rouché 定理中, 如果 Ω 是有界多连通区域, 边界为有限条分段光滑简单闭曲线之并, 结论同样成立.

Rouché 定理可推广为如下对称形式, 条件更弱且符合审美, 但证明方法并无差别.

> **定理 19.2 (Estermann 1962, Glicksberg 1976)**　假设 Ω 是平面有界区域, 边界是分段光滑的简单闭曲线. 假设 f, g 都在 $\overline{\Omega}$ 上半纯, 在边界 $\partial\Omega$ 上无零点或极点, 且满足
> $$|f(z) - g(z)| < |f(z)| + |g(z)|, \ \forall z \in \partial\Omega,$$
> 则
> $$Z(f, \Omega) - P(f, \Omega) = Z(g, \Omega) - P(g, \Omega).$$

19.2　Hurwitz 定理

称函数 $f : \Omega \to \mathbb{C}$ 单叶 (univalent), 是指它是全纯单射.

> **定理 19.3 (Hurwitz, 1889)**　假设 Ω 是平面区域, $f_n : \Omega \to \mathbb{C}$ 是一列单叶函数, 内闭一致收敛于全纯函数 $f : \Omega \to \mathbb{C}$. 则 f 要么常值, 要么单叶.

例: 给定平面上两列单叶函数 $f_n(z) = z + 1/n$, $g_n = z/n$. 易见, f_n 内闭一致收敛于单叶函数 $f(z) = z$; g_n 内闭一致收敛于常值函数 $g(z) = 0$.

证明　若不然, 则 f 既非常值, 亦非单叶, 因此存在不同两点 $z_1, z_2 \in \Omega$, 使 $f(z_1) = f(z_2)$. 令
$$F_n(z) = f_n(z) - f(z_1), \ F(z) = f(z) - f(z_1).$$

在 Ω 中取一条分段光滑的简单闭曲线 γ, 使其所围的单连通域 D 满足: $z_1, z_2 \in D \subset \Omega$. 如果 γ 经过 F 的零点, 由非常值函数零点的孤立性可知, F 在 γ 上的零点只有有限个. 将曲线 γ 稍加改造, 可避开 F 的零点. 因此, 不妨假设 γ 不经过 F 的零点. 于是 $\rho = \min\limits_{z \in \gamma} |F(z)| > 0$.

由 $\{f_n\}$ 的内闭一致收敛性知, 存在正整数 N, 当 $n \geqslant N$ 时,
$$|F_n(z) - F(z)| = |f_n(z) - f(z)| < \rho \leqslant |F(z)|, \ \forall z \in \gamma.$$

由 Rouché 定理, $Z(F_n, D) = Z(F, D)$. 又 F 在 D 中有至少两个零点 z_1, z_2, 因此 F_n 在 D 中有至少两个零点. 这矛盾于 F_n 单叶. □

Hurwitz 定理的一般形式:

> **定理 19.4 (Hurwitz, 1889)**　假设全纯函数列 $f_n : \Omega \to \mathbb{C}$ 内闭一致收敛于全纯函数 $f : \Omega \to \mathbb{C}$. 假设 z_0 是 f 的 m 阶零点, 则存在 $\rho > 0$, 使当 n 很大时, f_n 在

$D(z_0, \rho)$ 中有且仅有 m 个零点. 这些零点当 $n \to \infty$ 时, 收敛于 z_0.

证明 选取 $\rho_0 > 0$, 使得 f 在 $D(z_0, \rho_0) \setminus \{z_0\}$ 上不取零值. 对任意 $\rho \in (0, \rho_0)$, 记 $\delta = \delta(\rho) = \min\limits_{z \in \partial D(z_0, \rho)} |f(z)| > 0$. 显然, 当 $\rho \to 0$ 时, 有 $\delta(\rho) \to 0$.

由 f_n 内闭一致收敛于 f 知, 存在 $N = N(\rho)$, 当 $n \geqslant N$ 时, $|f_n(z)| \geqslant \delta/2$, $\forall z \in \partial D(z_0, \rho)$. 由 Weierstrass 定理, f_n' 在 $\partial D(z_0, \rho)$ 上一致收敛于 f'. 因此, f_n'/f_n 在 $\partial D(z_0, \rho)$ 上一致收敛到 f'/f. 于是, 当 $n \to \infty$ 时,

$$\frac{1}{2\pi i} \int_{\partial D(z_0, \rho)} \frac{f_n'(z)}{f_n(z)} \mathrm{d}z \to \frac{1}{2\pi i} \int_{\partial D(z_0, \rho)} \frac{f'(z)}{f(z)} \mathrm{d}z.$$

由辐角原理知, 上式即

$$Z(f_n, D(z_0, \rho)) \to Z(f, D(z_0, \rho)) = m.$$

由 $Z(f_n, D(z_0, \rho))$ 取值的离散性可知, 存在 $N_1 \geqslant N$, 当 $n \geqslant N_1$ 时, $Z(f_n, D(z_0, \rho)) = m$. 这说明 f_n 在 $D(z_0, \rho)$ 中有 m 个零点.

由 $\rho \in (0, \rho_0)$ 的任意性, 当 $n \to \infty$ 时, 这些零点收敛于 z_0. $\qquad\square$

19.3　局部映射性质

假设 f 在 z_0 的邻域内全纯, 非常值, $w_0 = f(z_0)$. 则 z_0 是 $f(z) - w_0$ 的零点, 阶数记为 $m(m \geqslant 1)$ (易知: $m = 1 \iff f'(z_0) \neq 0$). 于是, 存在 $r > 0$, 在 $D(z_0, r)$ 中可将 f 表示为

$$f(z) - w_0 = (z - z_0)^m \psi(z),$$

其中 ψ 在 $\overline{D(z_0, r)}$ 上全纯且不取零值. 上式求导得

$$f'(z) = (z - z_0)^{m-1}(m\psi(z) + (z - z_0)\psi'(z)).$$

适当缩小 r, 不妨设 $f - w_0$ 和 f' 在 $\overline{D(z_0, r)} \setminus \{z_0\}$ 上无零点. 记

$$\delta_r = \min_{|z - z_0| = r} |f(z) - w_0| > 0.$$

给定 $w \in D(w_0, \delta_r) \setminus \{w_0\}$, 对任意 $z \in \partial D(z_0, r)$, 成立

$$|(f(z) - w) - (f(z) - w_0)| = |w - w_0| < \delta_r \leqslant |f(z) - w_0|.$$

由 Rouché 定理, $f(z) - w$ 与 $f(z) - w_0$ 在 $D(z_0, r)$ 中的零点个数一样多, 为 m 个. 由于 f' 在 $\overline{D(z_0, r)} \setminus \{z_0\}$ 上不取零值, 这说明 $f(z) - w$ 在 $D(z_0, r)$ 中的所有零点都是一阶的.

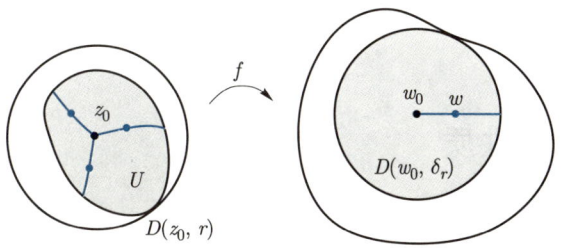

图 19.1 局部映射性质, z_0 是 $f(z) - f(z_0)$ 的三阶零点

因此, 当 $w \in D(w_0, \delta_r) \setminus \{w_0\}$ 时, $f(z) = w$ 在 $D(z_0, r) \setminus \{z_0\}$ 中有 m 个不同的解. 以上推理也表明 $D(w_0, \delta_r) \subset f(D(z_0, r))$.

> **定理 19.5 (开映射定理)**　非常值的全纯映射是开映射.

证明　假设 f 是区域 Ω 上的非常值全纯函数. 对任意 $w_0 \in f(\Omega)$, 取 $z_0 \in \Omega$, 使 $f(z_0) = w_0$. 由上述讨论, 存在 $r > 0, \delta_r > 0$, 使 $D(w_0, \delta_r) \subset f(D(z_0, r)) \subset f(\Omega)$. 因此 w_0 是 $f(\Omega)$ 的内点. 由 w_0 的任意性, $f(\Omega)$ 是开集. □

开映射定理可推出最大模原理: 假设 f 是区域 Ω 上的非常值全纯函数. 由开映射定理, 对任意 z_0, $f(\Omega)$ 是包含 $f(z_0)$ 的一个开集. 因此, 存在 $w \in f(\Omega)$ 使 $|w| > |f(z_0)|$. 由此得, $|f(z_0)| < \|f\|_\Omega = \sup_{w \in f(\Omega)} |w|$.

实解析函数未必是开映射. 如 $f(x) = x^2$, 将开区间 $(-1, 1)$ 映为非开非闭的区间 $[0, 1)$. 因此, 开映射性质是全纯函数与实解析函数的一个本质不同.

> **命题 19.1**　假设 f 在区域 Ω 上全纯, $z_0 \in \Omega$. 则 f 在 z_0 处局部单叶 [①] 的充要条件是 $f'(z_0) \neq 0$.

此命题给出全纯函数与实解析函数的另一本质不同. 实解析函数若在某点邻域内是单射, 不能得到在该点导数非零. 例如 $h(x) = x^3 : \mathbb{R} \to \mathbb{R}$ 是同胚, 但 $h'(0) = 0$.

证明　假设 f 非常值, 且 z_0 是 $f(z) - f(z_0)$ 的 $m (m \geqslant 1)$ 阶零点.

如果 $f'(z_0) = 0$, 则 $m \geqslant 2$. 由前述讨论, 对任意小正数 $r > 0$, 当 $w \in D(f(z_0), \delta_r) \setminus \{f(z_0)\}$ 时, $f(z) = w$ 在 $D(z_0, r) \setminus \{z_0\}$ 上有 m 个零点, 因此 f 不可能在 z_0 的邻域内单叶.

---

① 即: 存在 $\varepsilon > 0$, 使 $f|_{D(z_0, \varepsilon)}$ 单叶.

如果 $f'(z_0) \neq 0$, 则 $m = 1$. 仍由前述讨论, 当 $w \in D(f(z_0), \delta_r) \setminus \{f(z_0)\}$ 时, $f(z) = w$ 在 $D(z_0, r) \setminus \{z_0\}$ 上有且仅有 1 个零点. 此时, $U = (f|_{D(z_0,r)})^{-1}(D(f(z_0), \delta_r))$ 是包含 z_0 的一个开集, 且 $f : U \to D(f(z_0), \delta_r)$ 双全纯. 取 $\varepsilon > 0$ 使 $D(z_0, \varepsilon) \subset U$, 则 $f : D(z_0, \varepsilon) \to f(D(z_0, \varepsilon))$ 双全纯. $\qquad\square$

19.4　整体映射性质

本节内容受如下问题启发:

假设 f 在 $\overline{\mathbb{D}}$ 上全纯, 图 19.2 中哪些可能是圆周的像曲线 $f(\partial\mathbb{D})$?

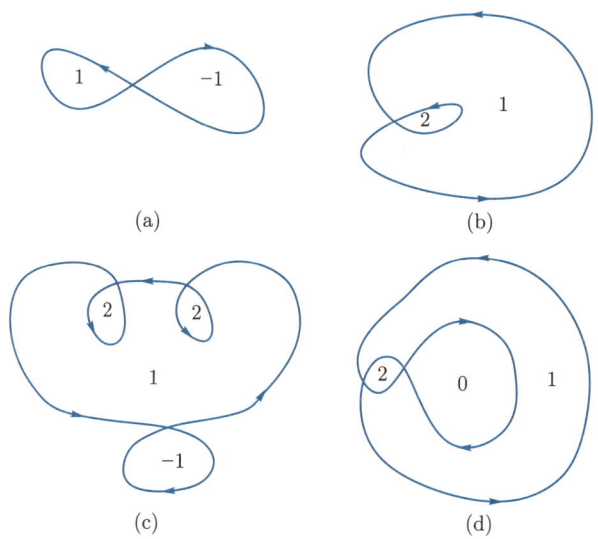

图 19.2 哪些可能是像曲线? (标注了由 $\partial\mathbb{D}$ 正向所诱导的方向和关于围绕区域的绕数)

为回答此问题, 考虑稍微一般的情形, 我们将发现辐角原理在其中的关键作用. 假设 Ω 为平面有界区域, 边界 $\partial\Omega$ 为有限条分段光滑简单闭曲线之并. 给定 $\overline{\Omega}$ 上的全纯函数 f, 定义

$$\nu_f(\zeta) = w(f(\partial\Omega), \zeta),\ \zeta \in \mathbb{C} \setminus f(\partial\Omega).$$

如前所知, ν_f 在 $\mathbb{C} \setminus f(\partial\Omega)$ 上分片常值. 由辐角原理, 对任意 $\zeta \in \mathbb{C} \setminus f(\partial\Omega)$,

$$\nu_f(\zeta) = Z(f - \zeta, \Omega).$$

这表明, $\nu_f(\zeta)$ 表示 $f - \zeta$ 在 Ω 中计重数意义下的零点个数 (即 ζ 在 Ω 中的逆像个数[①]), 取值于非负整数. 总结 ν_f 的性质, 得

> **命题 19.2** $\nu_f : \mathbb{C} \setminus f(\partial\Omega) \to \mathbb{N} \cup \{0\}$ 是分片常值函数.

由 ν_f 的非负性, 图 19.2 中左侧两例不可能为像曲线, 因绕数出现负数之故; 右侧两例则可能为像曲线 (如何构造这样的例子, 留给读者思考).

辐角原理建立了映射的边界性质和整体性质的一种联系. 下面的有趣命题更能反映这一点.

> **命题 19.3** 假设 Ω_1, Ω_2 是平面有界区域, 边界都是有限条分段光滑的简单闭曲线之并. 假设 f 在 $\overline{\Omega_1}$ 上全纯.
>
> 1. 如果 f 满足 $f(\partial\Omega_1) \subset \partial\Omega_2, f(\Omega_1) \subset \Omega_2$, 则
>
> (1) $f(\partial\Omega_1) = \partial\Omega_2, f(\Omega_1) = \Omega_2$;
>
> (2) 对任意 $\zeta \in \Omega_2$, 它在 Ω_1 中的逆像个数为常数[②].
>
> 2. 如果 $f : \partial\Omega_1 \to \partial\Omega_2$ 是同胚, 则 $f(\Omega_1) = \Omega_2$ 且 $f : \Omega_1 \to \Omega_2$ 双全纯.

证明 1. 由 $f(\partial\Omega_1) \subset \partial\Omega_2$ 可知, Ω_2 包含在 $\mathbb{C} \setminus f(\partial\Omega_1)$ 的一个连通分支 U 中. 由命题 19.2, 计数函数 ν_f 分片常值, 特别地 $\nu_f|_U$ 为常值. 由条件 $f(\Omega_1) \subset \Omega_2$ 可知, $\nu_f|_{\Omega_2} \equiv \nu_f(f(z_0)) \geqslant 1$, 其中 $z_0 \in \Omega_1$. 这说明对任意 $\zeta \in \Omega_2$, 它在 Ω_1 中有逆像. 因此, $f(\Omega_1) \supset \Omega_2$. 结合条件 $f(\Omega_1) \subset \Omega_2$ 可得 $f(\Omega_1) = \Omega_2$.

下说明 $f(\partial\Omega_1) = \partial\Omega_2$. 任取 $\zeta \in \partial\Omega_2$, 取 $\{\zeta_n\}_{n \geqslant 1} \subset \Omega_2$ 满足 $\zeta_n \to \zeta$. 对任意 $n \geqslant 1$, 取 $z_n \in f^{-1}(\zeta_n)$, 则 Ω_1 中的有界点列 $\{z_n\}_{n \geqslant 1}$ 在 $\overline{\Omega_1}$ 中有聚点 a. 利用连续性可知 $f(a) = \zeta$. 由开映射定理, a 不能为 Ω_1 的内点, 故只能是边界点. 这样就得到 $f(\partial\Omega_1) \supset \partial\Omega_2$. 结合 $f(\partial\Omega_1) \subset \partial\Omega_2$ 可知 $f(\partial\Omega_1) = \partial\Omega_2$.

2. 由于 $f : \partial\Omega_1 \to \partial\Omega_2$ 是同胚, 可用 $f(\partial\Omega_1)$ 的定向诱导 $\partial\Omega_2$ 的定向. 对任意 $\zeta \in \Omega_2$, 有 $w(\partial\Omega_2, \zeta) = \pm 1$; 另由辐角原理

$$w(\partial\Omega_2, \zeta) = w(f(\partial\Omega_1), \zeta) = Z(f - \zeta, \Omega_1) \geqslant 0.$$

因此 $w(\partial\Omega_2, \zeta) = 1$. 这说明 $\Omega_2 \subset f(\Omega_1)$, 并且每个 $\zeta \in \Omega_2$ 在 Ω_1 中有且只有一个逆像.

另一方面, 当 $\zeta \notin \overline{\Omega_2}$ 时, $Z(f - \zeta, \Omega_1) = w(\partial\Omega_2, \zeta) = 0$, 这说明 $f(\Omega_1) \subset \overline{\Omega_2}$. 由开映射定理知, $f(\Omega_1) = \Omega_2$. 结合上述讨论, $f : \Omega_1 \to \Omega_2$ 双全纯. □

[①] 如果 $\zeta \in f(\Omega)$, 则对任意 $a \in f^{-1}(\zeta) \cap \Omega$, 它是 $f(z) - \zeta$ 的一个零点, 此零点的阶定义为 a 作为 ζ 的逆像点的重数. 于是, $\nu_f(\zeta)$ 表示 ζ 的所有逆像点的重数之和, 即逆像个数. 如果 $\zeta \notin f(\Omega)$, 显然 $\nu_f(\zeta) = 0$.

[②] 这个常数通常称为 f 的映射度, 记为 $\deg(f)$.

19.5   微分中值性质

回忆实函数的微分中值定理: 假设 $f : [a, b] \to \mathbb{R}$ 连续, 且 f 在 (a, b) 内可微, 则存在 $\zeta \in (a, b)$, 满足

$$f(b) - f(a) = f'(\zeta)(b - a).$$

受此启发, 引入全纯函数的**微分中值性质**: 假设 f 在平面区域 Ω 上全纯, 称 f 满足微分中值性质, 如果对任意线段 $[a, b] \subset \Omega$, 存在 $\zeta \in [a, b]$, 使 $f(b) - f(a) = f'(\zeta)(b - a)$.

全纯函数是否总满足微分中值性质呢? 答案很微妙, 先看两例.

第一个例子: $f(z) = c_0 + c_1 z + c_2 z^2$, 其中 $c_0, c_1, c_2 \in \mathbb{C}$. 它是次数不超过 2 的多项式. 容易验证

$$f(b) - f(a) = f'\left(\frac{a + b}{2}\right)(b - a).$$

因此 f 满足微分中值性质.

第二个例子: $g(z) = \mathrm{e}^z$, 取 $a = 0, b = 2\pi \mathrm{i}$. 容易看出

$$g(b) - g(a) = 0 \neq 2\pi \mathrm{i} \mathrm{e}^\zeta = (b - a)g'(\zeta), \quad \forall \zeta \in [a, b].$$

这说明 g 不满足微分中值性质.

以上两例表明, 并非所有的全纯函数都满足微分中值性质. 找出所有满足微分中值性质的全纯函数是一个基本而有趣的问题. 本节将证明:

> **命题 19.4**   假设 $f : \Omega \to \mathbb{C}$ 全纯, 则 f 满足微分中值性质当且仅当 f 是次数不超过 2 的多项式.

证明   上面的例子已验证充分性, 现证必要性. 分两种情形: $f'' \equiv 0$ 与 $f'' \not\equiv 0$. 若 $f'' \equiv 0$, 容易验证, $f(z) = \alpha z + \beta$, 其中 α, β 为常数. 若 $f'' \not\equiv 0$, 则存在 $a \in \Omega$, 使 $f''(a) \neq 0$. 由命题 19.1, $f''(a) = (f')'(a) \neq 0$ 意味着存在 a 的邻域 $D(a, r)$, 使 $f'|_{D(a,r)}$ 单叶. 记其反函数 $g = (f'|_{D(a,r)})^{-1}$, 它在 $f'(D(a, r))$ 上全纯.

由 f 满足微分中值性质的假设, 对任意 $z \in D(a, r) \setminus \{a\}$, 存在 $\eta(z) \in [0, 1]$, 满足

$$\frac{f(z) - f(a)}{z - a} = f'(a + \eta(z)(z - a)).$$

由此可得

$$\eta(z) = \frac{-a}{z - a} + \frac{1}{z - a} g\left(\frac{f(z) - f(a)}{z - a}\right).$$

上式右端在 $D(a, r) \setminus \{a\}$ 上全纯, 左端取值于 $[0, 1]$. 由开映射定理, $\eta(z) \equiv c \in [0, 1]$. 于是, 微分中值性质变成

$$\frac{f(z) - f(a)}{z - a} = f'(a + c(z - a)).$$

利用 f 在 a 处幂级数展式可得

$$\frac{f(z) - f(a)}{z - a} = \sum_{n=1}^{\infty} \frac{f^{(n)}(a)}{n!}(z-a)^{n-1},$$

$$f'(a + c(z - a)) = \sum_{n=1}^{\infty} \frac{f^{(n)}(a)}{(n-1)!}(c(z-a))^{n-1}.$$

由幂级数展式的唯一性,

$$f^{(n)}(a)(nc^{n-1} - 1) = 0, \ n \geqslant 2.$$

利用 $f''(a) \neq 0$ 可知, $c = \dfrac{1}{2}$, 进一步得 $f^{(n)}(a) = 0, n \geqslant 3$. 这说明在 $D(a,r)$ 上 f 为二次多项式. 由唯一性定理, f 为二次多项式. □

19.6 习题

"道阻且长, 行则将至. 行而不辍, 未来可期."

——《荀子·修身》

1. (Rouché 定理的对称形式) 假设 Ω 是平面区域, 边界为分段光滑的简单闭曲线. f, g 都在 $\overline{\Omega}$ 上全纯, 且满足

$$|f(z) - g(z)| < |f(z)| + |g(z)|, \ \forall z \in \partial\Omega.$$

证明 f, g 在 Ω 中零点个数一样多.

2. (Rouché 定理的应用) 给定多项式 $p(z) = z^5 - 6z^3 + z - 1$.

(1) 求 p 在单位圆盘 $\mathbb{D}$ 中零点个数 (计重数).

(2) 求 p 在圆环区域 $A = \{1 < |z| < 3\}$ 中零点个数.

3. (Rouché 定理的应用) 假设 $r > 0$, 证明当 n 很大时,

$$p_n(z) = \sum_{k=0}^{n} \frac{z^k}{k!}$$

在 $D(0, r)$ 上没有根.

4. (Rouché 定理的应用) 假设 $f(z) = a_d z^d + a_{d-1} z^{d-1} + \cdots + a_1 z + a_0$ 是 $d(d \geqslant 1)$ 次多项式. 如果对某个 $0 \leqslant k \leqslant d$, 成立

$$|a_k| > \sum_{j \neq k} |a_j|,$$

证明 f 在 $\mathbb{D}$ 中有且只有 k 个零点 (计重数).

5. (Rouché 定理的应用) 给定 $d(d \geqslant 1)$ 次首一多项式 $f(z) = z^d + a_{d-1}z^{d-1} + \cdots + a_1 z + a_0$. 证明

(1) $\displaystyle\max_{|z|=1} |f(z)| \geqslant 1$.

(2) f 在圆盘 $D(0, 1+a)$ 中有 d 个根, 其中

$$a = \max_{0 \leqslant k \leqslant d-1} |a_k|.$$

6. (Rouché 定理的应用) 假设 f 在 $\overline{\mathbb{D}}$ 上全纯, 在 $\mathbb{D}$ 中有 $m(m \geqslant 1)$ 个零点, 在 0 处的幂级数展式为 $f(z) = \displaystyle\sum_{k \geqslant 0} a_k z^k$, 证明

$$\min_{|z|=1} |f(z)| \leqslant \sum_{k=0}^{m} |a_k|.$$

7. (辐角原理的应用) 假设 f 在闭圆盘 $\overline{\mathbb{D}}$ 上全纯, 且 $f(\partial\mathbb{D}) \subset \mathbb{R}$. 证明 f 为常值函数. 提示: 若 f 非常值, 则为开映射. 取 $a \in f(\mathbb{D}) \setminus \mathbb{R}$. 利用辐角原理 $w(f(\partial\mathbb{D}), a) = Z(f - a, \mathbb{D})$ 得矛盾.

8. (最大模原理的应用) 设 f 在 $\mathbb{D}$ 上全纯, 连续到边界. f 在上半圆弧上模有上界 m, 在下半圆弧上模有上界 M. 证明

$$|f(0)| \leqslant \sqrt{mM}.$$

9. (Rouché 定理的应用) 假设全纯函数列 $f_n : \Omega \to \Omega$ 在 Ω 上内闭一致收敛于 $g : \Omega \to \mathbb{C}$. 证明: 要么 $g(\Omega) \subset \Omega$, 要么 $g \equiv w_0 \in \partial\Omega$.

10. (开映射定理的应用) 如果 $f : \Omega \to \Omega$ 全纯, 满足 $f \circ f = f$. 证明: f 要么为常值函数, 要么为恒等映射.

11. (面积等式) 假设 Ω 是平面有界区域, $\partial\Omega$ 为有限条分段光滑简单闭曲线之并, f 在 $\overline{\Omega}$ 上全纯. 记 $\mathbb{C} \setminus f(\partial\Omega)$ 的所有连通分支全体为 $\mathcal{C}$. 由命题 19.2, ν_f 在每一分支 $U \in \mathcal{C}$ 上为常值, 记此值为 $\nu_f(U)$. 证明面积等式

$$\int_{\Omega} |f'(z)|^2 \mathrm{d}x\mathrm{d}y = \sum_{U \in \mathcal{C}} \nu_f(U) \cdot \mathrm{area}(U).$$

12. (微分中值性质的一种变形) 如本章内容所知, 微分中值性质对全纯函数一般不成立, 现研究一种变形. 假设 $f : \Omega \to \mathbb{C}$ 全纯, $z_0 \in \Omega$. 证明: 存在 $z_1, z_2 \in \Omega \setminus \{z_0\}$, 满足

$$\frac{f(z_2) - f(z_1)}{z_2 - z_1} = f'(z_0).$$

提示: 考虑 $g(z) = f(z) - f'(z_0)(z - z_0)$ 的局部映射性质.

13. (*微分中值性质的变形*) 假设 $f : \Omega \to \mathbb{C}$ 全纯, $a, b \in \Omega$, 且线段 $[a, b] \subset \Omega$. 证明: 在线段 $[a, b]$ 上存在两点 c, d, 使

$$\frac{f(a) - f(b)}{a - b} = \mathrm{Re}(f'(c)) + \mathrm{i}\,\mathrm{Im}(f'(d)).$$

提示: 对函数 $F(t) = f(b + (a - b)t)/(a - b)$ 的实部与虚部分别应用微分中值定理.

14. (*Rouché 定理之逆的一种形式*) 假设 f, g 都是整函数, 在平面上都有有限个零点, 个数 (计重数) 相同. 证明: 存在不取零值的整函数 h, 以及 $R > 0$, 满足

$$|f(z) - h(z)g(z)| < |f(z)|, \quad \forall |z| = R.$$

第二十章

Schwarz 引理

20.1　Schwarz 引理

> **定理 20.1 (Schwarz,1870)**　若 $f : \mathbb{D} \to \mathbb{D}$ 全纯, $f(0) = 0$, 则
>
> $$|f(z)| \leqslant |z|, \ \forall z \in \mathbb{D}; \ |f'(0)| \leqslant 1.$$
>
> 如果 $|f'(0)| = 1$ 或者对某 $z_0 \neq 0$ 成立 $|f(z_0)| = |z_0|$, 则 $f(z) = \mathrm{e}^{\mathrm{i}\theta} z$.

证明　定义

$$g(z) = \begin{cases} f(z)/z, & z \in \mathbb{D} \setminus \{0\}, \\ f'(0), & z = 0. \end{cases}$$

显然, g 在 $\mathbb{D} \setminus \{0\}$ 上全纯, 在 $z = 0$ 处连续. 由 Riemann 可去奇点定理知, g 在 $\mathbb{D}$ 上全纯. 任意取定 $z \in \mathbb{D}$, 取 $r \in (|z|, 1)$, 在圆盘 $D(0, r)$ 上对 g 应用最大模原理, 得

$$|g(z)| \leqslant \|g\|_{\partial D(0,r)} = \|f\|_{\partial D(0,r)}/r \leqslant 1/r.$$

注意到上式对任意 $r \in (|z|, 1)$ 都成立. 令 $r \to 1^-$, 得 $|g(z)| \leqslant 1$, 即 $|f(z)| \leqslant |z|$. 特别地, $|g(0)| = |f'(0)| \leqslant 1$.

　　如果 $|f'(0)| = 1$, 或对某 $z_0 \neq 0$, 成立 $|f(z_0)| = |z_0|$, 则 $|g(0)| = 1$ 或 $|g(z_0)| = 1$. 这说明 g 在 $\mathbb{D}$ 内取得最大模. 由最大模原理, $g \equiv \mathrm{e}^{\mathrm{i}\theta}$, 即 $f(z) = \mathrm{e}^{\mathrm{i}\theta} z$. □

　　以上证明是法国数学家 Carathéodory 在 1912 年给出的, 后来的教材普遍采用. Schwarz 引理简洁漂亮, 内涵丰富, 从不同角度理解会有不同的收获. 下面将给出三个不同观点的解读.

20.2 Schwarz 引理的三种观点

观点 1: 函数迭代与不动点的导数

Schwarz 引理蕴涵了这样的事实: 假设 $f : \mathbb{D} \to \mathbb{D}$ 全纯, 有一个不动点 $z_0 = 0$, 则在不动点处的导数模长不超过 1. 这个事实可以推广到任意有界区域:

假设 Ω 是平面有界区域, $f : \Omega \to \Omega$ 全纯, $z_0 \in \Omega$. 如果 $f(z_0) = z_0$, 则成立 $|f'(z_0)| \leqslant 1$.

现给出利用函数迭代想法的证明, 可类比命题 11.2.

证明 由假设, 存在 $R > \rho > 0$, 使 $D(z_0, \rho) \subset \Omega \subset D(0, R)$. 对任意 $n \geqslant 1$, f 的 n 次复合 $f^{\circ n} : \Omega \to \Omega$ 全纯, 且 $f^{\circ n}(z_0) = z_0$.

对 $f^{\circ n} : D(z_0, \rho) \to \Omega$ 应用 Cauchy 不等式, 得

$$\left| \left(f^{\circ n} \right)'(z_0) \right| = |f'(z_0)|^n \leqslant \frac{\|f^{\circ n}\|_\Omega}{\rho} \leqslant \frac{R}{\rho} \Longleftrightarrow |f'(z_0)| \leqslant \left[\frac{R}{\rho} \right]^{1/n}.$$

上式对任意 $n (n \geqslant 1)$ 都成立. 令 $n \to \infty$, 得 $|f'(z_0)| \leqslant 1$. $\quad\square$

注 有界区域的假设实为技术性的. 结论可推广到一般的平面区域, 只需 $\mathbb{C} \setminus \Omega$ 包含至少两点即可. 证明需用曲面分类的单值化定理, 此处略去.

观点 2: 极值问题与级数形式的 Cauchy 不等式

若将 Schwarz 引理条件弱化, 仍能得到同样的结论:

若 $f : \mathbb{D} \to \mathbb{D}$ 全纯, 则 $|f'(0)| \leqslant 1$. 等号成立的充要条件是 $f(z) = e^{i\theta} z$.

证明 定义

$$S(w) = \frac{w - f(0)}{1 - \overline{f(0)} w}.$$

显然, $S : \mathbb{D} \to \mathbb{D}$ 双全纯, $S(f(0)) = 0$. 复合映射 $h = S \circ f : \mathbb{D} \to \mathbb{D}$ 全纯, $h(0) = 0$. 对 h 应用 Schwarz 引理,

$$|h'(0)| = \frac{|f'(0)|}{1 - |f(0)|^2} \leqslant 1 \Longleftrightarrow |f'(0)| \leqslant 1 - |f(0)|^2.$$

由此可知 $|f'(0)| \leqslant 1$. 如果 $|f'(0)| = 1$, 则必然 $f(0) = 0$. 此时, 由 Schwarz 引理的取等条件知, $f(z) = e^{i\theta} z$. $\quad\square$

以上论证, 关注的是导数模长的极值. 这自然引出如下问题: 任给全纯函数 $f : \mathbb{D} \to \mathbb{D}$, 在 0 处的 n 阶导数模长 $|f^{(n)}(0)|$ 最大值是多少? 如达到最大值, 极值函数具有什么形式?

利用级数形式的 Cauchy 不等式 (定理 11.2), 可给出回答:

假设 $f : \mathbb{D} \to \mathbb{D}$ 全纯, 在原点处幂级数展式:

$$f(z) = \sum_{n=0}^{\infty} a_n z^n,$$

则成立

$$\sum_{n=0}^{\infty} |a_n|^2 \leqslant 1.$$

由此知, 对任意 $n \geqslant 1$, 成立 $|a_n| \leqslant 1$ (即, $|f^{(n)}(0)| \leqslant n!$). 若对某 $n_0 (n_0 \geqslant 1)$ 成立 $|a_{n_0}| = 1$, 则 $f(z) = \mathrm{e}^{\mathrm{i}\theta} z^{n_0}$.

观点 3: Rouché 定理推导 Schwarz 引理

一个令人意外的事实是: 利用 Rouché 定理也可证明 Schwarz 引理. 这个证明具有启发性, 从中可见 Rouché 定理的应用潜力.

假设 $f : \mathbb{D} \to \mathbb{D}$ 全纯, $f(0) = 0$. 下面将利用 Rouché 定理和反证法证明: (1) $|f(z)| \leqslant |z|$, $\forall z \in \mathbb{D}$; (2) 等号对某点 $z_0 \neq 0$ 成立当且仅当 $f(z) = \mathrm{e}^{\mathrm{i}\theta} z$.

(1) (反证法) 若不然, 则存在 $z_0 \neq 0$, 使 $|f(z_0)| > |z_0|$. 定义

$$g(z) = z_0 f(z) / f(z_0), \ z \in \mathbb{D}.$$

显然, $g(\mathbb{D}) \subset D(0, r_0)$, 且 g 在 $D(0, r_0)$ 中有至少两个不动点 $0, z_0$, 其中 $r_0 = |z_0|/|f(z_0)|$. 易见, $g(\overline{D(0, r_0)}) \subset D(0, r_0)$.

记 id 为恒等映射. 注意到

$$|(\mathrm{id} - g)(z) - \mathrm{id}(z)| = |g(z)| < r_0 = |\mathrm{id}(z)|, \ \forall z \in \partial D(0, r_0).$$

由 Rouché 定理, $Z(\mathrm{id} - g, D(0, r_0)) = Z(\mathrm{id}, D(0, r_0)) = 1$. 这矛盾于 $\mathrm{id} - g$ 在 $D(0, r_0)$ 中有至少两个零点: 0 和 z_0.

(2) 亦用反证法. 如果 $|f(z_0)| = |z_0|$ 对某 $z_0 \neq 0$ 成立, 通过将 f 换成 $\mathrm{e}^{\mathrm{i}\theta} f$, 不妨假设 $f(z_0) = z_0$. 我们的目标是证明 $f = \mathrm{id}$. 若不然, 则 $0, z_0$ 为 $F = \mathrm{id} - f$ 的孤立零点. 选取 $\varepsilon > 0$, 使 $D_\varepsilon := D(0, \varepsilon) \cup D(z_0, \varepsilon)$ 的闭包在 $\mathbb{D}$ 中, 且 $\delta := \min\limits_{z \in \partial D_\varepsilon} |F(z)| > 0$. 当 $r \in [1 - \delta, 1)$ 时, 函数 $F_r = \mathrm{id} - rf$ 满足

$$|F_r(z) - F(z)| = (1 - r)|f(z)| < 1 - r \leqslant \delta \leqslant |F(z)|, \ z \in \partial D_\varepsilon.$$

由 Rouché 定理, $Z(F_r, D_\varepsilon) = Z(F, D_\varepsilon) \geqslant 2$.

另一方面, 取 $\rho \in [r, 1)$ 使 $D_\varepsilon \subset D(0, \rho)$. 注意到

$$|F_r(z) - \mathrm{id}(z)| = r|f(z)| < r \leqslant \rho = |\mathrm{id}(z)|, \ \forall z \in \partial D(0, \rho).$$

由 Rouché 定理, $Z(F_r, D(0, \rho)) = Z(\mathrm{id}, D(0, \rho)) = 1$. 矛盾.

注　假设 $f : \mathbb{D} \to \mathbb{D}$ 全纯, $f(0) = 0$, 结论 $|f(z)| \leqslant |z|$ 已蕴涵 $|f'(0)| \leqslant 1$. 如果 $|f'(0)| = 1$, 通过旋转不妨假设 $f'(0) = 1$, 此时如果 f 不是恒等映射, 则 0 是 $\mathrm{id} - f$ 的孤立零点, 阶数至少是 2. 选取 r 足够靠近 1, 则由 Rouché 定理可知, $\mathrm{id} - rf$ 在 0 附近有至少两个零点. 重复 (2) 中最后一段的论证, 得矛盾.

20.3　Schwarz 引理的应用

本节介绍 Schwarz 引理的三个应用: 刻画单位圆盘 $\mathbb{D}$ 的全纯自同构群, 证明 Liouville 定理与 Study 定理.

单位圆盘 $\mathbb{D}$ 的全纯自同构群定义为 $\mathrm{Aut}(\mathbb{D}) := \{f : \mathbb{D} \to \mathbb{D}\ \text{双全纯}\}^{①}$. 在 "分式线性变换" 一章曾指出, 形如

$$f(z) = \mathrm{e}^{\mathrm{i}\theta} \frac{z - a}{1 - \overline{a}z},\ \theta \in \mathbb{R}, a \in \mathbb{D}$$

的变换给出了 $\mathbb{D}$ 的一类全纯自同构. 下面证明, 这一类即是全部.

> **定理 20.2**　单位圆盘 $\mathbb{D}$ 的全纯自同构群
>
> $$\mathrm{Aut}(\mathbb{D}) = \left\{ f(z) = \mathrm{e}^{\mathrm{i}\theta} \frac{z - a}{1 - \overline{a}z} \ \middle|\ \theta \in \mathbb{R}, a \in \mathbb{D} \right\}.$$

证明　任取 $f \in \mathrm{Aut}(\mathbb{D})$. 如果 $f(0) = 0$, 则 $f^{-1}(0) = 0$. 对 f, f^{-1} 应用 Schwarz 引理得

$$|f(z)| \leqslant |z|,\ |f^{-1}(w)| \leqslant |w| \Longrightarrow |f(z)| = |z|,\ \forall z \in \mathbb{D}.$$

由 Schwarz 引理的取等条件得 $f(z) = \mathrm{e}^{\mathrm{i}\theta} z$.

一般情况: 假设 $f(a) = 0$. 定义

$$g(z) = \frac{z - a}{1 - \overline{a}z}.$$

显然 $g(a) = 0$, $g \in \mathrm{Aut}(\mathbb{D})$. 于是 $h = f \circ g^{-1} \in \mathrm{Aut}(\mathbb{D})$, 且 $h(0) = 0$. 由上面讨论知 $f \circ g^{-1}(w) = \mathrm{e}^{\mathrm{i}\theta} w$, 即

$$f(z) = \mathrm{e}^{\mathrm{i}\theta} g(z) = \mathrm{e}^{\mathrm{i}\theta} \frac{z - a}{1 - \overline{a}z}.$$

---

① 区域之间的双全纯映射 $f : D \to \Omega$, 指全纯双射. 此时 "逆映射全纯" 这一性质自然满足. 这是因为, 由命题 19.1, 全纯单射蕴涵导数处处非零. 由反函数定理知逆映射全纯.

例题 **20.1**   Schwarz 引理 $\Longrightarrow$Liouville 定理.

证明   假设 f 是有界整函数, 下面用 Schwarz 引理证明 f 为常数. 通过将 f 换成 $f - f(0)$, 不妨假设 $f(0) = 0$. 假设 $\|f\|_{\mathbb{C}} < M$. 对任意 $R > 0$, $f : D(0, R) \to D(0, M)$ 全纯.

定义全纯函数 $F : \mathbb{D} \to \mathbb{D}$, $F(w) = f(Rw)/M$. 显然 $F(0) = 0$. 利用 Schwarz 引理,

$$|F(w)| \leqslant |w|, \forall w \in \mathbb{D} \Longleftrightarrow |f(z)| \leqslant \frac{M}{R}|z|, \ \forall z \in D(0, R).$$

任意取定 $z \in \mathbb{C}$, 上式右端对任意 $R > |z|$ 都成立. 令 $R \to +\infty$, 可得 $f(z) = 0$. 由 z 的任意性, $f \equiv 0$. $\square$

注   以上证明也适用于此情形: $\|f\|_{D(0,R)} = o(R)$.

平面集合 E 称为凸集, 是指对任意 $a, b \in E$, 线段 $[a, b] \subset E$.

1913 年, 德国数学家 Study 证明了一条有趣的定理:

定理 **20.3 (Study, 1913)**   假设 $f : \mathbb{D} \to \Omega$ 双全纯. 如果 Ω 是凸集, 则对任意 $r \in (0, 1)$, 像集合 $\Omega_r = f(D(0, r))$ 也是凸集.

证明   等价于证明, 对任意 $a, b \in D(0, r)$, 线段 $[f(a), f(b)] \subset \Omega_r$. 为此, 不妨假设 $|a| \leqslant |b| < r$. 对任意 $t \in [0, 1]$, 令

$$g_t(z) = (1 - t)f(za/b) + tf(z), \ z \in \mathbb{D}.$$

它满足 $g_t(0) = f(0)$, $g_t(b) = (1 - t)f(a) + tf(b) \in [f(a), f(b)]$, 如图 20.1 所示.

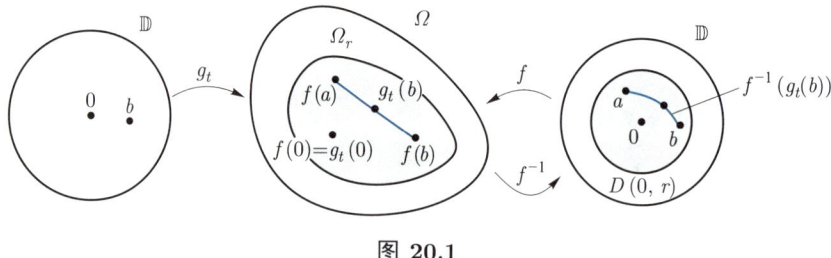

图 20.1

由 Ω 是凸集知, $g_t(\mathbb{D}) \subset \Omega$. 定义

$$h = f^{-1} \circ g_t : \mathbb{D} \to \mathbb{D}.$$

显然 $h(0) = 0$. 由 Schwarz 引理, $|h(z)| \leqslant |z|$. 因此, 当 $|z| < r$ 时, $f^{-1} \circ g_t(z) \in D(0, r)$, 即 $g_t(z) \in f(D(0, r)) = \Omega_r$. 特别地, $g_t(b) \in \Omega_r$. 由 t 的任意性, $[f(a), f(b)] \subset \Omega_r$. $\square$

20.4　Schwarz-Pick 定理

本节介绍 Pick 对 Schwarz 引理的理解. 这一理解虽表现为分析不等式, 却蕴涵几何思想. 在后文 "双曲几何" 一章, 我们将看到, 这个理解说明 $\mathbb{D}$ 的全纯自映射不增加双曲度量.

定理 20.4 (Schwarz–Pick)　假设 $f : \mathbb{D} \to \mathbb{D}$ 全纯.

(1) 对任意 $z, w \in \mathbb{D}$, 成立

$$\left| \frac{f(z) - f(w)}{1 - \overline{f(w)}f(z)} \right| \leqslant \left| \frac{z - w}{1 - \overline{w}z} \right|.$$

进一步, 以下等价: (a) 等号对某两个不同点 z_0, w_0 成立; (b) $f \in \mathrm{Aut}(\mathbb{D})$; (c) 等号对所有 $z, w \in \mathbb{D}$ 成立.

(2) 对任意 $z \in \mathbb{D}$, 成立

$$|f'(z)| \leqslant \frac{1 - |f(z)|^2}{1 - |z|^2}.$$

进一步, 以下等价: (a) 等号对某 z_0 成立; (b) $f \in \mathrm{Aut}(\mathbb{D})$; (c) 等号对所有 $z \in \mathbb{D}$ 成立.

证明　(1) 将 w 固定, 视 z 为变量. 取 $S, T \in \mathrm{Aut}(\mathbb{D})$ 如下

$$S(z) = \frac{z - w}{1 - \overline{w}z}, \; T(\zeta) = \frac{\zeta - f(w)}{1 - \overline{f(w)}\zeta}. \tag{20.1}$$

显然 $S(w) = 0, T(f(w)) = 0$. 复合映射 $h = T \circ f \circ S^{-1} : \mathbb{D} \to \mathbb{D}$ 全纯, 满足 $h(0) = 0$. 利用 Schwarz 引理,

$$|h(\xi)| = |T \circ f \circ S^{-1}(\xi)| \leqslant |\xi| \iff |T(f(z))| \leqslant |S(z)|,$$

即为所证.

如果等号对某 $z_0(z_0 \neq w_0)$ 成立, 则 $S(z_0) \neq 0$ 且 $|h(S(z_0))| = |T(f(z_0))| = |S(z_0)|$. 由 Schwarz 引理的取等条件知, $h(\xi) = \mathrm{e}^{\mathrm{i}\theta}\xi$. 于是 $h \in \mathrm{Aut}(\mathbb{D})$. 因此 $f = T^{-1} \circ h \circ S \in \mathrm{Aut}(\mathbb{D})$. 反之, 如果 $f \in \mathrm{Aut}(\mathbb{D})$, 则如上定义的 $h \in \mathrm{Aut}(\mathbb{D})$. 因此, $h(\xi) = \mathrm{e}^{\mathrm{i}\theta}\xi, \xi \in \mathbb{D}$. 特别地, $|h(S(z))| = |T(f(z))| = |S(z)|$.

(2) 将 (1) 中不等式变形

$$\left| \frac{f(z) - f(w)}{z - w} \right| \leqslant \left| \frac{1 - \overline{f(w)}f(z)}{1 - \overline{w}z} \right|.$$

在上式中令 $w \to z$, 得

$$|f'(z)| \leqslant \frac{1 - |f(z)|^2}{1 - |z|^2}.$$

现假设上式对 z_0 取等. 定义 $h(\xi) = T \circ f \circ S^{-1}(\xi), \xi \in \mathbb{D}$, 其中 S, T 由 (20.1) 式定义 (取 $w = z_0$). 显然 $S(z_0) = 0 = T(f(z_0))$, 从而 $h(0) = 0$. 注意到

$$h'(0) = T'(f(z_0))f'(z_0)/S'(z_0) = \frac{1 - |z_0|^2}{1 - |f(z_0)|^2} \cdot f'(z_0).$$

在 z_0 处取等等价于 $|h'(0)| = 1$. 由 Schwarz 引理的取等条件知, $h(\xi) = \mathrm{e}^{\mathrm{i}\theta}\xi$. 因此, $f = T^{-1} \circ h \circ S \in \mathrm{Aut}(\mathbb{D})$. 反之, 如果 $f \in \mathrm{Aut}(\mathbb{D})$, 不难验证, 导数等式恒成立.　　□

20.5　边界 Schwarz 引理

> **定理 20.5 (Osserman, 2000)**　假设 $f : \mathbb{D} \to \mathbb{D}$ 全纯, $f(0) = 0$. 若 f 可连续至边界点 $b \in \partial\mathbb{D}$, 且 $|f(b)| = 1$, $f'(b)$ 存在, 则
>
> $$|f'(b)| \geqslant \frac{2}{1 + |f'(0)|}.$$
>
> 特别地, $|f'(b)| \geqslant 1$, 等号成立当且仅当 $f(z) = \mathrm{e}^{\mathrm{i}\theta}z$.

证明　首先证明 Schwarz 引理的一个更精确的形式:

$$|f(z)| \leqslant |z|\frac{|z| + |f'(0)|}{1 + |f'(0)||z|}. \tag{20.2}$$

定义 $g : \mathbb{D} \to \mathbb{D}$ 为 $g(z) = f(z)/z, z \in \mathbb{D} \setminus \{0\}$; $g(0) = f'(0)$. 由 Schwarz 引理, 要么 $f(z) = \mathrm{e}^{\mathrm{i}\theta}z$, 要么对任意 $z \in \mathbb{D}$, $|g(z)| < 1$. 若是前者, $|f'(0)| = 1$, (20.2) 式显然成立. 以下只讨论后一种情形, 此时 $g : \mathbb{D} \to \mathbb{D}$ 全纯. 通过复合旋转, 不妨假设 $g(0) = a \in [0, 1)$. 映射 $G(z) = (z + a)/(1 + az)$ 满足 $G(0) = g(0)$. 于是, $G^{-1} \circ g : \mathbb{D} \to \mathbb{D}$ 全纯, $G^{-1} \circ g(0) = 0$. 对 $G^{-1} \circ g$ 应用 Schwarz 引理,

$$|G^{-1} \circ g(z)| \leqslant |z| \Longleftrightarrow G^{-1} \circ g(z) \in \overline{D(0, |z|)}$$
$$\Longleftrightarrow g(z) \in G(\overline{D(0, |z|)}).$$

另一方面, 注意到 G 将 $\overline{D(0, r)}$ 映为一条直径为闭区间

$$\left[\frac{a - r}{1 - ar}, \frac{a + r}{1 + ar}\right]$$

的闭圆盘. 因此,

$$|g(z)| \leqslant \frac{a+|z|}{1+a|z|} \Longrightarrow |f(z)| \leqslant |z|\frac{|z|+|f'(0)|}{1+|f'(0)||z|}.$$

现假设 f 可连续延拓到 b, 记 $c = f(b)$, 于是

$$\left|\frac{f(z)-c}{|z|-|b|}\right| \geqslant \frac{1-|f(z)|}{1-|z|} \geqslant \frac{1+|z|}{1+|f'(0)||z|}.$$

由于导数 $f'(b)$ 存在, 上式两边令 z 沿径向趋于 b, 得到

$$|f'(b)| = \lim_{z\to b}\left|\frac{f(z)-c}{|z|-|b|}\right| \geqslant \frac{2}{1+|f'(0)|}.$$

> **注**　(边界 Schwarz 引理的一般形式) 假设 $f:\mathbb{D}\to\mathbb{D}$ 全纯, 可以连续至边界点 $b\in\partial\mathbb{D}$, 并且 $|f(b)|=1$, $f'(b)$ 存在. 假设 f 在 0 处的幂级数展式
>
> $$f(z) = \sum_{k=n}^{+\infty} a_k z^k,$$
>
> 其中, $n \geqslant 1$ 为某个自然数, 则成立
>
> $$|f'(b)| \geqslant n + \frac{1-|a_n|}{1+|a_n|} = n + \frac{n!-|f^{(n)}(0)|}{n!+|f^{(n)}(0)|}.$$
>
> 这说明 $|f'(b)| \geqslant n$, $|f'(b)| = n$ 当且仅当 $f(z) = e^{i\theta}z^n$.

20.6　习题

"剃刀锋利, 越之不易; 智者有云, 得渡人稀."

—— 《迦陀·奥义书》

1. (Schwarz 引理的应用) 设 $f:\mathbb{D}\to\mathbb{D}$ 全纯, 非恒等映射.

(1) 证明: f 至多有一个不动点;

(2) 举例说明 f 可能无不动点.

2. (Schwarz 引理的应用) 假设 $f:\mathbb{D}\to\mathbb{D}$ 全纯, 满足 $f(0)=a, f(a)=0$, 其中 $a\in\mathbb{D}\setminus\{0\}$. 证明 f 的表达式为

$$f(z) = \frac{a-z}{1-\bar{a}z}.$$

3. (Schwarz 引理的应用) 假设 $f : \mathbb{D} \to \mathbb{D}$ 全纯, 取定 $a \in \mathbb{D}$. 求 $|f'(a)|$ 的最大值, 并写出极值映射的一般形式.

4. (Schwarz 引理的应用) 假设 $f : \mathbb{D} \to \mathbb{D}$ 全纯.

(1) 证明: $|f(z) - f(-z)| \leqslant 2|z|$, $z \in \mathbb{D}$.

(2) 上式对某 $z_0 \in \mathbb{D} \setminus \{0\}$ 成立等号的充要条件是什么?

5. (Schwarz 引理的更精确形式) 假设 $f : \mathbb{D} \to \mathbb{D}$ 全纯, 证明

$$|f(z)| \leqslant \frac{|f(0)| + |z|}{1 + |f(0)||z|}, \forall z \in \mathbb{D}.$$

6. (Schwarz 引理的应用) 假设 $\mathbb{D} \to \mathbb{C}$ 全纯, $f(0) = -1$, 并且满足 $|1 + f(z)| < 1 + |f(z)|$, $\forall z \in \mathbb{D}$. 求 $|f'(0)|$ 的最大值.

7. (Schwarz 引理的应用) 设 f 在 $\mathbb{D}$ 上全纯, $|\text{Re} f(z)| < 1$, $f(0) = 0$. 证明

$$|f'(0)| \leqslant \frac{4}{\pi}.$$

等号成立的充要条件是什么?

8. (上半平面的 Schwarz–Pick 定理) 记 $\mathbb{H} = \{z = x + \mathrm{i}y | y > 0\}$ 为上半平面, $f : \mathbb{H} \to \mathbb{H}$ 全纯, 对任意 $z, w \in \mathbb{H}$, 证明

$$\left| \frac{f(z) - f(w)}{f(z) - \overline{f(w)}} \right| \leqslant \left| \frac{z - w}{z - \overline{w}} \right|.$$

由此说明

$$|f'(w)| \leqslant \frac{\text{Im}(f(w))}{\text{Im}(w)}.$$

9. (Schwarz 引理的应用) $f : \mathbb{D} \to \mathbb{H}_R$ 全纯且 $f(0) = 1$, 其中 $\mathbb{H}_R = \{z | \text{Re} \, z > 0\}$ 为右半平面. 利用 Schwarz 引理证明

$$\frac{1 - |z|}{1 + |z|} \leqslant \text{Re} f(z) \leqslant |f(z)| \leqslant \frac{1 + |z|}{1 - |z|}, \quad \forall z \in \mathbb{D}.$$

上式对某个 $z_0 \neq 0$ 成立的充要条件是什么?

10. (Schwarz–Pick 定理的一般形式) 设 $f : \mathbb{D} \to \mathbb{D}$ 全纯, a 是 $f(z) - f(a)$ 的 $n(n \geqslant 1)$ 阶零点.

(1) 证明对任意 $z \in \mathbb{D}$, 成立

$$\left| \frac{f(z) - f(a)}{1 - \overline{f(a)}f(z)} \right| \leqslant \left| \frac{z - a}{1 - \overline{a}z} \right|^n.$$

(2) $f^{(n)}(a)$ 满足如下估计

$$|f^{(n)}(a)| \leqslant n! \frac{1 - |f(a)|^2}{(1 - |a|^2)^n}.$$

由此, 求 $|f^{(n)}(a)|$ 的最大值, 以及达到极值时 f 的表达式.

11. (星形区域的 Study 定理) 给定平面区域 Ω 以及 $a \in \Omega$. 称 Ω 关于 a 是星形区域, 是指对任意一点 $b \in \Omega$, 线段 $[a, b] \subset \Omega$. 假设 $f : \mathbb{D} \to \Omega$ 双全纯. 如果 Ω 关于 $f(0)$ 是星形区域, 证明对任意 $r \in (0, 1)$, 像集合 $\Omega_r = f(D(0, r))$ 关于 $f(0)$ 也是星形区域.

12. (Borel–Carathéodory 定理)　若 f 在 $\overline{D(0, R)}$ 上全纯, 记

$$M(r) = \max_{|z|=r} |f(z)|, \quad A(r) = \max_{|z|=r} \mathrm{Re} f(z), \quad r \in [0, R].$$

(1) 如果 $f(0) = 0$, 证明当 $|z| < r$ 时,

$$-\frac{2A(r)|z|}{r - |z|} \leqslant \mathrm{Re} f(z) \leqslant \frac{2A(r)|z|}{r + |z|}; \ |f(z)| \leqslant \frac{2A(r)|z|}{r - |z|}.$$

提示: 对 $F(z) = f(rz)/(2A(r) - f(rz))$ 应用 Schwarz 引理, 并利用分式线性变换的性质.

(2) 证明: 对任意 $r \in [0, R)$,

$$M(r) \leqslant \frac{2r}{R - r} A(R) + \frac{R + r}{R - r} |f(0)|,$$

$$A(r) \leqslant \frac{2r}{R + r} A(R) + \frac{R - r}{R + r} \mathrm{Re} f(0).$$

(3) 如果 f 不取零值, 证明

$$M(r) \leqslant M(0)^{\frac{R-r}{R+r}} M(R)^{\frac{2r}{R+r}}.$$

提示: 将 f 表示为 e^g 的形式, 并对 g 应用 (2).

13. (极值问题) 记 $\mathcal{F}$ 是全纯函数 $f : \mathbb{D} \to \mathbb{D}$ 全体. 对任意 $a, b \in \mathbb{D}$, 求极值

$$\rho(a, b) = \sup_{f \in \mathcal{F}} |f(a) - f(b)|.$$

提示: 利用性质 $\rho(f(a), f(b)) = \rho(a, b), \forall f \in \mathrm{Aut}(\mathbb{D})$. 取 $f \in \mathrm{Aut}(\mathbb{D})$ 将 a, b 分别映为 $r, -r$, 并利用 Schwarz 引理.

14. (Rogosinski 定理) 1945 年 Rogosinski 证明了一条有趣的定理: 假设 $f : \mathbb{D} \to \mathbb{D}^* = \mathbb{D} - \{0\}$ 全纯, 则 $|f'(0)| \leqslant 2/e$.

按如下思路给出证明:

(1) 不妨假设 $f(0) > 0$. 令 $L(z)$ 是 $\mathrm{Log}(f(z))$ 是满足 $L(0) < 0$ 的一个全纯单值分支, 证明函数

$$S(z) = \frac{L(z) - L(0)}{L(z) + L(0)}$$

是单位圆盘到自身的全纯映射;

(2) 对 S 应用 Schwarz 引理, 证明 $|f'(0)| \leqslant -2|f(0)| \log |f(0)|$;

(3) 证明函数 $h(t) = 2t \log(1/t), t \in (0,1)$ 的最大值为 $h(1/e) = 2/e$, 从而证明 $|f'(0)| \leqslant 2/e$;

(4) 证明 $|f'(0)| = 2/e$ 的充要条件是 f 可写成如下形式

$$f(z) = \mathrm{e}^{\mathrm{i}t} \exp\left\{ -\frac{1 + \mathrm{e}^{\mathrm{i}\theta}z}{1 - \mathrm{e}^{\mathrm{i}\theta}z} \right\}.$$

第二十一章

Laurent 级数

环域上的全纯函数总能以唯一的方式分解为定义在某圆域内部和定义在某圆域外部的两个全纯函数之和, 由此可得一种新的级数展式. 这个事实, 是法国数学家 Laurent 在 1843 年发现的.

21.1 Laurent 分解

给定 $0 \leqslant r < R \leqslant +\infty$, $z_0 \in \mathbb{C}$, 定义圆环区域

$$A_{r,R}(z_0) = \{z \in \mathbb{C} \mid r < |z - z_0| < R\}.$$

易见, 当 $r = 0, R < +\infty$ 时, $A_{r,R}(z_0)$ 为去心圆盘 $D(z_0, R) \setminus \{z_0\}$; 当 $r > 0, R = +\infty$ 时, $A_{r,R}(z_0)$ 为圆盘 $D(z_0, r)$ 的外部 $\mathbb{C} \setminus \overline{D(z_0, r)}$ (此时, 可视为 ∞ 的一个去心邻域); 当 $r = 0, R = +\infty$ 时, $A_{r,R}(z_0)$ 为穿孔平面 $\mathbb{C} \setminus \{z_0\}$. 不论哪种情形, 都成立

$$A_{r,R}(z_0) = D(z_0, R) \cap (\mathbb{C} \setminus \overline{D(z_0, r)}).$$

定理 21.1 (Laurent 分解)　圆环区域 $A_{r,R}(z_0)$ 上的全纯函数 f 可以分解为

$$f(z) = f_0(z) + f_1(z), \ z \in A_{r,R}(z_0),$$

其中, f_0 在 $D(z_0, R)$ 上全纯, f_1 在 $\mathbb{C} \setminus \overline{D(z_0, r)}$ 上全纯. 如果进一步要求 $f_1(\infty) = 0$[①], 则此分解是唯一的.

证明　先证明唯一性, 再证明存在性.

(唯一性) 如果 $f(z) = g_0(z) + g_1(z)$ 是另一个分解, 其中 g_0 在 $D(z_0, R)$ 上全纯, g_1 在 $\mathbb{C} \setminus \overline{D(z_0, r)}$ 上全纯, 则

$$g_0(z) - f_0(z) = f_1(z) - g_1(z), \ \ z \in A_{r,R}(z_0).$$

---

① 这里, $f_1(\infty) = 0$ 指 $\lim\limits_{z \to \infty} f_1(z) = 0$.

定义

$$h(z) = \begin{cases} g_0(z) - f_0(z), & |z - z_0| < R, \\ f_1(z) - g_1(z), & |z - z_0| > r. \end{cases}$$

以上定义, 在重叠的区域 $A_{r,R}(z_0)$ 上取值相等, 因此 h 是整函数. 又由 $h(\infty) = f_1(\infty) - g_1(\infty) = 0$ 可知 h 有界. 由 Liouville 定理, $h \equiv 0$. 因此 $f_0 = g_0$, $f_1 = g_1$.

(存在性) 取 ρ, s 满足 $r < \rho < s < R$, 则 f 在圆环 $A_{\rho,s}(z_0)$ 的闭包上全纯. 在环域 $A_{\rho,s}(z_0)$ 上对 f 应用 Cauchy 积分公式得

$$f(z) = \frac{1}{2\pi i} \int_{\partial A_{\rho,s}(z_0)} \frac{f(\zeta)}{\zeta - z} d\zeta$$

$$= \frac{1}{2\pi i} \int_{|\zeta - z_0| = s} \frac{f(\zeta)}{\zeta - z} d\zeta - \frac{1}{2\pi i} \int_{|\zeta - z_0| = \rho} \frac{f(\zeta)}{\zeta - z} d\zeta.$$

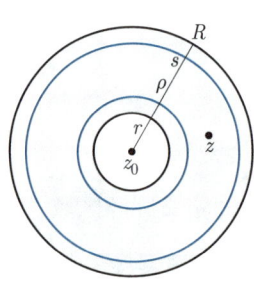

图 21.1

由 Cauchy 型积分的性质知

$$f_0(z) = \frac{1}{2\pi i} \int_{|\zeta - z_0| = s} \frac{f(\zeta)}{\zeta - z} d\zeta$$

在 $D(z_0, s)$ 上全纯,

$$f_1(z) = -\frac{1}{2\pi i} \int_{|\zeta - z_0| = \rho} \frac{f(\zeta)}{\zeta - z} d\zeta$$

在 $\mathbb{C} \setminus \overline{D(z_0, \rho)}$ 上全纯, 且当 $z \to \infty$ 时, $|f_1(z)| = O(1/|z|) \to 0$. 这就给出了 f 在 $A_{\rho,s}(z_0)$ 上的分解.

另一方面, 注意到当 $z \in A_{r,R}(z_0)$ 取定时, 由 Cauchy-Goursat 积分定理, $f_0(z)$ 的定义不依赖于 $s \in (|z - z_0|, R)$ 的选取, $f_1(z)$ 的定义不依赖于 $\rho \in (r, |z - z_0|)$ 的选取. 令 $s \to R^-, \rho \to r^+$ 可知, f_0 可定义在 $D(z_0, R)$ 上, f_1 可定义在 $\mathbb{C} \setminus \overline{D(z_0, r)}$ 上. 由此得 f 在环域 $A_{r,R}(z_0)$ 上的分解. $\qquad\square$

Laurent 分解给出了圆环域上全纯函数的一种基本分解. 一个自然的问题是, 一般多连通区域上的全纯函数是否也有类似分解? 我们将在 "朝花夕拾" 一章讨论这个问题, 参见定理 25.2.

21.2 Laurent 级数

在环域的 Laurent 分解中, 如将分解所得函数做级数展开, 便得幂级数的一种推广: Laurent 级数.

定理 21.2 (Laurent 级数) 圆环区域 $A_{r,R}(z_0)$ 上的全纯函数 f 可表示为如下级数

$$f(z) = \sum_{n=-\infty}^{+\infty} a_n(z-z_0)^n, \ z \in A_{r,R}(z_0),$$

其中, 系数满足

$$a_n = \frac{1}{2\pi i} \int_{|\zeta-z_0|=\rho} \frac{f(\zeta)}{(\zeta-z_0)^{n+1}} d\zeta, \ r < \rho < R.$$

证明 任意取定 $z \in A_{r,R}(z_0)$, 存在 ρ, s 满足 $r < \rho < |z-z_0| < s < R$. 利用 Cauchy 积分公式 (或参见定理 21.1 的证明),

$$f(z) = \underbrace{\frac{1}{2\pi i} \int_{|\zeta-z_0|=s} \frac{f(\zeta)}{\zeta-z} d\zeta}_{f_0(z)} - \underbrace{\frac{1}{2\pi i} \int_{|\zeta-z_0|=\rho} \frac{f(\zeta)}{\zeta-z} d\zeta}_{f_1(z)}.$$

当 $|\zeta-z_0|=s$ 时, $|z-z_0|/|\zeta-z_0| < 1$, 因此

$$\frac{1}{\zeta-z} = \frac{1}{(\zeta-z_0)\left(1-\dfrac{z-z_0}{\zeta-z_0}\right)} = \sum_{n=0}^{\infty} \frac{(z-z_0)^n}{(\zeta-z_0)^{n+1}}.$$

上式右端级数关于 $\zeta \in \partial D(z_0, s)$ 一致收敛, 因此积分与求和可交换次序, 于是

$$f_0(z) = \sum_{n=0}^{\infty} \left(\frac{1}{2\pi i} \int_{|\zeta-z_0|=s} \frac{f(\zeta)}{(\zeta-z_0)^{n+1}} d\zeta\right)(z-z_0)^n.$$

当 $|\zeta-z_0|=\rho$ 时, $|\zeta-z_0|/|z-z_0| < 1$, 因此

$$\frac{1}{z-\zeta} = \frac{1}{(z-z_0)\left(1-\dfrac{\zeta-z_0}{z-z_0}\right)} = \sum_{n=0}^{\infty} \frac{(\zeta-z_0)^n}{(z-z_0)^{n+1}} = \sum_{n=-\infty}^{-1} \frac{(z-z_0)^n}{(\zeta-z_0)^{n+1}}.$$

上式右端级数关于 $\zeta \in \partial D(z_0, \rho)$ 一致收敛, 仍由积分与求和可交换次序, 得

$$f_1(z) = \sum_{n=-\infty}^{-1} \left(\frac{1}{2\pi i} \int_{|\zeta-z_0|=\rho} \frac{f(\zeta)}{(\zeta-z_0)^{n+1}} d\zeta\right)(z-z_0)^n.$$

结合 f_0, f_1 的级数表示, 得定理中 f 的级数表示. 值得注意的是, 系数 a_n 的积分表示不依赖于 $\rho \in (r, R)$ 的选取 (由 Cauchy-Goursat 积分定理可见). $\qquad\square$

注 1　定理 21.2 中的级数称为 Laurent 级数 (或展式), 其中

$$\sum_{n=-\infty}^{-1} a_n(z-z_0)^n, \ \sum_{n=0}^{\infty} a_n(z-z_0)^n$$

分别称为 Laurent 级数的主要部分 (或 "主部", principal part) 和正则部分 (regular part). 正则部分对应于 Laurent 分解中 f_0 的幂级数展式; 主要部分决定 Laurent 级数的本质性质 (参考后文的奇点分类, 球面上全纯函数的一般形式).

注 2　Laurent 级数的系数是唯一的. 事实上, 如果

$$f(z) = \sum_{n=-\infty}^{+\infty} a_n(z-z_0)^n = \sum_{n=-\infty}^{+\infty} b_n(z-z_0)^n$$

两边除以 $(z-z_0)^{k+1}$, 然后在圆周 $\{|z-z_0|=\rho\}$ 上积分得

$$a_k = \frac{1}{2\pi i} \int_{|\zeta-z_0|=\rho} \frac{f(\zeta)}{(\zeta-z_0)^{k+1}} d\zeta = b_k.$$

例题 21.1　求出函数

$$f(z) = \frac{1}{(z-1)(z-2)} = \frac{1}{z-2} - \frac{1}{z-1}$$

在三个环域 $A_1 = \{0 < |z| < 1\}$, $A_2 = \{1 < |z| < 2\}$, $A_3 = \{2 < |z| < \infty\}$ 上的 Laurent 级数.

解　在 A_1 上,

$$f(z) = -\frac{1}{2(1-z/2)} + \frac{1}{1-z} = \sum_{n=0}^{\infty} \left(1 - \frac{1}{2^{n+1}}\right)z^n.$$

在 A_2 上,

$$f(z) = -\frac{1}{2(1-z/2)} - \frac{1}{z(1-1/z)} = -\sum_{n=0}^{\infty} \frac{z^n}{2^{n+1}} - \sum_{n=1}^{\infty} \frac{1}{z^n}.$$

在 A_3 上,

$$f(z) = \frac{1}{z(1-2/z)} - \frac{1}{z(1-1/z)} = \sum_{n=0}^{\infty} \frac{2^n - 1}{z^{n+1}}.$$

21.3 系数估计

> **定理 21.3 (Laurent 系数的 Cauchy 不等式)** 假设 f 在圆环区域 $A_{r,R}(z_0)$ 上全纯, 有 Laurent 级数展开
>
> $$f(z) = \sum_{n=-\infty}^{+\infty} a_n(z - z_0)^n,$$
>
> 则成立不等式
>
> $$\sum_{n \in \mathbb{Z}} |a_n|^2 \rho^{2n} \leqslant \|f\|_\rho^2,$$
>
> 其中, $r < \rho < R$, $\|f\|_\rho = \max\limits_{|z-z_0|=\rho} |f(z)|$.
>
> 特别地, 对任意 $n \in \mathbb{Z}$, 成立 $|a_n| \leqslant \rho^{-n}\|f\|_\rho$. 等号对某个 $n = n_0$, $\rho = \rho_0$ 成立的充要条件是 $f(z) = a_{n_0}(z - z_0)^{n_0}$.

证明 考虑积分

$$I(\rho) = \int_{|z-z_0|=\rho} |f(z)|^2 |\mathrm{d}z| = \int_{|z-z_0|=\rho} f(z)\overline{f(z)}|\mathrm{d}z|.$$

显然, $I(\rho) \leqslant 2\pi\rho\|f\|_\rho^2$. 另一方面, 类似定理 11.2 的证明得,

$$I(\rho) = 2\pi \sum_{n \in \mathbb{Z}} |a_n|^2 \rho^{2n+1}.$$

其余细节留给读者. $\qquad\square$

> **例题 21.2** Laurent 系数的 Cauchy 不等式 $\Longrightarrow$ Riemann 可去奇点定理.

证明 不妨假设 f 在 $D(0,r) \setminus \{0\}$ 上全纯, 且 $\lim\limits_{z\to 0} zf(z) = 0$. 下证 0 是 f 的可去奇点. 为此, 将 f 展成 Laurent 级数

$$f(z) = \sum_{n \in \mathbb{Z}} a_n z^n, \ z \in D(0,r) \setminus \{0\}.$$

利用 Laurent 系数的 Cauchy 不等式, 对任意 $\rho \in (0,r)$,

$$|a_n| \leqslant \rho^{-n}\|f\|_\rho = \rho^{-n-1} \max_{|z|=\rho} |zf(z)|.$$

由假设 $\lim\limits_{z\to 0} zf(z) = 0$ 知, 当 $n \leqslant -1$ 时, 上式右端当 $\rho \to 0$ 时, 趋于 0. 这说明当 $n \leqslant -1$ 时, $a_n = 0$. 因此, Laurent 级数实际为幂级数 $\sum\limits_{n \geqslant 0} a_n z^n$, 蕴涵 0 为可去奇点. $\qquad\square$

21.4　孤立奇点的分类

假设 z_0 是 f 的孤立奇点 (即: f 在 $D(z_0, \varepsilon) \setminus \{z_0\}$ 上全纯). 根据 f 在 z_0 附近的渐进性态, 孤立奇点分三类:

(1) $\lim\limits_{z \to z_0} f(z) = a \in \mathbb{C}$, 此时, z_0 是 f 的可去奇点;

(2) $\lim\limits_{z \to z_0} f(z) = \infty$, 此时, z_0 是 f 的极点;

(3) $\lim\limits_{z \to z_0} f(z)$ 不存在, 此时, 称 z_0 为 f 的本性奇点.

例题 21.3　指出如下函数的孤立奇点与类别:

$$f(z) = \frac{z}{\mathrm{e}^z - 1}; \ g(z) = \frac{1}{\mathrm{e}^{1/z} - 1}.$$

解　f 在 $\mathbb{C} \setminus 2\pi\mathrm{i}\mathbb{Z}$ 上全纯. 形如 $z_n = 2n\pi\mathrm{i}$ 的点为孤立奇点, 它是一阶极点 (如果 $n \neq 0$), 或可去奇点 (如果 $n = 0$).

g 在 $\mathbb{C} \setminus (\{1/(2n\pi\mathrm{i}) | n \in \mathbb{Z} \setminus \{0\}\} \cup \{0\})$ 上全纯. 形如 $z_n = 1/(2n\pi\mathrm{i})(n \neq 0)$ 的点为孤立奇点, 它是一阶极点. 0 不是孤立奇点, 它是一列极点的聚点 (0 实际上是一类非孤立奇点).　□

如前所知, f 在 $D(z_0, \varepsilon) \setminus \{z_0\}$ 上可展成 Laurent 级数. 对应于三类奇点, f 的 Laurent 展式有什么特点呢?

如果 z_0 是可去奇点, 则 f 在 $D(z_0, \varepsilon)$ 上全纯, 其 Laurent 级数即是幂级数. 此时 Laurent 展式的主部消失.

如果 z_0 是 f 的极点, 此时存在整数 $m(m \geqslant 1)$, 以及 $D(z_0, \varepsilon)$ 上的全纯函数 $\psi(z)$, 满足 $\psi(z_0) \neq 0$, 使

$$f(z) = \frac{\psi(z)}{(z - z_0)^m}.$$

将 ψ 展成幂级数 $\psi(z) = \sum\limits_{n=0}^{\infty} a_n(z - z_0)^n$, 可得

$$f(z) = \frac{a_0}{(z - z_0)^m} + \frac{a_1}{(z - z_0)^{m-1}} + \cdots + a_m + \cdots,$$

由此可见, f 的 Laurent 展式的主部有且只有有限项. 反之, 如果 f 的 Laurent 展式主部有且只有有限项, 则 z_0 必为极点.

综合以上讨论, z_0 是 f 的本性奇点的充要条件是 f 在 $D(z_0, \varepsilon) \setminus \{z_0\}$ 上的 Laurent 展式主部有无限项.

本性奇点附近的映射性质很复杂, 由下述定理可见一斑.

> **定理 21.4 (Casorati 1868, Weierstrass 1876)**　假设 f 在 $D(z_0,\varepsilon) \setminus \{z_0\}$ 上全纯, 且 z_0 为本性奇点, 则对 z_0 的任意邻域 $V \subset D(z_0,\varepsilon)$, 像集 $f(V \setminus \{z_0\})$ 在 $\widehat{\mathbb{C}}$ 中稠密.

定理表明, 对任意 $q \in \widehat{\mathbb{C}}$, 存在 $V \setminus \{z_0\}$ 中点列 $\{z_n\}_{n \geqslant 1}$, 使

$$\lim_{n \to \infty} z_n = z_0, \ \lim_{n \to \infty} f(z_n) = q.$$

证明　只需证明, 对任意 $q \in \mathbb{C}$ 及 $r > 0$, 有 $D(q,r) \cap f(V \setminus \{z_0\}) \neq \varnothing$. 如不然, 则存在 q,r, 使 $D(q,r) \cap f(V \setminus \{z_0\}) = \varnothing$. 考虑函数

$$g(z) = \frac{1}{f(z) - q}, \ z \in V \setminus \{z_0\}.$$

显然 $|g| \leqslant 1/r$, 即 g 有界. 由 Riemann 可去奇点定理, z_0 是 g 的可去奇点. 这表明 z_0 是

$$f(z) = q + \frac{1}{g(z)}$$

的可去奇点 (如果 $g(z_0) \neq 0$), 或极点 (如果 $g(z_0) = 0$). 这矛盾于 z_0 是 f 的本性奇点. $\square$

下面的例子有益于理解上述定理.

> **例题 21.4**　考虑 $\mathbb{C} \setminus \{0\}$ 上的全纯函数
>
> $$\mathrm{e}^{\frac{1}{z}} = \sum_{n=0}^{\infty} \frac{1}{n!} \frac{1}{z^n}.$$
>
> 可以看出, 0 是本性奇点. 对任意 $\zeta \in \mathbb{C} \setminus \{0\}$, 存在收敛于 0 的点列 $\{z_n\}_{n \geqslant 1} \subset \mathbb{C} \setminus \{0\}$, 满足 $\mathrm{e}^{\frac{1}{z_n}} = \zeta$.

事实上, 为说明 0 是本性奇点, 只需注意到 Laurent 展式主部有无限项. 也可利用极限沿正负实轴方向的不同来说明:

$$\lim_{x \to 0^+} \mathrm{e}^{\frac{1}{x}} = \infty, \ \lim_{x \to 0^-} \mathrm{e}^{\frac{1}{x}} = 0.$$

对任意 $\zeta = r\mathrm{e}^{\mathrm{i}\theta} \in \mathbb{C} \setminus \{0\}$, 取

$$z_n = \frac{1}{\log r + \mathrm{i}(\theta + 2n\pi)}, n \geqslant 1.$$

容易验证, $z_n \to 0$, $\mathrm{e}^{\frac{1}{z_n}} = \zeta$.

此例也表明, $\mathrm{e}^{\frac{1}{z}}$ 的值域 $\mathbb{C} \setminus \{0\}$ 中任意一点在 0 的任意小的去心邻域中都有逆像.

法国数学家 Picard 证明, 这种取值特性为本性奇点所共有:

> **定理 21.5 (Picard 大定理)**   全纯函数在本性奇点的去心邻域内可以无穷次取到每一个复数值, 至多有一个例外值.

对于上面的例子 $e^{\frac{1}{z}}$, 例外值是 0.

最后给出一个例子, 很好地展示了 Laurent 级数与幂级数的综合应用.

> **例题 21.5**   假设 f 在圆盘 $D(0,R)$ 上半纯, 只有一个极点 p, 且 $p \neq 0$. 证明 f 在 0 处的幂级数 $\sum\limits_{n \geqslant 0} a_n z^n$ 系数满足
>
> $$\lim_{n \to \infty} \frac{a_n}{a_{n+1}} = p.$$

证明   假设 p 是 $m(m \geqslant 1)$ 阶极点, 则 f 在 p 的某去心圆盘 $D^*(p,r)$ 上 Laurent 展式主部有如下形式

$$f_0(z) = \sum_{l=1}^{m} \frac{b_l}{(z-p)^l},$$

其中, $b_m \neq 0$. 显然, f_0 在 $\mathbb{C} \setminus \{p\}$ 上全纯. 因此, $f - f_0$ 在 $D(0,R)$ 上全纯, 它在 0 处的幂级数 $\sum\limits_{n \geqslant 0} c_n z^n$ 的收敛半径不小于 R. 特别地, 该幂级数在 $z = p$ 处收敛, 蕴涵 $\lim\limits_{n \to \infty} c_n p^n = 0$. 由下式

$$\frac{\mathrm{d}^k}{\mathrm{d}z^k}\left(\frac{1}{(z-p)^l}\right) = (-1)^k \frac{l(l+1)\cdots(l+k-1)}{(z-p)^{l+k}}, \ \forall \ k \geqslant 1$$

可知, f_0 在 0 处的幂级数展式为

$$f_0(z) = \sum_{n=0}^{\infty} \left(\sum_{l=1}^{m} (-1)^l \frac{l(l+1)\cdots(l+n-1)}{n! p^{n+l}} b_l \right) z^n.$$

由 $f - f_0$ 在 0 处幂级数展式的唯一性, 比较系数得

$$a_n = \sum_{l=1}^{m} (-1)^l \frac{l(l+1)\cdots(l+n-1)}{n! p^{n+l}} b_l + c_n.$$

于是有

$$\frac{a_n}{a_{n+1}} = p \cdot \frac{\displaystyle\sum_{l=1}^{m} (-1)^l \frac{l(l+1)\cdots(l+n-1)}{n! \cdot p^l} b_l + c_n p^n}{\displaystyle\sum_{l=1}^{m} (-1)^l \frac{l(l+1)\cdots(l+n)}{(n+1)! \cdot p^l} b_l + c_{n+1} p^{n+1}}.$$

注意到

$$\frac{l(l+1)\cdots(l+n-1)}{n!} = \frac{(n+1)\cdots(n+l-1)}{(l-1)!} = \frac{n^l(1+o(1))}{(l-1)!},$$

由此可得

$$\frac{a_n}{a_{n+1}} = p \cdot \frac{(-1)^m b_m \dfrac{n^m(1+o(1))}{(m-1)! \cdot p^m} + c_n p^n}{(-1)^m b_m \dfrac{n^m(1+o(1))}{(m-1)! \cdot p^m} + c_{n+1} p^{n+1}} \xrightarrow{n\to\infty} p.$$

21.5　习题

"我取得的成就大多是靠机遇. 我曾徒劳无功地思考过许多问题. 对其他问题, 有偶然的灵感——事实上, 其中一些直到今天都令我震惊. 当然, 最美妙的时光是在我只有数学相伴时: 没有野心, 无需伪装, 忘怀天地."

——Robert Langlands, 数学家

记号: $0 \leqslant r < R \leqslant +\infty$, 环域 $A(r,R) = \{z \,|\, r < |z| < R\}$.

1. (Laurent 展式) 求函数 $f(z) = 1/((z-1)(z-2))$ 在环域 $\{0 < |z-1| < 1\}$ 上的 Laurent 展式.

2. (Laurent 展式) 求函数 $f(z) = 1/(z^2 - z)$ 在以 0 为中心的环域上所有可能的 Laurent 展式.

3. (对称性) 如果全纯函数 $f: A(r,R) \to \mathbb{C}$ 为偶函数 (奇函数), 证明其 Laurent 展式中只有偶 (奇) 次项.

4. (Laurent 分解) 给定平面上 $n(n \geqslant 1)$ 个不同点 $z_1, \cdots, z_n$ 以及 $\mathbb{C} \setminus \{z_1, \cdots, z_n\}$ 上的全纯函数 f, 证明存在 $n+1$ 个整函数: $f_0, f_1, \cdots, f_n$, 满足 $f_1(0) = \cdots = f_n(0) = 0$, 且

$$f(z) = f_0(z) + \sum_{k=1}^{n} f_k\left(\frac{1}{z - z_k}\right).$$

5. (本性奇点) 如果 0 是全纯函数 $f: \mathbb{D} \setminus \{0\} \to \mathbb{C} \setminus \{0\}$ 的本性奇点, 证明 0 也是 $1/f$ 的本性奇点. (注: 如果 f 可取零值, 0 未必是 $1/f$ 的孤立奇点)

6. (奇点分类) 下列函数有哪些奇点? 指出其类别.

$$\mathrm{e}^{\frac{1}{1-z}}/(\mathrm{e}^z - 1).$$

7. (双全纯映射) 假设 $f(z) = \sum_{n\in\mathbb{Z}} a_n z^n$ 在 $\overline{A(r,R)}$ 上全纯, 将圆环域 $A(r,R)$ 双全纯映到区域 Ω, 保持内外边界对应.

(1) 证明象曲线 $f(\{|z| = \rho\})$ 所围区域的面积为 $S(\rho)$ 为

$$S(\rho) = \pi \sum_{n \in \mathbb{Z}} n|c_n|^2 \rho^{2n}, \ \rho \in (r, R).$$

(2) 定义函数 $\psi(\rho) = S(\rho)/\rho^2$, $\rho \in (r, R)$. 证明 ψ 要么严格递增, 要么是常值函数. 若 ψ 常值, f 具有什么样的形式?

(3) 如果 Ω 也是一个圆环区域 $A(r_1, R_1)$, 证明 $R_1/r_1 = R/r$.

注: f 在 $\overline{A(r, R)}$ 上全纯可弱化为 f 在 $A(r, R)$ 上全纯. 提示: 利用面积公式.

8. (Riemann 可去奇点定理的推广) 如果 $f : D(z_0, r) \backslash \{z_0\} \to \mathbb{C}$ 全纯, 满足 $\lim\limits_{z \to z_0} (z - z_0)^m f(z) = 0$ (m 为某正整数), 证明 z_0 是 f 的可去奇点或极点. 如果是极点, 阶数不超过 $m - 1$.

9. (可积函数的孤立奇点) 若 f 在 $U = \mathbb{D} \backslash \{0\}$ 上全纯, 满足

$$\int_U |f(z)|\mathrm{d}x\mathrm{d}y < +\infty.$$

证明: 0 是 f 的可去奇点或一阶极点.

提示: 证明存在常数 $C > 0$, 当 $0 < |\zeta| < 1/2$ 时,

$$|f(\zeta)||\zeta|^2 \leqslant C \int_U |f(z)|\mathrm{d}x\mathrm{d}y.$$

10. (本性奇点的性质) 假设 $f : D(z_0, \varepsilon) \backslash \{z_0\} \to \mathbb{C}$ 全纯, z_0 为本性奇点. 证明: 存在 $\widehat{\mathbb{C}}$ 的稠密子集 E, 使对任意 $a \in E$, 其逆像 $f^{-1}(a)$ 是无限集.

11. (Schlömilch 公式) 证明函数

$$f(z) = \exp\left(\frac{\lambda}{2}\left(z - \frac{1}{z}\right)\right)$$

在 $\mathbb{C}^* = \mathbb{C} \backslash \{0\}$ 上的 Laurent 级数为

$$f(z) = \sum_{n \in \mathbb{Z}} a_n(\lambda)z^n, \ a_n(\lambda) = \frac{1}{2\pi} \int_0^{2\pi} \mathrm{e}^{\mathrm{i}(\lambda \sin\theta - n\theta)}\mathrm{d}\theta.$$

系数等式称为 Schlömilch 公式.

第二十二章

整函数与半纯函数

22.1　∞ 作为孤立奇点

如前所知, 如果 f 在 $A = \{r < |z| < \infty\}$(视为 ∞ 的去心圆盘) 上全纯, 则 ∞ 为 f 的孤立奇点. 做自变量的坐标变换 $z = 1/\zeta$, 则 0 是 $g(\zeta) = f(1/\zeta)$ 的孤立奇点. 很自然地, 可利用 0 作为 g 的孤立奇点的类型来定义 ∞ 作为 f 的孤立奇点的类型. 称 ∞ 是 f 的可去奇点、m 阶极点 (零点)、或本性奇点, 是指 0 是 g 的可去奇点、m 阶极点 (零点) 、或本性奇点.

按此对应, 若 g 在去心圆盘 $D^*(0, 1/r)$ 上的 Laurent 展式主部为 $P(\zeta)$, 正则部分为 $R(\zeta)$, 则 f 在 A 上 (简称 "在 ∞ 处") 的 Laurent 展式的主部和正则部分分别对应于 $P(1/z)$ 和 $R(1/z)$. 假设 f 在 ∞ 处的 Laurent 展式为 $f(z) = \sum\limits_{n \in \mathbb{Z}} a_n z^n$, 则其主部为 $\sum\limits_{n \geqslant 1} a_n z^n$, 正则部分为 $\sum\limits_{n \leqslant 0} a_n z^n$.

利用 g 在孤立奇点 0 处的性质, 可以验证:

(1) ∞ 是 f 的可去奇点 $\Longleftrightarrow$ f 在 ∞ 处的 Laurent 展式主部消失.

(2) ∞ 是 f 的极点 $\Longleftrightarrow$ f 在 ∞ 处的 Laurent 展式主部为非常值多项式 (次数是极点的阶).

(3) ∞ 是 f 的本性奇点 $\Longleftrightarrow$ f 在 ∞ 处的 Laurent 展式主部有无限项.

若 f 是整函数, 不难验证如下事实:

(F1) ∞ 是可去奇点 $\Longleftrightarrow$ f 是常值函数 (Liouville 定理).

(F2) ∞ 是极点 $\Longleftrightarrow$ f 是非常值多项式 (命题 18.2).

(F3) 假设 f 非常值. ∞ 是 f 的本性奇点 $\Longleftrightarrow$ 存在点列 $\{z_n\}_{n \geqslant 1}$ 以及 $c \in \mathbb{C}$, 使 $\lim\limits_{n \to +\infty} z_n = \infty$, $\lim\limits_{n \to +\infty} f(z_n) = c$ (定理 21.4).

(F4) f 在 0 处的幂级数展式也是在 ∞ 处的 Laurent 展式 (利用 Laurent 展式的唯一性).

下例是上述事实的妙用, 也是有独立趣味的结论.

例题 **22.1** (整函数的构造)   假设 $g \neq \mathrm{id}$ 是非常值整函数, n 为整数且 $n \geqslant 2$. 记 g 的不动点集 $\mathcal{F}(g) = \{a \in \mathbb{C} \mid g(a) = a\}$. 定义

$$f(z) = \frac{g^{\circ n}(z) - z}{g(z) - z}, \ z \in \mathbb{C} \setminus \mathcal{F}(g),$$

其中 $g^{\circ n}$ 表示 g 的 n 次复合. 证明:

(1) $\mathcal{F}(g)$ 中的点都是 f 的可去奇点. 事实上, 可定义

$$f(a) = 1 + g'(a) + \cdots + g'(a)^{n-1}, \ \forall a \in \mathcal{F}(g)$$

使 f 是整函数.

(2) ∞ 是 g 的本性奇点等价于 ∞ 是 f 的本性奇点.

(3) f 是多项式 (可为常值) 等价于 g 是多项式.

证明   (1) 任取 $a \in \mathcal{F}(g)$, 记 $\lambda = g'(a)$.

如果 $\lambda \neq 1$, 利用幂级数展式, 在 a 附近有如下表示

$$g(z) - z = (\lambda - 1)(z - a) + O((z - a)^2),$$
$$g^{\circ n}(z) - z = (\lambda^n - 1)(z - a) + O((z - a)^2).$$

由此, f 在 a 的去心邻域上有界, 且 $\lim\limits_{z \to a} f(z) = 1 + \cdots + \lambda^{n-1}$.

如果 $\lambda = 1$, 则存在 $m \geqslant 2$, $b \neq 0$, 使 g 在 a 附近可表示为

$$g(z) - z = b(z - a)^m + o((z - a)^m),$$

归纳可得 $g^{\circ n}(z) - z = nb(z - a)^m + o((z - a)^m)$. 由此, f 在 a 的去心邻域上有界, 且 $\lim\limits_{z \to a} f(z) = n$.

由 Riemann 可去奇点定理, 在两种情形下, a 都是 f 的可去奇点. 因此, 可定义 $f(a) = 1 + \cdots + \lambda^{n-1}$ 使 f 是整函数.

(2) 假设 ∞ 是 g 的本性奇点. 由 (F3) 知, 存在点列 $\{z_k\}_{k \geqslant 1}$ 以及 $c \in \mathbb{C}$, 使 $\lim\limits_{k \to +\infty} z_k = \infty$, $\lim\limits_{k \to +\infty} g(z_k) = c$. 因此

$$\lim_{k \to +\infty} g^{\circ n}(z_k) = g^{\circ(n-1)}(c), \ \lim_{k \to +\infty} f(z_k) = 1.$$

如果 f 常值, 则 $f \equiv 1$. 于是, $g^{\circ n} = g$. 因 g 非常值, 故 $g(\mathbb{C})$ 是非空开集. 等式 $g^{\circ n} = g$ 蕴涵 $g^{\circ(n-1)}$ 在 $g(\mathbb{C})$ 上为恒等映射. 由唯一性定理, $g^{\circ(n-1)}(z) \equiv z$. 这矛盾于 $\lim\limits_{k \to +\infty} g^{\circ(n-1)}(z_k) = g^{\circ(n-2)}(c) \in \mathbb{C}$. 因此, f 非常值. 由 (F3), ∞ 是 f 的本性奇点.

如果 ∞ 是 g 的极点, 由 (F2) 知, g 为多项式. 记其次数为 d. 如果 $d = 1$, 此时 f 为有界整函数. 由 Liouville 定理, f 为常数. 如果 $d > 1$, 则 ∞ 为 f 的极点. 由 (F2) 知, f 是多项式.

(3) 由 (2) 知, g 为一次多项式等价于 f 是常数, g 为次数至少是 2 的多项式等价于 f 是非常值多项式. $\qquad\square$

> **定理 22.1** 复平面 $\mathbb{C}$ 的全纯自同构群为
> $$\mathrm{Aut}(\mathbb{C}) = \Big\{ f(z) = az + b \,\big|\, a \neq 0, b \in \mathbb{C} \Big\}.$$

证明 显然, 如果 $a \neq 0$, 变换 $f(z) = az + b$ 是 $\mathbb{C}$ 的全纯自同构. 反之, 对任意 $f \in \mathrm{Aut}(\mathbb{C})$, 考察 ∞ 处的奇点类型.

易见, f 的逆映射 $g = f^{-1}$ 也是整函数, 满足 $f \circ g = \mathrm{id}$. 对任意 $R > 0$, 由 $f(g(D(0,R))) = D(0,R)$ 知, 只要 $|z| \geqslant \|g\|_{D(0,R)}$, 就有 $|f(z)| \geqslant R$. 这说明 $\lim\limits_{w \to \infty} f(z) = \infty$. 因此, ∞ 是 f 的极点. 由 (F2) 知, f 是非常值多项式. 如果其次数 d 大于 1, 由代数学基本定理, 它有 d 个零点, 因此不可能是单射. 于是, $d = 1$. 此时, f 具有表达式: $f(z) = az + b,\ a \neq 0$. $\qquad\square$

22.2 复球面上的半纯函数

如前所知: 称 f 是平面 (或复球面) 区域 Ω 上的半纯函数, 是指存在 Ω 的离散子集 A, 使 $f : \Omega \setminus A \to \mathbb{C}$ 全纯, 且 A 中每一点都是 f 的极点. Ω 上的半纯函数可视为从 Ω 到 $\widehat{\mathbb{C}}$ 的全纯映射.

Ω 上任意两个全纯函数的商 (分母不恒为零) 给出了一类典型的半纯函数. 反之, 一个不平凡的事实是: Ω 上的任何半纯函数总可以表示成两个全纯函数的商[①].

本节研究如下问题: $\widehat{\mathbb{C}}$ 上的半纯函数具有什么形式?

先说明有理函数是 $\widehat{\mathbb{C}}$ 上一类典型的半纯函数. 为此, 记

$$f(z) = \frac{p(z)}{q(z)} = \frac{a_m z^m + \cdots + a_1 z + a_0}{b_n z^n + \cdots + b_1 z + b_0},$$

其中, p, q 是没有共同零点的多项式, 次数分别为 $m, n \geqslant 0$, 且 $a_m, b_n \neq 0$. 为使 f 非常值, 需假设 $m + n \geqslant 1$. 易见, p 的零点是 f 的零点, q 的零点是 f 的极点. 在 ∞ 处颇为

---

① 证明参见: Barry Simon. Basic Complex Analysis: A Comprehensive Course in Analysis, Part 2A. Corollary 9.5.5, 409.

微妙, 可验证当 $|z|$ 很大时, $f(z) = z^{m-n}(a_m/b_n + o(1))$. 分三类情形:

$$\lim_{z \to \infty} f(z) = \begin{cases} a_m/b_m \neq 0, & m = n, \text{ 此时 } \infty \text{ 是可去奇点, 非零点,} \\ 0, & m < n, \text{ 此时 } \infty \text{ 为 } n-m \text{ 阶零点,} \\ \infty, & m > n, \text{ 此时 } \infty \text{ 为 } m-n \text{ 阶极点.} \end{cases}$$

这说明 ∞ 是 f 的可去奇点或极点, 因此, f 是 $\widehat{\mathbb{C}}$ 上的半纯函数. 同时可见, 在计重数意义下, f 的零点数为 $\max\{m,n\}$, 极点数为 $\max\{m,n\}$. 称正整数 $\max\{m,n\}$ 为 f 的映射度, 记为 $\deg(f)$.

> **注** 映射度 $\deg(f)$ 的直观解释是 (计重数意义的) 逆像个数: 即对任意 $\zeta \in \widehat{\mathbb{C}}$, 方程 $f(z) = \zeta$ 的解的个数. 这可由有理函数的表达式直接验证. 下面用辐角原理说明这一点. 注意到 f 的零点与极点个数都是 $\deg(f)$. 对任意 $\zeta \in \mathbb{C} \setminus \{0\}$, 通过复合分式线性变换 γ (即将 f 换成 $f \circ \gamma$, 不改变逆像个数), 不妨假设 $f(\infty) = c \in \mathbb{C} \setminus \{0, \zeta\}$. 当 R 很大时, $f(\{|z| \geq R\}) \subset D(c, \min\{|c|, |c - \zeta|\})$. 因此 $f^{-1}(\zeta) \subset D := D(0, R)$. 由辐角原理,
>
> $$Z(f - \zeta, D) - P(f - \zeta, D) = w(f(\partial D), \zeta) = 0.$$
>
> 因此, $Z(f - \zeta, D) = P(f - \zeta, D) = P(f, D) = \deg(f)$. □

定理 22.2 复球面 $\widehat{\mathbb{C}}$ 上的半纯函数都是有理函数.

证明 1 假设 $f : \widehat{\mathbb{C}} \to \widehat{\mathbb{C}}$ 全纯, 则 ∞ 为极点或可去奇点. 此时, 取 $R > 0$ 使 f 在 $A := \{R < |z| < \infty\}$ 上全纯. 记 f_∞ 为 f 在 A 上的 Laurent 展式主部. 如果 ∞ 为极点, 记其阶为 $m\,(m \geq 1)$, 则 f_∞ 为 m 次多项式; 如果 ∞ 是可去奇点, 则 $f_\infty = 0$.

在 $\overline{D(0, R)}$ 上, 由极点的孤立性, f 只有有限个极点, 记为 $p_1, \cdots, p_n$. 假设 p_j 是 m_j 阶极点, 在 p_j 的去心邻域 $D(p_j, \varepsilon_j) \setminus \{p_j\}$ 上, f 的 Laurent 展式主部有如下形式:

$$f_j(z) = \sum_{k=1}^{m_j} \frac{a_k^{(j)}}{(z - p_j)^k}.$$

此主部虽定义在 $D(p_j, \varepsilon_j) \setminus \{p_j\}$ 上, 但却可视为 $\mathbb{C} \setminus \{p_j\}$ 上的全纯函数. 由此, 可定义 $\mathbb{C} \setminus \{p_1, \cdots, p_n\}$ 上的全纯函数

$$F(z) = f(z) - f_\infty(z) - f_1(z) - \cdots - f_n(z).$$

显然, F 在 f 的极点处 Laurent 展式主部消失. 因此, f 的极点都是 F 的可去奇点. 注意到 F 在 ∞ 附近有界, 因此 F 是有界整函数. 由 Liouville 定理, $F \equiv C$. 由此,

$$f(z) = C + f_\infty(z) + f_1(z) + \cdots + f_n(z),$$

它是有理函数.   □

以上证明也表明: 任何有理函数总能分解为部分分式之和.

证明 2   假设 f 在 $\mathbb{C}$ 上零点全体为 $z_1, \cdots, z_m$, 阶分别为 $l_1, \cdots, l_m$; 极点全体为 $p_1, \cdots, p_n$, 阶分别为 $k_1, \cdots, k_n$. 定义

$$g(z) = \frac{(z-p_1)^{k_1} \cdots (z-p_n)^{k_n}}{(z-z_1)^{l_1} \cdots (z-z_m)^{l_m}} f(z).$$

利用 f 在零点与极点处的局部表示知, g 在 $\mathbb{C}$ 上全纯, 不取零值. 易见, g 在 $\widehat{\mathbb{C}}$ 上半纯. 现考察 g 在 ∞ 处的性质. 若 ∞ 是 g 的可去奇点, 则 g 在 $\mathbb{C}$ 上有界. 由 Liouville 定理, g 为常数. 若 ∞ 是 g 的极点, 则 ∞ 是 $1/g$ 的可去奇点. 对 $1/g$ 应用 Liouville 定理得, $1/g$ 为常数. 不管哪种情况, g 都为常数, 因此 $f(z)$ 为有理函数.   □

定理 22.3   复球面的全纯自同构群 $\mathrm{Aut}(\widehat{\mathbb{C}}) = \mathcal{M}$, 即

$$\mathrm{Aut}(\widehat{\mathbb{C}}) = \left\{ f(z) = \frac{az+b}{cz+d} \,\middle|\, a, b, c, d \in \mathbb{C}, ad - bc \neq 0 \right\}.$$

证明   由分式线性变换的性质知, "⊃" 成立. 任取 $f \in \mathrm{Aut}(\widehat{\mathbb{C}})$, 它是 $\widehat{\mathbb{C}}$ 到自身的全纯映射. 由定理 22.2, f 是有理函数 $p(z)/q(z)$, 其中 p, q 没有共同的零点. 如果 p, q 之一次数大于 1, 则会导致 f 的零点或极点个数大于 1, 矛盾于 f 双全纯. 因此, p, q 的次数都不超过 1, 这蕴涵 f 为分式线性变换.   □

22.3   多项式

当我们谈论 ∞ 邻域上的全纯函数时, 应将 ∞ 与 $\mathbb{C}$ 中的点地位视为等同. 之所以如此, 是因为通过坐标变换 $z \mapsto 1/z$, 可将 ∞ 邻域上的全纯函数转化为 0 附近的全纯函数. 有界区域上全纯函数的性质, 比如最大模原理, 也变得对 ∞ 邻域上的全纯函数同样适用了.

这一观点源自理解 Riemann 曲面之间的全纯映射 (复球面是一类典型的 Riemann 曲面). 在 Riemann 曲面上, 诸点虽然抽象, 但没有特殊性. 在讨论某点邻域内的全纯映射时, 仅仅是选取一个便于讨论的局部坐标表示而已.

本节举例说明这一观点的应用. 我们将发现, 它不仅有助于提升对复球面区域上全纯函数的理解, 而且能收获意想不到的结论.

例题 22.2   记 $f(z) = z^d + \cdots + a_1 z + a_0$ 是 d 次首一多项式.

(1) 证明 $|f(z)| \leqslant |z|^d \|f\|_{\partial\mathbb{D}}$, $|z| > 1$.

(2) 证明 $\|f\|_{\partial\mathbb{D}} \geqslant 1$, 等号成立当且仅当 $f(z) = z^d$.

证明   定义

$$g(z) = f(z)/z^d, \quad |z| > 1.$$

由 $\lim\limits_{z \to \infty} g(z) = 1$ 知, ∞ 是可去奇点. 定义 $g(\infty) = 1$, 则 g 在 $\Omega = \widehat{\mathbb{C}} \backslash \overline{\mathbb{D}}$ 上全纯. 在 Ω 上应用最大模原理[①],

$$|g(z)| \leqslant \|g\|_{\Omega} = \|g\|_{\partial\Omega} = \|f\|_{\partial\mathbb{D}}, \quad |z| > 1$$

即得 (1). 特别地,

$$1 = |g(\infty)| \leqslant \|g\|_{\partial\Omega} = \|f\|_{\partial\mathbb{D}}.$$

由最大模原理, 上式等号成立当且仅当 $g \equiv g(\infty) = 1$. □

例题 22.3 (Eneström 1893, Kakeya 1912)   实系数多项式

$$f(z) = \sum_{k=0}^{n} a_k z^k, \quad 0 \leqslant a_0 \leqslant a_1 \leqslant \cdots \leqslant a_n > 0$$

的零点都在单位闭圆盘 $\overline{\mathbb{D}}$ 中.

证明   为利用系数的大小关系, 定义辅助函数

$$g(z) = f(z)(1 - z) = a_0 + (a_1 - a_0)z + \cdots + (a_n - a_{n-1})z^n - a_n z^{n+1}.$$

记 $h(z) = a_0 + (a_1 - a_0)z + \cdots + (a_n - a_{n-1})z^n$. 由模长的三角不等式, 对任意 $z \in \overline{\mathbb{D}}$, 成立

$$|h(z)| \leqslant a_0 + (a_1 - a_0) + \cdots + (a_n - a_{n-1}) = a_n.$$

利用例题 22.2(1) 得, $|h(z)| \leqslant \|h\|_{\partial\mathbb{D}} |z|^n \leqslant a_n |z|^n, |z| > 1$. 于是,

$$|g(z)| \geqslant a_n |z|^{n+1} - |h(z)| \geqslant a_n |z|^n (|z| - 1) > 0, \quad |z| > 1.$$

这说明 g 的所有零点在 $\overline{\mathbb{D}}$ 中. 因此, $f^{-1}(0) \subset g^{-1}(0) \subset \overline{\mathbb{D}}$. □

---

① 等价于对 $G(\zeta) = g(1/\zeta)$ 在圆盘 $\mathbb{D}$ 上应用最大模原理. 此处可见将 ∞ 视为正常点的原因: 坐标变换后转化成有界区域上的全纯函数.

例题 22.4 假设 f 是 $d(d \geqslant 1)$ 次首一多项式. 记 $A = f^{-1}(\overline{\mathbb{D}})$, 证明 $\|f'\|_{\partial A} \geqslant d$, 等号成立当且仅当 $f(z) = (z-a)^d, a \in \mathbb{C}$.

证明 由 f 的连续性, A 是闭集. 又由 $\lim\limits_{z \to \infty} f(z) = \infty$ 知, A 有界. 因此, A 是紧集. 于是, $\Omega = \widehat{\mathbb{C}} \backslash A$ 是包含 ∞ 的开集. 易见, $\partial \Omega \subset \partial A \subset f^{-1}(\partial \mathbb{D})$.

下面说明 Ω 连通. 若不然, Ω 有一个有界连通分支 D. 由最大模原理, $\|f\|_D = \|f\|_{\partial D} \leqslant \|f\|_{\partial A} \leqslant 1$. 这表明 $D \subset A$, 矛盾.

因此, Ω 是 $\widehat{\mathbb{C}}$ 上包含 ∞ 的区域. 定义 $h: \Omega \to \mathbb{C}$ 如下:

$$h(z) = \begin{cases} f'(z)^d / f(z)^{d-1}, & z \in \Omega \backslash \{\infty\}, \\ d^d, & z = \infty. \end{cases}$$

显然, h 在 Ω 上全纯. 对 h 应用最大模原理,

$$d^d = |h(\infty)| \leqslant \|h\|_{\partial \Omega} \leqslant \|h\|_{\partial A} = \|f'\|_{\partial A}^d \Longrightarrow \|f'\|_{\partial A} \geqslant d.$$

等号成立的充要条件是 $h \equiv h(\infty) = d^d$, 即

$$f'(z)^d = d^d f(z)^{d-1}.$$

如果 $d = 1$, 上式显然成立. 如果 $d \geqslant 2$, 由上式知, f' 和 f 有相同的零点. 由此, 如果 z_0 是 f 的 m 阶零点, 则必然 $m \geqslant 2$. 比较两边在 z_0 的阶可得, $(m-1)d = m(d-1)$. 由此知, $m = d$. 因此, f 可表示为 $(z - z_0)^d$ 的形式. $\qquad\square$

22.4 习题

"当你和每个人在一起, 却没有与我同在, 你就没有和任何人在一起.

当你不和任何人在一起, 而只与我同在, 你就和每个人在一起.

不要和每一个人关系密切, 而要成为每一个人.

当你变成那么多人, 你就什么也不是."

——鲁米

1. (Laurent 主部与有理函数) 假设有理函数 f 的极点为 $0, 2, \infty$, 对应 Laurent 展式的主部分别为

$$\frac{1}{z^2}, \ \frac{1}{z-2}, \ z + z^2.$$

如果 $f(1) = 1$, 求 f 的表达式.

2. (部分分式展开) 将函数 $z^3/(z^2+1)$ 展成部分分式之和.

3. (整函数与多项式) 如果 f, g 是非常值整函数, 且 $f \circ g$ 是多项式, 证明 f, g 都是多项式.

4. (有理函数的原函数) 假设 f 是非常值有理函数, 在 $\mathbb{C}$ 上的极点集为 P. 在什么条件下存在有理函数 F, 使得

$$F'(z) = f(z), z \in \mathbb{C} \setminus P?$$

5. (有理函数的唯一性) 假设 f, g 都是有理函数, 且 $\deg(f) = \deg(g) = d \geqslant 1$. 若 f, g 在 $\widehat{\mathbb{C}} \setminus (f^{-1}(\infty) \cup g^{-1}(\infty))$ 中的 $2d+1$ 个点处取值相等, 证明 $f = g$. 注: $2d$ 可以换成 $\deg(f - g)$.

6. (单叶函数的可去奇点) 假设 S 是平面的离散子集, $f: \mathbb{C} \setminus S \to \mathbb{C}$ 是单叶函数. 证明: f 是分式线性变换的限制.

7. (穿孔球面的全纯自同构群) 假设 Ω 是复球面 $\widehat{\mathbb{C}}$ 去掉 $m(m \geqslant 2)$ 个点所形成的区域.

(1) 证明: Ω 的全纯自同构群 $\mathrm{Aut}(\Omega)$ 是 $\mathrm{Aut}(\widehat{\mathbb{C}})$ 的子群.

提示: 利用上一题的结论.

(2) 如果 $m = 2$, 求 $\mathrm{Aut}(\Omega)$. (注: 它是无限群).

(3) 如果 $m \geqslant 3$, 证明 $\mathrm{Aut}(\Omega)$ 是有限群.

8. (多项式的性质) 假设 f 是 $d(d \geqslant 1)$ 次首一多项式. 定义函数

$$\psi(r) = \|f\|_r / r^d, r \in (0, +\infty),$$

其中 $\|f\|_\rho = \max\limits_{|z|=\rho} |f(z)|$. 证明 ψ 要么严格单调递减, 要么 $\psi \equiv 1$. $\psi \equiv 1$ 的充要条件是什么?

9. (一个优美的结论: 圆盘逆像决定一个多项式) 假设 f, g 都是 d 次首一多项式. 如果 $f^{-1}(\mathbb{D}) \subset g^{-1}(\mathbb{D})$, 证明 $f = g$.

注: 本题表明 $f^{-1}(\mathbb{D}) = g^{-1}(\mathbb{D}) \Longleftrightarrow f = g$, 即 d 次首一多项式与圆盘逆像之间一一对应.

10. (多项式的性质) 假设多项式 $f(z) = z + a_2 z^2 + \cdots + a_d z^d$ 在单位圆盘 $\mathbb{D}$ 上单叶, 证明 $|a_d| \leqslant 1/d$. 提示: 将导函数 f' 分解 $f'(z) = d a_d (z - c_1) \cdots (z - c_{d-1})$, 其中 $|c_k| \geqslant 1$.

11. (不等式) 假设 f 在 $\overline{\mathbb{D}}$ 上全纯, p 是首一多项式, 证明

$$|f(0)| \leqslant \frac{1}{2\pi} \int_0^{2\pi} |p(e^{i\theta}) f(e^{i\theta})| d\theta.$$

12. (多项式的像集) 假设 f 是 $d(d \geqslant 1)$ 次首一多项式, $f(0) = 0$.

(1) 证明对任意 $r > 0$, 圆盘 $D(0, r)$ 的像集满足

$$f(D(0, r)) \supset D(0, r^d).$$

(2) 如果对某 $r > 0$, 成立 $f(D(0, r)) = D(0, r^d)$, 证明

$$f(z) = z^d.$$

13. (Blaschke 乘积的像集) Blaschke 乘积可以和多项式类比. 假设 $B : \mathbb{D} \to \mathbb{D}$ 是 $d(d \geqslant 1)$ 次 Blaschke 乘积, 它可以表示为

$$B(z) = \mathrm{e}^{\mathrm{i}\theta} \prod_{k=1}^{d} \frac{z - a_k}{1 - \overline{a_k} z}, \ a_1, \cdots, a_d \in \mathbb{D}, \ \theta \in \mathbb{R}.$$

进一步假设 $B(0) = 0$.

(1) 证明对任意 $r \in (0, 1)$, 圆盘 $D(0, r)$ 的像集满足

$$B(D(0, r)) \supset D(0, r^d).$$

注: 包含关系达到最佳, 此结论由曹杰提供.

(2) 如果对某 $r \in (0, 1)$, 成立 $B(D(0, r)) = D(0, r^d)$, 证明

$$B(z) = \mathrm{e}^{\mathrm{i}\theta} z^d.$$

14. (多项式根的分布) 假设多项式 $f(z) = \sum_{k=0}^{n} a_k z^k$ 系数都为正实数, 则 f 的零点都落在环域 $R_1 \leqslant |z| \leqslant R_2$ 中, 其中

$$R_1 = \min_{0 \leqslant j \leqslant n-1} a_j / a_{j+1}, \ R_2 = \max_{0 \leqslant j \leqslant n-1} a_j / a_{j+1}.$$

提示: 考虑 $f(z)(z - R_1)$, $f(z)(z - R_2)$.

15. (Ostrowski 的迭代想法) 假设 p 是 $d(d \geqslant 1)$ 次多项式, 系数都是整数, 且每个零点在单位圆周 $\partial \mathbb{D}$ 上. 按如下思路, 证明 p 的每个零点都是单位根.

(1) 记 $\mathcal{P}(d)$ 是满足 $f^{-1}(0) \subset \partial \mathbb{D}$ 的 d 次整系数多项式 f 全体. 验证 f 的系数有界, 由此说明 $\mathcal{P}(d)$ 是有限集. 因此 $\mathcal{P}(d)$ 中所有多项式的零点集

$$\mathcal{Z}(d) = \bigcup_{p \in \mathcal{P}(d)} p^{-1}(0)$$

也是有限集.

(2) 如果 $f(z) = (z - \alpha_1) \cdots (z - \alpha_d)$ 是整系数多项式, 证明

$$g(z) = (z - \alpha_1^2) \cdots (z - \alpha_d^2)$$

也是整系数多项式. 提示: 利用等式 $g(z^2) = (-1)^d f(z) f(-z)$.

(3) 由 (2) 知, 如果 $\alpha \in \mathcal{Z}(d)$, 则 $\alpha^2 \in \mathcal{Z}(d)$. 利用迭代得

$$\left\{ \alpha^{2^n} \,\middle|\, n \geqslant 0 \right\} \subset \mathcal{Z}(d).$$

由此说明 α 是单位根.

16. (圆盘逆像与多项式) 假设 f, g 都是首一多项式, 满足 $f^{-1}(\mathbb{D}) \subset g^{-1}(\mathbb{D})$, 证明: $f^{\deg(g)} = g^{\deg(f)}$.

17. (圆盘逆像与刚性) 假设 f, g 都是 d 次首一多项式, 且 $f^{-1}(\overline{\mathbb{D}}), g^{-1}(\overline{\mathbb{D}})$ 连通. 若有保向同胚 $h : f^{-1}(\overline{\mathbb{D}}) \to g^{-1}(\overline{\mathbb{D}})$, 满足

$$g \circ h(z) = f(z), \ z \in f^{-1}(\overline{\mathbb{D}}).$$

证明 $h(z) = az + b$, $a^d = 1$.

18. (有理函数的插值问题) 给定 n 个不同的实数 $z_1, \cdots, z_n \in \mathbb{R}$, 以及任意 n 个实数 $w_1, \cdots, w_n \in \mathbb{R}$, 证明存在实有理函数 f, 满足 $f(\mathbb{H}) \subset \mathbb{H}$, 且 $f(z_k) = w_k$, $1 \leqslant k \leqslant n$.

(1) 定义函数

$$g_k(z) = \frac{-w_k}{z}, \ h_k(z) = \sum_{j=1, j \neq k}^{n} \left[\frac{-1}{z - z_j} + \frac{1}{z_k - z_j} \right] - 1.$$

验证 $g_k(\mathbb{H}) \subset \mathbb{H}$, $h_k(\mathbb{H}) \subset \mathbb{H}$, 且 $h_k(z_j) = \infty$, $j \neq k$, $h_k(z_k) = -1$.

(2) 证明函数 $f = \sum_{k=1}^{n} g_k \circ h_k$ 满足要求.

19. (有理函数与绕数) 假设 f 是映射度 $\deg(f) = d \geqslant 1$ 的有理函数, 满足 $f(\partial\mathbb{D}) \subset \partial\mathbb{D}$.

(1) 证明: f 可表示为如下形式

$$f(z) = e^{i\theta} \prod_{k=1}^{d} \frac{z - a_k}{1 - \overline{a_k} z}, \ a_1, \cdots, a_d \in \mathbb{C} \setminus \partial\mathbb{D}.$$

(2) 证明: 绕数 $w(f(\partial\mathbb{D}), 0) \in \{d - 2m \,|\, 0 \leqslant m \leqslant d\}$.

(3) 如果 d 是奇数, 证明 $f : \partial\mathbb{D} \to \partial\mathbb{D}$ 是满射; 如果 d 是偶数, 举例说明 $f : \partial\mathbb{D} \to \partial\mathbb{D}$ 可以不是满射.

第二十三章

留数定理与积分计算

本讲先定义孤立奇点处的留数, 由此引入留数定理, 之后利用留数定理计算几类典型积分.

23.1 留数定理

假设 $z_0 \in \mathbb{C}$ 是 f 的孤立奇点, 即 f 在 $D(z_0, \varepsilon) \setminus \{z_0\}$ 上全纯, 定义 f 在 z_0 处的留数 (residue) $\mathrm{Res}(f, z_0)$ 为:

$$\mathrm{Res}(f, z_0) = \frac{1}{2\pi\mathrm{i}} \int_{|\zeta - z_0| = r} f(\zeta)\mathrm{d}\zeta, \ r \in (0, \varepsilon).$$

由 Cauchy-Goursat 积分定理, 上式积分值[①]不依赖于 $r \in (0, \varepsilon)$ 的选取. 若将 f 展成 Laurent 级数 $\sum_{n \in \mathbb{Z}} a_n (z - z_0)^n$, 不难验证

$$\mathrm{Res}(f, z_0) = a_{-1}.$$

同时可见, $f - a_{-1}(z - z_0)^{-1}$ 在 $D(z_0, \varepsilon) \setminus \{z_0\}$ 存在原函数

$$F(z) = \sum_{n \in \mathbb{Z} \setminus \{-1\}} a_n (z - z_0)^{n+1}/(n+1).$$

如果 $a_{-1} = 0$, 则 F 是 f 在 $D(z_0, \varepsilon) \setminus \{z_0\}$ 上的一个原函数. 这也给出了留数的本质: 留数 (不为零) 是 f 在 $D(z_0, \varepsilon) \setminus \{z_0\}$ 上存在原函数的障碍.

如果 ∞ 是孤立奇点, 即 f 在 $\{|z| > R\}$ 上全纯, 定义 f 在 ∞ 处的留数

$$\mathrm{Res}(f, \infty) = -\frac{1}{2\pi\mathrm{i}} \int_{|\zeta| = \rho} f(\zeta)\mathrm{d}\zeta, \ \rho > R.$$

---

① 本章讨论的沿圆周的积分都取逆时针方向.

同样, 上式积分不依赖于 ρ 的选取. 若 f 在 ∞ 处有 Laurent 展式 $\sum\limits_{n\in\mathbb{Z}} a_n z^n$, 不难验证, $\mathrm{Res}(f,\infty) = -a_{-1}$. 值得注意的是, 虽然 ∞ 处留数的定义与有限点处留数的定义有正负号的差别, 但本质是统一的: 它们都是对 f 沿着围绕孤立奇点的正向 (即沿此方向前进, 奇点在前进方向的左侧) 圆周积分. 作变量代换 $\zeta = 1/w$,

$$-\frac{1}{2\pi\mathrm{i}} \int_{|\zeta|=\rho} f(\zeta)\mathrm{d}\zeta = \frac{1}{2\pi\mathrm{i}} \int_{|w|=1/\rho} -f\left(\frac{1}{w}\right)\frac{1}{w^2}\mathrm{d}w,$$

可将 f 在 ∞ 处的留数转化为 $g(z) = -f(1/z)/z^2$ 在 0 处的留数: $\mathrm{Res}(f,\infty) = \mathrm{Res}(g,0)$.

如果 z_0 是 f 的可去奇点, 则 $\mathrm{Res}(f,z_0) = 0$. 如果 z_0 是 f 的一阶极点, 则 $\mathrm{Res}(f,z_0) = a_{-1} = \lim\limits_{z\to z_0} (z - z_0)f(z)$. 如果 z_0 是 f 的 m 阶极点, 将 f 局部表示为

$$f(z) = \frac{\psi(z)}{(z - z_0)^m} = \frac{1}{(z - z_0)^m} \sum_{n=0}^{\infty} \frac{\psi^{(n)}(z_0)}{n!}(z - z_0)^n.$$

由此得,

$$\mathrm{Res}(f,z_0) = \frac{\psi^{(m-1)}(z_0)}{(m-1)!}.$$

例题 23.1   求留数 $\mathrm{Res}(f,0)$, 其中

$$f(z) = \frac{1}{\mathrm{e}^z - 1 - z}.$$

解   利用指数函数的幂级数展式

$$\mathrm{e}^z - 1 - z = \frac{z^2}{2!} + \frac{z^3}{3!} + \cdots = \frac{z^2}{2}\left(1 + \frac{z}{3} + \cdots\right),$$

$$\frac{1}{\mathrm{e}^z - 1 - z} = \frac{2}{z^2}\left(1 - \frac{z}{3} + \cdots\right) = \frac{2}{z^2} - \frac{2}{3z} + \cdots.$$

由此得, $\mathrm{Res}(f,0) = -2/3$. □

定理 23.1 (留数定理, Cauchy 1826)   假设 Ω 是平面有界区域, 边界是有限条分段光滑的简单闭曲线之并, $z_1, \cdots, z_n \in \Omega$. 假设 f 在 $\overline{\Omega} \setminus \{z_1, \cdots, z_n\}$ 上全纯, 则

$$\int_{\partial\Omega} f(z)\mathrm{d}z = 2\pi\mathrm{i} \sum_{k=1}^{n} \mathrm{Res}(f,z_k).$$

证明   取 $\varepsilon > 0$ 使闭圆盘 $\overline{D(z_k,\varepsilon)}, 1 \leqslant k \leqslant n$ 在 Ω 中, 且互不相交. 令

$$\Omega_\varepsilon = \Omega \setminus \bigcup_{k=1}^{n} \overline{D(z_k,\varepsilon)},$$

则 f 在 $\overline{\Omega_\varepsilon}$ 上全纯. 由 Cauchy-Goursat 积分定理,

$$\int_{\partial\Omega_\varepsilon} f(z)\mathrm{d}z = \int_{\partial\Omega} f(z)\mathrm{d}z - \sum_{k=1}^n \int_{\partial D(z_k,\varepsilon)} f(z)\mathrm{d}z = 0.$$

由上式

$$\int_{\partial\Omega} f(z)\mathrm{d}z = \sum_{k=1}^n \int_{\partial D(z_k,\varepsilon)} f(z)\mathrm{d}z = 2\pi\mathrm{i}\sum_{k=1}^n \mathrm{Res}(f, z_k).$$

23.2 $\displaystyle\int_0^{2\pi} Q(\sin\theta, \cos\theta)\mathrm{d}\theta$ 型积分

例题 23.2 计算积分
$$I = \int_0^{2\pi} \frac{\mathrm{d}t}{a + \cos t}, \ a > 1.$$

解 令 $\zeta = \mathrm{e}^{\mathrm{i}t}$, 则

$$\cos t = \frac{\mathrm{e}^{\mathrm{i}t} + \mathrm{e}^{-\mathrm{i}t}}{2} = \frac{1}{2}\left(\zeta + \frac{1}{\zeta}\right), \ \mathrm{d}t = \frac{\mathrm{d}\zeta}{\mathrm{i}\zeta}.$$

积分可转化为

$$I = -\mathrm{i}\int_{|\zeta|=1} \frac{2}{\zeta^2 + 2a\zeta + 1}\mathrm{d}\zeta.$$

被积函数 $f(\zeta) = 2/(\zeta^2 + 2a\zeta + 1)$ 有两个极点

$$\zeta_+ = -a + \sqrt{a^2 - 1}, \ \zeta_- = -a - \sqrt{a^2 - 1}.$$

两极点中只有 ζ_+ 在单位圆盘 $\mathbb{D}$ 内. 利用留数定理,

$$I = -\mathrm{i}\cdot 2\pi\mathrm{i}\,\mathrm{Res}(f, \zeta_+) = 2\pi\,\mathrm{Res}(f, \zeta_+).$$

计算知

$$\mathrm{Res}(f, \zeta_+) = \mathrm{Res}\left(\frac{2}{(\zeta - \zeta_+)(\zeta - \zeta_-)}, \zeta_+\right) = \frac{2}{\zeta_+ - \zeta_-} = \frac{1}{\sqrt{a^2 - 1}}.$$

由此得

$$I = \frac{2\pi}{\sqrt{a^2 - 1}}.$$

由此例可知, 形如

$$I = \int_0^{2\pi} Q(\sin\theta, \cos\theta)\mathrm{d}\theta$$

的积分, 可通过引入复变量 $z = \mathrm{e}^{\mathrm{i}\theta}$, 并做变换

$$\sin\theta = \frac{1}{2\mathrm{i}}\left(z - \frac{1}{z}\right), \cos\theta = \frac{1}{2}\left(z + \frac{1}{z}\right), \ \mathrm{d}\theta = \frac{\mathrm{d}z}{\mathrm{i}z},$$

$$f(z) = Q\left(\frac{1}{2\mathrm{i}}\left(z - \frac{1}{z}\right), \frac{1}{2}\left(z + \frac{1}{z}\right)\right)\frac{1}{\mathrm{i}z},$$

将原积分转化为复积分

$$I = \int_{|z|=1} f(z)\mathrm{d}z.$$

假设 f 在 $\mathbb{D}$ 中的孤立奇点为 $a_1, \cdots, a_n$, 则

$$I = 2\pi\mathrm{i}\sum_{k=1}^n \mathrm{Res}(f, a_k).$$

23.3 $\displaystyle\int_{-\infty}^{+\infty} f(x)\mathrm{d}x$ 型积分

> **命题 23.1** 给定上半平面 $\mathbb{H}$ 中有限个点 $a_1, \cdots, a_n$, 假设 f 在 $\overline{\mathbb{H}} \setminus \{a_1, \cdots, a_n\}$ 上全纯 [①]. 若当 $|z|$ 很大时, $|f(z)| = O(1/|z|^{1+\nu})$, 其中 $\nu > 0$, 则
>
> $$\int_{-\infty}^{+\infty} f(x)\mathrm{d}x = 2\pi\mathrm{i}\sum_{k=1}^n \mathrm{Res}(f, a_k).$$

证明 取充分大的 $R > 0$, 使 $a_1, \cdots, a_n \in D(0, R) \cap \mathbb{H}$. 记 $\Omega = D(0, R) \cap \mathbb{H}$, $\gamma_R = \{Re^{\mathrm{i}t} \mid 0 \leqslant t \leqslant \pi\}$, 如图 23.1 所示. 由留数定理,

$$\int_{-R}^R f(x)\mathrm{d}x + \int_{\gamma_R} f(z)\mathrm{d}z = 2\pi\mathrm{i}\sum_{k=1}^n \mathrm{Res}(f, a_k). \tag{23.1}$$

利用积分基本不等式,

$$\left|\int_{\gamma_R} f(z)\mathrm{d}z\right| \leqslant \int_{\gamma_R} |f(z)||\mathrm{d}z| \leqslant \pi R\|f\|_{\gamma_R} = \pi\|zf(z)\|_{\gamma_R}.$$

[①] 即: f 在 $\Omega \setminus \{a_1, \cdots, a_n\}$ 上全纯, 其中 Ω 为包含 $\overline{\mathbb{H}}$ 的一个区域. 下同.

上式右端当 $R \to \infty$ 时, 趋于零. 在 (23.1) 式中令 $R \to +\infty$, 得

$$\int_{-\infty}^{+\infty} f(x)\mathrm{d}x = 2\pi\mathrm{i} \sum_{k=1}^{n} \mathrm{Res}(f, a_k).$$

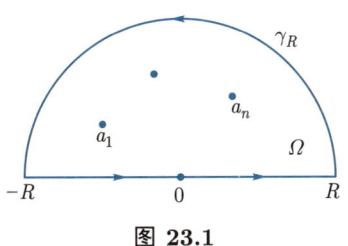

图 **23.1**

注 命题 23.1 中的衰减条件 $|f(z)| = O(1/|z|^{1+\nu})$ 是为保证

$$\lim_{R \to +\infty} \int_{-R}^{R} f(x)\mathrm{d}x = \lim_{\rho \to -\infty, R \to +\infty} \int_{\rho}^{R} f(x)\mathrm{d}x.$$

因此, 广义积分 $\displaystyle\int_{-\infty}^{+\infty} f(x)\mathrm{d}x$ 可用上式左端的单极限定义. 如果衰减条件减弱为 $\displaystyle\lim_{z \to \infty} zf(z) = 0$, 一般不能保证上式成立.

在实际应用中, 常见的情形是 f 为有理函数 $p(z)/q(z)$, $\deg(q) \geqslant \deg(p) + 2$. 此时, 若 f 在实轴上无极点, 就可以直接利用命题 23.1.

在命题 23.1 的证明中, 所取的区域是上半圆盘. 当积分区间改变时, 我们也会考虑其他类型的区域, 比如扇形区域, 参见下例.

例题 23.3 给定正整数 $n \geqslant 2$, 计算积分

$$I = \int_{0}^{+\infty} \frac{\mathrm{d}x}{1 + x^n}.$$

解 取 $R > 1$, 定义扇形区域

$$S_R = \{re^{\mathrm{i}\theta} \mid 0 < r < R, 0 < \theta < 2\pi/n\}.$$

其边界 $\partial S_R = [0, R] \cup \gamma_R \cup \beta_R^-$ (此处, 取 ∂S_R 的正定向), 如图 23.2 所示, 其中

$$\gamma_R = \{Re^{\mathrm{i}t} \mid 0 \leqslant t \leqslant e^{2\pi\mathrm{i}/n}\}, \beta_R = \{re^{2\pi\mathrm{i}/n} \mid 0 \leqslant r \leqslant R\}.$$

被积函数 $f(z) = 1/(1 + z^n)$ 在 S_R 中只有一个极点 $\zeta_0 = e^{\mathrm{i}\pi/n}$.

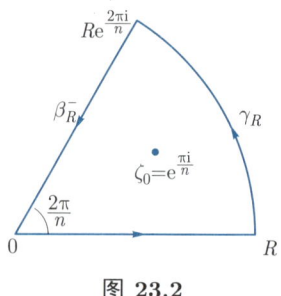

图 **23.2**

在 S_R 上应用留数定理,

$$\int_0^R \frac{\mathrm{d}x}{1+x^n} + \int_{\gamma_R} \frac{\mathrm{d}z}{1+z^n} + \int_{\beta_R^-} \frac{\mathrm{d}z}{1+z^n} = 2\pi\mathrm{i} \cdot \mathrm{Res}(f, \zeta_0), \tag{23.2}$$

这里, 沿 β_R^- 的积分取从 $Re^{2\pi\mathrm{i}/n}$ 到 $0e^{2\pi\mathrm{i}/n} = 0$ 的方向.

可验证

$$\left| \int_{\gamma_R} \frac{\mathrm{d}z}{1+z^n} \right| \leqslant \int_{\gamma_R} \frac{|\mathrm{d}z|}{|1+z^n|} \leqslant \frac{2\pi R}{n(R^n-1)} = O(R^{1-n}),$$

$$\int_{\beta_R^-} \frac{\mathrm{d}z}{1+z^n} = -e^{2\pi\mathrm{i}/n} \int_0^R \frac{\mathrm{d}x}{1+x^n}.$$

在 (23.2) 式中令 $R \to \infty$, 得

$$(1 - e^{2\pi\mathrm{i}/n}) \int_0^{+\infty} \frac{\mathrm{d}x}{1+x^n} = 2\pi\mathrm{i} \cdot \mathrm{Res}(f, \zeta_0) = \frac{2\pi\mathrm{i}}{n\zeta_0^{n-1}}.$$

由此可得

$$\int_0^{+\infty} \frac{\mathrm{d}x}{1+x^n} = \frac{2\pi\mathrm{i}}{n(1 - e^{2\pi\mathrm{i}/n})e^{\pi\mathrm{i}(n-1)/n}} = \frac{\pi/n}{\sin(\pi/n)}.$$

23.4 $\displaystyle\int_{-\infty}^{+\infty} e^{\mathrm{i}\alpha x} f(x)\mathrm{d}x$ 型积分

例题 23.4 计算积分
$$I = \int_0^{+\infty} \frac{\sin x}{x}\mathrm{d}x.$$

解 将积分表示为

$$I = \lim_{R \to +\infty, \varepsilon \to 0^+} \int_\varepsilon^R \frac{\sin x}{x}\mathrm{d}x$$

$$= \lim_{R\to+\infty,\varepsilon\to 0^+} \int_\varepsilon^R \frac{\mathrm{e}^{\mathrm{i}x} - \mathrm{e}^{-\mathrm{i}x}}{2\mathrm{i}x}\mathrm{d}x$$

$$= \frac{1}{2\mathrm{i}} \lim_{R\to+\infty,\varepsilon\to 0^+} \left(\int_\varepsilon^R \frac{\mathrm{e}^{\mathrm{i}x}}{x}\mathrm{d}x + \int_{-R}^{-\varepsilon} \frac{\mathrm{e}^{\mathrm{i}x}}{x}\mathrm{d}x\right).$$

记 $\gamma_R = \{Re^{\mathrm{i}t} \mid 0 \leqslant t \leqslant \pi\}, \gamma_\varepsilon = \{\varepsilon e^{\mathrm{i}t} \mid 0 \leqslant t \leqslant \pi\}, C_{R,\varepsilon} = [\varepsilon, R] \cup \gamma_R \cup [-R, -\varepsilon] \cup \gamma_\varepsilon^-$, 如图 23.3 所示, 则

$$I = \frac{1}{2\mathrm{i}} \lim_{R\to+\infty,\varepsilon\to 0^+} \left(\underbrace{\int_{C_{R,\varepsilon}} \frac{\mathrm{e}^{\mathrm{i}z}}{z}\mathrm{d}z}_{I_1} + \underbrace{\int_{\gamma_\varepsilon} \frac{\mathrm{e}^{\mathrm{i}z}}{z}\mathrm{d}z}_{I_2} - \underbrace{\int_{\gamma_R} \frac{\mathrm{e}^{\mathrm{i}z}}{z}\mathrm{d}z}_{I_3}\right).$$

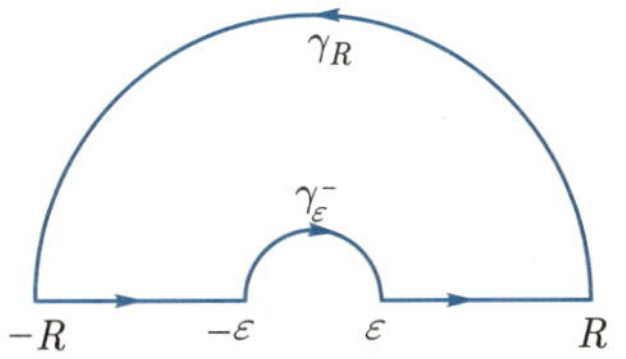

图 23.3

下面估计上式右端三项.

显然, $\mathrm{e}^{\mathrm{i}z}/z$ 在 $C_{R,\varepsilon}$ 所围区域的闭包上全纯. 由 Cauchy-Goursat 积分定理, $I_1 = 0$. 利用 $\mathrm{e}^{\mathrm{i}z}$ 的幂级数展式,

$$I_2 = \int_{\gamma_\varepsilon} \frac{1}{z}\left(1 + \mathrm{i}z - \frac{z^2}{2} + o(z^2)\right)\mathrm{d}z = \int_{\gamma_\varepsilon} \left(\frac{1}{z} + h(z)\right)\mathrm{d}z,$$

其中 h 在 0 的邻域上全纯. 计算可知

$$\int_{\gamma_\varepsilon} \frac{1}{z}\mathrm{d}z = \mathrm{i}\pi, \quad \left|\int_{\gamma_\varepsilon} h(z)\mathrm{d}z\right| \leqslant \pi\varepsilon\|h\|_{\gamma_\varepsilon} = O(\varepsilon).$$

于是, $I_2 = \mathrm{i}\pi + O(\varepsilon)$. 最后, 估计 I_3. 做变量代换 $z = Re^{\mathrm{i}\theta}$,

$$|I_3| = \left|\int_0^\pi \mathrm{e}^{\mathrm{i}R(\cos\theta + \mathrm{i}\sin\theta)}\mathrm{i}\mathrm{d}\theta\right| \leqslant \int_0^\pi \mathrm{e}^{-R\sin\theta}\mathrm{d}\theta = 2\int_0^{\pi/2} \mathrm{e}^{-R\sin\theta}\mathrm{d}\theta.$$

当 $\theta \in [0, \pi/2]$ 时, 利用基本不等式 $\dfrac{2}{\pi}\theta \leqslant \sin\theta \leqslant \theta$, 可得

$$2\int_0^{\pi/2} \mathrm{e}^{-R\sin\theta}\mathrm{d}\theta \leqslant 2\int_0^{\pi/2} \mathrm{e}^{-2R\theta/\pi}\mathrm{d}\theta = \frac{\pi}{R}(1 - \mathrm{e}^{-R}) = O(R^{-1}).$$

最后, 由上面的估计,

$$I = \frac{1}{2\mathrm{i}} \lim_{R\to+\infty,\varepsilon\to 0^+} \left(\mathrm{i}\pi + O(\varepsilon) + O(R^{-1})\right) = \frac{\pi}{2}.$$

将此例中的方法总结如下:

> **命题 23.2** 假设有理函数 f 在实轴 $\mathbb{R}$ 上没有极点, 满足 $\lim\limits_{z\to\infty} f(z) = 0$, 则对任意 $\alpha > 0$,
> $$\int_{-\infty}^{+\infty} \mathrm{e}^{\mathrm{i}\alpha x} f(x)\mathrm{d}x = 2\pi\mathrm{i}\sum_{k=1}^{n} \mathrm{Res}(\mathrm{e}^{\mathrm{i}\alpha z} f, a_k),$$
> 其中, $a_1, \cdots, a_n$ 是 f 在上半平面 $\mathbb{H}$ 的所有极点.

证明 取充分大的 $R > 0$, 使 $a_1, \cdots, a_n \in \Omega_R := D(0, R) \cap \mathbb{H}$. 记 $\gamma_R = \{Re^{\mathrm{i}t} \,|\, 0 \leqslant t \leqslant \pi\}$. 在 Ω_R 上应用留数定理,

$$\int_{-R}^{R} \mathrm{e}^{\mathrm{i}\alpha x} f(x)\mathrm{d}x + \int_{\gamma_R} \mathrm{e}^{\mathrm{i}\alpha z} f(z)\mathrm{d}z = 2\pi\mathrm{i}\sum_{k=1}^{n} \mathrm{Res}(\mathrm{e}^{\mathrm{i}\alpha z} f(z), a_k).$$

由假设条件知, 当 $R \to +\infty$ 时, $\|f\|_{\gamma_R} \to 0$. 于是

$$\begin{aligned}
\left| \int_{\gamma_R} \mathrm{e}^{\mathrm{i}\alpha z} f(z)\mathrm{d}z \right| &\leqslant \int_0^\pi |\mathrm{e}^{\mathrm{i}\alpha(R\cos\theta + \mathrm{i}R\sin\theta)}| \|f\|_{\gamma_R} R\mathrm{d}\theta \\
&= \|f\|_{\gamma_R} R \int_0^\pi \mathrm{e}^{-\alpha R\sin\theta}\mathrm{d}\theta \\
&= 2\|f\|_{\gamma_R} R \int_0^{\pi/2} \mathrm{e}^{-\alpha R\sin\theta}\mathrm{d}\theta \\
&\leqslant 2\|f\|_{\gamma_R} R \int_0^{\pi/2} \mathrm{e}^{-2\alpha R\theta/\pi}\mathrm{d}\theta \\
&= \frac{\pi}{\alpha} \|f\|_{\gamma_R} (1 - \mathrm{e}^{-\alpha R}) \\
&\to 0 \ (R \to +\infty).
\end{aligned}$$

由此可得

$$\lim_{R\to+\infty} \int_{\gamma_R} \mathrm{e}^{\mathrm{i}\alpha z} f(z)\mathrm{d}z = 0.$$

上式也称为 Jordan 圆弧引理.

最后, 在积分等式中令 $R \to +\infty$, 得

$$\int_{-\infty}^{+\infty} \mathrm{e}^{\mathrm{i}\alpha x} f(x)\mathrm{d}x = 2\pi\mathrm{i}\sum_{k=1}^{n} \mathrm{Res}(\mathrm{e}^{\mathrm{i}\alpha z} f, a_k).$$

注 1 命题 23.2 中的广义积分总是收敛的[①]. 事实上, 满足 $\lim\limits_{z\to\infty} f(z) = 0$ 的有理函数 f 在 ∞ 附近可表示为 $f(z) = cz^{-1} + O(z^{-2})$, 而广义积分

$$\int_R^{+\infty} \frac{\mathrm{e}^{\mathrm{i}\alpha x}}{x}\mathrm{d}x, \quad \int_{-\infty}^{-R} \frac{\mathrm{e}^{\mathrm{i}\alpha x}}{x}\mathrm{d}x$$

[①] 收敛性得益于与邱维元教授的讨论.

是收敛的.

注 2 如果 f 为实函数, 则

$$\int_{-\infty}^{+\infty} \cos\alpha x f(x)\mathrm{d}x, \quad \int_{-\infty}^{+\infty} \sin\alpha x f(x)\mathrm{d}x$$

分别为 $\int_{-\infty}^{+\infty} \mathrm{e}^{\mathrm{i}\alpha x} f(x)\mathrm{d}x$ 的实部和虚部, 可用命题 23.2 的方法处理.

注 3 如果 $\alpha < 0$, 相应地,

$$\int_{-\infty}^{+\infty} \mathrm{e}^{\mathrm{i}\alpha x} f(x)\mathrm{d}x = -2\pi\mathrm{i}\sum_{k=1}^{n} \mathrm{Res}(\mathrm{e}^{\mathrm{i}\alpha z}f, a_k),$$

其中, $a_1, \cdots, a_n$ 是 f 在下半平面 $\{\mathrm{Im}(z) < 0\}$ 的所有极点. 参见本章习题第 11 题.

23.5 习题

"我得到了一个重要教训: 乐趣在于要有新想法, 发现一些从未被别人考虑过的东西, 以自己的方式得到新结果. 我无法接受别人提供的数学建议, 因为它不能刺激我. 唯有我自己独有的观点能使我血液奔涌. 我也阅读其他人的工作, 欣赏它, 并从中受到启示, 但只有在我得到自己的观点以后才能取得实质性的进展. 这一直是我最大的力量, 也是我最大的极限."

——William Browder, 数学家

1. (留数计算) 计算留数

$$\mathrm{Res}\left[\frac{1}{z^2+4}, 2\mathrm{i}\right], \ \mathrm{Res}\left[\frac{\mathrm{e}^z}{z^5}, 0\right], \ \mathrm{Res}\left[\frac{1}{(z^2+1)^2}, \mathrm{i}\right], \ \mathrm{Res}(\mathrm{e}^z, \infty).$$

2. (留数定理的应用) 计算积分

$$\int_{|z|=2} \frac{\mathrm{e}^z}{z^2-1}\mathrm{d}z, \quad \int_{|z|=1} \frac{\sin(z)}{z^2}\mathrm{d}z.$$

3. (留数) 令 $f(z) = 1/(e^z - 1)$. 求留数 $\text{Res}(f, 0)$; 进一步, 能否定义 f 在 ∞ 的留数? 说明理由.

4. (积分计算) 记 $\gamma_R = \{Re^{it} \mid t \in [0, \pi]\}$, 求极限

$$\lim_{R \to +\infty} \int_{\gamma_R} \frac{e^{-iz}}{1 + z^2} dz.$$

注: 此处不能直接用 Jordan 圆弧引理 (请读者思考为什么), 可添加下半圆周的积分, 转化为留数定理.

5. (积分计算) 利用留数定理计算积分

$$I = \int_0^{+\infty} \frac{\cos(x)}{1 + x^2} dx.$$

6. (留数等式) 假设函数 f 在 $\mathbb{C} \setminus \{p_1, \cdots, p_n\}$ 上全纯, 证明

$$\text{Res}(f, \infty) + \sum_{k=1}^{n} \text{Res}(f, p_k) = 0.$$

7. (有理函数) 给定有理函数 $f(z) = p(z)/q(z)$, 其中 p, q 没有公因子.

(1) 如果 $\deg(p) \leqslant \deg(q) - 1$, 且 q 的零点都是一阶的, 证明:

$$f(z) = \sum_{a:q(a)=0} \frac{p(a)}{(z-a)q'(a)}.$$

(2) 如果 $\deg(p) \leqslant \deg(q) - 2$, 且 q 的零点都是一阶的, 证明:

$$\sum_{a:q(a)=0} \frac{p(a)}{q'(a)} = 0.$$

8. (留数定理证明辐角原理) 假设 $\Omega \subset \mathbb{C}$ 是平面有界区域, 边界由有限条分段光滑的简单闭曲线组成. 假设 f 在 $\overline{\Omega}$ 上半纯, 在 $\partial\Omega$ 上没有零点和极点, 定义半纯函数 $h = f'/f$. 注意到如下事实: $p \in \Omega$ 是 h 的极点当且仅当 p 是 f 的零点或极点.

(1) 如果 p 是 f 的 m 阶零点, 证明 $\text{Res}(h, p) = m$; 如果 p 是 f 的 n 阶极点, 证明 $\text{Res}(h, p) = -n$.

(2) 利用留数定理证明辐角原理:

$$\int_{\partial\Omega} h(z) dz = 2\pi i(Z(f, \Omega) - P(f, \Omega)).$$

9. (留数定理的应用) 选取适当区域, 利用留数定理计算积分

$$\int_0^{+\infty} \frac{\mathrm{d}x}{(x^2+a^2)(x^2+b^2)} \ (a,b>0); \quad \int_0^{+\infty} \left(\frac{\sin x}{x}\right)^2 \mathrm{d}x.$$

10. (留数定理的应用) 假设有理函数 f 在实轴 $\mathbb{R}$ 上没有极点, 满足 $\lim\limits_{z\to\infty} f(z)=0$, 证明: 对任意 $\alpha < 0$,

$$\int_{-\infty}^{+\infty} \mathrm{e}^{\mathrm{i}\alpha x} f(x)\mathrm{d}x = -2\pi\mathrm{i} \sum_{k=1}^n \mathrm{Res}(\mathrm{e}^{\mathrm{i}\alpha z} f, a_k),$$

其中, $a_1,\cdots,a_n$ 是 f 在下半平面 $\{\mathrm{Im}(z)<0\}$ 的所有极点.

11. (多项式与留数) 不知名数学工作者王先生的同事韩先生问了如下有趣问题: 若 f 是多项式, 有至少两个不同的零点, 证明: 存在零点 a, 使

$$\mathrm{Res}\left(\frac{1}{f}, a\right) \neq 0.$$

王先生的思路如下, 请补充证明细节.

(1) 如果结论不成立, 利用部分分式展开, 证明 $1/f$ 是某有理函数 $R(z)=p(z)/q(z)$ 的导函数, 其中 p,q 是多项式, 满足 $\deg(p) < \deg(q) = \deg(f) - k$, 其中 $k(k \geqslant 2)$ 是 f 的不同零点个数.

(2) 从如下等式中你能得到什么矛盾?

$$f(z)(p'(z)q(z) - p(z)q'(z)) = q(z)^2.$$

第二十四章

留数定理的更多应用

本章给出留数定理的进一步应用. 这些应用主要分两类: 一类是涉及多值函数的积分, 另一类是如下形式的求和问题:

$$\sum_{q \in g^{-1}(0) \setminus f^{-1}(\infty)} f(q).$$

24.1 $\displaystyle\int_0^{+\infty} f(x)\mathrm{d}x$ 型积分

> **命题 24.1** 假设 f 在 $\mathbb{C} \setminus \{p_1, \cdots, p_n\}$ 上全纯, 且当 $|z|$ 很大时, $f(z) = O(z^{-2})$. 如果 p_k 都不在非负实轴 $[0, +\infty)$ 上, 则
>
> $$\int_0^{+\infty} f(x)\mathrm{d}x = -\sum_{k=1}^n \mathrm{Res}(f(z)\log(z), p_k),$$
>
> 其中, $\log(z)$ 是 $\mathrm{Log}(z)$ 在 $\mathbb{C} \setminus [0, +\infty)$ 上满足 $\log(-1) = \pi\mathrm{i}$ 的全纯单值分支.

证明 记 $E = \{p_1, \cdots, p_n\}$. 取 $0 < \varepsilon < R$, 使 $E \subset A := \{\varepsilon < |z| < R\}$. 对 $t \in [0, 2\pi)$, 定义射线 $\ell_t = \{r\mathrm{e}^{\mathrm{i}t} \mid r \geqslant 0\}$. 取 $\theta \in (0, 2\pi)$, 使 $E \cap \ell_\theta = \varnothing$. 如图 24.1 所示, 易见, $\ell_0 \cup \ell_\theta$ 将 A 剖分为两个区域 $D_1, D_2$①.

记 $\log(z)$ 是按命题取定的全纯单值分支, 它在 D_k 上的限制显然可延拓成 $\overline{D_k}$ 上的全纯函数. 对 $f(z)\log(z)$ 在 D_1, D_2 上分别应用留数定理,

$$\int_{\partial D_k} f(z)\log(z)\mathrm{d}z = 2\pi\mathrm{i} \sum_{p \in D_k \cap E} \mathrm{Res}(f(z)\log(z), p), \ k = 1, 2.$$

以上两式两端分别相加, 得

---

① 注: 辅助线段 ℓ_θ 并非必要, 但有助于对证明的理解.

$$\int_{\partial D_1 \cup \partial D_2} f(z)\log(z)\mathrm{d}z = 2\pi\mathrm{i}\sum_{p\in E}\mathrm{Res}(f(z)\log(z), p). \tag{24.1}$$

上式左端积分颇为微妙. 线段 $\ell_\theta \cap \overline{A}$ 是 D_1 和 D_2 的共同边界, 由各自边界诱导的正向相反, 因此积分抵消; 线段 $\ell_0 \cap \overline{A} = [\varepsilon, R]$ 也是 D_1 和 D_2 的共同边界, 由各自边界诱导的正向相反, 但此时积分不能相抵, 原因是 $\log(z)$ 在此线段上取值不同 (相差 $2\pi\mathrm{i}$).

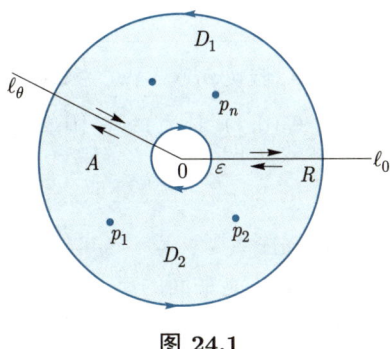

图 24.1

将线段 $[\varepsilon, R]$ 视作 D_1 的边界. 在此边界上, $\log(z) = \log(x)$, 其中 $z = x + \mathrm{i}y$. 此时, 沿 ∂D_1 正向在此线段上的积分为

$$\int_{[\varepsilon, R]} f(z)\log(z)\mathrm{d}z = \int_\varepsilon^R f(x)\log(x)\mathrm{d}x.$$

将线段 $[\varepsilon, R]$ 视作 D_2 的边界. 在此边界上, $\log(z) = \log(x) + 2\pi\mathrm{i}$. 此时, 沿 ∂D_2 正向在此线段上的积分为

$$\int_{[R, \varepsilon]} f(z)\log(z)\mathrm{d}z = -\int_\varepsilon^R f(x)(\log(x) + 2\pi\mathrm{i})\mathrm{d}x.$$

因此, 等式 (24.1) 左端为

$$\int_{|z|=R} f(z)\log(z)\mathrm{d}z - \int_{|z|=\varepsilon} f(z)\log(z)\mathrm{d}z - 2\pi\mathrm{i}\int_\varepsilon^R f(x)\mathrm{d}x.$$

下面估计积分

$$\left|\int_{|z|=R} f(z)\log(z)\mathrm{d}z\right| \leqslant \|f\|_{\{|z|=R\}} 2\pi R(\log R + 2\pi) = O\left(\frac{\log R}{R}\right),$$

$$\left|\int_{|z|=\varepsilon} f(z)\log(z)\mathrm{d}z\right| \leqslant \|f\|_{\{|z|=\varepsilon\}} 2\pi\varepsilon\left(\log\frac{1}{\varepsilon} + 2\pi\right) = O\left(\varepsilon\log\frac{1}{\varepsilon}\right).$$

在 (24.1) 式中, 令 $R \to +\infty, \varepsilon \to 0^+$, 得

$$\int_0^{+\infty} f(x)\mathrm{d}x = -\sum_{p\in E}\mathrm{Res}(f(z)\log(z), p).$$

命题得证. □

24.2 $\displaystyle\int_a^b (x-a)^r(b-x)^s f(x)\mathrm{d}x$ 型积分

> **命题 24.2** 给定闭区间 $[a,b]\subset\mathbb{R}$, 假设 $p_1,\cdots,p_n\in\mathbb{C}\backslash[a,b]$, f 在 $\mathbb{C}\backslash\{p_1,\cdots,p_n\}$ 上全纯. 假设实数 r,s 满足 $|r|,|s|\in(0,1)$, 且 $r+s\in\{0,\pm1\}$. 如果 $\displaystyle\lim_{z\to\infty}z^{r+s+1}f(z)=A\in\mathbb{C}$, 则
> $$\int_a^b (x-a)^r(b-x)^s f(x)\mathrm{d}x = -\frac{A\pi}{\sin(s\pi)} + \frac{\pi\mathrm{e}^{s\pi\mathrm{i}}}{\sin(s\pi)}\sum_{k=1}^n \mathrm{Res}(F,p_k),$$
> 其中, $F(z)=(z-a)^r(b-z)^s f(z)$[①].

证明 首先说明, $F(z)=(z-a)^r(b-z)^s f(z)$ 在 $\mathbb{C}\setminus[a,b]$ 上可取到全纯单值分支. 为此, 将多值函数表示为:

$$(z-a)^r(b-z)^s = |z-a|^r|b-z|^s\mathrm{e}^{\mathrm{i}(r\mathrm{Arg}(z-a)+s\mathrm{Arg}(b-z))}.$$

当 z 沿着围绕线段 $[a,b]$ 的简单闭曲线逆时针方向前进一周, $z-a$ 和 $b-z$ 的辐角都增加 2π. 因此, $(z-a)^r(b-z)^s$ 的辐角增加了 $(s+r)2\pi\in 2\pi\mathbb{Z}$, 这说明 F 取值不变, 从而可取到全纯单值支.

记 $E=\{p_1,\cdots,p_n\}$. 取 $0<\varepsilon<R$, 使 $E\subset A:=D(0,R)\backslash(\overline{D(a,\varepsilon)}\cup\overline{D(b,\varepsilon)})$. 记线段 $L=[a+\varepsilon,b-\varepsilon]$. 另添加两条与 E 不交的辅助线段 L_a,L_b, 使其一端在 $\partial D(0,R)$ 上, 另一端分别在 $\partial D(a,\varepsilon),\partial D(b,\varepsilon)$ 上. 易见, $A\backslash(L\cup L_a\cup L_b)$ 为两个单连通区域 D_1,D_2, 每个边界为分段光滑的简单闭曲线, 如图 24.2 所示.

下面选取 F 的合适单值支, 并说明 $F|_{D_1},F|_{D_2}$ 都可延拓到公共边界 $L\subset\partial D_1\cap\partial D_2$ 上 (注意: 延拓后的取值不同). 为此, 引入连续变化的辐角函数. 记 $\arg_1(z-a),\arg_1(b-z)$ 是 $\overline{D_1}$ 上连续变化的辐角函数, 满足当 $z\in L$ 时, $\arg_1(z-a)=\arg_1(b-z)=0$. 记 $\arg_2(z-a),\arg_2(b-z)$ 是 $\overline{D_2}$ 上连续变化的辐角函数, 满足当 $z\in L_b$ 时, $\arg_1(z-a)=\arg_2(z-a)$, $\arg_1(b-z)=\arg_2(b-z)$. 于是, 当 $z\in L$ 时, $\arg_2(z-a)=0$, $\arg_2(b-z)=-2\pi$.

如此指定的辐角函数决定了 F 在 D_1 的值:

$$F(z)=|z-a|^r|b-z|^s\mathrm{e}^{\mathrm{i}(r\arg_1(z-a)+s\arg_1(b-z))}, \ z\in D_1,$$

[①] 证明蕴涵: F 在 $\mathbb{C}\setminus[a,b]$ 上可取到全纯单值分支.

从而决定了 F 在 $\mathbb{C} \setminus [a,b]$ 上的单值支. 不妨假设 $(b+\varepsilon, R) \subset D_1$, 当 $x \in (b+\varepsilon, R)$ 时, $\arg_1(x-a)=0$, $\arg_1(b-x)=-\pi$. 由此可得, F 在 ∞ 附近的渐近行为

$$F(z) = \mathrm{e}^{-s\pi\mathrm{i}} z^{r+s}(1+o(1))f(z). \tag{24.2}$$

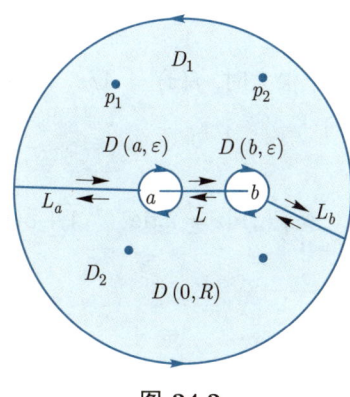

图 24.2

将线段 L 视作 D_1 的边界, $F|_{D_1}$ 在 L 上的延拓为:

$$F(z) = |z-a|^r|b-z|^s\mathrm{e}^{\mathrm{i}(r\arg_1(z-a)+s\arg_1(b-z))}f(z)$$
$$= (x-a)^r(b-x)^s f(x), \ z = x \in L.$$

将线段 L 视作 D_2 的边界, $F|_{D_2}$ 在 L 上的延拓为:

$$F(z) = |z-a|^r|b-z|^s\mathrm{e}^{\mathrm{i}(r\arg_2(z-a)+s\arg_2(b-z))}f(z)$$
$$= \mathrm{e}^{-2s\pi\mathrm{i}}(x-a)^r(b-x)^s f(x), \ z = x \in L.$$

以上延拓实际可定义到 L 的一个邻域内. 这样, $F|_{D_k}$ 可延拓成 $\overline{D_k}$ 上的全纯函数. 对延拓后的 F 在 D_k 上应用留数定理,

$$\int_{\partial D_k} F(z)\mathrm{d}z = 2\pi\mathrm{i} \sum_{p \in D_k \cap E} \mathrm{Res}(F,p), \ k=1,2.$$

以上两式两端分别相加, 得

$$\int_{\partial D_1 \cup \partial D_2} F(z)\mathrm{d}z = 2\pi\mathrm{i} \sum_{p \in E} \mathrm{Res}(F,p). \tag{24.3}$$

考虑上式左端积分. 线段 $L_a \cup L_b$ 是 D_1 和 D_2 的共同边界, 由各自边界诱导的正向相反, 因此积分抵消. 线段 L 也是 D_1 和 D_2 的共同边界, 积分贡献为

$$\int_L F|_{\overline{D}_1}(z)\mathrm{d}z + \int_{L^-} F|_{\overline{D}_2}(z)\mathrm{d}z = (1-\mathrm{e}^{-2s\pi\mathrm{i}})\int_{a+\varepsilon}^{b-\varepsilon}(x-a)^r(b-x)^s f(x)\mathrm{d}x.$$

因此, 等式 (24.3) 左端为

$$\int_{|z|=R} F(z)\mathrm{d}z - \int_{|z-a|=\varepsilon} F(z)\mathrm{d}z - \int_{|z-b|=\varepsilon} F(z)\mathrm{d}z+$$

$$(1 - \mathrm{e}^{-2s\pi\mathrm{i}}) \int_{a+\varepsilon}^{b-\varepsilon} (x-a)^r (b-x)^s f(x)\mathrm{d}x.$$

下面估计积分. 由条件知, 当 $|z|$ 很大时, $f(z) = A/z^{r+s+1}(1 + o(1))$. 结合 (24.2) 式得, $F(z) = \mathrm{e}^{-s\pi\mathrm{i}}(A/z + o(1/z))$. 于是,

$$\int_{|z|=R} F(z)\mathrm{d}z = 2\pi\mathrm{i}\mathrm{e}^{-s\pi\mathrm{i}}A + o(1).$$

另两项积分估计如下

$$\left| \int_{|z-a|=\varepsilon} F(z)\mathrm{d}z \right| \leqslant \int_{|z-a|=\varepsilon} |z-a|^r |b-z|^s |f(z)||\mathrm{d}z| = O(\varepsilon^{1+r}),$$

$$\left| \int_{|z-b|=\varepsilon} F(z)\mathrm{d}z \right| \leqslant \int_{|z-b|=\varepsilon} |z-a|^r |b-z|^s |f(z)||\mathrm{d}z| = O(\varepsilon^{1+s}).$$

在 (24.3) 式中, 令 $R \to +\infty, \varepsilon \to 0^+$, 得

$$\int_a^b (x-a)^r (b-x)^s f(x)\mathrm{d}x = -\frac{2\pi\mathrm{i}\mathrm{e}^{-s\pi\mathrm{i}}A}{1 - \mathrm{e}^{-2s\pi\mathrm{i}}} + \frac{2\pi\mathrm{i}}{1 - \mathrm{e}^{-2s\pi\mathrm{i}}} \sum_{p\in E} \mathrm{Res}(F, p).$$

上式即为命题中的等式. □

24.3　级数求和

数学史上最有名的恒等式有哪些? Euler 恒等式当属其中之一.

定理 24.1 (Euler, 1734)

$$\sum_{n=1}^{+\infty} \frac{1}{n^2} = \frac{\pi^2}{6}.$$

这是 Euler 在 1734 年证明的一个著名、经典、优美的结果. 后来, Euler 又证明了更多的等式, 这其中, 余切恒等式堪称典范:

> **定理 24.2 (Euler, 1748)**
>
> $$\pi \cot \pi x = \frac{1}{x} + \sum_{n=1}^{+\infty} \left(\frac{1}{x+n} + \frac{1}{x-n} \right), \ x \in \mathbb{R} \backslash \mathbb{Z}.$$

本节将证明这两个优美的恒等式. 值得一提的是, 这些恒等式证法众多, 不同时期发现的不同证明, 各具趣味. 我们将利用复变函数的特有手法来处理, 用到的分析工具是留数定理.

从第一个恒等式入手. 问题可归结为如下级数的求和问题

$$\sum_{n \in \mathbb{Z}} f(n).$$

为保证求和收敛, 需对 f 施加一定的衰减条件. 一个自然的条件是当 $|z|$ 很大时, $|f(z)| \leqslant A/|z|^2$. 此条件蕴涵 $\lim\limits_{z \to \infty} z f(z) = 0$. 在此衰减条件下, 若 f 在 $\mathbb{C}$ 上半纯, 则必为如下形式的有理函数:

$$f(z) = \frac{p(z)}{q(z)}, \ \deg(q) \geqslant \deg(p) + 2.$$

为得到上面的求和形式, 需要寻找一函数 g, 使之以每个整数 $n \in \mathbb{Z}$ 为孤立奇点, 且在 $z = n$ 处的留数 $\mathrm{Res}(g, n) = f(n)$. 不妨记 $g(z) = f(z)\psi(z)$. 如果 z_0 是 ψ 的一阶极点, 但不是 f 的极点, 由留数定义知,

$$\mathrm{Res}(g, z_0) = f(z_0)\mathrm{Res}(\psi, z_0).$$

因此, 问题约化为寻找合适的 ψ, 以每个整数 n 为一阶极点, 且留数 $\mathrm{Res}(\psi, n) = 1$. 注意到如下两事实: (1) $\sin(\pi z)$ 以每个整数 n 为一阶零点; (2) 若函数 h 以 a 为一阶零点, 则 h'/h 以 a 为一阶极点, 且留数为 1. 由此, 不难得到符合要求的 ψ:

$$\psi(z) = \frac{(\sin(\pi z))'}{\sin(\pi z)} = \pi \frac{\cos(\pi z)}{\sin(\pi z)} = \pi \cot(\pi z).$$

对 g 沿着围绕 $0, \pm 1, \cdots, \pm N$, 及 f 的所有极点 (f 的极点个数有限) 的分段光滑曲线 γ_N 做积分, 并利用留数定理可得

$$\int_{\gamma_N} f(z) \cdot \pi \cot(\pi z) \mathrm{d}z = 2\pi \mathrm{i} \sum_{n=-N, f(n) \neq \infty}^{N} f(n) +$$

$$2\pi \mathrm{i} \sum_{f(q) = \infty} \mathrm{Res}(f(z) \cdot \pi \cot(\pi z), q).$$

如能选取合适的曲线 γ_N 使

$$\lim_{N \to +\infty} \int_{\gamma_N} f(z) \cdot \pi \cot(\pi z) \mathrm{d}z = 0,$$

那么令 $N \to +\infty$, 就能得到恒等式[①]:

$$\sum_{n \in \mathbb{Z}, f(n) \neq \infty} f(n) = - \sum_{f(q)=\infty} \operatorname{Res}(f(z) \cdot \pi \cot(\pi z), q). \tag{24.4}$$

下面选取合适的围线 γ_N. 一个好的取法是令 γ_N 是顶点为

$$\pm \left(N + \frac{1}{2}\right) \pm \left(N + \frac{1}{2}\right) \mathrm{i}$$

的正方形边界, 如图 24.3 所示. 在此边界上, 我们估计余切函数 $\cot(\pi z)$ 的模长. 下面将证明 $\|\cot(\pi z)\|_{\gamma_N} \leqslant 2$.

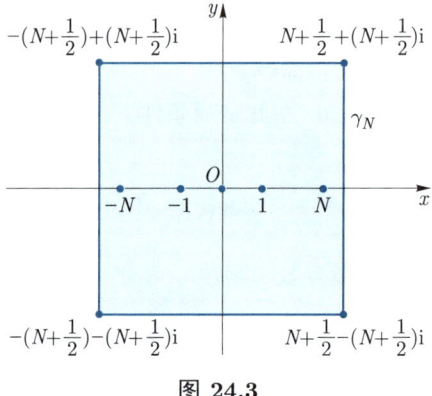

图 24.3

事实上, 当 $z = \left(N + \dfrac{1}{2}\right) + \mathrm{i}y, |y| \leqslant N + \dfrac{1}{2}$ 时,

$$\cot(\pi z) = \mathrm{i}\frac{\mathrm{e}^{2\pi \mathrm{i}z} + 1}{\mathrm{e}^{2\pi \mathrm{i}z} - 1} = \mathrm{i}\frac{\mathrm{e}^{-2\pi y} - 1}{\mathrm{e}^{-2\pi y} + 1} \Longrightarrow |\cot(\pi z)| \leqslant 1.$$

当 $z = x + \mathrm{i}\left(N + \dfrac{1}{2}\right), |x| \leqslant N + \dfrac{1}{2}$ 时,

$$\cot(\pi z) = \mathrm{i}\frac{\mathrm{e}^{2\pi \mathrm{i}x - (2N+1)\pi} + 1}{\mathrm{e}^{2\pi \mathrm{i}x - (2N+1)\pi} - 1} \Longrightarrow |\cot(\pi z)| \leqslant \frac{1 + \mathrm{e}^{-(2N+1)\pi}}{1 - \mathrm{e}^{-(2N+1)\pi}} \leqslant 2.$$

同样对于边界的另外两段, 由对称性 $\cot(-\pi z) = -\cot(\pi z)$ 可得.

最后, 利用复积分基本不等式,

---

① 此等式适用于更一般的情形: f 可不限为有理函数, q 不必是极点, 只要是孤立奇点即可. 只需假设 f 的孤立奇点集 E 是有限集, 且在 $\widehat{\mathbb{C}} \backslash E$ 上全纯, 此时

$$\sum_{n \in \mathbb{Z} \backslash E} f(n) = - \sum_{q \in E} \operatorname{Res}(f(z) \cdot \pi \cot(\pi z), q).$$

$$\left|\int_{\gamma_N} f(z) \cdot \pi \cot(\pi z) \mathrm{d}z\right| \leqslant 2\pi(8N+4)\|f\|_{\gamma_N} \leqslant 2\pi(8N+4)A/N^2.$$

上式右端当 $N \to +\infty$ 时趋于零. 由此, 完成证明最后一步.

下面通过适当选取函数 f, 来证明 Euler 恒等式.

定理 24.1 的证明: 取 $f(z) = 1/z^2$, 由等式 (24.4),

$$\sum_{n=1}^{\infty} \frac{1}{n^2} = \frac{1}{2} \sum_{n \in \mathbb{Z} \setminus \{0\}} \frac{1}{n^2} = -\frac{1}{2} \mathrm{Res}\left(\frac{\pi \cot(\pi z)}{z^2}, 0\right).$$

计算可知

$$\cot z = \frac{\cos z}{\sin z} = \frac{1 - z^2/2 + \cdots}{z - z^3/6 + \cdots} = \frac{1}{z} - \frac{z}{3} - \frac{z^3}{45} + \cdots$$

由此得

$$\frac{\pi \cot(\pi z)}{z^2} = \frac{1}{z^3} - \frac{\pi^2}{3z} + \cdots.$$

因此

$$\sum_{n=1}^{\infty} \frac{1}{n^2} = \frac{\pi^2}{6}.$$

定理 24.2 的证明: 取

$$f(z) = \frac{1}{w^2 - z^2}, w \notin \mathbb{Z},$$

将 w 取定, f 有两个单极点 $\pm w$. 利用等式 (24.4) 得,

$$\sum_{n \in \mathbb{Z}} \frac{1}{w^2 - n^2} = -\mathrm{Res}\left(\frac{\pi \cot(\pi z)}{w^2 - z^2}, w\right) - \mathrm{Res}\left(\frac{\pi \cot(\pi z)}{w^2 - z^2}, -w\right)$$

$$= \frac{\pi \cot(\pi w)}{w}.$$

上式等价于

$$\pi \cot(\pi w) = \frac{1}{w} + \sum_{n \in \mathbb{Z} \setminus \{0\}} \frac{w}{w^2 - n^2} = \frac{1}{w} + \sum_{n=1}^{\infty} \left(\frac{1}{w+n} + \frac{1}{w-n}\right).$$

这样就得到了余切恒等式.

24.4 全变差问题

本节介绍留数定理在一类全变差问题中的巧妙应用.

> **问题 24.1** 求函数 $f(x) = \sin^2 x/x^2$ 在 $\mathbb{R}$ 上的全变差.

这里, f 的全变差定义为

$$\mathrm{Var}(f) = \lim_{n \to +\infty} V_n(f), \; V_n(f) = \sup \sum_k |f(t_{k+1}) - f(t_k)|,$$

上式 sup 对 $[-n, n]$ 的所有划分 $-n = t_0 < t_1 < \cdots < t_m = n$ 取上确界.

显然, $f(0) = 1$, f 是非负偶函数, 零点集为 $\pi\mathbb{Z} \setminus \{0\}$. 当 $n \geqslant 1$ 时, f 在相邻两零点 $n\pi$ 和 $(n+1)\pi$ 之间的局部最大值在 x_n 处取到; 记 $x_0 = 0$; 当 $n \leqslant -1$ 时, 记 $x_n = -x_{-n}$. 因此, f 的全变差为

$$\mathrm{Var}(f) = 2 \sum_{n \in \mathbb{Z}} f(x_n).$$

注意到 x_n 没有显式表达, 它为 $g(x) = \sin x/x$ 导函数的零点, 即满足方程 $x_n = \tan(x_n)$. 可以验证, $\tan z - z$ 的所有零点都是实数 (见本章习题第 6 题及其提示). 因此, 全变差是关于 $\tan z - z$ 的所有零点的 f 值求和.

由 $\tan z$ 在 0 处的幂级数展式 $\tan z = z + z^3/3 + O(z^5)$ 可知, 0 是 $h(z) := \tan z - z$ 的三阶零点; 可以验证, h 的其他零点都是一阶零点. 由此, 结合留数定理, 当我们适当选取围绕 $x_0 = 0, x_{\pm 1}, \cdots, x_{\pm(N-1)}$ 的简单闭曲线 γ_N, 并考虑函数

$$f_1(z) = f(z) \frac{h'(z)}{h(z)} = \frac{\sin^2 z \tan^2 z}{z^2(\tan z - z)}$$

沿 γ_N 的积分, 就得到

$$\int_{\gamma_N} f_1(z)\mathrm{d}z = 2\pi\mathrm{i} \left(\sum_{0 < |n| < N} f(x_n) + \mathrm{Res}(f_1, 0) + \sum_q \mathrm{Res}(f_1, q) \right), \tag{24.5}$$

其中, $\displaystyle\sum_q$ 关于 $\tan z$ 在 γ_N 所围区域中的所有极点 q 求和.

围线 γ_N 的一种典型取法是以 0 为中心, 顶点在 $\pm N\pi \pm \mathrm{i}N\pi$ 的正方形边界. 参见图 24.4. 可以验证, $\tan z$ 在 γ_N 上有界, 且 $\|\tan z\|_{\gamma_N} < 2$. 但此时会出现两个问题: 一是 $\sin z$ 在 γ_N 上无界, 这导致无法有效估计 (24.5) 式左端的积分; 二是 (24.5) 式右端多出了 $\tan z$ 的很多极点, 个数会随 N 的增长而趋于无限. 为克服这些困难, 我们需将 $\sin^2 z \tan^2 z/z^2$ 换成另外的函数, 使它们在 $\tan z - z$ 的零点处取值相等. 显然, $\sin^2 z$ 是一个备选函数. 利用等式 $\sin^2 z = \tan^2 z/(1 + \tan^2 z)$, 可将 f_1 换成

$$f_2(z) = \frac{z^2}{(1 + z^2)(\tan z - z)}.$$

它在 γ_N 所围的正方形区域中的所有极点为 $0, x_{\pm 1}, \cdots, x_{\pm(N-1)}, \pm i$, 且当 N 很大时, f_2 限制在 γ_N 上满足 $f_2(z) = -1/z + O(1/z^2)$.

对 f_2 应用留数定理,

$$\int_{\gamma_N} f_2(z)\mathrm{d}z = 2\pi i \left(\sum_{0<|n|<N} f(x_n) + \sum_{q\in\{0,\pm i\}} \mathrm{Res}(f_2, q) \right). \tag{24.6}$$

计算可知,

$$\int_{\gamma_N} f_2(z)\mathrm{d}z = \int_{\gamma_N} \left(-1/z + O(1/z^2) \right)\mathrm{d}z = -2\pi i + O(1/N),$$

$$\mathrm{Res}(f_2, i) = \mathrm{Res}(f_2, -i) = -(1+e^2)/4, \ \mathrm{Res}(f_2, 0) = 3.$$

在 (24.6) 式中令 $N \to +\infty$, 得

$$-1 = \sum_{n\in\mathbb{Z}\backslash\{0\}} f(x_n) + \frac{5-e^2}{2}.$$

由此得,

$$\mathrm{Var}(f) = 2 + 2\sum_{n\in\mathbb{Z}\backslash\{0\}} f(x_n) = e^2 - 5.$$

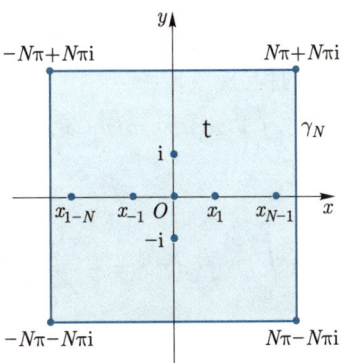

图 24.4

注　定理 24.1, 定理 24.2 和问题 24.1 可统一为求如下的形式和:

$$\sum_{q\in g^{-1}(0)\backslash f^{-1}(\infty)} f(q).$$

在定理 24.1 中, $g(z) = \sin(\pi z), f(z) = 1/z^2$; 在定理 24.2 中, $g(z) = \sin(\pi z), f(z) = 1/(w^2 - z^2)$; 在问题 24.1 中, $g(z) = \tan(z) - z, f(z) = \sin(z)^2/z^2$.

24.5　习题

1. (涉及多值函数的积分) 假设 f 在 $\overline{\mathbb{D}}$ 上全纯, 取 $\mathrm{Log}(z)$ 在 $\mathbb{C} \setminus [0, +\infty)$ 上的单值全纯分支 $\log(z)$, 满足 $\log(-1) = \mathrm{i}\pi$. 证明

$$\int_{\partial \mathbb{D} \setminus \{1\}} f(z) \log(z) \mathrm{d}z = 2\pi \mathrm{i} \int_0^1 f(x) \mathrm{d}x.$$

2. (一类典型积分) 假设 $p_1, \cdots, p_n \in \mathbb{C} \setminus [0, +\infty)$, f 在 $\mathbb{C} \setminus \{p_1, \cdots, p_n\}$ 上全纯, α 是满足 $0 < |\alpha| < 1$ 的实数. 如果当 $|z|$ 很大时, $|f(z)| = o(1/|z|^{1+\alpha})$, 则

$$\int_0^{+\infty} x^\alpha f(x) \mathrm{d}x = -\frac{\pi \mathrm{e}^{-\alpha \pi \mathrm{i}}}{\sin(\alpha \pi)} \sum_{k=1}^n \mathrm{Res}(f(z)g(z), p_k),$$

其中, g 是幂函数 z^α 在 $\mathbb{C} \setminus [0, +\infty)$ 上满足 $(-1)^\alpha = \mathrm{e}^{\alpha \pi \mathrm{i}}$ 的全纯单值分支.

3. (多值函数与留数) 假设 f 是整函数. 给定多值函数 $\mathrm{Log}[(z-b)/(z-a)]$ 在 ∞ 邻域一个单值全纯分支 g, 其中 a, b 是平面上不同的两点. 证明

$$\mathrm{Res}(fg, \infty) = \int_{[a,b]} f(z) \mathrm{d}z.$$

提示: 多值函数在 $\mathbb{C} \setminus [a, b]$ 上可取到全纯单值分支. 由 Cauchy-Goursat 积分定理将留数计算转化为沿线段 $[a, b]$ 两侧的积分.

4. (一类典型积分) 有理函数 f 以 ∞ 为 $m(m \geqslant 2)$ 阶零点, 且所有极点 $p_1, \cdots, p_n$ 都不在非负实轴 $[0, +\infty)$ 上, 证明

$$\int_0^{+\infty} f(x) \log(x) \mathrm{d}x + \pi \mathrm{i} \int_0^{+\infty} f(x) \mathrm{d}x = -\frac{1}{2} \sum_{k=1}^n \mathrm{Res}(f(z) \log^2(z), p_k),$$

其中, $\log(z)$ 是 $\mathbb{C} \setminus [0, +\infty)$ 上满足 $\log(-1) = \pi \mathrm{i}$ 的全纯单值分支.

5. (级数求和) 假设 f 是如下形式的有理函数

$$f(z) = \frac{p(z)}{q(z)}, \ \deg(q) \geqslant \deg(p) + 2.$$

本题研究级数和 $\displaystyle\sum_{n \in \mathbb{Z}} (-1)^n f(n)$.

(1) 证明 $\pi \csc(\pi z) = \pi / \sin(\pi z)$ 以整数 $n(n \in \mathbb{Z})$ 为单极点, 且

$$\mathrm{Res}\big(\pi \csc(\pi z), n\big) = (-1)^n.$$

(2) 记 γ_N 是顶点为 $\pm(N+1/2)\pm(N+1/2)\mathrm{i}$ 的正方形边界, 证明

$$\lim_{N\to+\infty}\int_{\gamma_N}f(z)\cdot\pi\csc(\pi z)\mathrm{d}z=0.$$

(3) 证明恒等式

$$\sum_{n\in\mathbb{Z},f(n)\neq\infty}(-1)^nf(n)=-\sum_{f(q)=\infty}\mathrm{Res}(f(z)\cdot\pi\csc(\pi z),q).$$

6. (正切映射的不动点) 证明: $\tan(z)=z$ 的所有解都是实数.

提示: 记 γ_N 是以 0 为中心, 顶点在 $\pm N\pi\pm\mathrm{i}N\pi$ 的正方形边界, 所围区域为 D_N, 说明 $h(z)=\tan(z)-z$ 在 D_N 中极点数为 $2N$, 实零点数为 $2N+1$, 并利用辐角原理

$$w(h(\gamma_N),0)=Z(h,D_N)-P(h,D_N).$$

第二十五章

朝 花 夕 拾

25.1 积分定理的一般形式

> **定理 25.1** 假设 Ω 是平面单连通区域, $q_1, \cdots, q_n \in \Omega$. 假设 f 在 $\Omega \setminus \{q_1, \cdots, q_n\}$ 上全纯, γ 是 $\Omega \setminus \{q_1, \cdots, q_n\}$ 中的分段光滑闭曲线, 则成立积分公式
>
> $$\int_\gamma f(z)\mathrm{d}z = 2\pi\mathrm{i}\sum_{k=1}^n w(\gamma, q_k)\mathrm{Res}(f, q_k).$$

证明 取 $r > 0$ 足够小, 使去心圆盘 $D(q_k, r) \setminus \{q_k\}$ 不含孤立奇点. 记 f 在 $D(q_k, r) \setminus \{q_k\}$ 上的 Laurent 展式主部为

$$f_k(z) = \sum_{m=1}^\infty \frac{a_{k,m}}{(z - q_k)^m}, \ z \in D(q_k, r) \setminus \{q_k\}.$$

由 Laurent 分解的性质知, f_k 为 $\mathbb{C} \setminus \{q_k\}$ 上的全纯函数. 定义

$$g(z) = f(z) - \sum_{k=1}^n f_k(z).$$

它在 $\Omega \setminus \{q_1, \cdots, q_n\}$ 上全纯, 在 q_k 处连续. 由 Riemann 可去奇点定理, g 在 Ω 上全纯. 由 Ω 单连通知, $\int_\gamma g(z)\mathrm{d}z = 0$. 因此,

$$\int_\gamma f(z)\mathrm{d}z = \sum_{k=1}^n \int_\gamma f_k(z)\mathrm{d}z = \sum_{k=1}^n \sum_{m=1}^\infty \int_\gamma \frac{a_{k,m}}{(z - q_k)^m}\mathrm{d}z.$$

上式利用了积分与求和可交换次序, 这是因为 Laurent 展式主部的级数在 γ 上一致收敛. 当 $m \geqslant 2$ 时, $(z - q_k)^{-m}$ 在 $\mathbb{C} \setminus \{q_k\}$ 上有原函数 $(z - q_k)^{1-m}/(1 - m)$, 因此 $\int_\gamma (z - q_k)^{-m}\mathrm{d}z = 0$. 于是, 利用绕数的积分表示,

$$\int_\gamma f(z)\mathrm{d}z = \sum_{k=1}^n a_{k,1} \int_\gamma \frac{\mathrm{d}z}{z - q_k} = 2\pi\mathrm{i}\sum_{k=1}^n w(\gamma, q_k)\mathrm{Res}(f, q_k).$$

由此得积分等式. □

　　注　由定理 25.1 知, 积分计算可转化为计算拓扑量 "绕数" 和分析量 "留数".

25.2　Laurent 分解的一般形式

　　给定平面区域 Ω, 记 $H(\Omega)$ 是 Ω 上的全纯函数全体, 它是一个复线性空间. 如果 Ω 是无界区域, 且包含 ∞ 的一个去心邻域, 记 $H_0(\Omega) \subset H(\Omega)$ 为 Ω 上满足 $f(\infty) = 0$ (意即: $\lim\limits_{z \to \infty} f(z) = 0$) 的全纯函数 f 全体. 显然, $H_0(\Omega)$ 是 $H(\Omega)$ 的复线性子空间.

定理 25.2　假设 Ω 是平面有界[1] 的多连通区域, 余集 $\widehat{\mathbb{C}} - \Omega$ 的所有连通分支为 $K_1, \cdots, K_n, K_\infty$, 其中 K_∞ 为包含 ∞ 的分支. 记 $D_0 = \mathbb{C} - K_\infty$[2], 则复线性空间有直和分解

$$H(\Omega) = H(D_0) \oplus H_0(\mathbb{C} - K_1) \oplus \cdots \oplus H_0(\mathbb{C} - K_n).$$

　　为证定理, 先证如下事实: 任意连通紧集的边界总可由简单闭曲线逼近. 给定简单闭曲线 $\gamma \subset \mathbb{C}$, 其内部指 $\mathbb{C} \setminus \gamma$ 的有界余集分支, 记为 $D(\gamma)$. 给定平面紧集 K 以及 $\varepsilon > 0$, 定义 K 的 ε 邻域

$$N_\varepsilon(K) = \bigcup_{z \in K} D(z, \varepsilon).$$

引理 25.1 (简单闭曲线逼近边界)　1. 假设 K 是平面连通紧集, $\mathbb{C} \setminus K$ 连通, $E \subset \mathbb{C} \setminus K$ 是非空有限集. 对任意 $\varepsilon > 0$, 存在 $\mathbb{C} \setminus K$ 中的分段光滑简单闭曲线 γ_ε, 满足

$$\gamma_\varepsilon \subset N_\varepsilon(\partial K), \quad K \subset D(\gamma_\varepsilon), \quad E \cap D(\gamma_\varepsilon) = \varnothing.$$

2. 给定平面有界单连通区域 Ω, 以及非空有限集 $E \subset \Omega$. 对任意 $\varepsilon > 0$, 存在 Ω 中的分段光滑简单闭曲线 γ_ε, 满足

$$\gamma_\varepsilon \subset N_\varepsilon(\partial \Omega), \quad E \subset D(\gamma_\varepsilon).$$

　　承认此引理, 现给出定理的证明. 引理的证明放在本节最后.

---

[1] 当 Ω 无界时, 结论也成立, 证明类似, 留给读者.
[2] 显然 D_0 为有界单连通域.

定理 25.2 的证明　(存在性) 取定基点 $q \in \Omega$. 取 $q_0 \in K_\infty$, 以及 $q_j \in K_j, 1 \leqslant j \leqslant n$. 定义有限集

$$E_j = \{q, q_0, \cdots, q_n\} \setminus \{q_j\}, \ 0 \leqslant j \leqslant n.$$

令 $\varepsilon_0 = \min\limits_{i \neq j} d(K_i, K_j)/2$, 其中, $d(K_i, K_j) = \min\limits_{a \in K_i, b \in K_j} |a - b|$. 对任意 $\varepsilon \in (0, \varepsilon_0)$, 由引理 25.1, 如图 25.1 所示, 存在分段光滑的简单闭曲线 $\gamma_{0,\varepsilon}, \cdots, \gamma_{n,\varepsilon}$, 满足 $\gamma_{0,\varepsilon} \subset N_\varepsilon(\partial D_0) \cap D_0$, $E_0 \subset D(\gamma_{0,\varepsilon})$, 且对 $1 \leqslant j \leqslant n$,

$$\gamma_{j,\varepsilon} \subset N_\varepsilon(\partial K_j) \cap (\mathbb{C} \setminus K_j), \ K_j \subset D(\gamma_{j,\varepsilon}), \ E_j \cap D(\gamma_{j,\varepsilon}) = \varnothing.$$

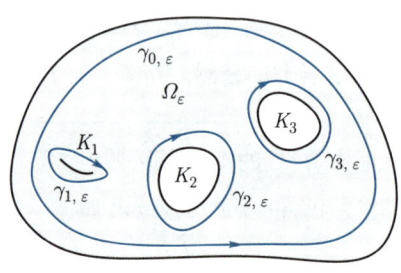

图 25.1

由曲线的上述性质以及 ε_0 的选取知, $\overline{D(\gamma_{j,\varepsilon})}, 1 \leqslant j \leqslant n$ 互不相交, 且都在 $D(\gamma_{0,\varepsilon})$ 中. 于是, $\gamma_{0,\varepsilon}, \cdots, \gamma_{n,\varepsilon}$ 围成区域 $\Omega_\varepsilon := D(\gamma_{0,\varepsilon}) \setminus \bigcup\limits_{1 \leqslant j \leqslant n} \overline{D(\gamma_{j,\varepsilon})}$, 满足 $q \in \Omega_\varepsilon \subset \Omega$. 下面证明

$$\bigcup_{0 < \varepsilon < \varepsilon_0} \Omega_\varepsilon = \Omega. \tag{25.1}$$

为此, 任取 $z \in \Omega$, 因 Ω 折线连通, 故有连接 q 和 z 的曲线 $\alpha_z \subset \Omega$. 记 $\delta_z = \min\{|a - b| \, | \, a \in \alpha_z, b \in \partial\Omega\} > 0$. 当 $0 < \varepsilon < \min\{\varepsilon_0, \delta_z\}$ 时, 有 $\alpha_z \subset V_\varepsilon := \mathbb{C} \setminus (\gamma_{0,\varepsilon} \cup \cdots \cup \gamma_{n,\varepsilon})$. 这说明 q, z 在 V_ε 的同一连通分支中. 由 $q \in \Omega_\varepsilon$ 知, $z \in \Omega_\varepsilon$. 由此得 (25.1) 式.

进一步, 当 $0 < \varepsilon < \min\{\varepsilon_0, \delta_z\}$ 时, 由 Cauchy 积分公式,

$$f(z) = \frac{1}{2\pi i} \int_{\partial\Omega_\varepsilon} \frac{f(\zeta)}{\zeta - z} \mathrm{d}\zeta = \sum_{j=0}^{n} \frac{1}{2\pi i} \int_{\gamma_{j,\varepsilon}} \frac{f(\zeta)}{\zeta - z} \mathrm{d}\zeta,$$

其中, $\gamma_{j,\varepsilon}$ 的方向都取为 $\partial\Omega_\varepsilon$ 的正向. 定义

$$f_j(z) = \frac{1}{2\pi i} \int_{\gamma_{j,\varepsilon}} \frac{f(\zeta)}{\zeta - z} \mathrm{d}\zeta, \ 0 \leqslant j \leqslant n.$$

显然, 将 z 视为 Ω_ε 中的变量时, $f_0(z)$ 在 $\mathbb{C} \setminus \gamma_{0,\varepsilon}$ 上全纯, 特别地, 在 $D(\gamma_{0,\varepsilon})$ 上全纯; 当 $1 \leqslant j \leqslant n$ 时, $f_j(z)$ 在 $\mathbb{C} \setminus \gamma_{j,\varepsilon}$ 上全纯, 特别地, 在 $\mathbb{C} \setminus \overline{D(\gamma_{j,\varepsilon})}$ 上全纯. 当 $z \in \Omega$ 取

定时, $f_j(z)$ 的值不依赖于 $\varepsilon \in (0, \min\{\varepsilon_0, \delta_z\})$ 的选取 (由 Cauchy-Goursat 积分定理可见). 由 (25.1) 式知, f_0 实可延拓为 D_0 上的全纯函数; 当 $1 \leqslant j \leqslant n$ 时, f_j 实可延拓为 $\mathbb{C} \setminus K_j$ 上的全纯函数, 满足当 $|z|$ 很大时, $f_j(z) = O(z^{-1})$. 由此得满足要求的 Laurent 分解.

(唯一性) 假设 Ω 上的全纯函数 f 有两个分解

$$f = f_0 + f_1 + \cdots + f_n = g_0 + g_1 + \cdots + g_n,$$

其中 $f_0, g_0 \in H(D_0)$, $f_j, g_j \in H_0(\mathbb{C} - K_j), 1 \leqslant j \leqslant n$. 只需证明对任意 $1 \leqslant k \leqslant n$, 有 $f_k = g_k$.

由上述分解知, 在 Ω 上成立

$$f_k - g_k = \sum_{j \neq k}(g_j - f_j).$$

定义函数

$$h_k(z) = \begin{cases} f_k(z) - g_k(z), & z \in \mathbb{C} - K_k, \\ \displaystyle\sum_{j \neq k}(g_j(z) - f_j(z)), & z \in D_0 - \bigcup_{j \neq k} K_j. \end{cases}$$

上式右端在公共定义域 Ω 上取值相等, 因此, h_k 是整函数. 由 $h_k(\infty) = 0$ 知, h_k 有界. 由 Liouville 定理, $h_k \equiv 0$. 于是 $f_k \equiv g_k$. $\qquad\square$

引理 25.1 的证明 1. 对任意 $r > 0$, 用间距不超过 $r/\sqrt{2}$ 的正方形网格线 Γ 将平面做划分, 其余集 $\mathbb{C} \setminus \Gamma$ 由可数多小正方形组成, 如图 25.2 所示. 闭包与 K 相交的小正方形全体记为 $S(K)$. 定义

$$Q = \bigcup_{R \in S(K)} \overline{R}.$$

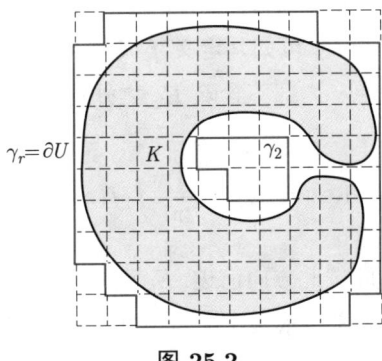

图 25.2

显然, $K \cap \partial Q = \varnothing$. 记 U 是 $\mathbb{C} \setminus Q$ 的无界连通分支, 易见

$$\partial U \subset \partial Q \cap N_r(K) \cap (\mathbb{C} \setminus K).$$

下证 ∂U 是简单闭折线. 若不然, 则 ∂U 有自交点 a, 它必为某小正方形的顶点, 且 $a \in K$. 由 $S(R)$ 的取法知, 以 a 为顶点的四个小正方形必然属于 $S(R)$, 因此 a 为 Q 的内点. 这与 $a \in \partial Q$ 矛盾. 记 $\gamma_r = \partial U$.

下面证明, 如果 $E \subset \mathbb{C} \setminus K$ 是非空有限集, $\varepsilon > 0$, 则可取到适当的 $r > 0$, 使 $\gamma_r \subset N_\varepsilon(\partial K)$, $K \subset D(\gamma_r)$, $E \cap D(\gamma_r) = \varnothing$.

取 $R > 0$ 使 $K \subset D(0, R)$ 且 $d(\partial K, \partial D(0, R)) > \varepsilon$. 取定 $a \in \partial D(0, R)$. 因区域 $\mathbb{C} \setminus K$ 折线连通, 故存在 $\mathbb{C} \setminus K$ 中连接 a 与 $b \in E$ 的曲线, 记为 α_b. 记 $F = \bigcup_{b \in E} \alpha_b$, 它是 $\mathbb{C} \setminus K$ 中包含 E 和 a 的连通紧集. 记 $r_0 = \min\{|z - w| \,|\, z \in \partial K, w \in F\}$.

下面说明, 当 $r < \min\{r_0, \varepsilon\}$ 时, $E \cap D(\gamma_r) = \varnothing$. 由 $r < r_0$ 知, $\partial Q \cap F = \varnothing$. 由 F 的连通性, F 在 $\mathbb{C} \setminus \partial Q$ 的一个连通分支中. 因 a 在 $\mathbb{C} \setminus \partial Q$ 的无界分支 U 中, 故有 $E \subset F \subset U$. 这也表明 $E \cap D(\gamma_r) = \varnothing$.

2. 取 $q \in \Omega \setminus E$. 在变换 $h(z) = 1/(z - q)$ 之下, $\mathbb{C} \setminus \Omega$ 变为包含原点的紧集 $K = h(\mathbb{C} \setminus \Omega)$, E 变为 $\mathbb{C} \setminus K$ 中的有限集 $E_0 = h(E)$. 对 (K, E_0) 应用 1 的结论可得曲线 γ_r. 通过适当选取 r, 可得满足要求的曲线 $h(\gamma_r)$. $\qquad\square$

25.3 多连通域的积分定理

为讨论多连通域的积分定理, 需将 "留数" 与 "绕数" 的概念稍做推广.

任给一条分段光滑闭曲线 $\gamma \subset \mathbb{C}$, 以及与 γ 不交的连通紧集 E, 定义 γ 关于 E 的绕数 $w(\gamma, E) := w(\gamma, p)$, 其中 $p \in E$. 如前所知, 绕数 $w(\gamma, \cdot)$ 在 $\mathbb{C} \setminus \gamma$ 上分片常值, 而 E 落在 $\mathbb{C} \setminus \gamma$ 的某个连通分支中, 故 $w(\gamma, p)$ 不依赖于 $p \in E$ 的选取.

假设 Ω 是有限连通的平面区域, $E_1, \cdots, E_n$ 为 $\mathbb{C} \setminus \Omega$ 的有界连通分支, 它们都是单连通紧集[①]. 假设 f 在 Ω 上全纯, 可如是定义 f 关于 E_k 的留数: 取 Ω 中一条围绕 E_k 的分段光滑简单闭曲线 γ, 使 γ 内部不含除 E_k 之外的其他边界分支 (γ 的存在性由引理 25.1 保证). 定义

$$\mathrm{Res}(f, E_k) = \frac{1}{2\pi \mathrm{i}} \int_\gamma f(z)\mathrm{d}z,$$

取 γ 的方向为逆时针方向, 即按此方向前进, E_k 落在 γ 的左侧, 如图 25.3 所示.

需要说明的是, 留数的定义不依赖于曲线 γ 的选取. 假设 α 是另一条定义留数的曲线. 此时, 取

$$0 < \rho < \min\left\{\min_{a \in \gamma, b \in E_k} |a - b|, \min_{c \in \alpha, b \in E_k} |c - b|\right\}.$$

---

① 平面紧集 E 称为单连通, 是指余集 $\mathbb{C} \setminus E$ 连通.

由引理 25.1, 可取另一条定义留数的简单闭曲线 β, 使之落在 ∂E_k 的 ρ 邻域中. 由 ρ 的选取知, β 与 γ, α 都不相交. 对 γ 与 β, α 与 β 分别围成的环域应用 Cauchy-Goursat 积分定理, 得

$$\int_\gamma f(z)\mathrm{d}z = \int_\beta f(z)\mathrm{d}z = \int_\alpha f(z)\mathrm{d}z.$$

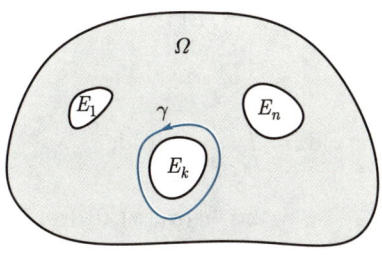

图 25.3

由此知, $\mathrm{Res}(f, E_k)$ 良定义. 如果 E_k 退化为单点集 $\{p_k\}$, 此时 $\mathrm{Res}(f, E_k)$ 即为通常意义下的留数 $\mathrm{Res}(f, p_k)$.

定理 25.3 假设 Ω 是有限连通的平面区域, $E_1, \cdots, E_n$ 为 $\mathbb{C} \setminus \Omega$ 的有界连通分支. 假设 f 在 Ω 上全纯, γ 是 Ω 中的分段光滑闭曲线, 则成立积分公式

$$\int_\gamma f(z)\mathrm{d}z = 2\pi\mathrm{i} \sum_{k=1}^n w(\gamma, E_k)\mathrm{Res}(f, E_k).$$

证明 显然 γ 包含在 Ω 的一个有界子区域中, 故不妨假设 Ω 有界. 由定理 25.2 知, f 可做 Laurent 分解:

$$f = g + \sum_{k=1}^n f_k,$$

其中, f_k 在 $\mathbb{C} \setminus E_k$ 上全纯, 满足 $f_k(\infty) = 0$; g 在 $D := \Omega \cup (E_1 \cup \cdots \cup E_n)$ 上全纯. 易见, D 是包含 Ω 的单连通区域.

利用 Cauchy-Goursat 积分定理知,

$$\mathrm{Res}(f, E_k) = \mathrm{Res}(f_k, E_k) = -\mathrm{Res}(f_k, \infty).$$

给定曲线 $\gamma \subset \Omega$, 有

$$\int_\gamma f(z)\mathrm{d}z = \sum_{k=1}^n \int_\gamma f_k(z)\mathrm{d}z + \int_\gamma g(z)\mathrm{d}z = \sum_{k=1}^n \int_\gamma f_k(z)\mathrm{d}z.$$

对 f_k 而言, 取 $q_k \in E_k$, 做坐标变换 $\zeta = \sigma_k(z) = 1/(z - q_k)$, 令 $F_k(\zeta) = f_k(\sigma_k^{-1}(\zeta))$ $(\sigma_k^{-1})'(\zeta)$. 显然, f_k 的孤立奇点 ∞ 变为 F_k 的孤立奇点 0, 留数满足 $\mathrm{Res}(f_k, \infty) = \mathrm{Res}(F_k, 0)$. 注意到 $0 \notin \sigma_k(\gamma)$, 利用绕数之定义可知,

$$w(\gamma, q_k) + w(\sigma_k(\gamma), 0) = w(\gamma - q_k, 0) + w(\sigma_k(\gamma), 0) = 0.$$

由此得, $w(\sigma_k(\gamma), 0) = -w(\gamma, q_k) = -w(\gamma, E_k)$.

由积分定理 25.1 可知,

$$
\begin{aligned}
\int_\gamma f_k(z)\mathrm{d}z &= \int_{\sigma_k(\gamma)} F_k(\zeta)\mathrm{d}\zeta \\
&= 2\pi\mathrm{i} \cdot w(\sigma_k(\gamma), 0)\mathrm{Res}(F_k, 0) \\
&= -2\pi\mathrm{i} \cdot w(\gamma, E_k)\mathrm{Res}(f_k, \infty) \\
&= 2\pi\mathrm{i} \cdot w(\gamma, E_k)\mathrm{Res}(f_k, E_k) \\
&= 2\pi\mathrm{i} \cdot w(\gamma, E_k)\mathrm{Res}(f, E_k).
\end{aligned}
$$

最后, 综上可得

$$\int_\gamma f(z)\mathrm{d}z = 2\pi\mathrm{i}\sum_{k=1}^n w(\gamma, E_k)\mathrm{Res}(f, E_k).$$

注 定理 25.3 给出了一般情形下复积分的计算公式. 定理 25.1 实为定理 25.3 之特例, 在定理 25.3 中取 $E_k = \{q_k\}$ 可以看出这一点.

25.4 原函数的存在性

本节利用多连通区域的积分定理 (定理 25.3), 给出全纯函数存在原函数的充要条件, 回答前文 "复积分" 一章遗留的问题.

> **定理 25.4** 假设 Ω 是有限连通的平面区域, $E_1, \cdots, E_n$ 为 $\mathbb{C} \setminus \Omega$ 的有界连通分支. 给定 Ω 上的全纯函数 f, 则 f 存在原函数的充要条件是
>
> $$\mathrm{Res}(f, E_k) = 0, \ \forall 1 \leqslant k \leqslant n.$$

证明　必要性是 Newton-Leibniz 公式的直接推论.

下证充分性. 由原函数存在性的等价命题 (命题 6.1) 可知, 只需证明对 Ω 中任意分段光滑闭曲线 γ, 成立 $\displaystyle\int_{\gamma} f(z)\mathrm{d}z = 0$. 由假设条件 $\mathrm{Res}(f, E_k) = 0$ 以及定理 25.3 可知

$$\int_{\gamma} f(z)\mathrm{d}z = 2\pi\mathrm{i}\sum_{k=1}^{n} w(\gamma, E_k)\mathrm{Res}(f, E_k) = 0.$$

由此得充分性.　□

定理 25.4 将原函数存在性的判别约化为与边界有关的分析条件, 其方便性由下例可见.

例题 25.1　讨论环域 $A = \{1 < |z| < 2\}$ 上的全纯函数

$$f(z) = \frac{1}{z} - \frac{a}{z - b}$$

原函数的存在性, 其中 $a \in \mathbb{C}$, $b \notin A$.

解　取 A 中围绕内边界的圆周 $\gamma = \{|z| = r_0\}$, $r_0 \in (1, 2)$. 由定理 25.4 知, f 存在原函数的充要条件是 $\displaystyle\int_{\gamma} f(z)\mathrm{d}z = 0$. 另一方面, 利用 Cauchy-Goursat 积分定理与 Cauchy 积分公式,

$$\int_{\gamma} f(z)\mathrm{d}z = \begin{cases} 2\pi\mathrm{i}, & |b| \geqslant 2, \\ 2\pi\mathrm{i}(1 - a), & |b| \leqslant 1. \end{cases}$$

由此可见, 当 $|b| \geqslant 2$ 时, f 不存在原函数; 当 $|b| \leqslant 1$ 时, f 存在原函数的充要条件是 $a = 1$.　□

25.5　积分公式的一般形式

定理 25.5　假设 Ω 是平面单连通区域, $q_1, \cdots, q_n \in \Omega$. 假设 f 在 $\Omega \setminus \{q_1, \cdots, q_n\}$ 上全纯, 在 q_k 处 Laurent 展式主部为 f_k, $\gamma \subset \Omega \setminus \{q_1, \cdots, q_n\}$ 是分段光滑闭曲线, 则有积分公式

$$\frac{1}{2\pi\mathrm{i}}\int_{\gamma} \frac{f(\zeta)}{\zeta - z}\mathrm{d}\zeta = w(\gamma, z)f(z) - \sum_{k=1}^{n} w(\gamma, q_k)f_k(z),$$

其中, $z \in \Omega \setminus (\{q_1, \cdots, q_n\} \cup \gamma)$.

证明   取定 $z \in \Omega \setminus (\{q_1, \cdots, q_n\} \cup \gamma)$, 定义函数 $g(\zeta) = f(\zeta)/(\zeta - z)$, 它在 $\Omega \setminus \{q_1, \cdots, q_n, z\}$ 上全纯. 由定理 25.1 可知,

$$\int_{\gamma} g(\zeta)\mathrm{d}\zeta = 2\pi\mathrm{i}\left(w(\gamma, z)\mathrm{Res}(g, z) + \sum_{k=1}^{n} w(\gamma, q_k)\mathrm{Res}(g, q_k) \right).$$

显然, z 是 g 的一阶极点, 留数可按下式计算

$$\mathrm{Res}(g, z) = \lim_{\zeta \to z}(\zeta - z)g(\zeta) = f(z).$$

留数 $\mathrm{Res}(g, q_k)$ 的计算需要一点技巧. 假设 f 在 q_k 处 Laurent 展式主部 f_k 的表达式为

$$f_k(\zeta) = \sum_{m=1}^{\infty} \frac{a_{k,m}}{(\zeta - q_k)^m}, \ \zeta \in \mathbb{C} \setminus \{q_k\}.$$

取 $r \in (0, |z - q_k|)$ 很小, 由留数定义

$$
\begin{aligned}
\mathrm{Res}(g, q_k) &= \frac{1}{2\pi\mathrm{i}} \int_{|\zeta - q_k| = r} \frac{f(\zeta) - f_k(\zeta) + f_k(\zeta)}{\zeta - z}\mathrm{d}\zeta \\
&\overset{(1)}{=} \frac{1}{2\pi\mathrm{i}} \int_{|\zeta - q_k| = r} \frac{f_k(\zeta)}{\zeta - z}\mathrm{d}\zeta \\
&\overset{(2)}{=} \frac{1}{2\pi\mathrm{i}} \sum_{m=1}^{\infty} a_{k,m} \int_{|\zeta - q_k| = r} \frac{1}{(\zeta - z)(\zeta - q_k)^m}\mathrm{d}\zeta \\
&\overset{(3)}{=} \sum_{m=1}^{\infty} a_{k,m} \frac{1}{(m-1)!} \frac{\mathrm{d}^{m-1}}{\mathrm{d}\zeta^{m-1}}\left(\frac{1}{\zeta - z} \right)\bigg|_{\zeta = q_k} \\
&= \sum_{m=1}^{\infty} a_{k,m} \frac{(-1)^{m-1}}{(\zeta - z)^m}\bigg|_{\zeta = q_k} \\
&= -\sum_{m=1}^{\infty} \frac{a_{k,m}}{(z - q_k)^m} \\
&= -f_k(z).
\end{aligned}
$$

以上等式中, $\overset{(1)}{=}$ 成立是因为对 $\overline{D(q_k, r)}$ 上的全纯函数 $(f(\zeta) - f_k(\zeta))/(\zeta - z)$ 利用了 Cauchy-Goursat 积分定理; $\overset{(2)}{=}$ 利用了级数在圆周上的一致收敛性, 因此积分与求和可交换次序; $\overset{(3)}{=}$ 利用了高阶导数的 Cauchy 积分公式.

由此得定理中的积分公式. $\square$

注 1   以上证明中, 留数 $\mathrm{Res}(g, q_k)$ 的计算另有一妙法: 利用 $\overset{(1)}{=}$ 可知, $\mathrm{Res}(g, q_k) = \mathrm{Res}(g_k, q_k)$, 其中 $g_k(\zeta) = f_k(\zeta)/(\zeta - z)$. 显然, g_k 有三个孤立奇点 q_k, z, ∞, 利用留数定义以及 Cauchy-Goursat 积分定理得

$$\operatorname{Res}(g_k, q_k) + \operatorname{Res}(g_k, z) + \operatorname{Res}(g_k, \infty) = 0.$$

利用 $\lim\limits_{\xi \to \infty} \xi g_k(\xi) = 0$ 得, $\operatorname{Res}(g_k, \infty) = 0$. 由此可知,

$$\operatorname{Res}(g_k, q_k) = -\operatorname{Res}(g_k, z) = -f_k(z).$$

注 2　如果 f 在 Ω 上全纯, 则在 q_k 处 Laurent 展式主部为 0, 此时积分公式为

$$\frac{1}{2\pi\mathrm{i}} \int_\gamma \frac{f(\zeta)}{\zeta - z}\mathrm{d}\zeta = w(\gamma, z)f(z), \ z \in \Omega \setminus \gamma.$$

以上等式另有一直接证明: 利用绕数的积分表示, 上式等价于

$$\int_\gamma \frac{f(\zeta) - f(z)}{\zeta - z}\mathrm{d}\zeta = 0.$$

此式中的被积函数记为 $F(\zeta)$, 它在 $\Omega \setminus \{z\}$ 上全纯, 在 Ω 上连续. 由 Riemann 可去奇点定理, F 在 Ω 上全纯. 由 Ω 的单连通性知,

$$\int_\gamma F(\zeta)\mathrm{d}\zeta = 0.$$

25.6　习题

"我在那一小时之内看到了一切伟大艺术的永恒秘密, 即看到了世间任何一种艺术创作的全部诀窍: 全神贯注, 不仅思想高度集中, 而且要集中全身精力; 每一个艺术家都得把自己置之度外, 忘却周围整个世界. 我学到了这点对我毕生有用的教益."

——斯蒂芬 · 茨威格《昨日的世界》

1. (原函数的存在性) 假设 Ω 是平面单连通区域, $q_1, \cdots, q_n \in \Omega$. 假设 f 在 $\Omega \setminus \{q_1, \cdots, q_n\}$ 上全纯, 证明

$$f - \sum_{k=1}^n \frac{\operatorname{Res}(f, q_k)}{z - q_k}$$

在 $\Omega \setminus \{q_1, \cdots, q_n\}$ 上存在原函数.

2. (原函数的存在性) 现考虑上题的一种推广. 假设 Ω 是有限连通的平面区域, f 在 Ω 上全纯. 证明: 存在有理函数 Q, 它在 Ω 上全纯, 且使 $f - Q$ 在 Ω 上存在原函数.

3. (一般形式的辐角原理) 假设 Ω 是平面单连通区域, f 在 Ω 中半纯, 零点为

$z_1, \cdots, z_n$, 阶分别为 $l_1, \cdots, l_n$; 极点为 $p_1, \cdots, p_m$, 阶分别为 $n_1, \cdots, n_m$. 给定分段光滑闭曲线 $\gamma \subset \Omega$.

(1) 如果 γ 不经过 f 的零点和极点, 证明

$$\frac{1}{2\pi i} \int_\gamma \frac{f'(z)}{f(z)} dz = \sum_{s=1}^n l_s w(\gamma, z_s) - \sum_{k=1}^m n_k w(\gamma, p_k).$$

(2) 如果 γ 不经过 f 的极点, 证明: 对任意 $\zeta \notin f(\gamma)$, 成立

$$w(f(\gamma), \zeta) = \sum_{q \in f^{-1}(\zeta)} w(\gamma, q) \deg(f, q) - \sum_{k=1}^m n_k w(\gamma, p_k),$$

其中, $\deg(f, q)$ 是 $f(z) - \zeta$ 在 $z = q$ 处零点的重数, 称为 f 在 q 处的局部映射度 (即 $f(q)$ 在 q 处计重数意义的逆像个数).

4. (*原函数的存在性的应用*) 假设 Ω 是平面有界区域, 边界为分段光滑的简单闭曲线 $\gamma_1, \cdots, \gamma_n$. 假设 f 在 $\overline{\Omega}$ 上全纯, 非常值, 且 $0 \notin f(\partial\Omega)$. 证明: 存在 Ω 上的全纯函数 h, 使 f 在 Ω 上可表示为 $f = e^h$ (等价于 $\mathrm{Log} f$ 可取到全纯单值分支) 的充要条件是

$$w(f(\gamma_k), 0) = 0, \ \forall 1 \leqslant k \leqslant n.$$

5. (*环域上的全纯映射*) 记 $A_\rho = \{1 < |z| < \rho\}$ 是环域, 假设 $f : A_\rho \to \mathbb{C} \setminus \{0\}$ 全纯. 记圆周 $\gamma = \{|z| = r_0\}$ 其中 $r_0 \in (1, \rho)$.

(1) 证明: 平均值函数

$$\psi(r) = \frac{1}{2\pi} \int_0^{2\pi} f(re^{i\theta}) d\theta, \ r \in (1, \rho)$$

是常值函数.

(2) 如果 $w(f(\gamma), 0) = 0$, 证明: 存在全纯函数 $h : A_\rho \to \mathbb{C}$, 使 $f = e^h$. 提示: 利用原函数的存在性判别.

(3) 如果 $w(f(\gamma), 0) = m \in \mathbb{Z}$, 证明: 存在全纯函数 $h : A_\rho \to \mathbb{C}$, 使 $f = z^m e^h$.

(4) 如果 $f(A_\rho) \subset A_R$, 证明不等式

$$|w(f(\gamma), 0)| \leqslant \frac{\log(R)}{\log(\rho)}.$$

6. (*微分方程解的存在性*) 假设 Ω 是有限连通的平面区域, $E_1, \cdots, E_n$ 为 $\mathbb{C} \setminus \Omega$ 的有界连通分支. 给定 Ω 上的非常值全纯函数 f, 则存在 Ω 上不恒为零的全纯函数 g 满足如下方程

$$g'(z) = f(z)g(z), \ z \in \Omega$$

的充要条件是

$$\mathrm{Res}(f, E_k) \in \mathbb{Z},\ 1 \leqslant k \leqslant n.$$

7. (全纯函数的表示) 假设 Ω 是有限连通的平面区域, $E_1, \cdots, E_n$ 为 $\mathbb{C} \setminus \Omega$ 的有界连通分支. 给定 Ω 上的非常值全纯函数 f, 取定 $q_k \in E_k, 1 \leqslant k \leqslant n$. 证明: 存在整数 $m_1, \cdots, m_n$, 以及 Ω 上的全纯函数 g, 满足

$$f(z) = \mathrm{e}^{g(z)} \prod_{k=1}^{n} (z - q_k)^{m_k},\ z \in \Omega.$$

8. (无界区域的积分公式) 假设 $\Omega \subset \widehat{\mathbb{C}}$ 是包含 ∞ 的单连通域, $K = \widehat{\mathbb{C}} \setminus \Omega$, f 在 Ω 上全纯, $\gamma \subset \Omega \setminus \{\infty\}$ 是一条分段光滑闭曲线. 证明积分公式

$$\frac{1}{2\pi\mathrm{i}} \int_\gamma \frac{f(\zeta)}{\zeta - z} \mathrm{d}\zeta = \begin{cases} w(\gamma, K) f(\infty), & z \in K, \\ (w(\gamma, z) - w(\gamma, K)) f(z) + w(\gamma, K) f(\infty), & z \in \Omega \setminus (\gamma \cup \{\infty\}). \end{cases}$$

9. (积分公式的一般形式) 本题对定理 25.5 稍做推广. 假设 Ω 是有限连通的平面区域, $E_1, \cdots, E_n$ 为 $\mathbb{C} \setminus \Omega$ 的有界连通分支. 假设 f 在 Ω 上全纯, 由定理 25.2 给出的 f 的 Laurent 分解为:

$$f = g + \sum_{k=1}^{n} f_k,$$

其中, f_k 在 $\mathbb{C} \setminus E_k$ 上全纯, 满足 $f_k(\infty) = 0$; g 在 $\Omega \cup (E_1 \cup \cdots \cup E_n)$ 上全纯. 假设 γ 是 Ω 中的分段光滑闭曲线, 证明积分公式

$$\frac{1}{2\pi\mathrm{i}} \int_\gamma \frac{f(\zeta)}{\zeta - z} \mathrm{d}\zeta = w(\gamma, z) f(z) - \sum_{k=1}^{n} w(\gamma, E_k) f_k(z),$$

其中 $z \in \Omega \setminus \gamma$.

第二十六章

调和函数 (一)

26.1 调和函数

给定平面区域 Ω, 记 $C^2(\Omega)$ 是 Ω 上 2 阶连续可微的复值函数全体. 给定 $u \in C^2(\Omega)$, 如果

$$\Delta u := \left(\frac{\partial^2}{\partial x^2} + \frac{\partial^2}{\partial y^2} \right) u = 0,$$

则称 u 在 Ω 上调和. 如果 u 取实值, 称 u 为调和函数; 如果 u 取复值, 称 u 为调和映射. 这里, Δ 是 Laplace 算子, 其复形式为

$$\Delta = 4 \frac{\partial^2}{\partial z \partial \bar{z}}.$$

由定义知,

$$u \text{ 调和} \iff \frac{\partial}{\partial \bar{z}} \left(\frac{\partial u}{\partial z} \right) = 0 \iff \frac{\partial u}{\partial z} \text{ 全纯}.$$

调和函数最自然的例子来源于全纯函数. 如果 $f = u + \mathrm{i}v : \Omega \to \mathbb{C}$ 全纯, 则 u, v 满足 Cauchy-Riemann 方程:

$$\frac{\partial u}{\partial x} = \frac{\partial v}{\partial y}, \ \frac{\partial u}{\partial y} = -\frac{\partial v}{\partial x}.$$

由全纯函数的无穷次可微性知, u, v 亦然. 由此,

$$\Delta u = \frac{\partial^2 u}{\partial x^2} + \frac{\partial^2 u}{\partial y^2} = \frac{\partial}{\partial x} \left(\frac{\partial v}{\partial y} \right) - \frac{\partial}{\partial y} \left(\frac{\partial v}{\partial x} \right) = 0.$$

这说明 u 调和. 同理可知, v 调和. 此时, 称 v 是 u 的共轭调和函数. 由 $-\mathrm{i}f = v - \mathrm{i}u$ 知, $-u$ 是 v 的共轭调和函数. 共轭调和函数不唯一, 任意两个差一常数.

一个自然的问题是: 给定 Ω 上的调和函数 u, 它是否有共轭调和函数? 此问题等价于: u 是否可表示为 Ω 上某全纯函数的实部? 以下命题表明: u 在局部上 (即: 限制在一个小圆盘区域上) 总是某个全纯函数的实部, 但在整体上, 此问题等价于全纯函数原函数的存在性.

> **命题 26.1**　给定平面区域 Ω 上的调和函数 u, 以下等价:
>
> 1. u 可以表示为 Ω 上某个全纯函数的实部;
> 2. $\dfrac{\partial u}{\partial z}$ 在 Ω 上存在原函数.
>
> 　　如果 Ω 是有限连通的平面区域, $E_1, \cdots, E_n$ 为 $\mathbb{C} \setminus \Omega$ 的有界连通分支, 则以上两条件也等价于
> $$\operatorname{Res}\left(\frac{\partial u}{\partial z}, E_k\right) = 0, \ \forall 1 \leqslant k \leqslant n.$$
>
> 特别地, 单连通域上的调和函数总是某全纯函数的实部.

证明　$1 \Longrightarrow 2$. 如果 u 是全纯函数 $f = u + iv$ 的实部, 则

$$\frac{\partial f}{\partial \bar{z}} = \frac{\partial u}{\partial \bar{z}} + i\frac{\partial v}{\partial \bar{z}} = 0 \iff \overline{\left(\frac{\partial u}{\partial \bar{z}}\right)} = i\overline{\left(\frac{\partial v}{\partial \bar{z}}\right)} \iff \frac{\partial u}{\partial z} = i\frac{\partial v}{\partial z}.$$

由此得

$$f'(z) = \frac{\partial f}{\partial z} = \frac{\partial u}{\partial z} + i\frac{\partial v}{\partial z} = 2\frac{\partial u}{\partial z}.$$

这说明 f 是 $2\dfrac{\partial u}{\partial z}$ 的原函数.

$2 \Longrightarrow 1$. 若 $2\dfrac{\partial u}{\partial z}$ 在 Ω 上有原函数 $g = g_1 + ig_2$, 其中, g_1, g_2 分别为 g 的实部和虚部. 由以上讨论知, $g'(z) = 2\dfrac{\partial g_1}{\partial z} = 2\dfrac{\partial u}{\partial z}$. 于是

$$\frac{\partial g_1}{\partial z} = \frac{\partial u}{\partial z} \iff \frac{\partial g_1}{\partial x} - \frac{\partial u}{\partial x} = 0, \frac{\partial g_1}{\partial y} - \frac{\partial u}{\partial y} = 0.$$

这说明 $u = g_1 + C$, C 是一个实常数. 因此, u 是 $g + C$ 的实部.

　　当 Ω 是有限连通的平面区域时, 由定理 25.4 知, $2 \Longleftrightarrow 3$. 特别地, 若 Ω 单连通, 由定理 15.2 知, 2 总成立, 因此 1 成立. $\qquad\square$

> **例题 26.1**　考虑区域 $\Omega_1 = \mathbb{C} \setminus \{0\}$, $\Omega_2 = \mathbb{C} \setminus [0, +\infty)$, 容易验证, $u(z) = \log|z|$ 在两个区域上调和. 证明:
>
> 1. u 在 Ω_1 上不是某个全纯函数的实部.
> 2. u 在 Ω_2 上是某个全纯函数的实部.

证明　考虑函数

$$g(z) = \frac{\partial u}{\partial z} = \frac{1}{2z}.$$

1. 在单位圆周 $\partial\mathbb{D} \subset \Omega_1$ 上,

$$\int_{|z|=1} g(z)\mathrm{d}z = \pi i \neq 0.$$

因此, g 在 Ω_1 上不存在原函数. 由命题 26.1 知, u 在 Ω_1 上不是某个全纯函数的实部.

2. 注意到 Ω_2 是不含原点的单连通区域, $\mathrm{Log}(z)$ 存在全纯单值分支, 记其一为 $\log(z) = \log|z| + \mathrm{i}\arg(z)$, 这里, $\arg(z)$ 是 Ω_2 上的一个连续辐角函数. 这说明 u 是全纯函数 $\log(z)$ 的实部, 它的一个共轭调和函数是 $\arg(z)$. □

26.2 极值原理

命题 26.2 假设 u 是区域 Ω 上的调和函数, $\overline{D(z_0, r)} \subset \Omega$, 则 u 满足平均值公式

$$u(z_0) = \frac{1}{2\pi} \int_0^{2\pi} u(z_0 + re^{\mathrm{i}\theta})\mathrm{d}\theta.$$

证明 在包含 $\overline{D(z_0, r)}$ 的圆盘 $D \subset \Omega$ 上, 由命题 26.1, u 可表示为某全纯函数 f 的实部. 由命题 8.1 知, f 满足平均值性质

$$f(z_0) = \frac{1}{2\pi} \int_0^{2\pi} f(z_0 + re^{\mathrm{i}\theta})\mathrm{d}\theta.$$

上式两边取实部, 得

$$u(z_0) = \frac{1}{2\pi} \int_0^{2\pi} u(z_0 + re^{\mathrm{i}\theta})\mathrm{d}\theta.$$

定理 26.1 (极值原理) 非常值调和函数不可能在区域内部取到最大值或最小值.

证明 假设 u 在 Ω 上调和. 若有 $a \in \Omega$ 使 $u(a) = \sup\limits_{w \in \Omega} u(w)$, 下证 u 为常值函数. 为此, 定义集合 $E = \{z \in \Omega \mid u(z) = u(a)\}$. 由 $a \in E$ 知, $E \neq \varnothing$. 利用 u 的连续性, E 是 Ω 的闭子集. 下证 E 是 Ω 的开子集.

任取 $z_0 \in E$, 存在 $r > 0$, 使 $D(z_0, r) \subset \Omega$. 对任意 $\rho \in (0, r)$, 利用平均值公式知,

$$\int_0^{2\pi} \left(u(z_0) - u(z_0 + \rho e^{\mathrm{i}\theta})\right)\mathrm{d}\theta = 0.$$

由 $z_0 \in E$ 知, 对任意 θ, 成立 $u(z_0 + \rho e^{\mathrm{i}\theta}) \leqslant u(z_0)$. 由 u 的连续性知, 上式成立必然有: 对任意 $\rho \in (0, r)$, $\theta \in [0, 2\pi)$, 成立 $u(z_0 + \rho e^{\mathrm{i}\theta}) = u(z_0)$. 这等价于 $D(z_0, r) \subset E$. 因此 E 是开集.

由此知, E 在 Ω 中既开又闭. 由 Ω 的连通性, $E = \Omega$, 即 $u \equiv u(a)$.

同理可证, u 不可能在 Ω 内部取到最小值, 除非常值. □

26.3 唯一性定理

> **命题 26.3** 假设 u 是圆盘 $D(a, \rho)$ 上的有界调和函数, 在边界上除了有限个点 $\zeta_1, \cdots,$ ζ_m 外, 极限
> $$\lim_{z \to \zeta} u(z) = 0$$
> 处处成立, 则必然有 $u \equiv 0$.

证明 给定 $\varepsilon > 0$, 构造函数

$$v(z) = \varepsilon \sum_{k=1}^{m} \log \frac{2\rho}{|z - \zeta_k|} = \varepsilon \sum_{k=1}^{m} (\log 2\rho - \log |z - \zeta_k|).$$

显然, $\log |z - \zeta_k|$ 调和 (因为它是 $\mathrm{Log}(z - \zeta_k)$ 的一个全纯单值分支 $\log(z - \zeta_k)$ 的实部). 因此 v 在 $D(a, \rho)$ 上调和. 它满足

$$\begin{cases} \lim_{z \to \zeta} v(z) \geqslant 0, & \forall \zeta \in \partial D(a, \rho) \setminus \{\zeta_1, \cdots, \zeta_m\}, \\ \lim_{z \to \zeta_k} v(z) = +\infty, & 1 \leqslant k \leqslant m. \end{cases}$$

对 $\delta > 0$, 定义

$$D_\delta = D(a, \rho) \setminus \bigcup_{k=1}^{m} \overline{D(\zeta_k, \delta)}.$$

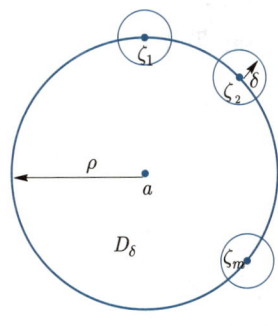

图 26.1

利用 u 的有界性, 可取 $\delta(\varepsilon) > 0$, 使对任意 $\delta \in (0, \delta(\varepsilon))$,

$$v(z) - u(z) \geqslant 0, \ \forall z \in D(a, \rho) \cap \partial D(\zeta_k, \delta).$$

这样, 对任意 $\zeta \in \partial D_\delta$, 有 $\lim\limits_{z \to \zeta}(v(z) - u(z)) \geqslant 0$. 由极值原理, 在 D_δ 上, $v \geqslant u$. 令 $\delta \to 0^+$ 可知, 在 $D(a, \rho)$ 上 $v \geqslant u$.

对 $-u$ 类似讨论可知, 在 $D(a, \rho)$ 上 $u \geqslant -v$. 因此

$$-v(z) \leqslant u(z) \leqslant v(z), \ \forall z \in D(a, \rho).$$

注意到, 当 $\varepsilon \to 0^+$ 时, $v \to 0$. 令 $\varepsilon \to 0^+$, 可得 $u \equiv 0$. $\qquad\square$

26.4 积分公式

> **定理 26.2** 假设 f 在 $\overline{\mathbb{D}}$ 上全纯, 实部为 u, 则成立
>
> 1. Poisson 积分公式
>
> $$f(z) = \frac{1}{2\pi} \int_0^{2\pi} f(\mathrm{e}^{\mathrm{i}\theta}) \frac{1 - |z|^2}{|\mathrm{e}^{\mathrm{i}\theta} - z|^2} \mathrm{d}\theta, \ z \in \mathbb{D}.$$
>
> 2. Schwarz 积分公式
>
> $$f(z) = \frac{1}{\pi\mathrm{i}} \int_{|\zeta|=1} \frac{u(\zeta)}{\zeta - z} \mathrm{d}\zeta - \overline{f(0)}, \ z \in \mathbb{D}.$$

证明 由 Cauchy 积分公式知, 当 $z \in \mathbb{D}$ 时,

$$f(z) = \frac{1}{2\pi\mathrm{i}} \int_{|\zeta|=1} \frac{f(\zeta)}{\zeta - z} \mathrm{d}\zeta = \frac{1}{2\pi} \int_0^{2\pi} \frac{f(\mathrm{e}^{\mathrm{i}\theta})\mathrm{e}^{\mathrm{i}\theta}}{\mathrm{e}^{\mathrm{i}\theta} - z} \mathrm{d}\theta. \tag{26.1}$$

如果 $z \in \mathbb{D} \setminus \{0\}$ 时, 则其关于圆周的对称点 $1/\bar{z} \notin \overline{\mathbb{D}}$. 对 $\overline{\mathbb{D}}$ 上的全纯函数 $g(\zeta) = f(\zeta)/(\zeta - 1/\bar{z})$ 应用 Cauchy-Goursat 积分定理,

$$0 = \frac{1}{2\pi\mathrm{i}} \int_{|\zeta|=1} \frac{f(\zeta)}{\zeta - 1/\bar{z}} \mathrm{d}\zeta = \frac{1}{2\pi} \int_0^{2\pi} \frac{f(\mathrm{e}^{\mathrm{i}\theta})\mathrm{e}^{\mathrm{i}\theta}}{\mathrm{e}^{\mathrm{i}\theta} - 1/\bar{z}} \mathrm{d}\theta. \tag{26.2}$$

注意到

$$\frac{\mathrm{e}^{\mathrm{i}\theta}}{\mathrm{e}^{\mathrm{i}\theta} - z} - \frac{\mathrm{e}^{\mathrm{i}\theta}}{\mathrm{e}^{\mathrm{i}\theta} - 1/\bar{z}} = \frac{\mathrm{e}^{\mathrm{i}\theta}}{\mathrm{e}^{\mathrm{i}\theta} - z} + \frac{\bar{z}}{\mathrm{e}^{-\mathrm{i}\theta} - \bar{z}} = \frac{1 - |z|^2}{|\mathrm{e}^{\mathrm{i}\theta} - z|^2}.$$

等式 (26.1), (26.2) 左右两端分别相减, 得

$$f(z) = \frac{1}{2\pi} \int_0^{2\pi} f(\mathrm{e}^{\mathrm{i}\theta}) \frac{1 - |z|^2}{|\mathrm{e}^{\mathrm{i}\theta} - z|^2} \mathrm{d}\theta.$$

上式即 Poisson 积分公式.

在 (26.2) 式两边取共轭, 得

$$
\begin{aligned}
0 &= \frac{1}{2\pi} \int_0^{2\pi} \overline{f(\mathrm{e}^{\mathrm{i}\theta})} \left(\frac{\mathrm{e}^{-\mathrm{i}\theta}}{\mathrm{e}^{-\mathrm{i}\theta} - 1/z} \right) \mathrm{d}\theta \\
&= \frac{1}{2\pi} \int_0^{2\pi} \overline{f(\mathrm{e}^{\mathrm{i}\theta})} \left(\frac{z}{z - \mathrm{e}^{\mathrm{i}\theta}} \right) \mathrm{d}\theta \\
&= \frac{1}{2\pi} \int_0^{2\pi} \overline{f(\mathrm{e}^{\mathrm{i}\theta})} \left(1 + \frac{\mathrm{e}^{\mathrm{i}\theta}}{z - \mathrm{e}^{\mathrm{i}\theta}} \right) \mathrm{d}\theta \\
&= \overline{f(0)} + \frac{1}{2\pi} \int_0^{2\pi} \frac{\overline{f(\mathrm{e}^{\mathrm{i}\theta})} \mathrm{e}^{\mathrm{i}\theta}}{z - \mathrm{e}^{\mathrm{i}\theta}} \mathrm{d}\theta.
\end{aligned}
$$

等式 (26.1) 与上式左右两端分别相减, 得 Schwarz 积分公式

$$
f(z) = \frac{1}{\pi} \int_0^{2\pi} \frac{u(\mathrm{e}^{\mathrm{i}\theta}) \mathrm{e}^{\mathrm{i}\theta}}{\mathrm{e}^{\mathrm{i}\theta} - z} \mathrm{d}\theta - \overline{f(0)} = \frac{1}{\pi \mathrm{i}} \int_{|\zeta|=1} \frac{u(\zeta)}{\zeta - z} \mathrm{d}\zeta - \overline{f(0)}.
$$

26.5 Harnack 不等式

如果 u 是 $\overline{\mathbb{D}}$ 上的调和函数 (意即: u 是包含 $\overline{\mathbb{D}}$ 的更大区域上的调和函数), 则它可表示为 $\overline{\mathbb{D}}$ 上某全纯函数的实部. 由定理 26.2 知 (取实部), u 满足 Poisson 积分公式

$$
u(z) = \frac{1}{2\pi} \int_0^{2\pi} u(\mathrm{e}^{\mathrm{i}\theta}) \frac{1 - |z|^2}{|\mathrm{e}^{\mathrm{i}\theta} - z|^2} \mathrm{d}\theta, \ z \in \mathbb{D}.
$$

这说明 u 在 $\mathbb{D}$ 内的值可由其边界值的积分表示. 积分核

$$
P(z, \mathrm{e}^{\mathrm{i}\theta}) = \frac{1}{2\pi} \frac{1 - |z|^2}{|\mathrm{e}^{\mathrm{i}\theta} - z|^2} = \frac{1}{2\pi} \mathrm{Re} \left(\frac{\mathrm{e}^{\mathrm{i}\theta} + z}{\mathrm{e}^{\mathrm{i}\theta} - z} \right)
$$

称为 Poisson 核. 它满足如下性质:

(1) $P(z, \mathrm{e}^{\mathrm{i}\theta}) > 0, \ \forall (z, \mathrm{e}^{\mathrm{i}\theta}) \in \mathbb{D} \times \partial\mathbb{D}$.

(2) 取定 $\theta \in \mathbb{R}$, $z \mapsto P(z, \mathrm{e}^{\mathrm{i}\theta})$ 是调和函数 (因其可表示为全纯函数之实部), 且满足不等式

$$
\frac{1}{2\pi} \cdot \frac{1 - |z|}{1 + |z|} \leqslant P(z, \mathrm{e}^{\mathrm{i}\theta}) \leqslant \frac{1}{2\pi} \cdot \frac{1 + |z|}{1 - |z|}. \tag{26.3}
$$

(3) 任意取定 $z \in \mathbb{D}$, 积分 $\int_0^{2\pi} P(z, \mathrm{e}^{\mathrm{i}\theta}) \mathrm{d}\theta = 1$.

> **定理 26.3 (Harnack 不等式)** 若 u 在 $\mathbb{D}$ 上非负调和, 则成立
> $$\frac{1-|z|}{1+|z|}u(0) \leqslant u(z) \leqslant \frac{1+|z|}{1-|z|}u(0), \ z \in \mathbb{D}.$$

证明 先假设 u 在 $\overline{\mathbb{D}}$ 上调和. 由 Poisson 积分公式

$$u(z) = \int_0^{2\pi} u(e^{i\theta})P(z, e^{i\theta})d\theta$$

及 Poisson 核的估计式 (26.3), 得

$$u(z) \leqslant \frac{1}{2\pi} \int_0^{2\pi} u(e^{i\theta})d\theta \cdot \frac{1+|z|}{1-|z|} = \frac{1+|z|}{1-|z|}u(0).$$

$$u(z) \geqslant \frac{1}{2\pi} \int_0^{2\pi} u(e^{i\theta})d\theta \cdot \frac{1-|z|}{1+|z|} = \frac{1-|z|}{1+|z|}u(0).$$

接下来考虑一般情形. 对任意 $r \in (0,1)$, 令 $u_r(z) = u(rz), z \in \mathbb{D}$. 易验证, u_r 在 $\overline{\mathbb{D}}$ 上调和. 由如前所证的 Harnack 不等式,

$$\frac{1-|z|}{1+|z|}u_r(0) \leqslant u_r(z) \leqslant \frac{1+|z|}{1-|z|}u_r(0).$$

注意到 $u_r(0) = u(0)$, 且 $\lim\limits_{r \to 1} u_r(z) = u(z)$. 在上式中令 $r \to 1^-$, 得结论. $\square$

注 Harnack 不等式表明, 如果 u 是 $\mathbb{D}$ 上的非负调和函数, 要么 $u > 0$, 要么 $u \equiv 0$.

Harnack 不等式的一个直接应用为:

> **命题 26.4 (调和函数的 Liouville 型定理)** 复平面上有上界或下界的调和函数必为常数.

证明 不妨假设 u 有下界. 将 u 换成 $u - \inf\limits_{z \in \mathbb{C}} u(z)$, 不妨假设 $u \geqslant 0$. 对任意 $R > 0$, $v(z) = u(Rz)$ 在 $\overline{\mathbb{D}}$ 上调和. 利用 Harnack 不等式,

$$\frac{1-|z|}{1+|z|}v(0) \leqslant v(z) \leqslant \frac{1+|z|}{1-|z|}v(0), \ z \in \mathbb{D}.$$

通过变量代换 $w = Rz$, 上式等价于

$$\frac{R-|w|}{R+|w|}u(0) \leqslant u(w) \leqslant \frac{R+|w|}{R-|w|}u(0), \ |w| < R.$$

若视 w 取定, 上式对任意 $R > |w|$ 都成立. 令 $R \to +\infty$ 可得 $u(w) = u(0)$. 由 w 的任意性得, $u \equiv u(0)$. $\square$

26.6 习题

"我一生想解决的问题很多, 但其中有很多就像悬崖峭壁一样, 没有明显的路径可以攀登. 我正研究那些较为可及的问题. 我希望积累更多的技巧、工具和洞见. 之后再回到那些我真正想解决的问题, 看看是否有所改观."

——陶哲轩, 数学家

1. (全纯诱导的调和函数) 假设 $f = u + iv$ 在区域 Ω 上全纯, 证明乘积 uv 是调和函数.

2. (调和与全纯) 区域 $\Omega = \mathbb{C} - [0, 1]$ 上的调和函数

$$u(z) = \log|z| + c\log|z - 1|, c \in \mathbb{R},$$

当 c 取何值时, 为 Ω 上某全纯函数的实部?

3. (调和与积分) 假设 u 是区域 Ω 上的调和函数, $\gamma \subset \Omega$ 是分段光滑闭曲线, 证明

$$\int_\gamma \frac{\partial u}{\partial z}\mathrm{d}z$$

是纯虚数. 由此说明, 若 Ω 是有限连通的平面区域, E 是 $\mathbb{C} \setminus \Omega$ 的一个有界连通分支, 则有

$$\mathrm{Res}\left(\frac{\partial u}{\partial z}, E\right) \in i\mathbb{R}.$$

提示: 利用等式

$$\int_\gamma \frac{\partial u}{\partial z}\mathrm{d}z + \int_\gamma \frac{\partial u}{\partial \bar{z}}\mathrm{d}\bar{z} = 0.$$

4. (环域上的调和函数) 假设 u 在环域 $A_R = \{1 < |z| < R\}$ 上调和, 本题旨在研究 u 的表达形式.

(1) 证明: 存在全纯函数 $f : A_R \to \mathbb{C} \setminus \{0\}$, 以及实数 c, 使

$$u(z) = c\log|f(z)|, \ z \in A_R.$$

(2) 证明: 存在唯一实数 b, 以及全纯函数 $g : A_R \to \mathbb{C}$, 使

$$u(z) = \mathrm{Re}(g(z)) + b\log|z|, \ z \in A_R.$$

5. (穿孔平面上调和函数的形式) 给定平面 $\mathbb{C}$ 上 $n(n \geqslant 1)$ 个点 $p_1, \cdots, p_n$, 以及调和函数 $u : \mathbb{C} \setminus \{p_1, \cdots, p_n\} \to \mathbb{R}$, 证明: 存在实数 $c_1, \cdots, c_n$, 以及全纯函数 $f : \mathbb{C} \setminus \{p_1, \cdots, p_n\} \to \mathbb{C}$, 满足

$$u(z) = \mathrm{Re}(f(z)) + \sum_{k=1}^{n} c_k \log|z - p_k|.$$

6. (平均值性质) 利用调和函数的均值性质证明

$$\int_0^\pi \log(1 - 2r\cos t + r^2)\mathrm{d}t = 0, \ 0 < r < 1.$$

7. (平均值性质的应用) 假设 $f = u + \mathrm{i}v : \mathbb{D} \to \mathbb{C}$ 全纯, $f(0) = 0$, 且 $\int_{\mathbb{D}} |f|^2 \mathrm{d}x\mathrm{d}y < +\infty$. 证明等式

$$\int_{\mathbb{D}} u^2 \mathrm{d}x\mathrm{d}y = \int_{\mathbb{D}} v^2 \mathrm{d}x\mathrm{d}y.$$

提示: 对 f^2 的实部利用平均值性质.

8. (复合函数) 假设 $f : \Omega \to D$ 全纯, $w = f(z)$, $u \in C^2(D)$. 证明: Laplace 算子满足

$$\Delta_z(u \circ f) = |f'(z)|^2 (\Delta_w u) \circ f.$$

注: 这说明, 若 u 调和, 则 $u \circ f$ 调和.

9. (唯一性定理的另一种形式) 假设 u 在区域 D 上调和, 在 D 的子区域 G 上恒等于 0. 证明: u 在 D 上恒为零. 若将 G 改为一列收敛于 $z_0 \in D$ 的点列, 结论是否成立?

10. (唯一性定理的补充) 是否存在圆盘 $\mathbb{D}$ 上的无界调和函数, 在边界上除了有限个点 $\zeta_1, \cdots, \zeta_m$ 外, 极限

$$\lim_{z \to \zeta} u(z) = 0, \ \forall \zeta \in \partial\mathbb{D} \setminus \{\zeta_1, \cdots, \zeta_m\}.$$

11. (调和映射) 假设 $f = u + \mathrm{i}v : \Omega \to \mathbb{C}$ 是调和映射. 如果 Ω 单连通, 证明: f 有如下分解

$$f = g + \overline{h},$$

其中, g, h 都在 Ω 上全纯. 此分解在差一常数的意义下唯一.

12. (调和函数的 Hadamard 三圆定理) 设 $0 < r < R < \infty$, $\Omega = \{z \in \mathbb{C} \,|\, r < |z| < R\}$. u 在 Ω 上调和, 在闭包 $\overline{\Omega}$ 上连续, 记

$$M(\rho) = \max_{|z|=\rho} u(z), \ \ r \leqslant \rho \leqslant R.$$

证明: $M(\rho)$ 在 $[r, R]$ 上是 $\log\rho$ 的凸函数, 即

$$M(\rho) \leqslant \frac{\log R - \log \rho}{\log R - \log r} M(r) + \frac{\log \rho - \log r}{\log R - \log r} M(R).$$

等号对某 $\rho \in (r, R)$ 成立的充要条件是什么?

13. (调和函数的圆周平均) 假设 v 是 $\mathbb{D} \setminus \{0\}$ 上二阶连续可微的实值函数, 定义 v 的圆周平均

$$[v](r) = \frac{1}{2\pi} \int_0^{2\pi} v(re^{\mathrm{i}\theta})\mathrm{d}\theta, \ 0 < r < 1.$$

按照如下思路, 研究 $[v]$ 的性质.

(1) 证明 Laplace 算子在极坐标 $z = re^{i\theta}$ 下表示为

$$\Delta = \frac{1}{r}\frac{\partial}{\partial r}\Big(r\frac{\partial}{\partial r}\Big) + \frac{\partial^2}{\partial \theta^2}.$$

(2) 利用 (1) 证明

$$\Delta[v] = \frac{1}{2\pi}\int_0^{2\pi}(\Delta v)(re^{i\theta})\mathrm{d}\theta.$$

(3) 如果 v 调和, 证明 $[v]$ 可以表示为

$$[v](r) = a\log(r) + b, \ \ a, b \in \mathbb{R}.$$

14. (指定实部的全纯函数) 假设 $u(x, y)$ 是圆盘 $D(0, r)$ 上的调和函数, 如前所知, 它是 $D(0, r)$ 上某全纯函数 $f(z)$ 的实部. 利用 f 的幂级数, 可将 u 表示为 $z, \bar{z}$ 的幂级数:

$$u = \frac{1}{2}\bigg(\sum_{n=0}^{\infty}a_n z^n + \sum_{n=0}^{\infty}\overline{a_n}\cdot\bar{z}^n\bigg), \ |z| < r.$$

由上式知, u 也可表示为实变量 x, y 的幂级数. 本题旨在利用 u 直接求出 f 的表达式. 思路如下: 记 $g(z) = \overline{f(\bar{z})}$. 在表达式

$$u(x, y) = \frac{1}{2}(f(x + \mathrm{i}y) + g(x - \mathrm{i}y)), \ |x + \mathrm{i}y| < r$$

中将 x 复化为 w_1, y 复化为 w_2, 则等式

$$u(w_1, w_2) = \frac{1}{2}(f(w_1 + \mathrm{i}w_2) + g(w_1 - \mathrm{i}w_2))$$

在 $|w_1| < r/2, |w_2| < r/2$ 时成立. 取 $w_1 = z/2, w_2 = z/(2\mathrm{i})$, 则

$$2u\Big(\frac{z}{2}, \frac{z}{2\mathrm{i}}\Big) = f(z) + \overline{f(0)}.$$

由上式可得 f 的表达式. 请给出严谨证明.

15. (世上最差的函数) 圆盘 $\mathbb{D}$ 上有这样的调和函数 u, 其性质貌似极好: 对任意 $\zeta \in \partial\mathbb{D}$, 都有 $\lim\limits_{r\to 1^-} u(r\zeta) = 0$, 但却不恒为 0. 这样的函数被戏称为 "世上最差的函数". 请举例.

第二十七章

调和函数 (二)

27.1 Dirichlet 问题的可解性

Dirichlet 问题: 给定平面区域 Ω, 及边界 $\partial\Omega$ 上的连续函数 ψ, 是否存在 Ω 上的调和函数 u, 连续到边界, 且满足 $u|_{\partial\Omega} = \psi$?

本节讨论一类典型情形: $\Omega = \mathbb{D}$. 一般区域的情形比较复杂, 此处不予讨论. 此时, 圆域上的 Poisson 积分公式为求解 Dirichlet 问题提供了启发. 为使讨论适用于稍微一般的情形, 假设 ψ 在 $\partial\mathbb{D}$ 上有界且分段连续. 称

$$P_\psi(z) = \int_0^{2\pi} \psi(\mathrm{e}^{\mathrm{i}t}) P(z, \mathrm{e}^{\mathrm{i}t}) \mathrm{d}t, \ z \in \mathbb{D}$$

为 ψ 的 Poisson 积分.

> **命题 27.1** 假设 ψ 是 $\partial\mathbb{D}$ 上的有界分段连续函数, 则 Poisson 积分 P_ψ 是 $\mathbb{D}$ 上的调和函数, 在 ψ 的连续点 $\mathrm{e}^{\mathrm{i}\theta} \in \partial\mathbb{D}$ 处,
>
> $$\lim_{\mathbb{D} \ni z \to \mathrm{e}^{\mathrm{i}\theta}} P_\psi(z) = \psi(\mathrm{e}^{\mathrm{i}\theta}).$$

证明 因 Possion 核 $P(z, \mathrm{e}^{\mathrm{i}t})$ 关于 z 调和, 故有

$$\Delta P_\psi(z) = \int_0^{2\pi} \psi(\mathrm{e}^{\mathrm{i}t}) \Delta_z P(z, \mathrm{e}^{\mathrm{i}t}) \mathrm{d}t = 0,$$

这说明 P_ψ 在 $\mathbb{D}$ 上调和.

由 Poisson 核的性质 $\int_0^{2\pi} P(z, \mathrm{e}^{\mathrm{i}t}) \mathrm{d}t = 1$, 可知

$$P_\psi(z) - \psi(\mathrm{e}^{\mathrm{i}\theta})$$

$$= \Big(\underbrace{\int_{\theta-2\delta}^{\theta+2\delta}}_{I_1} + \underbrace{\int_{\theta-\pi}^{\theta-2\delta} + \int_{\theta+2\delta}^{\theta+\pi}}_{I_2} \Big) (\psi(\mathrm{e}^{\mathrm{i}t}) - \psi(\mathrm{e}^{\mathrm{i}\theta})) P(z, \mathrm{e}^{\mathrm{i}t}) \mathrm{d}t,$$

其中, δ 是待定的正数. 下面估计积分 I_1 与 I_2.

因 ψ 在 $\mathrm{e}^{\mathrm{i}\theta}$ 处连续, 对任意 $\varepsilon > 0$, 取 $\delta > 0$ 充分小, 使 $|\psi(\mathrm{e}^{\mathrm{i}t}) - \psi(\mathrm{e}^{\mathrm{i}\theta})| \leqslant \varepsilon$, $\forall\, t \in (\theta - 2\delta, \theta + 2\delta)$. 于是

$$|I_1| \leqslant \varepsilon \int_{\theta-2\delta}^{\theta+2\delta} P(z, \mathrm{e}^{\mathrm{i}t}) \mathrm{d}t \leqslant \varepsilon \int_{\theta-\pi}^{\theta+\pi} P(z, \mathrm{e}^{\mathrm{i}t}) \mathrm{d}t = \varepsilon.$$

下面估计 I_2. 记 $z = r\mathrm{e}^{\mathrm{i}\alpha}$, 其中 $|\alpha - \theta| < \delta$. 当 $|t - \theta| \geqslant 2\delta$ 时,

$$|\alpha - t| \geqslant |\theta - t| - |\theta - \alpha| \geqslant 2\delta - \delta = \delta,$$
$$|\mathrm{e}^{\mathrm{i}\theta} - z|^2 = 1 + r^2 - 2r\cos(\alpha - t) \geqslant 1 + r^2 - 2r\cos(\delta)$$
$$= (r - \cos(\delta))^2 + \sin(\delta)^2 \geqslant \sin(\delta)^2,$$
$$P(z, \mathrm{e}^{\mathrm{i}t}) \leqslant (1 - r^2)/(2\pi \sin(\delta)^2).$$

由此可得,

$$|I_2| \leqslant \left(\int_{\theta-\pi}^{\theta-2\delta} + \int_{\theta+2\delta}^{\theta+\pi} \right) 2\|\psi\|_{\partial\mathbb{D}} \frac{1 - r^2}{2\pi \sin(\delta)^2} \mathrm{d}t \leqslant \frac{2\|\psi\|_{\partial\mathbb{D}}}{\sin(\delta)^2}(1 - r^2).$$

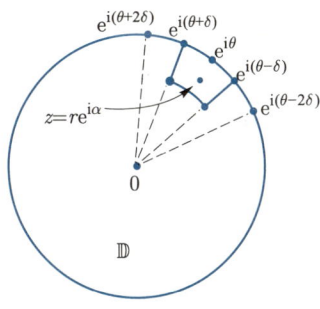

图 27.1

取 r_0 足够靠近 1, 使对 $r \in (r_0, 1)$, 上式右端不大于 ε. 于是, 对 $z = r\mathrm{e}^{\mathrm{i}\alpha}$, 只要 $r \in (r_0, 1), \alpha \in (\theta - \delta, \theta + \delta)$, 就有 $|P_\psi(z) - \psi(\mathrm{e}^{\mathrm{i}\theta})| \leqslant 2\varepsilon$. 命题得证. □

结合命题 27.1 和命题 26.3, 可得 Dirichlet 问题的可解性:

定理 27.1 假设 ψ 是 $\partial\mathbb{D}$ 上的有界分段连续函数, 只有有限个间断点 $\zeta_1, \cdots, \zeta_m$, 则 Dirichlet 问题

$$\begin{cases} \Delta u(z) = 0, & z \in \mathbb{D}, \\ u(z) = \psi(z), & z \in \partial\mathbb{D} \setminus \{\zeta_1, \cdots, \zeta_m\} \end{cases}$$

的有界解存在且唯一, 可表示为 $u = P_\psi$.

27.2　可去奇点定理

利用圆域 Dirichlet 问题的可解性, 可以研究调和函数的孤立奇点. 如果 u 是 $a \in \mathbb{C}$ 的去心邻域 $D(a,\varepsilon) \setminus \{a\}$ 上的调和函数, 则称 a 是 u 的孤立奇点; 进一步, 如果存在 $D(a,\varepsilon)$ 上的调和函数 v, 满足在 $D(a,\varepsilon) \setminus \{a\}$ 上, $u \equiv v$, 称 a 是 u 的可去奇点.

> **定理 27.2**　假设 a 是调和函数 u 的孤立奇点, 且在 a 附近
>
> $$u(z) = o(\log |z - a|) \left(\iff \lim_{z \to a} \frac{u(z)}{\log |z - a|} = 0 \right),$$
>
> 则 a 是 u 的可去奇点.

证明　不妨假设 u 在 $\overline{D(a,r)} \setminus \{a\}$ 上调和. 在 $D = D(a,r)$ 上, 利用 Dirichlet 问题的可解性知, 存在唯一的有界调和函数 v, 满足 $v|_{\partial D} = u|_{\partial D}$. 为证 a 是 u 的可去奇点, 只需证在 $D \setminus \{a\}$ 上, $v \equiv u$. 为此, 在 $D \setminus \{a\}$ 上定义 $h = v - u$. 显然, $h|_{\partial D} = 0$.

下面将证明, 对任意 $\varepsilon > 0$, 在 $D \setminus \{a\}$ 上总成立

$$-\varepsilon \log(r/|z - a|) \leqslant h(z) \leqslant \varepsilon \log(r/|z - a|). \tag{27.1}$$

由上式及 $\varepsilon > 0$ 的任意性, 得 $h \equiv 0$, 从而完成证明.

为证明 (27.1), 记 $w_\varepsilon(z) = \varepsilon \log(r/|z - a|), z \in D \setminus \{a\}$. 显然, w_ε 是 $D \setminus \{a\}$ 上的正值调和函数, 且 $w_\varepsilon|_{\partial D} = h|_{\partial D} = 0$.

由假设条件 $u(z) = o(\log |z - a|)$ 可知, $\lim_{z \to a} h(z)/w_\varepsilon(z) = 0$. 对任意 $\varepsilon > 0$, 存在 $\delta(\varepsilon) \in (0,r)$, 使对任意 $\delta \in (0, \delta(\varepsilon))$,

$$-w_\varepsilon(z) = -\varepsilon \log(r/\delta) \leqslant h(z) \leqslant \varepsilon \log(r/\delta) = w_\varepsilon(z), \ \forall z \in \partial D(a,\delta).$$

在环域 $A_\delta = \{\delta < |z - a| < r\}$ 上对 $h \pm w_\varepsilon$ 应用极值原理, 得

$$-w_\varepsilon(z) \leqslant h(z) \leqslant w_\varepsilon(z), \ \forall z \in A_\delta.$$

上式对任意 $\delta \in (0, \delta(\varepsilon))$ 都成立. 令 $\delta \to 0^+$ 得 (27.1) 式.　□

27.3　Harnack 不等式与 Schwarz 引理

调和函数理论与全纯函数理论是平行的. 本节说明全纯函数的 Schwarz 引理与调和函数的 Harnack 不等式等价.

Harnack 不等式: 假设 u 是 $\mathbb{D}$ 上的正值调和函数, 则

$$\frac{1-|z|}{1+|z|}u(0) \leqslant u(z) \leqslant \frac{1+|z|}{1-|z|}u(0), \ \forall z \in \mathbb{D}.$$

Schwarz 引理: 假设 $f : \mathbb{D} \to \mathbb{D}$ 全纯, $f(0) = 0$, 则

$$|f(z)| \leqslant |z|, \ \forall z \in \mathbb{D}.$$

命题 27.2 Harnack 不等式 $\Longleftrightarrow$ Schwarz 引理.

证明 (Schwarz $\Longrightarrow$ Harnack) 假设 u 是 $\mathbb{D}$ 上的正值调和函数. 因 $\mathbb{D}$ 单连通, 故 u 可表示为某全纯函数 $f = u + \mathrm{i}v : \mathbb{D} \to \mathbb{H}_R$ 的实部, 其中 $\mathbb{H}_R = \{z \mid \mathrm{Re}(z) > 0\}$ 为右半平面. 用 $v - v(0)$ 取代 v, 不妨假设 $v(0) = 0$, 此时 $f(0) = u(0) > 0$.

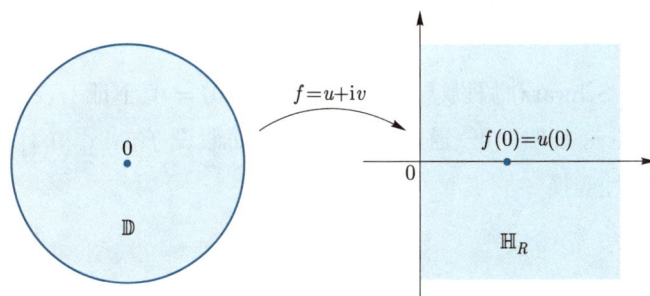

图 27.2

定义函数

$$g(z) = \frac{f(z) - f(0)}{f(z) + f(0)},$$

显然, $g : \mathbb{D} \to \mathbb{D}$ 全纯, $g(0) = 0$. 对 g 应用 Schwarz 引理

$$\left|\frac{u(z) - u(0)}{u(z) + u(0)}\right| \leqslant \left|\frac{u(z) - u(0) + \mathrm{i}v(z)}{u(z) + u(0) + \mathrm{i}v(z)}\right| = |g(z)| \leqslant |z|.$$

上式用到了初等不等式

$$\frac{a}{b} \leqslant \frac{a+c}{b+c}, 0 < a < b, c \geqslant 0. \ \text{等号成立} \Longleftrightarrow c = 0.$$

由此可得 Harnack 不等式

$$\frac{1-|z|}{1+|z|}u(0) \overset{(1)}{\leqslant} u(z) \overset{(2)}{\leqslant} \frac{1+|z|}{1-|z|}u(0).$$

以上证明的优点是, 可给出等号成立的充要条件. 比如, 如果不等式 $\overset{(2)}{\leqslant}$ 在 $z_0 = r_0\mathrm{e}^{\mathrm{i}\theta_0} \neq 0$ 处取等, 逆推可得

$$\frac{f(z) - f(0)}{f(z) + f(0)} = \mathrm{e}^{\mathrm{i}\theta}z, \ v(z_0) = 0, u(z_0) \geqslant u(0),$$

其中, $\theta \in \mathbb{R}$. 由上式,

$$f(z) = \frac{1 + \mathrm{e}^{\mathrm{i}\theta} z}{1 - \mathrm{e}^{\mathrm{i}\theta} z} u(0) = \frac{1 - |z|^2 + 2\mathrm{i}\mathrm{Im}(\mathrm{e}^{\mathrm{i}\theta} z)}{|1 - \mathrm{e}^{\mathrm{i}\theta} z|^2} u(0).$$

结合条件 $v(z_0) = 0, u(z_0) \geqslant u(0)$, 可得 $\mathrm{e}^{\mathrm{i}\theta} = \mathrm{e}^{-\mathrm{i}\theta_0}$. 因此

$$u(z) = \frac{1 - |z|^2}{|\mathrm{e}^{\mathrm{i}\theta_0} - z|^2} u(0), \quad v(z) = \frac{2\mathrm{Im}(\mathrm{e}^{-\mathrm{i}\theta_0} z)}{|\mathrm{e}^{\mathrm{i}\theta_0} - z|^2} u(0).$$

这表明 u 是 Poisson 核 $P(z, \mathrm{e}^{\mathrm{i}\theta_0})$ 的正常数倍. 同理, 如果不等式 $\overset{(1)}{\leqslant}$ 在 $z_0 = r_0 \mathrm{e}^{\mathrm{i}\theta_0} \neq 0$ 处取等, 不难验证

$$u(z) = \frac{1 - |z|^2}{|\mathrm{e}^{\mathrm{i}\theta_0} + z|^2} u(0), \quad v(z) = -\frac{2\mathrm{Im}(\mathrm{e}^{-\mathrm{i}\theta_0} z)}{|\mathrm{e}^{\mathrm{i}\theta_0} + z|^2} u(0).$$

(Harnack $\Longrightarrow$ Schwarz) 假设 $f : \mathbb{D} \to \mathbb{D}$ 全纯, $f(0) = 0$, 下证 $|f(z)| \leqslant |z|$. 为此, 只需对任意取定的点 z_0 证明即可, 通过复合旋转, 不妨假设 $f(z_0) \in [0, 1]$.

显然, 分式线性变换

$$T(w) = \frac{1 + w}{1 - w}$$

将单位圆盘 $\mathbb{D}$ 映为右半平面 $\mathbb{H}_R$, 满足 $T(0) = 1$. 映射 $g(z) = T(f(z))$ 将单位圆盘 $\mathbb{D}$ 映为右半平面 $\mathbb{H}_R$ 的子集. 记 $u = \mathrm{Re}(g)$, 则 u 是 $\mathbb{D}$ 上的正值调和函数, 满足 $u(0) = 1$. 利用 Harnack 不等式

$$u(z_0) = \frac{1 + f(z_0)}{1 - f(z_0)} \leqslant \frac{1 + |z_0|}{1 - |z_0|}.$$

上式等价于 $f(z_0) \leqslant |z_0|$, 即得 Schwarz 引理. $\qquad\square$

27.4 调和 Liouville 定理

假设 f 在 $\overline{D(0, R)}$ 上全纯, 实部为 u, 由 Schwarz 积分公式 (定理 26.2), 通过变量代换, 可得

$$f(z) = \frac{1}{\pi \mathrm{i}} \int_{|\zeta| = R} \frac{u(\zeta)}{\zeta - z} \mathrm{d}\zeta - \overline{f(0)}, \ z \in D(0, R).$$

上式即为 Cauchy 型积分. 对任意 $n \geqslant 1$, 成立

$$f^{(n)}(z) = \frac{n!}{\pi \mathrm{i}} \int_{|\zeta| = R} \frac{u(\zeta)}{(\zeta - z)^{n+1}} \mathrm{d}\zeta.$$

由积分基本不等式,

$$|f^{(n)}(0)| \leqslant \frac{n!}{\pi R^n} \int_0^{2\pi} |u(Re^{i\theta})| d\theta \leqslant n! \cdot \frac{2\|u\|_{\partial D(0,R)}}{R^n}. \tag{27.2}$$

上式是 Cauchy 不等式的一个较强的形式.

> **命题 27.3 (调和函数的 Liouville 型定理)** 假设 u 是复平面上的调和函数. 如果存在 $C > 0$, 整数 $m \geqslant 1$, 使
>
> $$|u(z)| \leqslant C(1 + |z|^m), \ \forall z \in \mathbb{C},$$
>
> 则 u 是关于 x, y 的次数不超过 m 的多项式.

证明 因复平面单连通, 故 u 是某整函数 f 的实部. 由 (27.2) 式,

$$|f^{(n)}(0)| \leqslant n! \cdot \frac{2\|u\|_{\partial D(0,R)}}{R^n} \leqslant \frac{C_0}{R^{n-m}}, \ \forall n > m.$$

上式右端当 $R \to +\infty$ 时, 趋于 0. 因此, $f^{(n)}(0) = 0, \forall n > m$. 利用 f 在 0 处的幂级数展式知, f 是次数不超过 m 的多项式:

$$f(z) = \sum_{n=0}^m \frac{f^{(n)}(0)}{n!} z^n.$$

因此, u 也是关于 $z, \bar{z}$ (或 x, y) 的次数不超过 m 的多项式. $\square$

注 命题 27.3 的条件可弱化为 u 上方有界 (或下方有界):

$$u(z) \leqslant C(1 + |z|^m), \ \forall z \in \mathbb{C}, \tag{27.3}$$

结论同样成立. 为此, 令 $u^+ = \max\{u, 0\}$, $u^- = \min\{u, 0\}$, 则

$$u = u^+ + u^-, |u| = u^+ - u^-.$$

由此知, $|u| + u = 2u^+$. 利用平均值性质, 对任意 $R > 0$, 成立

$$\int_0^{2\pi} |u(Re^{i\theta})| d\theta = 2 \int_0^{2\pi} u^+(Re^{i\theta}) d\theta - 2\pi u(0).$$

利用上式, 结合 (27.2) 式与 (27.3) 式可知, 存在常数 $C_0 > 0$, 使

$$|f^{(n)}(0)| \leqslant C_0 R^{m-n}, \ \forall R > 0, \ \forall n > m.$$

令 $R \to +\infty$ 可知, $f^{(n)}(0) = 0, \forall n > m$. 因此, f 是次数不超过 m 的多项式, 实部 u 亦然.

27.5　调和多项式

实二元多项式 p 可表示为

$$p(x,y) = \sum_{0 \leqslant j+k \leqslant n} a_{jk} x^j y^k, \ a_{jk} \in \mathbb{R}.$$

它的次数 $\deg(p)$ 定义为 $\max\{j+k \mid a_{jk} \neq 0\}$. 如果 $\Delta p = 0$, 称 p 为调和多项式.

定理 27.3　假设 $p = p(x,y)$ 是 $m(m \geqslant 2)$ 次实多项式, 则其 Poisson 积分 $P_{p|_{\partial \mathbb{D}}}(z)$ 可以表示为

$$(1 - |z|^2) q(x,y) + p(x,y) \tag{27.4}$$

的形式, 其中 q 是次数不超过 $m-2$ 的实多项式.

证明　如前所知, Poisson 积分 $P_{p|_{\partial \mathbb{D}}}(z)$ 在 $\mathbb{D}$ 上调和, 为使其具有 (27.4) 式的形式, 需使 q 满足

$$\Delta((1 - |z|^2) q(x,y)) = -\Delta p(x,y).$$

下面将证 q 的存在性. 为此, 令 $\mathcal{W}$ 为次数不超过 $m-2$ 的实多项式组成的 (有限维) 实线性空间. 定义线性映射

$$T : \mathcal{W} \to \mathcal{W}, \ q \mapsto \Delta((1 - |z|^2)q).$$

如果 $T(q) = 0$, 则 $(1 - |z|^2)q$ 为调和函数. 它在 $\partial \mathbb{D}$ 上取值为 0. 由极值原理, 在 $\mathbb{D}$ 上, $(1 - |z|^2)q \equiv 0$, 因此 $q \equiv 0$. 这说明 T 是单射. 由线性代数知识, 同维数线性空间之间的线性单射必为同构, 特别地, 也是满射. 因此, 存在唯一 $q \in \mathcal{W}$ 满足 $T(q) = -\Delta p$.

注意到 $P_{p|_{\partial \mathbb{D}}}(z)$ 与 $(1 - |z|^2)q(x,y) + p(x,y)$ 都在 $\mathbb{D}$ 上调和, 在 $\partial \mathbb{D}$ 上相等. 由 Dirichlet 问题解的唯一性可知, 在 $\mathbb{D}$ 上 $P_{p|_{\partial \mathbb{D}}}(z) = (1 - |z|^2)q(x,y) + p(x,y)$.　□

注 1　定理 27.3 说明: 任给次数为 $m(m \geqslant 2)$ 的多项式, 存在唯一次数不超过 $m-2$ 的多项式 q, 使 $(1 - |z|^2)q(x,y) + p(x,y)$ 调和.

注 2　对 $\partial \mathbb{D}$ 上的复值连续函数, 也可定义 Poisson 积分, 此积分为调和映射. 同样的方法可证, 定理 27.3 对复多项式亦成立.

27.6　习题

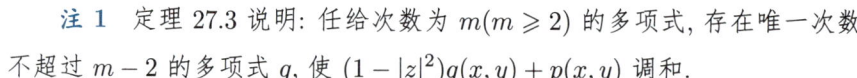

"美丽有两种, 一是深刻而动人的方程, 一是你泛着倦意淡淡的笑容."

——ukim, Heroes in My Heart

1. (跳跃定理) 给定连续函数 $g : \partial\mathbb{D} \to \mathbb{C}$, 定义 Cauchy 积分

$$f(z) = \frac{1}{2\pi i} \int_{|\zeta|=1} \frac{g(\zeta)}{\zeta - z} \mathrm{d}\zeta, \ |z| \neq 1.$$

证明: 对任意 $\zeta \in \partial\mathbb{D}$, 成立

$$\lim_{|z|<1, z\to\zeta} \left(f(z) - f(1/\bar{z}) \right) = g(\zeta).$$

提示: 证明 $f(z) - f(1/\bar{z})$ 为 g 的 Poisson 积分.

2. (Poisson 积分的边界行为) 假设 ψ 是 $\partial\mathbb{D}$ 上的有界分段连续函数, 在间断点 $\mathrm{e}^{\mathrm{i}\theta}$ 处的左右极限

$$\psi^-(\mathrm{e}^{\mathrm{i}\theta}) = \lim_{t\to\theta^-} \psi(\mathrm{e}^{\mathrm{i}t}), \ \psi^+(\mathrm{e}^{\mathrm{i}\theta}) = \lim_{t\to\theta^+} \psi(\mathrm{e}^{\mathrm{i}t})$$

存在. 证明: 在间断点 $\mathrm{e}^{\mathrm{i}\theta}$ 处 Poisson 积分的径向极限存在:

$$\lim_{r\to 1^-} P_\psi(r\mathrm{e}^{\mathrm{i}\theta}) = \frac{1}{2}(\psi^-(\mathrm{e}^{\mathrm{i}\theta}) + \psi^+(\mathrm{e}^{\mathrm{i}\theta})).$$

3. (混合边值问题) 本题旨在利用圆盘上 Dirichlet 问题的可解性研究一类混合边值问题. 记上半圆盘 $\mathbb{D}^+ = \mathbb{D} \cap \{\mathrm{Im}(z) > 0\}$, 上半圆弧 $\gamma = \{\mathrm{e}^{\mathrm{i}t} \mid 0 < t < \pi\}$. 给定 γ 上的有界连续函数 f, 证明存在 $\mathbb{D}^+$ 上的有界调和函数 u, 满足如下混合边界条件

$$u|_\gamma = f; \ \frac{\partial u}{\partial y}(z) = 0, z \in (-1, 1).$$

提示: 对 f 做对称延拓, 转化为 $\mathbb{D}$ 上的 Dirichlet 问题.

4. (Poisson 积分的应用: 连续函数的多项式逼近) 假设 ψ 是 $\partial\mathbb{D}$ 上的连续复值函数, 证明: 存在多项式序列 $p_n(z), q_n(z)$, 使 $p_n(z) + \overline{q_n(z)}$ 在 $\partial\mathbb{D}$ 上一致收敛到 ψ.

提示: 将 Poisson 核展成 $z, \bar{z}$ 的幂级数, 利用 Poisson 积分的边界连续性.

5. (可去奇点定理的应用) 假设 u 是 $\mathbb{D}$ 上的调和函数.

(1) 定义函数

$$v(w) = \sum_{z^n = w} u(z).$$

利用调和函数的可去奇点定理证明: v 在 $\mathbb{D}$ 上调和.

(2) 如果 $u > 0$ 且满足 n 重旋转对称性: $u(\mathrm{e}^{2\pi\mathrm{i}/n}z) = u(z)$. 证明强 Harnack 不等式

$$\frac{1 - |z|^n}{1 + |z|^n} u(0) \leqslant u(z) \leqslant \frac{1 + |z|^n}{1 - |z|^n} u(0).$$

(3) 请用 Schwarz 引理证明 (2) 中的不等式.

6. (可去奇点集?) 举例说明: 存在 $\mathbb{D}$ 上的连续实函数 u, 在 $\mathbb{D} \setminus (-1, 1)$ 上调和, 但不在 $\mathbb{D}$ 上调和. 注: 这说明调和函数的可去奇点集不能是线段.

7. (Schwarz 引理的应用) u 在 $\mathbb{D}$ 上非负调和, $u(0) = 1$.

(1) 求 $u(1/2)$ 的最大值和最小值.

(2) 当 $u(1/2)$ 达到极值时, 求出 u 的表达式.

8. (强 Harnack 不等式) 假设 $u > 0$ 在圆盘 $\mathbb{D}$ 上调和, 且 $u(z) = u(-\bar{z})$ (即在实坐标下 $u(x, y) = u(-x, y)$). 证明:

$$\frac{1 - x^2}{1 + x^2} u(0) \leqslant u(x) \leqslant \frac{1 + x^2}{1 - x^2} u(0), \ x \in (-1, 1).$$

9. (Harnack 不等式的应用) 若 $f : \mathbb{D} \to \mathbb{D} \setminus \{0\}$ 全纯, 证明

$$\max_{|z| = 1/5} |f(z)|^2 \leqslant \min_{|z| = 1/7} |f(z)|, \ \min_{|z| = 1/5} |f(z)| \geqslant \max_{|z| = 1/7} |f(z)|^2.$$

提示: 对 $u(z) = -\log |f(z)|$ 应用 Harnack 不等式.

10. (Harnack 不等式的应用) 假设 $\mathcal{F}$ 是 $\mathbb{D}$ 上正值调和函数 u 的全体. 对任意 $a, b \in \mathbb{D}$, 定义

$$d(a, b) = \inf_{u \in \mathcal{F}} \frac{u(b)}{u(a)}, \ \rho(a, b) = \sup_{u \in \mathcal{F}} \frac{u(b)}{u(a)}.$$

(1) 证明: 对任意 $f \in \mathrm{Aut}(\mathbb{D})$, 成立

$$d(f(a), f(b)) = d(a, b), \ \rho(f(a), f(b)) = \rho(a, b).$$

(2) 求 $d(a, b), \rho(a, b)$. (达到极值的函数具有什么形式?)

11. (Schwarz 公式的应用) 给定全纯函数列 $f_n = u_n + \mathrm{i}v_n : \mathbb{D} \to \mathbb{C}$, 满足实部 $u_n : \mathbb{D} \to \mathbb{R}$ 内闭一致收敛, 且 $\{v_n(0)\}_{n \geqslant 1}$ 是 Cauchy 列. 证明 f_n 内闭一致收敛.

12. (调和函数的 Liouville 型定理) 假设 u 是平面上的调和函数, 满足当 $|z|$ 很大时, $|u(z)| = O(\log |z|)$. 按照如下两种方法, 证明 u 为常数.

(1) 假设 f 是以 u 为实部的整函数, 通过对 $F = \mathrm{e}^f$ 应用全纯函数的 Liouville 定理证明结论.

(2) 利用平均值公式

$$u(a) = \frac{1}{\pi R^2} \int_{D(a, R)} u(z) \mathrm{d}x \mathrm{d}y$$

通过估计 $u(a) - u(0)$ 来证明结论.

13. (调和映射的 Liouville 定理) 假设 f 是复平面上的调和映射. 如果存在 $C > 0$, 整数 $m \geqslant 1$, 使

$$|f(z)| \leqslant C(1 + |z|^m), \ \forall z \in \mathbb{C},$$

证明: 存在次数不超过 m 的多项式 $p(z), q(z)$, 使

$$f(z) = p(z) + \overline{q(z)}.$$

14. (Liouville 定理的应用) 假设 u 是 $\mathbb{C}$ 上的调和函数, 满足

$$|u(z)| \leqslant |x + y|, \ \forall z = x + \mathrm{i}y \in \mathbb{C}; \ u(\mathrm{i}) = 1/2,$$

求 u 的表达式.

第二十八章

调和函数 (三)

28.1 平均值性质

记 $C(\Omega)$ 为平面区域 Ω 上的连续实值函数全体. 给定 $u \in C(\Omega)$, 称 u 满足平均值性质, 是指对任意 $a \in \Omega$, 存在 $r_a > 0$, 使 $D(a, r_a) \subset \Omega$, 且对任意 $r \in (0, r_a)$, 成立

$$u(a) = \frac{1}{2\pi} \int_0^{2\pi} u(a + re^{i\theta}) \mathrm{d}\theta.$$

一个重要的事实是: 若 $u \in C(\Omega)$ 满足平均值性质, 则 u 必满足极值原理 (即: 若非常值, 则不能在区域内部取到最大值或最小值). 请读者自证 (可参考定理 26.1 的证明).

以下定理表明, 平均值性质是调和函数的特征性质.

> **定理 28.1**　假设 $u \in C(\Omega)$ 满足平均值性质, 则 u 是 Ω 上的调和函数.

证明　因调和是局部性质, 故只需在每点的一个小圆盘邻域上证明 u 调和即可. 任取 $a \in \Omega$, 取 $r > 0$ 使 $\overline{D(a, r)} \subset \Omega$. 在 $D = D(a, r)$ 上利用 Dirichlet 问题的可解性, 存在唯一的有界调和函数 v, 满足 $v|_{\partial D} = u|_{\partial D}$. 因 u, v 在 D 上都满足平均值性质, 故 $h = u - v$ 亦然 (因此, 也满足极值原理). 由极值原理, $h|_{\partial D} = 0 \implies h \equiv 0$. 因此, 在 D 上 $u \equiv v$. 这样就证明了 u 在 D 上调和.　　□

28.2 Schwarz 反射原理

本节介绍 Schwarz 反射原理 (Schwarz reflection principle).

假设 Ω 是平面区域. 称 Ω 关于实轴 $\mathbb{R}$ 对称, 是指对任意 $z \in \Omega$, 有 $\bar{z} \in \Omega$. 由 Ω 的连通性, 如果 Ω 关于实轴 $\mathbb{R}$ 对称, 则 Ω 必然与实轴相交. 记

$$\Omega^+ = \{z \in \Omega \mid \mathrm{Im}(z) > 0\}, \quad \Omega^- = \{z \in \Omega \mid \mathrm{Im}(z) < 0\}.$$

先给出调和函数的 Schwarz 反射原理

> **命题 28.1**　假设区域 Ω 关于实轴 $\mathbb{R}$ 对称, u 在 Ω^+ 上调和, 并且当 $z \to \Omega \cap \mathbb{R}$ 时, $u(z) \to 0$. 则函数
> $$v(z) = \begin{cases} u(z), & z \in \Omega^+, \\ 0, & z \in \Omega \cap \mathbb{R}, \\ -u(\bar{z}), & z \in \Omega^- \end{cases}$$
> 在 Ω 上调和. 它满足 $-v(z) = v(\bar{z})$.

证明　显然 v 连续. 为证明 v 调和, 由定理 28.1, 只需证明 v 在 Ω 上满足平均值性质. 因 v 在 $\Omega \setminus \mathbb{R}$ 上调和, 故在 $\Omega \setminus \mathbb{R}$ 的每一点处都满足平均值性质, 只需证明 v 在 $\Omega \cap \mathbb{R}$ 上满足平均值性质. 任取 $a \in \Omega \cap \mathbb{R}$, 取 $r_a > 0$ 使 $D(a, r_a) \subset \Omega$. 对任意 $r \in (0, r_a)$,

$$\begin{aligned}
\int_0^{2\pi} v(a + re^{it}) \mathrm{d}t &= \int_0^{\pi} v(a + re^{it}) \mathrm{d}t + \int_{\pi}^{2\pi} v(a + re^{it}) \mathrm{d}t \\
&= \int_0^{\pi} v(a + re^{it}) \mathrm{d}t + \int_{\pi}^{2\pi} -u(a + re^{-it}) \mathrm{d}t \\
&= \int_0^{\pi} u(a + re^{it}) \mathrm{d}t - \int_0^{\pi} u(a + re^{it}) \mathrm{d}t \\
&= 0 = 2\pi v(a).
\end{aligned}$$

这说明 v 在 $\Omega \cap \mathbb{R}$ 上满足平均值性质. $\qquad\square$

> **定理 28.2 (全纯函数的 Schwarz 反射原理)**　假设区域 Ω 关于 $\mathbb{R}$ 对称, $I = \Omega \cap \mathbb{R}$. 假设 f 在 Ω^+ 上全纯, 当 $z \to I$ 时, $\mathrm{Im} f(z) \to 0$, 则 f 可连续延拓到 I 上 (仍记为 f), 且
> $$F(z) = \begin{cases} f(z), & z \in \Omega^+ \cup I, \\ \overline{f(\bar{z})}, & z \in \Omega^-. \end{cases}$$
> 在 Ω 上全纯, 满足 $F(\bar{z}) = \overline{F(z)}$.

　　注　定理的条件 "当 $z \to I$ 时, $\mathrm{Im} f(z) \to 0$" 不应理解为 "f 可连续延拓到 I 上", 它只说明虚部可连续延拓到 I 上. 定理的结论蕴涵 "f 可连续延拓到 I 上", 这个结论成立是由调和函数的 Schwarz 反射原理 (命题 28.1) 保证, 而命题 28.1 成立的本质原因是平均值性质为调和函数的特征性质 (定理 28.1). 详见证明.

证明 令 $v = \mathrm{Im}f$, 它在 Ω^+ 上调和. 由条件知, 当 $z \to I$ 时, $v(z) \to 0$. 由调和函数的 Schwarz 反射原理 (命题 28.1) 知, v 可延拓为 Ω 上的调和函数, 仍记为 v, 满足 $v(z) = -v(\bar{z})$.

对任意 $a \in I$, 取 $r > 0$ 使 $D(a,r) \subset \Omega$, 则 v 在 $D(a,r)$ 上可表示为某全纯函数 g 的实部. 另一方面, 在 Ω^+ 上, 记 $f = u + iv$. 由 $-if = v - iu$ 可知, 在 $D(a,r) \cap \Omega^+$ 上, v 也是全纯函数 $-if$ 的实部. 因此, 在 $D(a,r) \cap \Omega^+$ 上, $\mathrm{Re}(g + if) = 0$. 由此可得

$$f(z) = ig(z) + c, \ z \in D(a,r) \cap \Omega^+,$$

其中, c 是实数. 上式说明, f 可延拓为 $D(a,r)$ 上的全纯函数 f_a.

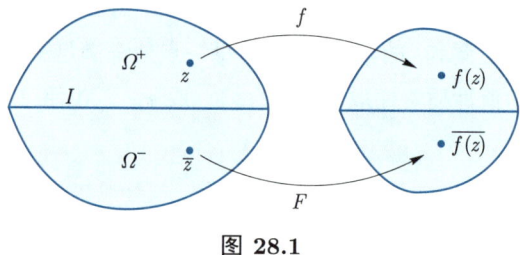

图 28.1

同理, Ω^- 上的全纯函数 $\overline{f(\bar{z})}$ 亦可延拓为 $D(a,r)$ 上的全纯函数 $\tilde{f}_a$. 延拓所得两全纯函数 $f_a, \tilde{f}_a$ 满足如下关系

$$f_a(x) = f(x) = \overline{f(x)} = \tilde{f}_a(x), \ x \in I \cap D(a,r).$$

由唯一性定理, 在 $D(a,r)$ 上有 $f_a = \tilde{f}_a$.

由 $a \in I$ 的任意性可知, 如下定义的函数

$$F(z) = \begin{cases} f(z), & z \in \Omega^+ \cup I, \\ \overline{f(\bar{z})}, & z \in \Omega^- \end{cases}$$

在 Ω 上全纯. $\square$

定理 28.2 中, 关于实轴对称的区域亦可换成关于圆周或直线对称的区域. 假设 C 是平面的圆周或直线, 其方程为 $|z - z_0| = r$ (圆周情形) 或 $\bar{\alpha}z + \alpha\bar{z} = c$ (直线情形). 记 $z \in \mathbb{C}$ 关于 C 的对称点为 $\sigma_C(z)$, 则

$$\sigma_C(z) = \begin{cases} z_0 + r^2/(\bar{z} - \overline{z_0}), & C \text{ 为圆周;} \\ (c - \alpha\bar{z})/\bar{\alpha}, & C \text{ 为直线.} \end{cases}$$

称区域 Ω 关于 C 对称, 是指对任意 $z \in \Omega$, 都有 $\sigma_C(z) \in \Omega$. 此时, 记 Ω^+ 为 Ω 位于 C 一侧的部分, $I = \Omega \cap C$, Ω^- 为 Ω 位于 C 的另一侧的部分.

定理 28.3　假设 C 是圆周或直线, 区域 Ω 关于 C 对称, $I = \Omega \cap C$. 假设 f 在 Ω^+ 上全纯, 不取零值, 可连续延拓到 I 上, 且 $f(I)$ 为另一圆周 (或直线)γ 的一段, 则

$$F(z) = \begin{cases} f(z), & z \in \Omega^+ \cup I, \\ \sigma_\gamma \circ f \circ \sigma_C(z), & z \in \Omega^-. \end{cases}$$

在 Ω 上全纯, 满足 $\sigma_\gamma \circ F = F \circ \sigma_C$.

证明　通过前后复合分式线性变换, 可以将 C, γ 都变为实轴. 利用定理 28.2 即可. □

28.3　环域之间的全纯映射

本节利用 Schwarz 反射原理研究环域之间的全纯映射. 对于 $r > 1$, 记 $A(r) = \{z \in \mathbb{C} \mid 1 < |z| < r\}$, $C(r) = \{z \mid |z| = r\}$.

例题 28.1　假设 $f: A(r) \to A(\rho)$ 全纯, 且满足

$$\lim_{|z| \to 1} |f(z)| = 1, \quad \lim_{|z| \to r} |f(z)| = \rho.$$

证明 f 具有表达式 $f(z) = e^{i\theta} z^n$, 其中 $n \geqslant 1$ 是正整数, $\theta \in \mathbb{R}$. 特别地, 圆环外半径满足关系 $\rho = r^n$.

证明　将问题转化为 Schwarz 反射原理的应用. 记 $B(L) = \{z \in \mathbb{C} \mid 0 < \mathrm{Re}(z) < L\}$ 为垂直带域. 显然, $g(w) = f(e^w)$ 在 $B(L_1)$ (其中, $L_1 = \log r$) 上全纯且不取零值, 因此 $\mathrm{Log} \circ g$ 可取到单值全纯分支

$$G(w) = \log(f(e^w)) : B(L_1) \to B(L_2), \ L_2 = \log \rho.$$

由 f 的边界行为知,

$$\lim_{\mathrm{Re}(w) \to 0} \mathrm{Re}\, G(w) = 0, \quad \lim_{\mathrm{Re}(w) \to L_1} \mathrm{Re}\, G(w) = L_2.$$

由 Schwarz 反射原理 (定理 28.2), G 可以连续延拓到带域边界 $\partial B(L_1)$ 上. 下面给出两种方式的续证, 各具趣味, 殊途同归.

续证 1: 直接在平面上做 Schwarz 反射.

记 R_L 是关于直线 $\{\operatorname{Re}(w) = L\}$ 的反射, 其表达式 $R_L(z) = 2L - \bar{z}$. 定义

$$
\widehat{G}(w) = \begin{cases} G(w), & 0 < \operatorname{Re}(w) \leqslant L_1, \\ R_{L_2} \circ G \circ R_{L_1}(w) = 2L_2 - \overline{G(2L_1 - \overline{w})}, & L_1 < \operatorname{Re}(w) < 2L_1. \end{cases}
$$

由此, 可将 G 全纯延拓到更大的带域 $B(2L_1)$ 上. 按此方式继续延拓, 最终可延拓到右半平面. 最后, 越过虚轴延拓, 可得定义在平面上的整函数 $\widehat{G}$.

首先说明 $\widehat{G}$ 的实部线性增长. 事实上, 由延拓方式, 对任意 $m \geqslant 0$, 当 $2^m L_1 \leqslant |\operatorname{Re}(w)| \leqslant 2^{m+1} L_1$ 时, $2^m L_2 \leqslant |\operatorname{Re} \widehat{G}(w)| \leqslant 2^{m+1} L_2$. 因此成立

$$
|\operatorname{Re} \widehat{G}(w)| \leqslant 2L_2/L_1 |\operatorname{Re}(w)| \leqslant 2L_2/L_1 |w|.
$$

由 Cauchy 不等式的强形式 (27.2) 式, 得 $\widehat{G}(w) = aw + b$.

利用 G 的定义知, $\mathrm{e}^{G(w+2\pi\mathrm{i})} = \mathrm{e}^{G(w)}$, 因此 $G(w + 2\pi\mathrm{i}) - G(w) \in 2\pi\mathrm{i}\mathbb{Z}$. 由 G 的连续性, 存在 $n \in \mathbb{Z}$ 使

$$
G(w + 2\pi\mathrm{i}) - G(w) = 2\pi n\mathrm{i}.
$$

由此得 $a = n$.

最后, 由 $\widehat{G}(\mathrm{i}\mathbb{R}) \subset \mathrm{i}\mathbb{R}$ 以及 $\widehat{G}(L_1 + \mathrm{i}\mathbb{R}) \subset L_2 + \mathrm{i}\mathbb{R}$, 可得 n 为正整数, $b \in \mathrm{i}\mathbb{R}$. 利用 G 的表达式得 f 的表达式: $f(z) = \mathrm{e}^{\mathrm{i}\theta} z^n$.

续证 2: 在圆环域上做 Schwarz 反射.

利用 G 可以连续延拓到带域边界 $\partial B(L_1)$ 这一性质得, f 可以连续延拓到 $\overline{A(r)}$ 上, 且满足 $f(C(r)) \subset C(\rho)$. 由此, 如图 28.2 所示, 定义

$$
F(z) = \begin{cases} f(z), & 1 < |z| \leqslant r, \\ \rho^2 / \overline{f(r^2/\bar{z})}, & r < |z| < r^2. \end{cases}
$$

显然, F 在 $A(r^2)$ 上连续. 由 Schwarz 反射原理 (定理 28.3), F 在 $A(r^2)$ 上全纯, 满足 $F(A(r^2)) \subset A(\rho^2)$. 由 f 在 $\overline{A(r)}$ 上连续且 $f(\partial\mathbb{D}) \subset \partial\mathbb{D}$ 可知, F 可以连续延拓到 $A(r^2)$ 的外边界 $C(r^2)$ 上, 并且满足 $F(C(r^2)) \subset C(\rho^2)$.

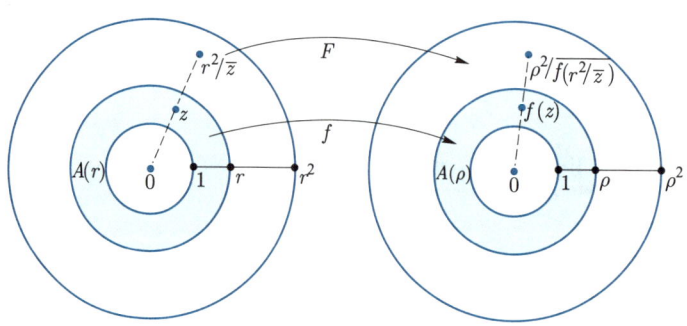

图 28.2

按此方式逐次延拓, 可以将 f 延拓为全纯映射 $F : \mathbb{C} \setminus \overline{\mathbb{D}} \to \mathbb{C} \setminus \overline{\mathbb{D}}$. 此时, 再越过圆周 $\partial \mathbb{D}$ 向内延拓, 可进一步延拓为全纯映射 $F : \mathbb{C} \setminus \{0\} \to \mathbb{C} \setminus \{0\}$.

易知, 当 $z \to 0$ 时, $F(z) \to 0$, 这说明 0 是 F 的可去奇点, 因此 F 为整函数; 当 $z \to \infty$ 时, $F(z) \to \infty$, 这说明 ∞ 是 F 的极点, 因此 F 为多项式. 由延拓函数的映射性质可知, $F^{-1}(0) = 0$, 因此 $F(z) = az^n$. 再利用 $F(\partial \mathbb{D}) \subset \partial \mathbb{D}$ 可知, $|a| = 1$, 即 $a = \mathrm{e}^{\mathrm{i}\theta}, \theta \in \mathbb{R}$.

28.4　调和 Schwarz 引理

> **定理 28.4** (调和函数的 Schwarz 引理)　假设 u 是 $\mathbb{D}$ 上的调和函数, 取值于 $(-1, 1)$, 满足 $u(0) = 0$, 则成立不等式:
> $$|u(z)| \leqslant \frac{4}{\pi} \arctan |z|, \ \forall z \in \mathbb{D}; \ \left| \frac{\partial u}{\partial z}(0) \right| \leqslant \frac{2}{\pi}.$$

证明　因 $\mathbb{D}$ 单连通, 故 u 是 $\mathbb{D}$ 上某全纯函数 $f(z) = u(z) + \mathrm{i}v(z)$ 的实部. 通过将 v 换成 $v - v(0)$, 不妨假设 $f(0) = 0$. 显然, f 是从 $\mathbb{D}$ 到带域 $B = \{w \in \mathbb{C} \,|\, |\mathrm{Re}(w)| < 1\}$ 的全纯映射.

证明想法: 先构造双全纯映射 $g : B \to \mathbb{D}$, 满足 $g(0) = 0$; 然后对 $G = g \circ f : \mathbb{D} \to \mathbb{D}$ 应用全纯函数的 Schwarz 引理.

为求出 g, 我们考虑映射的复合

$$\zeta \mapsto \zeta_1 = \frac{\pi \mathrm{i} \zeta}{2} \mapsto \zeta_2 = \mathrm{e}^{\zeta_1} \mapsto \zeta_3 = \frac{\zeta_2 - 1}{\zeta_2 + 1}.$$

上述映射序列对应区域 (含标记点) 之间的变换

$$(B, 0) \to \left(\frac{\pi \mathrm{i}}{2} B, 0 \right) \to (\mathbb{H}_R, 1) \to (\mathbb{D}, 0),$$

其中, $\mathbb{H}_R$ 为右半平面, 如图 28.3 所示, 以上三个映射的复合记为 $g : B \to \mathbb{D}$,

$$g(\zeta) = \frac{\mathrm{e}^{\pi \mathrm{i} \zeta / 2} - 1}{\mathrm{e}^{\pi \mathrm{i} \zeta / 2} + 1}.$$

对任意 $x_0 \in (-1, 1)$, 直线 $\ell_{x_0} = \{z \in \mathbb{C} \,|\, \mathrm{Re}(z) = x_0\}$ 在 g 下的像为经过 $-1, 1$ 两点的圆弧, 与 x 轴夹角大小为 $\theta = \pi |x_0| / 2$. 圆弧所在圆周半径为 $1 / \sin \theta$. 利用平面几何, 圆弧与原点的距离为

$$\frac{1}{\sin\theta} - \frac{1}{\tan\theta} = \frac{1-\cos\theta}{\sin\theta} = \tan\frac{\theta}{2} = \tan\frac{\pi}{4}|x_0|.$$

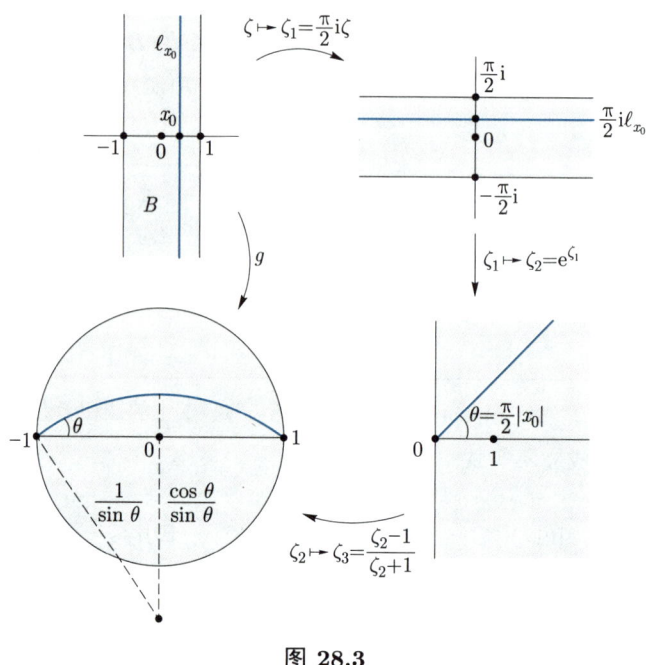

图 28.3

这说明对任意 $\zeta \in B$,

$$|g(\zeta)| = \left|\frac{e^{\pi i\zeta/2}-1}{e^{\pi i\zeta/2}+1}\right| \geqslant \tan\left(\frac{\pi}{4}|\mathrm{Re}(\zeta)|\right).$$

考虑复合函数 $G = g \circ f : \mathbb{D} \to \mathbb{D}$:

$$G(z) = \frac{e^{\pi i f(z)/2}-1}{e^{\pi i f(z)/2}+1}.$$

它全纯且满足 $G(0) = 0$. 由 Schwarz 引理,

$$|z| \geqslant |G(z)| \geqslant \tan\left(\frac{\pi}{4}|\mathrm{Re}(f(z))|\right) = \tan\left(\frac{\pi}{4}|u(z)|\right).$$

由此可得

$$|u(z)| \leqslant \frac{4}{\pi}\arctan|z|, \ \forall z \in \mathbb{D}.$$

另一方面, 计算知

$$G'(z) = \frac{\pi i f'(z)}{(1+e^{\pi i f(z)/2})^2}.$$

仍由 Schwarz 引理,

$$|G'(0)| = \frac{\pi}{4}|f'(0)| \leqslant 1 \Longrightarrow |f'(0)| \leqslant \frac{4}{\pi}.$$

利用 $f'(z) = 2\dfrac{\partial u}{\partial z}$, 可得结论. □

定理 28.4 可进一步推广为调和映射的情形

定理 28.5 (调和映射的 Schwarz 引理)　假设 $f : \mathbb{D} \to \mathbb{D}$ 为调和映射, 满足 $f(0) = 0$, 则成立不等式:

$$|f(z)| \leqslant \frac{4}{\pi}\arctan|z|, \ \forall z \in \mathbb{D}.$$

证明　记 $f(z) = u(z) + iv(z)$, 其中 u, v 都是调和函数, 满足 $u^2 + v^2 < 1$. 下面将对任意 $a \in \mathbb{D}$, 证明 $f(a)$ 满足定理中的模长估计. 不妨假设 $|f(a)| > 0$(否则, 不等式总成立). 定义调和函数

$$w_a(z) = (u(a)u(z) + v(a)v(z))/|f(a)|, \ z \in \mathbb{D}.$$

显然, $w_a(0) = 0, w_a(a) = |f(a)|$. 由 Cauchy-Schwarz 不等式,

$$|w_a(z)| \leqslant |f(a)||f(z)|/|f(a)| = |f(z)| < 1.$$

上式表明, w_a 取值于 $(-1, 1)$. 由定理 28.4 知, 对任意 $z \in \mathbb{D}$, 有 $|w_a(z)| \leqslant (4/\pi)\arctan|z|$. 特别地,

$$|f(a)| = |w_a(a)| \leqslant \frac{4}{\pi}\arctan|a|.$$

28.5　习题

"为学日益, 为道日损. 损之又损, 以至于无为."

——老子《道德经》

1. (弱平均值性质) 设 u 是区域 Ω 上的连续实函数, 满足弱平均值性质: 对任意 $z \in \Omega$, 存在一列正数 $r_j \to 0$ 满足

$$u(z) = \frac{1}{2\pi}\int_0^{2\pi} u(z + r_j e^{i\theta})d\theta, \ \forall j \geqslant 1.$$

证明: u 在 Ω 上调和.

2. (一半径定理) 设 u 是 $\overline{\mathbb{D}}$ 上的连续实函数. 对任意 $z \in \mathbb{D}$, 存在正数 $r(z) \leqslant 1 - |z|$ 满足

$$u(z) = \frac{1}{2\pi} \int_0^{2\pi} u(z + r(z)\mathrm{e}^{\mathrm{i}\theta})\mathrm{d}\theta.$$

证明: u 在 $\mathbb{D}$ 上调和.

3. (平均值性质的应用: 调和函数列的紧性) 设 $\{u_n\}$ 是区域 Ω 上一列调和函数, 内闭一致收敛于函数 u, 证明: u 在 Ω 上调和.

4. (调和函数的对称性) 如果平面上的调和函数 u 满足当 $z \in \mathbb{R}$ 时, $u(z) = 0$, 证明: $u(\bar{z}) = -u(z)$, $z \in \mathbb{C}$.

5. (角域上的有界调和函数) 假设 u 是角域 $A_\theta = \{z \in \mathbb{C} \,|\, 0 < \arg(z) < \theta\}$ 上的有界调和函数 (其中 $\theta \in (0, 2\pi)$), 满足 $u|_{\partial A_\theta} = 0$. 证明: $u \equiv 0$.

6. (函数的分解) 假设 Ω 是关于实轴对称的区域. 证明: Ω 上的全纯函数 f 总可以唯一分解为如下形式:

$$f(z) = g(z) + \mathrm{i}h(z), \ z \in \Omega,$$

其中, g, h 都在 Ω 上全纯, 且在 $\Omega \cap \mathbb{R}$ 上取实值.

提示: 先证明 g, h 都满足性质: $\overline{g(\bar{z})} = g(z), \overline{h(\bar{z})} = h(z)$.

7. (Schwarz 反射原理的应用) 假设 f 在单位圆盘 $\mathbb{D}$ 上全纯, $\gamma = \{\mathrm{e}^{\mathrm{i}t} \,|\, a \leqslant t \leqslant b\}$ 为 $\partial\mathbb{D}$ 上的一段圆弧 (非单点), 满足当 $z \to \gamma$ 时, $f(z) \to 0$, 证明 $f \equiv 0$.

8. (Schwarz 反射原理的应用) 假设 f 在上半平面 $\mathbb{H}$ 上全纯, $I \subset \mathbb{R}$ 为一段开区间. 当 $z \to I$ 时, $f(z) \to a \in \mathbb{C}$. 证明 $f \equiv a$.

9. (Schwarz 反射原理的应用) 给定 $a, b > 0$, 定义矩形

$$R(a, b) = \{x + \mathrm{i}y \,|\, 0 < x < a, 0 < y < b\}.$$

假设 $f : R(a, b) \to R(A, B)$ 是两个矩形之间的全纯映射, 在 $R(a, b)$ 闭包上连续, 保持顶点对应:

$$(0, a, a + b\mathrm{i}, b\mathrm{i}) \mapsto (0, A, A + B\mathrm{i}, B\mathrm{i}),$$

且 f 保持顶点之间的边界对应. 证明:

$$\frac{a}{b} = \frac{A}{B}.$$

10. (Schwarz 反射原理的应用) 整函数 f 将两条水平线映到两条水平线上: $f(\ell_k) \subset \gamma_k, k = 1, 2$, 其中 ℓ_k, γ_k 都是水平线. 记 $\ell_2 = \ell_1 + \alpha\mathrm{i}, \gamma_2 = \gamma_1 + \beta\mathrm{i}$, 其中 $\alpha, \beta \in \mathbb{R}$. 证明:

$$f(z + 2\alpha\mathrm{i}) = f(z) + 2\beta\mathrm{i}, \ z \in \mathbb{C}.$$

这表明导函数是周期函数: $f'(z + 2\alpha\mathrm{i}) = f'(z)$.

11. (Schwarz 反射原理的应用) 整函数 f 将平行四边形 P_1 的四条边分别映到平行四边形 P_2 的四条边上. 证明 f 是线性变换: $f(z) = az + b$, 其中 $a \neq 0$.

12. (环域的全纯自同构) 记 $A = \{z \in \mathbb{C} \mid 1 < |z| < R\}$ 为环域. 证明每个全纯自同构 $f : A \to A$ 都可表示为

$$f(z) = \mathrm{e}^{\mathrm{i}\theta} z \quad \text{或者} \ \mathrm{e}^{\mathrm{i}\theta} R/z$$

的形式.

13. (调和函数 Schwarz 引理的应用) 假设 u 是单位圆盘上的调和函数, 满足 $-1 < u < 1$ 并且 $u(0) = 0$. 求 $u(1/2)$ 的最大值. 取到最大值时, u 具有怎样的形式?

14. (Bôcher 定理) 1903 年, Bôcher 证明了调和函数的一条重要性质: 假设 u 是 $\mathbb{D} \setminus \{0\}$ 上的正调和函数, 则 u 可以表示为

$$u(z) = a \log |z| + v(z), \quad z \in \mathbb{D} \setminus \{0\},$$

其中 $a < 0$, v 是 $\mathbb{D}$ 上的调和函数. 按照如下思路给出证明

(1) 说明 $v(w) = u(\mathrm{e}^w)$ 在左半平面 $\mathbb{H}_L = \{\mathrm{Re}(z) < 0\}$ 调和.

(2) 记 u 在圆周 $\{|z| = r\}$ 上的平均值为 $[u](r)$, 在线段 $[\log(r), \log(r) + 2\pi\mathrm{i}]$ 上选取 w_0 使 $v(w_0) = [u](r)$, 通过对 v 在圆盘 $D(w_0, -\log(r))$ 上应用 Harnack 不等式证明

$$\frac{-\log(r) - \pi}{-\log(r) + \pi} [u](r) \leqslant u(z) \leqslant \frac{-\log(r) + \pi}{-\log(r) - \pi} [u](r), \ |z| = r.$$

(3) 利用调和函数圆周平均的性质 (第 26.6 节, 第 13 题), 证明当 $|z| = r \to 0^+$ 时, 存在常数 C_1, C_2 满足

$$C_1 \leqslant u(z) - [u](r) \leqslant C_2.$$

(4) 利用调和函数的可去奇点定理完成证明.

第二十九章

正 规 族

假设 $\mathcal{F}$ 是区域 Ω 上的一个连续函数族, 如果它的任意函数列 $\{f_n\}_{n \geqslant 1}$ 都有一个内闭一致收敛的子序列 $\{f_{n_k}\}_{k \geqslant 1}$, 称 $\mathcal{F}$ 为正规族 (normal family).

例子: $\mathcal{F} = \{f_n(z) = z^n \,|\, n \geqslant 1\}$. 它是单位圆盘 $\mathbb{D}$ 上的正规族 (可验证: 函数列内闭一致收敛于常值函数 $g \equiv 0$); 但若将 $\mathcal{F}$ 视为 $\mathbb{C}$ 上的函数族, 并不正规. 这说明函数族的正规性不仅依赖于函数本身, 也依赖于定义域.

此例引出一个自然问题: 如何判定函数族 $\mathcal{F}$ 的正规性? 直观上, 正规函数族应满足某些性质. 这些性质, 事后来看, 有两个: 一是内闭一致有界, 一是 (内闭) 等度连续. 下面分别给出定义.

内闭一致有界: 给定区域 Ω 上的连续函数族 $\mathcal{F}$. 如果存在常数 M, 使对任意 $f \in \mathcal{F}$, 有 $\|f\|_\Omega \leqslant M$, 称 $\mathcal{F}$ 在 Ω 上一致有界. 如果对任意紧集 $K \subset \Omega$, 存在与 K 有关的常数 M_K, 使对任意 $f \in \mathcal{F}$, 有 $\|f\|_K \leqslant M_K$, 则称 $\mathcal{F}$ 在 Ω 上内闭一致有界.

等度连续: 给定集合 Ω 上的连续函数族 $\mathcal{F}$. 如果对任意 $\varepsilon > 0$, 存在 $\delta > 0$, 使对任意 $z_1, z_2 \in \Omega$, 任意 $f \in \mathcal{F}$,

$$|z_1 - z_2| \leqslant \delta \Longrightarrow |f(z_1) - f(z_2)| \leqslant \varepsilon,$$

称 $\mathcal{F}$ 在 Ω 上等度连续 (equi-continuous). 等度连续可以理解为: $\mathcal{F}$ 中的所有函数具有同等程度的一致连续性. 若 Ω 为区域, 称 $\mathcal{F}$ 在 Ω 上内闭等度连续, 是指 $\mathcal{F}$ 在 Ω 的任意紧子集上等度连续.

(1) 内闭一致有界, 但非一致有界的例子:

$$\Omega = \mathbb{D}, \ \mathcal{F}_1 = \left\{ f_n : \mathbb{D} \to \mathbb{C}, \ f_n(z) = \frac{z^n}{1 - z^n} \right\},$$

(2) 等度连续的例子:

$$\Omega = \mathbb{C}, \ \mathcal{F}_2 = \{f_n : \mathbb{C} \to \mathbb{C}, \ f_n(z) = z + n\},$$

(3) 非内闭等度连续的例子:

$$\Omega = \mathbb{C}, \ \mathcal{F}_3 = \{f_n : \mathbb{C} \to \mathbb{C}, \ f_n(z) = nz\}.$$

(4) 内闭等度连续, 但非等度连续的例子:

$$\Omega = \mathbb{D}, \quad \mathcal{F}_4 = \{f_n : \mathbb{D} \to \mathbb{C}, \ f_n(z) = z^n\}.$$

29.1 Arzelà-Ascoli 定理

> **定理 29.1 (Arzelà-Ascoli, 1890s)** 假设函数列 $\{f_n\}_{n \geqslant 1}$ 在紧集 K 上一致有界与等度连续, 则 $\{f_n\}_{n \geqslant 1}$ 有一致收敛的子序列.

证明 首先说明 K 存在可数的稠密子集 $\{p_\nu\}_{\nu \geqslant 1}$, 即对任意 $z \in K$, 任意 $\varepsilon > 0$, 总存在某 $p_k \in D(z, \varepsilon)$. 可数稠密子集可如此构造: 对任意自然数 $k \geqslant 1$, $\{D(z, 1/k) \mid z \in K\}$ 是 K 的一个开覆盖. 由 K 的紧性, 它有有限子覆盖 $\{D(z_{k1}, 1/k), \cdots, D(z_{kl_k}, 1/k)\}$. 可验证, 集合 $\bigcup\limits_{k \geqslant 1} \{z_{k1}, \cdots, z_{kl_k}\}$ 是 K 的可数稠密子集.

下面将利用对角线法则选取 $\{f_n\}_{n \geqslant 1}$ 的一致收敛的子序列.

由于序列 $\{f_n(p_1)\}_n$ 有界, 它有收敛的子列 $\{f_{1\nu}(p_1)\}_\nu$. 函数列 $\{f_{1\nu}\}$ 在 p_1 处收敛的同时, 在 p_2 处有界, 因此可选取在 p_2 处收敛的子序列 $\{f_{2\nu}\}_\nu$. 归纳地, 将同样的过程进行到第 j 次时, 得函数子序列 $\{f_{j\nu}\}_\nu$, 它在 $p_1, \cdots, p_j$ 处收敛, 在 p_{j+1} 处有界, 因此可选取 $\{f_{j\nu}\}_\nu$ 在 p_{j+1} 处收敛的子列 $\{f_{j+1,\nu}\}_\nu$. 如此继续, 得序列图表

$$
\begin{array}{cccc}
f_{11}(z), & f_{12}(z), & \cdots & f_{1j}(z), & \cdots \\
f_{21}(z), & f_{22}(z), & \cdots & f_{2j}(z), & \cdots \\
\vdots & \vdots & & \vdots & \\
f_{j1}(z), & f_{j2}(z), & \cdots & f_{jj}(z), & \cdots \\
\vdots & \vdots & & \vdots &
\end{array}
$$

其中第 1 行序列在 p_1 处收敛, 第 2 行序列在 p_1, p_2 处收敛, 第 j 行序列是第 $j-1$ 行序列的子序列, 在 $p_1, \cdots, p_j$ 处收敛. 因此, 对角线序列 $\{f_{jj}\}_j$ 在稠密点列 $\{p_\nu\}_\nu$ 的每一点处都收敛.

以上子列的选取只用到 $\{f_n\}_n$ 的有界性. 下面将利用等度连续性证明函数列 $\{f_{jj}\}_j$ 在 K 上一致收敛.

由等度连续可知, 对任意 $\varepsilon > 0$, 存在 $\delta > 0$, 对任意 $z_1, z_2 \in K$, 任意 $f \in \{f_{jj}\}_j$, 只要 $|z_1 - z_2| \leqslant \delta$ 就有 $|f(z_1) - f(z_2)| \leqslant \varepsilon$.

特别地, 对任意 $p_\mu \in \{p_\nu\}_\nu$, 只要 $z \in D(p_\mu, \delta)$, 就有 $|f(z) - f(p_\mu)| \leqslant \varepsilon$. 因 $\{f_{jj}\}_j$

在 p_μ 处收敛, 故有正数 $N(p_\mu)$, 使

$$|f_{jj}(p_\mu) - f_{ll}(p_\mu)| \leqslant \varepsilon, \ \forall j, l \geqslant N(p_\mu).$$

于是, 对任意 $z \in D(p_\mu, \delta)$, 当 $j, l \geqslant N(p_\mu)$ 时, 有

$$|f_{jj}(z) - f_{ll}(z)| \leqslant |f_{jj}(z) - f_{jj}(p_\mu)| + |f_{jj}(p_\mu) - f_{ll}(p_\mu)| + |f_{ll}(z) - f_{ll}(p_\mu)|$$
$$\leqslant \varepsilon + \varepsilon + \varepsilon = 3\varepsilon.$$

由 $\{p_\nu\}_\nu$ 在 K 中的稠密性知, $\{D(p_\nu, \delta)\}_\nu$ 是 K 的开覆盖. 由 K 的紧性, 它有有限子覆盖 $\{D(p_{k_1}, \delta), \cdots, D(p_{k_m}, \delta)\}$. 令 $N = \max\{N(p_{k_1}), \cdots, N(p_{k_m})\}$, 只要 $j, l \geqslant N$, 就成立

$$\|f_{jj} - f_{ll}\|_K \leqslant 3\varepsilon.$$

这说明 $\{f_{jj}\}_j$ 在 K 上一致收敛. □

> **定理 29.2 (Arzelà-Ascoli, 1890s)**　假设 $\mathcal{F}$ 为区域 Ω 上的连续函数族, 则 $\mathcal{F}$ 是正规族的充要条件是 $\mathcal{F}$ 在 Ω 的任意紧集上一致有界与等度连续.

证明　取 Ω 的一列紧子集 $K_1 \subset K_2 \subset \cdots$, 满足 $K_j \subset K_{j+1}$, 且 $\bigcup K_j = \Omega$. 不难验证, 如下选取的紧集列满足要求

$$K_j = \left\{ z \in \Omega \,\middle|\, d(z, \partial\Omega) \geqslant \frac{1}{j} \right\} \cap \overline{D(0, j)}, \ j \geqslant 1.$$

(充分性). 假设 $\mathcal{F}$ 在所有紧集 K_j 上一致有界与等度连续. 由定理 29.1, $\mathcal{F}$ 的任意函数列 $\{f_n\}_n$ 有子序列 $\{f_{1n}\}_n$ 在 K_1 上一致收敛, $\{f_{1n}\}_n$ 有子序列 $\{f_{2n}\}_n$ 在 K_2 上一致收敛, $\cdots$, $\{f_{j-1,n}\}_n$ 有子序列 $\{f_{jn}\}_n$ 在 K_j 上一致收敛.

取对角线序列 $\{f_{nn}\}_n$, 它在每个紧集 K_j 上一致收敛. 任给 Ω 的紧集 K, 注意到 $d(K, \partial\Omega) > 0$ (参见例 3.1). 选取充分大的自然数 j, 使 $1/j < d(K, \partial\Omega)$ 且 $K \subset \overline{D(0, j)}$, 于是有 $K \subset K_j$. 由 $\{f_{nn}\}_n$ 在 K_j 上一致收敛知, $\{f_{nn}\}_n$ 在 K 上一致收敛.

(必要性). 假设 $\mathcal{F}$ 是正规族. 任取 Ω 的紧子集 K, 显然 $\mathcal{F}$ 在 K 上一致有界 (若不然, 取在 K 上无界的函数列, 它没有收敛的子序列, 与正规性矛盾). 下说明 $\mathcal{F}$ 在 K 上等度连续. 若不然, 存在 $\varepsilon > 0$, K 中的点列 $\{a_n\}_n, \{b_n\}_n$, 函数列 $\{f_n\}_n$, 满足

$$\lim_{n\to\infty} |a_n - b_n| = 0; \ |f_n(a_n) - f_n(b_n)| \geqslant \varepsilon, \forall n \geqslant 1.$$

由 $\mathcal{F}$ 的正规性, 不妨假设 f_n 在 Ω 上内闭一致收敛于 g. 于是

$$|f_n(a_n) - f_n(b_n)| \leqslant |f_n(a_n) - g(a_n)| + |g(a_n) - g(b_n)| + |g(b_n) - f_n(b_n)|$$

$$=2\|f_n - g\|_K + |g(a_n) - g(b_n)|.$$

由 g 在紧集上的一致连续性, 以及 $f_n|_K$ 的一致收敛性知, 上式右端当 $n \to \infty$ 时, 趋于零. 这与左端不小于 ε 矛盾. □

29.2 Montel 定理

> **定理 29.3 (Montel, 1907)** 假设 $\mathcal{F}$ 为区域 Ω 上的全纯函数族, 则 $\mathcal{F}$ 是正规族的充要条件是 $\mathcal{F}$ 在 Ω 上内闭一致有界.

证明 由定理 29.2, 只需证明内闭一致有界蕴涵内闭等度连续.

假设 $K \subset \Omega$ 是紧子集, 取 $0 < r < d(K, \partial\Omega)$, 则

$$K_r = \big\{ z \in \Omega \,\big|\, d(z, K) \leqslant r \big\}$$

是 Ω 中包含 K 的紧子集. 由 $\mathcal{F}$ 内闭一致有界的假设, 存在 $M > 0$, 对任意 $f \in \mathcal{F}$, 有 $\|f\|_{K_r} \leqslant M$. 于是, 当 $a, b \in K$ 且 $|a - b| \leqslant r/2$ 时, 对任意 $f \in \mathcal{F}$, 由 Cauchy 积分公式

$$f(a) - f(b) = \frac{1}{2\pi i} \int_{|\zeta - a| = r} \frac{f(\zeta)(a - b)}{(\zeta - a)(\zeta - b)} d\zeta.$$

显然, $\overline{D(a, r)} \subset K_r$. 由积分基本不等式,

$$|f(a) - f(b)| \leqslant \frac{\|f\|_{\partial D(a,r)} |a - b|}{2\pi \cdot r \cdot r/2} 2\pi r = \frac{2M}{r} |a - b|.$$

上式表明, $\mathcal{F}$ 在 K 上等度连续. □

29.3 两种收敛性

如前所知, 全纯函数列在区域上的点态收敛性弱于内闭一致收敛性. 它们是否有进一步的联系? 1901 年, Osgood 证明了一个令人意外的事实:

> **命题 29.1 (Osgood, 1901)** 若区域 Ω 上的全纯函数列 $f_n: \Omega \to \mathbb{C}$ 点态收敛于 $f: \Omega \to \mathbb{C}$, 则 f_n 在 Ω 的一个稠密开子集 Ω_0 上内闭一致收敛于 f.

证明　由 Montel 定理知, 全纯函数列如果内闭一致有界且点态收敛, 则必然内闭一致收敛. 故此, 只需证明对任意开集 $V \subset \Omega$, 存在 V 的开子集 $D_V \subset V$ 使 $\{f_n\}_{n \geqslant 1}$ 在 D_V 上内闭一致有界. 若不然, 存在 Ω 的开子集 V, 对任意开集 $U \subset V$, 函数列 $\{f_n\}_{n \geqslant 1}$ 在 U 上不内闭一致有界. 归纳地, 可得 V 的一列开子集 $\{D_k\}_{k \geqslant 1}$, 以及 $\{f_n\}_{n \geqslant 1}$ 的子列 $\{f_{n_k}\}_{k \geqslant 1}$, 满足

$$V \ni D_1 \ni D_2 \ni \cdots; \quad |f_{n_k}(z)| \geqslant k, \; \forall z \in D_k, k \geqslant 1,$$

此处, 记号 $A \ni B$ 表示 $A \supset \overline{B}$. 由紧包含性质知, $W := \bigcap_{k \geqslant 1} D_k = \bigcap_{k \geqslant 1} \overline{D_k} \neq \varnothing$. 于是, 对任意 $a \in W$, 点列 $\{f_{n_k}(a)\}_{k \geqslant 1}$ 无界, 故不可能收敛. 这矛盾于 $\{f_n\}_{n \geqslant 1}$ 的点态收敛性. □

命题 29.1 蕴涵 f 在 Ω 的稠密开子集 Ω_0 上全纯. 然而, f 不一定在 Ω 上全纯, 它甚至不一定连续.

为构造 f 不连续的例子, 我们需要 Runge 定理:

Runge 定理[①]: 假设 K 是平面紧集, 余集连通. 给定 K 的邻域上的全纯函数 f, 存在一列多项式 p_n, 在 K 上一致收敛于 f.

下面给出构造: 对任意 $n \geqslant 1$, 定义紧集 $K_n = A_n \cup S_n$, 其中,

$$A_n = [0, n], \; S_n = \{z \in \mathbb{C} \mid |z| \leqslant n, \; d(z, [0, +\infty)) \geqslant 1/n\}.$$

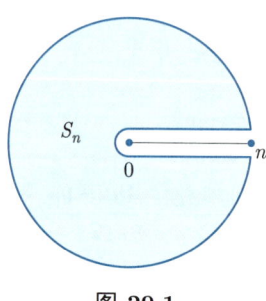

图 29.1

定义 K_n 的 $1/(3n)$ 邻域上的全纯函数 g_n, 使 g_n 在 A_n 的 $1/(3n)$ 邻域上取常值 1, 在 S_n 的 $1/(3n)$ 邻域上取常值 0. 由 Runge 定理, 存在多项式 p_n, 满足

$$\|g_n - p_n\|_{K_n} \leqslant 1/n.$$

注意到 $\bigcup K_n = \mathbb{C}$. 不难验证, 多项式序列 $\{p_n\}_n$ 在平面上点态收敛于

$$f(z) = \begin{cases} 0, & z \in \mathbb{C} \setminus [0, +\infty), \\ 1, & z \in [0, +\infty). \end{cases}$$

---

① 证明参考: STEIN E M, SHAKARCHI R. Complex Analysis. Princeton University Press, 2003.

29.4 有界区域的全纯自映射

本节给出正规族理论的妙用: 研究平面有界区域上全纯自映射的迭代. 这些有趣的工作是 Carathéodory 和 Cartan 于 1932 年证明的. 为简化记号, 用 f^n 表示 f 的 n 次复合 $f \circ \cdots \circ f$, 用 $f_n \to f$ 表示函数列 $\{f_n\}_{n \geqslant 1}$ 内闭一致收敛于 f.

本节的讨论将用到如下事实, 证明留给读者.

(F1) 假设 U, V 都是平面区域, $f_n : U \to V$, $g_n : V \to \mathbb{C}$ 是两列连续函数. 如果 f_n 内闭一致收敛于 $f : U \to V$, g_n 内闭一致收敛于 $g : V \to \mathbb{C}$, 则 $g_n \circ f_n$ 内闭一致收敛于 $g \circ f$.

(F2) 假设 U, V 都是平面区域, 全纯函数列 $f_n : U \to V$ 内闭一致收敛于 $f : U \to V$, 则要么 $f(U) \subset V$, 要么 $f \equiv w \in \partial V$.

> **命题 29.2** 假设 Ω 是平面有界区域, $f : \Omega \to \Omega$ 全纯. 记 $\mathcal{G}$ 是迭代函数序列 $\{f^n\}_{n \geqslant 1}$ 的所有内闭一致收敛子列的非常值极限函数全体. 如果 $\mathcal{G} \neq \varnothing$, 则 $\mathcal{G}$ 是 $\mathrm{Aut}(\Omega)$[①] 的交换子群, 且 $f \in \mathrm{Aut}(\Omega)$, $\{f^n \mid n \in \mathbb{Z}\} \subset \mathcal{G}$.

证明 先证明 $\mathcal{G}$ 在复合运算下可交换. 任给 $s, r \in \mathcal{G}$, 不妨假设 $f^{n_k} \to s$, $f^{m_k} \to r$. 利用 (F1), 在等式 $f^{n_k} \circ f^{m_k} = f^{m_k} \circ f^{n_k}$ 中令 $k \to \infty$ 可得, $s \circ r = r \circ s$.

为证明 $\mathcal{G}$ 是 $\mathrm{Aut}(\Omega)$ 的子群, 只需证明如下两条性质.

(1) 恒等映射 $\mathrm{id} \in \mathcal{G}$.

假设 $f^{n_k} \to g \in \mathcal{G}$. 通过选取 $\{n_k\}_{k \geqslant 1}$ 的子列, 不妨假设 $m_k := n_{k+1} - n_k$ 关于 k 单调递增. 由 $\{f^{m_k}\}_{k \geqslant 1}$ 的一致有界性以及 Montel 定理, 通过选取子列, 不妨假设 $f^{m_k} \to h$. 由 (F1) 以及 $f^{n_{k+1}} = f^{m_k} \circ f^{n_k} \to g$ 可知, $g = h \circ g$. 这说明, $h|_{g(\Omega)} = \mathrm{id}|_{g(\Omega)}$. 又 $g(\Omega)$ 是开集, 由唯一性定理, $h = \mathrm{id}$. 这也说明 $\mathrm{id} \in \mathcal{G}$.

(2) 对任意 $s \in \mathcal{G}$, 存在 $r \in \mathcal{G}$, 使 $s \circ r = r \circ s = \mathrm{id}$.

同于上面的论证, 假设 $f^{p_k} \to s$, $f^{m_k} \to \mathrm{id}$. 通过选取子列, 不妨假设 $q_k := m_k - p_k$ 关于 k 单调递增. 由 Montel 定理, 选子列后不妨假设 $f^{q_k} \to r$. 由 (F1), 在等式 $f^{q_k} \circ f^{p_k} = f^{m_k}$ 中令 $k \to \infty$ 可知, $r \circ s = \mathrm{id}$. 这说明 r 是满射, 特别地, 非常值. 因此 $r \in \mathcal{G}$. 由交换性知, $s \circ r = \mathrm{id}$, 于是 $r, s \in \mathrm{Aut}(\Omega)$.

以上证明了 $\mathcal{G} \subset \mathrm{Aut}(\Omega)$. 最后, 假设 $f^{m_k} \to \mathrm{id}$, 则对任意 $n \geqslant 1$, 有 $f^{m_k+n} \to f^n \in \mathcal{G} \subset \mathrm{Aut}(\Omega)$. 特别地, $f \in \mathrm{Aut}(\Omega)$. 由 (2) 知, 当 $n < 0$ 时, $f^n := (f^{-n})^{-1} \in \mathcal{G}$. $\square$

以下讨论, 对 $a \in \mathbb{C}$, 用 g_a 表示常值函数 $g_a \equiv a$.

---

① $\mathrm{Aut}(\Omega)$ 指 Ω 的全纯自同构群, 即所有双全纯映射 $g : \Omega \to \Omega$ 的全体.

> **命题 29.3**   假设 Ω 是平面有界区域, $f : \Omega \to \Omega$ 全纯, 且 $f \notin \mathrm{Aut}(\Omega)$. 证明: 迭代
> 函数序列 $\{f^n\}_{n \geqslant 1}$ 的任意内闭一致收敛子列的极限都是常值函数. 特别地,
>
> 　　1. 如果 f 在 Ω 中有不动点 a, 则 $f^n \to g_a$.
>
> 　　2. 如果 f 在 Ω 中没有不动点, 则集合
>
> $$C := \Big\{ a \in \mathbb{C} \,\big|\, \{f^n\}_{n \geqslant 1} \ \text{有子列} \ f^{n_k} \to g_a \Big\}$$
>
> 是 $\partial\Omega$ 的连通子集.

证明   由命题 29.2 知, $\mathcal{G} = \varnothing$. 因此, $\{f^n\}_{n \geqslant 1}$ 的任意内闭一致收敛子列的极限都
是常值函数.

1. 若 f 在 Ω 中有不动点 a, 显然, $\{f^n\}_{n \geqslant 1}$ 的任意内闭一致收敛子列的极限都是
g_a. 不难验证, $f^n \to g_a$.

2. 假设 f 在 Ω 中没有不动点. 显然, $C \subset \overline{\Omega}$. 证明分三步:

(1) $C \subset \partial\Omega$.

若不然, 则有 $a \in \Omega$ 及子列 $f^{n_k} \to g_a$. 在等式 $f \circ f^{n_k}(a) = f^{n_k} \circ f(a)$ 中令 $k \to \infty$
得, $f(a) = a$. 这矛盾于 f 没有不动点.

(2) 任给 Ω 的非空紧子集 K, 成立等式

$$C = \bigcap_{n \geqslant 1} \overline{\bigcup_{k \geqslant n} f^k(K)}. \tag{29.1}$$

为证明等式, 令 $K_n = \overline{\bigcup_{k \geqslant n} f^k(K)}$, $K_\infty = \bigcap_{n \geqslant 1} K_n$. 显然, $\{K_n\}_{n \geqslant 1}$ 是递减紧集序列.

假设 $a \in C$, 取子列 $f^{n_k} \to g_a$. 取 $b \in K$ 使 $f^{n_k}(b) \to a$. 显然, 对任意 $k \geqslant 1$, 有
$\{f^{n_j}(b)\}_{j \geqslant k} \subset K_{n_k}$, 因此 $a \in K_{n_k}$. 由此, $a \in \bigcap_k K_{n_k} = K_\infty$. 反之, 如果 $a \in K_\infty$, 则有
m_k 及 $\zeta_k \in K$, 使 $f^{m_k}(\zeta_k) \to a$. 于是, $\{f^{m_k}\}_k$ 有子列 $f^{n_k} \to g_a$, 这表明 $a \in C$.

(3) C 连通.

注意到等式 (29.1) 不依赖于紧集 K 的选取. 为证明 C 连通, 取紧集 K 为 Ω 中
连接某点 b 和 $f(b)$ 的曲线. 此时, 对任意 $n \geqslant 1$, $f^n(K)$ 为连通紧集, 且 $f^n(b) \in$
$f^{n-1}(K) \cap f^n(K)$. 显然, $\bigcup_{k \geqslant n} f^k(K)$ 中任意两点都可用其中的曲线相连, 因此连通, 于
是其闭包 K_n 也连通. 由此, 得连通递减紧集序列 $\{K_n\}_{n \geqslant 1}$.

最后说明 K_∞ 连通. 若不然, 则有非空不交紧集 A, B, 使 $K_\infty = A \cup B$. 由此, 存在
不交开集 U, V, 使 $A \subset U$, $B \subset V$. 由 K_n 连通可知, $K_n \setminus (U \cup V)$ 是非空紧集. 由此, 得
非空递减紧集序列 $\{K_n \setminus (U \cup V)\}_{n \geqslant 1}$, 其交集 $\bigcap_n (K_n \setminus (U \cup V)) = K_\infty \setminus (U \cup V) \neq \varnothing$.
这与 $K_\infty \subset U \cup V$ 矛盾. $\qquad\qquad \square$

> **命题 29.4** 假设 Ω 是平面有界区域, $f : \Omega \to \Omega$ 全纯, 且 $a \in \Omega$ 是 f 的一个不动点, 则 $|f'(a)| \leqslant 1$. 进一步, $|f'(a)| = 1$ 当且仅当 $f \in \mathrm{Aut}(\Omega)$.

证明 因 Ω 是有界区域, 由 Montel 定理知, $\{f^n\}_n$ 是正规族. 这蕴涵导数序列 $\{(f^n)'(a)\}_{n \geqslant 1}$ 有界. 由 $(f^n)'(a) = f'(a)^n$ 知, $|f'(a)| \leqslant 1$.

若 f 双全纯, 则 $f^{-1} : \Omega \to \Omega$ 全纯, 且 $f^{-1}(a) = a$. 对 f^{-1} 应用上述结论知, $|(f^{-1})'(a)| \leqslant 1$, 即 $|f'(a)| \geqslant 1$. 因此, $|f'(a)| = 1$.

反之, 若 $|f'(a)| = 1$, 取迭代序列 $\{f^n\}_n$ 的内闭一致收敛的子列 $\{f^{n_k}\}_k$, 极限函数 g 满足 $g(a) = a$, $|g'(a)| = 1$. 这说明 g 非常值. 由命题 29.2 知, $f \in \mathrm{Aut}(\Omega)$. $\qquad\square$

> **命题 29.5** 给定平面非单连通的有界区域 Ω, 以及 $a \in \Omega$, 存在常数 $m = m(a, \Omega) \in (0, 1)$, 使对任意全纯映射 $f : \Omega \to \Omega$, $f(a) = a$, 只要 $|f'(a)| > m$, 就有 $|f'(a)| = 1$, 即 $f \in \mathrm{Aut}(\Omega)$.

证明 若不然, 存在以 a 为不动点的映射序列 $f_n : \Omega \to \Omega$, 使 $f_n \notin \mathrm{Aut}(\Omega)$, $|f_n'(a)| \geqslant 1 - 1/n$, 且 f_n 内闭一致收敛于 $f : \Omega \to \Omega$. 于是 $|f'(a)| = 1$. 由命题 29.4 知, $f \in \mathrm{Aut}(\Omega)$.

令 $g_n = f^{-1} \circ f_n : \Omega \to \Omega$, 则 $g_n(a) = a$, $g_n \notin \mathrm{Aut}(\Omega)$, 且 g_n 内闭一致收敛于恒等映射 id.

接下来的证明颇为精巧. 因区域 Ω 非单连通, 故存在不同伦于常值曲线的闭曲线 $\gamma \subset \Omega$. 由 $g_n|_\gamma$ 一致收敛于 $\mathrm{id}|_\gamma$ 知, 可取 n 充分大, 使 $g_n(\gamma)$ 在 Ω 中同伦于 γ. 记 $g = g_n$, 对任意 $k \geqslant 1$, 曲线 $g^k(\gamma)$ 在 Ω 中同伦于 $g^{k-1}(\gamma)$, 归纳地, $g^k(\gamma)$ 也同伦于 γ.

另一方面, 因 $g \notin \mathrm{Aut}(\mathbb{D})$ 以及 $g(a) = a$, 由命题 29.3 知, $\{g^k\}_{k \geqslant 1}$ 在 Ω 上内闭一致收敛于常数 a. 因此, 当 k 充分大时, $g^k(\gamma)$ 包含在 a 的一个圆盘邻域 $D(a, r) \subset \Omega$ 中, 它必然同伦于常值曲线. 由此得矛盾. $\qquad\square$

29.5 习题

1. (等度连续性) 圆盘 $\mathbb{D}$ 上的函数列 $\mathcal{F} = \{f_n(z) = z^n \mid n \geqslant 1\}$ 是否等度连续? 是否内闭等度连续? 说明理由.

2. (函数的复合) 假设 U, V 都是平面区域, $f_n : U \to V$, $g_n : V \to \mathbb{C}$ 是两列连续函数. 如果 f_n 内闭一致收敛于 $f : U \to V$, g_n 内闭一致收敛于 $g : V \to \mathbb{C}$. 证明: $g_n \circ f_n$ 内闭一致收敛于 $g \circ f$.

3. (Arzelà-Ascoli 定理: 把值域视为复球面的子集) 假设 D 为平面上的区域, (Y, d_Y) 是一个度量空间, $C(D, Y)$ 是所有连续函数 $f : D \to Y$ 的全体. 回顾 Arzelà-Ascoli 定理: 给定函数族 $\mathcal{F} \subseteq C(D, \mathbb{C})$, $\mathcal{F}$ 是正规族的充要条件是 $\mathcal{F}$ 在 D 上内闭一致有界与内闭等度连续. 注意, 此时 $Y = \mathbb{C}$, d_Y 为欧氏度量.

现将 $\mathcal{F}$ 视为 $C(D, \widehat{\mathbb{C}})$ 的子函数族 (此时 $Y = \widehat{\mathbb{C}}$, d_Y 为球面度量), 给出 $\mathcal{F}$ 在 D 上内闭等度连续, 函数列内闭一致收敛的定义. 证明: $\mathcal{F}$ 是正规族的充要条件是 $\mathcal{F}$ 在 D 上内闭等度连续.

此题说明, 同样的函数族, 值域放在不同的目标空间中看, 正规性的要求可以不同.

4. (正规性的微妙差异) 接上题, 考虑函数族

$$\mathcal{F} = \{f_n(z) = z + n \,|\, n \geqslant 1\}.$$

(1) 视 $\mathcal{F}$ 为 $C(\mathbb{C}, \mathbb{C})$ 的子函数族, 证明: $\mathcal{F}$ 不是正规族.

(2) 视 $\mathcal{F}$ 为 $C(\mathbb{C}, \widehat{\mathbb{C}})$ 的子函数族, 证明: $\mathcal{F}$ 是正规族.

注: 此题说明, 同样的函数族, 取值从不同的目标空间中看, 正规性可以不同.

5. (正规性的判别) 给定平面区域 Ω 以及右半平面 $\mathbb{H}_R = \{z \in \mathbb{C} \,|\, \mathrm{Re}(z) > 0\}$, 取定 $z_0 \in \Omega$, 定义函数族

$$\mathcal{F} = \{f : \Omega \to \mathbb{H}_R \text{ 全纯}\}, \ \mathcal{F}_1 = \{f \in \mathcal{F} \,|\, f(z_0) = 1\}.$$

研究 $\mathcal{F}, \mathcal{F}_1$ 的正规性, 说明理由或给出证明.

6. (点态收敛与内闭一致收敛) 证明: 函数列 $g_n(z) = 1/(n^2 z - n)$ 点态收敛, 但不内闭一致收敛于常值函数 $g \equiv 0$.

7. (迭代函数列的正规性) 假设 p 是 $d(d \geqslant 1)$ 次多项式, 考虑函数迭代序列生成的函数族

$$\mathcal{F} = \Big\{ f_n = \underbrace{p \circ \cdots \circ p}_{n \text{次复合}}, n \geqslant 1 \Big\}.$$

(1) 如果 $d = 1$, 给出 $\mathcal{F}$ 在复平面上正规的充要条件.

(2) 如果 $d \geqslant 2$, 证明 $\mathcal{F}$ 不是复平面上的正规族.

8. (Montel 定理的应用) 下面函数族是正规族吗? 给出证明.

$$\mathcal{F} = \Big\{ f : \mathbb{D} \to \mathbb{C} \text{全纯}, f(z) = \sum_{n=1}^{\infty} a_n z^n, |a_n| \leqslant n, \forall n \geqslant 1 \Big\}.$$

9. (Vitali-Porter 定理, 1903/1904) 假设区域 Ω 上的全纯函数列 $\mathcal{F} = \{f_n\}_{n \geqslant 1}$ 内闭一致有界. 若点列 $\{z_j\}_{j \geqslant 1}$ 在 Ω 中有聚点, 并且对任意 j, 点列 $\{f_n(z_j)\}_{n \geqslant 1}$ 收敛, 则 $\{f_n\}_{n \geqslant 1}$ 内闭一致收敛到 Ω 上的全纯函数 f.

10. (调和函数的 Montel 定理) 假设 $\mathcal{F}$ 为区域 Ω 上的调和函数族. 如果 $\mathcal{F}$ 在 Ω 上内闭一致有界, 证明 $\mathcal{F}$ 是正规族.

11. (函数迭代性质的应用) 熟知, 符号 i^{i} 有可数无穷多的取值. 现考虑 $\mathrm{i}^{\mathrm{i}^{\cdots}}$. 它有无限个 i 的指数嵌套. 可通过如下迭代的极限表示:

$$z_0 = \mathrm{i},\ z_{n+1} = \mathrm{i}^{z_n}, n \geqslant 0.$$

请用适当的方法, 表示出它的一个可能的取值.

提示: 考虑映射 $f(z) = \mathrm{e}^{\pi \mathrm{i} z/2}$, 它是区域 $\Omega = \{z = x + \mathrm{i}y \,|\, x > 0, y > 0, |z| < 1\}$ 到自身的压缩映射.

第三十章

Riemann 映射定理

30.1 Riemann 映射定理

> **定理 30.1 (Riemann, 1851)**　假设 Ω 是平面单连通区域, 且 $\Omega \neq \mathbb{C}$, 任取 $a \in \Omega$, 存在唯一的双全纯映射 $f : \Omega \to \mathbb{D}$, 满足 $f(a) = 0$ 且 $f'(a) > 0$.

1851 年, 德国数学家 Riemann 在博士论文里陈述并 "证明" 了此定理的一种特殊情形: Ω 是有界且具有光滑边界的区域. 他的证明利用了 Dirichlet 边值问题解的存在性. 为说明解存在, 他未加证明地使用了 Dirichlet 原理. 1870 年, Weierstrass 最先发现了证明中的漏洞, 并鼓励他的学生 Schwarz 修补证明. Schwarz 不负所望, 证明了分段光滑边界下 Dirichlet 原理成立. 这一工作, 在当时数十年都是最佳结果.

图 30.1　德国数学家 Riemann (1826—1866)

1900 年, 美国数学家 Osgood 利用 Schwarz 和 Poincaré 的一些想法, 首次给出一般形式 Riemann 映射定理的证明. 但当时美国并非世界数学的中心, 因此 Osgood 的工作在美国的数学杂志发表后, 鲜有人知.

1910 年左右, 法国数学家 Koebe 和 Carathéodory 系统而完整地证明了 Riemann 映射定理. 他们的证明引入了重要的技巧, 并支配了这一领域的后续发展.

30.2 定理的证明

(唯一性) 若另有双全纯映射 $g : \Omega \to \mathbb{D}$, 满足 $g(a) = 0$ 且 $g'(a) > 0$, 则 $G = g \circ f^{-1} : \mathbb{D} \to \mathbb{D}$ 双全纯, $G(0) = 0$. 因此 $G(z) = \mathrm{e}^{\mathrm{i}\theta} z$. 由

$$G'(0) = g'(f^{-1}(0))(f^{-1})'(0) = \frac{g'(a)}{f'(a)} > 0$$

知, $G(z) \equiv z$. 从而 $f = g$.

(存在性) 存在性的证明受到 Schwarz 引理的启发. Schwarz 引理告诉我们: 当 $(\Omega, a) = (\mathbb{D}, 0)$ 时, 如有全纯映射 $f : \Omega \to \mathbb{D}$, 满足 $f(a) = 0$, 则 $|f'(a)| \leqslant 1$; 若 $|f'(a)|$ 达到最大值 1, 那么 f 是双全纯映射. Schwarz 引理所启发的想法是:

对一般区域 Ω, 以及 $a \in \Omega$, 如有全纯映射 $f : \Omega \to \mathbb{D}$, 满足 $f(a) = 0$ 且使 $|f'(a)|$ 达到最大值, 那么 f(差一个旋转意义下) 有可能是所求的双全纯映射.

下面将实现这一想法. 当 Ω 是有界区域时, 分如下 4 步:

(1) 构造适当的全纯函数族.

(2) 提出适当的极值问题并证明解存在.

(3) 证明极值映射的一些性质.

(4) 证明极值映射是满射.

当 Ω 是无界区域时, 我们将证明 Ω 总可双全纯映为有界区域, 从而约化为有界域的情形.

(1) 构造全纯函数族:

$$\mathcal{F} = \{g : \Omega \to \mathbb{D} \text{ 单叶}, \ g'(a) > 0\}.$$

下说明 $\mathcal{F} \neq \varnothing$. 由 Ω 有界知, 它包含在某圆盘 $D(0, R)$ 中. 函数 $g(z) = z/R$ 是单射, $g'(a) = 1/R > 0$. 因此 $g \in \mathcal{F}$. 由此得无穷多个属于 $\mathcal{F}$ 的单叶函数.

(2) 记 $v = \sup\limits_{g \in \mathcal{F}} g'(a)$. 由 (1) 知, $v \geqslant 1/R > 0$. 下证 $v < +\infty$.

取 $r > 0$ 使 $D(a, r) \subset \Omega$. 利用导数的 Cauchy 不等式,

$$|g'(a)| \leqslant \frac{\|g\|_{D(a,r)}}{r} \leqslant \frac{1}{r}, \ \forall g \in \mathcal{F}.$$

因此, $v \leqslant 1/r < +\infty$. 由 v 的定义, 存在函数列 $\{f_n\}_n \subset \mathcal{F}$, 满足

$$\lim_{n \to \infty} f_n'(a) = v.$$

因 $\{f_n\}_{n \geqslant 1}$ 一致有界, 由 Montel 定理知, 它有子列 $\{f_{n_k}\}_{k \geqslant 1}$ 在 Ω 上内闭一致收敛. 记极限函数为 $f : \Omega \to \mathbb{C}$. 由 Weierstrass 定理知, f 全纯且 $f'(a) = \lim\limits_{k \to \infty} f_{n_k}'(a) = v > 0$.

由 Hurwitz 定理知, f 在 Ω 上单叶. 显然, $f(\Omega) \subset \overline{\mathbb{D}}$. 由开映射定理知, $f(\Omega) \subset \mathbb{D}$. 因此 $f \in \mathcal{F}$.

(3) 极值函数 f 满足 $f(a) = 0$.

若不然, 取 $S \in \operatorname{Aut}(\mathbb{D})$ 为 $S(w) = (w - f(a))/(1 - \overline{f(a)}w)$. 它满足 $S(f(a)) = 0$. 定义

$$F(z) = S \circ f(z) = \frac{f(z) - f(a)}{1 - \overline{f(a)}f(z)}, \ z \in \Omega.$$

显然, $F : \Omega \to \mathbb{D}$ 单叶, $F(a) = 0$, 且

$$F'(a) = S'(f(a))f'(a) = \frac{f'(a)}{1 - |f(a)|^2} > f'(a).$$

这矛盾于 $f'(a) = \sup_{g \in \mathcal{F}} g'(a)$.

(4) 极值函数 f 是满射 (最具技巧性的一步).

如不然, 如图 30.2 所示, $f(\Omega) \neq \mathbb{D}$, 取 $c \in \mathbb{D} \setminus f(\Omega)$. 取 $S \in \operatorname{Aut}(\mathbb{D})$ 为 $S(w) = (w - c)/(1 - \overline{c}w)$. 显然, $S(0) = -c$, $S(c) = 0 \notin S(f(\Omega))$. 由此, $S(f(\Omega))$ 是不含 0 的单连通区域, 在此区域上可取到 $\sqrt{\zeta}$ 的一个全纯单值分支, 记为 ϕ. 记 $\phi(-c) = \sqrt{-c}$. 最后, 取 $\psi \in \operatorname{Aut}(\mathbb{D})$, 使 $\psi(\sqrt{-c}) = 0$. 易见,

$$\psi(\xi) = \mathrm{e}^{\mathrm{i}\theta} \frac{\xi - \sqrt{-c}}{1 - \overline{\sqrt{-c}}\xi},$$

其中 $\mathrm{e}^{\mathrm{i}\theta}$ 待定.

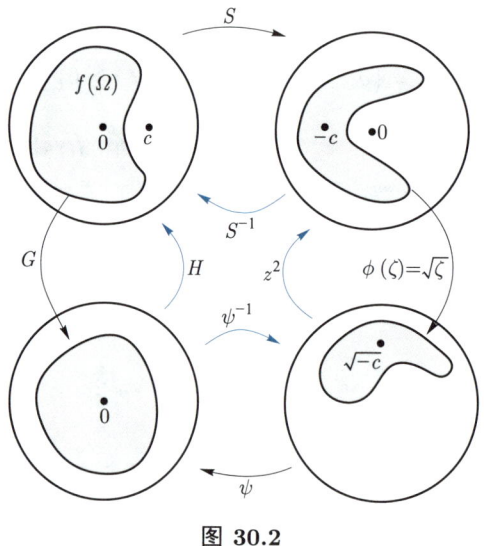

图 30.2

最后, 考虑映射

$$g = \psi \circ \phi \circ S \circ f : \Omega \to \mathbb{D}.$$

显然, $G = \psi \circ \phi \circ S : f(\Omega) \to \mathbb{D}$ 单叶, 且满足 $G(0) = 0$. $\mathrm{e}^{i\theta}$ 的选取使 $G'(0) > 0$. 易见, G 的逆映射 $H = S^{-1} \circ z^2 \circ \psi^{-1}$ 可由 $G(f(\Omega))$ 延拓到 $\mathbb{D}$ 上 (这由 H 的表达式可知), 因此可视为 $\mathbb{D}$ 到自身的全纯映射. 显然, $H(0) = 0$, $H \notin \mathrm{Aut}(\mathbb{D})$. 由 Schwarz 引理知, $H'(0) = |H'(0)| < 1$. 因此

$$g'(a) = G'(0)f'(a) = f'(a)/H'(0) > f'(a).$$

这样就得到单叶函数 $g \in \mathcal{F}$, 满足 $g'(a) > f'(a)$. 这矛盾于 $f'(a) = \sup\limits_{h \in \mathcal{F}} h'(a)$. 此矛盾表明, f 实为满射.

(5) 无界区域的情形.

假设 Ω 无界, 下证存在 Ω 上的单叶函数 ψ, 使 $\psi(\Omega)$ 为有界区域.

首先, 取 $b \in \mathbb{C} \setminus \Omega$. 多值函数 $\sqrt{z - b}$ 在 Ω 上可取到两个全纯的单值分支 h_1 和 $h_2 = -h_1$, 满足 $h_1(z)^2 = h_2(z)^2 = z - b$, 如图 30.3 所示. 单值分支 h_k 在 Ω 上单叶, 这由下式可得

$$h_k(z_1) = h_k(z_2) \Longrightarrow h_k(z_1)^2 = h_k(z_2)^2 \Longrightarrow z_1 = z_2.$$

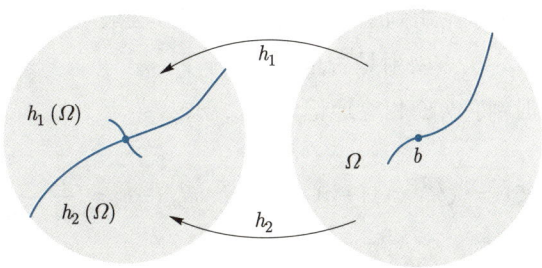

图 30.3

下证 $h_1(\Omega) \cap h_2(\Omega) = \varnothing$. 若不然, 存在 $z_1, z_2 \in \Omega$, 使 $h_1(z_1) = h_2(z_2) = -h_1(z_2)$. 两边平方得 $z_1 = z_2$. 由此, $h_1(z_1) = 0$. 这矛盾于 h_1 不取零值.

取 $w_0 \in h_2(\Omega)$, $\delta > 0$ 使 $\overline{D(w_0, \delta)} \subset h_2(\Omega)$. 令

$$\psi(z) = \frac{\delta}{h_1(z) - w_0},$$

显然, ψ 单叶, $|\psi(z)| < 1$. 由此得, $\psi(\Omega)$ 是一个有界区域.

至此, Riemann 映射定理证完. $\qquad\qquad\qquad\qquad\qquad\qquad\qquad\qquad$ $\square$

30.3　证明的注记

下面补充证明中的一些理解. 记由 Riemann 映射定理给出的双全纯映射为 $f : (\Omega, a) \to (\mathbb{D}, 0), f'(a) > 0$.

(1) 证明中构造了极值问题, 蕴涵对任意单叶函数 $g : \Omega \to \mathbb{D}$, 满足 $g'(a) > 0$, 都有 $g'(a) \leqslant f'(a)$. 事实上, 此极值性质对所有全纯映射都成立:

若 $g : \Omega \to \mathbb{D}$ 全纯, 则成立 $|g'(a)| \leqslant f'(a)$. 等号成立当且仅当 $g = \mathrm{e}^{\mathrm{i}\theta} f$.

证明　易知 $h = g \circ f^{-1} : \mathbb{D} \to \mathbb{D}$ 全纯. 由 Schwarz-Pick 定理,

$$|h'(0)| \leqslant 1 - |h(0)|^2 \leqslant 1.$$

由 $h'(0) = g'(f^{-1}(0))(f^{-1})'(0) = g'(a)/f'(a)$ 知, $|g'(a)| \leqslant f'(a)$. 等号成立充要条件是 $h(z) = \mathrm{e}^{\mathrm{i}\theta} z$, 即 $g(z) = \mathrm{e}^{\mathrm{i}\theta} f(z)$. 　　　　□

顺便一提, Riemann 映射定理的证明中不取全纯函数族

$$\mathcal{F} = \{ f : \Omega \to \mathbb{D} \text{ 全纯, } f'(a) > 0 \}$$

的主要原因是, 无法获取极值映射的更多信息. 而把 $\mathcal{F}$ 取成单叶函数族的好处是, 可利用 Hurwitz 定理得知极限映射的单叶性.

(2) 在证明 f 是满射时, 用到了开方映射. 这一方法最早由 Koebe 提出. 一个自然的问题是: 开 $m(m \geqslant 2)$ 次方映射是否也可行?

为给出回答, 此时, 将 ϕ, ψ 相应地记为 ϕ_m, ψ_m:

$$\phi_m(\zeta) = \sqrt[m]{\zeta}, \ \phi_m(-c) = \sqrt[m]{-c}, \ \phi'_m(-c) = \frac{1}{m} \frac{\sqrt[m]{-c}}{-c},$$

$$\psi_m(\xi) = \mathrm{e}^{\mathrm{i}\theta} \frac{\xi - \sqrt[m]{-c}}{1 - \overline{\sqrt[m]{-c}}\xi}, \ \psi'_m(-c) = \frac{\mathrm{e}^{\mathrm{i}\theta}}{1 - |c|^{2/m}},$$

这里, $\mathrm{e}^{\mathrm{i}\theta}$ 待定.

考虑映射

$$h_m = \psi_m \circ \phi_m \circ S : f(\Omega) \to \mathbb{D}.$$

易验证 h_m 单叶, $h_m(0) = 0$. 选取 $\mathrm{e}^{\mathrm{i}\theta}$ 使 $h'_m(a) > 0$. 易知:

$$\begin{aligned}
h'_m(a) &= S'(0)\phi'_m(-c)\psi'_m(\sqrt[m]{-c}) \\
&= (1 - |c|^2) \frac{1}{m} \frac{\sqrt[m]{-c}}{-c} \frac{\mathrm{e}^{\mathrm{i}\theta}}{1 - |c|^{2/m}} \\
&= \frac{1 + |c|^{2/m} + \cdots + |c|^{(2m-2)/m}}{m|c|^{1-1/m}}
\end{aligned}$$

$$> \frac{m \sqrt[m]{1 \cdot |c|^{2/m} \cdot \cdots \cdot |c|^{(2m-2)/m}}}{m|c|^{1-1/m}} = 1.$$

上式利用了算术–几何均值不等式. 这样, 单叶函数 $g_m = h_m \circ f \in \mathcal{F}$, 且 $g'_m(a) > f'(a)$. 这说明, 证明满射时, 取开 m 次方映射总是可行的. 为计算方便, 通常取 $m = 2$.

以上证明也可免于计算. 映射 $h_m = \psi_m \circ \phi_m \circ S : f(\Omega) \to \mathbb{D}$ 的逆映射可延拓成 $\mathbb{D}$ 到自身的全纯函数 $H_m(z) = S^{-1}(\psi_m^{-1}(z)^m)$, 满足 $H_m(0) = 0$. 对 H_m 应用 Schwarz 引理, 得 $H'_m(0) < 1$. 因此 $g'_m(a) = h'_m(0)f'(a) = f'(a)/H'_m(0) > f'(a)$.

(3) Riemann 映射定理给出了平面单连通区域的单值化, 从而引出一个基本问题: 任意平面区域是否可以双全纯等价于一个典型区域? 这里, 典型区域通常指边界性质很好的区域, 比如圆盘、矩形. 一类常见的典型区域是圆域, 它指每一个边界分支要么是圆周, 要么是单点的区域. 1920 年, 德国数学家 Koebe 证明了任意有限连通的平面区域总可以双全纯等价于圆域, 并提出猜想: 任意平面区域总可以双全纯等价于圆域. 这一猜想对区域是可数无限连通的情形已被 He-Schramm (1993) 证明, 但一般情形仍然未知.

图 30.4 中两个四连通区域 Ω_1, Ω_2 分别双全纯等价于圆域 D_1, D_2. 但作为圆域, D_1 与 D_2 不双全纯等价. 区域的双全纯等价类全体一般称为区域的模空间.

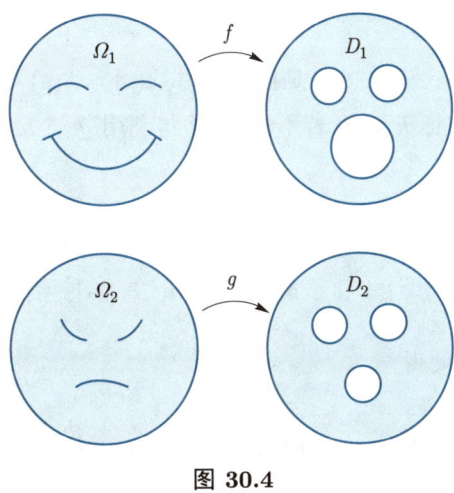

图 30.4

30.4 极值问题的一般形式

Riemann 映射定理证明的切入点是导数模长的极值问题, 如将单连通域 Ω 换成一般平面区域, 情况又如何? 1945 年, Ahlfors 证明了一般情形下极值映射的存在唯一性.

> **定理 30.2 (Ahlfors, 1945)**　假设 Ω 是平面区域, 记 $\mathcal{F} = \{g : \Omega \to \mathbb{D}$ 全纯$\}$. 取定 $p \in \Omega$. 若 $\mathcal{F}$ 中有非常值函数, 则存在唯一的 $f \in \mathcal{F}$ 满足极值性质[①]
>
> $$f'(p) = \sup_{g \in \mathcal{F}} |g'(p)|.$$

在定理中, "$\mathcal{F}$ 中存在非常值函数" 这一假设, 蕴涵 Ω 最大不可能是有限穿孔平面 $\mathbb{C} - \{p_1, p_2, \cdots, p_n\}$. 事实上, 由 Riemann 可去奇点定理, 任意全纯函数 $f : \mathbb{C} - \{p_1, p_2, \cdots, p_n\} \to \mathbb{D}$ 都可延拓为全纯函数 $f : \mathbb{C} \to \mathbb{D}$. 由 Liouville 定理知, f 必为常数. 同理可知, Ω 不能是可数闭集的余集.

证明　极值映射的存在性由正规族理论保证.

若 f 是极值映射, 则 $f(p) = 0$. 如不然, 类似 Riemann 映射定理的证明, 可构造函数

$$F(z) = \frac{f(z) - f(p)}{1 - \overline{f(p)} f(z)}.$$

显然, $F \in \mathcal{F}$ 且 $F'(p) = f'(p)/(1 - |f(p)|^2) > f'(p)$. 这矛盾于 f 的极值性.

若有两个极值映射 f_1, f_2. 令

$$g = \frac{f_1 + f_2}{2}, \ h = \frac{f_1 - f_2}{2},$$

则 $f_1 = g + h, f_2 = g - h$. 显然, g 也是极值映射, $g(p) = h(p) = 0$.

为证明唯一性, 只需证 $h \equiv 0$. 若不然, 下面将利用 g 与 h 构造出导数更大的函数, 这将与 g 是极值映射矛盾.

首先, 由等式

$$2(|g|^2 + |h|^2) = |g+h|^2 + |g-h|^2 = |f_1|^2 + |f_2|^2 < 2$$

可知, $|g|^2 + |h|^2 < 1$. 由此得

$$|h|^2 < (1 + |g|)(1 - |g|) < 2(1 - |g|) \implies \frac{|h|^2}{2} + |g| < 1.$$

记 $\phi = h^2/2$. 显然, $\phi : \mathbb{D} \to \mathbb{D}$ 全纯, $\phi(p) = 0$.

唯一性等价于 $\phi \equiv 0$. 若不然, 则 p 是 ϕ 的 n 阶零点. 由 $\phi = h^2/2$ 可知, $n \geqslant 2$ 且为偶数. 将 ϕ 表示为 $\phi(z) = (z-p)^n \psi(z)$, 其中, $\psi(p) \neq 0$. 待定模长很小的复数 ε, 并构造全纯函数

$$H(z) = g(z) + \varepsilon(z-p)\psi(z), \ z \in \mathbb{D}.$$

当 $z \in \mathbb{D} \setminus D(p, |\varepsilon|^{1/(n-1)})$ 时, $|z - p| \geqslant |\varepsilon|^{1/(n-1)}$, 此时,

---

① 极值映射 f 称为 Ahlfors 映射, 它满足 $f(p) = 0$.

$$|H(z)| \leqslant |g(z)| + |z - p|^n |\psi(z)| = |g(z)| + |\phi(z)| < 1.$$

当 $z \in D(p, |\varepsilon|^{1/(n-1)})$ 时, 由最大模原理

$$|H(z)| \leqslant \max_{|\zeta - p| = |\varepsilon|^{1/(n-1)}} |H(\zeta)| < 1.$$

因此, 对任意 $z \in \mathbb{D}$, 成立 $|H(z)| < 1$. 这说明 $H \in \mathcal{F}$. 另一方面, $H'(p) = g'(p) + \varepsilon \psi(p)$. 取 $\varepsilon = r\overline{\psi(p)}/|\psi(p)|$, 其中, r 为小正数, 则 $H'(p) = g'(p) + r|\psi(p)| > g'(p)$, 与 g 的极值性矛盾. $\qquad\square$

30.5 习题

1. (极值问题) 记 $\mathcal{F}$ 为所有全纯函数 $g : \mathbb{D} \to \mathbb{D}$ 的全体, $a \in \mathbb{D}$. 令 $v = \sup\limits_{g \in \mathcal{F}} |g'(a)|$.

(1) 求 v 的值.

(2) 满足 $|f'(a)| = v$ 的 $f \in \mathcal{F}$ 具有什么样的形式?

(3) 是否存在 $f \in \operatorname{Aut}(\mathbb{D})$ 满足 $|f'(a)| < v$?

2. (不动点的性质) 假设 $D \neq \mathbb{C}$ 为平面上的单连通区域, $a \in D$. 假设 $f : D \to D$ 全纯, 满足 $f(a) = a$. 证明 $|f'(a)| \leqslant 1$. 等号成立的充要条件是什么?

3. (Dirichlet 积分的极值) 假设 Ω 为平面有界单连通域, 记 $\mathcal{H}$ 为 C^1(一阶连续可微, 即偏导数连续) 同胚 $\psi : \mathbb{D} \to \Omega$ 全体. 对任意 $\psi = u + \mathrm{i}v \in \mathcal{H}$, 定义 Dirichlet 积分

$$D(\psi) = \frac{1}{2} \int_{\mathbb{D}} |\nabla\psi|^2 \mathrm{d}x\mathrm{d}y = \frac{1}{2} \int_{\mathbb{D}} (|\nabla u|^2 + |\nabla v|^2) \mathrm{d}x\mathrm{d}y.$$

对任意 $\psi \in \mathcal{H}$, 证明

$$D(\psi) = \operatorname{area}(\Omega) + 2 \int_{\mathbb{D}} \left| \frac{\partial\psi}{\partial\bar{z}} \right|^2 \mathrm{d}x\mathrm{d}y.$$

当 $D(\psi)$ 达到最小值时, ψ 有什么性质?

4. (双全纯映射的性质) 假设 $D \neq \mathbb{C}$ 为平面上的单连通区域, 关于实轴对称, $a \in D \cap \mathbb{R}$. 假设 $f : D \to \mathbb{D}$ 双全纯, 满足 $f(a) \in \mathbb{R}, f'(a) > 0$. 证明 $f(D \cap \mathbb{R}) = (-1, 1)$.

5. (上半圆盘的 Riemann 映射) 记 $\mathbb{D}^+ = \mathbb{D} \cap \mathbb{H}$ 是上半圆盘. 任取 $a \in \mathbb{D}^+$, 证明映射

$$f(z) = \frac{\phi_a(z)}{\phi_{\bar{a}}(z)}, \quad \text{其中 } \phi_c(z) = \frac{z - c}{1 - \bar{c}z}$$

是从 $\mathbb{D}^+$ 到 $\mathbb{D}$ 的双全纯映射.

6. (映射半径的性质) 假设 $D \neq \mathbb{C}$ 为平面上的有界单连通区域, $f : D \to \mathbb{D}$ 双全纯, 满足 $f(a) = 0$, $f'(a) > 0$. 称 $\dfrac{1}{f'(a)}$ 为 D 在 a 处的映射半径, 记为 $R_D(a)$.

(1) 证明

$$d(a, \partial D) \leqslant R_D(a) \leqslant \max_{z \in \partial D} |z - a|.$$

(2) 假设 $F : D \to \mathbb{C}$ 全纯, $F(a) = 0$, $F'(a) = 1$. 证明

$$\int_D |F'(z)|^2 \mathrm{d}x\mathrm{d}y \geqslant \pi R_D^2(a).$$

等号成立当且仅当 F 是从 D 到 $D(0, R_D(a))$ 的双全纯映射.

7. (Riemann 映射定理的构造性证明) 利用 Carathéodory 的想法, Koebe 给出了 Riemann 映射定理的构造性的证明. 本题给出证明的思路, 细节留作习题.

一个区域 K 称为 Koebe 区域, 是指 K 单连通, $K \subsetneq \mathbb{D}$ 且 $0 \in K$. 证明思路是给定 Koebe 区域 K_0, 找到一个单叶函数 $f : K_0 \to \mathbb{D}$ 使其像集 $K_1 = f(K_0)$ 是比 K_0 更 "大" 的 Koebe 区域. 接下来迭代此过程, 得到单叶函数列

$$F_n = f_n \circ \cdots \circ f_0 : K_0 \to \mathbb{D}$$

使 $F_n(K_0) = K_{n+1}$. 期望极限函数 $F = \lim_{n \to \infty} F_n$ 是从 K_0 到 $\mathbb{D}$ 的双全纯映射.

为实现此想法, 需要给出 Koebe 区域变大的严格定义, 并给出函数序列 f_n 的具体构造. 定义 Koebe 区域 K 的内半径 $r(K) = \sup\{\rho > 0 \,|\, D(0, \rho) \subset K\}$. 单叶函数 $f : K \to \mathbb{D}$ 称为是扩张的, 如果 $f(0) = 0$ 且 $|f(z)| > |z|, \forall z \in K \setminus \{0\}$.

(1) 如果 f 是扩张的, 证明 $r_{f(K)} \geqslant r_K$ 且 $|f'(0)| > 1$. (提示: 令 $f(z) = zg(z)$ 并对 g 应用最大模原理.)

给定 Koebe 区域 K_0 和一列扩张单叶函数 $f_n : K_n \to \mathbb{D}$, $n \geqslant 0$, 假设 $K_{n+1} = f_n(K_n)$ (显然都是 Koebe 区域), 定义 $F_n = f_n \circ \cdots \circ f_0 : K_0 \to \mathbb{D}$.

(2) 证明: 对任意 n, 映射 F_n 是扩张的. 进一步, 利用等式 $F_n'(0) = \prod\limits_{k=0}^{n} f_k'(0)$ 证明 $\lim\limits_{n \to \infty} |f_n'(0)| = 1$. (提示: 证明序列 $\{|F_n'(0)|\}$ 单调有界.)

(3) 证明: 如果内半径序列满足 $r(K_n) \to 1$, 则 $\{F_n\}$ 有子列在 K_0 上内闭一致收敛到双全纯映射 $F : K_0 \to \mathbb{D}$.

为构造 K_n 满足 (3), 需巧妙地选取 f_n. 为此定义 $\psi_\alpha(z) = (\alpha - z)/(1 - \bar{\alpha}z)$, 其中 $\alpha \in \mathbb{D}$.

(4) 给定 Koebe 区域 K, 选取一点 $\alpha \in \mathbb{D} \setminus K$, 使 $|\alpha| = r(K)$. 选取 $\beta \in \mathbb{D}$ 使 $\beta^2 = \alpha$. 选取 S 是 $\sqrt{\cdot}$ 在 $\psi_\alpha(K)$ 上的单值支, 满足 $S(\alpha) = \beta$. 证明: 映射 $f = \psi_\beta \circ S \circ \psi_\alpha$ 是扩张映射, 且

$$|f'(0)| = \frac{1 + r(K)}{2\sqrt{r(K)}}.$$

(5) 结合 (4) 和 (2), 给出满足 (3) 的序列 f_n, K_n 的构造.

8. (双全纯映射序列) 给定平面单连通区域

$$\Omega_n = \left\{ z \in \mathbb{C} \,\middle|\, |z| < 1 \text{ 或者} \left| z - 2 + \frac{1}{n} \right| < 1 \right\}, \; n \geqslant 1.$$

假设 $f_n : \mathbb{D} \to \Omega_n$ 双全纯, 满足 $f_n(0) = 0, f_n'(0) > 0$. 证明 f_n 在 $\mathbb{D}$ 上内闭一致收敛于恒等映射.

9. (极值问题) 不知名数学工作者王先生研制了一道题目:

记 $\mathcal{F}$ 为单叶函数 $f : \mathbb{D} \to \mathbb{D} \setminus \{0\}$ 全体, 求极值 $\sup\limits_{f \in \mathcal{F}} |f'(0)|$.

王先生因资质平平, 百思不解, 不禁感慨: 编一道难题就像挖了一个坑, 自己把自己埋了. 你能做出来吗?

第三十一章

双曲几何

31.1 双曲度量

假设 Ω 是平面区域. Ω 上的一个共形度量 ρ 指加权的长度元素 $\rho(z)|\mathrm{d}z|$, 这里 $\rho \geqslant 0$ 是 Ω 上的非负连续函数, 称为度量密度函数. 共形度量可看成一种新的长度元素.

给定 Ω 中一条分段光滑曲线 γ, 它的 ρ 长度定义为

$$\ell_\rho(\gamma) = \int_\gamma \rho(z)|\mathrm{d}z|.$$

很自然的, 面积元素 $\mathrm{d}A$ 可表示为沿 x 方向和沿 y 方向的长度元素的乘积:

$$\mathrm{d}A = (\rho(z)\mathrm{d}x) \times (\rho(z)\mathrm{d}y) = \rho(z)^2\mathrm{d}x\mathrm{d}y.$$

因此, 如果 $E \subset \Omega$ 是可测集, 其 ρ 面积自然应表示为

$$A_\rho(E) = \int_E \rho(z)^2\mathrm{d}x\mathrm{d}y.$$

假设 $f : \Omega_1 \to \Omega_2$ 为全纯映射, 给定 Ω_2 上的共形度量 ρ_2, 通过 f 拉回, 可诱导 Ω_1 上的一个共形度量 $\rho_1 = f^*\rho_2$,

$$f^*\rho_2 = f^*(\rho_2(w)|\mathrm{d}w|) = \rho_2(f(z))|f'(z)||\mathrm{d}z|.$$

如果进一步要求 f 单叶, 则容易验证: 对任意分段光滑曲线 $\gamma \subset \Omega_1$, 任意可测集 $E \subset \Omega_1$, 有

$$\ell_{f^*\rho_2}(\gamma) = \ell_{\rho_2}(f(\gamma)), \quad A_{f^*\rho_2}(E) = A_{\rho_2}(f(E)).$$

以上等式的本质是积分的变量代换.

给定一个平面区域, 其上的共形度量有很多, 但并非所有度量都有同等重要的意义. 我们钟情于那种特别的度量, 由它能引出漂亮的几何. 下面将对最简单的区域——单位圆盘, 引入最具重要性的度量——双曲度量, 开启美妙的几何之旅.

> **定理 31.1** 圆盘 $\mathbb{D}$ 上有唯一的共形度量 $\sigma = \sigma(z)|\mathrm{d}z|$, 满足
>
> 1. (规范化条件) $\sigma(0) = 2$.
> 2. (群作用不变) σ 在 $\mathrm{Aut}(\mathbb{D})$ 的作用下保持不变:
> $$f^*\sigma = \sigma, \ \forall f \in \mathrm{Aut}(\mathbb{D}).$$

证明　我们的目标是求出 $\sigma(z)$ 在每点的取值. 任取 $a \in \mathbb{D}$, 取 $\alpha \in \mathrm{Aut}(\mathbb{D})$ 为 $\alpha(z) = (z-a)/(1-\bar{a}z)$. 显然, $\alpha(a) = 0$. 利用群作用不变性得

$$\alpha^*\sigma = \sigma \Longleftrightarrow \sigma(\alpha(z))|\alpha'(z)| = \sigma(z), \ \forall z \in \mathbb{D}.$$

在上式中, 令 $z = a$ 得

$$\sigma(a) = \sigma(0)|\alpha'(a)| = \frac{2}{1-|a|^2}.$$

由此, 得共形度量

$$\sigma = \sigma(z)|\mathrm{d}z| = \frac{2|\mathrm{d}z|}{1-|z|^2}.$$

下面验证, 对任意 $f \in \mathrm{Aut}(\mathbb{D})$, 有 $f^*\sigma = \sigma$. 为此, 利用 Schwarz-Pick 定理, 对任意 $z \in \mathbb{D}$, 成立

$$|f'(z)| = \frac{1-|f(z)|^2}{1-|z|^2} \Longleftrightarrow \frac{|f'(z)|}{1-|f(z)|^2} = \frac{1}{1-|z|^2}.$$

上式即 $f^*\sigma = \sigma$. □

我们称

$$\sigma = \sigma(z)|\mathrm{d}z| = \frac{2|\mathrm{d}z|}{1-|z|^2}$$

为单位圆盘 $\mathbb{D}$ 上的双曲度量, 或 Poincaré 度量.

31.2　双曲距离与测地线

给定区域 Ω 和及共形度量 ρ, 定义 Ω 中两点 z_1, z_2 的 ρ 距离

$$d_\rho(z_1, z_2) = \inf_{\gamma \in \Gamma} \int_\gamma \rho(z)|\mathrm{d}z| = \inf_{\gamma \in \Gamma} \ell_\rho(\gamma),$$

其中, Γ 是连接 z_1, z_2 两点的分段光滑曲线全体.

给定 $\mathbb{D}$ 中两点 z_1, z_2, 它们在双曲度量 σ 下的距离 $d_\sigma(z_1, z_2)$ 称为双曲距离. 由距离定义及 σ 在 Aut$(\mathbb{D})$ 作用下的不变性知,

$$d_\sigma(f(z_1), f(z_2)) = d_\sigma(z_1, z_2), \ \forall f \in \text{Aut}(\mathbb{D}).$$

这说明圆盘 $\mathbb{D}$ 的全纯自同构都是双曲度量的等距变换.

对任意全纯映射 $g : \mathbb{D} \to \mathbb{D}$, 由 Schwarz-Pick 定理知

$$\frac{|g'(z)|}{1 - |g(z)|^2} \leqslant \frac{1}{1 - |z|^2} \Longleftrightarrow g^*\sigma \leqslant \sigma.$$

仍由距离的定义知, $d_\sigma(g(z_1), g(z_2)) \leqslant d_\sigma(z_1, z_2)$. 这表明全纯映射不增加双曲距离, 从而给出了 Schwarz-Pick 定理的几何解释.

一个自然而基本的问题是, 圆盘 $\mathbb{D}$ 中任意两点之间的双曲距离是多少? 下面的命题给出了回答.

> **命题 31.1**   单位圆盘 $\mathbb{D}$ 内两点 z_1, z_2 之间的双曲距离为
> $$d_\sigma(z_1, z_2) = \log \frac{1 + \delta(z_1, z_2)}{1 - \delta(z_1, z_2)}, \ \delta(z_1, z_2) = \left| \frac{z_2 - z_1}{1 - \overline{z_1}z_2} \right|.$$

证明   先考虑特殊情形: $z_1 = 0, z_2 = r \in (0, 1)$. 假设 γ 是连接 0 和 r 的简单 (蕴涵无自交) 光滑曲线段, 将其参数化为极坐标形式 $\gamma(t) = \rho(t)\mathrm{e}^{\mathrm{i}\theta(t)}, t \in [0, 1]$, 其中 $\rho(0) = 0$, $\rho(1) = r$, ρ, θ 都是光滑函数. 于是

$$|\gamma'(t)| = |\rho'(t) + \mathrm{i}\rho(t)\theta'(t)| \geqslant |\rho'(t)| \geqslant \rho'(t).$$

由此, 可估计 γ 的双曲长度

$$\begin{aligned}
\ell_\sigma(\gamma) &= \int_\gamma \sigma(z)|\mathrm{d}z| = \int_0^1 \frac{2|\gamma'(t)|\mathrm{d}t}{1 - |\gamma(t)|^2} \\
&\geqslant \int_0^1 \frac{2\rho'(t)\mathrm{d}t}{1 - \rho(t)^2} = \int_0^1 \frac{2\mathrm{d}\rho(t)}{1 - \rho(t)^2} \\
&= \int_0^1 \left(\frac{1}{1 + \rho(t)} + \frac{1}{1 - \rho(t)} \right) \mathrm{d}\rho(t) \\
&= \log \frac{1 + \rho(t)}{1 - \rho(t)} \bigg|_0^1 = \log \frac{1 + r}{1 - r}.
\end{aligned}$$

上式若取等, 则 $\rho' \geqslant 0, \theta' = 0$. 此时, θ 为常数, γ 为连接 $0, r$ 的直线段 $[0, r]$. 由此, 便给出 $0, r$ 两点之间的双曲距离

$$d_\sigma(0, r) = \log \frac{1 + r}{1 - r}.$$

现考虑一般情形: 任给不同两点 $z_1, z_2 \in \mathbb{D}$, 存在 $f \in \mathrm{Aut}(\mathbb{D})$, 使 $f(z_1) = 0$, $f(z_2) = \delta \in (0,1)$. 此时, 可取

$$f(z) = \mathrm{e}^{\mathrm{i}\theta} \frac{z - z_1}{1 - \overline{z_1}z} \Longrightarrow \delta = \left| \frac{z_2 - z_1}{1 - \overline{z_1}z_2} \right|,$$

此处, $\mathrm{e}^{\mathrm{i}\theta}$ 的选取使 $f(z_2) \in (0,1)$. 利用 f 的保距性可知

$$d_\sigma(z_1, z_2) = d_\sigma(f(z_1), f(z_2)) = d_\sigma(0, \delta) = \log \frac{1 + \delta}{1 - \delta}.$$

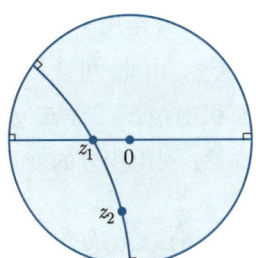

图 31.1　双曲测地线

给定平面区域 Ω 和共形度量 ρ. 给定两点 $z_1, z_2 \in \Omega$, 我们称连接 z_1, z_2 的光滑曲线 $\gamma \subset \Omega$ 是关于 ρ 度量的测地线 (geodesic)[①], 是指 γ 的 ρ 长度恰好是两点之间的距离:

$$d_\rho(z_1, z_2) = \ell_\rho(\gamma).$$

从命题 31.1 的证明可见, $\mathbb{D}$ 上双曲度量的测地线有如下性质:

(1) 连接 0 和 $r \in (0,1)$ 的测地线恰好是线段 $[0, r]$.

(2) 如果 $\gamma \subset \mathbb{D}$ 为测地线, 则对任意 $f \in \mathrm{Aut}(\mathbb{D})$, 像曲线 $f(\gamma)$ 也是测地线.

(3) 连接任意两点 $z_1, z_2 \in \mathbb{D}$ 的测地线是一条过 z_1, z_2 的圆弧, 此圆弧延长线与 $\partial\mathbb{D}$ 正交.

31.3　单连通域的双曲度量

本节给出平面单连通区域上双曲度量的定义.

---

① 严格来说, 此处定义通俗而不严谨. 严谨的定义为: 称光滑曲线 γ 为 ρ 度量的测地线, 是指 γ 是局部最短的, 即 γ 上任意相近两点的距离恰为 γ 在两点间的曲线段的长度. 对双曲圆盘而言, 这两种定义并无区别. 其他情形一般不同.

由 Riemann 映射定理知, 对任意单连通域 $\Omega \subset \mathbb{C}$ 且 $\Omega \neq \mathbb{C}$, 存在双全纯映射 $f : \Omega \to \mathbb{D}$. 定义 Ω 上的度量 $\sigma_\Omega = \sigma_\Omega(z)|\mathrm{d}z|$ 为 $\mathbb{D}$ 的双曲度量 σ 关于 f 的拉回:

$$\sigma_\Omega = f^* \sigma, \ \sigma_\Omega(z) = \sigma(f(z))|f'(z)|, \ z \in \Omega.$$

此时, 需说明 σ_Ω 的定义与 f 的选取无关. 等价于证明, 如果 $g : \Omega \to \mathbb{D}$ 也是双全纯映射, 则 $g^* \sigma = f^* \sigma$. 此式又等价于

$$\sigma = (f^{-1})^*(f^* \sigma) = (f^{-1})^*(g^* \sigma) = (g \circ f^{-1})^* \sigma.^{①}$$

由 $g \circ f^{-1} \in \mathrm{Aut}(\mathbb{D})$ 及双曲度量 σ 的群作用不变性知, 上式成立. 因此, Ω 上的度量 σ_Ω 良定义. 称 σ_Ω 为 Ω 上的双曲度量. 由此, 可谈论 Ω 中分段光滑曲线 γ 的双曲长度 $\ell_\Omega(\gamma)$, 及 Ω 中可测集 E 的双曲面积 $A_\Omega(E)$. 易知: 双全纯映射 $f : \Omega \to \mathbb{D}$ 将 Ω 中的测地线映为 $\mathbb{D}$ 中的测地线, 反之亦然. 利用积分的变量替换可知,

$$\ell_\Omega(\gamma) = \ell_\sigma(f(\gamma)), \ A_\Omega(E) = A_\sigma(f(E)).$$

上式说明, 单连通域到 $\mathbb{D}$ 的双全纯映射既保持双曲距离, 又保持双曲面积.

例题 31.1 求上半平面 $\mathbb{H} = \{z \in \mathbb{C} \mid \mathrm{Im}(z) > 0\}$ 的双曲度量.

解 取双全纯映射 $f : \mathbb{H} \to \mathbb{D}$:

$$f(z) = \frac{z - \mathrm{i}}{z + \mathrm{i}}, \ f'(z) = \frac{2\mathrm{i}}{(z + \mathrm{i})^2}.$$

由双曲度量的定义

$$\sigma_{\mathbb{H}}(z) = \sigma(f(z))|f'(z)| = \frac{2|f'(z)|}{1 - |f(z)|^2}$$
$$= \frac{4}{|z + \mathrm{i}|^2 - |z - \mathrm{i}|^2} = \frac{1}{y}.$$

由此得上半平面的双曲度量

$$\sigma_{\mathbb{H}} = \frac{|\mathrm{d}z|}{y}.$$

易见, 上半平面 $\mathbb{H}$ 在双曲度量下的测地线为垂直于实轴的直线, 或与实轴正交的半圆周.

---

① 此处用到如下性质: 若 $f_1 : D_1 \to D_2$, $f_2 : D_2 \to \Omega$ 都全纯, 任给 Ω 上的共形度量 ρ, 有

$$(f_2 \circ f_1)^* \rho = f_1^*(f_2^* \rho).$$

31.4 测地三角形的面积

利用单连通域之间双全纯映射关于双曲度量的等距性知, 谈论双曲空间的几何, 只需在标准模型——单位圆盘 $\mathbb{D}$ 中讨论即可. 有时为计算方便, 会利用上半平面模型.

单位圆盘 $\mathbb{D}$ 中由三条测地线围成的区域称为测地三角形. 若三条测地线两两交于 $\partial\mathbb{D}$ (此时, 它们两两相切), 所围三角形称为理想测地三角形.

定理 31.2 测地三角形 Δ 的三个内角为 α,β,γ, 则其双曲面积

$$A_\sigma(\Delta) = \pi - (\alpha + \beta + \gamma).$$

证明 (1) 先讨论极端情况 $\alpha = \beta = \gamma = 0$. 此时, Δ 是理想测地三角形, 三个顶点在 $\partial\mathbb{D}$ 上, 按逆时针序记为 a,b,c. 存在分式线性变换 f, 将 a,b,c 分别映为 $-1,1,\infty$. 由 f 的保向性, 它将 $\mathbb{D}$ 映为上半平面 $\mathbb{H}$. 记 $D = f(\Delta)$, 则 ∂D 由 $\mathbb{H}$ 中的三条测地线组成: 两条为垂直实轴于 ± 1 的直线, 一条是上半单位圆周. 易见,

$$D = \left\{ z = x + iy \in \mathbb{C} \mid -1 < x < 1,\ y > \sqrt{1-x^2} \right\}.$$

利用变量代换, 只需计算 D 在 $\mathbb{H}$ 的双曲度量下的面积

$$\begin{aligned}
A_\mathbb{H}(D) &= \int_D \frac{\mathrm{d}x\mathrm{d}y}{y^2} = \int_{-1}^{1} \mathrm{d}x \int_{\sqrt{1-x^2}}^{+\infty} \frac{\mathrm{d}y}{y^2} \\
&= \int_{-1}^{1} \frac{1}{\sqrt{1-x^2}} \mathrm{d}x\ (x = \sin t) \\
&= \int_{-\pi/2}^{\pi/2} \frac{\cos t}{\cos t} \mathrm{d}t = \pi.
\end{aligned}$$

(2) 现考虑 $\gamma = 0$ 的情况. 此时, 选取适当的分式线性变换 f (将图 31.2 所示的 a,b,c 三点分别映为 $-1,1,\infty$), 将 $\Delta \subset \mathbb{D}$ 映为 $D \subset \mathbb{H}$, 其中, D 的一部分边界在上半单位圆周上, 另外两部分边界垂直于实轴, 且与上半单位圆周的夹角分别为 α,β. 易见,

$$D = \left\{ z = x + iy \in \mathbb{C} \mid \sin(\alpha - \pi/2) < x < \sin(\pi/2 - \beta),\ y > \sqrt{1-x^2} \right\}.$$

其双曲面积为

$$\begin{aligned}
A_\mathbb{H}(D) &= \int_{\sin(\alpha-\pi/2)}^{\sin(\pi/2-\beta)} \mathrm{d}x \int_{\sqrt{1-x^2}}^{+\infty} \frac{\mathrm{d}y}{y^2} \\
&= \int_{\sin(\alpha-\pi/2)}^{\sin(\pi/2-\beta)} \frac{1}{\sqrt{1-x^2}} \mathrm{d}x\ (x = \sin t)
\end{aligned}$$

$$= \int_{\alpha - \pi/2}^{\pi/2 - \beta} 1 \mathrm{d}t = \pi - (\alpha + \beta).$$

(3) 最后考虑一般情况. 此时, 可补充三条在边界两两相切的测地线, 得到一个理想测地三角形, 如图 31.3 所示, 其面积满足

$$\pi = A_\sigma(R_1) + A_\sigma(R_2) + A_\sigma(R_3) + A_\sigma(\Delta),$$

其中, R_1, R_2, R_3 是与 Δ 相邻的测地三角形. 利用 (1)(2) 两种情形下的面积公式得, $A_\sigma(R_1) = \pi - (\pi - \alpha) = \alpha$, 同理 $A_\sigma(R_2) = \beta$, $A_\sigma(R_3) = \gamma$. 因此

$$A_\sigma(\Delta) = \pi - (\alpha + \beta + \gamma).$$

面积公式证完.   □

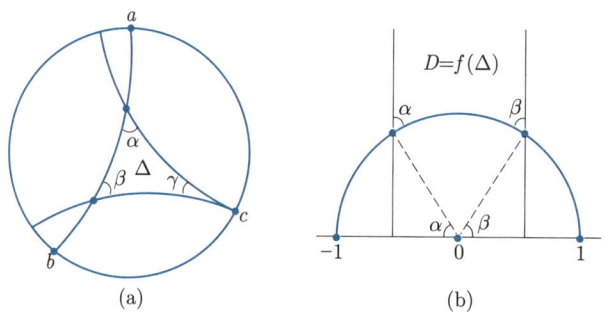

图 31.2   双曲三角形

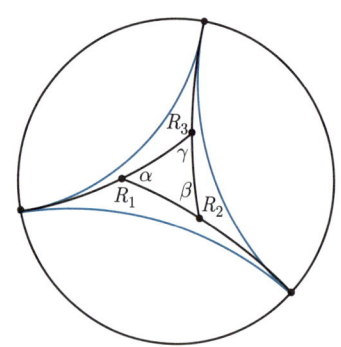

图 31.3   一般情形的双曲测地三角形

面积公式至少说明了两点:

双曲测地三角形的面积与它所在的位置无关 (只与内角和有关), 这说明双曲空间点点 "平等" (几何学中称之为 "齐性空间").

双曲测地三角形的内角和总小于 π. 这说明测地三角形是瘦的 (与欧氏三角形相比).

31.5 习题

图 31.4 "魔鬼与天使", 作者: 埃舍尔 (1898—1972, 荷兰版画家)

1. (裂纹平面) 求出裂纹平面 $\mathbb{C} - [0, +\infty)$ 的双曲度量.

2. (带域) 证明带域 $B = \{z \in \mathbb{C} \mid |\mathrm{Im}(z)| < \pi/2\}$ 的双曲度量

$$\sigma_B = \frac{|\mathrm{d}z|}{\cos y}.$$

尝试描述 B 中测地线的形状.

3. (双曲圆盘 vs 欧氏圆盘) 取单位圆作为双曲空间的模型,

(1) 证明欧氏圆盘 $D_r = \{z \in \mathbb{D} \mid |z| < r\}$ 的双曲面积是

$$\frac{4\pi r^2}{1 - r^2}.$$

(2) 取定 $z_0 \in \mathbb{D}$, 证明半径为 r 的双曲圆盘 $D_\sigma(z_0, r) = \{z \in \mathbb{D} \mid d_\sigma(z_0, z) < r\}$ 的双曲面积为 $4\pi \sinh^2(r/2)$. (注意: 与 z_0 无关)

(3) 双曲圆盘是欧氏圆盘吗?

4. (圆盘上的等距变换) 我们已经知道 $f \in \mathrm{Aut}(\mathbb{D})$ 保持单位圆盘 $\mathbb{D}$ 上的双曲距离. 同样可验证 $z \mapsto \bar{z}$ 也保持双曲距离. 现考虑反问题, 如果 $f : \mathbb{D} \to \mathbb{D}$ 是一个等距变换, 证明 $f \in \mathrm{Aut}(\mathbb{D})$ 或者 $\bar{f} \in \mathrm{Aut}(\mathbb{D})$.

5. (一种别致的等周不等式) 假设 $\mathbb{D}$ 中的两条测地线相切于圆周上一点. 给你一条光滑曲线段 γ, 起点和终点分别在两条测地线上, 且与两条测地线围成一个区域 D. 如果 γ 的双曲长度给定, 所围区域 D 的最大双曲面积是多少? 证明

$$A_\sigma(D) \leqslant \ell_\sigma(\gamma).$$

等号成立的充要条件是什么?

6. (双曲面积与欧氏面积) 给定单位圆盘 $\mathbb{D}$ 中的可测集, 证明其双曲面积 A_σ 和欧氏面积 A 满足不等式

$$A_\sigma \geqslant 4\pi \frac{A}{\pi - A}.$$

7. (附加题) 如果世界是双曲的, 会与欧氏世界有什么不同? 以此为题, 作文一篇. 要求观点新颖, 语言简洁, 字数不限.

第三十二章

球 面 几 何

球面几何可以和双曲几何做很好的类比. 在这一部分, 我们将类比其测地线 (最短线) 和测地三角形的面积, 并给出球面多边形面积公式的一些巧妙应用, 包括正多面体的分类及多面体 Euler 定理的证明.

32.1 球面测地线

本节讨论的球面指 $\mathbb{R}^3$ 中的单位球面

$$S^2 = \left\{ (x, y, h) \in \mathbb{R}^3 \,\middle|\, x^2 + y^2 + h^2 = 1 \right\}.$$

我们将证明球面 S^2 上连接两点 p, q 的最短曲线是过两点的大圆弧的一段, 此处大圆弧指过球心的平面与球面的交集.

假设 $\gamma : [0, 1] \to S^2$ 是球面上连接 p, q 的不自交 (否则长度不能达到最短) 光滑曲线, $\gamma(0) = p, \gamma(1) = q$. 通过球面旋转, 不妨假设 p 为北极点 $(0, 0, 1)$. 通过引入球面坐标 (θ, ϕ) (这里, θ 是球面上点 Q 确定的向量 $\overrightarrow{OQ}$ 与 h 轴正方向的夹角, ϕ 为 $\overrightarrow{OQ}$ 在 xOy 平面的投影与 x 轴正方向的夹角), 可将曲线参数化为

$$\gamma(t) = \Big(\sin(\theta(t)) \cos(\phi(t)), \ \sin(\theta(t)) \sin(\phi(t)), \ \cos(\theta(t)) \Big),$$

其中, $\theta(0) = 0$. 计算可知

$$\gamma'(t) = \big(\cos(\theta) \cos(\phi) \dot\theta - \sin(\theta) \sin(\phi) \dot\phi,$$
$$\cos(\theta) \sin(\phi) \dot\theta + \sin(\theta) \cos(\phi) \dot\phi, -\sin(\theta) \dot\theta \big),$$

由此得

$$|\gamma'(t)| = \sqrt{(\dot\theta)^2 + \sin(\theta)^2 (\dot\phi)^2} \geqslant |\dot\theta| \geqslant \dot\theta.$$

曲线 γ 长度满足

$$\ell(\gamma) = \int_0^1 |\gamma'(t)| \mathrm{d}t \geqslant \int_0^1 \dot\theta \mathrm{d}t = \theta(1) - \theta(0).$$

上式等号成立的充要条件是 $\dot{\phi} \equiv 0, \dot{\theta} \geqslant 0$. 此时, $\dot{\phi} \equiv 0$ 蕴涵 ϕ 取常值, 即 γ 位于经线所在的大圆弧上; $\dot{\theta} \geqslant 0$ 意味着 γ 不会折回. 因此 γ 是连接 p, q 的大圆弧的一段.

32.2　球面三角形的面积

> **定理 32.1 (Girard 1626, Euler 1781)**　单位球面上三条大圆弧所围球面三角形 Δ 的三个内角记为 α, β, γ, 则 Δ 的面积
>
> $$A(\Delta) = (\alpha + \beta + \gamma) - \pi.$$

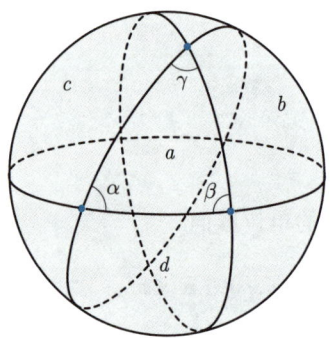

图 32.1　球面三角形

证明　先证明 Lambert 于 1772 年发现的一个有趣事实:

球面上夹角为 α 的两大圆弧所围两角形 $B(\alpha)$ 的面积为 2α.

此事实可用球面坐标来证明. 回忆球坐标变换

$$x = r \sin\theta \cos\phi, \ y = r \sin\theta \sin\phi, h = r \cos\theta.$$

体积元素 $\mathrm{d}V = r^2 \sin\theta \mathrm{d}r \mathrm{d}\theta \mathrm{d}\phi$. 由此知, 限制在半径为 r 的球面上的面积元素为 $\mathrm{d}A_r = \mathrm{d}V/\mathrm{d}r = r^2 \sin\theta \mathrm{d}\theta \mathrm{d}\phi$. 特别地, 在单位球面上的面积元素 $\mathrm{d}A = \sin\theta \mathrm{d}\theta \mathrm{d}\phi$.

通过旋转, 不妨设两角形为球面上两条经线围成的区域

$$B(\alpha) = \{(\theta, \phi) \,|\, 0 < \theta < \pi, 0 < \phi < \alpha\},$$

其面积

$$A = \int_0^\alpha \int_0^\pi \sin\theta \mathrm{d}\theta \mathrm{d}\phi = 2\alpha.$$

下面计算球面三角形的面积. 三个大圆弧将球面分成 8 个区域, 每个区域对应一个关于球心对称的区域. 记球面三角形面积为 a, 相邻的三个球面三角形面积分别为 b, c, d.

利用球面两角形的面积公式以及球面面积为 4π 这一事实, 得方程组

$$a + b = 2\alpha,$$
$$a + c = 2\beta,$$
$$a + d = 2\gamma,$$
$$a + b + c + d = 2\pi,$$

前三个方程求和减去最后一个, 得

$$2a = 2(\alpha + \beta + \gamma - \pi) \Longrightarrow a = (\alpha + \beta + \gamma) - \pi.$$

球面面积公式说明了:

球面三角形的面积与它所在的位置无关 (只与内角和有关).

球面三角形内角和总大于 π, 因此球面三角形是胖的 (与欧氏, 双曲三角形相比).

利用球面三角形的面积公式, 可以求出球面 n 边形的面积. 球面 n 边形指球面上 n 个大圆弧围成的区域. 假设球面 n 边形的内角分别为 $\alpha_1, \cdots, \alpha_n$, 通过剖分为 $n - 2$ 个球面三角形, 可求出球面 n 边形的面积为

$$\sum_{k=1}^{n} \alpha_k - (n-2)\pi.$$

此公式有两个妙用: 一是给出正多面体的分类, 二是证明多面体的 Euler 定理.

32.3 正多面体的分类

> **定理 32.2** (柏拉图) 正多面体只有五种, 面数分别为: 4,6,8,12,20.

证明 将正多面体中心置于球面 S^2 的球心. 通过球心投影, 可将正多面体投射到球面上, 形成球面正多面体.

记 F 为正多面体的面数, $v(v \geqslant 3)$ 为每个顶点出发的边数, 每个面为正 $n(n \geqslant 3)$ 边形. 利用球面正 n 边形面积的两种计算公式, 得

$$\frac{4\pi}{F} = \frac{2\pi}{v}n - (n-2)\pi \iff \frac{1}{v} + \frac{1}{n} - \frac{1}{2} = \frac{2}{nF}.$$

于是

$$\frac{1}{v} + \frac{1}{n} > \frac{1}{2}, \ v \geqslant 3, \ n \geqslant 3 \ \text{并且} \ F = \frac{2}{n} \bigg/ \left(\frac{1}{v} + \frac{1}{n} - \frac{1}{2}\right).$$

下面分情况讨论:

当 $n = 3$ 时, 此时 $3 \leqslant v < 6$, 因此 $(v, F) = (3, 4), (4, 8), (5, 20)$.

当 $n = 4$ 时, 此时 $3 \leqslant v < 4$, 因此 $(v, F) = (3, 6)$.

当 $n = 5$ 时, 此时 $3 \leqslant v < 10/3$, 因此 $(v, F) = (3, 12)$.

综上可知, (n, v, F) 共有以下五种可能

$$(3, 3, 4), (3, 4, 8), (3, 5, 20), (4, 3, 6), (5, 3, 12).$$

32.4 Euler 公式

> **定理 32.3 (Euler)** 多面体的顶点数 V, 边数 E, 面数 F 满足等式
>
> $$V - E + F = 2.$$

证明 将多面体放在单位球中, 球心在多面体内部. 通过球心投影, 可将多面体投射到球面上, 形成球面多面体. 多面体的 F 个面, 对应于 F 个球面多边形, 分别记为 $P_1, \cdots, P_F$. 记球面多边形 P_k 的面积为 A_k, 边数为 e_k, 内角分别为 $\alpha_{k,1}, \cdots, \alpha_{k,e_k}$. 利用球面多边形的面积公式, 得

$$4\pi = \sum_{k=1}^{F} A_k = \sum_{k=1}^{F} \left(\sum_{j=1}^{e_k} \alpha_{k,j} - (e_k - 2)\pi \right). \tag{32.1}$$

右边第一项

$$\sum_{k=1}^{F} \sum_{j=1}^{e_k} \alpha_{k,j}$$

为所有球面多边形的所有内角和, 交换求和次序, 可先对每顶点处的内角求和 (为 2π), 然后对所有顶点求和, 值为 $2\pi V$.

求和 $\sum\limits_{k=1}^{F} e_k$ 的值为所有边数的两倍 $2E$, 因每条边为相邻两个球面多边形所共有, 求和计算了两次. 这样等式 (32.1) 等价于

$$4\pi = 2\pi V - 2\pi E + 2\pi F \Longleftrightarrow V - E + F = 2.$$

32.5　习题

1. (球面测地圆盘的面积) 单位球面上半径为 r 的测地圆盘记为 $D(r)$, 证明其面积为 $4\pi \sin^2(r/2)$.

2. (球面 Ceva 定理) 给定球面三角形 Δ, 过内部一点与每个顶点做大圆弧与对边相交, 将每条对边分作两段. 弧长分别为 $a_1, a_2; b_1, b_2; c_1, c_2$. 证明

$$\sin a_1 \sin b_1 \sin c_1 = \sin a_2 \sin b_2 \sin c_2.$$

第三十三章

共形映射的进一步性质

本章讨论双全纯映射的进一步性质, 包括: 边界延拓定理, 用到的典型方法为面积–长度估计 (Wolff 引理); 从上半平面到多边形区域的 Schwarz-Christoffel 公式, Schwarz 反射原理在证明中有巧妙的应用; 矩形区域的共形映射以及与椭圆积分、双周期函数的联系.

33.1 Wolff 引理

> **引理 33.1** 假设 f 是平面区域 U 上的单叶函数. 给定 $\zeta \in \partial U$. 对 $r \in (0,1)$, 记 $\gamma_r = U \cap \partial D(\zeta, r)$(可能有多段). 记 $f(\gamma_r)$ 的长度为 $L(r)$, 区域 $U \cap \{r < |z - \zeta| < \sqrt{r}\}$ 的面积为 $A(r)$, 则有不等式
>
> $$\inf_{\rho < r < \sqrt{\rho}} L(r) \leqslant 2\sqrt{\frac{\pi A(\rho)}{\log(1/\rho)}}, \ 0 < \rho < 1.$$
>
> 特别地, 若 f 有界, 则有单调递减于 0 的正数列 $\{r_n\}_{n \geqslant 1}$, 满足当 $n \to \infty$ 时, $L(r_n) \to 0$.

证明 由 Cauchy–Schwarz 不等式,

$$L(r)^2 = \left(\int_{\gamma_r} |f'(z)||\mathrm{d}z| \right)^2 \leqslant \left(\int_{\gamma_r} 1|\mathrm{d}z| \right) \left(\int_{\gamma_r} |f'(z)|^2|\mathrm{d}z| \right)$$

$$\leqslant 2\pi r \int_{\gamma_r} |f'(z)|^2|\mathrm{d}z|.$$

由上式得,

$$\int_{\rho}^{\sqrt{\rho}} \frac{L(r)^2}{r}\mathrm{d}r \leqslant 2\pi \int_{\rho}^{\sqrt{\rho}} \int_{\gamma_r} |f'(z)|^2|\mathrm{d}z|\mathrm{d}r = 2\pi A(\rho).$$

另一方面

$$\int_{\rho}^{\sqrt{\rho}} \frac{L(r)^2}{r}\mathrm{d}r \geqslant \frac{1}{2}\log(1/\rho) \cdot \inf_{\rho < r < \sqrt{\rho}} L(r)^2.$$

由此, 得引理中的不等式.

当 f 有界时, 值域 $f(U) \subset D(0, \|f\|_U)$, 因此 $A(\rho) \leqslant \pi \|f\|_U^2$,

$$\inf_{\rho < r < \sqrt{\rho}} L(r) \leqslant \frac{2\pi \|f\|_U}{\sqrt{\log(1/\rho)}}, \ 0 < \rho < 1.$$

由上式得单调递减于 0 的正数列 $\{r_n\}_{n \geqslant 1}$, 使 $\lim\limits_{n \to \infty} L(r_n) = 0$. □

33.2 边界延拓定理

> **定理 33.1 (Carathéodory 1913, Osgood-Taylor 1913)** 假设平面有界区域 Ω 的边界是一条简单闭曲线, $f : \mathbb{D} \to \Omega$ 是双全纯映射, 则 f 可以延拓为同胚 $F : \overline{\mathbb{D}} \to \overline{\Omega}$.

证明 将 Wolff 引理应用于 $U = \mathbb{D}$, $\zeta \in \partial \mathbb{D}$ 的情形, 可得单调递减于 0 的正数列 $\{r_n\}_{n \geqslant 1}$, 满足 $\lim\limits_{n \to +\infty} L(r_n) = 0$.

由 $L(r_n) < +\infty$ 知, 曲线 $\alpha_n = f(\gamma_{r_n})$ 两端收敛于 $\partial \Omega$[1], 极限点记为 $a_n, b_n \in \partial \Omega$ (a_n, b_n 可能重合). 因 $\partial \Omega$ 为简单闭曲线, 故可将曲线 $\alpha_1, \alpha_2, \cdots$ 的端点按 $\partial \Omega$ 的正向排列为 $a_1, \cdots, a_n, a_{n+1}, \cdots, b_{n+1}, b_n, \cdots, b_1$. 此处需注意, α_n, α_{n+1} 端点有可能重合. 显然, $\{a_n\}_{n \geqslant 1}, \{b_n\}_{n \geqslant 1}$ 是 $\partial \Omega$ 上的单调点列 (此处, 单调指点列保持逆时针序或顺时针序, 参数化后, 对应区间上的单调数列), 因此极限 $\lim\limits_{n \to \infty} a_n$ 与 $\lim\limits_{n \to \infty} b_n$ 存在. 由下式

$$|a_n - b_n| \leqslant L(r_n) \to 0, \ n \to \infty$$

可知, 两极限相等. 显然, 此极限与 $\zeta \in \partial \mathbb{D}$ 有关, 故记为 w_ζ.

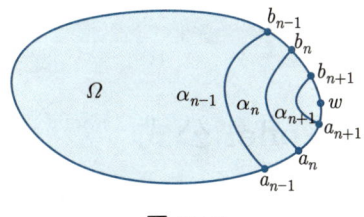

图 33.1

以上论证表明: 任取 $\mathbb{D}$ 中收敛于 $\zeta \in \partial \mathbb{D}$ 的点列 $\{z_n\}_{n \geqslant 1}$, 像点列 $\{f(z_n)\}_{n \geqslant 1}$ 收敛于 $w_\zeta \in \partial \Omega$. 此极限不依赖于点列 $\{z_n\}_{n \geqslant 1}$ 的选取. 故可定义 f 在 $\partial \mathbb{D}$ 上的延拓为 $f(\zeta) = w_\zeta$.

---

[1] 此处利用了如下事实: 若光滑曲线 $\gamma : (0, 1) \to \mathbb{C}$ 长度有限, 则 γ 两端都收敛, 即极限 $\lim\limits_{t \to 0^+} \gamma(t)$, $\lim\limits_{t \to 1^-} \gamma(t)$ 都存在 (由点列的收敛性不难验证).

下面依次证明 f 连续, 是单射, 也是满射.

首先证明 f 连续. 任取 $\overline{\mathbb{D}}$ 中点列 $\{\zeta_n\}_{n\geqslant 1}$ 满足 $\zeta_n \to \zeta$, 下证 $f(\zeta_n) \to f(\zeta)$. 通过选取子列, 只需考虑两种情形: $\{\zeta_n\}_{n\geqslant 1} \subset \mathbb{D}$, 或 $\{\zeta_n\}_{n\geqslant 1} \subset \partial\mathbb{D}$. 前一种情形由延拓的定义可得, 故只考虑后一种情形. 此时, 对任意 $n \geqslant 1$, 存在 $z_n \in \mathbb{D}$ 使 $|\zeta_n - z_n| < 1/n$ 且 $|f(\zeta_n) - f(z_n)| < 1/n$. 由 $\lim\limits_{n\to\infty} \zeta_n = \zeta$ 知, $\lim\limits_{n\to\infty} z_n = \zeta$; 由延拓的定义知, $\lim\limits_{n\to\infty} f(z_n) = f(\zeta)$. 因此, $\lim\limits_{n\to\infty} f(\zeta_n) = f(\zeta)$.

其次证明 f 是单射. 若不然, $\partial\mathbb{D}$ 上有不同两点 ζ_1, ζ_2, 使 $f(\zeta_1) = f(\zeta_2) := w \in \partial\Omega$. 取简单弧 γ 连接 ζ_1, ζ_2, 则 $\alpha = f(\gamma)$ 是以 w 为起点和终点的简单闭曲线. γ 将 $\mathbb{D}$ 分为两部分, 其中之一 D 的像集 $f(D)$ 的边界恰好是 α. 记 $\beta = \partial\mathbb{D} \cap \partial D$. 易见, 当 z 从 D 中趋于边界 β 上任意一点, $f(z)$ 都趋于 w. 选取正整数 n, 使 β 的长度大于 $2\pi/n$. 定义函数

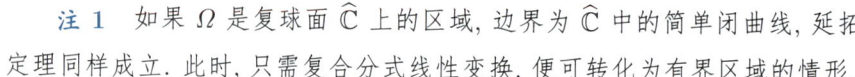

$$g(z) = \prod_{0 \leqslant k < n} (f(e^{2k\pi i/n}z) - w), \ z \in \mathbb{D}.$$

显然, g 在 $\mathbb{D}$ 上全纯, 在 $\overline{\mathbb{D}}$ 上连续, 且当 $|z| \to 1$ 时, $g(z) \to 0$. 由最大模原理, $g \equiv 0$. 由唯一性定理, $f \equiv w$. 矛盾.

最后证明 f 是满射. 任取 $w \in \partial\Omega$, 取 Ω 中收敛于 w 的点列 $\{w_n\}_{n\geqslant 1}$. 逆像点列 $\{f^{-1}(w_n)\}_{n\geqslant 1}$ 在 $\partial\mathbb{D}$ 有聚点, 取其中之一 ζ. 由 $f: \overline{\mathbb{D}} \to \overline{\Omega}$ 的连续性知, $f(\zeta) = w$. 这表明 f 是满射.

因 f 是紧集之间的连续双射, 因此是同胚[①]. 延拓定理至此证完. $\qquad\square$

注 1　如果 Ω 是复球面 $\widehat{\mathbb{C}}$ 上的区域, 边界为 $\widehat{\mathbb{C}}$ 中的简单闭曲线, 延拓定理同样成立. 此时, 只需复合分式线性变换, 便可转化为有界区域的情形.

注 2　由边界延拓定理以及分式线性变换的性质, 任意指定边界 $\partial\mathbb{D}, \partial\Omega$ 上沿正向排列的三点之间的对应, 双全纯映射存在唯一 (见习题).

33.3　Schwarz-Christoffel 公式

由 Riemann 映射定理知, 存在从上半平面 $\mathbb{H}$ 到典型区域–多边形区域 P 的双全纯映射 f. 由边界延拓定理知, f 可连续延拓到边界, 从而建立边界之间的一一对应. 本节给出 f 的积分表达式. 这一工作由 19 世纪的两位德国数学家 Christoffel 和 Schwarz 独立得到.

[①] 注意: 一般而言, 连续双射不一定是同胚, 如 $f: [0,1) \to \partial\mathbb{D}$, $t \mapsto e^{2\pi i t}$. 如果 $f: X \to Y$ 是紧集之间的连续双射, 读者不难验证, f 是同胚.

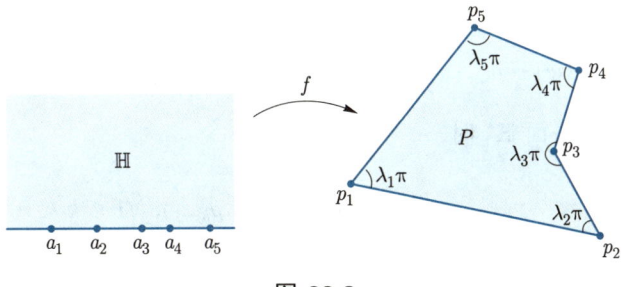

图 **33.2**

定理 33.2 (Christoffel 1867, Schwarz 1869) 假设 P 是 $n(n \geqslant 3)$ 边形, $f : \mathbb{H} \to$ P 双全纯, 将 $\mathbb{H}$ 的边界点 $a_1, \cdots, a_n \in \mathbb{R}$ 依次映为 P 的顶点 $p_1, \cdots, p_n$. 假设 P 在 p_k 处的内角为 $\lambda_k \pi$ (其中, $0 < \lambda_k < 2$, 满足 $\sum_{k=1}^{n} \lambda_k = n - 2$), 则 f 可表示为

$$f(z) = C_1 \int_{z_0}^{z} \prod_{k=1}^{n} (\zeta - a_k)^{\lambda_k - 1} \mathrm{d}\zeta + C_2,$$

其中, $C_1 \neq 0$, C_2 是常数, $z_0 \in \mathbb{R}$, 积分路径为 $\mathbb{H}$ 中从 z_0 到 $z \in \mathbb{H}$ 的任意分段光滑曲线.

证明　证明分三步, Schwarz 反射原理在证明中起到关键作用.

第一步: $f''(z)/f'(z)$ 可延拓为 $\mathbb{C} \setminus \{a_1, \cdots, a_n\}$ 上的全纯函数 h.

利用边界延拓定理, f 将每一段开区间 (a_k, a_{k+1}) (特别地, 约定 $a_{n+1} = a_1$, 并记 $(a_n, a_1) = (a_n, +\infty] \cup [-\infty, a_1)$) 映为多边形的边 (p_k, p_{k+1}). 利用 Schwarz 反射原理, 可将 f 越过 (a_k, a_{k+1}) 全纯延拓到下半平面 $\mathbb{H}^*$, 所得映射记为 $F_k : \mathbb{H} \cup (a_k, a_{k+1}) \cup \mathbb{H}^* \to$ $P \cup (p_k, p_{k+1}) \cup \tau_k(P)$, 其中 τ_k 是关于边 (p_k, p_{k+1}) 的反射. 易见, 当 $z \in \mathbb{H}^*$ 时, $F_k(z) = \tau_k \circ f(\bar{z})$.

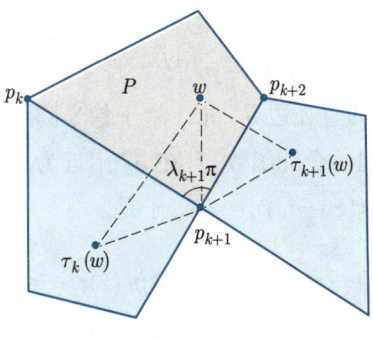

图 **33.3**

利用几何关系, 沿 P 的相邻两边 (p_k, p_{k+1}), (p_{k+1}, p_{k+2}) 的反射 τ_k, τ_{k+1} 满足如下

关系

$$\tau_k(w) - p_{k+1} = \mathrm{e}^{2\pi\lambda_{k+1}\mathrm{i}}(\tau_{k+1}(w) - p_{k+1}), \ \forall w \in P.$$

由此, 当 z 位于下半平面 $\mathbb{H}^*$ 时,

$$F_k(z) - p_{k+1} = \mathrm{e}^{2\pi\lambda_{k+1}\mathrm{i}}(F_{k+1}(z) - p_{k+1}), \ \forall 1 \leqslant k < n.$$

由上式

$$\frac{F_k''(z)}{F_k'(z)} = \frac{F_{k+1}''(z)}{F_{k+1}'(z)}, \ \forall z \in \mathbb{H}^*, \ \forall 1 \leqslant k < n.$$

这表明, n 个函数 $F_k''/F_k', 1 \leqslant k \leqslant n$ 在下半平面 $\mathbb{H}^*$ 取值相等, 而在上半平面 $\mathbb{H}$ 即为 f''/f'. 因此, f''/f' 可延拓为 $\mathbb{C} \setminus \{a_1, \cdots, a_n\}$ 上的全纯函数 h.

下面说明, h 在 ∞ 的邻域也全纯. 因 F_n 在 ∞ 邻域全纯, 且为局部单射, 故在 ∞ 附近可表示为 $F_n(z) = a + a_1 z^{-1} + O(z^{-2})$, 其中 $a_1 \neq 0$. 于是, $F_n'(z) = -a_1 z^{-2} + O(z^{-3})$, $F_n''(z) = 2a_1 z^{-3} + O(z^{-4})$. 由此可得 h 在 ∞ 附近的表达式

$$h(z) = -2z^{-1} + O(z^{-2}).$$

这说明, h 可进一步延拓为 $\widehat{\mathbb{C}} \setminus \{a_1, \cdots, a_n\}$ 上的全纯函数, 以 ∞ 为一阶零点.

第二步: 函数 h 以 a_k 为一阶极点, 且留数为 $\mathrm{Res}(h, a_k) = \lambda_k - 1$.

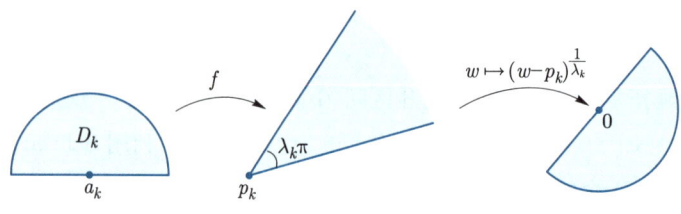

图 33.4

注意到 f 将 a_k 附近的上半圆盘 D_k 映为以 p_k 为顶点、夹角为 $\lambda_k\pi$ 的角形区域 S_k 的一部分. 在 S_k 上选取 $(w - p_k)^{1/\lambda_k}$ 的一个全纯单值分支, 可将 S_k 映为以 0 为中心的某半平面. 复合函数 $g(z) = (f(z) - p_k)^{1/\lambda_k}$ 将 D_k 映到以 0 为中心的半圆盘内部, $g(a_k) = 0$, 且当 z 趋于 D_k 的直径边界, $g(z)$ 趋于像半圆盘的直径边界. 由 Schwarz 反射原理, g 可延拓为圆盘之间的全纯函数, 且在 a_k 附近为局部单射. 因此, 在 a_k 附近可表示为 $g(z) = c(z - a_k) + o((z - a_k)), c \neq 0$. 于是,

$$f(z) = p_k + (z - a_k)^{\lambda_k} g_k(z), \ \ z \in D_k,$$

其中, g_k 是在 a_k 的邻域内不取零值的全纯函数. 由此可知, 在 a_k 的邻域内,

$$h(z) = \frac{\lambda_k - 1}{z - a_k} + O(1).$$

第三步: 考虑函数

$$G(z) = h(z) - \sum_{k=1}^{n} \frac{\lambda_k - 1}{z - a_k}.$$

显然, $a_1, \cdots, a_n$ 都是可去奇点, 且当 $z \to \infty$ 时, $G(z) \to 0$. 由 Liouville 定理, $G \equiv 0$. 因此,

$$h(z) = \sum_{k=1}^{n} \frac{\lambda_k - 1}{z - a_k}.$$

上式左侧为 $(\log f'(z))'$ (此处及下文, log 指 Log 的全纯单值支). 积分得

$$\log f'(z) = \sum_{k=1}^{n} (\lambda_k - 1) \log(z - a_k) + C_0, \ z \in \mathbb{H}.$$

由上式得,

$$f'(z) = C_1 \prod_{k=1}^{n} (z - a_k)^{\lambda_k - 1} \Longrightarrow f(z) = C_1 \int_{z_0}^{z} \prod_{k=1}^{n} (\zeta - a_k)^{\lambda_k - 1} \mathrm{d}\zeta + C,$$

其中, $C_1 \neq 0$, C_2 为常数. 由此, 完成证明. □

> **注 1**　当多边形 P 给定时, $a_1, \cdots, a_n$ 并不能唯一确定, 但可以任意指定三点. 比如, 如果 $a_1, a_2, a_3 \in \mathbb{R}$ 指定, 则满足边界点对应 $f(a_k) = p_k$, $1 \leqslant k \leqslant 3$ 的双全纯映射 $f : \mathbb{H} \to P$ 唯一. 此时, $a_4, \cdots, a_n$ 也随之唯一确定.

> **注 2**　如果将 $\mathbb{H}$ 换成单位圆盘 $\mathbb{D}$, 并假定 $a_1, \cdots, a_n \in \partial\mathbb{D}$, 分别对应 P 的顶点 $P_1, P_2, \cdots, P_n$, 相同形式的 Schwarz-Christoffel 公式也成立.

33.4　矩形区域与椭圆积分

考虑问题: 给定矩形区域 R, 顶点为 $\pm K, \pm K + \mathrm{i}L$, 其中 $K, L > 0$. 下求一双全纯映射 f, 将上半平面 $\mathbb{H}$ 映为 R. 为使 f 具有对称性, 不妨要求 f 将第一象限映为矩形在第一象限的部分. 为此, 只需指定边界三点的对应. 假设 f 将边界点 $0, 1, \infty$ 分别映为 $0, K, \mathrm{i}L$. 易知, f 将 $(1, +\infty)$ 中某点, 记为 $1/k$ (此处 $0 < k < 1$), 映为 $K + \mathrm{i}L$. 由 Schwarz 反射原理, f 将 $-1/k, -1$ 分别映为 $-K + \mathrm{i}L, -K$. 利用 Schwarz-Christoffel 公式,

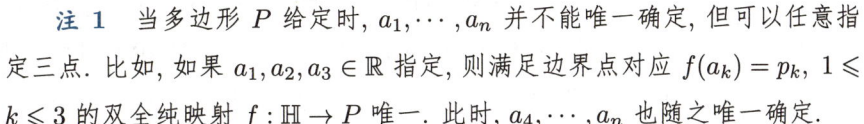

$$f(z) = C_1 \int_0^z \frac{\mathrm{d}\zeta}{\sqrt{(\zeta + 1/k)(\zeta + 1)(\zeta - 1)(\zeta - 1/k)}} + C_2.$$

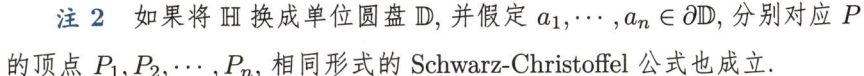

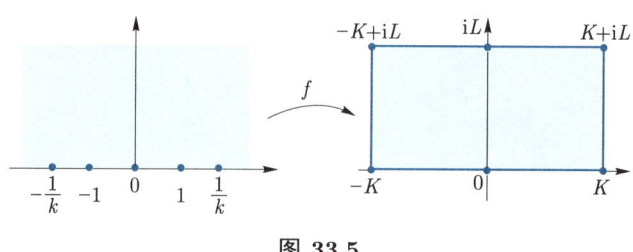

图 33.5

利用 $f(0) = 0$, 可得 $C_2 = 0$. 由 $f([0, 1]) = [0, K]$ 可知,

$$f(z) = C \int_0^z \frac{\mathrm{d}\zeta}{\sqrt{(1 - \zeta^2)(1 - k^2\zeta^2)}}, \ C > 0.$$

由 $f(1) = K$, $f(1/k) = K + \mathrm{i}L$, 及当 $\zeta > 1$ 时, $\sqrt{1 - \zeta^2} = \mathrm{i}\sqrt{\zeta^2 - 1}$, 得

$$K = C \int_0^1 \frac{\mathrm{d}x}{\sqrt{(1 - x^2)(1 - k^2x^2)}}, \ L = C \int_1^{1/k} \frac{\mathrm{d}x}{\sqrt{(x^2 - 1)(1 - k^2x^2)}}.$$

由上式知, L/K 只与 k 有关. 若事先给定 K, L, 则 $k(k > 1)$ 由 L/K 唯一确定. 反之, 若事先给定 $k > 1$, 则 K, L 在差同一个常数乘子 C 的意义下也由 k 唯一确定.

最后, 记 f 的逆映射为 $g : R \to \mathbb{H}$. 由边界延拓定理, g 可延拓到 ∂R 上, 且 $g(\partial R) \subset \mathbb{R} \cup \{\infty\}$. 由 Schwarz 反射原理, g 可延拓到 $\overline{R} \cup (K + \overline{R})$ 上, 并可进一步延拓到 $\overline{R} \cup (K + \overline{R}) \cup (\mathrm{i}L + \overline{R}) \cup (K + \mathrm{i}L + \overline{R})$ 上. 依次进行下去, 最后可将 g 延拓为 $\mathbb{C}$ 上的半纯函数. 利用延拓的对称性,

$$g(w + 4K) = g(w), \ g(w + 2L\mathrm{i}) = g(w), \forall w \in \mathbb{C}.$$

这表明, g 是以 $4K, 2L\mathrm{i}$ 为周期的双周期函数.

双周期函数 g 也称为 Jacobi 椭圆函数, 记为 sn_k (与参数 $k > 1$ 有关).

利用 sn_k 的映射性质, 考虑一个有趣的问题:

例题 33.1　求一个从椭圆区域

$$E = \left\{ z = x + \mathrm{i}y \ \middle| \ \frac{x^2}{a^2} + \frac{y^2}{b^2} < 1 \right\}$$

到单位圆盘 $\mathbb{D}$ 的双全纯映射, 其中 $a > b > 0, a^2 - b^2 = 1$.

如前所知, 从椭圆外部到单位圆盘外部的双全纯映射可以用初等函数–Joukowsky 函数的逆映射表示出来, 然而从椭圆内部到单位圆盘内部的双全纯映射却不能用初等映射表示, 它涉及了椭圆积分.

解　问题的求解基于两个事实:

(1) sn_k 将线段 $[-K + L\mathrm{i}/2, K + L\mathrm{i}/2]$ 映为上半圆周 $\mathbb{H} \cap \{|z| = 1/\sqrt{k}\}$.

(2) $\sin z$ 将矩形 $\{z = x + \mathrm{i}y \mid |x| < \pi/2, 0 < y < y_0\}$ 映为上半椭圆

$$\frac{u^2}{\cosh^2 y_0} + \frac{v^2}{\sinh^2 y_0} < 1, \ v > 0.$$

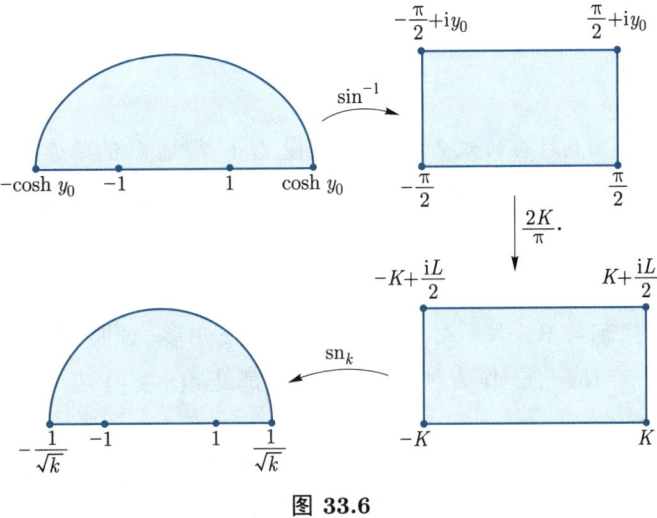

图 33.6

为证明 (1)，记在 R 中关于直线 $\mathrm{Im}(w) = L/2$ 的反射为 τ_L，在 $\mathbb{H}$ 上关于圆周 $|z| = 1/\sqrt{k}$ 的反射为 h_k. 显然，sn_k 和 $h_k \circ \mathrm{sn}_k \circ \tau_L$ 都是从 R 到 $\mathbb{H}$ 的双全纯映射，将边界点 $0, K, \mathrm{i}L$ 分别映为 $0, 1, \infty$. 因此

$$\mathrm{sn}_k = h_k \circ \mathrm{sn}_k \circ \tau_L.$$

上式蕴涵 $[-K + L\mathrm{i}/2, K + L\mathrm{i}/2]$ 关于 τ_L 的像是 h_k 的不变集，因此必为半圆周 $\mathbb{H} \cap \{|z| = 1/\sqrt{k}\}$. 由此，$\mathrm{sn}_k$ 将顶点为 $\pm K, \pm K + \mathrm{i}L/2$ 的矩形双全纯映为上半圆盘 $\mathbb{H} \cap D(0, 1/\sqrt{k})$，并将边界点 $-K + L\mathrm{i}/2, -K, K, K + L\mathrm{i}/2$ 依次映为 $-1/\sqrt{k}, -1, 1, 1/\sqrt{k}$.

(2) 的证明依赖于如下事实：

$$\sin(x + \mathrm{i}y) = \cosh y \sin x + \mathrm{i} \sinh y \cos x.$$

由此得 $\sin z$ 的映射性质. 易见，它将 $-\pi/2 + \mathrm{i}y_0, -\pi/2, \pi/2, \pi/2 + \mathrm{i}y_0$ 依次映为 $-\cosh y_0$, $-1, 1, \cosh y_0$.

利用 (1)(2)，选取 $k > 1, y_0 > 0$，使之满足

$$\cosh y_0 = a, \quad \frac{L/2}{K} = \frac{y_0}{\pi/2}.$$

于是，映射

$$\psi_E(z) = \sqrt{k} \cdot \mathrm{sn}_k\left(\frac{2K}{\pi} \sin^{-1} z\right)$$

给出了上半椭圆到上半单位圆盘的双全纯映射, 保持实轴部分的对应. 由 Schwarz 反射原理, ψ_E 可延拓为 E 到 $\mathbb{D}$ 的双全纯映射. $\qquad\square$

33.5 习题

1. (指定边界三点对应的双全纯映射) 假设 D, U 都是 $\widehat{\mathbb{C}}$ 的单连通区域, 边界都为简单闭曲线. 任取 ∂D 上沿正向排列三点 z_1, z_2, z_3, $\partial\Omega$ 上沿正向排列的三点 w_1, w_2, w_3. 证明: 存在唯一的双全纯映射 $\phi : D \to \Omega$, 满足 $\phi(z_k) = w_k, 1 \leqslant k \leqslant 3$.

提示: 利用边界延拓定理与分式线性变换的性质.

2. (三角形之间的双全纯映射) 假设 P, Q 都是三角形. 证明: 存在双全纯映射 $f : P \to Q$, 保持顶点对应. 注: 作为对比, 如果 P, Q 都是 $n(n \geqslant 4)$ 边形, 一般不存在保持顶点对应的双全纯映射.

3. (四边形之间的双全纯映射) 假设 Q 是一条简单闭曲线围成的单连通区域, 沿边界正向依次标记四点 $a_1, a_2, a_3, a_4 \in \partial Q$. 证明: 存在唯一的正实数 m, 以及唯一的双全纯映射 f, 将 Q 映为矩形 $R(m) = [0,1] \times [0, m]$, 并将 a_1, a_2, a_3, a_4 依次映为 $0, 1, 1+mi, mi$.

提示: 取双全纯映射 $g : \mathbb{H} \to Q$, 并记 $x_k = g^{-1}(a_k)$, 利用 Schwarz-Christoffel 公式.

4. (从上半平面到多边形外部的双全纯映射) 假设 P 是 $n(n \geqslant 3)$ 边形, 其顶点按顺时针序排列为 $p_1, \cdots, p_n$. 无界区域 $\Omega = \widehat{\mathbb{C}} \setminus P$ 在 p_k 处内角为 $\lambda_k \pi$. 求双全纯映射 $f : \mathbb{H} \to \Omega, f(q) = \infty$ 的表达式.

提示: 记 $a_k = f^{-1}(p_k)$, 证明

$$\frac{f''(z)}{f'(z)} = \sum_{k=1}^{n} \frac{\lambda_k - 1}{z - a_k} - \frac{2}{z - q} - \frac{2}{z - \bar{q}}.$$

5. (多边形之间的双全纯映射) 假设 P, Q 都是 $n(n \geqslant 3)$ 边形, $f : P \to Q$ 是双全纯映射, 保持顶点对应. 一般而言, f 未必是线性变换. 现假设 P 的每个顶点与其像顶点处内角相等, 证明 f 为线性变换: $f(z) = az + b, a \neq 0$.

提示: 取双全纯映射 $h_P : P \to \mathbb{H}, h_Q : Q \to \mathbb{H}$, 使之满足 $h_P(p_k) = h_Q(f(p_k)), 1 \leqslant k \leqslant 3$, 其中, p_1, p_2, p_3 为 P 的相邻三个顶点. 说明 $g = h_Q \circ f \circ h_P^{-1} : \mathbb{H} \to \mathbb{H}$ 为恒等映射, 并利用 Schwarz-Christoffel 公式.

6. (多边形之间的双全纯映射) 假设 P, Q 都是 $n(n \geqslant 3)$ 边形. 若 f 在 $\overline{P}$ 上全纯, 非常值, 且 $f(\partial P) \subset \partial Q$. 证明 f 为线性变换: $f(z) = az + b, a \neq 0$.

7. (Schwarz 三角形) 假设 Δ 为三角形区域, $f : \Delta \to \mathbb{H}$ 为双全纯映射.

(1) 证明: f 可延拓为平面 $\mathbb{C}$ 上的半纯函数 F 的充要条件是 Δ 的内角具有 π/n_1, $\pi/n_2, \pi/n_3$ 的形式, 其中, n_1, n_2, n_3 为正整数, 满足

$$\frac{1}{n_1} + \frac{1}{n_2} + \frac{1}{n_3} = 1.$$

(2) 证明: (n_1, n_2, n_3) 只有三种取值 $(3, 3, 3), (2, 4, 4), (2, 3, 6)$.

(3) 证明延拓所得的半纯函数 F 为双周期函数.

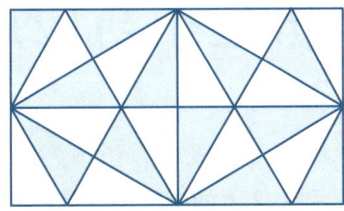

图 33.7 Schwarz 三角形, $(n_1, n_2, n_3) = (2, 3, 6)$.

8. (从圆盘到正 n 多边形内部与外部的双全纯映射) 假设 P 是单位圆周上的正 $n(n \geqslant 3)$ 边形, 中心在原点.

(1) 证明: 满足 $f(0) = 0$ 的双全纯映射 $f : \mathbb{D} \to P$ 可表示为

$$f(z) = C \int_0^z \frac{\mathrm{d}\zeta}{(1 - \zeta^n)^{2/n}}, \ C \neq 0.$$

(2) 证明: 满足 $g(0) = \infty$ 的双全纯映射 $g : \mathbb{D} \to \widehat{\mathbb{C}} \setminus P$ 可表示为

$$g(z) = C_1 \int_{z_0}^z \zeta^{-2}(1 - \zeta^n)^{2/n}\mathrm{d}\zeta + C_2, \ C_1 \neq 0, z_0 \neq 0.$$

9. (Schwarz 导数与双全纯映射) 假设 Δ 是平面上由三条圆弧围成的三角形, 按边界正向排列的三顶点为 A, B, C, 对应的三个内角为 $\alpha\pi, \beta\pi, \gamma\pi$. 假设 $f : \mathbb{H} \to \Delta$ 双全纯, 边界对应为 $f(0) = A, f(1) = B, f(\infty) = C$.

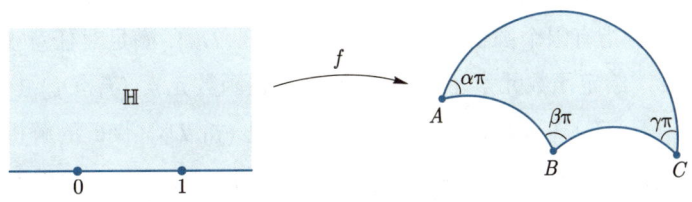

图 33.8

定义 f 的 Schwarz 导数 S_f 为

$$S_f(z) = \left(\frac{f''(z)}{f'(z)}\right)' - \frac{1}{2}\left(\frac{f''(z)}{f'(z)}\right)^2.$$

证明:

$$S_f(z) = \frac{1}{2}\left(\frac{1 - \alpha^2}{z^2} + \frac{1 - \beta^2}{(z - 1)^2} + \frac{\alpha^2 + \beta^2 - \gamma^2 - 1}{z(z - 1)}\right).$$

提示: 将 $S_f(z)\mathrm{d}z^2$ 视为 $\widehat{\mathbb{C}}$ 上的半纯二次微分, 极点数为 6, 零点数为 2.

第三十四章

解析延拓与应用

解析延拓讨论的问题是: 区域 Ω 上的全纯函数是否可以全纯地延拓到更大的区域上? Riemann 可去奇点定理和 Schwarz 反射原理给出了两种典型情形下的回答; 幂级数在收敛圆盘边界上是否存在正则点决定了和函数是否能越过边界做延拓. 本章讨论在什么条件下, 延拓所得的函数是单值全纯函数. 我们将证明单值性定理 (解析延拓的主要结论), 并给出它的一个应用: 证明 Picard 小定理.

34.1 沿曲线的解析延拓

一个函数元素指有序对 (f, D), 其中 D 是开圆盘, f 是 D 上的全纯函数. 任给两个函数元素 (f_1, D_1) 和 (f_2, D_2), 称它们互为直接解析延拓, 如果

$$D_1 \cap D_2 \neq \varnothing;\ f_1(z) = f_2(z), \forall z \in D_1 \cap D_2.$$

此时, 采用记号 $(f_1, D_1) \sim (f_2, D_2)$.

一个圆盘链 $\mathcal{C}$ 指有限个圆盘的集合 $\{D_0, D_1, \cdots, D_n\}$, 满足对任意 $1 \leqslant k \leqslant n$, 有 $D_{k-1} \cap D_k \neq \varnothing$. 给定函数元素 (f_0, D_0), 如果存在函数元素 $(f_1, D_k), 1 \leqslant k \leqslant n$, 使 $(f_{k-1}, D_{k-1}) \sim (f_k, D_k), 1 \leqslant k \leqslant n$, 则称 (f_n, D_n) 是 (f_0, D_0) 沿 $\mathcal{C}$ 的解析延拓.

> **注** f_n 由 f_0 和 $\mathcal{C}$ 唯一确定: 若 $(f_0, D_0) \sim (g_1, D_1)$, 则在 $D_0 \cap D_1$ 上, $f_0 = g_1 = f_1$. 由唯一性定理, 在 D_1 上 $f_1 = g_1$. 利用数学归纳法可得.

值得注意的是, 假设 (f_n, D_n) 是 (f_0, D_0) 沿 $\mathcal{C}$ 的解析延拓, 如果 $D_n \cap D_0 \neq \varnothing$, 未必成立 $(f_n, D_n) \sim (f_0, D_0)$, 即 (f_n, D_n) 未必是 (f_0, D_0) 的直接解析延拓. 例如, 取以 $\mathrm{e}^{2k\pi\mathrm{i}/3}$ 为中心, 半径为 1 的圆盘

$$D_k = D(\mathrm{e}^{2k\pi\mathrm{i}/3}, 1),\ k = 0, 1, 2,$$

在 D_k 上取 $\sqrt{z}$ 的全纯单值分支 f_k, 使 $(f_0, D_0) \sim (f_1, D_1)$, $(f_1, D_1) \sim (f_2, D_2)$. 在 $D_2 \cap D_0$ 上, $f_2 = -f_0 \neq f_0$.

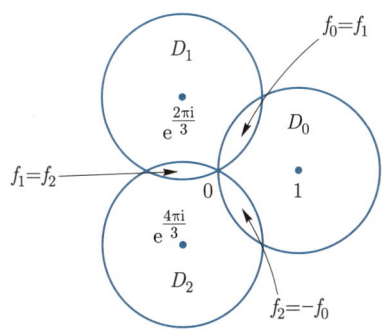

图 34.1 直接解析延拓 $\sim$ 不满足传递性的例子

此例表明, $\sim$ 不满足传递性. 但若有相交性条件, 则传递性仍成立:

$$
\begin{cases}
D_0 \cap D_1 \cap D_2 \neq \varnothing, \\
(f_0, D_0) \sim (f_1, D_1), \quad \Longrightarrow (f_0, D_0) \sim (f_2, D_2). \\
(f_1, D_1) \sim (f_2, D_2),
\end{cases}
\tag{34.1}
$$

证明如下: 由条件知, 在 $D_0 \cap D_1$ 上 $f_0 = f_1$, 在 $D_1 \cap D_2$ 上 $f_1 = f_2$. 故此在 $D_0 \cap D_1 \cap D_2$ 上, $f_0 = f_1 = f_2$. 由唯一性定理, 在 $D_0 \cap D_2$ 上, $f_0 = f_2$.

称圆盘链 $\mathcal{C} = \{D_0, D_1, \cdots, D_n\}$ 覆盖曲线 $\gamma : [0,1] \to \mathbb{C}$, 如果存在 $[0,1]$ 的一个划分 $0 = t_0 < t_1 < \cdots < t_n = 1$, 使 $\gamma(0)$ 是 D_0 的圆心, $\gamma(1)$ 是 D_n 的圆心, 且 $\gamma([t_k, t_{k+1}]) \subset D_k, 0 \leqslant k < n$. 此时, 如果 (f_n, D_n) 是 (f_0, D_0) 沿 $\mathcal{C}$ 的解析延拓, 则称 (f_n, D_n) 是 (f_0, D_0) 沿曲线 γ 的解析延拓. 注意到覆盖 γ 的圆盘链不唯一, 为说明良定义, 我们需如下命题

> **命题 34.1** 假设 $\mathcal{C}_1 = \{D_0, D_1, \cdots, D_n\}$ 和 $\mathcal{C}_2 = \{B_0, B_1, \cdots, B_m\}$ 是覆盖曲线 γ 的两个圆盘链, $D_0 = B_0 = D$. 如果 (f_n, D_n) 是 (f, D) 沿 $\mathcal{C}_1$ 的解析延拓, (g_m, B_m) 是 (f, D) 沿 $\mathcal{C}_2$ 的解析延拓, 则 $(f_n, D_n) \sim (g_m, B_m)$.

证明 取 $[0,1]$ 的两个划分

$$
0 = t_0 < t_1 < \cdots < t_n = 1 = t_{n+1}, \ \gamma([t_k, t_{k+1}]) \subset D_k, \ 0 \leqslant k \leqslant n;
$$
$$
0 = s_0 < s_1 < \cdots < s_m = 1 = s_{m+1}, \ \gamma([s_j, s_{j+1}]) \subset B_j, \ 0 \leqslant j \leqslant m.
$$

由假设条件, 存在函数元素 $(f_k, D_k) \sim (f_{k+1}, D_{k+1}), 0 \leqslant k < n; (g_j, B_j) \sim (g_{j+1}, B_{j+1}), 0 \leqslant j < m$, 其中 $f_0 = g_0 = f$.

下面证明, 如果 $[t_k, t_{k+1}] \cap [s_j, s_{j+1}] \neq \varnothing$, 则 $(f_k, D_k) \sim (g_j, B_j)$. 若不然, 取 $k + j$ 达到最小的数对 (k, j), 使 $(f_k, D_k) \sim (g_j, B_j)$ 不成立. 显然, $k + j > 0$. 不妨假设 $t_k \geqslant s_j$, 则有 $k \geqslant 1$. 由 $[t_k, t_{k+1}] \cap [s_j, s_{j+1}] \neq \varnothing$ 知, $\gamma(t_k) \in D_{k-1} \cap D_k \cap B_j$. 由

$k + j$ 的最小性, $(f_{k-1}, D_{k-1}) \sim (g_j, B_j)$. 由 $(f_{k-1}, D_{k-1}) \sim (f_k, D_k)$ 以及 (34.1) 式得, $(f_k, D_k) \sim (g_j, B_j)$. 矛盾.

显然, $[t_n, t_{n+1}] \cap [s_m, s_{m+1}] = \{1\} \neq \varnothing$. 由如上结论得, $(f_n, D_n) \sim (g_m, B_m)$.   □

34.2　单值性定理

给定两条曲线 $\gamma_0, \gamma_1 : [0, 1] \to \mathbb{C}$, 起点为 a, 终点为 b. 假设 $h : [0, 1] \times [0, 1] \to \mathbb{C}$ 是它们之间的同伦, 满足

$$\begin{cases} h(0, t) = \gamma_0(t), \ h(1, t) = \gamma_1(t), & \forall t \in [0, 1], \\ h(s, 0) = a, \ h(s, 1) = b, & \forall s \in [0, 1]. \end{cases}$$

称 $(\gamma_s = h(s, \cdot))_{s \in [0,1]}$ 为连接 a 与 b 的同伦曲线族.

> **命题 34.2**　给定连接 a 与 b 的同伦曲线族 $(\gamma_s)_{s \in [0,1]}$, 以 a 为中心的圆盘 D 及函数元素 (f, D). 假设 (f, D) 沿曲线 γ_s 可解析延拓为 $(g_s, D_s), s \in [0, 1]$, 则 $(g_0, D_0) \sim (g_1, D_1)$.

证明　任取 $s \in [0, 1]$. 存在覆盖 γ_s 的圆盘链 $\mathcal{C} = \{B_0, B_1, \cdots, B_n\}$, $B_0 = D$, 使 (g_s, D_s) 是 (f, D) 沿 γ_s 的解析延拓, $D_s = B_n$. 存在 $[0, 1]$ 的划分 $0 = t_0 < t_1 < \cdots < t_n = 1$, 使 $E_k := \gamma_s([t_k, t_{k+1}]) \subset B_k$, $0 \leqslant k < n$.

取 $\varepsilon < \min_k \{d(E_k, \partial B_k)\}$. 利用同伦 h 的一致连续性, 存在 $\delta > 0$, 使

$$|u - s| < \delta \Longrightarrow |\gamma_s(t) - \gamma_u(t)| < \varepsilon, \ \forall t \in [0, 1].$$

上式表明, 对任意 $u \in J_s := (s - \delta, s + \delta) \cap [0, 1]$, $\mathcal{C}$ 也是覆盖 γ_u 的圆盘链. 因此, (g_u, D_u) 和 (g_s, D_s) 都是 (f, D) 沿 γ_u 的解析延拓. 由命题 34.1 知, $(g_u, D_u) \sim (g_s, D_s)$.

显然, $[0, 1]$ 可由有限段形如 $J_{s_1}, \cdots, J_{s_m}$ 的区间覆盖. 由 $b \in D_s, \forall s \in [0, 1]$ 以及 (34.1) 式得, $(g_0, D_0) \sim (g_1, D_1)$.   □

> **定理 34.1 (单值性定理)**　假设 Ω 是单连通区域. 给定以 a 中心的圆盘 D 以及函数元素 (f, D). 假设 (f, D) 可沿 Ω 中以 a 为起点的任意曲线解析延拓, 则存在 Ω 上全纯函数 g, 使 $g|_D = f$.

证明　任取 $b \in \Omega$. 假设 γ_0, γ_1 是 Ω 中起点为 a, 终点为 b 的两条曲线. 因 Ω 单连通, 故存在 Ω 中连接 a 与 b 的同伦曲线族 $(\gamma_s)_{s \in [0,1]}$. 由延拓假设, (f, D) 可沿 γ_s 解析延拓, 记最终所得的函数元素为 (g_s, D_s), 由命题 34.2 知, $(g_0, D_0) \sim (g_1, D_1)$.

因 D_0 以 b 为中心, 故可记为 $D_0(b)$. 注意到 $\Omega = \bigcup_b D_0(b)$, 因此可定义 Ω 上的函数 g, 使当 $z \in D_0(b)$ 时, $g(z) = g_0(z)$. 上段论证表明, g 良定义, 为 Ω 上的全纯函数, 满足 $g|_D = f$. $\qquad\square$

34.3 模函数

单值性定理的一个不平凡应用是证明 Picard 小定理, 为此需引入模函数. 模函数是从圆盘 $\mathbb{D}$ 到 $\mathbb{C} \setminus \{0, 1\}$ 的全纯函数, 在 $\mathrm{Aut}(\mathbb{D})$ 的一个离散子群作用下保持不变, 可看成平面上的双周期函数在圆盘 $\mathbb{D}$ 上的对应版本. 本节利用 Riemann 映射定理、边界延拓定理和 Schwarz 反射原理给出模函数的构造.

首先, 在圆盘 $\mathbb{D}$ 中取一个圆弧三角形 D, 三边为与 $\partial \mathbb{D}$ 正交的开圆弧 L_1, L_2, L_3, 两两相切于边界 $\partial \mathbb{D}$. D 的三顶点按逆时针序标记为 a, b, c. 由 Riemann 映射定理与边界延拓定理知, 存在唯一的双全纯映射 $\nu : D \to \mathbb{H}$, 将 ∂D 同胚地映为 $\mathbb{R} \cup \{\infty\}$, 将边界点 a, b, c 分别映为 $0, 1, \infty$. 于是,

$$\nu(L_k) = \begin{cases} (0, 1), & k = 1, \\ (1, +\infty), & k = 2, \\ (-\infty, 0), & k = 3. \end{cases}$$

对任意 $k \in \{1, 2, 3\}$, 记关于圆弧 L_k 的反射为 τ_k. 显然, $\tau_k(\mathbb{D}) = \mathbb{D}$. 由 Schwarz 反射原理, ν 可越过 L_k 全纯延拓到 $D_k := \tau_k(D)$ 上, 并将 D_k 映为下半平面 $\mathbb{H}_*$.

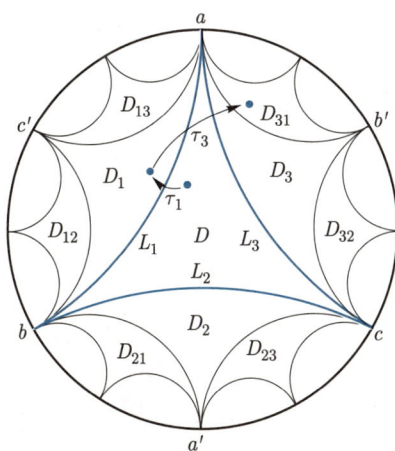

图 34.2　模函数的构造, $D_k = \tau_k(D)$, $D_{kj} = \tau_k \circ \tau_j(D)$.

易见, ν 在 ∂D_k 上取实值, 且 ∂D_k 每段都是与 $\partial\mathbb{D}$ 正交的圆弧. 因此, D_k 关于它的新边界又可通过 Schwarz 反射原理做全纯延拓.

如此进行下去, 最终可将 ν 延拓为 $\mathbb{D}$ 上的全纯函数 $\nu:\mathbb{D}\to\mathbb{C}\setminus\{0,1\}$, 它将相邻两个圆弧三角形分别映为上下两个半平面. 由延拓的方式知,

$$\nu\circ\tau_k(z)=\overline{\nu(z)},\ \forall z\in\mathbb{D}. \tag{34.2}$$

注意到两个反射的复合为 $\mathbb{D}$ 的全纯自同构, 且

$$\tau_k^2=\mathrm{id},\ (\tau_k\circ\tau_j)^{-1}=\tau_j\circ\tau_k,\ \forall j,k\in\{1,2,3\}.$$

记 $\mathcal{G}\subset\mathrm{Aut}(\mathbb{D})$ 为由 $\tau_3\circ\tau_1,\tau_2\circ\tau_1$ 生成的子群, 即

$$\mathcal{G}=\{\alpha_1^{\varepsilon_1}\circ\cdots\circ\alpha_n^{\varepsilon_n}\,|\,\alpha_k\in\{\tau_3\circ\tau_1,\tau_2\circ\tau_1\},\varepsilon_k\in\{\pm1\},n\geqslant1\}.$$

易见, $\tau_2\circ\tau_3\in\mathcal{G}$, 这是因为 $\tau_2\circ\tau_3=(\tau_2\circ\tau_1)\circ(\tau_3\circ\tau_1)^{-1}$; $D_k=\tau_k\circ\tau_j(D_j)$.

可以验证, 对任意 $k\in\{1,2,3\}$, 成立

$$\bigsqcup_{g\in\mathcal{G}}g((\overline{D}\cap\mathbb{D})\cup D_k)=\mathbb{D}, \tag{34.3}$$

此处, $\bigsqcup$ 表示无交并. 由 (34.2) 式知,

$$\nu\circ g=\nu,\ \forall g\in\mathcal{G}. \tag{34.4}$$

即 ν 在群 $\mathcal{G}$ 作用下不变.

下面讨论 ν 的映射性质. 为此, 先给出定义.

任给两个平面区域 X,Y(更一般地, 可为拓扑空间), 以及连续映射 $p:X\to Y$, 如果对任意 $q\in Y$, 存在 q 的一个开邻域 $U\subset Y$, 使 $p^{-1}(U)$ 可以表示为若干个开集的无交并

$$p^{-1}(U)=\bigsqcup_{k\in I}V_k;\ V_k\cap V_j=\varnothing,\ \forall k\neq j,$$

其中, I 是可数或有限的指标集, 且对任意 $k\in I$, $p|_{V_k}:V_k\to U$ 是同胚, 则称 p 是覆盖映射 (covering map), X 为 Y 的覆盖空间 (covering space).

例如, 指数映射 $\exp(z)=\mathrm{e}^z:\mathbb{C}\to\mathbb{C}^*=\mathbb{C}\setminus\{0\}$ 是一个典型的覆盖映射. 事实上, 对任意 $w\in\mathbb{C}^*$, 对数函数 Log 可以在 $D(w,|w|)$ 上取到全纯的单值分支 ϕ. 记 $U=\phi(D(w,|w|))$, 则

$$\exp^{-1}(D(w,|w|))=\bigsqcup_{k\in\mathbb{Z}}(U+2k\pi\mathrm{i}),$$

且对任意 $k\in\mathbb{Z}$, 映射 $\exp:U+2k\pi\mathrm{i}\to D(w,\varepsilon)$ 双全纯.

本节最后, 验证如下性质:

> **命题 34.3** 模函数 $\nu:\mathbb{D}\to\mathbb{C}\setminus\{0,1\}$ 是覆盖映射, 即对任意开圆盘 $U\subset\mathbb{C}\setminus\{0,1\}$,
>
> $$\nu^{-1}(U)=\bigsqcup_{g\in\mathcal{G}}g(V),\tag{34.5}$$
>
> 其中, V 是 $D\cup L_k\cup D_k$ 中的一个区域, $k\in\{1,2,3\}$, 且对任意 $g\in\mathcal{G}$, $\nu:g(V)\to U$ 双全纯.

证明 对任意 $k\in\{1,2,3\}$, 映射 $\nu:D\cup L_k\cup D_k\to\mathbb{H}\cup\nu(L_k)\cup\mathbb{H}_*$ 双全纯, 且 $\nu(D)=\mathbb{H}$, $\nu(D_k)=\mathbb{H}_*$.

对任意开圆盘 $U\subset\mathbb{C}\setminus\{0,1\}$, 存在 $k\in\{1,2,3\}$, 使 $U\subset\mathbb{H}\cup\nu(L_k)\cup\mathbb{H}_*$. 结合 (34.3), (34.4) 两式, 可得 (34.5) 式, 其中, $V=\nu|_{D\cup L_k\cup D_k}^{-1}(U)$. 对任意 $g\in\mathcal{G}$, 由分解 $\nu|_{g(V)}=\nu|_{D\cup L_k\cup D_k}\circ g|_{g(V)}^{-1}$ 知, $\nu:g(V)\to U$ 双全纯. $\qquad\square$

34.4 Picard 小定理

> **定理 34.2 (Picard, 1879)** 任何整函数 $f:\mathbb{C}\to\mathbb{C}\setminus\{0,1\}$ 必为常值函数.

证明 对任意圆盘 $D_0\subset\mathbb{C}\setminus\{0,1\}$, 利用模函数的覆盖性质 (命题 34.3) 知, $\nu^{-1}(D_0)$ 是可数个开集之并, 任取其中一个连通分支 V_0, 映射 $\nu:V_0\to D_0$ 双全纯. 于是, 对应于 V_0, 可得函数元素 (ψ_0,D_0), 其中, $\psi_0=\nu|_{V_0}^{-1}$.

若有另一圆盘 $D_1\subset\mathbb{C}\setminus\{0,1\}$, 使 $D_0\cap D_1\neq\varnothing$, 由以上讨论, 可取 $\nu^{-1}(D_1)$ 的连通分支 V_1, 使 $V_1\cap V_0\neq\varnothing$, 且 $\nu:V_1\to D_1$ 双全纯. 记 $\psi_1=\nu|_{V_1}^{-1}$. 于是, 函数元素 $(\psi_1,D_1)\sim(\psi_0,D_0)$.

由 $f(\mathbb{C})\subset\mathbb{C}\setminus\{0,1\}$ 知, 存在以 0 为中心的圆盘 B_0, 使 $f(B_0)$ 包含在某圆盘 $D_0\subset\mathbb{C}\setminus\{0,1\}$ 中. 记 $g_0(z)=\psi_0(f(z))$, $z\in B_0$.

任取起点为 0 的曲线 γ, 像曲线 $f(\gamma)$ 是 $\mathbb{C}\setminus\{0,1\}$ 中的紧集. 取圆盘链 $\mathcal{C}=\{B_0,\cdots,B_m\}$ 覆盖 γ, 使 $f(B_j)$ 包含在 $\mathbb{C}\setminus\{0,1\}$ 中的圆盘 D_j 中. 如上取 ν 的定义在 D_j 上的局部逆 ψ_j, 使 $(\psi_j,D_j)\sim(\psi_{j-1},D_{j-1})$, $1\leqslant j\leqslant m$. 由此便得 (g_0,B_0) 沿圆盘链 $\mathcal{C}$ 的解析延拓 (g_m,B_m), 其中, $g_m(z)=\psi_m(f(z))$, $z\in B_m$.

以上表明, (g_0,B_0) 可沿平面上以 0 为起点的任意曲线解析延拓. 由单值性定理, 存在 $\mathbb{C}$ 上的全纯函数 g, 使 $g|_{D_0}=g_0$. 显然, g 取值于 $\mathbb{D}$, 满足

$$f(z)=\nu\circ g(z),\ z\in\mathbb{C}.$$

由 Liouville 定理, g 为常数. 因此, f 亦然. $\qquad\square$

下例是 Picard 小定理的妙用:

> **例题 34.1**　任给整函数 f, 要么 $f \circ f$ 有不动点, 要么 $f(z) = z + b$, $b \neq 0$.

证明　若 $f \circ f$ 没有不动点, 则 f 也没有不动点, 并且非常值. 定义

$$g(z) = \frac{f(f(z)) - z}{f(z) - z}, \ z \in \mathbb{C}.$$

显然, g 是整函数, 取值于 $\mathbb{C} \setminus \{0, 1\}$. 由 Picard 小定理知,

$$\begin{aligned}
g \equiv c \in \mathbb{C} \setminus \{0, 1\} &\Longrightarrow f(f(z)) - z = c(f(z) - z) \\
&\Longrightarrow f'(f(z))f'(z) - 1 = c(f'(z) - 1) \\
&\Longrightarrow (f'(f(z)) - c)f'(z) = 1 - c.
\end{aligned}$$

由此可得

$$f'(z) \neq 0, \ f'(f(z)) \neq c, \ \forall z \in \mathbb{C}.$$

这说明整函数 $f' \circ f$ 不取值 $0, c$. 再次应用 Picard 小定理得, $f' \circ f$ 为常数. 由开映射定理以及 f 非常值知, $f(\mathbb{C})$ 是非空开集. 于是 f' 在 $f(\mathbb{C})$ 上为常值. 由唯一性定理, f' 为常值. 因此, $f(z) = az + b$, $a \neq 0$. 由 f 在平面上无不动点知, $a = 1$, $b \neq 0$. □

34.5　习题

1. (Cantor 集是可去奇点集吗?)　本题研究 Riemann 可去奇点定理的推广: 假设 C 是三分 Cantor 集[①], U 是包含 C 的一个区域, 假设 f 在 $U \setminus C$ 上全纯有界. 证明: C 是 f 的可去奇点集, 即 f 可延拓为 U 上的全纯函数.

注: 本题可做如下推广: 称紧集 K 的 1 维 Hausdorff 测度为零, 是指对任意 $\varepsilon > 0$, 存在覆盖 K 的有限个圆盘 $D(z_k, r_k), 1 \leqslant k \leqslant n$, 使

$$\sum_{k=1}^{n} r_k < \varepsilon.$$

假设 Ω 是平面区域, $K \subset \Omega$ 是 1 维 Hausdorff 测度为零的紧集, f 在 $\Omega \setminus K$ 上全纯有界, 则 f 可延拓为 Ω 上的全纯函数.

提示: 利用 Cauchy 积分公式.

---

① 构造如下: 将区间 $[0, 1]$ 三等分, 去掉中间的开区间, 对剩余的两闭区间三等分, 再去掉各自中间的一段开区间, 如此进行下去, 最后得到的完全不连通紧集称为三分 Cantor 集.

2. (*覆盖映射的构造*)　类似模函数的构造, 构造一个从圆盘 $\mathbb{D}$ 到 $\mathbb{C} - \{0, 1, t\}$ 的全纯覆盖映射, 其中, t 是不为 $0, 1$ 的实数.

注: 结论可推广到平面去掉 $n(n \geqslant 3)$ 个点的情形.

3. (*像集是单连通域的覆盖映射*)　假设 U, D 是平面区域, $f : U \to D$ 是全纯覆盖映射. 如果 D 单连通, 证明 f 双全纯 (特别地, U 也单连通).

4. (*Picard 小定理的等价命题*)　证明 Picard 小定理等价于如下命题:

假设 f, g 都是整函数, 满足 $\mathrm{e}^f + \mathrm{e}^g = 1$, 则 f, g 都是常数.

5. (*极值问题*)　假设 U 是平面区域, $f : \mathbb{D} \to U$ 是全纯覆盖映射. 定义函数族 $\mathcal{F} = \{g : \mathbb{D} \to U \text{ 全纯}, \ g(0) = f(0)\}$. 证明:

$$\sup_{g \in \mathcal{F}} |g'(0)| = |f'(0)|,$$

达到极值的 $g \in \mathcal{F}$ 可表示为 $g(z) = f(\mathrm{e}^{\mathrm{i}\theta} z), z \in \mathbb{D}$ 的形式, 其中, θ 为实数.

提示: 利用解析延拓与单值性定理, 证明任意 $g \in \mathcal{F}$ 可做分解 $g = f \circ G$, 其中, $G : \mathbb{D} \to \mathbb{D}$ 全纯, $G(0) = 0$.

6. (*Fermat 方程求解*)　假设 f, g 都是整函数, 满足

$$f^n + g^n = 1,$$

其中, $n(n \geqslant 3)$ 是整数. 证明 f, g 都是常数.

提示: $f^n + g^n = \prod_{\omega^n = -1} (f - \omega g)$, 对 $h = f/g$ 利用 Picard 小定理.

注: 当 $n = 2$ 时, 结论不成立. 参见 "多值函数 (续)" 一章习题, 此时, 解的一般形式为 $(f, g) = (\cos h, \sin h)$, 其中, h 为整函数.

7. (*Picard 小定理的应用*)　假设 p, q 都是非常值多项式. 证明: 函数 $f(z) = \mathrm{e}^{p(z)} - q(z)$ 的值域为 $\mathbb{C}$.

第三十五章

全纯映射的不动点

35.1 不动点的个数

求映射的不动点个数是一个基本而有趣的问题. 本节假设 Ω 是平面有界的有限多连通区域, 边界 $\partial\Omega$ 为有限条分段光滑的简单闭曲线之并, 假设 f 在 $\overline{\Omega}$ 上全纯, 我们将讨论如下问题

$$f \text{ 在 } \Omega \text{ 中有多少个不动点?}$$

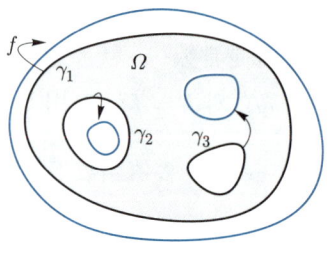

图 35.1

注意到 f 的不动点对应于映射 $g(z) = f(z) - z$ 的零点, f 在 Ω 中不动点的个数即为在计重数意义下 g 在 Ω 中的零点个数. 这样, 自然联想到利用辐角原理来考虑问题. 一个合理的假设是 $f(\partial\Omega) \cap \partial\Omega = \varnothing$, 这保证 f 在 $\partial\Omega$ 上没有不动点[①].

给定两条闭曲线 $\gamma_1, \gamma_2 : [a, b] \to \mathbb{C}$. 假设 $\gamma_1(t) \neq \gamma_2(t)$ 对任意 $t \in [a, b]$ 都成立. 定义相对绕数

$$w(\gamma_1, \gamma_2) := w(\gamma_1 - \gamma_2, 0),$$

其中 $(\gamma_1 - \gamma_2)(t) = \gamma_1(t) - \gamma_2(t), t \in [a, b]$. 可以验证

(1) 对称性: $w(\gamma_1, \gamma_2) = w(\gamma_2, \gamma_1)$;

---

① 实际上以下的讨论适合于更弱的条件: f 在 $\partial\Omega$ 上没有不动点. 此时, 在曲线 γ 与像曲线 $f(\gamma)$ 相交的情形下计算相对绕数则需要更细致的分析.

(2) 如果两条曲线之一落在另一条的有界余集分支中, 比如 γ_2 落在 $\mathbb{C} \setminus \gamma_1$ 的有界连通分支 U 中, 则由 U 的单连通性以及绕数的同伦不变性 (注意到 γ_2 在 U 中同伦于一单点) 可知

$$w(\gamma_1, \gamma_2) = w(\gamma_1, a),$$

其中 $a \in \gamma_2$.

(3) 如果两条曲线位置分离, 即任意一条不落在另一条的有界余集分支中 (此时, 一条曲线在另一条曲线的无界余分支中同伦于单点), 则

$$w(\gamma_1, \gamma_2) = 0.$$

以上后两条性质实为绕数的同伦不变性的应用.

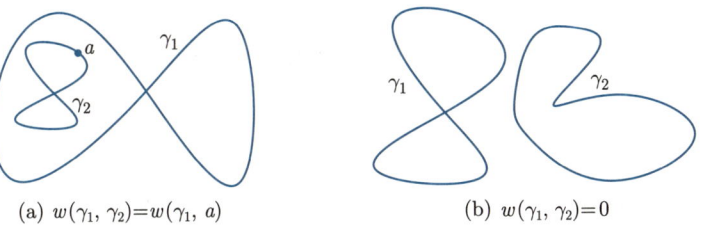

(a) $w(\gamma_1, \gamma_2) = w(\gamma_1, a)$ (b) $w(\gamma_1, \gamma_2) = 0$

图 35.2 相对绕数

定理 35.1 假设 Ω 是平面有界有限多连通区域, 边界 $\partial\Omega = \gamma_1 \cup \cdots \cup \gamma_n$ 为有限条分段光滑的简单闭曲线之并. 假设 f 在 $\overline{\Omega}$ 上全纯, 且 $f(\partial\Omega) \cap \partial\Omega = \varnothing$, 则 f 在 Ω 内不动点的个数

$$N = \sum_{\gamma \in \mathcal{C}} w(f(\gamma), \gamma),$$

其中, $\mathcal{C}$ 是满足 $\gamma, f(\gamma)$ 二者之一落在另一条的有界余集分支的曲线 $\gamma \in \{\gamma_1, \cdots, \gamma_n\}$ 的集合.

证明 由辐角原理,

$$N = Z(f - \mathrm{id}, \Omega) = w((f - \mathrm{id})(\partial\Omega), 0)$$

$$= \sum_{k=1}^{n} w((f - \mathrm{id})(\gamma_k), 0) = \sum_{k=1}^{n} w(f(\gamma_k), \gamma_k)$$

$$= \sum_{\gamma \in \mathcal{C}} w(f(\gamma), \gamma).$$

这样, 就给出不动点的计数公式.   □

利用定理 35.1 可以证明压缩或扩张的全纯映射必有不动点.

> **例题 35.1**   假设 U 是平面有界单连通区域, 边界为分段光滑的简单闭曲线, f 在 $\overline{U}$ 上全纯, $f(\partial U) \cap \partial U = \varnothing$.
>
>   1. 如果 f 满足压缩性质: $\overline{f(U)} \subset U$, 则 f 在 U 中有且只有一个不动点.
>   2. 如果 f 满足扩张性质: $\overline{U} \subset f(U)$, 则 f 在 U 中不动点个数为 $w(f(\partial U), a) \geqslant 1$, 其中 a 为 U 中任意一点.

证明   1. 如果 f 满足压缩性质, 则此时 $f(\partial U) \subset U$, 利用定理 35.1 以及相对绕数的计算, f 在 U 中不动点个数

$$N = w(f(\partial U), \partial U) = w(\partial U, a) = 1,$$

其中 a 为 $f(\partial U)$ 上任意一点.

2. 由假设 $f(\partial U) \cap \partial U = \varnothing$ 以及扩张性质可知, U 落在 $f(\partial U)$ 的一个有界余集分支中. 利用定理 35.1 以及相对绕数的计算, f 在 U 中不动点个数

$$N = w(f(\partial U), \partial U) = w(f(\partial U), a),$$

其中 a 为 $\overline{U}$ 中任意一点. 假设条件 $\overline{U} \subset f(U)$ 蕴涵 a 在值域 $f(U)$ 中. 由辐角原理, $w(f(\partial U), a) = Z(f - a, U) \geqslant 1$. $\qquad\square$

定理 35.1 是一个颇具拓扑风味的命题. 它有一个令人意想不到的应用: 证明环域双全纯映射的存在性. 这一点恰好反映了全纯映射的几何刚性.

对任意 $R > 1$, 定义环域 $A(R) = \{1 < |z| < R\}$.

> **例题 35.2**   存在单叶函数 $f: A(R_1) \to A(R_2)$ 使 $f(A(R_1))$ 分离 $A(R_2)$ 的边界[①]的充要条件是 $R_1 \leqslant R_2$. 特别地, 存在双全纯映射 $f: A(R_1) \to A(R_2)$ 的充要条件是 $R_1 = R_2$.

证明   充分性显然, 取 $f(z) = z$ 即可. 下证必要性. 假设 $f: A(R_1) \to A(R_2)$ 单叶且像集分离 $A(R_2)$ 的两边界分支. 定义模长函数 $m(r) = \max\limits_{|z|=r} |f(z)|, 1 < r < R_1$. 它或单调递增, 或单调递减. 不妨设为前者 (若为后者, 将 f 换成 $R_2/f(z)$ 即可).

下面将证 $R_1 \leqslant R_2$. 如不然, 则 $R_1 > R_2$. 取 $\rho \in (1, R_1/R_2)$, 则 $g = \rho f$ 满足 $g(A(R_1)) \subset B := \{\rho < |z| < \rho R_2\}$, 且 $\overline{B} \subset A(R_1)$. 于是 $g(\overline{B}) \subset B$. 利用 m 的单调递增性, 存在 $s \in (\rho, \rho R_2)$, 使 $g(\{|z| = s\}) \cap \{|z| = s\} \neq \varnothing$. 取 $p \in B$ 使 $|g(p)| = |p| = s$. 则映射

$$G: B \to B, \ G(z) = pg(z)/g(p)$$

[①] 指 $\partial A(R_2)$ 的两条边界曲线落在 $\mathbb{C} \setminus f(A(R_1))$ 的不同连通分支中.

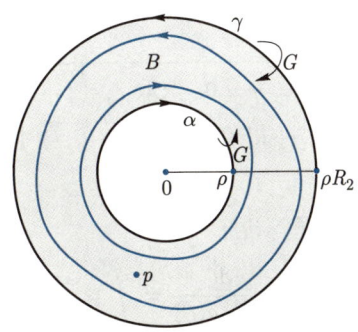

图 35.3　环域之间的全纯映射与不动点

为单射, 且 p 是一个不动点. 显然 B 的外边界 γ, 内边界 α 都是圆周, 关于 B 的正向分别为逆时针与顺时针方向. 由定理 35.1, G 在 B 中不动点个数

$$N = w(\gamma, G(\gamma)) + w(\alpha, G(\alpha)) = 1 + (-1) = 0.$$

这矛盾于 G 至少有一个不动点 p. 这样就完成了单叶情形的证明.

对 f^{-1} 应用上述结论, 可得双全纯时的充要条件. □

35.2　不动点指标公式

下面引入不动点的指标. 假设 $f \neq \mathrm{id}$ 是平面区域 Ω 上的全纯函数, p 是 f 的一个不动点. 由零点孤立性, 存在 $\varepsilon > 0$ 使 p 为 $f - \mathrm{id}$ 在闭圆盘 $\overline{D(p, \varepsilon)}$ 中的唯一零点. 定义不动点的指标 $\iota(f, p)$:

$$\iota(f, p) = \frac{1}{2\pi \mathrm{i}} \int_{\partial D(p, \varepsilon)} \frac{\mathrm{d}z}{z - f(z)}.$$

由定义可见, 指标即为 $g(z) = 1/(z - f(z))$ 在极点 p 处的留数. 由 Cauchy-Goursat 积分定理, 定义不依赖于 ε 的选取. 如果 $f'(p) \neq 1$, 则 $\iota(f, p) = 1/(1 - f'(p))$.

如果 Ω 为复球面的区域, f 在 Ω 上半纯, 且 ∞ 是 f 的不动点 $(f(\infty) = \infty)$, 则取 ∞ 的局部邻域 U_∞ 以及双全纯坐标变换 $\psi : U_\infty \to D(0, r)$, 满足 $\psi(\infty) = 0$ (如, 取 $U_\infty = \{z \in \widehat{\mathbb{C}} \mid |z| > 1/r\}$, $\psi(z) = 1/z$). 定义 $\iota(f, \infty) = \iota(g, 0)$, 其中 $g = \psi \circ f \circ \psi^{-1}$.

命题 35.1　不动点指标是坐标变换的不变量. 即若 p 是 $f(\neq \mathrm{id})$ 的不动点, $h : (U, p) \to (V, q)$ 双全纯, 则有

$$\iota(f, p) = \iota(g, q),$$

其中 $g = h \circ f \circ h^{-1}$.

证明 通过平移, 不妨假设 $p = q = 0$. 选取 $\varepsilon, \varepsilon' > 0$ 足够小, 使 0 即是 $f - \mathrm{id}$ 在闭圆盘 $\overline{D(0,\varepsilon)}$ 中的唯一零点, 也是 $g - \mathrm{id}$ 在闭圆盘 $\overline{D(0,\varepsilon')}$ 中的唯一零点, 且 $h(\overline{D(0,\varepsilon)}) \subset D(0,\varepsilon')$.

利用不动点指标的定义, 命题等价于

$$\int_{|z|=\varepsilon} \frac{\mathrm{d}z}{z - f(z)} = \int_{|\zeta|=\varepsilon'} \frac{\mathrm{d}\zeta}{\zeta - g(\zeta)} = \int_{h^{-1}\{|\zeta|=\varepsilon'\}} \frac{h'(z)\mathrm{d}z}{h(z) - h(f(z))}.$$

由 Cauchy-Goursat 积分定理,

$$\int_{h^{-1}\{|\zeta|=\varepsilon'\}} \frac{h'(z)\mathrm{d}z}{h(z) - h(f(z))} = \int_{|z|=\varepsilon} \frac{h'(z)\mathrm{d}z}{h(z) - h(f(z))}.$$

这样, 命题等价于

$$\int_{|z|=\varepsilon} \left(\frac{h'(z)}{h(z) - h(f(z))} - \frac{1}{z - f(z)} \right) \mathrm{d}z = 0.$$

记上式被积函数为 g, 它在 $D(0,\varepsilon) \setminus \{0\}$ 上全纯. 由留数定理, 上式积分为 $2\pi\mathrm{i} \cdot \mathrm{Res}(g, 0)$. 故只需证明 $\mathrm{Res}(g, 0) = 0$.

下证 0 是 g 的可去奇点 (从而蕴涵 $\mathrm{Res}(g, 0) = 0$). 为此, 将 h 表示为 $h(z) = a_1 z + a_2 z^2 + O(z^3)$, 于是 $h'(z) = a_1 + 2a_2 z + O(z^2)$,

$$h(z) - h(f(z)) = (z - f(z))(a_1 + a_2(z + f(z)) + O(z^2)).$$

由上式可得

$$g(z) = \frac{a_2 + O(z)}{a_1 + a_2(z + f(z)) + O(z^2)}.$$

上式表明, 0 是 g 的可去奇点, 即可定义

$$g(0) = \frac{a_2}{a_1} = \frac{h''(0)}{2h'(0)}.$$

使 g 在 $\overline{D(0,\varepsilon)}$ 上全纯. $\qquad\qquad \square$

> **命题 35.2** 假设 f 是 $d(d \geqslant 2)$ 次有理函数, 则成立指标公式
>
> $$\sum_{f(p)=p} \iota(f, p) = 1,$$
>
> 上式关于 f 在 $\widehat{\mathbb{C}}$ 中的所有不动点求和.
>
> 假设 f 是 $d(d \geqslant 2)$ 次首一多项式, 则成立指标公式
>
> $$\sum_{f(p)=p} \iota(f, p) = 0,$$

上式关于 f 在 $\mathbb{C}$ 中的所有不动点求和.

证明 先证明 f 是有理函数的情形. 由命题 35.1可知, 任取分式线性变换 $\phi \in \text{Aut}(\widehat{\mathbb{C}})$, 将 f 共轭为 $f_\phi = \phi \circ f \circ \phi^{-1}$, 则有

$$\sum_{f(p)=p} \iota(f,p) = \sum_{f(p)=p} \iota(f_\phi, \phi(p)).$$

为此, 通过共轭分式线性变换, 不妨假设 $f(\infty) = c \in \mathbb{C}$. 这也表明 ∞ 不是 f 的不动点. 对 $g(z) = 1/(z - f(z))$ 应用留数定理

$$\sum_{f(p)=p} \iota(f,p) = \sum_{f(p)=p} \text{Res}(g,p) = \frac{1}{2\pi i} \int_{|z|=R} \frac{\mathrm{d}z}{z - f(z)}, \tag{35.1}$$

其中 $R > 0$ 足够大, 使 f 的所有不动点都在 $D(0,R)$ 中. 注意到

$$\frac{1}{z - f(z)} = \frac{1}{z(1 - f(z)/z)} = \frac{1}{z} + O\left(\frac{1}{z^2}\right).$$

因此

$$\frac{1}{2\pi i} \int_{|z|=R} \frac{\mathrm{d}z}{z - f(z)} = \frac{1}{2\pi i} \int_{|z|=R} \frac{\mathrm{d}z}{z} + O\left(\frac{1}{R}\right) = 1 + O\left(\frac{1}{R}\right).$$

由 (35.1) 式知, 上式取值与 R 无关, 因此为 1. 由此得指标公式.

多项式情形类似可得. 只需注意到当 f 为 $d(d \geqslant 2)$ 次多项式时,

$$\frac{1}{2\pi i} \int_{|z|=R} \frac{\mathrm{d}z}{z - f(z)} = 0$$

对足够大的 R 都成立. $\qquad\square$

35.3 Newton 型有理函数

本节利用不动点的导数信息来刻画一类特别的有理函数: Newton 型有理函数.

假设 f 是非常值有理函数, 在平面中的所有零点和极点列为 $a_1, \cdots, a_n$, 其中 $n \geqslant 1$, 则 f 可表示为

$$f(z) = \prod_{1 \leqslant k \leqslant n} (z - a_k)^{m_k},$$

其中, m_k 都为非零整数. 利用 f 诱导一个新的有理函数:

$$N(z) = z - \frac{f(z)}{f'(z)}.$$

称 N 为 f 的 Newton 映射或 Newton 方法 (注: Newton 方法源自方程求根). 利用 f 在零点或极点处的局部表示可验证, $a_1, \cdots, a_n$ 都是 N 的单重不动点 (即: $N(z) - z$ 的一阶零点), 且满足

$$N'(a_k) = 1 - \frac{1}{m_k} \Longleftrightarrow \frac{1}{1 - N'(a_k)} = m_k.$$

利用 f 在 ∞ 附近的局部表示可知, ∞ 也是 N 的不动点, 且满足

$$\lim_{z \to \infty} (z - N(z)) = \infty.^{①}$$

上式等价于, ∞ 是 N 的单重不动点 (即在坐标变换 $z = 1/\zeta$ 下, 0 是 $g(\zeta) = 1/f(1/\zeta)$ 的单重不动点).

命题 35.3   非常值有理函数 R 是某有理函数的 Newton 映射, 当且仅当 R 的不动点集包含 ∞, 满足 $\lim_{z \to \infty} (z - R(z)) = \infty$, 且对所有不动点 $a \neq \infty$,

$$\frac{1}{1 - R'(a)} = \nu(a) \in \mathbb{Z} \setminus \{0\}.$$

此时, R 为如下有理函数 g 的 Newton 映射:

$$g(z) = C \prod_{R(a)=a, a \in \mathbb{C}} (z - a)^{\nu(a)}, C \neq 0.$$

证明   上文已说明必要性, 下证明充分性. 记 $\mathcal{F}$ 为 R 在 $\mathbb{C}$ 中的所有不动点的集合. 为说明 R 是某有理函数的 Newton 映射, 等价于说明存在有理函数 g, 满足微分方程

$$R(z) = z - \frac{g(z)}{g'(z)} \Longleftrightarrow \frac{1}{z - R(z)} = \frac{g'(z)}{g(z)}.$$

为此, 考虑 $(z - R(z))^{-1}$ 的部分分式分解. 由条件知, $a \in \mathcal{F}$ 都是 $z - R(z)$ 的单零点. 因此有部分分式展开

$$\frac{1}{z - R(z)} = p(z) + \sum_{a \in \mathcal{F}} \frac{c_a}{z - a} + C,$$

这里, $p(z)$ 是 $(z - R(z))^{-1}$ 在 ∞ 处的 Laurent 展式主部, 为多项式, C 是常数. 利用 R 在不动点 $a \in \mathcal{F}$ 处的局部性质

---

① 事实上, 如果在 ∞ 处 $f(z) = z^m(1 + O(1/z))$, 其中 $m \in \mathbb{Z} \setminus \{0\}$, 则 ∞ 是 f 的极点 (如果 $m \geqslant 1$) 或者零点 (如果 $m < 0$), 于是 $z - N(z) = z/m + O(1)$.

如果 ∞ 是 f 的可去奇点且 $f(\infty) \neq 0$, 此时, 在 ∞ 附近 $f(z) = a + b/z^m + o(1/z^m)$, 其中 $a, b \neq 0, m \geqslant 1$, 于是 $z - N(z) = cz^{m+1} + O(z^m), c \neq 0$.

不论哪种情况, 当 $z \to \infty$ 时, 都成立 $z - N(z) \to \infty$.

$$z - R(z) = (z-a)/\nu(a) + O((z-a)^2)$$

可知, $c_a = \nu(a)$. 由条件 $\lim\limits_{z \to \infty}(z - R(z)) = \infty$ 知, $p \equiv 0, C = 0$. 于是有

$$\frac{1}{z - R(z)} = \sum_{a \in \mathcal{F}} \frac{\nu(a)}{z - a}.$$

对任意分段光滑闭曲线 $\gamma \in \mathbb{C} \setminus \mathcal{F}$, 由绕数的积分表示得

$$\int_\gamma \frac{\mathrm{d}z}{z - R(z)} = 2\pi\mathrm{i} \sum_{a \in \mathcal{F}} w(\gamma, a)\nu(a) \in 2\pi\mathrm{i}\mathbb{Z}.$$

上式表明: 当取定基点 $z_0 \in \mathbb{C} \setminus \mathcal{F}$ 时, 对任意 $z \in \mathbb{C} \setminus \mathcal{F}$ 以及连接 z_0, z 的任意分段光滑曲线 $\gamma_z \subset \mathbb{C} \setminus \mathcal{F}$, 表达式

$$\exp\left\{ \int_{\gamma_z} \frac{\mathrm{d}z}{z - R(z)} \right\}$$

的取值不依赖于积分路径 γ_z 的选取, 因此定义了 $\mathbb{C} \setminus \mathcal{F}$ 上的一个全纯函数 $g(z)$. 容易验证, g 在 z_0 的局部邻域上具有表达式

$$g(z) = C \prod_{a \in \mathcal{F}} (z - a)^{\nu(a)}.$$

由唯一性定理, g 在 $\mathbb{C} \setminus \mathcal{F}$ 上即为上式右端表示的全纯函数. 它显然是 $\widehat{\mathbb{C}}$ 上的有理函数. □

注 由命题 35.3 可知, 如果 R 是某多项式的 Newton 映射, 当且仅当 R 的不动点集包含 ∞, 满足 $\lim\limits_{z \to \infty}(z - R(z)) = \infty$, 且对所有不动点 $a \neq \infty$, 数值 $1/(1 - R'(a))$ 是正整数.

35.4　指数映射的不动点

求指数函数 e^z 的不动点个数是一个有趣的问题. 本节将利用辐角原理与绕数的同伦不变性证明:

e^z 在 $\mathbb{C}$ 上有无穷个不动点, 即 $\mathrm{e}^z - z$ 在 $\mathbb{C}$ 上有无穷个零点.

先选取适当的曲线. 为此, 任取正整数 N, 使 $\mathrm{e}^{2N\pi} > 2\sqrt{2}N\pi$. 将以 0 为中心, 顶点在 $\pm 2N\pi \pm 2N\pi\mathrm{i}$ 的正方形区域记为 D, 其边界为 γ. 按逆时针方向, 选取适当的参数化 $\gamma : [0, 1] \to \mathbb{C}$, 使

$$\gamma(0) = 2N\pi - 2N\pi\mathrm{i}, \ \gamma(a) = 2N\pi + 2N\pi\mathrm{i},$$

其中, $a \in (0,1)$. 记 γ 在指数映射下的像曲线为 $\alpha : [0,1] \to \mathbb{C}$, $\alpha(t) = \mathrm{e}^{\gamma(t)}, t \in [0,1]$. 由 e^z 的映射性质知, $\alpha([0,a])$ 为圆周 $\{|w| = \mathrm{e}^{2N\pi}\}$, 且逆时针方向覆盖该圆周 $2N$ 次; $\alpha([0,a]) \cap \gamma = \varnothing$, $\alpha([a,1]) \cap \gamma([a,1]) = \varnothing$.

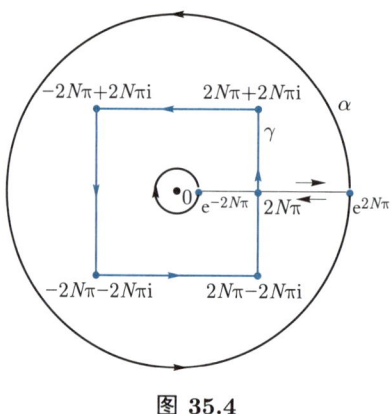

图 35.4

易见, $\mathrm{e}^z - z$ 在 γ 上没有零点. 由辐角原理知,

$$Z(\mathrm{e}^z - z, D) = w(\alpha - \gamma, 0).$$

问题归结为计算绕数. 下面通过两次连续形变, 将它转化为易于计算的形式. 首先, α 在 $\mathbb{C} \setminus \gamma([a,1])$ 中同伦于曲线

$$\alpha_1(t) = \begin{cases} \alpha(t), & t \in [0,a], \\ \mathrm{e}^{2N\pi}, & t \in [a,1]. \end{cases}$$

同伦映射可取为 $h : [0,1] \times [0,1] \to \mathbb{C}, h(s,t) = (1-s)\alpha(t) + s\alpha_1(t)$. 显然, 对任意 (s,t), 有 $h(s,t) \neq \gamma(t)$. 因此,

$$H : \begin{cases} [0,1] \times [0,1] \to \mathbb{C} \setminus \{0\}, \\ (s,t) \mapsto h(s,t) - \gamma(t) \end{cases}$$

是 $\alpha - \gamma$ 与 $\alpha_1 - \gamma$ 之间的同伦. 利用绕数的同伦不变性知,

$$w(\alpha - \gamma, 0) = w(\alpha_1 - \gamma, 0).$$

利用 $\alpha_1 \cap \gamma = \varnothing$ 可知, γ 在 α_1 所围的圆盘 $D(0, \mathrm{e}^{2N\pi})$ 内同伦于常值曲线 $\gamma_0(t) \equiv 0, t \in [0,1]$. 因此,

$$H_1 : \begin{cases} [0,1] \times [0,1] \to \mathbb{C} \setminus \{0\}, \\ (s,t) \mapsto \alpha_1(t) - (1-s)\gamma(t) \end{cases}$$

是 $\alpha_1 - \gamma$ 与 α_1 之间的同伦. 仍由绕数的同伦不变性得,

$$w(\alpha_1 - \gamma, 0) = w(\alpha_1, 0) = 2N.$$

由以上讨论知, $e^z - z$ 在 D 中有 $2N$ 个零点. 由 N 的任意性知, $e^z - z$ 在复平面上有无穷个零点. 可验证, 这些零点都是单零点.

最后, 留给读者一道思考题: 若记方程 $e^z = z$ 的无穷个解为 $z_1, z_2, \cdots$, 证明恒等式

$$\sum_{n=1}^{\infty} \frac{1}{z_n^2} = -1.$$

第三十六章

指定性质的全纯函数

本章研究具有指定性质的全纯函数的构造. 这些指定性质包括: 指定无穷个零点的位置与重数 (Blaschke 定理, Weierstrass 定理), 指定无穷个孤立奇点的位置以及每点的 Laurent 展式主部 (Mittag–Leffler 定理), 指定无穷个孤立点处幂级数展式的任意有限项 (插值定理).

本章介绍的构造方法具有启发性, 结论则揭示了全纯函数的深刻性质.

36.1 无穷乘积

给定复数序列 $\{a_n\}_{n \geqslant 1}$, 称无穷乘积

$$\prod_{n=1}^{\infty}(1 + a_n)$$

收敛, 是指部分乘积序列

$$\left\{ p_n = \prod_{k=1}^{n}(1 + a_k) \right\}_{n \geqslant 1}$$

的极限存在. 该极限定义为无穷乘积的值.

下面给出无穷乘积收敛性的一个常用判据.

> **命题 36.1** 如果 $\sum_{n=1}^{\infty}|a_n| < \infty$, 则无穷乘积 $\prod_{n=1}^{\infty}(1 + a_n)$ 收敛. 进一步, 无穷乘积收敛到 0 当且仅当某一个因子为 0.

证明 由绝对收敛 $\sum_{n=1}^{\infty}|a_n| < \infty$ 知, 当 n 很大时, $|a_n| < 1/2$. 通过去掉有限项, 不妨假设对所有 $n \geqslant 1$, 都有 $|a_n| < 1/2$. 多值函数 $\mathrm{Log}(1 + z)$ 在 $\mathbb{D}$ 上可取到全纯单值分

支, 其中之一 $\psi : \mathbb{D} \to \mathbb{C}$ 满足 $\psi(0) = 0$. 由幂级数展式

$$\psi(z) = \sum_{n=1}^{\infty} (-1)^{n-1} z^n / n, \ z \in \mathbb{D}$$

可知

$$|\psi(z)| \leqslant \sum_{n=1}^{\infty} |z|^n / n = -\log(1 - |z|), \ z \in \mathbb{D},$$

这里 $\log$ 是实对数函数. 由上式知, 当 $|z| < 1/2$ 时, 成立 $|\psi(z)| \leqslant \log(2) < 1$. 这说明 $\psi(D(0, 1/2)) \subset \mathbb{D}$ 全纯. 对 $\psi(\cdot/2) : \mathbb{D} \to \mathbb{D}$ 应用 Schwarz 引理, 得 $|\psi(z)| \leqslant 2|z|, \ z \in D(0, 1/2)$.

部分乘积

$$\prod_{k=1}^{n} (1 + a_k) = \prod_{k=1}^{n} \mathrm{e}^{\psi(a_k)} = \mathrm{e}^{\sum\limits_{k=1}^{n} \psi(a_k)} := \mathrm{e}^{B_n}.$$

于是, 对任意 $n \geqslant 1$ 及 $p \geqslant 1$,

$$|B_n - B_{n+p}| \leqslant \sum_{k=n+1}^{n+p} |\psi(a_k)| \leqslant 2 \sum_{k=n+1}^{n+p} |a_k| \leqslant 2 \sum_{k=n+1}^{\infty} |a_k|.$$

上式当 $n \to \infty$ 时趋于 0. 因此 $\{B_n\}_{n \geqslant 1}$ 是 Cauchy 列. 记其极限为 B, 易见无穷乘积收敛到 $\mathrm{e}^B \neq 0$.

由此可知, 无穷乘积不取 0 值当且仅当每一个因子不为 0. □

命题 36.2 给定平面区域 Ω 以及全纯函数列 $\{F_n : \Omega \to \mathbb{C}\}_{n \geqslant 1}$, 若有正数列 $\{c_n\}_{n \geqslant 1}$, 满足

$$\sum c_n < \infty, \quad \|F_n - 1\|_{\Omega} \leqslant c_n,$$

则无穷乘积

$$\prod_{n=1}^{\infty} F_n(z)$$

在 Ω 上一致收敛[①]于全纯函数 $F : \Omega \to \mathbb{C}$. 进一步, $z_0 \in \Omega$ 是 F 的零点当且仅当 z_0 是某 F_n 的零点.

证明 记 $F_n(z) = 1 + a_n(z)$. 由条件知 $\|a_n\|_{\Omega} \leqslant c_n$. 类似命题 36.1 的证明, 并沿用单值支 ψ 的记号, 不妨设 $c_n < 1/2, \ \forall n \geqslant 1$.

$$\prod_{k=1}^{n} F_k(z) = \prod_{k=1}^{n} (1 + a_k(z)) = \prod_{k=1}^{n} \mathrm{e}^{\psi \circ a_k(z)} = \mathrm{e}^{\sum\limits_{k=1}^{n} \psi \circ a_k(z)}.$$

[①] 指部分乘积函数列的一致收敛性.

对任意 $z \in \Omega$, $n \geqslant 1$ 有 $|\psi \circ a_n(z)| \leqslant 2|a_n(z)| \leqslant 2c_n$. 由此知, $\sum\limits_{k=1}^{n} \psi \circ a_n(z)$ 在 Ω 上一致收敛. 因此无穷乘积 $\prod\limits_{n=1}^{\infty} F_n(z)$ 在 Ω 上一致收敛到某全纯函数 F. 仍由命题 36.1 知, $F(z_0) = 0$ 当且仅当某 $F_n(z_0) = 0$. □

36.2 Blaschke 乘积

定理 36.1 (Blaschke, 1915) 给定 $\mathbb{D} \setminus \{0\}$ 中的点列 $\{a_n\}_{n \geqslant 1}$, 使

$$\sum_{n=1}^{\infty} (1 - |a_n|) < \infty,$$

则无穷乘积

$$f(z) = \prod_{n=1}^{\infty} \left(\frac{|a_n|}{a_n} \cdot \frac{a_n - z}{1 - \overline{a_n} z} \right)$$

定义了全纯函数 $f: \mathbb{D} \to \mathbb{D}$, 零点集恰好为 $\{a_n, n \geqslant 1\}$.[①]

证明 对于 $a \in \mathbb{D} - \{0\}$, 定义

$$B_a(z) = \frac{|a|}{a} \cdot \frac{a - z}{1 - \overline{a} z}.$$

下证无穷乘积 $\prod\limits_{n=1}^{\infty} B_{a_n}$ 在 $\mathbb{D}$ 上内闭一致收敛于某全纯函数 $f: \mathbb{D} \to \mathbb{D}$, 零点集恰好为 $\{a_n, n \geqslant 1\}$.

计算知

$$B_{a_n}(z) - 1 = \frac{|a_n|}{a_n} \cdot \frac{a_n - z}{1 - \overline{a_n} z} - 1 = \frac{(|a_n| - 1)(a_n + z|a_n|)}{a_n(1 - \overline{a_n} z)}.$$

由此, 对任意 $r \in (0, 1)$ 以及 $z \in \overline{D(0, r)}$, 成立

$$|B_{a_n}(z) - 1| \leqslant (1 - |a_n|) \frac{1 + |z|}{1 - |z|} \leqslant (1 - |a_n|) \frac{1 + r}{1 - r} := c_n(r).$$

由假设条件知

$$\sum_{n=1}^{\infty} c_n(r) < \infty, \ r \in (0, 1).$$

---

① 点列 $\{a_n\}_{n \geqslant 1}$ 中的点可以重复, 此时 f 在 a_n 处的零点重数恰好是 a_n 的取值在点列中出现的次数 $\#\{j \geqslant 1 \mid a_j = a_n\}$.

由命题 36.2 知, 无穷乘积 $\prod\limits_{n=1}^{\infty} B_{a_n}$ 在 $\mathbb{D}$ 上内闭一致收敛于全纯函数 $f: \mathbb{D} \to \overline{\mathbb{D}}$, 零点集恰好为 $\{a_n, n \geqslant 1\}$. 由 f 是开映射知, $f(\mathbb{D}) \subset \mathbb{D}$. $\qquad\square$

36.3 Weierstrass 乘积

给定平面上的发散点列 $\{a_n\}_{n \geqslant 1}$, 是否存在整函数 f, 使其零点集恰好为 $\{a_n \mid n \geqslant 1\}$? 如果存在, 这样的整函数是否唯一 (在适当的意义下)? 这是一个基本而重要的问题, 本节将给出解答.

不妨假设点列 $\{a_n\}_{n \geqslant 1}$ 不取 0 值. 如果其满足收敛性

$$\sum_{n \geqslant 1} \frac{1}{|a_n|} < +\infty,$$

(例如 $a_n = n^2$), 则由命题 36.2可知, 无穷乘积

$$f(z) = \prod_{n \geqslant 1} \left(1 - \frac{z}{a_n}\right) \tag{36.1}$$

定义了零点集恰好为 $\{a_n \mid n \geqslant 1\}$ 的整函数. 如果点列 $\{a_n\}_{n \geqslant 1}$ 不满足上述收敛性质 (例如 $a_n = n$), 则无穷乘积 (36.1) 不收敛, 因此不能表示满足要求的整函数. 为使无穷乘积 (36.1) 收敛, 一个合理的想法是每一单项 $(1 - z/a_n)$ 替换成修正项 $(1 - z/a_n)q_n(z)$, 其中修正因子 $q_n(z)$ 既要能使单项快速收敛到 1, 又不增加额外的零点. 为找到合适的因子 q_n, 一个有用的观察是当 $|z| < |a_n|$ 时,

$$1 = (1 - z/a_n)e^{-\log(1 - z/a_n)} = (1 - z/a_n)e^{\sum\limits_{k \geqslant 1} (z/a_n)^k/k},$$

这里 $\log(1 - \zeta)$ 是 $\mathrm{Log}(1 - \zeta)$ 在 $\mathbb{D}$ 上的全纯单值分支, 满足 $\log(1) = 0$. 上式启发, 如果取 q_n 形如 $e^{z/a_n + \cdots + (z/a_n)^{p_n}/p_n}$ (p_n 为某个正整数), 它没有增加额外的零点. 此时唯一需要证明的是因子的收敛性, 即对任意平面紧集 K,

$$\sum_{n \geqslant 1} \left\| 1 - (1 - z/a_n)q_n \right\|_K < +\infty.$$

以上便是 Weierstrass 的想法.

为证收敛性, 对 $k \geqslant 0$, 定义 Weierstrass 因子

$$E_0(z) = 1 - z, \ E_k(z) = (1 - z)e^{z + z^2/2 + \cdots + z^k/k}, \ k \geqslant 1.$$

引理 36.1 当 $|z| \leqslant 1$ 时,

$$|1 - E_k(z)| \leqslant |z|^{k+1}, \ k \geqslant 0.$$

证明 当 $k = 0$ 时, 不等式显然成立. 对任意 $k \geqslant 1$, 注意到

$$E_k'(z) = -z^k \mathrm{e}^{z + z^2/2 + \cdots + z^k/k}.$$

这说明 0 是 E_k' 的 k 阶零点. 由等式

$$1 - E_k(z) = -\int_{[0,z]} E_k'(w)\mathrm{d}w$$

知 0 是 $1 - E_k$ 的 $k+1$ 阶零点. 定义

$$\phi(z) = \frac{1 - E_k(z)}{z^{k+1}}.$$

显然, ϕ 是整函数, 在 $z = 0$ 处幂级数展式 $\sum_{n=1}^{\infty} a_n z^n$ 的系数 $a_n \geqslant 0$. 因此, 当 $|z| \leqslant 1$ 时, $|\phi(z)| \leqslant \phi(1) = 1$. 引理证完. $\qquad\square$

定理 36.2 (Weierstrass, 1876) 任给发散点列 $\{a_n\}_{n \geqslant 1} \subset \mathbb{C} \setminus \{0\}$, 无穷乘积

$$f(z) = \prod_{n \geqslant 1} E_n\left(\frac{z}{a_n}\right) \tag{36.2}$$

定义了零点集恰为点列 $\{a_n \mid n \geqslant 1\}$ 的整函数[①].

如果点列 $\{a_n\}_{n \geqslant 1}$ 满足进一步的性质: 存在整数 $p \geqslant 0$ 使 $\sum_n 1/|a_n|^{p+1} < +\infty$, 则无穷乘积

$$g(z) = \prod_{n \geqslant 1} E_p\left(\frac{z}{a_n}\right) \tag{36.3}$$

同样定义了零点集恰为点列 $\{a_n \mid n \geqslant 1\}$ 的整函数[②].

任何以点列 $\{a_n\}_{n \geqslant 1}$ 为零点集的整函数一定可以表示为 $f\mathrm{e}^h$ 的形式, 其中 h 是一个整函数[③].

证明 (存在性) 证明 (36.2) 式和 (36.3) 式都是以点列 $\{a_n\}_{n \geqslant 1}$ 为零点集的整函数, 方法类似, 因此一并处理. 对任意 $R > 0$, 将无穷乘积的指标集分为两部分: $I =$

[①] 无穷乘积 (36.2) 可看成处理一般点列的万能公式.

[②] 无穷乘积 (36.3) 对特定性质的点列给出了利用低阶 Weierstrass 因子构造函数的公式, 相比 (36.2) 更具实用性.

[③] 点列 $\{a_n\}_{n \geqslant 1}$ 中的点可以重复, 此时 f 在 a_n 处的零点重数恰好是 a_n 的取值在点列中出现的次数 $\#\{j \geqslant 1 \mid a_j = a_n\}$.

$\{n \mid |a_n| < 2R\}, J = \{n \mid |a_n| \geqslant 2R\}$. 显然, I 是有限集, J 是无限集. 由引理 36.1 可知, 对任意 $z \in \overline{D(0,R)}$, 对 (36.2) 式和 (36.3) 式分别有

$$(36.2): \sum_{n \in J} \left| 1 - E_n\left(\frac{z}{a_n}\right) \right| \leqslant \sum_{n \in J} \left| \frac{z}{a_n} \right|^{n+1} \leqslant \sum_{n \in J} \left(\frac{1}{2}\right)^{n+1} < +\infty;$$

$$(36.3): \sum_{n \in J} \left| 1 - E_p\left(\frac{z}{a_n}\right) \right| \leqslant \sum_{n \in J} \left| \frac{z}{a_n} \right|^{p+1} \leqslant \sum_{n \in J} \frac{R^{p+1}}{|a_n|^{p+1}} < +\infty.$$

由命题 36.2 知, f 在 $\overline{D(0,R)}$ 上一致收敛, 且在 $D(0,R)$ 中零点与重数都是指定的取值. 由 $R > 0$ 的任意性, 存在性得证.

(唯一性) 如果 F 也是零点集恰为 $\{a_n\}_{n \geqslant 1}$ 的整函数, 则 F/f 是没有零点的整函数. 因 $\mathbb{C}$ 单连通, 故有整函数 h 使 $F/f = \mathrm{e}^h$. 于是 $F = f\mathrm{e}^h$. □

注 1　给定不重复的非零发散点列 $\{a_n\}_{n \geqslant 1}$, 指定正整数列 $\{k_n\}_{n \geqslant 1}$, 一般而言, 无穷乘积

$$\prod_{n \geqslant 1} E_n\left(\frac{z}{a_n}\right)^{k_n}$$

未必收敛. 因此它未必表示零点集为 $\{a_n \mid n \geqslant 1\}$, 且在 a_n 处的零点重数为 k_n 的整函数.

若将点列 $\{a_n\}_{n \geqslant 1}$ 和数列 $\{k_n\}_{n \geqslant 1}$ 结合, 可生成一个新点列 $\{b_\ell\}_{\ell \geqslant 1}$, 使 a_n 恰好出现 k_n 次:

$$\underbrace{a_1, \cdots, a_1}_{k_1}, \underbrace{a_2, \cdots, a_2}_{k_2}, \cdots$$

对新点列 $\{b_\ell\}_{\ell \geqslant 1}$ 应用定理 36.2 知, 无穷乘积 $f(z) = \prod_\ell E_\ell(z/b_\ell)$ 为非零整函数, 零点集为 $\{a_n \mid n \geqslant 1\}$, 且以 a_n 为 k_n 重零点.

注 2　满足倒数 p 方收敛的发散点列 $\{a_n\}_{n \geqslant 1} \subset \mathbb{C} \setminus \{0\}$ 有很多. 例如 $a_{2k-1} = k, a_{2k} = -k$(此时 $p = 1$). 无穷乘积

$$f(z) = \prod_{l \geqslant 1} E_1(z/a_l) = \prod_{n \geqslant 1} \Big(E_1(z/a_{2n-1}) E_1(z/a_{2n}) \Big) = \prod_{n \geqslant 1} \left(1 - \frac{z^2}{n^2} \right)$$

是以 $\mathbb{Z} \setminus \{0\}$ 为零点集的整函数. 请读者证明 $f(z) = \sin(\pi z)/(\pi z)$.

不满足倒数 p 方收敛的发散点列也常见, 例如 $a_n = \log n$:

$$\sum_{n \geqslant 1} \frac{1}{|a_n|^{p+1}} = \sum_{n \geqslant 1} \frac{1}{(\log n)^{p+1}} = +\infty, \quad \forall p \geqslant 0.$$

36.4　Mittag-Leffler 定理

> **定理 36.3 (Mittag-Leffler, 1877—1879)**　任给平面上发散的不重复点列 $\{a_n\}_{n \geqslant 1}$. 对任意 $n \geqslant 1$, 给定满足 $p_n(0) = 0$ 的非常值整函数 p_n. 存在 $\mathbb{C} \setminus \{a_n \mid n \geqslant 1\}$ 上的全纯函数 f, 孤立奇点集恰好为 $\{a_n \mid n \geqslant 1\}$, 且在 a_n 处 Laurent 展式的主部恰好是
>
> $$p_n\left(\frac{1}{z - a_n}\right).$$

证明　记 $P_n(z) = p_n(1/(z - a_n)), n \geqslant 1$. 形式级数 $\displaystyle\sum_{n \geqslant 1} P_n(z)$ 虽然在 a_n 处有指定主部, 但无法保证收敛性. 为使其收敛, 需在每一项添加一修正因子. 这便是证明的主要想法.

显然, $P_n(z)$ 在圆盘 $D(0, |a_n|)$ 上全纯. 因此以 0 为中心的幂级数在闭圆盘 $E_n := \overline{D(0, |a_n|/2)}$ 上一致收敛于 P_n. 于是, 存在该幂级数的部分和 $Q_n(z)$, 满足

$$\|P_n - Q_n\|_{E_n} = \max_{|z| \leqslant |a_n|/2} |P_n(z) - Q_n(z)| \leqslant 2^{-n}.$$

定义和函数

$$f(z) = \sum_{n=1}^{\infty} (P_n(z) - Q_n(z)).$$

对任意 $R > 0$, 上式求和分为两部分

$$\sum_{n:\ |a_n| < 2R} + \sum_{n:\ |a_n| \geqslant 2R}.$$

因点列 $\{a_n\}_{n \geqslant 1}$ 发散, 故上式第一项为有限和, 在 a_n 处 Laurent 展式主部恰为 $P_n(z)$; 第二项在闭圆盘 $\overline{D(0, R)}$ 上一致收敛. 因此 f 在 $D(0, R) \setminus \{a_n \mid n \geqslant 1\}$ 上全纯, 在奇点 $a_n \in D(0, R)$ 处具有指定形式的 Laurent 主部. 由 $R > 0$ 的任意性, f 满足要求.　□

注　在定理中, 如果 p_n 都是多项式, 则 $\{a_n \mid n \geqslant 1\}$ 恰好是 f 的极点集, 此时 f 是平面上的半纯函数.

36.5 插值定理

给定不重复的发散点列 $\{z_n\}_{n\geqslant 1}$, 及任意复数列 $\{w_n\}_{n\geqslant 1}$, 是否存在整函数 f, 满足 $f(z_n) = w_n$, $n \geqslant 1$? 这是一个基本而有趣的插值问题. 本节讨论更一般的情形: 在点列每一点处的有限阶导数具有指定值的整函数的存在性, 这便是插值定理:

> **定理 36.4** 任给平面上发散的不重复点列 $\{z_n\}_{n\geqslant 1}$, 正整数列 $\{d_n\}_{n\geqslant 1}$, 以及多项式序列
> $$\left\{p_n(z) = a_{n,0} + a_{n,1}z + \cdots + a_{n,d_n-1}z^{d_n-1}\right\}_{n\geqslant 1},$$
> 存在整函数 f, 在点列的每一点 z_n 处, 幂级数展式的前 d_n 项和恰为 $p_n(z - z_n)$.

证明 由 Weierstrass 定理, 存在整函数 F, 零点集恰好为 $\{z_n\}_{n\geqslant 1}$, 且以 z_n 为 d_n 阶零点. 记其在 z_n 处的幂级数展式

$$F(z) = (z - z_n)^{d_n}\left(\sum_{k=0}^{d_n-1} c_{n,k}(z - z_n)^k + O((z - z_n)^{d_n})\right),$$

其中, $c_{n,0} \neq 0$. 另一方面, 待定 z_n 处的 Laurent 展式主部

$$Q_n(z) = \frac{1}{(z - z_n)^{d_n}}\sum_{k=0}^{d_n-1} b_{n,k}(z - z_n)^k,$$

其中, $b_{n,0}, \cdots, b_{n,d_n-1} \in \mathbb{C}$ 待定. 由 Mittag-Leffler 定理, 存在平面上的半纯函数 G, 极点集恰为 $\{z_n\}_{n\geqslant 1}$, 且在 z_n 处 Laurent 展式主部恰好是 $Q_n(z)$.

考虑函数 $f = FG$. 它是整函数, 在 z_n 处的幂级数展式

$$f(z) = \left(\sum_{k=0}^{d_n-1} c_{n,k}(z - z_n)^k + \cdots\right)\left(\sum_{k=0}^{d_n-1} b_{n,k}(z - z_n)^k + \cdots\right)$$

$$= \sum_{l=0}^{d_n-1}\left(\sum_{k=0}^{l} c_{n,k}b_{n,l-k}\right)(z - z_n)^l + O((z - z_n)^{d_n}).$$

为使 f 在 z_n 处幂级数展式的前 d_n 项和恰好为 $p_n(z - z_n)$, 需使 $b_{n,0}, \cdots, b_{n,d_n-1}$ 满足方程组

$$a_{n,0} = c_{n,0}b_{n,0},$$

$$a_{n,1} = c_{n,1}b_{n,0} + c_{n,0}b_{n,1},$$

$$\cdots$$

$$a_{n,d_n-1} = c_{n,d_n-1}b_{n,0} + \cdots + c_{n,0}b_{n,d_n-1}.$$

此方程组方程与未知数的个数都是 d_n, 右端系数矩阵的行列式为 $c_{n,0}^{d_n} \neq 0$, 故有唯一解 $(b_{n,0}, \cdots, b_{n,d_n-1}) \in \mathbb{C}^{d_n}$.   □

36.6 习题

1. (级数与无穷乘积的收敛性) 给定 $\mathbb{D}$ 中复数列 $\{a_n\}_{n \geqslant 1}$.

(1) 如果 $\{a_n\}_{n \geqslant 1}$ 是非负实数列, 证明

$$\sum_{n=1}^{\infty} a_n \text{ 收敛} \Longleftrightarrow \prod_{n=1}^{\infty} (1 + a_n) \text{ 收敛}.$$

(2) 如果 $\{a_n\}_{n \geqslant 1}$ 是复数列, 以上等价性还成立吗?

2. (圆盘上指定零点的函数) 本题研究圆盘 $\mathbb{D}$ 上以任意离散点集为零点集的全纯函数的构造. 任给 $\mathbb{D} \setminus \{0\}$ 中的点列 $\{a_n\}_{n \geqslant 1}$, 满足 $\lim_{n \to \infty} |a_n| = 1$. 考虑到点列一般不满足 Blaschke 定理的条件, 因此无法由 Blaschke 定理得结论. 但可利用 Weierstrass 定理的构造办法. 为此, 令 $w_n = a_n/|a_n|$. 证明无穷乘积

$$f(z) = \prod_{n=1}^{\infty} E_n\left(\frac{a_n - w_n}{z - w_n}\right)$$

定义了 $\mathbb{D}$ 上的全纯函数, 零点集恰为 $\{a_n \mid n \geqslant 1\}$.

3. (Weierstrass 定理的进一步理解) 给定平面上不重复的非零发散点列 $\{a_n\}_{n \geqslant 1}$, 指定一列正整数 $\{k_n\}_{n \geqslant 1}$, 无穷乘积

$$\prod_{n \geqslant 1} E_n\left(\frac{z}{a_n}\right)^{k_n}$$

是否定义了一个非零整函数, 零点集为 $\{a_n \mid n \geqslant 1\}$, 且在 a_n 处的零点重数为 k_n? 提示: 构造例子说明此无穷乘积不收敛.

4. (指定零点集的整函数) 本题研究以发散点列为零点集的整函数的存在性, 给出不同于 Weierstrass 定理的证明, 分两步:

(1) 假设 f 是平面上的半纯函数, 每个极点都是单极点, 且留数为正整数, 证明存在整函数 g, 零点集为 f 的极点集, 满足 $f = g'/g$, 且 g 在零点处的重数恰好为 f 在相应极点处的留数.

(2) 利用 (1) 以及 Mittag-Leffler 定理证明: 给定平面发散点列 $\{a_n\}_{n \geqslant 1}$, 存在整函数 f, 零点集为 $\{a_n \mid n \geqslant 1\}$, 且在 a_n 处的零点重数为 $\{j \geqslant 1 \mid a_j = a_n\}$?

5. (一般区域上指定零点集的全纯函数) 任给平面区域 Ω, 以及在 Ω 中无聚点的点列 $\{a_n\}_{n \geqslant 1}$, 证明存在 Ω 上的全纯函数 f, 零点集恰好为 $\{a_n \mid n \geqslant 1\}$, 且在 a_n 处的零点重数为 $\{j \geqslant 1 \mid a_j = a_n\}$.

6. (自然边界) 任给平面区域 $\Omega \subset \mathbb{C}$, 证明存在全纯函数 $f : \Omega \to \mathbb{C}$, 使 $\partial\Omega$ 是 f 的自然边界 (意即: 对任意 $a \in \partial\Omega$ 及 a 的任意邻域 N, f 不能全纯延拓到 N 上). 提示: 构造 Ω 中的不重复点列 $\{a_n\}_{n \geqslant 1}$, 使其聚点集恰好为 $\partial\Omega$, 然后利用上一题的结论.

7. (Wedderburn 引理) 假设 f, g 都是整函数, 没有共同的零点. 证明: 存在整函数 a, b, 满足

$$af + bg = 1.$$

提示: 对 $1/(fg)$ 应用 Mittag-Leffler 定理.

8. (插值定理: 指定 Laurent 展式的有限项) 给定平面上不重复的发散点列 $\{a_n\}_{n \geqslant 1}$. 对任意 $n \geqslant 1$, 指定非负整数 $l_n, m_n \geqslant 0$, 以及表达式

$$t_n(z) = \sum_{j=-l_n}^{m_n} c_{n,j}(z - a_n)^j.$$

证明: 存在平面上的半纯函数 f, 极点集包含在 $\{a_n \mid n \geqslant 1\}$ 中, 且在 a_n 处 Laurent 展式的有限项截断恰好为 $t_n(z)$.

9. (插值定理的应用) 不知名数学工作者王先生发现了一个有趣的事实: 存在整函数 f, 它的任意阶导函数 $f^{(n)}$ 在自然数集的取值是平面的稠密子集: $\overline{f^{(n)}(\mathbb{N})} = \mathbb{C}$, $\forall n \geqslant 0$. 请给出证明.

提示: 在插值定理中取点列 $\{z_n\}_{n \geqslant 1} = \{n\}_{n \geqslant 1}$, 多项式序列

$$\left\{ p_n(z) = q_n(1 + z + \cdots + z^{n-1}) \right\}_{n \geqslant 1},$$

其中 $\{q_n \mid n \geqslant 1\}$ 是 $\mathbb{C}$ 的任意稠密子集.

第三十七章

不等式的乐趣

对平面集合而言, 面积、直径、长度等是重要的几何量. 如果集合是开集或紧集, 这些量有什么关系呢? 我们将从复分析的角度做一些讨论, 以此展示复变函数论的巧妙应用.

37.1 面积定理

如何求平面开集或紧集的面积? 为便于讨论, 仅考虑单连通区域或单连通紧集[①] 的情形. 我们将利用 Riemann 映射定理, 幂级数或 Laurent 级数展式, 将面积表示出来.

先考虑单连通区域 $\Omega \neq \mathbb{C}$ 的面积. 由 Riemann 映射定理, 存在双全纯映射 $f : \mathbb{D} \to \Omega$. 假设它在 0 处的幂级数为 $f(z) = \sum\limits_{n=0}^{\infty} a_n z^n$. 对任意 $r \in (0, 1)$, 像集 $\Omega_r = f(D(0, r))$ 的面积为

$$\mathrm{area}(\Omega_r) = \int_{|z| < r} |f'(z)|^2 \mathrm{d}x\mathrm{d}y = \pi \sum_{n=1}^{\infty} n|a_n|^2 r^{2n}.$$

由面积的连续性,

$$\mathrm{area}(\Omega) = \lim_{r \to 1^-} \mathrm{area}(\Omega_r) = \pi \sum_{n=1}^{\infty} n|a_n|^2.$$

对一般的平面有界区域 Ω, 面积还可用积分表达. 为此, 假设 $\partial\Omega$ 是有限条分段光滑的简单闭曲线之并, f 在 $\overline{\Omega}$ 上连续且有一阶连续偏导数, 利用 Green 公式 (对复值函数同样成立, 实部和虚部分别验证即可) 得,

$$\int_{\partial\Omega} f(z)\mathrm{d}z = \int_{\partial\Omega} f(z)\mathrm{d}x + \mathrm{i} \int_{\partial\Omega} f(z)\mathrm{d}y$$

$$= \int_{\Omega} \left(\mathrm{i}\frac{\partial f}{\partial x} - \frac{\partial f}{\partial y} \right) \mathrm{d}x\mathrm{d}y = 2\mathrm{i} \int_{\Omega} \frac{\partial f}{\partial \bar{z}} \mathrm{d}x\mathrm{d}y.$$

---

① 平面紧集 K 单连通, 是指 $\widehat{\mathbb{C}} \setminus K$ 是 $\widehat{\mathbb{C}}$ 的单连通区域.

在上式中, 令 $f(z) = \bar{z}$, 可得面积公式

$$\text{area}(\Omega) = -\frac{\text{i}}{2} \int_{\partial\Omega} \bar{z}\text{d}z.$$

接下来考虑单连通紧集 K 的面积. 不妨假设 K 非单点, 此时仍由 Riemann 映射定理, 存在双全纯映射 $f : \widehat{\mathbb{C}} \setminus \overline{\mathbb{D}} \to \widehat{\mathbb{C}} \setminus K$, 使 $f(\infty) = \infty$. 1914 年, 瑞典数学家 Gronwall 发现 K 的面积可用 f 的 Laurent 展式的系数表示出来. 这一事实被称为面积定理, 在单叶函数论中有重要应用.

定理 37.1 (Gronwall, 1914) 假设 K 是单连通紧集, $f : \mathbb{C} \setminus \overline{\mathbb{D}} \to \mathbb{C} \setminus K$ 双全纯, 且有 Laurent 展式

$$f(z) = bz + b_0 + \sum_{n=1}^{\infty} \frac{b_n}{z^n}, \; |z| > 1.$$

则 K 的面积为

$$\text{area}(K) = \pi\left(|b|^2 - \sum_{n=1}^{\infty} n|b_n|^2\right).$$

证明 对 $r > 1$, 记 Ω_r 为曲线 $f(\{|z| = r\})$ 所围的区域. 由面积公式,

$$\text{area}(\Omega_r) = -\frac{\text{i}}{2} \int_{\partial\Omega_r} \overline{w}\text{d}w = -\frac{\text{i}}{2} \int_{|z|=r} \overline{f(z)}f'(z)\text{d}z$$

$$= -\frac{\text{i}}{2} \int_{|z|=r} \left(\overline{b}\overline{z} + \overline{b}_0 + \sum_{n=1}^{\infty} \frac{\overline{b}_n}{\overline{z}^n}\right)\left(b - \sum_{m=1}^{\infty} \frac{mb_m}{z^{m+1}}\right)\text{d}z$$

$$= \frac{1}{2} \int_0^{2\pi} \left(\overline{b}r\text{e}^{-\text{i}\theta} + \overline{b}_0 + \sum_{n=1}^{\infty} \overline{b}_n r^{-n}\text{e}^{\text{i}n\theta}\right) \cdot$$

$$\left(br\text{e}^{\text{i}\theta} - \sum_{m=1}^{\infty} mb_m r^{-m}\text{e}^{-\text{i}m\theta}\right)\text{d}\theta$$

$$= \pi\left(|b|^2 r^2 - \sum_{n=1}^{\infty} n|b_n|^2 r^{-2n}\right).$$

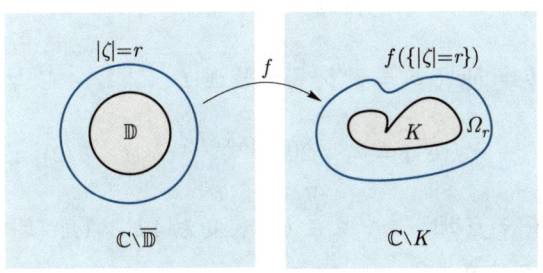

图 37.1

由 $\mathrm{area}(\Omega_r) > 0$ 得,

$$\sum_{n=1}^{\infty} n|b_n|^2 r^{-2n} < |b|r^2, \ \forall \ r > 1.$$

由此可知, 对任意 $m \geqslant 1$, 有

$$\sum_{n=1}^{m} n|b_n|^2 r^{-2n} < |b|r^2, \forall r > 1 \Longrightarrow \sum_{n=1}^{m} n|b_n|^2 \leqslant |b|^2.$$

上式右端不等式对任意 $m \geqslant 1$ 都成立. 令 $m \to +\infty$, 得

$$\sum_{n=1}^{\infty} n|b_n|^2 \leqslant |b|^2.$$

利用幂级数的 Abel 定理 (定理 12.2) 得,

$$\lim_{r \to 1^+} \sum_{n=1}^{\infty} n|b_n|^2 r^{-2n} = \sum_{n=1}^{\infty} n|b_n|^2.$$

由 $K = \bigcap_{r > 1} \Omega_r$ 及面积的连续性,

$$\mathrm{area}(K) = \lim_{r \to 1^+} \mathrm{area}(\Omega_r) = \pi\left(|b|^2 - \sum_{n=1}^{\infty} n|b_n|^2\right).$$

面积定理得证. □

> **注**　面积定理有两个推论:
>
> (1) $\mathrm{area}(K) \leqslant \pi|b|^2$. 等号成立当且仅当 $f(z) = bz + b_0$, 此时, K 为闭圆盘 $\overline{D(b_0, |b|)}$.
>
> (2) f 的 Laurent 展式的系数 $|b_1| \leqslant |b|$. 等号成立时,
>
> $$f(z) = bz + b_0 + \frac{b_1}{z}, |z| > 1.$$
>
> 此时, 记 $b = |b|\mathrm{e}^{\mathrm{i}\alpha}, b_1 = \mathrm{e}^{\mathrm{i}\theta}b$, 不难验证 $f: \mathbb{C} \setminus \overline{\mathbb{D}} \to \widehat{\mathbb{C}}$ 单叶, 且
>
> $$f(\mathrm{e}^{\mathrm{i}t}) = b_0 + 2|b|\mathrm{e}^{\mathrm{i}(\alpha+\theta/2)} \cos(t - \theta/2), \ t \in \mathbb{R},$$
>
> 这说明 $K = f(\partial\mathbb{D})$ 是中点在 b_0, 长度为 $4|b|$, 倾角 (即与 x 轴正方向夹角) 为 $\alpha + \theta/2$ 的直线段.

37.2 基本不等式

> **命题 37.1** 假设 $f : \mathbb{D} \to \mathbb{C}$ 全纯, $g : \widehat{\mathbb{C}} \setminus \overline{\mathbb{D}} \to \widehat{\mathbb{C}}$ 全纯, 且 $g(\infty) = \infty$. 记 $b = \lim\limits_{\zeta \to \infty} g(\zeta)/\zeta$. 若 $f(\mathbb{D}) \cap g(\widehat{\mathbb{C}} \setminus \overline{\mathbb{D}}) = \varnothing$, 则
>
> $$|f'(0)| \leqslant |b|.$$
>
> 等号成立当且仅当
>
> $$f(z) = az + c, \quad g(\zeta) = b\zeta + c, \quad |a| = |b| \neq 0.$$

证明 先假设 f, g 单叶. 记 f 在原点的幂级数为 $f(z) = \sum\limits_{n=0}^{\infty} a_n z^n$. 假设条件 $f(\mathbb{D}) \cap g(\mathbb{C} \setminus \overline{\mathbb{D}}) = \varnothing$ 蕴涵 $f(\mathbb{D}) \subset K := \mathbb{C} \setminus g(\mathbb{C} \setminus \overline{\mathbb{D}})$. 由面积公式与面积定理, 得

$$\pi |a_1|^2 \leqslant \pi \sum_{n=1}^{\infty} n |a_n|^2 = \operatorname{area}(f(\mathbb{D})) \leqslant \operatorname{area}(K) \leqslant \pi |b|^2.$$

由上式得 $|a_1| = |f'(0)| \leqslant |b|$. 若取等, 则同时成立

$$\pi |a_1|^2 = \operatorname{area}(f(\mathbb{D})), \quad \operatorname{area}(K) = \pi |b|^2.$$

前者取等蕴涵 $f(z) = a_1 z + a_0$, 后者取等蕴涵 $g(\zeta) = b\zeta + b_0$. 此时, 由 $|a_1| = |b|$ 以及 $f(\mathbb{D}) \cap g(\mathbb{C} \setminus \overline{\mathbb{D}}) = \varnothing$ 可知, $a_0 = b_0$.

接下来考虑一般情形. 不妨假设 $f'(0) \neq 0$ 且 $b \neq \infty$, 否则结论总成立. 此时, $\Omega = f(\mathbb{D})$ 是平面有界开集, $g(\widehat{\mathbb{C}} \setminus \overline{\mathbb{D}})$ 是 $\widehat{\mathbb{C}}$ 上包含 ∞ 的开集. 记 $\widehat{\mathbb{C}} \setminus \overline{\Omega}$ 包含 ∞ 的连通分支为 Ω_∞, 它是 $\widehat{\mathbb{C}}$ 上包含 $g(\widehat{\mathbb{C}} \setminus \overline{\mathbb{D}})$ 的单连通区域; 记 $\widehat{\mathbb{C}} \setminus \Omega$ 包含 ∞ 的连通分支为 K_∞, 其余集 $\Omega_0 = \widehat{\mathbb{C}} \setminus K_\infty$ 是包含 Ω 的有界单连通区域 (等价于, Ω_0 是 Ω 并上 $\widehat{\mathbb{C}} \setminus \Omega$ 的所有有界分支 K).

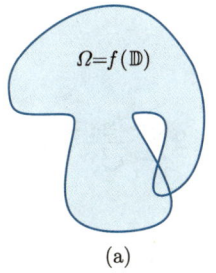

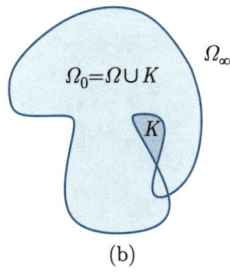

(a)　　　　　　(b)

图 37.2

由 Riemann 映射定理, 存在两个双全纯映射

$$F : \mathbb{D} \to \Omega_0, \ F(0) = f(0); \quad G : \widehat{\mathbb{C}} \setminus \overline{\mathbb{D}} \to \Omega_\infty, G(\infty) = \infty.$$

记 $b_G = \lim\limits_{\zeta \to \infty} G(\zeta)/\zeta$. 显然 $\phi := F^{-1} \circ f : \mathbb{D} \to \mathbb{D}$ 全纯, 满足 $\phi(0) = 0$. 由 Schwarz 引理知 $|\phi'(0)| \leqslant 1$, 即 $|f'(0)| \leqslant |F'(0)|$.

同理, $\psi = G^{-1} \circ g : \widehat{\mathbb{C}} \setminus \overline{\mathbb{D}} \to \widehat{\mathbb{C}} \setminus \overline{\mathbb{D}}$ 全纯, $\psi(\infty) = \infty$, $\lim\limits_{\zeta \to \infty} \psi(\zeta)/\zeta = b/b_G$. 对 $\Psi(z) = 1/\psi(1/z) : \mathbb{D} \to \mathbb{D}$ 应用 Schwarz 引理得: $|\Psi'(0)| = |b_G|/|b| \leqslant 1$. 于是 $|b_G| \leqslant |b|$.

显然, 单叶映射 F, G 的像集不交. 由前面特殊情形的讨论,

$$|f'(0)| \leqslant |F'(0)| \leqslant |b_G| \leqslant |b|.$$

若 $|f'(0)| = |b|$, 则必然有 $|f'(0)| = |F'(0)|$, $|b_G| = |b|$. 由 Schwarz 引理及特殊情形的取等条件, 得命题中的取等条件. $\qquad\qquad\square$

37.3   面积–直径不等式

平面紧集的直径给定, 其面积的最大值是多少? 这是一个有趣的等直径问题, 它的解答即是如下的面积–直径不等式:

> **定理 37.2**   假设 K 是平面单连通紧集, 则成立不等式
>
> $$\text{area}(K) \leqslant \frac{\pi}{4} \text{diam}(K)^2.$$
>
> 等号成立当且仅当 K 是闭圆盘.

证明   如果 K 是单点, 结论自然成立. 假设 K 非单点, 此时 $\widehat{\mathbb{C}} \setminus K$ 是 $\widehat{\mathbb{C}}$ 上的单连通区域. 由 Riemann 映射定理, 存在双全纯映射 $f : \widehat{\mathbb{C}} \setminus \overline{\mathbb{D}} \to \widehat{\mathbb{C}} \setminus K$ 满足 $f(\infty) = \infty$. 记 f 的 Laurent 展式

$$f(z) = bz + b_0 + \sum_{n=1}^{\infty} \frac{b_n}{z^n}, \ |z| > 1.$$

对任意 $r > 1$, 有

$$\int_{|\zeta|=r} \frac{f(\zeta) - f(-\zeta)}{\zeta^2} \mathrm{d}\zeta = \int_{|\zeta|=r} \left(\frac{2b}{\zeta} + 2\sum_{k=1}^{\infty} \frac{b_{2k-1}}{\zeta^{2k+1}} \right) \mathrm{d}\zeta = 4\pi i b.$$

由积分基本不等式得

$$4\pi|b| \leqslant \int_{|\zeta|=r} \frac{|f(\zeta) - f(-\zeta)|}{|\zeta|^2} |\mathrm{d}\zeta| \leqslant \frac{2\pi d(r)}{r},$$

其中, $d(r)$ 为圆周像集 $\gamma_r := f(\{|\zeta| = r\})$ 的直径. 由上式得

$$|b| \leqslant \frac{d(r)}{2r}, \ \forall \ r > 1. \tag{37.1}$$

下证 $\lim\limits_{r \to 1^+} d(r) = \mathrm{diam}(K)$. 首先, 对任意 $r > 1$, 紧集 K 在 γ_r 的内部, 因此 $d(r) \geqslant \mathrm{diam}(K)$. 由于 $d(r)$ 关于 r 单调递增, 故极限 $\lim\limits_{r \to 1^+} d(r)$ 存在, 且至少为 $\mathrm{diam}(K)$. 取一列 $r_n \to 1$. 对任意 $n \geqslant 1$, 存在 $z_n, w_n \in \gamma_{r_n}$ 使 $d(r_n) = |z_n - w_n|$. 通过取子列, 不妨假设 $z_n \to z_\infty$, $w_n \to w_\infty$. 可验证 $z_\infty, w_\infty \in K$. 于是

$$\mathrm{diam}(K) \geqslant |z_\infty - w_\infty| = \lim_{n \to \infty} |z_n - w_n| = \lim_{n \to \infty} d(r_n) = \lim_{r \to 1^+} d(r).$$

这样就证明了结论.

在 (37.1) 式中令 $r \to 1$, 可得

$$|b| \leqslant \frac{1}{2}\mathrm{diam}(K). \tag{37.2}$$

由面积定理得

$$\mathrm{area}(K) = \pi\left(|b|^2 - \sum_{n=1}^{\infty} n|b_n|^2\right) \leqslant \pi|b|^2 \leqslant \frac{\pi}{4}\mathrm{diam}(K)^2.$$

上式等号成立时必然有 $\mathrm{area}(K) = \pi|b|^2$. 此时 $f(z) = bz + b_0$. 由此知 $K = \overline{D(b_0, |b|)}$ 为闭圆盘. □

> **注** 若紧集 K 不连通, 不等式也成立. 此时, 取 K 的凸包 $\widehat{K}$, 即包含 K 的最小凸集, 则 $\widehat{K}$ 为单连通紧集 (可证明: $\partial\widehat{K}$ 为线段或简单闭曲线), 且
>
> $$\mathrm{diam}(K) = \mathrm{diam}(\widehat{K}), \ \mathrm{area}(K) \leqslant \mathrm{area}(\widehat{K}).$$
>
> 对 $\widehat{K}$ 应用面积–直径不等式得
>
> $$\mathrm{area}(K) \leqslant \mathrm{area}(\widehat{K}) \leqslant \frac{\pi}{4}\mathrm{diam}(\widehat{K})^2 = \frac{\pi}{4}\mathrm{diam}(K)^2.$$

37.4 导数–直径不等式

1907 年, 德国数学家 Landau 和 Toeplitz 发现了全纯映射的导数和像集直径之间的奇妙联系:

定理 37.3 (Landau–Toeplitz, 1907) 给定非常值全纯函数 $f: \mathbb{D} \to \mathbb{C}$, 则

$$|f'(0)| \leqslant \frac{1}{2}\mathrm{diam}(f(\mathbb{D})).$$

等号成立当且仅当 $f(z) = az + c, a \neq 0$.

证明 记 $\Omega = f(\mathbb{D})$. 不妨假设 $\mathrm{diam}(\Omega) < +\infty$, 否则结论总是成立的.

记 $\widehat{\mathbb{C}} \setminus \overline{\Omega}$ 的包含 ∞ 的连通分支为 Ω_∞. 易见, Ω_∞ 是 $\widehat{\mathbb{C}}$ 中的单连通区域. 由 Riemann 映射定理, 存在双全纯映射 $g: \widehat{\mathbb{C}} \setminus \overline{\mathbb{D}} \to \Omega_\infty$, 满足 $g(\infty) = \infty$. 记 $b = \lim\limits_{\zeta \to \infty} g(\zeta)/\zeta$. 注意到 $f(\mathbb{D}) \cap g(\widehat{\mathbb{C}} \setminus \overline{\mathbb{D}}) = \varnothing$. 由命题 37.1以及 (37.2) 式, 可得

$$|f'(0)| \leqslant |b| \leqslant \frac{1}{2}\mathrm{diam}(\widehat{\mathbb{C}} \setminus \Omega_\infty) = \frac{1}{2}\mathrm{diam}(\Omega).$$

由此得导数–直径不等式.

等号成立时必然有 $|f'(0)| = |b|$. 此时, 由命题 37.1 的取等条件知, $f(z) = az + c$, $g(\zeta) = b\zeta + c$, 其中 $|a| = |b| \neq 0$, $c \in \mathbb{C}$. $\qquad\square$

下面给出定理 37.3 的一个更强的形式. 它利用最大模原理导出了直径函数的变化规律, 导数–直径不等式便成为自然的推论.

定理 37.4 (Landau-Toeplitz, 1907) 给定非常值全纯函数 $f: \mathbb{D} \to \mathbb{C}$. 对 $r \in [0,1]$, 记像集 $f(D(0,r))$ 直径为 $d(r)$, 则函数

$$h(r) = \frac{d(r)}{r}, r \in [0,1]$$

或严格单调递增, 或常值[①]. 常值的充要条件是 $f(z) = az + c, a \neq 0$. 特别地,

$$|f'(0)| \leqslant \frac{1}{2}\mathrm{diam}(f(\mathbb{D})).$$

等号成立当且仅当 $f(z) = az + c, a \neq 0$.

证明 对任意 $\theta \in [0, 2\pi]$, 定义

$$g_\theta(z) = \begin{cases} (f(e^{i\theta}z) - f(z))/z, & 0 < |z| < 1, \\ (e^{i\theta} - 1)f'(0), & z = 0. \end{cases}$$

显然, g_θ 是 $\mathbb{D}$ 上的全纯函数. 由最大模原理知, $\|g_\theta\|_{\partial D(0,r)}$ 关于 r 严格单调递增, 除非 g_θ 为常值. 可以验证,

$$h(r) = \max_{\theta \in [0, 2\pi]} \max_{|z| = r} |g_\theta(z)|, r \in [0,1).$$

---

① 由证明可见: $h(0) = 2|f'(0)|$, $h(1) \leqslant \mathrm{diam}(f(\mathbb{D}))$ (实为等号).

这说明 h 单调递增: 如果 $0 \leqslant r_1 \leqslant r_2 < 1$, 则 $h(r_1) \leqslant h(r_2)$. 因此, 极限 $h(1) := \lim\limits_{r \to 1} h(r)$ 存在. 由定义知, $h(r) \leqslant \mathrm{diam}(f(\mathbb{D}))/r$. 因此, $h(1) \leqslant \mathrm{diam}(f(\mathbb{D}))$. 另一方面, $h(0) = \max\limits_{\theta \in [0, 2\pi]} |g_\theta(0)| = 2|f'(0)|$. 由单调性得,

$$|f'(0)| = \frac{h(0)}{2} \leqslant \frac{h(1)}{2} \leqslant \frac{1}{2}\mathrm{diam}(f(\mathbb{D})).$$

如果有 $r_1 < r_2 < 1$ 使 $h(r_1) = h(r_2)$, 则存在 $\theta \in [0, 2\pi]$, 使

$$h(r_1) = \max_{|z| = r_1} |g_\theta(z)| = \max_{|z| \leqslant r_2} |g_\theta(z)|.$$

由最大模原理的取等条件知 $g_\theta \equiv g_\theta(0) = (\mathrm{e}^{\mathrm{i}\theta} - 1)f'(0)$. 由

$$2|f'(0)| = h(0) \leqslant h(r_1) = |g_\theta(0)| = |\mathrm{e}^{\mathrm{i}\theta} - 1||f'(0)|$$

可得 $\mathrm{e}^{\mathrm{i}\theta} = -1$. 因此 $\theta = \pi$, $g_\pi \equiv -2f'(0)$. 于是成立

$$f(z) - f(-z) = 2f'(0)z, \ z \in \mathbb{D}.$$

且对任意 $r \in [0, r_2], h(r) = 2|f'(0)|$, 即 $d(r) = 2|f'(0)|r, \forall r \in [0, r_2]$, 对任意 $z \in \mathbb{D} \setminus \{0\}$, 定义函数

$$g_z(w) = \frac{f(w) - f(-z)}{2f'(0)}, \ w \in \mathbb{D}.$$

显然, $g_z(z) = z$. 当 $|z| \leqslant r_2$ 时, 由 $d(|z|) = 2|f'(0)||z|$ 知, 对任意 $w \in \mathbb{D}$, 只要 $|w| \leqslant |z|$, 就有 $|g_z(w)| \leqslant |z|$. 由引理 37.1 知,

$$\mathrm{Im}(g'_z(z)) = \mathrm{Im}\left(\frac{f'(z)}{2f'(0)}\right) = 0, \forall z \in \overline{D(0, r_2)}.$$

由唯一性定理, $\mathbb{D}$ 上的全纯函数 $f'/(2f'(0))$ 取值于 $\mathbb{R}$. 由开映射定理知, f' 为常值函数. 因此, f 为线性映射. $\qquad \square$

引理 37.1 假设 $g : \mathbb{D} \to \mathbb{C}$ 全纯, z 为 $\mathbb{D} \setminus \{0\}$ 中一点, 且

$$g(z) = z; \ \max_{|w| = |z|} |g(w)| = |z|.$$

则 $\mathrm{Im}(g'(z)) = 0$.

证明 定义

$$\phi(\theta) = |g(z\mathrm{e}^{\mathrm{i}\theta})|^2 = g(z\mathrm{e}^{\mathrm{i}\theta})\overline{g(z\mathrm{e}^{\mathrm{i}\theta})}, \ \theta \in \mathbb{R}.$$

由引理条件知, ϕ 在 $\theta = 0$ 处取最大值, 因此 $\phi'(0) = 0$. 计算知,

$$\phi'(\theta) = 2\mathrm{Im}\big(\bar{z}\mathrm{e}^{-\mathrm{i}\theta}\overline{g'(z\mathrm{e}^{\mathrm{i}\theta})}g(z\mathrm{e}^{\mathrm{i}\theta})\big),$$

$$\phi'(0) = 2\mathrm{Im}\big(\overline{zg'(z)}g(z)\big) = -2|z|^2\mathrm{Im}(g'(z)) = 0.$$

即为所证. $\qquad \square$

37.5　习题

1. (Lavrentev, 1934) 给定平面上不同两点 a, b. 假设 $f, g : \mathbb{D} \to \widehat{\mathbb{C}}$ 都是全纯映射, 满足 $f(0) = a, g(0) = b$. 如果 f, g 的值域不交: $f(\mathbb{D}) \cap g(\mathbb{D}) = \varnothing$, 证明

$$|f'(0)||g'(0)| \leqslant |a - b|^2.$$

等号成立的充要条件是什么?

2. (Landau–Toeplitz 定理的另证) 本题利用面积–直径不等式给出导数–直径不等式的另证. 给定有界全纯函数 $f : \mathbb{D} \to \mathbb{C}$, 非常值, 记像集 $\Omega = f(\mathbb{D})$. 记 K_∞ 是 $\widehat{\mathbb{C}} \setminus \Omega$ 的包含 ∞ 的连通分支, $\Omega_0 = \widehat{\mathbb{C}} \setminus K_\infty$ 是包含 Ω 的单连通区域.

(1) 证明面积–导数不等式

$$\mathrm{area}(\Omega_0) \geqslant \pi |f'(0)|^2.$$

等式成立的充要条件是 f 为线性函数.

(2) 利用面积–直径不等式证明

$$|f'(0)| \leqslant \frac{1}{2} \mathrm{diam}(\Omega).$$

证明等式成立的充要条件是 f 为线性函数.

3. (高阶导数与像集直径) 1907 年, 芬兰数学家 Poukka 发现了全纯函数的导数与像区域直径的一个有趣的联系: 假设 f 是单位圆盘 $\mathbb{D}$ 上的全纯函数, 像集 $\Omega = f(\mathbb{D})$, 则对任意 $n(n \geqslant 1)$, 有

$$|f^{(n)}(0)| \leqslant \frac{n!}{2} \mathrm{diam}(\Omega).$$

通过对 $g(z) = f(z) - f(\mathrm{e}^{\pi \mathrm{i}/n} z)$ 应用 Cauchy 不等式, 给出证明. 进一步证明: 如果对某 $n(n \geqslant 1)$ 等式成立, 则 $f(z) = az^n + b$.

4. (直径的最佳下界) 假设 K 是平面单连通紧集, $f : \widehat{\mathbb{C}} \setminus \overline{\mathbb{D}} \to \widehat{\mathbb{C}} \setminus K$ 双全纯, 满足 $f(\infty) = \infty$. 记 $b = \lim\limits_{\zeta \to \infty} f(\zeta)/\zeta$. 证明

$$\mathrm{diam}(K) \geqslant 2|b|$$

等号成立当且仅当 K 为闭圆盘.

　　提示: 面积–直径不等式的证明已蕴涵此不等式, 但却无法得到取等条件. 建议如下思路: 对 $r > 1$, 记曲线 $f(\{|\zeta| = r\})$ 的直径为 $d(r)$. 利用定理 37.4 的方法证明

$$g(r) = \frac{d(r)}{r}, r \in (1, +\infty); \ g(1) = \mathrm{diam}(K), \ g(+\infty) = 2|b|$$

是 $[1, +\infty]$ 上的连续函数, 或者严格单调递减, 或者常值. 进一步证明常值的充要条件是 f 为线性函数, 等价于 K 是闭圆盘.

注: 值得一提的是, 直径也有最佳上界

$$\mathrm{diam}(K) \leqslant 4|b|,$$

达到上界时, K 为直线段. 证明思路是对 $h(z) = 1/f(1/z)$ 应用单叶函数论的 Koebe 定理.

5. (双曲度量与直径) 假设 Ω 是平面有界单连通区域, 双曲度量为 $\rho = \rho(z)|\mathrm{d}z|$. 证明

$$\min_{z \in \Omega} \rho(z) \geqslant \mathrm{diam}(\Omega),$$

等号成立当且仅当 Ω 是圆盘.

第三十八章

等周不等式

一条长度指定的可求长曲线, 所围区域面积的最大值是多少? 这一问题的回答即为著名的等周不等式. 本章利用复分析的方法给出等周不等式的三种全然不同的证明. 第一个证明是作者给出的, 它是复分析的综合应用, 基于 Riemann 映射定理、Laurent 级数、面积定理和最大模原理; 第二个证明是对适当的二重积分交换积分次序并做估计, 其关键是 Ahlfors–Beurling 不等式; 第三个证明利用了全纯函数的一个优美对称的 Carleman 不等式. 这些方法从不同角度展示了复分析的和谐与美感. 本章最后, 给出等周不等式的一个巧妙应用: 求解边长给定的四边形面积的最大值.

38.1   等周不等式

假设 $\gamma : [a,b] \to \mathbb{C}$ 是一条曲线. 对 $[a,b]$ 做划分 $\mathcal{P}$: $a = t_0 < t_1 < \cdots < t_n = b$, 此划分的长度记为 $|\mathcal{P}| = \max\{t_{k+1} - t_k \,|\, 0 \leqslant k \leqslant n-1\}$. 如果极限

$$\lim_{|\mathcal{P}| \to 0} \sum_{k=0}^{n-1} |\gamma(t_{k+1}) - \gamma(t_k)|$$

存在, 则称 γ 为可求长曲线. 此极限定义为曲线 γ 的长度. 如果极限不存在, 则称曲线 γ 不可求长.

> **定理 38.1**   给定平面可求长简单闭曲线 γ, 其长度为 L, 所围单连通域的面积为 A, 则
>
> $$L^2 \geqslant 4\pi A.$$
>
> 等号成立当且仅当 γ 是圆周.

证明   记 $\widehat{\mathbb{C}} \setminus \gamma$ 的包含 ∞ 连通分支为 U, 有界连通分支为 V. 由 Riemann 映射定

理, 存在双全纯映射 $f : \widehat{\mathbb{C}} \setminus \overline{\mathbb{D}} \to U$, 满足 $f(\infty) = \infty$. 记 f 的 Laurent 展式

$$f(\zeta) = b\zeta + b_0 + \sum_{n=1}^{\infty} \frac{b_n}{\zeta^n}, \ |\zeta| > 1.$$

对任意 $r > 1$, 有

$$\int_{|\zeta|=r} \frac{f'(\zeta)}{\zeta} \mathrm{d}\zeta = \int_{|\zeta|=r} \left(\frac{b}{\zeta} - \sum_{n=1}^{\infty} \frac{nb_n}{\zeta^{n+2}} \right) \mathrm{d}\zeta = 2\pi \mathrm{i} b.$$

由积分基本不等式得

$$2\pi|b| \leqslant \int_{|\zeta|=r} \frac{|f'(\zeta)|}{|\zeta|} |\mathrm{d}\zeta| = \frac{L(r)}{r},$$

其中, $L(r)$ 是像曲线 $f(\{|\zeta| = r\})$ 的长度. 由引理 38.1 知, $\lim\limits_{r \to 1^+} L(r) = L$, 因此有 $2\pi|b| \leqslant L$. 最后, 利用面积定理得

$$A = \mathrm{area}(V) \leqslant \mathrm{area}(\overline{V}) \leqslant \pi|b|^2 \leqslant \frac{L^2}{4\pi}.$$

注意到当 $4\pi A = L^2$ 时, 必然有 $\mathrm{area}(\overline{V}) = \pi|b|^2$. 此时, 由面积定理的取等条件知 $f(\zeta) = b\zeta + b_0$, γ 为圆周 $\partial D(b_0, |b|)$.[①] □

> **引理 38.1** 曲线长度满足连续性[②]
>
> $$\lim_{r \to 1^+} L(r) = L.$$

证明 由边界延拓定理, 双全纯映射 $f : \widehat{\mathbb{C}} \setminus \overline{\mathbb{D}} \to U$ 可延拓为同胚 $f : \widehat{\mathbb{C}} \setminus \mathbb{D} \to U \cup \gamma$. 由可求长曲线长度的定义, 对任意 $\varepsilon > 0$, 存在正整数 $n = n(\varepsilon)$, 使

$$\sum_{k=0}^{n-1} |f(\varepsilon_n^{k+1}) - f(\varepsilon_n^k)| \geqslant L - \varepsilon,$$

其中 $\varepsilon_n = \mathrm{e}^{2\pi \mathrm{i}/n}$. 由 f 在 $\{1 \leqslant |\zeta| \leqslant 2\}$ 上的一致连续性, 存在 $r_0 = r_0(\varepsilon) \in (1,2)$, 使对任意 $r \in (0, r_0)$ 及任意 $\mathrm{e}^{\mathrm{i}\theta} \in \partial\mathbb{D}$, 成立

$$|f(r\mathrm{e}^{\mathrm{i}\theta}) - f(\mathrm{e}^{\mathrm{i}\theta})| \leqslant \frac{\varepsilon}{2n}.$$

由模长的三角不等式

$$L(r) \geqslant \sum_{k=0}^{n-1} |f(r\varepsilon_n^{k+1}) - f(r\varepsilon_n^k)|$$

---

① 读者需注意: 简单闭曲线 γ 如果可求长, 则面积必为零 (请自证); 如果不可求长, 则可能具有正面积. 例子的构造参考 Donald E. Marshall. Complex Analysis. Cambridge University Press, 2019, 195-196. 在这个例子中, 曲线穿过了一个正面积的 Cantor 集.

② 如果简单闭曲线 γ 不可求长, 证明蕴涵 $\lim\limits_{r \to 1^+} L(r) = \infty$.

$$\geqslant \sum_{k=0}^{n-1} \Big(|f(\varepsilon_n^{k+1}) - f(\varepsilon_n^k)| - |f(\varepsilon_n^{k+1}) - f(r\varepsilon_n^{k+1})| - |f(\varepsilon_n^k) - f(r\varepsilon_n^k)| \Big)$$

$$\geqslant \sum_{k=0}^{n-1} |f(\varepsilon_n^{k+1}) - f(\varepsilon_n^k)| - \varepsilon \geqslant L - 2\varepsilon.$$

上式表明 $\liminf\limits_{r \to 1^+} L(r) \geqslant L$.

下面将证明 $\limsup\limits_{r \to 1^+} L(r) \leqslant L$. 为此, 对任取的正整数 n, 及 $0 \leqslant k < n$, 定义

$$f_{n,k}(\zeta) = \begin{cases} (f(\varepsilon_n^{k+1}\zeta) - f(\varepsilon_n^k\zeta))/\zeta, & |\zeta| > 1, \\ (\varepsilon_n^{k+1} - \varepsilon_n^k)b, & \zeta = \infty. \end{cases}$$

易见, $f_{n,k}$ 在 $\widehat{\mathbb{C}} \setminus \overline{\mathbb{D}}$ 上全纯, 在 $\widehat{\mathbb{C}} \setminus \mathbb{D}$ 上连续. 定义函数

$$u_n(\zeta) = \sum_{k=0}^{n-1} |f_{n,k}(\zeta)|, \ \zeta \in \widehat{\mathbb{C}} \setminus \mathbb{D}.$$

它在 $\widehat{\mathbb{C}} \setminus \overline{\mathbb{D}}$ 上满足次平均值性质[①], 因此必然满足最大值原理:

$$\max_{\zeta \in \widehat{\mathbb{C}} \setminus \mathbb{D}} u_n(\zeta) = \max_{|\zeta|=1} u_n(\zeta) \leqslant L.$$

于是对任意 $r > 1$, 及任意整数 $n \geqslant 1$, 有 $u_n(r) \leqslant L$. 由此,

$$L(r) = \lim_{n \to \infty} u_n(r)r \leqslant Lr.$$

由上式得 $\limsup\limits_{r \to 1^+} L(r) \leqslant L$. □

注 事实上, 长度函数 $L(r)$ 满足更强的性质: $L(r)/r$ 在 $(1, \infty)$ 上要么严格单调递减, 要么为常值. 因此,

$$L = \lim_{r \to 1^+} \frac{L(r)}{r} \geqslant \lim_{r \to \infty} \frac{L(r)}{r} = 2\pi|b|.$$

证明参见本章习题第 2 题.

38.2 Ahlfors-Beurling 不等式

假设 K 是平面紧集, 其面积记为 $A = \operatorname{area}(K)$. 定义函数

$$f_K(z) = \int_K \frac{1}{\zeta - z} \mathrm{d}A_\zeta, \ z \in \mathbb{C},$$

---

① 在 ∞ 邻域上满足次平均值性质应这样理解: 换坐标后, $v_n(z) = u_n(1/z)$ 在 $\mathbb{D}$ 上满足次平均值性质. 容易验证: v_n 满足最大值原理, 因此 u_n 亦然.

其中, $\mathrm{d}A_\zeta = \mathrm{d}u\mathrm{d}v$ 为面积元素, $\zeta = u + iv$. 显然, 如果 $A = 0$, 则 $f \equiv 0$. 故以下讨论假设 $A > 0$.

作为例子, 当 K 为闭圆盘 $\overline{D(a, r)}$ 时, 可验证, 如果 $|z - a| > r$,

$$f_K(z) = \int_0^r \int_{|\zeta - a| = \rho} \frac{1}{\zeta - z} |\mathrm{d}\zeta| \mathrm{d}\rho$$

$$= \int_0^r \rho\mathrm{d}\rho \int_{|\zeta - a| = \rho} \frac{\mathrm{d}\zeta}{\mathrm{i}(\zeta - a)(\zeta - z)} = \frac{\pi r^2}{a - z}.$$

> **命题 38.1 (Ahlfors-Beurling, 1950)**   假设 K 是平面紧集, 其面积 $A > 0$, 则 f_K 是平面上的连续函数, 最大模满足
>
> $$\|f_K\|_\mathbb{C} \leqslant \sqrt{\pi A}.$$
>
> 等号成立当且仅当 K 为闭圆盘 (差一个零测集的意义下).

证明   可验证 f_K 在 $\mathbb{C} \setminus K$ 上全纯, 自然连续. 为证 f_K 在 $\mathbb{C}$ 上连续, 只需证明 f_K 在任意点 $z \in K$ 处连续. 用 $K - z$ 取代 K, 不妨假设 $z = 0 \in K$. 记 $d = \mathrm{diam}(K)$, 当 $0 < |w| < d/2$ 时,

$$|f_K(w) - f_K(0)| = \left| w \int_K \frac{\mathrm{d}A_\zeta}{\zeta(\zeta - w)} \right| = |w| \left| \int_{\frac{K}{|w|}} \frac{\mathrm{d}A_\zeta}{\zeta(\zeta - 1)} \right|$$

$$\leqslant |w| \left(\int_{|\zeta| < 2} \frac{\mathrm{d}A_\zeta}{|\zeta||\zeta - 1|} + 2 \int_{2 \leqslant |\zeta| < \frac{d}{|w|}} \frac{\mathrm{d}A_\zeta}{|\zeta|^2} \right)$$

$$= |w| \left(C_0 + 4\pi \log \frac{d}{|w|} \right),$$

其中, C_0 是绝对常数. 由上式, 当 $w \to 0$ 时, $f_K(w) \to f_K(0)$, 得连续性.

下证最大模不等式. 不妨假设 $A > 0$, 否则结论总成立. 注意到当 $z \to \infty$ 时, $f_K(z) \to 0$. 由最大模原理, $\|f_K\|_\mathbb{C} = \|f_K\|_K$. 取 $z_0 \in K$ 使 $\|f_K\|_K = |f_K(z_0)|$. 用 $K - z_0$ 取代 K, 不妨假设 $z_0 = 0$. 记 $f_K(0) = |f_K(0)|\mathrm{e}^{\mathrm{i}\theta_0}$. 注意到旋转性质:

$$f_K(0) = \int_K \frac{\mathrm{d}A_\zeta}{\zeta} = \mathrm{e}^{\mathrm{i}\theta_0} \int_{\mathrm{e}^{\mathrm{i}\theta_0}K} \frac{\mathrm{d}A_\zeta}{\zeta}.$$

用 $\mathrm{e}^{\mathrm{i}\theta_0}K$ 替代 K, 不妨假设 $f_K(0) \geqslant 0$. 此时

$$f_K(0) = \int_K \mathrm{Re}\left(\frac{1}{\zeta} \right) \mathrm{d}A_\zeta.$$

记 $A = \pi r^2$, 即 $r = \sqrt{A/\pi}$, 则

$$\overline{D(r, r)} = \{\zeta \in \mathbb{C} \,|\, |\zeta - r| \leqslant r\} = \left\{ \zeta \in \mathbb{C} \,\middle|\, \mathrm{Re}\left(\frac{1}{\zeta} \right) \geqslant \frac{1}{2r} \right\}.$$

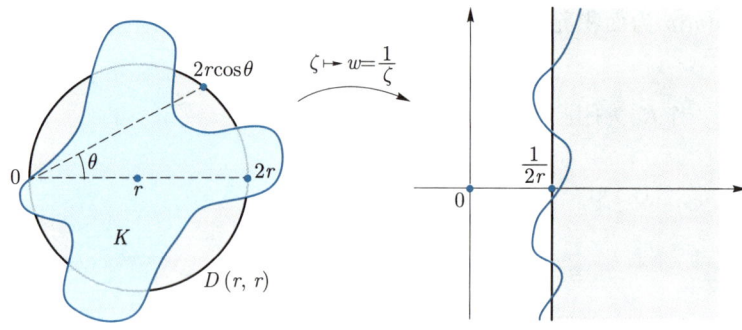

$$\text{图 38.1}$$

于是

$$
\begin{aligned}
f_K(0) &\leqslant \int_{K \cap \overline{D(r,r)}} \mathrm{Re}\left(\frac{1}{\zeta}\right) \mathrm{d}A_\zeta + \int_{K \setminus \overline{D(r,r)}} \frac{1}{2r} \mathrm{d}A_\zeta \\
&= \int_{K \cap \overline{D(r,r)}} \mathrm{Re}\left(\frac{1}{\zeta}\right) \mathrm{d}A_\zeta + \int_{\overline{D(r,r)} \setminus K} \frac{1}{2r} \mathrm{d}A_\zeta \\
&\leqslant \int_{\overline{D(r,r)}} \mathrm{Re}\left(\frac{1}{\zeta}\right) \mathrm{d}A_\zeta \\
&= \int_{-\pi/2}^{\pi/2} \int_0^{2r\cos\theta} \cos\theta \mathrm{d}\rho \mathrm{d}\theta \\
&= \int_{-\pi/2}^{\pi/2} 2r\cos^2\theta \mathrm{d}\theta = \pi r = \sqrt{\pi A}.
\end{aligned}
$$

如果 $f_K(0) = \sqrt{\pi A}$, 则不等号应取等, 即 $K = \overline{D(r,r)}$ 在差一个零测集的意义下成立. $\qquad\square$

利用命题 38.1, 可得等周不等式的另一个妙证. 可求长简单闭曲线 γ 长度记为 L, 所围单连通区域记为 D. 因可求长曲线的面积为零 (请读者自证), 故 D 与 $\overline{D}$ 面积相等, 记为 A. 考虑积分

$$I = \int_D \int_\gamma \frac{1}{z-\zeta} \mathrm{d}z \mathrm{d}A_\zeta.$$

一方面, 当 $\zeta \in D$ 时, 利用绕数的积分表示知

$$\int_\gamma \frac{1}{z-\zeta} \mathrm{d}z = 2\pi\mathrm{i} \cdot w(\gamma, \zeta) = 2\pi\mathrm{i},$$

因此 $I = 2\pi\mathrm{i}A$.

另一方面, 交换 I 中积分次序, 并利用积分基本不等式以及 Ahlfors-Beurling 不等式,

$$2\pi A = |I| \leqslant \int_\gamma \left| \int_D \frac{1}{z-\zeta} \mathrm{d}A_\zeta \right| |\mathrm{d}z| = \int_\gamma |f_{\overline{D}}(z)| |\mathrm{d}z| \leqslant \sqrt{\pi A} \cdot L.$$

由上式得 $4\pi A \leqslant L^2$, 即等周不等式.

38.3 Carleman 不等式

定理 38.2 (Carleman, 1921) 假设 f, g 在 $\mathbb{D}$ 上全纯, 在 $\overline{\mathbb{D}}$ 上连续, 都不恒为 0, 则

$$\left(\int_{\partial\mathbb{D}} |f||\mathrm{d}z|\right)\left(\int_{\partial\mathbb{D}} |g||\mathrm{d}z|\right) \geqslant 4\pi \int_{\mathbb{D}} |fg|\mathrm{d}x\mathrm{d}y.$$

等号成立当且仅当存在复数 $a, b \in \mathbb{C} \setminus \{0\}, q \in \mathbb{D}$, 使

$$f(z) = \left(\frac{a}{1-qz}\right)^2, \quad g(z) = \left(\frac{b}{1-qz}\right)^2.$$

证明 先证一事实: 假设 h 在 $\mathbb{D}$ 上全纯, 在 $\overline{\mathbb{D}}$ 上连续, 在 0 处的幂级数为 $h(z) = \sum_{n=0}^{\infty} a_n z^n$. 由 $h(re^{i\theta})$ 关于 $(r, \theta) \in [0,1] \times [0, 2\pi]$ 的一致连续性, 有

$$\int_{\partial\mathbb{D}} |h(z)|^2 |\mathrm{d}z| = \int_0^{2\pi} |h(e^{i\theta})|^2 \mathrm{d}\theta = \lim_{r \to 1^-} \int_0^{2\pi} |h(re^{i\theta})|^2 \mathrm{d}\theta$$

$$= \lim_{r \to 1^-} 2\pi \sum_{n=0}^{\infty} |a_n|^2 r^{2n} = 2\pi \sum_{n=0}^{\infty} |a_n|^2.$$

利用该事实, 按从特殊到一般的情形依次给出不等式的证明.

情形 1: $f = \phi^2, g = \psi^2$, 其中 ϕ, ψ 在 $\mathbb{D}$ 上全纯, 在 $\overline{\mathbb{D}}$ 上连续. 此时, 将 ϕ, ψ 展成幂级数

$$\phi(z) = \sum_{n=0}^{\infty} a_n z^n, \quad \psi(z) = \sum_{n=0}^{\infty} b_n z^n,$$

于是有

$$(\phi\psi)(z) = \sum_{n=0}^{\infty} c_n z^n, \quad c_n = \sum_{k=0}^{n} a_k b_{n-k}.$$

计算可知

$$\int_{\partial\mathbb{D}} |\phi(z)|^2 |\mathrm{d}z| = 2\pi \sum_{n=0}^{\infty} |a_n|^2, \quad \int_{\partial\mathbb{D}} |\psi(z)|^2 |\mathrm{d}z| = 2\pi \sum_{n=0}^{\infty} |b_n|^2,$$

$$\int_{\mathbb{D}} |\phi(z)\psi(z)|^2 \mathrm{d}x\mathrm{d}y = \pi \sum_{n=0}^{\infty} \frac{|c_n|^2}{n+1}.$$

由此得

$$\left(\int_{\partial\mathbb{D}}|\phi(z)|^2|\mathrm{d}z|\right)\left(\int_{\partial\mathbb{D}}|\psi(z)|^2|\mathrm{d}z|\right) - 4\pi\int_{\mathbb{D}}|\phi(z)\psi(z)|^2\mathrm{d}x\mathrm{d}y$$

$$= 4\pi^2\left(\sum_{n=0}^{\infty}|a_n|^2\sum_{n=0}^{\infty}|b_n|^2 - \sum_{n=0}^{\infty}\frac{|c_n|^2}{n+1}\right)$$

$$= 4\pi^2\sum_{n=0}^{\infty}\left(\sum_{k=0}^{n}|a_k|^2|b_{n-k}|^2 - \frac{|c_n|^2}{n+1}\right)$$

$$= 4\pi^2\sum_{n=1}^{\infty}\frac{1}{n+1}\left((n+1)\sum_{k=0}^{n}|a_kb_{n-k}|^2 - \left|\sum_{k=0}^{n}a_kb_{n-k}\right|^2\right)$$

$$\overset{(*)}{=} 4\pi^2\sum_{n=1}^{\infty}\frac{1}{n+1}\sum_{0\leqslant j<k\leqslant n}|a_jb_{n-j} - a_kb_{n-k}|^2 \geqslant 0.$$

等式 $\overset{(*)}{=}$ 利用了 Lagrange 恒等式.

等号成立时, 有

$$a_0b_1 = a_1b_0, \ a_0b_2 = a_1b_1 = a_2b_0, \ \cdots. \tag{38.1}$$

由假设 f, g 不恒为零可知, 存在 $n_0, m_0 \geqslant 0$ 使 $a_{n_0} \neq 0, b_{m_0} \neq 0$. 此时, 对任意 (j,k) 满足 $j+k = n_0+m_0$, 由 $a_jb_k = a_{n_0}b_{m_0} \neq 0$ 可知, $a_k, b_k, 0 \leqslant k \leqslant n_0+m_0$ 都不为零. 由等式 (38.1) 可得, 存在 $q \in \mathbb{C}$ 使 $a_n = a_0q^n, b_n = b_0q^n$. 于是有

$$\phi(z) = \frac{a_0}{1-qz}, \ \psi(z) = \frac{b_0}{1-qz}.$$

最后, 为使 ϕ, ψ 在 $\overline{\mathbb{D}}$ 上连续, 需使 $|q| < 1$.

情形 2: f, g 在 $\mathbb{D}$ 中都没有零点.

此时, 我们将说明存在分解 $f = \phi^2, g = \psi^2$, 其中 ϕ, ψ 分别在 $\mathbb{D}$ 上全纯, 在 $\overline{\mathbb{D}}$ 上连续. 事实上, 因 f 在 $\mathbb{D}$ 上不取零值, 故 $\sqrt{f}$ 在 $\mathbb{D}$ 存在单值全纯分支 ϕ. 只需说明 ϕ 可连续延拓到 $\overline{\mathbb{D}}$ 上.

若 f 在 $\partial\mathbb{D}$ 上有零点, 则零点集 $\partial\mathbb{D} \cap f^{-1}(0)$ 是 $\partial\mathbb{D}$ 的闭子集. 对任意 $z_0 \in \partial\mathbb{D} \setminus f^{-1}(0)$, 存在 $r = r(z_0) > 0$, 使 f 在 $D(z_0, r) \cap \overline{\mathbb{D}}$ 上不取零值. 因此 $\sqrt{f}$ 在 $D(z_0, r) \cap \overline{\mathbb{D}}$ 上存在两个连续的单值分支, 而 ϕ 必为其中之一. 这也说明 ϕ 可连续延拓到 $D(z_0, r) \cap \overline{\mathbb{D}}$ 上. 由 $z_0 \in \partial\mathbb{D} \setminus f^{-1}(0)$ 的任意性知, ϕ 可连续延拓到 $\partial\mathbb{D} \setminus f^{-1}(0)$ 上. 对任意 $z_0 \in \partial\mathbb{D} \cap f^{-1}(0)$, 只需定义 $\phi(z_0) = 0$ 就可保证 ϕ 在 z_0 处的连续性. 由此得 ϕ 在 $\overline{\mathbb{D}}$ 上的连续性. 对 g 同理可证.

情形 3: 一般情形.

选取一列 $\{r_n\}_{n \geqslant 1}$ 使 $r_n \to 1$, 且 $f_n(z) = f(r_nz), g_n(z) = g(r_nz)$ 在 $\partial\mathbb{D}$ 上没有零点. 利用 f_n, g_n 在 $\mathbb{D}$ 中的 (至多有限个) 零点分别构造 Blaschke 乘积 α_n, β_n, 使

$f_n/\alpha_n, g_n/\beta_n$ 在 $\mathbb{D}$ 中无零点. 因 $f_n/\alpha_n, g_n/\beta_n$ 在 $\overline{\mathbb{D}}$ 上全纯, 故可分别表示为 $\overline{\mathbb{D}}$ 上全纯函数 ϕ_n, ψ_n 的平方. 于是 $f_n = \alpha_n \phi_n^2, g_n = \beta_n \psi_n^2$,

$$
\begin{aligned}
4\pi \int_{\mathbb{D}} |f_n g_n| \mathrm{d}x\mathrm{d}y = 4\pi \int_{\mathbb{D}} |\alpha_n \beta_n \phi_n^2 \psi_n^2| \mathrm{d}x\mathrm{d}y &\leqslant 4\pi \int_{\mathbb{D}} |\phi_n^2 \psi_n^2| \mathrm{d}x\mathrm{d}y \\
&\overset{(*)}{\leqslant} \left(\int_{\partial\mathbb{D}} |\phi_n|^2 |\mathrm{d}z| \right) \left(\int_{\partial\mathbb{D}} |\phi_n|^2 |\mathrm{d}z| \right) \\
&= \left(\int_{\partial\mathbb{D}} |f_n| |\mathrm{d}z| \right) \left(\int_{\partial\mathbb{D}} |g_n| |\mathrm{d}z| \right),
\end{aligned}
$$

其中 $\overset{(*)}{\leqslant}$ 利用了情形 1 的结论. 注意到 f_n, g_n 在 $\overline{\mathbb{D}}$ 上分别一致收敛到 f, g, 在上述不等式中令 $n \to \infty$ 便得,

$$
4\pi \int_{\mathbb{D}} |fg| \mathrm{d}x\mathrm{d}y \leqslant \left(\int_{\partial\mathbb{D}} |f| |\mathrm{d}z| \right) \left(\int_{\partial\mathbb{D}} |g| |\mathrm{d}z| \right).
$$

这样就证明了一般情形的 Carleman 不等式.

最后考虑不等式的取等条件. 若 f, g 之一在 $\mathbb{D}$ 中有零点, 不妨假设 f 在 $\mathbb{D}$ 中有零点 a, 利用它构造 Blaschke 乘积 B, 于是 $F = f/B$ 也满足定理条件. 对 F, g 应用 Carleman 不等式,

$$
\begin{aligned}
4\pi \int_{\mathbb{D}} |fg| \mathrm{d}x\mathrm{d}y < 4\pi \int_{\mathbb{D}} |Fg| \mathrm{d}x\mathrm{d}y &\leqslant \left(\int_{\partial\mathbb{D}} |F| |\mathrm{d}z| \right) \left(\int_{\partial\mathbb{D}} |g| |\mathrm{d}z| \right) \\
&= \left(\int_{\partial\mathbb{D}} |f| |\mathrm{d}z| \right) \left(\int_{\partial\mathbb{D}} |g| |\mathrm{d}z| \right).
\end{aligned}
$$

这显然与取等条件矛盾. 这表明, 取等时 f, g 在 $\mathbb{D}$ 中都没有零点. 由情形 2 知, 存在分解 $f = \phi^2, g = \psi^2$, 其中 ϕ, ψ 在 $\mathbb{D}$ 上全纯, 在 $\overline{\mathbb{D}}$ 上连续. 由此转化为情形 1 的取等条件. 定理至此证完. □

在 Carleman 不等式中取 $f = g$, 便立即得到

> **命题 38.2** 假设 f 在 $\mathbb{D}$ 上全纯, 在 $\overline{\mathbb{D}}$ 上连续, 不恒为 0, 则
>
> $$
> \left(\int_{\partial\mathbb{D}} |f| |\mathrm{d}z| \right)^2 \geqslant 4\pi \int_{\mathbb{D}} |f|^2 \mathrm{d}x\mathrm{d}y.
> $$
>
> 等号成立当且仅当 $f(z) = a(1 - qz)^{-2}$, 其中 $a \neq 0, |q| < 1$.[①]

利用命题 38.2 给出等周不等式的另证. 假设 Ω 为平面单连通区域, $\partial\Omega$ 为可求长的简单闭曲线. 由 Riemann 映射定理, 存在双全纯映射 $f : \mathbb{D} \to \Omega$. 对 $r \in (0, 1)$, 记

---

① 可验证: 取等时, f 为某分式线性变换的导函数.

$f(\{|z| = r\})$ 的长度为 $L(r)$, $\Omega_r = f(D(0, r))$. 显然 $f_r(z) = f(rz)$ 在 $\overline{\mathbb{D}}$ 上全纯, 对 f_r' 应用命题 38.2 得

$$\left(\int_{\partial\mathbb{D}} |f_r'| |\mathrm{d}z|\right)^2 \geqslant 4\pi \int_{\mathbb{D}} |f_r'|^2 \mathrm{d}x\mathrm{d}y.$$

上式左端为 $L(r)^2$, 右端为 $4\pi \cdot \mathrm{area}(\Omega_r)$. 因此

$$L(r)^2 \geqslant 4\pi \cdot \mathrm{area}(\Omega_r), \ r \in (0, 1).$$

类似引理 38.1 的证明, 可得长度的连续性 $\lim\limits_{r \to 1^-} L(r) = L$. 在上式中令 $r \to 1$, 得 $L^2 \geqslant 4\pi \cdot \mathrm{area}(\Omega)$, 即等周不等式.

38.4 妙例: 四边形的面积

四边形的依次四边长度 $a, b, c, d > 0$ 给定, 四边形的面积最大值是多少? 这是一类特殊的等周问题.[①] 利用等周不等式可对此问题做出一个巧妙的解答.

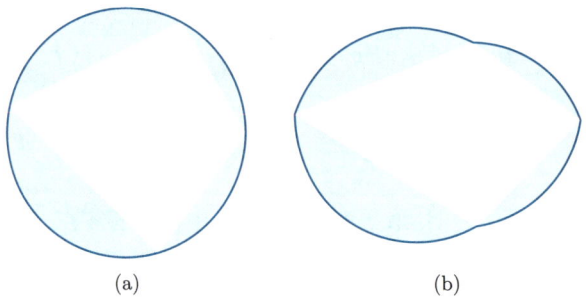

(a)   (b)

图 38.2

先证明如下事实:

正数 a, b, c, d 可作为四边形依次四边长度的充要条件是

$$a < b + c + d, \ b < a + c + d, \ c < a + b + d, \ d < a + b + c.$$

必要性是显然的, 下面证明充分性. 不使一般性, 假设 $a + b$ 是相邻两边长度和的最小值

$$m := a + b = \min\{a + b, b + c, c + d, d + a\}.$$

① 此例由尹永成教授建议. 证明参考了 Andrejs Treibergs. Inequalities that Imply the Isoperimetric Inequality, 2002.

于是 m, c, d 满足

$$m \leqslant c + d, \ c < m + d, \ d < m + c.$$

这说明 m, c, d 可构成三角形 (可能退化) 依次三边的长度. 当 $m = c + d$ 时, 三角形退化为一条直线段.

将 a, d 边交点与 b, c 边交点之间的线段长度记为 x. 由三角不等式知,

$$x_0 := \max\{|a - b|, |c - d|\} \leqslant x \leqslant x_1 := a + b.$$

记 a, b 两边的夹角为 $\alpha(x) \in [0, \pi]$, c, d 两边的夹角为 $\beta(x) \in [0, \pi]$, 如图 38.3 所示. 易见 α, β 都是关于 $x \in [x_0, x_1]$ 单调递增的连续函数, 满足

$$\alpha(x_1) = \pi, \ \beta(x_1) \in (0, \pi],$$

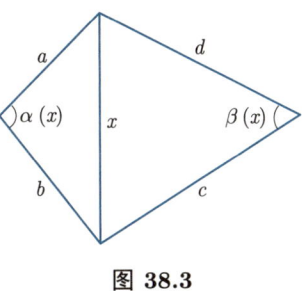

图 38.3

当 $x = x_0$ 时, $\alpha(x_0), \beta(x_0)$ 之一为 0, 另一个属于 $[0, \pi)$. 由此

$$\alpha(x_0) + \beta(x_0) < \pi, \ \alpha(x_1) + \beta(x_1) > \pi.$$

由连续函数的介值定理, 存在 x^* 使 $\alpha(x^*) + \beta(x^*) = \pi$. 此时, 对应的四边形恰好是圆内接四边形. 由此也可得充分性.

最后, 给出面积极值问题的回答:

当四边形为圆内接四边形时, 面积达到最大.

事实上, 圆内接时, 圆盘去掉四边形后形成四个月牙形区域, 其总面积记为 S. 当四边形 Q 变动时, 考虑附着在四边的月牙形区域一起变动, 此时这个更大的区域 Ω 的外边界长度不变, 面积为 $\mathrm{area}(Q) + S$, 参见图 38.2 所示. 由等周不等式, 当 Ω 为圆盘时, 其面积达到最大, 此时四边形面积 $\mathrm{area}(Q)$ 也达到最大.

38.5 习题

1. (曲线长度的最佳下界) 假设 K 是平面单连通紧集, ∂K 是一条可求长简单闭

曲线, 长度为 L. 假设 $f : \widehat{\mathbb{C}} \setminus \overline{\mathbb{D}} \to \widehat{\mathbb{C}} \setminus K$ 双全纯, 满足 $f(\infty) = \infty$. 记 $b = \lim\limits_{\zeta \to \infty} f(\zeta)/\zeta$.
证明

$$L \geqslant 2\pi |b|.$$

等号成立当且仅当 K 为闭圆盘.

提示: 对 $r > 1$, 记曲线 $f(\{|\zeta| = r\})$ 的长度为 $L(r)$. 证明

$$h(r) = \frac{L(r)}{r}, r \in (1, +\infty); \ h(1) = L, \ h(+\infty) = 2\pi |b|$$

是 $[1, +\infty]$ 上的连续函数, 或者严格单调递减, 或者常值. 进一步证明常值的充要条件是 f 为线性函数, 等价于 K 是闭圆盘.

要证明 h 的单调性, 思路之一是: 导函数 f' (定义 $f'(\infty) = b$) 是 $\widehat{\mathbb{C}} \setminus \overline{\mathbb{D}}$ 上不取零值的全纯函数, 因此 $\sqrt{f'}$ 可取到单值全纯分支 $\phi : \widehat{\mathbb{C}} \setminus \overline{\mathbb{D}} \to \mathbb{C}$. 记 ϕ 的 Laurent 展式为

$$\phi(z) = c_0 + \sum_{n=1}^{\infty} \frac{c_n}{z^n}, \ |z| > 1.$$

由下式可见 h 的单调性及取等条件

$$h(r) = \int_0^{2\pi} |\phi(re^{i\theta})|^2 d\theta = 2\pi \left(|c_0|^2 + \sum_{n=1}^{\infty} \frac{|c_n|^2}{r^{2n}} \right).$$

不知名数学工作者王先生评注: 上述取单值支并表示为 Laurent 级数的方法只是善巧方便, 不具一般性. 如果导函数取零值, 则无法取单值支, 此时需利用最大值原理来证明, 参考下题.

2. (曲线长度的性质) 假设 $f : \mathbb{D} \to \mathbb{C}$ 全纯, 非常值. 对任意 $r \in (0, 1)$, 记像曲线 $\gamma_r := f(\{|z| = r\})$ 的长度为 $L(r)$:

$$L(r) = \int_{|z| = r} |f'(z)||dz|.$$

本题旨在证明函数

$$\psi(r) = L(r)/r, \ \ r \in (0, 1); \ \psi(0) = 2\pi |f'(0)|.$$

要么严格单调递增, 要么常值. 常值的充要条件是 f 为线性变换.

为此, 定义

$$u(z) = \int_0^{2\pi} |f'(ze^{i\theta})| d\theta, \ z \in \mathbb{D}.$$

(1) 证明 u 满足次平均值性质[①].

[①] 称 u 满足次平均值性质, 如果对任意 $a \in \Omega$, 有 $r_a > 0$ 使 $D(a, r_a) \subset \Omega$, 且

$$u(a) \leqslant \frac{1}{2\pi} \int_0^{2\pi} u(a + re^{i\theta}) d\theta, \ \forall r \in (0, r_a).$$

(2) 证明 u 满足最大值原理: 不可能在区域内部取最大值, 除非常值.

(3) 注意到 u 实为径向函数 $u(z) = u(|z|) = \psi(|z|)$. 证明: $\psi : [0, 1) \to \mathbb{R}$ 要么严格单调递增, 要么是常值函数 $\psi \equiv 2\pi|f'(0)|$. 进一步, ψ 是常值函数的充要条件是 f 为线性变换: $f(z) = az + b$.

(4) 如果 $f : \mathbb{D} \to \Omega$ 双全纯, 且 $\partial\Omega$ 为可求长简单闭曲线, 长度为 L. 证明长度连续性

$$\lim_{r \to 1^-} L(r) = L$$

及长度–导数不等式

$$L \geqslant 2\pi|f'(0)|.$$

等号成立当且仅当 f 为线性变换: $f(z) = az + b$.

3. (等周不等式的一种推广) 假设 γ 是平面可求长闭曲线.

(1) 证明 γ 的面积为 0.

(2) 记 γ 长度为 L. 对任意整数 n, 记

$$U_n = \{z \in \mathbb{C} \setminus \gamma \mid w(\gamma, z) = n\}.$$

任取整数 $m \geqslant 1$, 定义 $U = \bigcup_{n \geqslant m} U_n$, 考虑积分

$$I = \int_U \int_\gamma \frac{1}{z - \zeta} \mathrm{d}z \mathrm{d}A_\zeta.$$

利用 Ahlfors-Beurling 不等式证明

$$\sum_{n \geqslant m} n \cdot \mathrm{area}(U_n) \leqslant \frac{L^2}{4\pi m}.$$

注: 上式蕴涵 $\mathrm{area}(U_m) \leqslant L^2/(4\pi m^2)$, 思考等号成立的充要条件.

4. (等周不等式的 Carleman 方法) 假设 f 在 $\overline{\mathbb{D}}$ 上全纯, 边界的像曲线 $\gamma = f(\partial\mathbb{D})$ 的长度为 L. 对任意整数 n, 定义

$$U_n = \{\zeta \in \mathbb{C} \setminus \gamma \mid w(\gamma, \zeta) = n\}.$$

(1) 证明面积公式

$$\int_\mathbb{D} |f'(z)|^2 \mathrm{d}x\mathrm{d}y = \sum_{n \geqslant 1} n \cdot \mathrm{area}(U_n).$$

(2) 利用 Carleman 不等式证明

$$\sum_{n \geqslant 1} n \cdot \mathrm{area}(U_n) \leqslant \frac{L^2}{4\pi}.$$

5. (等周不等式的另证) 假设 Ω 是有界单连通域, 面积为 A, 其边界 $\partial\Omega$ 是可求长简单闭曲线, 长度为 L. 通过研究如下积分

$$I = \int_\Omega \int_{\partial\Omega} \frac{\mathrm{d}\zeta}{\zeta - z} \mathrm{d}x\mathrm{d}y,$$

并利用 Green 公式以及 Fubini 定理, 证明: $4\pi A \leqslant L^2$.

6. (面积比值的 Carleman 不等式) 给定环域 $A = \{r < |z| < R\}$, 以及单叶函数 $f : A \to \mathbb{C}$. 像集的外边界界定了单连通区域 U_f, 记 $K_f = U_f \setminus f(A)$. 证明

$$\frac{\mathrm{area}(U_f)}{\mathrm{area}(K_f)} \geqslant \frac{R^2}{r^2}.$$

等号成立当且仅当 $f(z) = az + b$, $a \neq 0$.

提示: 想法 1 (Szego, 1930): 不妨假设 f 保持内外边界的次序 (未必延拓到边界). 对 $\rho \in (r, R)$, 记曲线 $f(\{|z| = \rho\})$ 长度为 $L(\rho)$, 所围单连通区域 Ω_ρ 的面积为 $A(\rho)$. 利用 Cauchy–Schwarz 不等式证明

$$L(\rho)^2 \leqslant 2\pi\rho A'(\rho).$$

由等周不等式 $4\pi A(\rho) \leqslant L(\rho)^2$ 得 $2A(\rho) \leqslant \rho A'(\rho)$. 请完成证明.

想法 2: 将 f 表示为 Laurent 级数

$$f(z) = \sum_{n\in\mathbb{Z}} a_n z^n, \ r < |z| < R,$$

并利用面积公式

$$\mathrm{area}(U_f) = \pi \sum_{n\in\mathbb{Z}} n|a_n|^2 R^{2n}, \ \mathrm{area}(K_f) = \pi \sum_{n\in\mathbb{Z}} n|a_n|^2 r^{2n}.$$

参 考 文 献

[1] AHLFORS L V. Complex Analysis. 3rd ed. New York: McGraw-Hill, 1979.

[2] BAK J, NEWMAN D J. Complex Analysis. 3rd ed. New York: Springer, 2010.

[3] BOAS R P. Invitation to Complex Analysis. New York: Random House, 1992.

[4] BURCKEL R B. Classical Analysis in the Complex Plane. Basle: Birkhäuser, 2021.

[5] 嘉当. 解析函数论初步. 余家荣, 译. 北京: 高等教育出版社, 2008.

[6] 方企勤. 复变函数教程. 北京: 北京大学出版社, 2011.

[7] GAMELIN T W. Complex Analysis. New York: Springer, 2001.

[8] HAHN L. Complex Numbers and Geometry. Washington: The Mathematical Association of America, 1994.

[9] KNOPP K. Theory of functions, Parts I and II (translated by F. Bagemihl). New York: Dover Publications, 1996.

[10] MARSHALL D E. Complex Analysis. Cambridge: Cambridge University Press, 2019.

[11] MCMULLEN C T. Advanced Complex Analysis. Course Notes, 2023.

[12] OSTERMANN A, WANNER G. Geometry by Its History. Berlin: Springer, 2012.

[13] RUDIN W. Real and Complex Analysis. 3rd ed. Singapore: McGraw-Hill, 1987.

[14] 史济怀, 刘太顺. 复变函数. 合肥: 中国科学技术大学出版社, 1998.

[15] SIMON B. Basic Complex Analysis: A Comprehensive Course in Analysis, Part 2A. Providence: AMS, 2015.

[16] SPRINGER G. Introduction to Riemann Surfaces. Reading, Mass: Addison-Wesley Publishing Company, 1957.

[17] STEIN E M, SHAKARCHI R. Complex Analysis. Princeton: Princeton University Press, 2003.

[18] 张锦豪, 邱维元. 复变函数论. 北京: 高等教育出版社, 2001.

读者意见反馈

为收集对教材的意见建议，进一步完善教材编写并做好服务工作，读者可将对本教材的意见建议通过如下渠道反馈至我社。

咨询电话　　400-810-0598
反馈邮箱　　hepsci@pub.hep.cn
通信地址　　北京市朝阳区惠新东街4号富盛大厦1座
　　　　　　高等教育出版社理科事业部
邮政编码　　100029

防伪查询说明

用户购书后刮开封底防伪涂层，使用手机微信等软件扫描二维码，会跳转至防伪查询网页，获得所购图书详细信息。

防伪客服电话　　(010) 58582300

图书在版编目（CIP）数据

复变函数 / 王晓光编著 . -- 北京：高等教育出版社，2025.7. -- ISBN 978-7-04-065182-9

Ⅰ. O174.5

中国国家版本馆 CIP 数据核字第 2025TC3292 号

Fubian Hanshu

策划编辑	杨　帆	出版发行	高等教育出版社
责任编辑	杨　帆	社　　址	北京市西城区德外大街4号
封面设计	贺雅馨	邮政编码	100120
版式设计	徐艳妮	购书热线	010-58581118
责任绘图	杨伟露	咨询电话	400-810-0598
责任校对	马鑫蕊	网　　址	http://www.hep.edu.cn
责任印制	赵义民		http://www.hep.com.cn
		网上订购	http://www.hepmall.com.cn
			http://www.hepmall.com
			http://www.hepmall.cn

印　　刷　北京盛通印刷股份有限公司
开　　本　787mm×1092mm　1/16
印　　张　25.5
字　　数　490千字
版　　次　2025年7月第1版
印　　次　2025年7月第1次印刷
定　　价　66.00元

本书如有缺页、倒页、脱页等质量问题，
请到所购图书销售部门联系调换

版权所有　侵权必究
物 料 号　65182-00

1.《基础复分析》	崔贵珍	高 延		
2.《代数学（一）》	李 方	邓少强	冯荣权	刘东文
3.《代数学（二）》	李 方	邓少强	冯荣权	刘东文
4.《代数学（三）》	冯荣权	邓少强	李 方	徐彬斌
5.《代数学（四）》	冯荣权	邓少强	李 方	徐彬斌
6.《代数学（五）》	邓少强	李 方	冯荣权	常 亮
7.《数学物理方程》	雷 震	王志强	华波波	曲 鹏 黄耿耿
8.《概率论（上册）》	李增沪	张 梅	何 辉	
9.《概率论（下册）》	李增沪	张 梅	何 辉	
10.《概率论和随机过程 上册》	林正炎	苏中根	张立新	
11.《概率论和随机过程 下册》	苏中根			
12.《实变函数》	程 伟	吕 勇	尹会成	
13.《泛函分析》	王 凯	姚一隽	黄昭波	
14.《数论基础》	方江学			
15.《基础拓扑学及应用》	雷逢春	杨志青	李风玲	
16.《微分几何》	黎俊彬	袁 伟	张会春	
17.《最优化方法与理论》	文再文	袁亚湘		
18.《数理统计》	王兆军	邹长亮	周永道	冯 龙
19.《数学分析》数字教材	张 然	王春朋	尹景学	
20.《微分方程Ⅱ》	周蜀林			
21.《数学分析（上册）》	楼红卫	杨家忠	梅加强	
22.《数学分析（中册）》	杨家忠	梅加强	楼红卫	
23.《数学分析（下册）》	梅加强	楼红卫	杨家忠	
24.《微分方程数值解法》	李荣华	李永海	武海军	
25.《数值分析》	包 刚	杨志坚	李铁香	刘 歆 武海军
26.《数值线性代数》	高卫国	魏 轲	柏兆俊	
27.《复变函数》	王晓光